G. A. Rossi/ALTITUDE

... une calèche ouverte me conduit rapidement au Colisée.
C'est la plus belle des ruines ; elle respire toute la majesté
de Rome antique. Les souvenirs de Tite-Live remplissaient
mon âme ; je voyais paraître Fabius Maximus, Publicola,
Menenius Agrippa. Il est d'autres églises que Saint-Pierre :
j'ai vu Saint-Paul de Londres, la cathédrale de Strasbourg,
le dôme de Milan, Sainte-Justine de Padoue ;
je n'ai jamais rien rencontré de comparable au Colisée.

Stendhal
Promenades dans Rome

Editions des Voyages

46, avenue de Breteuil – 75324 Paris Cedex 07

☎ 01 45 66 12 34

www.michelin-travel.com

Manufacture française des pneumatiques Michelin

Société en commandite par actions au capital de 2 000 000 000 de francs
Place des Carmes-Déchaux – 63 Clermont-Ferrand (France)
R.C.S. Clermont-Fd B 855 200 507

Michelin et Cie, propriétaires-éditeurs, 2000
Dépôt légal Mars 2000 – ISBN 2-06-053903-X – ISSN 0293-9436

Printed in France 01-2001/3.2

Photocomposition : APS/CHROMOSTYLE, Tours
Impression - Brochage : AUBIN, Ligugé

Maquette de couverture extérieure : Agence Carré Noir à Paris 17e

LE GUIDE VERT,
l'esprit de découverte

Avec cette nouvelle collection
LE GUIDE VERT, nous avons
l'ambition de faire de vos vacances
des moments passionnants et mémorables,
d'accompagner votre découverte
de nouveaux horizons, bref...
de vous faire partager notre passion
du voyage.
Voyager avec LE GUIDE VERT,
c'est être acteur de ses vacances,
profiter pleinement de ce temps privilégié
pour découvrir, s'enrichir, apprendre
au contact direct du patrimoine culturel
et de la nature.
Le temps des vacances avec LE GUIDE VERT,
c'est aussi la détente, se faire plaisir, apprécier
une bonne adresse pour se restaurer,
dormir, ou se divertir.
Explorez notre sélection !
Alors, plongez vite
dans LE GUIDE VERT à la découverte
de votre prochaine destination de voyage.
Partagez avec nous cette ouverture
sur le monde qui donne au temps
des vacances, son sens, sa substance
et en définitive son véritable esprit.
L'esprit de découverte.

Jean-Michel DULIN
Rédacteur en Chef

Sommaire

A. Wolf/EXPLORER

Un aspect du Transtévère

A. Duret/PIX

Détail de la fontaine des Fleuves

À la découverte de Rome 95

Environs de Rome 325

Renseignements pratiques 345

Galleria degli Uffizi, Firenze/GIRAUDON

Jules II, par Raphaël (Galerie des Offices, Florence)

B. Lipnitzki/EXPLORER

Oserez-vous y mettre la main ?

Cartographie

EN COMPLÉMENT DU GUIDE VERT

Plan de Rome n° 38

– un plan complet de la ville à l'échelle 1/10 000, qui fait apparaître les grands axes de circulation, les sens uniques, les principaux parkings, les bâtiments publics les plus importants, les bureaux de poste
– un index alphabétique de toutes les rues
– quelques conseils pratiques

... et pour arriver à Rome et visiter les environs

Carte n° 430 Italie Centre

– la carte de l'Italie centrale au 1/400 000, avec index des localités

Atlas Italie

– pratique, l'atlas au 1/300 000 couvre toute la péninsule et comprend, outre un index des localités, les plans des principales villes

INDEX DES CARTES ET DES PLANS

Votre Guide Vert

● Les cartes générales, en pages 11 à 15, ont été conçues pour vous permettre de préparer votre voyage.

Avant de commencer votre voyage, permettez-nous de recommander la lecture de l'**Introduction**, qui vous donnera toutes les informations nécessaires pour mieux comprendre l'histoire, l'art et la culture d'une ville riche par bien des points.

● Se loger au moindre coût? Une *trattoria* accueillante? Acheter une reproduction d'œuvre d'art ou vivre Rome au quotidien? C'est ce que vous découvrirez entre autres dans la partie **Carnet d'adresses**. En fin de guide, sur le rabat de couverture, un plan vous permettra de trouver l'emplacement des hôtels cités.

● La partie centrale vous emmènera **à la découverte de Rome** par le biais de promenades dans les quartiers, décrits selon leur ordre alphabétique et complétés de plans dont les marges signalent les quartiers voisins. Si le temps vous le permet, vous pourrez ainsi poursuivre votre visite d'un quartier à l'autre en évitant la fatigue ou la perte de temps dans les transports en commun. Après Rome, nous vous suggérons de partir à la découverte de quelques-uns des sites les plus intéressants des **environs**.

À l'intérieur de ces chapitres, des encadrés sur fond saumon vous transmettront anecdotes, faits historiques, voire légendes ou encore précisions à propos des monuments ou sites décrits.

● Certains d'entre eux sont suivis du symbole ⊙ signalant que, dans la dernière partie du guide, celle des **Renseignements pratiques**, vous trouverez les conditions d'accès à ces monuments. Cette même partie vous indiquera les dates des manifestations romaines traditionnelles, vous proposera des programmes ou des combinaisons de visite qui vous permettront de tirer le meilleur parti du temps dont vous disposerez.

Si vous avez des remarques ou des suggestions à nous faire, nous sommes à votre disposition sur notre site Web : www.michelin-travel.com

S. Grandadam/HOA QUI

Légende

★★★ Très vivement recommandé

★★ Recommandé

★ Intéressant

Curiosités

Conditions de visite en fin de volume

Itinéraire décrit
Départ de la visite

Église – Temple

Synagogue – Mosquée

Bâtiment

Statue, petit bâtiment

Calvaire

Fontaine

Rempart – Tour – Porte

Si vous le pouvez : voyez encore...

AZ B   Localisation d'une curiosité sur le plan

Information touristique

Château – Ruines

Barrage – Usine

Fort – Grotte

Monument mégalithique

Table d'orientation – Vue

Curiosités diverses

Sports et loisirs

Hippodrome

Patinoire

Piscine : de plein air, couverte

Port de plaisance

Refuge

Téléphérique, télécabine

Chemin de fer touristique

Sentier balisé

Base de loisirs

Parc d'attractions

Parc animalier, zoo

Parc floral, arboretum

Parc ornithologique, réserve d'oiseaux

Autres symboles

Autoroute ou assimilée

Échangeur : complet, partiel

Rue piétonne

Rue impraticable, réglementée

Escalier – Sentier

Gare – Gare routière

Funiculaire – Voie à crémaillère

Tramway – Métro

Bert (R.)...   Rue commerçante sur les plans de ville

Poste restante – Téléphone

Marché couvert

Caserne

Pont mobile

Carrière – Mine

Bacs

Transport des voitures et des passagers

Transport des passagers

③   Sortie de ville identique sur les plans et les cartes MICHELIN

Abréviations et signes particuliers

Métro ligne A
(Ottaviano-Anagnina)

Métro ligne B
(Rebibbia-Laurentina)

ⓐ   Hôtel

*En saison, le nombre de chambres vacantes dans les hôtels est souvent limité.
Nous vous conseillons de retenir par avance.*

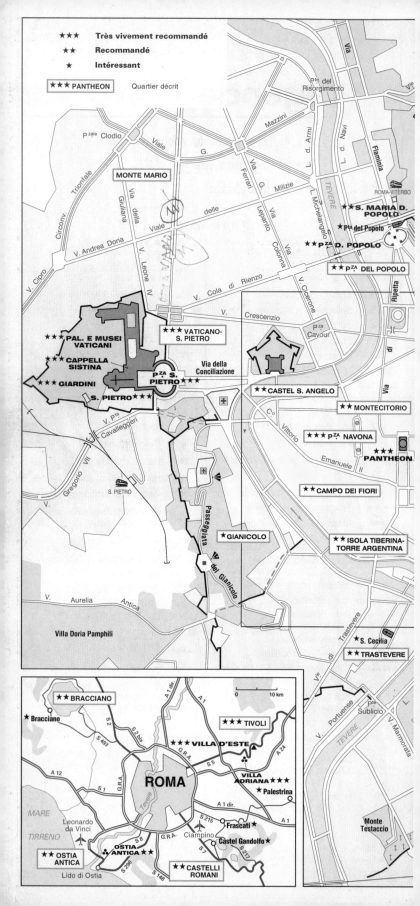

Les Gardes suisses forment le corps armé de l'État du Vatican. On les reconnaît à leur pittoresque vêtement à rayures jaunes, rouges et bleues, dont on attribue volontiers le dessin à Michel-Ange, ils sont au service du pape depuis 1506. Leur uniforme composé d'une veste à manches bouffantes et d'un large pantalon resserré sous le genou est complété d'une hallebarde et d'une épée.

PIX

Le jubilé

Les origines – Le jubilé prend ses racines dans la tradition juive. Sur le Sinaï, Moïse reçoit de Dieu les Dix Commandements, ainsi qu'une série de lois réglant la conduite du peuple élu. Dans l'une d'elles, le Seigneur dit à Moïse : « Au dixième jour du septième mois (de la quarante-neuvième année), vous ferez retentir le son de la trompette... Vous déclarerez sainte cette cinquantième année et proclamerez l'affranchissement de tous les habitants du pays. Ce sera pour vous le jubilé. » (Lévitique.) Il s'agit du *yobel* (en hébreu), du nom de la trompette citée dans le texte biblique, désignant le cor joué pour les grands événements (le terme, qui signifie littéralement bouc, désigne par extension la corne de l'animal, puis l'instrument obtenu à partir de celle-ci). À cette occasion, les esclaves seront libérés, chaque homme reprendra possession de ses terres, pourra rentrer chez lui et les travaux agricoles seront suspendus. C'est un acte de réconciliation et de paix avec Dieu, aspect qui est repris de la tradition chrétienne où le jubilé prend la signification de rémission des péchés.

Le premier jubilé chrétien remonte à l'an 1300, sous le pontificat de Boniface VIII. En effet, cette année vit d'innombrables pèlerins se déverser dans la ville de Rome, convaincus qu'à l'occasion de l'anniversaire de la naissance du Christ ils obtiendraient la complète rémission de leurs péchés. Cet incroyable afflux conduisit le pape à rédiger une bulle établissant les « règles » d'obtention de l'indulgence : chaque pèlerin doit visiter 15 fois (30 fois s'il est romain) les deux basiliques de St-Pierre et de St-Paul-hors-les-Murs, qui conservent les reliques des martyrs. Depuis, à quelques exceptions près, on a célébré les jubilés régulièrement, d'abord tous les cinquante ans, puis tous les vingt-cinq ans, ainsi que quelques jubilés extraordinaires, comme celui de 1983.

En 1750, Benoît XIV établit les conditions permettant d'obtenir l'indulgence plénière : visite des quatre basiliques majeures (St-Pierre, St-Paul-hors-les-Murs, Ste-Marie-Majeure et St-Jean-de-Latran) ; confession et communion ; prières.

Les cérémonies et les visites – Le jubilé commençait la veille de Noël, comme aujourd'hui, par la cérémonie particulière de l'ouverture de la Porte sainte, toujours murée en temps normal. Le pape en personne ouvrait la porte de St-Pierre en frappant symboliquement trois fois avec un marteau en or et en argent contre l'ouvrage en maçonnerie la camouflant. Ensuite, les ouvriers démolissaient le mur. Jusqu'en 1983, les portes de Ste-Marie-Majeure, St-Paul-hors-les-Murs et St-Jean-de-Latran étaient ouvertes par des cardinaux. Désormais, le pape ouvrira les quatre portes *(pour le calendrier, voir p. 19)*.

(pour le calendrier, voir p. 19)

La porte de St-Pierre était fermée à nouveau le 6 janvier de l'année suivante (le 5 janvier dans les trois autres basiliques). Le pape bénissait le matériel qui servait à construire le mur et posait lui-même les trois premières briques.

Les pèlerins venus du monde entier, dits **Romei**, se rendaient dans les principaux lieux de culte et dans les catacombes, là où se trouvaient des reliques de saints. On voit encore les graffitis qu'ils y ont tracés : invocations aux saints, prières ou noms simplement gravés – guère différents des « signes » laissés aujourd'hui par les visiteurs les moins respectueux –, toutes inscriptions qui permettent désormais d'identifier les lieux où se trouvaient autrefois les reliques.

À cette époque, comme aujourd'hui, pèlerins et visiteurs désiraient rapporter un souvenir de leur voyage. On vendait donc des objets, en particulier médailles, croix pectorales, flacons, vraies reliques ou reliques par contact, c'est-à-dire de petits morceaux de tissu qui avaient été au contact de la relique. Sur ces objets étaient souvent représentées des scènes associées à un lieu de culte ou des scènes sacrées.

L'accueil – Ce grand afflux de gens, souvent très pauvres, nécessita de construire des hospices spéciaux (appelés à l'origine *xenodochi*), qui souvent comprenaient l'hospice même, un hôpital, une école, des structures pour les pauvres et un cimetière. Plus tard, on les appela *scholæ peregrinorum* (litt. écoles des pèlerins). L'édification de ces « écoles », souvent différentes selon la nationalité des hôtes, était financée par les souverains ou les autorités du pays d'origine des pèlerins. L'une des plus importantes fut sûrement celle des Francs, située dans le Borgo di S. Pietro et probablement créée à l'époque de Pépin le Bref et du pape Étienne II (8ᵉ s.).

Les vêtements des pèlerins et le rituel du départ – Des signes extérieurs devaient marquer l'état des pèlerins et leur permettre de s'identifier entre eux, d'être hébergés et secourus sans difficulté pendant leur voyage et de se distinguer des autres voyageurs (comme les marchands).

Avant de partir, et après avoir fait leur testament, ils se réunissaient à l'église pour une messe et une bénédiction et recevaient un manteau, un chapeau, une bourse et une besace. Chacun de ces éléments avait, en Italie du moins, un nom particulier. Le manteau, de couleur foncée, marron ou gris, s'appelait *sanrocchino*, *schiavina* (esclavine) ou *pellegrina* (pèlerine) ; le chapeau, à bord large, était le *petaso* ; la besace (ou panetière) était la *capsella* ou *pera* (poire) ; le bâton, muni d'un crochet et d'une pointe en fer ou d'un ornement en forme de gourde, était le bourdon *(bordone, burdo* ou *fustis)*. Ces éléments avaient aussi une signification symbolique : la besace représentait la charité (parce qu'elle pouvait contenir les provisions nécessaires pour une journée), le bâton servait à chasser les démons et à vaincre les tentations, les ornements du chapeau marquaient la destination du pèlerin ou témoignaient du pèlerinage. Ainsi, les Romei accrochaient à leur chapeau des clés ou encore des croix, des images de sainte Véronique et des représentations de saints et de reliques (épinglées aussi à leurs habits).

La via Francigena (ou Romea), une des rues les plus célèbres et les plus citées quand on parle de pèlerinages à l'époque médiévale, correspond à l'ancienne via Cassia romaine et reliait Rome (précisément St-Pierre) au Nord de l'Europe.

LE JUBILÉ DE L'AN 2000

C'est dans une fièvre indescriptible que l'on prépare l'événement, et toute la ville bouillonne de la plus grande agitation : on s'emploie à améliorer les équipements, les structures d'accueil, les espaces destinés aux expositions, la capacité d'accès aux musées, lieux de culte et monuments. En raison de l'ampleur du projet et de la réduction inéluctable des délais de réalisation, il est difficile de savoir à présent combien et quels chantiers seront menés à leur terme, bien que nombre d'entre eux soient déjà achevés. Ainsi, l'ouverture à la visite du **palais Massimo alle Terme** et du **palais Altemps** permet d'admirer la vaste collection du Musée national romain, révélée dans toute sa splendeur après des années d'exposition fragmentaire.

Les services

Centres d'information – Les principaux centres d'information concernant les manifestations, les structures et l'assistance pendant le jubilé se trouvent au **Museo del Risorgimento**, via S. Pietro in Carcere (☎ 06 69 92 46 00 – ouvert du mardi au dimanche de 9 h 30 à 18 h 30), à l'**Auditorium di S. Cecilia**, viale della Conciliazione, et dans l'**Ala Mazzoniana** de la **gare Termini**, viale Giolitti.

Transports et centres d'accueil – Tous les moyens de transport seront accrus. La gare Termini proposera non seulement une série de services concernant les transports (horaires, billets, etc.), mais aussi des centres d'information sur les manifestations liées au jubilé, des nurseries, une assistance médicale, un service d'interprètes, des banques, des boutiques et des agences de voyages...

Près des locaux de la Banca di Roma, via del Corso, le **service d'accueil du comité central du Grand Jubilé 2000** (Servizio di Accoglienza del Comitato Centrale del Grande Giubileo 2000) s'occupe déjà de la gestion et de l'accueil des groupes de pèlerins (☎ 06 69 62 21).

Hébergement et... – À cause de l'incroyable nombre de touristes et de pèlerins qui afflueront dans la Ville éternelle pendant toute l'année, des formes d'hébergement « alternatif » ont été prévues. Voici deux exemples originaux :
– trois bateaux de la compagnie gréco-cypriote My Way-Dolphin Cruisers, ancrés dans le port-canal de Fiumicino serviront d'hôtel au fil de l'eau ;
– quelques trains, dans les gares les plus importantes, seront aménagés en « hôtels » pour les touristes et les pèlerins plus « sportifs ».

... le menu du pèlerin – C'est une proposition créée tout spécialement pour le jubilé. Il s'agit d'un menu qui prévoit des spécialités romaines à des prix abordables (aux alentours de 30 000 L), disponible dans de nombreux restaurants.

Personnes handicapées – Un effort considérable est prévu pour accueillir et assister les personnes handicapées : organisation d'un centre de coordination avec du personnel multilingue, service médical spécialisé, centres d'accueil dans les aéroports, dans les gares et sur le réseau routier. Pour tout renseignement, s'adresser au ☎ 800 27 10 27 (numéro vert).

Les sites Internet – De nombreux sites aident à comprendre la signification du jubilé, illustrent les projets en cours à Rome et dans le Latium, et donnent des renseignements utiles pour organiser au mieux un voyage dans la Ville éternelle pendant cette année exceptionnelle :

http://www.piuitalia2000.it

http://www.enit.it/giubileo.htm

http://www.europart.it/jubilaeum/calendario.htm

http://www.novaera.it/roma/giubileo/index.htm

http://www.ansa.it/settori/giubileo

http://www.ansa.it/giub.shtml

http://www.christusrex.org

http://www.romagiubileo.it

http://www.giubileoroma.com

http://www.giubileovie.it

http://www.vatican.va

http://www.giubileo.rai.it

Offices religieux en langues étrangères – Les offices sont célébrés en anglais dans les églises **S. Susanna** *(p. 310 –* ☎ *06 48 82 748)*, **S. Silvestro in Capite**, piazza S. Silvestro *(*☎ *06 67 97 775)*, **S. Clemente** *(p. 144 –* ☎ *06 70 45 10 18)* ; en français, à **S. Luigi dei Francesi** *(p. 212 –* ☎ *06 68 82 71)*, **S.S. Andrea e Claudio dei Borgognoni**, via del Pozzetto, 160 *(*☎ *06 67 90 310)*, **Trinità dei Monti** *(p. 220 –* ☎ *06 67 94 179)* ; en portugais, à **S. Antonio dei Portoghesi** *(p. 194 –* ☎ *06 68 80 24 96)* ; en espagnol, à **S. Maria di Monserrato** *(p. 128 –* ☎ *06 68 65 861)*.

Principales cérémonies religieuses

24 décembre 1999	**Ouverture de la Porte sainte** et **messe de minuit** à St-Pierre.
25 décembre 1999	Messe de Noël et **bénédiction urbi et orbi** à St-Pierre.
	Ouverture de la Porte sainte et **messe du jour** à St-Jean-de-Latran et à Ste-Marie-Majeure.
31 décembre 1999	Veillée de prière pour le nouveau millénaire à St-Pierre.
1er janvier 2000	Sainte messe à St-Pierre. Journée mondiale de la paix.
2 janvier 2000	jubilé des enfants à St-Pierre.
6 janvier 2000	Messe à l'occasion de l'Épiphanie et sacre des nouveaux évêques à St-Pierre.
18 janvier 2000	**Ouverture de la Porte sainte** à St-Paul-hors-les-Murs (à l'occasion de la fête de la Conversion de l'apôtre saint Paul).
11 février 2000	jubilé des malades et des personnes qui travaillent dans le domaine de l'assistance médicale.
21 avril 2000	Chemin de croix solennel.
23 avril 2000	Messe de Pâques et **bénédiction urbi et orbi** à St-Pierre.
1er mai 2000	jubilé des travailleurs.
18 mai 2000	jubilé du clergé.
15-20 août 2000	Journées mondiales de la jeunesse.
14 et 15 octobre 2000	jubilé des familles.
29 octobre 2000	jubilé des sportifs.
5 janvier 2001	Fermeture de la Porte sainte à Ste-Marie-Majeure, St-Jean-de-Latran et St-Paul-hors-les-Murs.
6 janvier 2001	Fermeture de la Porte sainte à St-Pierre.

Initiatives culturelles

À l'occasion de ce grand événement, la ville s'est préparée à accueillir les visiteurs en organisant un nombre incroyable d'expositions. Nous vous proposons cette sélection *(ces informations étant susceptibles de modifications, il conviendra de s'assurer au préalable des dates, des thèmes des expositions et de demander la brochure définitive) :*
Pendant toute l'année jubilaire :

Roma : universalitas imperii (Rome : universalité de l'Empire). Un circuit établi par les musées archéologiques romains analyse le déplacement et l'intégration de différents groupes ethniques à l'aide d'itinéraires parmi des monuments, des sites archéologiques et des espaces souterrains souvent peu connus du grand public.

La strada e la città santa. Musica e arte nel dialogo interreligioso (Le chemin et la ville sainte. Musique et art dans le dialogue entre les religions). St-André-au-Quirinal et l'université grégorienne pontificale proposent une série d'expositions et de concerts et un congrès international sur le thème « Le pèlerinage et la Ville sainte » relatifs aux cinq religions principales (christianisme, judaïsme, islam, hindouisme, bouddhisme)
21 octobre 1999 – 26 février 2000

Romei et Giubilei nel Medioevo (Romei et jubilés au Moyen Âge). Le pèlerinage médiéval sur la tombe de saint Pierre (350-1350), au musée du palais Venezia (salons monumentaux et appartement Barbo), est présenté en tant que voyage sacral et rencontre entre les différents peuples et cultures.
15 décembre 1999 – 28 février 2000

Francesco Borromini architetto (1599 – 1667). Au palais des Expositions. Outre une exposition de dessins de l'artiste (dont ceux qui sont conservés à l'Albertina de Vienne et qui n'ont jamais été exposés), de calques, de maquettes, de médailles, de portraits, sont proposés un séminaire scientifique, un congrès international, des visites guidées et des promenades.

Novembre 1999 – mars 2000

Villa Medici o il sogno di un cardinale (La villa Médicis ou le rêve d'un cardinal). La villa Médicis présentera les œuvres les plus significatives de la collection du cardinal Ferdinand de Médicis, un des plus grands mécènes et collectionneurs du 16ᵉ s.

Décembre 1999 – mars 2000

Arte islamica nel Lazio (Art islamique dans le Latium). Au palais Brancaccio, le musée national d'Art oriental, d'une part, présente des objets sacrés et des tissus orientaux, d'autre part, met en relief la présence d'éléments de l'art oriental dans l'iconographie chrétienne.

Rubens e Pietro da Cortona per l'arazzeria Barberini (Rubens et Pierre de Cortone pour la collection de tapisseries Barberini). Au palais Barberini (bibliothèque du cardinal Francesco).

Janvier – mars 2000

La famiglia Braschi e palazzo Braschi. Le palais Braschi retrace l'histoire de cette famille, son rôle politique et son mécénat artistique dans les dix dernières années du 18ᵉ s.

Mars 2000

Le Donne del Giubileo (Les femmes du jubilé), *(emplacement à définir)*. L'exposition est consacrée aux personnages féminins qui ont vécu à l'époque des différents jubilés, de 1300 à nos jours : sainte Brigitte, Lucrèce Borgia, Christine de Suède, Marie Casimire Sobieski, Mathilde de Canossa...

Mars – mai 2000

Mostra di iconografia ceciliana (Iconographie de sainte Cécile). Le palais Barberini (où sont exposés les tableaux) et la cité de la Musique (dessins et gravures) retracent l'histoire « picturo-iconographique » liée à la sainte dans les œuvres de Raphaël, le Guerchin, Rubens, le Dominiquin, Reni, Pierre de Cortone, Gentileschi, Reynolds et beaucoup d'autres artistes.

26 mars –10 juillet 2000

Anno 1300. Il primo Giubileo. Bonifacio VIII e il suo tempo. Le musée du palais Venezia (salons monumentaux et appartement Barbo) présente les différents aspects de l'art à Rome à la fin du 13ᵉ s. : Giotto, Arnolfo, Cavallini, Torriti. Cette exposition est prévue en même temps que des congrès, des festivals, des concerts, du théâtre, des promenades, en liaison avec une série d'expositions satellites et de manifestations prévues dans d'autres villes du Latium.

Avril 2000

Christiana Loca (L'implantation chrétienne). Dans les sous-sols de Ste-Marie-Majeure, exposition sur le christianisme dans l'Antiquité et son introduction à Rome. Objets, maquettes, plans.

Disegni del fondo nazionale Calcografi. L'Institut national de typographie offre la possibilité d'admirer une sélection d'œuvres du 16ᵉ au 19ᵉ s., notamment des gravures sur cuivre, conservées dans le cabinet des Estampes.

Octobre 2000

Il mito dell'antico nella pittura di paesaggio a Roma fra il 1780 e il 1900 (Le mythe de l'antique dans la peinture de paysage à Rome entre 1780 et 1900). Le musée du palais Venezia (pour la période 1770-1796), le palais des Expositions (1797-1815) et la galerie nationale d'Art moderne et contemporain (1815-1870) réunissent des œuvres de paysagistes italiens et étrangers.

Octobre 2000 – février 2001

I Raffaello dei Borghese. Les œuvres de Raphaël pour les Borghèse, à la galerie Borghese.

Roma Christiana. Au palais des Expositions, l'exposition archéologique de clôture de l'an 2000 se propose de montrer l'influence du christianisme sur l'évolution de l'expression artistique sous toutes ses formes – peinture, sculpture, arts mineurs, monuments –, de l'art classique romain au 3ᵉ s. après J.-C. jusqu'à la fin du 6ᵉ s. *Des promenades explicatives sont prévues.*

Il Dio nascosto (Le Dieu caché). La villa Médicis présente une série de chefs-d'œuvre de la peinture religieuse française du 17ᵉ s. (Poussin, Champaigne, Le Nain...), ainsi que des spectacles et un festival de musique.

La reggia del sole. Il Palazzo e la famiglia Barberini nel Seicento (Le palais du soleil. Le palais et la famille Barberini au 17ᵉ s.). Le palais Barberini (appartement du pape) retrouve une grande partie de son ameublement d'origine, composé d'œuvres importantes appartenant autrefois à cette famille et conservées aujourd'hui dans divers musées.

... et si l'on veut un « souvenir », comme les pèlerins d'antan

Boutiques d'articles religieux – Elles sont situées surtout via della Conciliazione, ainsi que les boutiques de souvenirs. **Savelli**, via Paolo VI, 27-29 (à l'angle de la piazza del Sant'Uffizio), ☎ 06 68 30 70 17, est une grande boutique célèbre pour ses mosaïques religieuses. Dans de nombreux magasins de la via de' Cestari (dans le quartier du Panthéon) sont vendus des vêtements pour religieux (on peut s'y rendre par curiosité), ainsi que des ornements et des objets du culte. Le plus renommé est **Barbiconi**, via di Santa Caterina da Siena, 59 (une des rues transversales à la via de' Cesari), ☎ 06 67 94 985.

Restaurations et projets

Voici une sélection de quelques projets actuellement en cours et qui devraient être « prêts » pour ou pendant l'année jubilaire.

L'**église du Jubilé** sera édifiée à Tor Tre Teste (Casilino) selon le projet de l'Américain Richard Meyer. Elle comprendra l'église même et le centre paroissial annexe. Noter la forme de l'église (un bateau dont les murs forment trois grandes voiles, symbole de l'entrée dans le troisième millénaire) et sa luminosité (vitraux en grand nombre).

Le **quartier des forums et du Colisée** fait l'objet de nombreuses interventions. D'abord, le projet **Fori imperiali** prévoit la création (partielle pour le jubilé) d'une zone archéologique incluant les Forums, le Colisée, les marchés de Trajan, le Palatin, la tour des Milices, la tour des Comtes (avec le musée de l'Histoire des Forums au Moyen Âge), le palais de Tibère (avec un musée de la Ville antique depuis ses origines) et le palais Rivaldi (avec un Musée architectural des forums). Le **Colisée** même fera l'objet d'une importante restauration visant à rendre accessible le monument dans sa totalité, des sous-sols au dernier niveau, y compris le couloir de Commode (qu'empruntaient les empereurs pour sortir de l'amphithéâtre sans être dérangés), orné de stucs et de fresques. L'arène sera pavée de chêne afin que le monument retrouve sa fonction originelle de lieu destiné aux spectacles.
En outre, un ascenseur, le long de l'enceinte, permettra de monter sur le Colisée et une plate-forme descendra du centre de l'arène aux niveaux inférieurs.

Le projet *Roma teatro di luci* prévoit un nouvel éclairage nocturne de quelques monuments importants du centre ville.

Au **Vatican**, le pape Jean-Paul II a chargé un artiste russe de décorer une **chapelle**. Cet immense ouvrage en mosaïques, dont le sujet s'inspirera de l'encyclique mariale *Redemptoris Mater*, promulguée en 1987 par le pape, est axé autour de l'image de la Sainte Vierge.

Parmi les restaurations les plus importantes, signalons également celles de la Maison Dorée (Domus Aurea), l'achèvement des travaux au Musée national étrusque de la villa Giulia et le réaménagement des musées du Capitole.

Le baldaquin de St-Pierre sous un angle insolite

Introduction
à la ville

Un regard sur la ville

Par rapport aux autres capitales, Rome présente l'originalité d'héberger une double représentation diplomatique : auprès du gouvernement italien et auprès du St-Siège, ce qui fait qu'un chef d'État reçu d'abord au Quirinal, puis par le saint-père, doit être conduit dans son ambassade avant d'être pris en charge par les diplomates du Vatican. À cela s'ajoutent, pour de nombreux pays, les ambassades auprès de la FAO.

Lorsque Rome est devenue la capitale de l'Italie en 1870, sa population dépassait à peine 200 000 habitants. En 1986 elle en comptait 2 826 488. La commune de Rome couvre environ 1 500 km². Elle est composée de quartiers dits **Rioni**, qui ont succédé aux régions de l'Urbs antique et qui s'étendent à l'intérieur du mur d'Aurélien et sur la rive droite du Tibre.

Entre le mur d'Aurélien et la rocade périphérique, dite Grande Raccordo Anulare (GRA), s'étendent les **Quartieri** où vivent les trois quarts de la population ; résidentiels au Nord, modestes et à forte densité de population à l'Est, ils sont également modestes mais peu peuplés au Sud et au Sud-Est.

À l'Ouest, les quartiers sont bordés de **faubourgs** (Suburbi) qui, au fur et à mesure qu'ils sont équipés en voirie et services, deviennent des Quartieri.

Aux confins de la rocade et au-delà s'étend la campagne romaine, dite **Agro Romano**, relativement peu peuplée et dévastée par la malaria jusqu'aux travaux d'assainissement réalisés sous le fascisme.

Les Romains au travail – Environ 70 % de la population active est occupée dans le **secteur tertiaire** : administrations nationales ou municipales, services des transports ou du tourisme, établissements bancaires, d'assurances et de commerce.

L'**agriculture** emploie près de 2 % des bras et se caractérise par l'existence dans l'Agro Romano, à côté de petites propriétés familiales, d'exploitations gérées en sociétés anonymes ou en sociétés d'économie mixte : au Nord de Rome, élevage et traitement des produits laitiers ; au Sud et à l'Ouest, sur les terres bonifiées, élevage ovin et bovin, céréales.

Ce n'est qu'en 1962 qu'un plan fut mis sur pied prévoyant l'aménagement rationnel de zones industrielles autour de Rome. Les principales sont situées au Nord de la ville, le long du Tibre, au Sud-Est à San Palomba, au Sud en bordure de la via Pontina, au Sud-Ouest aux abords d'Acilia et de l'aéroport de Fiumicino, à l'Ouest dans la zone de Pantano di Grano. L'effort d'industrialisation s'est poursuivi avec la création, en 1965, d'une association entre la commune de Rome et une partie de la province de Latina. En tête des industries de la zone Rome-Latina vient l'industrie du bâtiment. Suivent les industries mécaniques, l'édition, les industries textiles, les industries alimentaires, les industries du bois, les industries chimiques et enfin l'industrie du cinéma.

À l'exception des industries du bâtiment, de l'alimentation, du bois et des textiles dont la production est en majeure partie consommée par le marché local et régional, le produit des industries de la zone Rome-Latina est exporté pour 35 % en Italie et pour 20 % à l'étranger.

Par les rues de Rome

Du haut du Janicule, le touriste découvre d'innombrables dômes émergeant des toits de tuiles. Dans les rues, aux madones encadrées d'angelots qui semblent vouloir protéger la vie qui s'écoule dans chaque ruelle. Car Rome est **la ville des églises**. On dit qu'elle en compte environ 300. Dès le 7ᵉ s., les tombeaux des saints Pierre et Paul, les catacombes et la papauté ont attiré les chrétiens du monde entier.

La ville des fontaines et des obélisques – De palais en église, toutes les rues mènent à une place dominée par un obélisque ou rafraîchie par une fontaine. «Ces fontaines qui sont de la lumière le jour, sont de la musique la nuit» (Émile Mâle). L'eau, baroque à la fontaine de Trevi, modeste au tonneau du Facchino, délicate à la fontaine des Tortues, jaillit des endroits les plus divers : du fond d'une vasque, de la gueule d'un lion égyptien, d'un dauphin ou d'un monstre, de la conque d'un triton. Quant aux obélisques, d'Égypte à la Rome impériale puis papale, ils ont poussé à Rome comme des arbres : drôlement juché sur le dos d'un éléphant, rivalisant avec la façade du Panthéon, lancé avec arrogance sur la fontaine des Fleuves.

Les ruines – D'apparence souvent modeste et cernées par la ville moderne, elles valent surtout par le rôle qu'elles jouèrent dans l'histoire de l'Antiquité.

Même si Rome se place sous l'emblème de la louve et de l'antique formule républicaine SPQR (Senatus PopulusQue Romanus), même si le plan de la ville antique transparaît sous le tracé des voies nouvelles, même si des quartiers entiers ont conservé leur apparence de la Renaissance ou de l'époque baroque, elle n'est plus la ville de marbre laissée par Auguste et les empereurs, ni celle du temps fastueux des papes. Pour assumer le rôle de capitale qui lui fut imparti en 1870, elle a dû doubler sa superficie, faire usage du béton, du métal et du verre, loger sa nouvelle population de fonctionnaires, construire des bâtiments administratifs, aménager ses moyens de transport et sa circulation.

Ce processus n'a cependant pas dénaturé l'authenticité de cette ville âgée de 2 500 ans. Rome porte en elle ses contradictions, qui contribuent à la rendre fascinante et «éternelle».

E. Baret

C. Bendayan/TOP

B. Morandi/DIAF

B. Kaufmann

J. P. Langeland/DIAF

Rome hier

Les origines et la monarchie (753-510 avant J.-C.)

La légende parle d'un ancien mur d'enceinte fermant un petit territoire appelé la Rome carrée à cause de la forme de la ville et de ses remparts. Les institutions de la Rome antique montrent l'importante influence de la civilisation étrusque, présente dans la religion (l'aruspicine), dans les institutions politiques (les Tarquins appartenaient à une famille étrusque qui domina la cité de Rome), dans la culture (selon Tite-Live, jusqu'au 4e s. les enfants reçurent une éducation « étrusque ») et dans le vocabulaire (*persona* tire son origine du mot étrusque *pershu* qui signifie masque). L'influence des Sabins, dont témoignent la tradition mythique (Tatius régna avec Romulus) et la critique historique (la très noble famille des Claudes était d'origine sabine), fut considérable. Confirmant ce mélange de peuples, la tradition rappelle que les habitants de Rome se divisaient en trois tribus : *Titienses* (Sabins), *Ramnes* (Étrusques), *Luceres* (Latins). Elle cite aussi sept rois, dont l'existence, au moins pour les premiers, se confond avec le mythe.

Les acteurs principaux de la constitution de Rome furent Romulus, son fondateur, Numa Pompilius, qui institua les rites religieux et le calendrier, ainsi que Servius Tullius, qui réorganisa les assemblées (les comices centuriates, nés probablement au 4e s. avant J.-C). La basse vallée du Tibre était occupée au Nord-Ouest, sur la rive droite, par les Étrusques, au Sud-Est et au Nord-Est, sur la rive gauche, par les Latins et les Sabins. Quelques collines, découpées par l'érosion dans les coulées volcaniques des monts Albains *(voir le chapitre Castelli Romani)*, offraient, sur la rive gauche, de remarquables avantages défensifs, notamment le Palatin, aux pentes raides, entouré de marécages et permettant de surveiller le Tibre. En outre, le site était une étape idéale sur la route du sel (via Salaria) entre les salines de l'embouchure du Tibre et le pays sabin. Ce sont probablement ces avantages qui déterminèrent l'installation de groupes de Sabins et de Latins sur le Palatin. Au 6e s. avant J.-C., les Étrusques, lancés à la conquête de la Campanie, furent contraints de franchir le Tibre et choisirent comme tête de pont la forteresse latino-sabine, située à un endroit où la plaine alluviale et marécageuse était relativement facile à franchir. C'est alors que Rome commença à devenir une ville.

Les origines de Rome selon la légende

Tite-Live dans son *Histoire romaine* et le Grec Denys d'Halicarnasse *(Antiquités romaines)* ont écrit qu'Énée, fils de Vénus et du mortel Anchise, fuyant la ville de Troie détruite, aborda à l'embouchure du Tibre et épousa Lavinie, la fille du roi du Latium. Après avoir vaincu Turnus et avec l'aide d'Évandre, chef d'une ville sur le Palatin, il fonda Lavinium (Pratica a Mare actuellement). À la mort d'Énée, son fils Ascagne (ou Iule) abandonna Lavinium pour aller fonder Albe-la-Longue *(voir Alba Longa p. 330)*. Le dernier roi de la dynastie albaine fut Amulius, qui détrôna son frère Numitor et contraignit sa nièce, Rhea Silvia, à se faire vestale. De l'union du dieu Mars et de la vestale naquirent Romulus et Rémus, qu'Amulius livra au courant du Tibre. Le panier emportant les jumeaux fut rejeté au pied du Palatin, où une louve les nourrit avant d'être élevés par un couple de bergers, Faustulus et Larentia. Adolescents, les jumeaux rétablirent leur grand-père Numitor sur le trône d'Albe et partirent fonder une ville sur les lieux de leur enfance. Là, après avoir consulté le vol des oiseaux, Romulus traça un sillon délimitant l'espace sacré où devait s'élever la nouvelle cité. Mais Rémus franchit le sillon et Romulus le tua pour avoir violé l'enceinte sacrée. La date de la fondation, établie par l'érudit romain Varron, correspondrait à 753 avant J.-C. Selon une tradition historique grecque malveillante (Denys d'Halicarnasse), pour peupler la nouvelle cité, Romulus offrit asile à des hors-la-loi qui s'installèrent sur le Capitole et leur donna pour épouses les Sabines, enlevées à leurs

Le lupercal

Museo Nazionale Romano

pères *(voir encadré p. 109)*. Il s'ensuivit une alliance des deux peuples et une alternance de rois sabins et latins, jusqu'à l'arrivée des Étrusques.

Cette narration ne correspond pas à la vérité historique, mais on y retrouve un grand nombre d'éléments mythiques communs à d'autres peuples de l'Antiquité : l'abandon sur le fleuve dans un panier d'un favori d'une divinité (Moïse et Sargon), le fratricide ou la lutte entre frères pour la domination (Caïn et Abel, Jacob et Ésaü), la migration des jeunes vers le soi-disant « printemps sacré » *(ver sacrum)* pour édifier une nouvelle cité, la coutume de définir l'enceinte sacrée de la cité, la dévotion pour le loup, animal totémique par excellence si cher aux Italiques.

753	Fondation légendaire de Rome sur le Palatin par **Romulus**, fruit en fait de l'union de villages latins et sabins installés sur les collines.
715-616	Règne des trois rois sabins **Numa Pompilius**, **Tullus Hostilius** et **Ancus Martius**.
616-509	Hégémonie étrusque : règne de **Tarquin l'Ancien**, qui assèche et aménage la zone du Forum, de **Servius Tullius** et de **Tarquin le Superbe**. L'écroulement de la monarchie libère Rome des Étrusques.

La République (510-27 avant J.-C.)

Selon la tradition, la puissante famille étrusque des Tarquins est chassée et la République proclamée en 510 : tous les pouvoirs sont attribués à deux consuls, élus pour un an. Le Sénat, assemblée des anciens chefs des familles patriciennes *(gentes)* qu'aurait fondée Romulus, a un rôle consultatif. La société romaine se divise en deux ordres : les **patriciens**, aristocrates qui peuvent prouver leurs origines, et les **plébéiens**, dépourvus de tout droit aux fonctions politiques, sacerdotales (les pontifes, les flamines et les augures doivent donc être patriciens de naissance) et qui ne peuvent pas se marier avec des patriciens. Témoignant de l'activité commerciale de Rome, un premier traité aurait été signé avec Carthage en 508 : d'autres suivront au cours des 4ᵉ et 3ᵉ s.

La première période républicaine est marquée par les luttes entre patriciens et plébéiens. Les privilèges patriciens s'amenuisant, la fin du 4ᵉ s. voit se former une classe dirigeante *(nobilitas)* constituée de patriciens et de plébéiens ; peu à peu, l'interdiction pour les plébéiens d'exercer des fonctions politiques et sacerdotales est levée. Les dernières interdictions à être abolies concernent l'exercice de la censure et les fonctions sacerdotales de pontife et de flamine (prêtre attaché au culte de divinités particulières). La société romaine compte de nombreux esclaves et affranchis *(liberi)*. Le système de la clientèle y joue un rôle important : de nombreux plébéiens, dits alors « clients », se mettent sous la protection d'un patricien influent, dit leur « patron », aux intérêts duquel ils apportent leur

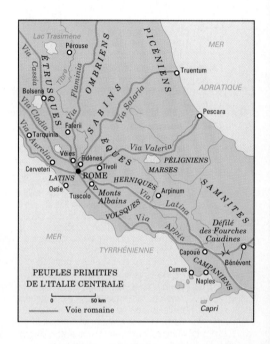

PEUPLES PRIMITIFS
DE L'ITALIE CENTRALE

soutien au cours des élections, auprès des tribunaux, en échange de cadeaux en nature ou d'argent.

Cette époque est aussi celle où la domination romaine s'étend dans la péninsule italienne et sur le bassin méditerranéen. Le rôle grandissant de l'armée permet l'émergence de personnalités remarquables, dont la politique de conquête de Rome assure l'enrichissement en les rendant politiquement influentes. Aussi les dernières décennies de la République seront-elles marquées par les conflits entre factions dirigées par des chefs militaires.

494	Guerre entre Rome et les trente villes de la Ligue latine ; en 493, grâce au pacte imposé par le consul Cassius, Rome devient la ville dominante de la Ligue. Première sécession de la plèbe : les plébéiens obtiennent une magistrature pour défendre leurs droits, le tribunat de la Plèbe.
451-449	Une commission de dix magistrats *(decemviri)* rédige un code civil et pénal, les Douze Tables (que Cicéron définit d'une façon emphatique « faîte et accomplissement du droit »).
396	Après dix années de siège, prise de Véies, ville étrusque qui contrôlait le cours du Tibre.
390	Invasion des Gaulois et défaite des Romains sur les berges de la rivière Allia. Rome est incendiée et pillée.
367	Adoption des lois proposées par les tribuns Licinius et Sestius : un plébéien peut accéder au consulat ; l'importante magistrature de la censure est réformée ; proposition de distribuer aux citoyens les terres appartenant à l'État, dites *ager publicus*.

343-341	Rome contracte des alliances avec les villes grecques de la Campanie. Le peuple montagnard des Samnites, habitants du Samnium et du pays Irpinien, réagit contre cette attitude et provoque la **première guerre samnite**.
326-304	**Deuxième guerre samnite** : en 321, les Romains subissent la célèbre humiliation des **Fourches Caudines**. Une réforme tactique de la légion (disposition par manipules, escouades de 60 hommes équipés d'un armement plus léger permettant ainsi une grande capacité de manœuvre) garantit à Rome une victoire partielle.
312	Appius Claudius Cæcus, homme de lettres et orateur, devient censeur : on construit la première partie de la via Appia (la voie arrivera jusqu'à Brindisi à la fin de la République).
298-290	**Troisième guerre samnite** et victoire de Rome. En 295, la victoire romaine de Sentinum, dans les actuelles Marches, sur les armées fédérées samnite, étrusque, gauloise et ombrienne permet à Rome d'étendre sa puissance sur l'Italie centrale.
282-272	Guerre contre Tarente, la dernière grande cité grecque puissante de la péninsule. Les Tarentins demandent l'aide de **Pyrrhus**, roi d'Épire, habile stratège et apparenté à la famille d'Alexandre le Grand. Malgré les renforts des Ptolémées d'Égypte et une diversion opérée en Sicile, Pyrrhus est vaincu à Maleventum (l'actuelle Bénévent). La conquête de Tarente permet à Rome d'être en contact avec la culture hellénistique (ce n'est pas par hasard que l'écrivain latin Livius Andronicus, auteur de l'*Odyssea*, une adaptation de l'*Odyssée*, était de Tarente).
264-241	**Première guerre punique** : Carthaginois et Romains s'affrontent en Sicile et sur mer. Les Romains l'emportent et conquièrent la Sicile, riche en blé et en villes prospères ; la Sicile devient une province (la première du domaine romain) gouvernée par un propréteur. Quelques années après la fin de la guerre, Rome s'empare de la Sardaigne.
218-201	**Deuxième guerre punique. Hannibal** part d'Espagne vers l'Italie ; en 218, il bat les Romains sur les bords du Tessin et de la Trébie et en 217 au lac Trasimène. Il écrase les légions à Cannes, près de l'actuelle Barletta. La contre-offensive romaine chasse les Carthaginois d'Espagne, tarissant ainsi les sources de ravitaillement d'Hannibal. **Scipion l'Africain** (jeune général de la noble *gens* Cornelia qui s'était déjà distingué sur le Tessin) s'installe en Sicile pour mieux porter le combat en Afrique. Hannibal, rappelé dans sa patrie, est vaincu à Zama par les légions de Scipion. Le sévère traité de paix garantit à Rome la suprématie dans le bassin méditerranéen occidental. En Italie, la guerre, terrible et destructrice, est lourde de conséquences : afflux d'esclaves, disparition de la petite propriété rurale, surpeuplement de Rome où la distribution de vivres attire en masse les populations démunies.
201	Plaute écrit ses premières comédies.
197-168	Guerre en Orient contre les états hellénistiques (la Macédoine et le royaume des Séleucides, qui s'étendait de l'Indus à la Méditerranée). Hellénisation de la culture : le consul Paul Émile, victorieux, amène à Rome la bibliothèque grecque de la capitale macédonienne.
179	Construction d'un théâtre en bois ; le premier théâtre en pierre fut édifié sous Pompée en 55.
146	**Troisième guerre punique** : prise et destruction de Carthage.
133-121	Les deux frères **Tibérius** et **Caius Gracchus**, tribuns de la plèbe, proposent des réformes sociales et économiques : le premier préconise la distribution de l'*ager publicus* aux indigents, le second cherche à résoudre le problème de la plèbe romaine, de la fondation de colonies et de l'extension de la citoyenneté romaine à tous les Italiques. Le Sénat, mécontent, ordonne l'assassinat de Tibérius, en 133, et de Caius, en 121.
111-105	Guerre contre Jugurtha, roi de Numidie. Les opérations de guerre sans vigueur et la probable corruption des sénateurs romains montrent la faiblesse de la République. Victoire grâce à deux célèbres généraux : **Marius**, élu consul pour la première fois en 107, et **Sylla**.
91-88	Guerre sociale entre Rome et ses alliés *(socii)* italiques qui exigeaient la concession de la citoyenneté romaine. Après de violents combats, les rebelles les plus aguerris sont anéantis, tandis que la citoyenneté romaine est enfin accordée à tous les Italiques. La plupart des habitants de la plaine du Pô en bénéficieront en 49 grâce à César.
88	**Première guerre civile.** Opposition entre le sénat (parti des nobles) et le parti populaire *(populares)*. Sylla, chef de file du sénat et de la *nobilitas*, perd le commandement des légions qui devaient combattre Mithridate ; cette charge est confiée à Marius, représentant du parti populaire. Sylla marche alors sur Rome, proscrit Marius et obtient de force la direction des opérations contre Mithridate.

LA VIE QUOTIDIENNE DES ROMAINS

Vie politique et sociale – La société romaine, à l'origine fondée sur l'inégalité de naissance, se divisait en deux grandes catégories : les **patriciens**, détenteurs de privilèges et participant à la conduite de l'État, et les **plébéiens**, dépourvus de tout droit et à qui l'accès aux affaires publiques était interdit. Les patriciens régnaient sur de nombreux esclaves, partie la plus misérable de la population, que leurs maîtres pouvaient affranchir. Sous la République, cette répartition sociale s'opérant selon la fortune, les plébéiens enrichis prirent place dans la vie politique.

Les pouvoirs exécutif et militaire étaient attribués à deux **consuls**, la justice aux **préteurs**, l'administrion et les finances aux **édiles** et aux **questeurs** ; tous exerçaient leurs fonctions pendant une année. Le **sénat**, dont les membres étaient nommés à vie et qui, à partir du 4e s. avant J.-C., compta des plébéiens, constituait une assemblée consultative. Les **propréteurs** et **proconsuls** administraient les provinces.

Sous l'Empire, les pouvoirs exercés par les consuls se concentrèrent dans les mains de l'**empereur**, chef de l'armée et détenteur du droit de paix et de guerre, grand pontife et responsable de la nomination des sénateurs. Certaines provinces passèrent alors sous son contrôle direct et furent gouvernées par des magistrats issus de l'ordre équestre, les **préfets** et les **procurateurs**.

La religion – Elle présidait à chacun des événements de la vie publique et privée. Rome emprunta ses dieux à toutes les mythologies ; les douze principaux, dérivés de l'Olympe grec, forment le **panthéon romain**.

Le dieu principal, **Jupiter** (*Zeus* chez les Grecs), gouverne le ciel, les éléments et la lumière ; il est souvent représenté avec un aigle, la foudre dans sa main et la tête surmontée d'une couronne. **Junon** (*Héra*), son épouse, déesse de la fidélité et du mariage, a pour animal le paon et pour attribut la grenade. Avec Junon et Jupiter, **Minerve** (*Athéna*) forme la Triade capitoline ; née de la tête de Jupiter, c'est la déesse de l'intelligence. Elle porte un bouclier (l'égide) et, souvent, un casque, attributs de ses fonctions guerrières ; son animal est la chouette.

Apollon (*Apollon*), dieu de la beauté, du soleil et des arts, s'accompagne d'une lyre pour chanter et porte un arc comme sa sœur **Diane** (*Artémis*), déesse de la chasse, de la lune (d'où le croissant qui la coiffe) et de la chasteté : son animal est la biche. **Mercure** (*Hermès*) protège le commerce et les voyages ; ses sandales sont ailées et sa main arbore le caducée. **Vulcain** (*Héphaïstos*), dieu du feu, travaille à la forge avec un marteau et une enclume, tandis que **Vesta** (*Hestia*), protectrice du foyer, porte une simple flamme, symbole du feu domestique. On reconnaît **Mars** (*Arès*), dieu de la guerre, à ses armes et à son casque. **Vénus** (*Aphrodite*) est la déesse de l'amour (d'où la colombe qui l'accompagne) et de la beauté ; née de l'écume des flots, elle est souvent représentée sur un coquillage ou entourée de divinités marines, comme **Neptune** (*Poséidon*), dieu de la mer, armé du trident. Enfin **Cérès** (*Déméter*) protège la terre, la moisson et la fécondité ; elle tient une gerbe de blé et une faucille.

Tandis que le culte public s'exerçait dans les temples, un culte domestique était rendu aux dieux protecteurs du foyer (Lares et Pénates), et de nombreuses maisons possédaient leur petit oratoire ou **lararium**. Les Romains célébraient aussi dans leurs demeures les Mânes (âmes des morts).

Le culte des morts – Les nécropoles romaines étaient situées à l'extérieur des murs d'enceinte. Souvent, les tombes étaient alignées le long des voies d'accès à la cité. Les Romains pratiquaient tant l'inhumation que la crémation. Les tombes les plus anciennes étaient dans le premier cas **à fosse** (avec un sarcophage parfois taillé dans un tronc d'arbre), et dans le second **à puits** c'est-à-dire formées d'une petite cavité creusée dans le sol, à l'intérieur de laquelle était placée l'amphore ou l'urne contenant les cendres du défunt. L'importance de la sépulture augmenta avec l'influence étrusque et, sous la République, on vit apparaître des tombeaux à plusieurs chambres abritant des sarcophages.

Les **cippes**, simples blocs de pierre portant une inscription, signalaient les tombes les plus rudimentaires. Plus élaborées, les **stèles** de pierre ou de marbre étaient rehaussées de décorations. Ce n'est que beaucoup plus tard qu'apparut le **colombarium** : de grandes salles collectives souterraines, aux parois quadrillées de niches, recevaient les urnes réservées aux plus pauvres et aux esclaves.

Un mobilier qui devait servir à sa seconde existence accompagnait souvent les restes du défunt : vêtements, armes, outils pour les hommes ; parures et objets de toilette pour les femmes ; jouets pour les enfants.

L'habitation – Les villes étaient constituées d'immeubles de rapport à plusieurs étages, l'**insula** (*voir description à Ostia*), de petites maisons bourgeoises et de grandes habitations patriciennes, la **domus** résidentielle qui, même très luxueuse, paraissait modeste extérieurement par la nudité de ses murs dépourvus de fenêtres. La maison primitive comprenait un **atrium**, grande salle rectangulaire dont la partie centrale à ciel ouvert recevait les eaux de pluie dans un bassin appelé **impluvium** ; sur l'atrium, dont le fond était occupé par le cabinet de travail et de réception du chef de famille, prenaient jour les autres pièces, souvent petites. Les hauts fonctionnaires, les colons enrichis, les commerçants aisés disposaient d'une seconde demeure de type grec, plus raffinée, exclusivement réservée à la famille et composée de pièces d'utilisation saisonnière, s'organisant autour de plusieurs atriums et d'un **péristyle** (cour bordée d'un portique) occupé en son centre par un jardin, parfois par une piscine. Dans le **triclinium** ou salle à manger, les convives se tenaient à demi étendus sur des lits disposés en fer à cheval autour de la table.

Ave Cæsar !

Caius Julius Cæsar (101-44), homme de guerre et homme d'État, orateur et écrivain *(Commentaires de la guerre des Gaules* et *De la guerre civile)* amorça l'établissement de l'Empire. Très jeune et proche du parti populaire, il fit preuve d'une grande habileté politique. Dans une déclaration qu'il fit à la tribune aux harangues, à l'occasion des funérailles de sa tante Julie (la veuve de Marius) en 68, il affirma que sa famille, la *gens* Iulia, et lui-même descendait de Vénus.
Consul en 59, il eut tôt fait de réduire au silence le deuxième consul Bibulus ; si bien que, selon Suétone, « quelques gens d'esprit [parlaient] non point du consulat de César et de Bibulus, mais du consulat de Jules et de César ». En 58, il reçut le gouvernement de la Gaule cisalpine et la Province (la future Provence) ; en 51, il était maître de toute la Gaule, au prix probablement d'un million de morts. En janvier 49, il franchit le Rubicon (à l'époque limite du *pomœrium*) et marcha sur Rome contre les institutions de la République. Pompée, consul unique depuis 52 grâce à l'appui du sénat, s'enfuit. La guerre civile commença. L'armée de Pompée fut défaite à Pharsale en Thessalie, puis en Afrique et en Espagne et Pompée trouva la mort à Alexandrie.
Au début de 44, César fut nommé consul et dictateur à vie ; il siégea sur un trône d'or, donna son nom au mois de sa naissance (juillet), affaiblit le pouvoir des séna-teurs en portant leur nombre à 900. Le 15 mars de l'année 44 (Ides de mars), alors qu'il projetait une campagne contre les Parthes, un groupe de sénateurs (dont son fils adoptif Brutus) assemblés dans la Curie de Pompée, le poignarda.

87	Dès le départ de Sylla, Marius rentre à Rome où, avec l'aide de **Cinna**, il assure la prépondérance du parti populaire.
84	Retour de Sylla en Italie et défaite de Cinna (Marius était mort en 867). L'année suivante, Sylla instaure la dictature ; publication des listes de proscription contre ses ennemis (le proscrit était privé de toute protection légale ; celui qui tuait un proscrit pouvait réclamer tout ou une partie de ses biens).
82-79	Dictature de Sylla et réforme de la République : le pouvoir du sénat augmente tandis que celui des tribuns de la plèbe diminue. Sylla quitte la scène en 79 et meurt l'année suivante. Un de ses biographes définit son action politique comme « la monarchie manquée », car, contraire-ment à Auguste, Sylla maintient le système politique républicain.
73-70	Après avoir maîtrisé la révolte des esclaves conduite par **Spartacus** (6 000 prisonniers crucifiés), le riche homme d'affaires **Licinius Crassus** est élu consul en 70 avec le **« Grand » Pompée**, ancien lieutenant de Sylla, qui obtient le droit de décider seul de la paix et de la guerre et part combattre Mithridate en Asie Mineure de 66 à 62).
63	**Conjuration de Catilina** – Cet aristocrate déchu, soutenu en sous-main par César, avait tenté en 65 d'assassiner les consuls. Cicéron, devenu consul et partisan de « l'harmonie des ordres » entre les sénateurs et l'ordre des che-valiers (dont faisaient partie de nombreux hommes d'affaires et spécula-teurs) dénonce la conjuration. Catilina meurt au combat près de Pistoia.
60	Un accord privé entre Crassus, Pompée et César a lieu à Lucques. Il s'agit du **premier triumvirat**. L'année suivante, César est nommé consul.
58-52	Campagne de César contre les tribus celtiques de la Gaule. Le général débarque aussi en Bretagne (l'actuelle Grande-Bretagne) et, de retour sur le continent, combat les tribus germaniques. Situation difficile en Orient où, en 54, Crassus est vaincu et tué par les Parthes, près de Carrhes, en haute Mésopotamie.
49-45	Guerre civile entre César et Pompée.
49	Dictature de César.
48	Assassinat de Pompée qui s'était réfugié en Égypte à la cour des Ptolémées.

César

Auguste

Tibère

44 **Ides de Mars** (15 mars), assassinat de César.

43 **Deuxième triumvirat** (il ne s'agit plus d'un accord privé, mais d'une magistrature reconnue) entre **Antoine** (lieutenant de César), le jeune **Octave** (petit-neveu de César, il prit le nom de Caius Julius Cæsar Octavianus après que ce dernier l'eût adopté) et **Lépide** (maître de la cavalerie de César). Lors de la paix de Brindes en 40, scellée par le mariage d'Antoine avec Octavie, sœur d'Octave, ils se partagent le monde romain : Antoine reçoit l'Orient, Octave l'Occident et Lépide l'Afrique. Assassinat de Cicéron qui avait osé attaquer Antoine dans certains de ses discours publics.

31 Bataille navale d'**Actium** (près de Patras) entre les flottes d'Octave et d'Antoine, qui a épousé Cléopâtre, reine d'Égypte, sans avoir répudié Octavie ; le pouvoir romain repousse les rêves orientaux poursuivis par Antoine, qui se suicide, suivi en cela par Cléopâtre, tandis qu'Octave, se proclamant successeur des Ptolémées, annexe l'Égypte, devenue sa propriété personnelle, au domaine romain.

Les Julio-Claudiens (27 avant J.-C.-69 après J.-C.)

27 Par décret sénatorial, Octave reçoit tous les pouvoirs et le nom d'Auguste (*augere* = augmenter, accroître), lui conférant un caractère sacré et religieux.

Auguste et son action politique

Auguste réorganise l'administration des provinces : certaines sont administrées par des promagistrats recrutés dans l'ordre sénatorial, tandis que les plus rebelles, nécessitant la présence d'une armée, sont gouvernées par des fonctionnaires issus de l'ordre équestre (l'Égypte, important producteur de blé, était gouvernée par un préfet et aucun sénateur ne pouvait s'y installer sans la permission d'Auguste). La ville de Rome fut divisée en 14 quartiers, dits *regiones*, dirigés par un *vicimagister* ; son gouvernement fut confié à un sénateur, qui eut le titre de *præfectus urbis*, fonction estimée illégale par de nombreux contemporains. Rome possédait une garnison d'environ 15 000 hommes, répartis en 9 cohortes de prétoriens, 7 cohortes urbaines et plusieurs cohortes de veilleurs (*vigiles*, gardes chargés de la police la nuit mais assurant aussi un rôle comparable à celui des pompiers et incorporables à l'armée à tout moment) ; ces troupes auront un rôle déterminant dans la vie politique. Auguste propose un programme de construction assez ambitieux et tente de moraliser la vie publique, en particulier celle de l'aristocratie urbaine, en favorisant le mariage et en donnant une nouvelle impulsion aux cultes religieux traditionnels et romains (en 12, Auguste devient *pontifex maximus*, fonction sacerdotale la plus élevée).

---

14 après J.-C. Auguste meurt à Nola après avoir vu mourir prématurément plusieurs membres de sa famille qui auraient dû lui succéder. Reste **Tibère**, fils de Livie (l'épouse d'Auguste), qui s'était distingué par ses vertus militaires en Germanie et en Pannonie. Introverti et fier de sa tradition familiale (il appartenait à la très noble *gens* Claudia), dans les dernières années de sa vie il s'éloigne de Rome, aigri, et meurt en 27 après J.-C. L'historien Tacite fut l'un de ses plus implacables et géniaux détracteurs.

30 Condamnation à mort de **Jésus de Nazareth**.

37-41 **Caligula** est proclamé empereur. Atteint de déséquilibre mental, il impose une vision absolutiste du pouvoir impérial, loin du compromis avec les formes républicaines qu'Auguste avait essayé de trouver. Il meurt assassiné, victime d'une conjuration.

Néron

Vespasien

Marc Aurèle

Museo Capitolino, Roma-S. Chirol

Museo Capitolino, Roma-S. Chigi

Museo Capitolino, Roma-S. Chirol

La folie au pouvoir

Après l'assassinat du vieux Claude, perpétré par sa femme Agrippine, **Néron**, fils de cette dernière et adopté par Claude en 50, devient empereur. Pendant cinq ans, son précepteur Sénèque essaie de modérer le tempérament du jeune homme et ses élans absolutistes. La répression d'une conjuration de sénateurs conduit Sénèque au suicide et pousse Néron à un despotisme sanglant. Les succès diplomatiques (l'Arménie entre dans la zone d'influence romaine) ne compensent pas la vague de mécontentement; une violente persécution contre les chrétiens suit le célèbre incendie de 64. Les légions de Germanie se révoltent et imposent comme empereur Galba. Néron se suicide. Suétone lui prêtera alors ces mots : «Quel artiste périt avec moi!»

41-54	**Claude**, oncle de Caligula qui s'était jusque-là consacré à l'étude de la civilisation étrusque, lui succède. Il annexe la Bretagne (l'actuelle Grande-Bretagne), réorganise l'administration, où il crée des charges *(officia)* qu'il confie aux plus fidèles de ses affranchis. La lutte contre le sénat est violente. **Sénèque**, une des victimes de cette répression, est relégué en Corse.
54-69	Règne de Néron.
69	Troubles pour la succession de Néron. Galba est assassiné par les partisans du préfet de Lusitanie, Othon, qui, à peine sur le trône, est à son tour vaincu par Vitellius et poussé au suicide. Face à Vitellius se dresse Vespasien : c'est la **guerre civile,** dont le champ de bataille est la ville de Rome même, où le peuple massacre Vitellius. Un des actes les plus graves commis pendant ces luttes est l'incendie du Capitole, infraction religieuse majeure du fait de la profanation du temple de Jupiter Capitolin.

Les Flaviens (70-96)

69-79	Après un an de guerre civile et de nombreux ravages, l'Italique **Vespasien**, né à Reate (l'actuelle Rieti) et chef de l'armée chargée de pacifier la Judée, est proclamé empereur. Administrateur très habile, il rétablit les finances de l'État et promulgue la *Lex de imperio*, qui pour la première fois établit les compétences de l'empereur *(princeps)*. Il encourage la réalisation de travaux publics, tel l'énorme amphithéâtre Flavien (Colisée).

79-81	**Titus**, fils aîné de Vespasien, devient empereur. L'éruption du Vésuve en 79 détruit Herculanum, Stabies, Pompéi et cause la mort de **Pline l'Ancien** venu avec la flotte, dont il était amiral, au secours des habitants.
81-96	**Domitien**, frère de Titus, devient empereur. Adversaire du sénat, il lance des offensives malchanceuses sur le territoire germain et en Dacie. En 95, il décrète une persécution contre les chrétiens. Il meurt à la suite d'une conjuration.

Les Antonins et le principat adoptif (96-192)

96-98	Règne de **Nerva**, ancien sénateur, qui inaugure le mode de succession au trône par adoption d'un héritier.
98-117	Règne de **Trajan**.

L' « optimus princeps »

Premier empereur né hors de Rome (bien que d'origine italique, il était né en Espagne), **Marcus Ulpius Traianus** est considéré comme l'*optimus princeps* (le meilleur des empereurs). Intelligent et énergique, il réalise de gigantesques travaux publics, érigeant un forum avec des marchés et deux bibliothèques (une grecque et une latine), agrandissant les ports d'Ostie et d'Ancône, édifiant en Espagne le pont d'Alcantara et l'aqueduc de Ségovie. Il décrète la première des mesures sociales jamais prises en fondant en Italie un service de subsistance *(alimenta)* en faveur de l'enfance. Ses deux campagnes victorieuses en Dacie (l'actuelle Roumanie) apportent à Rome de riches butins : l'or et les esclaves daces favorisent l'économie de l'Empire. Afin que celui-ci bénéficie des échanges avec l'Extrême-Orient, Trajan s'attaque en Mésopotamie au royaume des Parthes et avance jusqu'au golfe Persique. Il conquiert aussi le royaume des Nabatéens et sa capitale, Pétra, important centre caravanier et riche cité commerçante. Il meurt d'épuisement en 117, peu après son retour à Rome

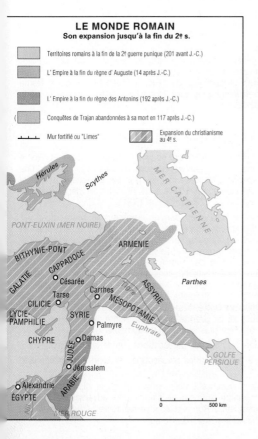

LE MONDE ROMAIN
Son expansion jusqu'à la fin du 2ᵉ s.

Territoires romains à la fin de la 2ᵉ guerre punique (201 avant J.-C.)

L' Empire à la fin du règne d' Auguste (14 après J.-C.)

L' Empire à la fin du règne des Antonins (192 après J.-C.)

Conquêtes de Trajan abandonnées à sa mort en 117 après J.-C.)

⊢⊣ Mur fortifié ou "Limes"

Expansion du christianisme au 4ᵉ s.

Hérules
Scythes
MER CASPIENNE
PONT-EUXIN (MER NOIRE)
ARMENIE
BITHYNIE-PONT
GALATIE
CAPPADOCE
○ Césarée
Tarse
Carrhes
CILICIE
MÉSOPOTAMIE
ASSYRIE
Parthes
LYCIE-PAMPHILIE
SYRIE
○ Palmyre
Euphrate
Tigre
CHYPRE
○ Damas
JUDÉE
○ Jérusalem
GOLFE PERSIQUE
○ Alexandrie
ARABIE
ÉGYPTE
NIL
MER ROUGE

0   500 km

117-138	Règne d'**Hadrien.** Partisan d'une politique de paix, il abandonne la Mésopotamie et élève des fortifications aux confins *(limes)* de l'Empire. Esprit cultivé, raffiné et passionné d'hellénisme, il parcourt l'Empire : l'Afrique en 128, puis l'Orient jusqu'en 134. Son règne est terni par une terrible révolte des Hébreux en Palestine, en Égypte et à Cyrène (131-135).
136-161	Longue période de paix sous le règne d'**Antonin le Pieux**. Rome compte environ un million d'habitants ; à cette époque, seule Pékin est plus peuplée que Rome.
161-180	Règne de **Marc Aurèle**, philosophe stoïcien et auteur raffiné du journal philosophique intitulé *À moi-même*. Après une campagne contre les Parthes, il doit faire face sur le Danube à la menace de certains peuples germaniques (Quades et Marcomans).
180-192	Règne de **Commode**, fils de Marc Aurèle : jeune, cruel et peu habile, il est assassiné lors d'une conjuration.

Les Sévères et l'anarchie militaire du 3ᵉ s.

193-211	À la faveur d'une guerre civile, **Septime Sévère**, général né en Afrique, est porté au pouvoir. Il dissout les cohortes prétoriennes, désormais trop puissantes, et combat les Parthes et les Scots de Bretagne (Grande-Bretagne). Le gouvernement évolue vers l'autocratie militaire.
211-217	Règne de Marcus Aurelius Antoninus, dit **Caracalla**, de caractère instable et féroce. En 212, il édicte la *Constitution antonine*, qui, probablement pour des raisons fiscales, accorde à presque tous les hommes libres de l'Empire la citoyenneté romaine. Très grave inflation qui durera jusqu'au début du 6ᵉ s.
218-222	Règne d'**Élagabal**, grand prêtre d'un culte solaire de la ville d'Émèse en Syrie, assassiné pour ses coutumes extravagantes.
222-235	**Alexandre Sévère** tente de collaborer avec le sénat et d'arrêter les Germains. Il est tué par le Thrace **Maximin**, fruste militaire de carrière, qui lui succède. S'ensuit une période de grave anarchie militaire, marquée par les agressions des Germains et des Perses.
256-260	**Valérien** déchaîne les persécutions contre les chrétiens. Vaincu avec son armée par les Perses, il demeure leur prisonnier. Il a pour successeur son fils **Gallien**, protecteur du célèbre philosophe **Plotin**, qui tient école à Rome.
270-275	**Aurélien**, habile général, conquiert Palmyre, capitale d'un état syrien, qui, sous la conduite de Zénobie, s'était détaché de Rome. Préoccupé par les infiltrations germaniques en Italie, Aurélien fait entourer Rome de murs, que renforcera plus tard Honorius : cette ceinture possède 16 portes et 383 tours.

L'empire autocratique (4ᵉ s.-5ᵉ s.)

Avec Dioclétien et Constantin, l'Empire prend un nouveau visage : l'Italie et Rome perdent de plus en plus d'importance, le pouvoir impérial devient autocratique, une réforme administrative et fiscale modifie les anciennes institutions d'Auguste, la famille impériale adopte la religion chrétienne et les intérêts de l'Empire se déplacent vers l'Orient, comme le prouve la fondation de Constantinople (331).

284-305	Un officier supérieur, **Dioclétien**, devient empereur. Il tente d'enrayer l'inflation en imposant des taxes par un édit *(edictum de pretiis)* et réorganise l'Empire – qu'il divise en diocèses regroupant plusieurs provinces et confiés à des vicaires – et le mode de succession. Il établit la **tétrarchie** ou gouvernement des quatre (deux augustes – les empereurs associés – et deux césars, subordonnés aux premiers) : en 286, **Maximien** devient auguste et réside à Milan, **Galère**, césar de Dioclétien, s'installe à Sirmium (auj. Sremska Mitrovica, en Serbie) et gouverne l'Orient, enfin **Constance Chlore**, césar de Maximien, s'installe à Trèves et gouverne la Gaule et la Grande-Bretagne. Rome perd son rang de capitale et tend à n'être plus guère qu'un symbole.
303	Dioclétien ordonne de violentes persécutions contre les chrétiens.
311	En Orient, Galère fait cesser les persécutions et rend aux chrétiens la liberté de culte.
306-337	**Constantin**, fils de Constance Chlore, profitant de la dissolution de la tétrarchie, se proclame auguste et élimine ses adversaires, dont le païen Maxence (résidant à Rome et appuyé par le sénat), qui est vaincu au pont Milvius, sous les murs de Rome.

Constantin et la Rome chrétienne

DAGLI ORTI, Paris

Constantin sera seul empereur à partir de 324. En 313, en accord avec Licinius, auguste pour l'Orient, il promulgue l'**édit de Milan**, qui établit la liberté de culte pour toutes les religions, à l'exception du manichéisme. Catéchumène chrétien et considérant l'Église comme l'un des soutiens de l'État, il convoque en 325 à Nicée (Asie Mineure) le **premier concile œcuménique** de la chrétienté : l'hérésie arienne est condamnée. Constantin entreprend de faire construire des basiliques : à Jérusalem (St-Sépulcre) et à Rome (St-Pierre, St-Jean-de-Latran, résidence des papes pendant des siècles). La conversion de Constantin sanctionne la naissance d'un empire chrétien.

L'Église de Rome tire sa primauté sur les autres sièges épiscopaux et sur les quatre autres patriarcats de la chrétienté du fait que, selon la tradition, la prédication et le martyre de saint Pierre et de saint Paul se déroulèrent à Rome. Saint Paul aurait été décapité en 67 (d'après le témoignage de Tertullien). Dès le 2e s., saint Irénée, évêque de Lyon, évoque cette primauté dans ses écrits. D'autres auteurs narrent le martyre de saint Paul et la crucifixion de saint Pierre sous le règne de Néron. Eusèbe de Césarée (4e s.) mentionne les tombeaux des apôtres érigés par Gaius et écrit : « Si tu te rends sur le Vatican ou sur la Via Ostiense, tu trouveras les tombeaux des fondateurs de cette église. » Le tombeau attribué à Gaius, grâce aussi à des témoignages archéologiques précis, a été identifié dans la crypte de St-Paul-hors-les-Murs, tandis que des fouilles récentes ont permis de reconnaître celui du premier pape dans les catacombes de St-Pierre. Selon Suétone et Tacite, la prédication chrétienne se serait exercée auprès des communautés juives qui, au moins à la fin du 1er s., s'étaient installées au Transtévère (la communauté de Rome serait donc la plus ancienne d'Europe). Cette prédication intéresse bientôt les nobles : l'aristocrate Acilius Glabrio est martyrisé en 91 et Flavius Clemens, cousin de Domitien, est tué parce qu'il est chrétien. Son épouse Domitilla aurait offert un terrain pour l'implantation d'un cimetière chrétien. De nombreuses églises furent édifiées près des sépultures des martyrs ou des demeures des riches protecteurs des communautés chrétiennes *(tituli)*.

337-360	Les trois fils de Constantin se partagent l'Empire et entrent bientôt en conflit : le vainqueur est **Constance II**, de confession arienne, qui, fait plutôt rare, se rend à Rome.
360-363	Règne de **Julien**. Cousin de Constance II et très cultivé, il abandonne le christianisme et tente de favoriser le polythéisme ancien, ce qui lui vaut le surnom d'**Apostat**. Il interdit d'enseigner aux maîtres chrétiens, sans s'abandonner à des actes concrets d'hostilité contre les chrétiens. Vainqueur des Perses, il meurt au combat près de Ctésiphon, en Mésopotamie.
378	Désastreuse défaite des Romains, dans leur lutte contre les **Goths**, à **Andrinople** (Thrace) : l'empereur Valens est tué et les Goths, après s'être installés dans les Balkans, serviront souvent comme mercenaires dans l'armée romaine.
382	L'empereur Gratien, pupille de saint Ambroise, renonce au titre traditionnel et païen de *pontifex maximus*, conféré de droit à tous les empereurs depuis Auguste.
379-395	**Règne de Théodose Ier.** Il résout le problème des Goths et, à partir de 383, règne seul (le dernier dans l'histoire de Rome) sur l'Empire. En 380 à Thessalonique l'empereur proclame le christianisme de Nicée religion d'État. En 392, conseillé par saint Ambroise, il interdit toute pratique païenne. À sa mort, l'Empire est partagé entre ses 2 fils : **Arcadius** pour l'Orient et **Honorius**, dont le tuteur était le général d'origine vandale Stilicon, pour l'Occident.
403	Après l'invasion de la plaine du Pô par le Wisigoth **Alaric** (vaincu par Stilicon), Honorius quitte Milan et s'installe à Ravenne, ville protégée par des marécages. Stilicon est tué à la suite d'une conjuration en 407.
410	Pendant trois jours, Rome est pillée par Alaric. Saint Jérôme et saint Augustin ont laissé dans leurs œuvres des pages douloureuses sur la profanation de Rome. L'année précédente, plusieurs peuples germains avaient envahi les Gaules. L'Empire d'Occident s'écroule.
430	**Saint Augustin** meurt à Hippone (en Algérie), assiégée par les Vandales. Ce grand philosophe et écrivain chrétien est l'auteur de *Confessions* et de l'importante œuvre dédiée à l'interprétation de la civilisation et de la décadence de Rome : *La Cité de Dieu*.

ROME
SOUS L'EMPIRE

(du 1er s. avant J.-C.
au 4e s. après J.-C.)

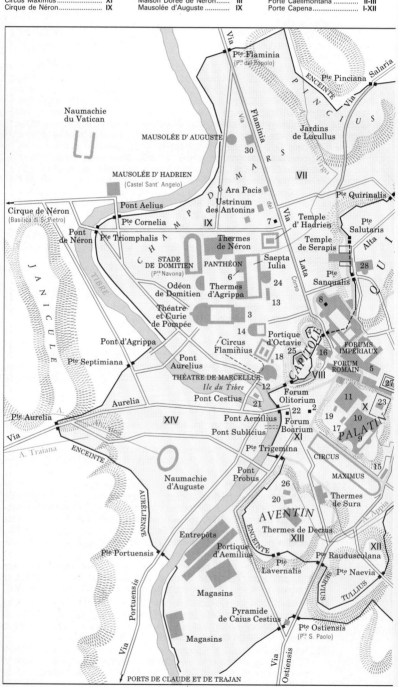

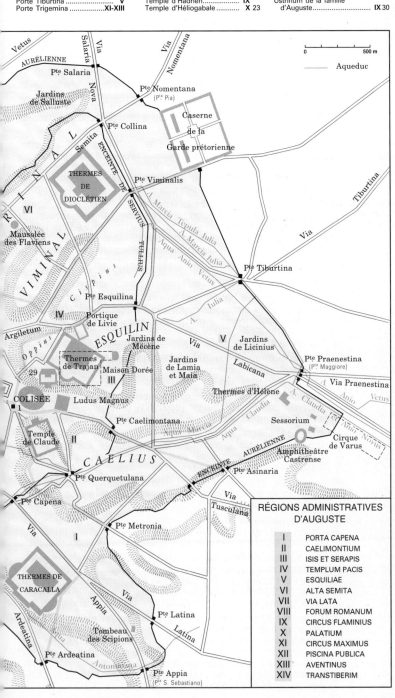

RÉGIONS ADMINISTRATIVES D'AUGUSTE

I	PORTA CAPENA
II	CAELIMONTIUM
III	ISIS ET SERAPIS
IV	TEMPLUM PACIS
V	ESQUILIAE
VI	ALTA SEMITA
VII	VIA LATA
VIII	FORUM ROMANUM
IX	CIRCUS FLAMINIUS
X	PALATIUM
XI	CIRCUS MAXIMUS
XII	PISCINA PUBLICA
XIII	AVENTINUS
XIV	TRANSTIBERIM

440-461	Avec le pontificat du pape **Léon Ier le Grand** s'affirme définitivement la doctrine de la primauté sur le patriarche de Constantinople de l'évêque de Rome, proclamé évêque universel et source même de l'autorité épiscopale.
455	Le chef vandale **Geiséric** (ou Genséric), venu d'Afrique, met à sac Rome avec une extraordinaire cruauté. Quatre années auparavant, le général romain Aetius avait arrêté l'invasion des Huns en Gaule et, en 452, l'intervention du pape et l'apparition d'une épidémie de peste en Italie avaient amené **Attila** à se retirer dans la plaine du Pô.
476	**Romulus Augustule**, dernier empereur d'Occident, est déposé par le germain **Odoacre**. L'empereur d'Orient est universellement reconnu comme légitime empereur.

Rome au Moyen Âge (6e-15e s.)

493	Les **Ostrogoths**, de confession arienne, s'installent en Italie. Avec leur roi, **Théodoric**, homme très cultivé, s'ouvre une période de collaboration avec les Romains.
527-565	**Justinien** est empereur d'Orient; en 540, il ordonne à Bélisaire de conquérir la Sicile. C'est le début de la désastreuse guerre contre les Goths qui dévastera l'Italie et aussi la véritable fin de l'ère antique italienne. Bélisaire conquiert Rome mais la perd par la suite. L'Italie est annexée à l'Empire d'Orient en 552.
568	Invasion des **Lombards**, plus barbares et incultes que les Wisigoths. Rome, sujette de Byzance, trouve dans le pape un défenseur politique et militaire. L'exarque, représentant de Byzance, réside à Ravenne et non à Rome. La disparition du sénat et les destructions subies marquent le début de la décadence de Rome.
590-604	Pontificat de **Grégoire Ier le Grand**, appelé *consul Dei* pour son habileté politique. Écrivain et théologien, il organise l'évangélisation de la Grande-Bretagne. Sous son pontificat, Rome devient une force morale et politique importante dans toute l'Europe. Malgré son importance, Rome (décrite dans les nombreux *Itineraria*, chroniques de voyage rédigées par des pèlerins dès le 7e s.) est une petite ville qui compte environ 20 000 habitants. Pendant deux siècles, elle sera influencée par la langue grecque et accueillera les moines orientaux.
752	Rome est menacée par les Lombards; le pape Étienne II fait appel à **Pépin le Bref** (les Francs étaient catholiques, contrairement aux autres Germains, de confession arienne). Les Francs s'allient avec le pape qui se méfiait de Byzance, trop lointaine et trop agitée par l'iconoclasme que Rome détestait.
756	**Donation de Quiersy-sur-Oise** *(voir p. 274)*. La papauté acquiert Sutri et d'autres territoires, qui constituent le « Patrimoine de Saint-Pierre », c'est-à-dire le noyau des états de l'Église.
800	**Charlemagne**, qui avait assujetti les Lombards en 776, est couronné empereur par Léon III malgré l'opposition de Byzance; il ressuscite ainsi l'Empire d'Occident. Rome est le siège privilégié de cette *Respublica Christiana*.
824	Louis le Pieux, fils et successeur de Charlemagne, décrète dans sa *Constitutio* que personne ne peut être élu pape sans avoir prêté d'abord serment de fidélité à l'empereur
846	Les Arabes, débarqués à Ostie, pillent la basilique St-Pierre, ce qui entraînera en 852 l'édification d'une enceinte, les murs Léonins, autour de la basilique du Vatican.
9e-10e s.	C'est la période de la papauté « armée » : en effet, les aristocrates romains (Théophylacte, Crescentius et les comtes de Tusculum) assurent l'élection de leurs enfants, souvent faibles et débauchés.
962	Jean XII appelle à Rome **Otton Ier**, roi de Germanie. Couronné empereur du Saint Empire romain germanique par le pape, Otton impose une profonde réforme de la papauté qui sera contrôlée par l'autorité impériale. En 963, le pape Jean XII est déposé au profit de Léon VIII, prélat germanique fidèle à l'empereur.
996	L'empereur **Otton III** transfère le siège de son gouvernement à Rome et réside sur l'Aventin; il rêve de restaurer la grandeur de Rome. Il est soutenu par Sylvestre II, pape érudit qu'il fait élire en 999. En 998, l'empereur promulgue un *Privilegium* attestant la suprématie de Rome sur toutes les autres villes de l'Empire. La mort d'Otton en 1002 empêche la réalisation du projet qui aurait permis à Rome de recouvrer sa dignité et son pouvoir.

1057	Étienne IX est élu pape sans l'approbation de l'empereur.
1075	**Grégoire VII**, partisan d'une théocratie absolue, décrète la suprématie du pape sur l'empereur et interdit à l'autorité laïque toute collation de titres ecclésiastiques (querelle des Investitures). Il dénonce la vente et l'achat des biens de l'Église, ainsi que le mariage des ecclésiastiques (nicolaïsme). Grâce aux *Dictatus Papae*, le pape acquiert une puissance sacrée et politique vraiment exceptionnelle : il a la suprématie sur n'importe quel évêque et chrétien, y compris sur l'empereur. Irrité, l'empereur Henri IV envahit Rome, mais en est chassé par l'armée normande de Robert Guiscard, appelée en renfort par Grégoire VII. Rome est mise à sac et la population massacrée ; nombre de survivants sont vendus comme esclaves.
1122	**Concordat de Worms** : le pape et l'empereur trouvent un compromis pour mettre un terme à la querelle des Investitures. Sur la proposition du canoniste Yves de Chartres, l'investiture spirituelle d'un évêque revient au pape, qui la sanctionne au moyen de sa bague et de sa crosse ; l'empereur lui accorde ensuite le pouvoir temporel au moyen de son sceptre.
1130-1155	Arnaud de Brescia, un moine qui avait été l'élève du philosophe Abélard, tente de réformer la papauté et de restaurer la république à Rome.
1153	Par le traité de Constance, le pape se place sous la protection de **Fréderic Barberousse** ; Arnaud de Brescia est fait prisonnier et pendu. Un nouveau conflit entre le pape et l'empereur voit Rome se hérisser de forteresses *(Roma turrita)* tenues par des familles aristocratiques, dévouées au pape ou à l'empereur.
1198-1216	Pontificat d'Innocent III. Cette période représente l'apogée de la théocratie papale médiévale.
1309-1377	**Papauté à Avignon** : à cause de l'influence de la monarchie française, les papes (la plupart français) s'installent à Avignon. Le pape ne reviendra résider à Rome qu'à la prière ou sous la pression de sainte Catherine de Sienne, de sainte Brigitte de Suède et de Pétrarque.
1347	**Cola di Rienzo**, un notaire, domine Rome. Féru d'Antiquité, il rêve de rendre à la ville sa grandeur d'autrefois et se fait élire tribun. Sa tentative échouera en raison de l'hostilité des familles aristocratiques romaines ; après trois années au pouvoir, il doit s'enfuir, puis revient en tant que sénateur romain, titre que le pape lui avait accordé, mais doit bientôt prendre à nouveau la fuite et meurt tragiquement massacré. Une œuvre anonyme, *Vita de Cola de Rienzo*, constitue un précieux témoignage de la langue vulgaire romaine.
1357	Le cardinal Gil de Albornoz rédige les *Constitutiones Aedigidianae*, ensemble de lois qui réglementeront les états de l'Église jusqu'au 19ᵉ s.
1378-1417	**Grand schisme d'Occident**. Deux papes règnent, l'un à Rome, l'autre à Avignon ; le concile de Pise en 1409 en désigne même un troisième. Finalement, le Romain **Martin V**, pape unique en 1417, rétablit à Rome le siège de la papauté.
1447-1455	**Nicolas V** fonde la bibliothèque vaticane aujourd'hui riche d'environ 500 000 volumes et 60 000 manuscrits. Rome devient le centre de l'humanisme européen.
1453	Prise de Constantinople par les Turcs et fin de l'Empire d'Orient. Le pape humaniste Pie II (Enea Silvio Piccolomini) proteste contre l'indolence des souverains occidentaux.

Rome à l'époque moderne

1494	**Charles VIII**, roi de France, en marche vers Naples, entre à Rome. Ingérence des puissances étrangères dans le centre et le Nord de l'Italie.
1508-1512	Après une période de luttes contre les familles aristocratiques, **Jules II** s'emploie à garder la Romagne, affaiblir Venise et chasser d'Italie le roi de France Louis XII.
1517	**Luther**, qui avait visité Rome et constaté l'immoralité de la curie, affiche ses *95 Thèses* sur la porte de l'église de Wittenberg. Le pape Léon X sous-estime le danger que représente ce geste.
6 mai 1527	**Sac de Rome** par les troupes impériales de Charles Quint (composées de soldats suisses protestants et d'Espagnols) ; elles occupent la ville pendant sept mois. La population passe de 55 000 habitants à 32 000 en novembre ; plus tard, l'afflux de populations venues du centre de l'Italie amènera une évolution de la langue vernaculaire romaine, qui se détachera des dialectes méridionaux. En novembre, Clément VII se rend aux troupes impériales et promet un concile visant à une réforme de l'Église.

LES FAMILLES INFLUENTES
DANS L'HISTOIRE DE ROME

Barberini – Famille romaine d'origine toscane. Elle donne un pape à l'Église, **Urbain VIII** (1623-1644), à qui l'on doit la construction du palais Barberini sur le Quirinal *(via delle Quattro Fontane)*, à laquelle œuvrèrent conjointement les jeunes Borromini et le Bernin. Le palais abrite aujourd'hui une prestigieuse galerie de peinture. Sur la piazza Barberini, Urbain VIII fit ériger la fontaine du Triton et la fontaine des Abeilles. Ami de Galilée, il fut le premier à engager le Bernin, qui réalisa, à sa demande, le baldaquin de l'autel de St-Pierre et le buste du pontife.

Borghese (Borghèse) – Famille de la noblesse siennoise qui s'établit à Rome à l'occasion du pontificat de l'un de ses membres, **Paul V** (1605-1621). Rome conserve à la fois le palais Borghese *(en plein centre)* et la villa Borghese *(au Nord de la ville)*, transformée en musée sous son pontificat. Elle abrite de très nombreuses et remarquables œuvres d'art, réunies par les différentes générations de Borghèse. Paul V est enterré dans la chapelle Pauline, qu'il fit ériger dans la basilique Ste-Marie-Majeure. Autre œuvre réalisée à la demande de Paul V, la fontaine Pauline sur le Janicule.

Borgia – Originaires d'Espagne, les Borgia ont donné deux papes à l'Église : **Calixte III** (1455-1458) et **Alexandre VI** (1492-1503). Contemporain de la découverte de l'Amérique, celui-ci fit décorer le plafond de Ste-Marie-Majeure avec le premier or venu du Pérou ; ses armes y figurent *(voir p. 260)*. C'est à lui aussi que l'on doit la décoration de l'appartement Borgia au Vatican. Ses enfants, **César** et **Lucrèce**, sont connus le premier pour son insatiable avidité de pouvoir, qui inspira *Le Prince* à Machiavel, et la seconde pour avoir été le jouet des menées politiques de son père et de son frère, ainsi que nous le conte le drame de Victor Hugo.

Chigi – Famille de banquiers romains originaire de Sienne qui assit sa puissance au 15e s. avec **Agostino Chigi**, qui fit exécuter la décoration de sa résidence, la villa Farnesina, par le jeune Raphaël. Le palais Chigi, aujourd'hui résidence du président du Conseil des ministres, doit son nom au pape **Alexandre VII** (1655-1667), membre de l'illustre famille, qui l'acheta au 17e s. C'est lui aussi qui fit élever par le Bernin la colonnade de St-Pierre. Les armes des Chigi apparaissent encore sur la fontaine de la piazza d'Aracœli.

Colonna – Cette antique famille de la noblesse romaine fut très influente à Rome du 13e au 17e s. L'élection de l'un de ses membres au trône de saint Pierre, **Martin V** (1417-1431), durant le concile de Constance, mit fin au grand schisme d'Occident et aux 68 années de l'intermède avignonnais. Après avoir rétabli le siège de la papauté à Rome, il s'employa jusqu'à sa mort à lui rendre tout son lustre.

Della Rovere – Deux grands papes sont issus de cette famille originaire de Savone : Sixte IV et Jules II. Né Francesco della Rovere, **Sixte IV** (1471-1484), pape érudit et débordant d'activité, fut l'auteur d'une thèse sur le sang du Christ et d'une étude sur l'Immaculée Conception. Il fut aussi l'instigateur de grands travaux qui ont enrichi le patrimoine architectural de Rome : il fit rebâtir l'église Ste-Marie-du-Peuple et édifier Ste-Marie-de-la-Paix et la chapelle Sixtine, dont il confia la décoration aux plus grands artistes du moment : Botticelli, Ghirlandaio, le Pérugin... Pour doter ses neveux Gerolamo et Pietro Riario de l'évêché et de l'archevêché d'Imola, il entra en conflit avec Laurent de Médicis et se rendit complice de la conjuration des Pazzi, qui aboutit à l'assassinat en pleine cathédrale de Florence de Julien de Médicis, le frère de Laurent, et au massacre des conjurés par la foule déchaînée. Raffaele Riario, un autre neveu, posséda jusqu'à deux archevêchés, cinq évêchés et deux abbayes... Pape guerrier presque autant que son neveu Julien (le futur Jules II), il s'opposa aux autres états italiens et vint à bout de Mehmed II qui, débarqué à Otrante, avait fait massacrer la population. Son neveu **Jules II** (1503-1513) s'avéra, outre un grand politique, un mécène exceptionnel. On lui doit le choix du plan de Bramante pour la basilique St-Pierre, les «chambres» décorées par Raphaël au Vatican, le mausolée – inachevé – qu'il se fit élever par Michel-Ange dans l'église St-Pierre-aux-Liens *(voir p. 142)* et les collections de sculptures antiques qu'il rassembla au Vatican. Il fit également tracer, dans la boucle du Tibre, une longue artère rectiligne, la via Giulia.

Farnese (Farnèse) – Connue depuis le 12ᵉ s., cette famille originaire d'Ombrie s'imposa à Rome avec **Paul III** (1534-1549), le pape qui convoqua le concile de Trente en 1545. Auteur de somptueuses réalisations, alors qu'il n'était encore que cardinal, il chargea Sangallo le Jeune de la construction du palais Farnèse, dont il confia l'achèvement à Michel-Ange. Devenu pape, il s'adressa à nouveau à l'artiste florentin, auquel il commanda entre autres le *Jugement dernier* de la chapelle Sixtine et confia les travaux de la basilique St-Pierre. En 1545, il détacha Parme et Plaisance des États de l'Église pour en faire un duché qu'il donna à son neveu ; la famille le posséda jusqu'en 1731.

Medici (Médicis) – Cette famille florentine de marchands et de banquiers prit le pouvoir à Florence, puis régna sur toute la Toscane, du 15ᵉ au 18ᵉ s. Elle donna plusieurs papes à l'Église. Le fils de Laurent le Magnifique, **Léon X** (1513-1521), lettré et protecteur des arts, confia à Raphaël et Jules Romain la réalisation des Loges vaticanes. **Clément VII** (1523-1534), allié de François Iᵉʳ, ne put éviter le sac de Rome par les troupes de Charles Quint ni prévoir la portée de la Réforme luthérienne surgie sous son pontificat. **Pie IV** (1559-1565) conclut le concile de Trente. **Léon XI** mourut quelques jours seulement après son élection en 1605. Alors qu'il était cardinal, il avait acquis la villa Médicis, devenue depuis le siège de l'Académie de France à Rome.

Pamphili – Maison originaire d'Ombrie qui s'établit à Rome au cours du 15ᵉ s. En 1461, ses membres obtinrent le titre de comtes du Saint-Empire. Au 16ᵉ s., Giovanni Battista devint pape sous le nom d'**Innocent X** (1644-1655). On lui doit la reconstruction sur la piazza Navona du palais Pamphili, la transformation en chapelle de famille de l'église attenante, Sant'Agnese in Agone, dont la façade et le dôme furent élevés par Borromini, et l'érection au centre de la place de la fontaine des Fleuves. Pour la construction du palais de la congrégation de la Propagation de la foi *(voir p. 222)* et le réaménagement de St-Jean-de-Latran, il fit appel au rival du Bernin, Borromini. La villa Doria Pamphili fut édifiée pour son neveu, Camillo Pamphili, dont l'épouse reçut en héritage le palais Doria, appelé aujourd'hui palais Doria Pamphili.

1543-1563	**Concile de Trente** d'où naît la Contre-Réforme catholique.
1585-1590	Pontificat de **Sixte V** (ou **Quint**) : lutte contre la débauche et le brigandage. L'administration de l'Église et des États pontificaux est partagée entre 15 congrégations, dirigées par des cardinaux. La présence permanente de fonctionnaires et de prélats italiens persistera jusqu'à la fin du 18ᵉ s. Sixte V déploie une remarquable activité dans le domaine de l'urbanisme : avec la collaboration de Domenico Fontana, il fait ériger les obélisques des piazzas dell'Esquilino, del Popolo, S. Pietro et di S. Giovanni in Laterano ; il fait ouvrir la via Sistina et réaliser partiellement le projet de liaison des basiliques majeures à plusieurs quartiers de Rome par de larges rues ; il fait reconstruire le palais du Latran, édifier le bâtiment de la Scala Sancta, remplacer la statue de l'empereur sur la colonne Trajane par celle de saint Pierre et ériger dans la basilique Ste-Marie-Majeure la chapelle destinée à sa sépulture.
1600	Le philosophe **Giordano Bruno** est brûlé vif au Campo dei Fiori.
1631	Urbain VIII obtient le duché d'Urbin. Les États pontificaux connaissent leur extension territoriale maximale.
1791	La France annexe Avignon et le Comtat Venaissin.
1798	Les troupes françaises, dirigées par **Napoléon Bonaparte**, occupent Rome. Proclamation de la Iʳᵉ République romaine. Pie VI, exilé de Rome, meurt en France à Valence.
1800	Le nouveau pape, Pie VII, élu à Venise, gagne Rome où la République romaine n'existe plus. L'année suivante, il conclut un concordat avec la France.
1808	Rome est occupée par les Français. Des différends d'ordre religieux et le refus par le pape de faire appliquer le blocus continental amènent Napoléon à envahir les États pontificaux. Le pape est arrêté et envoyé en captivité à Savone, puis à Fontainebleau. Pie VII rentrera à Rome en 1814.
1820-1861	Luttes pour l'unification des États italiens.
1848	Pendant la première guerre d'Indépendance, **Pie IX** envoie des troupes combattre les Autrichiens. Mais il adopte bientôt une attitude conservatrice qui provoque la proclamation par Mazzini de la IIᵉ République romaine. Malgré la défense de Garibaldi, Rome est occupée par un corps expéditionnaire français qui assure le retour du pape.

Rome capitale de l'Italie

1870	Les troupes italiennes entrent dans Rome. Fin du pouvoir temporel du pape. Pie IX, indigné, s'enferme au palais du Vatican. L'état libéral propose les «lois de garanties» pour protéger la liberté du pape qui refuse cet accord. Rome devient capitale du royaume d'Italie.
28-29 octobre 1922	Marche fasciste sur Rome : Mussolini est nommé président du Conseil.
1929	À Rome, Mussolini et le cardinal Gasparri concluent la Conciliation et le Concordat (renouvelé en 1984) ; institution de l'État du Vatican.
1937	Fondation de Cinecittà et de l'Institut Luce.
19 juillet 1943	Bombardement du quartier de S. Lorenzo ; le pape Pie XII vient réconforter la population.
4 juin 1944	Rome est libérée par les troupes anglo-américaines.
1946	Proclamation de la République. L'Italie est divisée en régions, véritables centres administratifs. Rome devient chef-lieu du Latium.
1957	Les deux traités de Rome donnent naissance au Marché commun. Rome devient le siège de la F.A.O. (Food and Agriculture Organization), institution relevant de l'O.N.U.
1960	Jeux olympiques à Rome.
1963-65	Célébration du **concile Vatican II**, convoqué par Jean XXIII (1958-1963) et clôturé par Paul VI (1963-1978) ; l'Église s'ouvre au monde moderne et favorise le dialogue avec les non-croyants et l'œcuménisme. Une réforme liturgique abolit l'utilisation du latin comme langue du culte.
1968	Affrontement des étudiants et de la police près de la villa Giulia, constituant un des premiers épisodes de la contestation étudiante.
1975	Paul VI célèbre l'année sainte ordinaire.
1978	Enlèvement et assassinat d'Aldo Moro par les Brigades rouges. Décès de Paul VI. Son successeur, Jean-Paul Iᵉʳ, ne règne que 33 jours. L'archevêque de Cracovie, Karol Wojtila, est élu pape et prend le nom de **Jean-Paul II**.

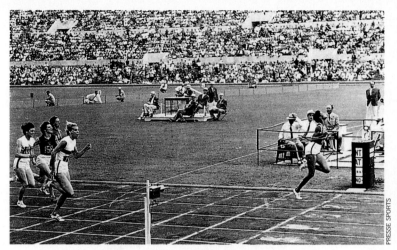

Jeux olympiques de 1960 : victoire de Wilma Rudolph au 200 m

1983	Année sainte extraordinaire accordée par Jean-Paul II.
1984	Révision des accords du Latran par le St-Siège et le gouvernement italien.
1997	Le pape annonce le jubilé de 2000.
novembre 1998	Le pape promulgue l'année sainte de 2000.

GUIDES MICHELIN

Les guides Rouges (hôtels et restaurants) :
Benelux - Deutschland - España & Portugal - Europe - France - Great Britain and Ireland - Ireland - Italia - London - Paris et environs - Portugal - Suisse.

Les guides Verts (paysages, monuments, routes touristiques) :
Allemagne - Amsterdam - Autriche - Barcelone et la Catalogne - Belgique Grand-Duché de Luxembourg - Berlin - Bruxelles – Budapest et la Hongrie - Californie - Canada - Danemark, Norvège, Suède, Finlande - Écosse - Espagne - Europe - Florence et la Toscane - Floride - Forêt Noire, Alsace - France - Grande-Bretagne - Grèce - Guadeloupe, Martinique - Hollande - Irlande - Italie - Londres - Maroc - Mexique, Guatemala, Belize - New York - Nouvelle-Angleterre - Paris - Portugal – Prague - Le Québec - Rome - San Francisco - Suisse - Thaïlande - Venise - Vienne

... et la collection des guides régionaux sur la France.

ABC d'architecture

Art antique

Temple périptère

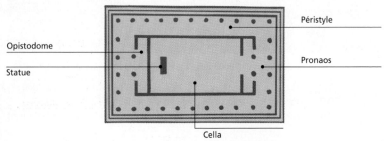

Opistodome

Statue

Péristyle

Pronaos

Cella

Élévation d'un temple d'ordre corinthien, et ordres

Fronton

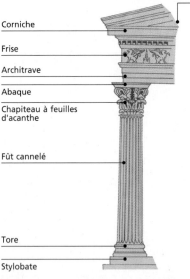

L'architrave, la frise et
la corniche forment
l'entablement

Corniche

Frise

Architrave

Abaque

Chapiteau à feuilles
d'acanthe

Fût cannelé

Tore

Stylobate

dorique

toscan

ionique

corinthien

composite

Thermes de Caracalla (3ᵉ s.)

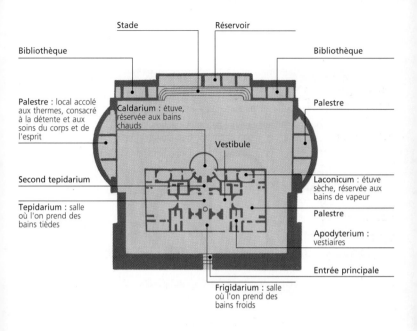

Stade

Réservoir

Bibliothèque

Bibliothèque

Palestre : local accolé aux thermes, consacré à la détente et aux soins du corps et de l'esprit

Caldarium : étuve, réservée aux bains chauds

Palestre

Vestibule

Second tepidarium

Laconicum : étuve sèche, réservée aux bains de vapeur

Tepidarium : salle où l'on prend des bains tièdes

Palestre

Apodyterium : vestiaires

Entrée principale

Frigidarium : salle où l'on prend des bains froids

Colisée (1ᵉʳ s.)

Couloir jadis situé sous les gradins et canalisant le flot de spectateurs vers les **vomitoires** (accès à la cavea)

Cavea : partie (elliptique ici) de l'amphithéâtre constituée de gradins (aujourd'hui disparus) et réservée aux spectateurs

Couronnement en maçonnerie sur lequel était fixé le **velarium,** immense voile tendu au-dessus de l'amphithéâtre pour garantir du soleil

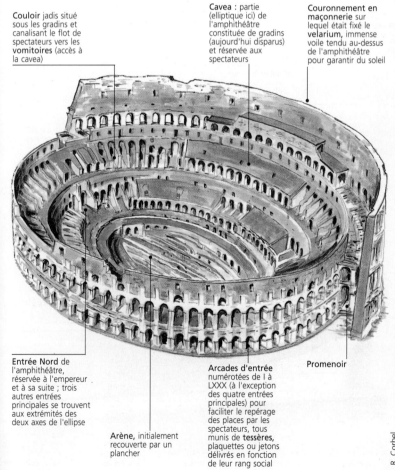

Entrée Nord de l'amphithéâtre, réservée à l'empereur et à sa suite ; trois autres entrées principales se trouvent aux extrémités des deux axes de l'ellipse

Arène, initialement recouverte par un plancher

Arcades d'entrée numérotées de I à LXXX (à l'exception des quatre entrées principales) pour faciliter le repérage des places par les spectateurs, tous munis de **tessères,** plaquettes ou jetons délivrés en fonction de leur rang social

Promenoir

R. Corbel

45

Arc de Constantin (4e s.)

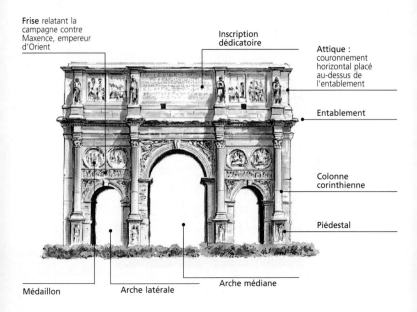

Frise relatant la campagne contre Maxence, empereur d'Orient

Inscription dédicatoire

Attique : couronnement horizontal placé au-dessus de l'entablement

Entablement

Colonne corinthienne

Piédestal

Médaillon

Arche latérale

Arche médiane

Château St-Ange : du mausolée à la forteresse

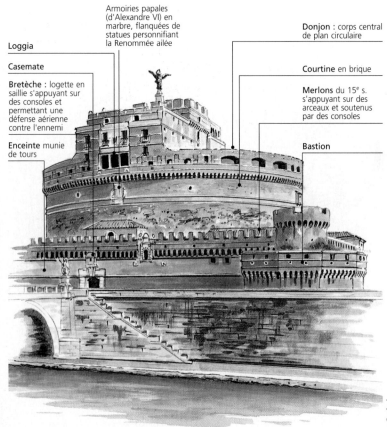

Loggia

Casemate

Bretèche : logette en saillie s'appuyant sur des consoles et permettant une défense aérienne contre l'ennemi

Enceinte munie de tours

Armoiries papales (d'Alexandre VI) en marbre, flanquées de statues personnifiant la Renommée ailée

Donjon : corps central de plan circulaire

Courtine en brique

Merlons du 15e s. s'appuyant sur des arceaux et soutenus par des consoles

Bastion

R. Corbel

Architecture religieuse

Plan de l'église S. Andrea della Valle (1591-1623)

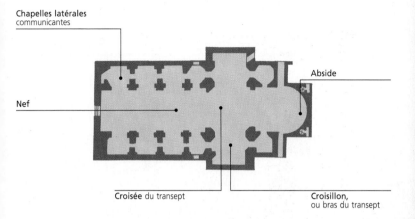

Chapelles latérales communicantes

Abside

Nef

Croisée du transept

Croisillon, ou bras du transept

Façade de l'église du Gesù (1575)

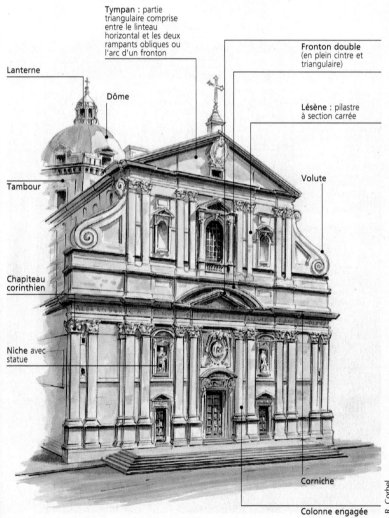

Tympan : partie triangulaire comprise entre le linteau horizontal et les deux rampants obliques ou l'arc d'un fronton

Fronton double (en plein cintre et triangulaire)

Lanterne

Dôme

Lésène : pilastre à section carrée

Volute

Tambour

Chapiteau corinthien

Niche avec statue

Corniche

Colonne engagée

R. Corbel

Intérieur de la basilique St-Jean-de-Latran (4ᵉ-17ᵉ s.)

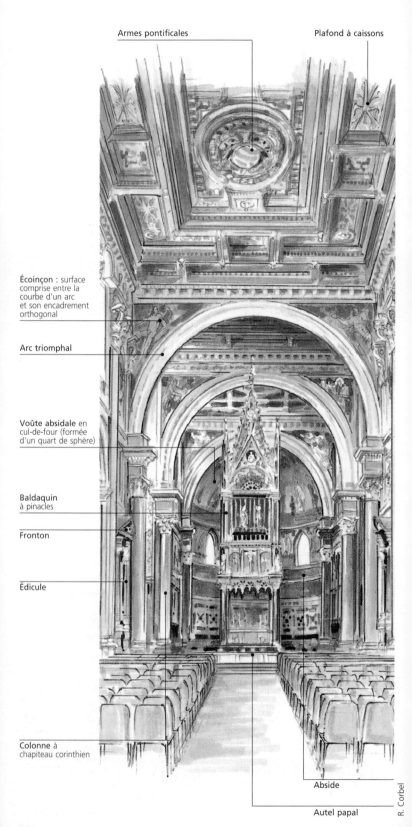

Armes pontificales

Plafond à caissons

Écoinçon : surface comprise entre la courbe d'un arc et son encadrement orthogonal

Arc triomphal

Voûte absidale en cul-de-four (formée d'un quart de sphère)

Baldaquin à pinacles

Fronton

Édicule

Colonne à chapiteau corinthien

Abside

Autel papal

R. Corbel

Architecture civile

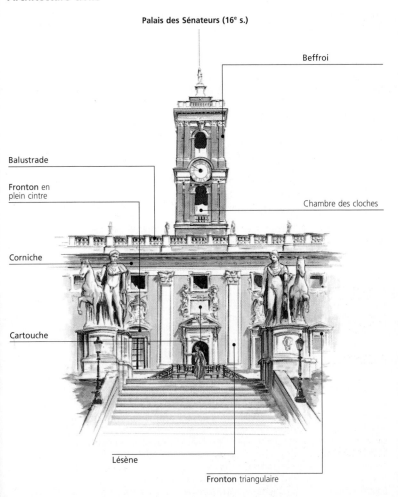

Palais des Sénateurs (16ᵉ s.)

Beffroi

Balustrade

Fronton en plein cintre

Chambre des cloches

Corniche

Cartouche

Lésène

Fronton triangulaire

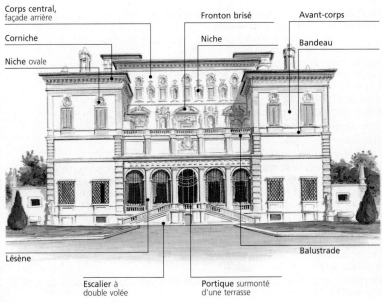

Villa Borghese (17ᵉ s.)

Corps central, façade arrière

Fronton brisé

Avant-corps

Corniche

Niche

Bandeau

Niche ovale

Lésène

Escalier à double volée

Portique surmonté d'une terrasse

Balustrade

R. Corbel

49

QUELQUES TERMES D'ART

Certains termes sont expliqués dans les pages précédentes par des illustrations. Les termes italiens sans équivalent en français sont indiqués en italique.

Abside : extrémité, en demi-cercle ou polygonale, d'une église, derrière l'autel ; le terme indique aussi bien la partie extérieure que la partie intérieure.

Absidiole : petite chapelle ouvrant sur le déambulatoire d'une église romane ou gothique.

Accolade (voûte en) : en forme de quille de navire renversée.

Arc : structure d'architecture, dessinant une courbe, soutenue par des colonnes ou des pilastres. On distingue : l'arc en plein cintre de forme demi-circulaire et l'arc brisé (ou ogival) formé de deux segments de cercle se coupant suivant un certain angle.

Archivolte : ensemble des arcs ornant une arcade. Il peut être en plein cintre ou brisé.

Atlante (ou Télamon) : statue masculine servant de support.

Atrium ou portique à quatre arcades : cour bordée de portiques, devant la façade des édifices religieux paléochrétiens et romans.

Baptistère : construction circulaire, élevée dans le voisinage tout proche de l'église renfermant les fonts baptismaux.

Basilique : édifice religieux rectangulaire, bâti sur le plan de basiliques romaines et divisé en trois ou cinq nefs.

Bas-relief : sculpture adhérant à un fond, dont elle se détache avec une faible saillie.

Bossage : motif ou revêtement architectural formé de bosses, pierres taillées uniformément en saillie sur la paroi externe. Celles-ci sont entourées de ciselures profondes ou de lignes de séparation. Le bossage était très en vogue à la Renaissance.

Cariatide : statue féminine servant de support.

Chaire (ou ambon) : dans les églises, tribune élevée au-dessus du sol aux emplacements différents, d'où le prédicateur parlait à ses fidèles.

Chaire : siège gothique à haut dossier.

Chapiteau : élément qui forme le sommet d'une colonne, constitué d'une partie lisse qui le relie au fût, et d'une partie décorée. On distingue trois ordres classiques : dorique, ionique, caractérisé par une double volute, et corinthien décoré de feuilles d'acanthe. Ce dernier est souvent utilisé dans les édifices du 16e-17e s.

Chœur : dans les églises, partie à l'arrière de l'autel où se tiennent les chantres et meublée de stalles en bois à décorations variées.

Ciborium : dans l'église du haut Moyen Âge, baldaquin surmontant l'autel.

Claveau : pierre taillée en forme de coin qui entre dans la composition d'un arc ou d'une voûte.

Confession : petite crypte accueillant le tombeau d'un martyr, au-dessus de laquelle on a édifié un autel.

Console (ou cul de lampe, ou corbeau) : élément en pierre ou en bois en forte saillie sur un mur, destiné à être le support de poutres ou de corniches.

Contrefort : bloc de maçonnerie externe, élevé en saillie contre un mur, qui s'oppose aux poussées des arcs et des voûtes.

Cordon : élément ornemental horizontal accusant la démarcation des étages.

Corniche : élément horizontal saillant diversement décoré.

Croix (plan en) : on distingue la croix grecque, à branches égales, et la croix latine dont les branches du transept sont plus courtes.

Crypte : pièce souterraine d'une église, où l'on plaçait les corps des saints. Il s'agit souvent d'une véritable église ou d'une chapelle.

Déambulatoire : prolongement des bas-côtés autour du chœur, permettant aux fidèles de circuler devant les reliques dans les églises de pèlerinage.

Ébrasement : disposition biaise, par rapport au plan d'axe du mur, des parois latérales d'une baie.

Édicule : niche qui accueille une statue ou une image religieuse.

Encorbellement : saillie par rapport à l'alignement.

Enroulement : motif décoratif constitué de feuilles s'enroulant en spirale.

Entablement : couronnement constitué de l'architrave, la frise et la corniche.

Exèdre : partie munie de sièges, au fond des basiliques romaines ; par extension, édicule en pierre aux formes arrondies ou espace semi-circulaire en plein air.

Fronton : ornement, généralement triangulaire, placé au-dessus des édifices, portes, fenêtres, niches.

Gâble : pignon ornemental triangulaire surmontant des portails.

Géminé : groupé par deux éléments sans être en contact (fenêtres, arcs, colonnes).

Grotesque : motifs d'ornementation fantastiques médiévaux ou motifs inspirés de ceux trouvés à la Renaissance dans les « grottes », nom donné aux vestiges romains enfouis de la Domus Aurea.

Haut-relief : sculpture au relief très accusé sans pour autant qu'il se détache du fond (se situe entre le bas-relief et la ronde bosse).

Jambage (ou piédroit) : montant vertical qui délimite latéralement une baie (porte, fenêtre, etc.) et qui soutient le linteau.

Lanternon : tambour avec des fenêtres, surmontant un dôme.

Lésène : pilastre de faible saillie, se détachant légèrement du mur, utilisé comme ornement.

Linteau : élément horizontal qui sert à relier des pilastres ou des colonnes et qui constitue la partie inférieure de l'entablement (dans les édifices classiques comme le temple).

Matroneum : dans les édifices religieux paléochrétiens et romans, galeries réservées aux femmes.

Merlon : dans les fortifications, petit pilier de pierre érigé à intervalles réguliers. On distingue : les merlons gibelins (en queue d'aronde), symbole du pouvoir impérial et civil, et les merlons guelfes (rectangulaires), symbole du pouvoir papal et religieux.

Modillon : petite console soutenant une corniche.

Moulure : élément ornemental linéaire constitué d'une bande façonnée en saillie.

Narthex : portique précédant la nef d'une église.

Nef : chaque partie de plan allongé d'une église. La partie centrale, souvent plus haute, est appelée nef principale, tandis que les nefs latérales sont appelées bas-côtés, ou collatéraux.

Nervure : élément de séparation de la surface d'une coupole et d'une voûte, qui sert à décharger le poids sur les structures inférieures.

Ogive : arc tendu diagonalement qui sert à soutenir une voûte.

Ove : ornement en forme d'œuf.

Pendentifs : éléments triangulaires venant se raccorder aux murs et permettant de passer du plan carré au plan octogonal ou circulaire (couronné par la coupole).

Péristyle : colonnade formant un portique qui entoure l'extérieur d'un édifice.

Pietà (Vierge de Pitié) : dans l'iconographie chrétienne, l'image de la Vierge avec le cadavre du Christ sur ses genoux.

Polyptyque : ensemble de panneaux peints ou sculptés liés entre eux par des charnières.

Prédelle : partie inférieure d'un polyptyque ou d'un retable.

Presbiterio : dans les églises, espace autour de l'autel réservé au clergé.

Pronaos : dans le temple grec, espace qui se trouve devant la cella. Par la suite, portique sur colonnes qui précède l'entrée dans une église ou dans un palais.

Prothyron : petit portique sur colonnes qui précède le portail des églises, en particulier d'époque romane.

Retable : construction verticale portant un décor peint ou sculpté, placée sur un autel ou en retrait de celui-ci.

Rosace : fenêtre circulaire placée généralement sur la façade d'une église, embellie par de délicats motifs en pierre (petites colonnes, volutes, dessins) disposés en éventail.

Tambour : élément cylindrique ou polygonal sur lequel repose un dôme.

Transept : vaisseau transversal coupant la nef principale et donnant à l'église la forme d'une croix.

Tribune : dans les églises paléochrétiennes, galeries en hauteur, ouvertes sur la nef. Plus tard, élément de décoration des parties extérieures.

Triforium : dans les édifices religieux, galerie qui s'ouvre sur la nef et qui est constituée par des triplets.

Triplets : fenêtres ou arcs groupés par trois.

Triptyque : panneau peint ou sculpté formé de deux volets latéraux se rabattant sur la partie centrale qu'ils recouvrent.

Trompe-l'œil : peinture qui donne l'illusion de relief et de perspective.

Tympan : dans les édifices, portes et fenêtres, section triangulaire comprise entre l'entablement horizontal et les deux rampants du fronton.

Voûtain : portion de voûte ou coupole délimitée par deux nervures.

Voûte : couverture d'une travée. Voûte en berceau, constituée par un arc en plein cintre ; voûte d'arêtes, formée de l'intersection de deux voûtes en berceau ; voûte en cul-de-four, de forme demi-hémisphérique, ferme généralement les absides des nefs à voûte en berceau.

Pour apprécier à leur juste valeur les curiosités très importantes,
qui attirent en grand nombre les touristes,
il faut éviter si possible les moments de la journée
et les périodes de l'année où l'affluence
atteint son maximum.

L'art à Rome

Rome fut d'abord édifiée avec des matériaux très simples : le **tuf**, pierre tendre et brunâtre, d'origine volcanique ou calcaire ; le **péperin**, d'origine volcanique, qui doit son nom à sa couleur grisâtre et à son aspect granuleux évoquant les grains de poivre (*pepe* en italien). Le **travertin** blanchâtre, pierre calcaire extraite surtout à Tivoli, plus luxueuse que les matériaux précédents, fut employé avec parcimonie durant les premiers siècles de Rome.

Le **marbre** fit une apparition timide dans la décoration des édifices à partir du 2e s. avant J.-C., puis connut la plus grande faveur sous l'Empire.

La **brique**, utilisée à partir du 1er s. avant J.-C., apparaît aujourd'hui dépouillée du marbre qui la revêtait.

ANTIQUITÉ (8e s. avant J.-C.-4e s.)

Art étrusque

De belles pièces d'art étrusque sont conservées au musée du Vatican et au musée de la villa Giulia.

Céramique – À la technique de l'« impasto » employée pour de rudimentaires vases en argile succéda au 7e s. avant J.-C. celle du « bucchero » (terre cuite noire). Les vases, d'abord simplement décorés de motifs en pointillé, prirent des formes toujours plus compliquées jusqu'au 5e s. où ils furent façonnés en forme d'êtres humains ou d'animaux fantastiques. De nombreux vases ont été importés de Grèce.

Orfèvrerie – Elle fut d'une grande richesse : en bronze gravé, en or filigrané et à granulations, en ivoire finement ciselé.

Sculpture – Les Étrusques n'employèrent pas le marbre, mais le bronze et l'argile. Leurs statues offrent un sourire énigmatique et de grands yeux au regard étrange.

Architecture – Le temple étrusque, construit sur un plan rectangulaire, s'élevait sur un socle assez haut et était accessible par un escalier disposé devant l'édifice. La façade était précédée d'un portique à colonnes. À l'arrière, trois salles (cellæ), chacune dédiée à une divinité, composaient le sanctuaire proprement dit.

Art romain

De la royauté et du début de la République ne subsistent que les vestiges des travaux d'utilité publique : la canalisation de la **Cloaca Maxima** (égout creusé au 6e s. avant J.-C.), l'**enceinte** édifiée par le roi **Servius Tullius** (578-534 avant J.-C.), la **via Appia Antica** et l'**Acqua Appia**, deux réalisations d'**Appius Claudius Caecus**, censeur en 312 avant J.-C. L'Acqua Appia, aqueduc le plus ancien de Rome, se développait presque totalement en souterrain, sur plus de 16 km.

Les Romains entrèrent en contact avec l'art par les Étrusques dont ils pillèrent les œuvres et certaines techniques, et par « l'Orient » des Grecs d'où les généraux vainqueurs revinrent accompagnés d'artistes, éblouis par les merveilles vues dans des villes comme Athènes ou Alexandrie.

Architecture – Même si elle lui emprunte une grande part de son vocabulaire, l'architecture romaine se singularise de l'architecture grecque pour trois raisons majeures.

Tout d'abord, les Romains, à la différence des Grecs, connaissaient et maîtrisaient le béton, ce qui leur permettait de construire davantage et beaucoup plus vite. Par ailleurs, ils utilisaient le marbre (ou toute autre pierre de bel aspect) pour la finition des monuments, ce qui explique que les ruines romaines ne sont que l'âme rouge et grise (la brique et le béton) des splendides monuments du passé dont la parure n'a pas résisté au temps et aux pillages.

Enfin, les Romains savaient réaliser des voûtes, dont les rondeurs – de l'arc à la coupole en passant par le cul-de-four – venaient rompre et animer les lignes verticales et horizontales caractéristiques de l'architecture grecque.

Le béton – Il était généralement coulé entre deux parements de briques pour former un mur, ou sur un lit de briques dans le cas d'un arc, d'une voûte ou d'une coupole : les Romains n'utilisaient le bois que pour construire des cintres (structure de soutien de l'arc pendant les phases de construction) ou des échafaudages, mais évitaient de s'en servir pour des coffrages en raison de son prix. Le ciment et le béton romains avaient pour caractéristique de durcir au fil des années, voire des siècles ; c'est pourquoi aujourd'hui les ruines semblent percées d'alvéoles à la manière d'un pain de miel : sous l'effet de l'érosion, les briques de parement ont totalement disparu alors que subsiste le ciment qui les liait entre elles. Les briques, carrées et de différentes épaisseurs, étaient disposées selon plusieurs critères. Souvent la brique était cassée en deux diagonalement, de façon à former deux blocs pyramidaux ; on disposait ceux-ci de telle sorte que le côté lisse était tourné vers l'extérieur du mur et le côté angulaire vers l'intérieur, afin que le béton qui allait y être coulé puisse trouver une bonne accroche. Parfois, on plaçait en diagonale des briques carrées de façon à former un dessin régulier à la manière d'un treillage ; c'était l'appareil réticulé *(opus reticulatum)*. Souvent, plusieurs types de briques et de dispositions étaient adoptés pour un même mur.

La voûte – Les Romains employaient la voûte en plein cintre. Celle qui couvrit la Cloaca Maxima vers le 2e s. avant J.-C. est un véritable chef-d'œuvre. Les salles circulaires étaient couvertes d'une coupole hémisphérique. Les parois fermant un espace en plein cintre reçurent des voûtes en cul-de-four (quart de sphère), et la baie en demi-cercle succéda à l'ouverture surmontée d'un linteau droit. D'impressionnants vestiges de voûtes subsistent à la Domus Augustana sur le Palatin, au Panthéon, à la villa d'Hadrien à Tivoli, aux thermes de Caracalla et au Colisée.

Les Romains étaient maîtres dans l'art de construire des théâtres en terrain plat et non plus adossés à une colline comme le faisaient les Grecs. Cette technique exigeait des voûtes pour soutenir les gradins, comme au théâtre de Marcellus.

Les ordres – *Voir les illustrations des pages précédentes.* Les Romains reprirent à leur usage les **ordres** d'architecture grecs, mais en les modifiant : dans l'ordre toscan ou dorique romain, la colonne porte sur une base au lieu de reposer directement sur le sol. L'ordre ionique fut peu employé à Rome. Ils eurent rarement recours à l'ordre ionique, mais l'ordre corinthien connut le plus grand succès : ils substituèrent alors les feuilles d'acanthe frisées du chapiteau par des feuilles lisses et retombantes, et la fleur centrale par divers motifs : animaux, divinités, figures humaines.

Aux trois ordres classiques, ils en ajoutèrent un quatrième, appelé composite, et caractérisé par un chapiteau où les quatre volutes de l'ordre ionique se superposent aux feuilles d'acanthe. Les entablements (partie supérieure de l'ordre, comprenant l'architrave, la frise et la corniche) furent d'une grande richesse, ornés de perles, d'oves, de rinceaux.

Deux architectes ont laissé leur nom : Rabirius, actif sous Domitien (81-95), et Apollodore de Damas, qui travailla pour Trajan (98-117) et Hadrien (117-138).

Monuments – Leur reconstitution nécessite souvent de la part du visiteur un effort d'imagination.

Temples – *Voir les illustrations des pages précédentes.* Consacrés au culte des dieux et des empereurs – qui furent élevés au rang divin au temps de César –, ils sont les héritiers des édifices étrusques et grecs. Leurs plans sont divers, depuis celui de la Fortune Virile d'une grande simplicité, à celui dédié à Vénus et Rome.

Tous comportent un lieu réservé à l'effigie de la divinité : la **cella**. Précédée d'un **pronaos**, la cella est limitée par une colonnade. L'ensemble est édifié sur un **podium**.

Théâtres – Le premier théâtre en maçonnerie fut celui de Pompée. Jusque-là, les scènes étaient réalisées en bois. Conçus pour la représentation de comédies et de tragédies, les théâtres servaient également de salles de réunions politiques, littéraires et musicales. Lieu de production des comiques, les théâtres étaient également le siège de concours, de loteries, de distribution de pain ou d'argent.

À la différence des Grecs, les Romains en ont érigé un grand nombre sur terrain plat, recourant aux voûtes pour soutenir les gradins, qui souvent s'achevaient par une colonnade. L'orchestre était réservé aux personnages de marque ou était occupé par les figurants. Les acteurs accédaient à la scène, surélevée par rapport à l'orchestre, par trois portes découpées dans un mur au-devant duquel ils jouaient. Les animaux et les chars entraient par les côtés.

Le mur de scène, la partie la plus belle du théâtre, était décoré de colonnes d'ordres différents, de statues placées dans des niches, de revêtements de marbre et de mosaïques. À l'arrière se trouvaient les loges des acteurs, les entrepôts et un portique ouvrant sur des jardins.

Les machinistes étaient chargés des effets spéciaux : fumées, éclairs, coups de tonnerre, apparitions et apothéoses, dieux et héros descendant du ciel ou s'élevant dans les nuées. Les masques portés par les acteurs permettaient d'identifier chaque personnage. Un ensemble de dispositifs ingénieux contribuait à la perfection de l'acoustique : par exemple, l'auvent incliné au-dessus de la scène qui rabattait les sons, parfaitement harmonisés jusqu'aux gradins situés dans les tournants, la colonnade qui brisait l'écho, et enfin les « vases sonores » placés sous les gradins et qui faisaient office de haut-parleurs. Lorsqu'ils chantaient, les artistes prenaient appui contre les portes de scène, conçues comme des caisses de violon *(voir le théâtre de Marcellus)*.

Amphithéâtres – Inventé par les Romains, ce concept trouve dans le Colisée une illustration magistrale. Les amphithéâtres servaient de scène à des compétitions de gymnastique, aux courses de chars attelés et, surtout, aux spectacles de lutte. Ces combats de gladiateurs, qui, le plus souvent, mettaient aux prises des esclaves ou des prisonniers, prévoyaient, à l'origine, la mise à mort du vaincu. Les amphithéâtres accueillaient également des spectacles animaliers (les fauves étaient réservés aux spectacles de grande qualité qui se déroulaient à Rome ou dans les provinces, en présence de l'empereur). Ces jeux sanguinaires offerts au peuple étaient tenus en si haute estime par les Romains que les candidats aux charges publiques les considéraient comme un aspect amusant de leur campagne électorale. Durant le spectacle, des esclaves brûlaient ou vaporisaient des parfums pour neutraliser l'odeur des animaux, couvraient de poudre rouge le sable de l'arène afin de masquer les taches de sang et fustigeaient avec des fouets renforcés de plomb les individus ou les animaux qui essayaient de fuir. Le spectacle était accompagné d'une musique assourdissante.

De forme légèrement ovale, la façade extérieure de l'amphithéâtre présentait trois rangées d'arcades superposées, surmontées d'un mur dans lequel étaient plantés les poteaux retenant l'immense toile qui abritait les spectateurs. Les nombreuses portes qui s'ouvraient sous les arcades, les trois galeries circulaires qui formaient les balcons ainsi que les escaliers et les vomitoires permettaient d'acheminer les spectateurs à leur place en maintenant bien séparées les différentes classes sociales afin d'éviter les rixes dangereuses. L'ensemble des gradins formaient la **cavea**; devant, un podium, surélevé par rapport au reste de l'arène et protégé par une balustrade, était réservé aux personnes de haut rang.

Détail de construction romaine (thermes de Caracalla)

A. Thomas/EXPLORER

Thermes – Ces établissements occupaient une place de choix dans la vie quotidienne des Romains, et plus particulièrement sous l'Empire.

Cercles publics et gratuits, ils faisaient aussi bien office d'établissement de bains et de gymnase que d'endroit où se promener, lire ou converser. De dimensions imposantes, ils étaient agrémentés de colonnes, de chapiteaux, de mosaïques, de marbres de couleur, de statues et de fresques (thermes de Caracalla).

Basiliques – Étymologiquement, le mot signifie portique royal. Il désigne un bâtiment couvert dont les colonnes intérieures déterminent un espace central rectangulaire, la nef, bordé de deux pièces, les nefs latérales. À Rome, ces édifices accueillirent les habitués du Forum, le tribunal et le marché couvert. La première à apparaître à Rome fut la basilique Porcia (aujourd'hui disparue), bâtie au pied du Capitole en 185 avant J.-C. Peu à peu apparurent les basiliques à caractère cultuel. Au sens historique, une basilique est donc une église de plan allongé à plusieurs vaisseaux.

Arcs de triomphe – Porte monumentale à une arche (arc de Titus) ou à trois arches (arcs de Septime-Sévère et de Constantin). Il semble qu'à l'origine cette construction répondait à une croyance religieuse ou à une superstition : les armées vaincues devaient emprunter cette porte pour perdre leur potentiel destructeur. Par la suite, l'arc servit à commémorer le triomphe d'un général vainqueur ou à placer dans un cadre hors du commun la statue d'un homme illustre.

Cirques – Ce furent de vastes édifices à gradins réservés principalement aux courses de chars (Grand Cirque et cirque de Maxence, sur la via Appia Antica). Leur plan est un quadrilatère aux angles arrondis. À l'une des extrémités, l'**oppidum** donnait accès à la piste. Au centre de celle-ci se trouvait la **spina** (épine, ou arête) autour de laquelle couraient les chars. Ces enceintes accueillaient également des spectacles et des défilés.

Stades – Également de forme allongée, le stade était réservé à l'athlétisme : sur l'emplacement de celui de Domitien s'étend aujourd'hui la piazza Navona.

Aqueducs – Ces ouvrages, dont il reste d'impressionnantes arcades, ont contribué plus qu'aucun autre à établir la renommée des Romains en tant que constructeurs. Le plus ancien est l'Acqua Appia («l'eau appienne»), édifié en 312 avant J.-C. par Appius Claudius Caecus (long de 16 km, il en subsiste une centaine de mètres).

Routes – Certaines ont conservé d'importantes traces de leur pavage. Le terme de **clivus** désigna les voies en pente, celui de **vicus** les voies secondaires.

Tombeaux et habitations – *Voir encadré p. 29.*

Sculpture – La sculpture est la discipline où les Romains ont le plus répété l'art grec. Leur engouement pour les statues les poussa à en peupler Rome. Aussi la production en série fut-elle organisée ; on fabriquait des corps (personnages en toge) prêts à recevoir différentes têtes. Des ateliers fonctionnaient à Rome où travaillaient des Grecs et des artistes locaux, mais on importait aussi des œuvres de Grèce : un bateau, naufragé vers le 1er s. avant J.-C. et probablement destiné à Rome, fut trouvé près de Madhia en Tunisie, chargé de statues.

L'originalité de la sculpture romaine réside dans les **portraits**. Le goût pour le portrait, né de l'usage des masques de cire moulés sur le visage des défunts et conservés dans les familles de l'aristocratie, se traduisit par une recherche approfondie de la vérité. Le calme, l'énergie et la réflexion transparaissent toujours dans les portraits de César. Chez Auguste, aux oreilles légèrement écartées, c'est la sérénité et la froideur. Le visage de Vespasien, au cou épais, exprime la malice. Trajan dut réellement avoir un visage développé en largeur, ce qu'accentuait curieusement sa coiffure.

Les Romains excellèrent aussi dans le **bas-relief historique**. Les sarcophages illustrés de combats ou la colonne Trajane sont des modèles de composition et de précision.

Les pièces de **sculpture décorative** méritent de retenir toute l'attention du visiteur : pratiquement inexistante à l'époque de la République comme en témoigne le sarco- phage de Scipion Barbatus *(voir Museo Pio-Clementino p. 291)*, la sculpture décorative atteignit son apogée à l'Ara Pacis à l'époque d'Auguste.

Enfin, dans la sculpture romaine, un **courant populaire** s'attache à représenter en bas- relief des métiers ou des scènes de la vie quotidienne, destinés à décorer les stèles funéraires des gens du peuple.

La décadence de la sculpture fut sensible à partir du 3ᵉ s. : les plis des toges excessivement creusés raidirent les personnages, les regards se figèrent par l'emploi du trépan qui creusa démesurément la pupille, les chevelures furent traitées avec négli- gence.

Les matériaux – Les Romains aimèrent le marbre blanc et de couleur, le porphyre rouge sombre tacheté, l'albâtre. Ils travaillèrent aussi le bronze (statue de Marc-Aurèle).

Peinture – L'étude des fresques de Pompéi permet de distinguer quatre périodes dans la peinture romaine. Le « premier style » correspond à de simples panneaux évoquant des plaques de marbre ; le « deuxième style » se caractérise par l'apparition de motifs d'architecture en trompe l'œil auxquels s'ajoutèrent, durant le « troisième style », des petits panneaux illustrés. Durant le « quatrième style », le trompe-l'œil devint excessif et la décoration se chargea de plus en plus. On peut encore voir des peintures romaines à la maison de Livie, dans la maison des Griffons sur le Palatin et au Musée national romain.

Mosaïque – Pour accroître la résistance des pavements faits en ciment obtenu par un mélange de débris de tuiles et de chaux, on y inséra des cailloux puis des morceaux de marbre qui, taillés régulièrement, permirent de composer des dessins.

Le procédé le plus simple, employé pour les pavements, consista à insérer dans du ciment des petits cubes de marbre exactement de la même taille. Pour les grandes surfaces (thermes), on composa des figures noires sur fond blanc.

Parfois les cubes étaient taillés de dimensions différentes afin de courber les lignes ; les cubes pouvaient être extrêmement petits de manière à rendre les clairs-obscurs. Ce procédé, moins résistant, était réservé aux panneaux muraux ou au centre d'un pavement.

Les ateliers romains adoptèrent aussi le procédé dit **« opus sectile »**, originaire d'Orient ; un motif décoratif était découpé dans une plaque, puis appliqué et reproduit sur un support de marbre ; celui-ci était ensuite creusé suivant le même tracé et dans les vides ainsi réalisés étaient insérés des morceaux de marbre de couleur. Des exemples de ce procédé sont exposés à l'entrée de la pinacothèque du palais des Conservateurs et au musée d'Ostie.

Mosaïques de Ste-Marie-du-Transtévère

Art chrétien

Le culte païen des idoles et l'interdiction des « images taillées » formulées par la Bible furent des raisons pour lesquelles un art nouveau ne naquit pas spontanément avec les premières communautés chrétiennes.

L'art chrétien à ses débuts tira du répertoire païen les sujets qui purent recevoir une interprétation symbolique chrétienne : la vigne, la colombe, l'ancre, etc. *(voir Appia Antica)*.

Peinture – Les premières peintures chrétiennes apparurent aux parois des catacombes et résultèrent de la volonté de particuliers qui, continuant une tradition païenne, firent décorer les tombes de leurs proches. Les plus anciennes remontent au 2ᵉ s.

Sculpture – En ronde bosse ou en relief, on peut suivre son évolution au musée d'Art chrétien du Vatican *(voir Vaticano – San Pietro)*, depuis l'expression par symboles jusqu'à la représentation des héros du christianisme (le Christ, saint Pierre, saint Paul) et des scènes de la Bible.

Architecture – L'édifice chrétien fut la **basilique** (à ne pas confondre avec la basilique païenne qui n'eut rien de religieux – *voir p. 54*). Les premiers édifices de ce type furent construits par Constantin, sur les tombes des apôtres Pierre et Paul (St-Pierre-au-Vatican ; St-Paul-hors-les-Murs) et à côté du palais impérial (St-Jean-de-Latran).

MOYEN ÂGE (5ᵉ-14ᵉ s.)

Supplantée par Constantinople dans son rôle de capitale, envahie par les Barbares, Rome au 6ᵉ s. est une ville ruinée et peuplée d'à peine 20 000 habitants. À partir du 10ᵉ s., elle est soumise aux luttes permanentes qui opposent le pape et l'empereur germanique. Jusqu'au 15ᵉ s., on n'y entreprend que des constructions modestes.

Architecture – L'architecture civile consista surtout en forteresses construites par les familles nobles aux endroits stratégiques (maison des Crescenzi ; Torre delle Milizie).

Églises – Les matériaux qui servirent à leur construction furent prélevés sur les monuments antiques. Ceux-ci offraient un grand choix de chapiteaux, de frises et de colonnes que l'on retrouve, splendides, à Ste-Marie-Majeure, Ste-Sabine... Puis, ces matériaux se faisant plus rares, on associa dans la même église des éléments provenant de plusieurs monuments (colonnes de St-Georges au Vélabre, de Santa Maria in Cosmedin...).

Le **plan basilical** des premiers édifices chrétiens est conservé pendant le Moyen Âge *(voir plans de S. Maria d'Aracœli ; de S. Maria in Cosmedin ; de S. Clemente)*. Il se présente comme un rectangle divisé dans le sens de la longueur en trois ou cinq nefs séparées par des colonnes ; l'un des petits côtés porte l'entrée, l'abside en quart de sphère. Séparant l'abside des nefs, perpendiculaire à celles-ci, s'étend le transept. La nef centrale, plus élevée que les bas-côtés, est éclairée par des fenêtres hautes. La couverture est en charpente, apparente ou masquée par un plafond plat. La façade est parfois précédée d'une cour carrée entourée de portiques (atrium) ou d'un simple portique à colonnes faisant office de narthex (lieu réservé à ceux qui n'ont pas encore reçu le baptême).

Au côté de la façade se dresse souvent un campanile (tour-clocher). À Rome, il se distingue par ses corniches qui le compartimentent horizontalement, ses colonnettes blanches qui ressortent sur les surfaces de brique et l'insertion de motifs en céramique colorés.

À partir du 6ᵉ s., des balustrades séparèrent les espaces réservés aux fidèles et au clergé : celui-ci prenait place dans le **presbiterio**, de part et d'autre de la **cathèdre**, du trône de l'évêque placé dans l'abside. En avant, les chantres occupaient la **schola cantorum**. Au-dessous du maître-autel, une crypte, le **martyrium**, abritait souvent les reliques d'un martyr ; la **confession** abritait aussi les restes d'un martyr, mais les fidèles ne pouvaient s'en approcher que par l'intermédiaire d'une petite baie. Le maître-autel était surmonté d'un baldaquin ou **ciborium**.

Sculpture, peinture et mosaïque – Du 12ᵉ s. au 14ᵉ s. domine l'œuvre des **Cosmates**, corporation de marbriers descendants d'un certain Cosma et auxquels fut liée la famille des Vassalletto. À l'aide de fragments de matériaux antiques, ces ateliers réalisèrent de beaux pavements à petits motifs de marbres multicolores et les éléments constituant le mobilier d'une église médiévale : trônes épiscopaux, ambons (chaires), chandeliers pascals. Leurs premières œuvres, toutes de marbre blanc, sont d'une grande simplicité. Par la suite ils associèrent au marbre blanc le porphyre et le marbre serpentin (vert) découpés en grandes figures géométriques (disques, losanges...) ; ils surent égayer les cloîtres en incrustant des émaux bleus, rouges et dorés dans les colonnettes torsadées et les frises.

Le Florentin **Arnolfo di Cambio** s'établit à Rome vers 1276 (ciboriums de St-Paul-hors-les-Murs et de Ste-Cécile ; statue de Charles d'Anjou).

La peinture à fresque et la mosaïque constituèrent l'essentiel de la décoration médiévale. Le goût des Romains alla vers l'anecdote et la vivacité des couleurs.

À partir du milieu du 5ᵉ s., mais surtout au 6ᵉ s., les mosaïstes reçoivent l'influence byzantine au contact de l'entourage du général de Justinien, Narsès, qui occupa Rome en 552 et au contact des moines orientaux qui se réfugièrent à Rome au 7ᵉ s.

(voir S. Saba, p. 232). Les mosaïques de cette époque montrent des personnages aux costumes souvent somptueux, à l'expression énigmatique, alignés dans des attitudes hiératiques riches de symboles, exprimant le mysticisme de l'Église orientale.

L'art carolingien, introduit à la suite des bonnes relations de la papauté avec Pépin le Bref, puis avec Charlemagne, donna une plus grande souplesse aux mosaïques romaines ; les œuvres exécutées sous le pontificat de Pascal Ier (817-824) en témoignent (S. Prassede et S. Maria in Domnica). Du 11e au 13e s., les ateliers romains produisent des œuvres somptueuses (abside de St-Clément). **Pietro Cavallini** est le plus grand artiste de cette époque. Il aurait travaillé à Rome à la fin du 13e s. et au début du 14e s. Peintre et mosaïste, son art très pur, maître de toutes les influences, est essentiellement connu par la mosaïque de la vie de la Vierge à Ste-Marie du Transtévère et par la fresque du Jugement dernier à Ste-Cécile. Il eut pour disciples **Jacopo Torriti** et **Filippo Rusuti**.

RENAISSANCE (15e-16e s.)

La Renaissance n'eut pas à Rome l'éclat qu'elle connut à Florence. Au début du 15e s., Rome, épuisée par les luttes du Moyen Âge, n'avait rien d'une ville d'art. À la fin du siècle, elle apparaissait comme le centre principal de l'archéologie antique et comme un foyer prestigieux d'activité artistique où abondaient les commandes des papes et des prélats. **Martin V** (1417-1431), régnant après le Grand Schisme, inaugura cette brillante période. Elle prit fin en 1527 avec la mise à sac de la ville par les troupes de Charles Quint.

Architecture – L'origine des édifices romains de la Renaissance est à rechercher dans les monuments antiques : au Colisée dont on retrouve la superposition des ordres et les colonnes engagées à la cour intérieure du palais Farnèse ; à la basilique de Maxence dont les voûtes inspirèrent celle de St-Pierre ; au Panthéon dont les frontons courbes et triangulaires ont fait école.

Églises – Elles sont d'apparence austère. Le plan se caractérise par une nef voûtée d'arêtes, bordée de chapelles latérales en forme d'abside, coupée d'un transept aux extrémités arrondies. Les premiers dômes apparaissent (S. Maria del Popolo, S. Agostino). La façade en forme d'écran se compose de deux parties superposées et raccordées par des volutes. Les surfaces larges et lisses dominent, les pilastres plats à peine saillants sont préférés aux colonnes. L'acheminement vers la Contre-Réforme et le baroque se manifeste par l'emploi de décrochements plus prononcés, de niches et de colonnes peu à peu dégagées de la façade.

La plupart des églises de la Renaissance sont le fruit de l'activité de **Sixte IV** (1471-1484) : sous son règne furent élevées St-Augustin, S. Maria del Popolo, S. Pietro in Montorio ; il fonda Ste-Marie-de-la-Paix et entreprit de grands travaux aux Sts-Apôtres.

Palais – Les palais privés furent construits dans les quartiers situés entre la via del Corso et le Tibre, le long des artères empruntées par les pèlerins et par les cortèges pontificaux, qui, les jours de cérémonie, se rendaient du Vatican au Latran : via del Governo Vecchio, via dei Banchi Nuovi, via dei Banchi Vecchi, via di Monserrato, via Giulia, etc. Ils succédèrent aux forteresses médiévales dont le palais Venezia, commencé en 1452, a gardé les créneaux. De l'extérieur, ils offrent un aspect austère (rez-de-chaussée pourvu de grilles). À l'intérieur se déroulait une vie raffinée qui réunissait des lettrés et des artistes dans un cadre de sculptures antiques et de tableaux.

Sculpture et peinture – Michel-Ange et Raphaël dominent cette période. **Michel-Ange**, après un séjour à Rome de 1496 à 1501, y revint en 1505 à la demande de Jules II pour exécuter son tombeau. L'artiste réalisa une œuvre grandiose, mais fut irrité du manque d'intérêt du pape, occupé à faire édifier la nouvelle basilique St-Pierre. Le pontife le rappela cependant en 1508 pour lui confier la décoration de la chapelle Sixtine. Michel-Ange bouleversa le concept du décor et imagina un immense ensemble pictural structuré comme une réalisation architecturale, dominé par des personnages tout en puissance (prophètes, sibylles, nus) et par des panneaux peints retraçant la Genèse. Là, tout comme dans son œuvre sculptée, la figure humaine est au centre des préoccupations du peintre. Avec lui, l'homme est représenté dans toute la noblesse que lui confère la prise de conscience de la vanité de son existence. Les personnages de Michel-Ange sont puissants, musclés, « physiques », tourmentés.

L'autre figure de proue de la Renaissance à Rome est **Raphaël**. Lui aussi rechercha la beauté pure, exprimée initialement par la douceur et l'équilibre, ensuite par le *sfumato*, emprunté à Léonard de Vinci, avant d'atteindre à la même maîtrise de l'anatomie que Michel-Ange. Il passa sa jeunesse à Urbin, sa ville natale, à Pérouse et à Florence, arriva en 1508 et fut présenté à Jules II par Bramante. En **sculpture décorative**, de fins rinceaux, des motifs floraux sont parfois rehaussés de dorures (encadrements de portes, balustrades, etc.). L'art funéraire connaît une période brillante avec **Andrea Bregno**, **Andrea Sansovino** qui surent harmoniser leur goût pour la décoration et pour l'architecture antique. **Mino da Fiesole**, actif en Toscane, fit de nombreux séjours à Rome. Ses Vierges à l'Enfant aux lignes très simplifiées sculptées en bas-relief le rendirent célèbre.

Rome attire les grands talents – La Renaissance pénétra à Rome après s'être développée ailleurs, les artistes venant tous de l'extérieur : les Ombriens ont apporté leur douceur, les Toscans leur art élégant et intellectuel, les Lombards leur richesse décorative.

Martin V et Eugène IV appelèrent à Rome **Gentile da Fabriano** et **Pisanello** pour décorer la nef de St-Jean-de-Latran (leur œuvre a disparu aux 17e et 18e s.). De 1428 à 1430, le Florentin **Masolino**, peint la chapelle Ste-Catherine à St-Clément. De 1447 à 1451, **Fra Angelico**, Florentin également, décore la chapelle de Nicolas V au Vatican. Sixte IV fait appel aux Ombriens, **il Pinturicchio, le Pérugin, Signorelli** et aux Florentins **Botticelli, Ghirlandaio, Cosimo Rosselli** et son fils **Piero di Cosimo** pour peindre les murs de la chapelle Sixtine (1481-1483). Ce même pape convia **Melozzo da Forlì** à peindre l'abside des Sts-Apôtres d'une Ascension (beaux fragments conservés à la pinacothèque du Vatican et au palais du Quirinal). Vers 1485, **le Pinturicchio** travaille à S. Maria d'Aracœli où il représente la vie de saint Bernardin, à S. Maria del Popolo où il peint la Nativité ; de 1492 à 1494, il décore l'appartement des Borgia au Vatican pour Alexandre VI. De 1489 à 1493, **Filippino Lippi** peint la chapelle Carafa à S. Maria Sopra Minerva. **Bramante**, arrivé en 1499, réalise le « tempietto » (1502), bâtit le cloître de Ste-Marie-de-la-Paix (1504), agrandit le chœur de S. Maria del Popolo (1505-1509). De 1508 à 1512, **Michel-Ange** peint la voûte de la chapelle Sixtine pour Jules II. En 1513, il commence le tombeau du pape. De 1535 à 1541, il peint *Le Jugement dernier*. De 1547 à sa mort en 1564, il travaille à St-Pierre. Sa dernière œuvre est la porte Pia, érigée de 1561 à 1564. De 1508 à 1511, **Baldassarre Peruzzi** construit la villa Farnesina pour le banquier Agostino Chigi. **Raphaël** en 1508 commence les « chambres » au Vatican. En 1510, il dessine le plan de la chapelle Chigi à S. Maria del Popolo. À partir de 1511, Agostino Chigi lui confie la décoration de la villa Farnesina. En 1512, Raphaël représente Isaïe à St-Augustin et en 1514 les sibylles à Ste-Marie-de-la-Paix. **Le Sodoma**, un Milanais venu à Rome en 1508 à la demande de Jules II pour peindre le plafond de la chambre de la Signature au Vatican, travaille à la villa Farnesina vers 1509. **Jacopo Sansovino** au début du 16e s. construit St-Jean-des-Florentins pour Léon X. En 1515, **Antonio da Sangallo le Jeune** commence à bâtir le palais Farnèse, auquel Michel-Ange travaille à partir de 1546.

LA CONTRE-RÉFORME (16e-17e s.)

La période de la Contre-Réforme, du pontificat de Paul III (1534-1549) à celui d'Urbain VIII (1623-1644), dut assumer la profonde blessure de la mise à sac de Rome en 1527 et, surtout, le développement du protestantisme. Le mouvement eut à combattre les hérétiques, à restaurer la primauté romaine et à ramener les fidèles à l'Église. Il trouva dans la Compagnie de Jésus, créée en 1540, un de ses instruments les plus efficaces. Les séductions de l'art furent alors mises au service de la foi. À une première période de lutte succéda, proche de l'art baroque, la célébration des victoires (victoire de Lépante en 1571, abjuration du protestantisme par Henri IV en 1593, succès du jubilé de 1600).

Architecture

Églises – Elles sont parfois dites de « style jésuite » en raison du rôle joué par la Compagnie de Jésus dans tous les domaines. Leur architecture réunit la solennité austère et la richesse des marbres : l'église doit apparaître majestueuse et puissante. Devant réunir les fidèles, les églises de la Contre-Réforme sont vastes. Le type est celle du Gesù. La nef unique est large et dégagée pour que l'autel soit visible de toute l'assemblée et pour que la prédication atteigne chaque participant. Aux façades, des décrochements remplacent les surfaces dépouillées de la Renaissance, et des colonnes engagées se substitueront peu à peu aux pilastres plats.

Chapelle Carafa – *L'Annonciation*, par Filippino Lippi

Architecture civile – Elle prospéra essentiellement au début de la Contre-Réforme sous les papes Paul III, Jules III, Paul IV et Pie IV qui continuèrent de vivre comme des princes de la Renaissance.

La famille Borghèse illustre l'ère de l'Église victorieuse : Paul V acquiert le palais Borghèse, fait ériger la fontaine Pauline ; son neveu, le cardinal Scipion Borghèse, mène une vie raffinée dont témoignent le palais Pallavicini et le *casino* Borghèse, siège de l'actuel musée Borghèse.

Sculpture et peinture

Selon l'esprit de la Contre-Réforme, la peinture eut pour mission de remettre à l'honneur les thèmes rejetés par le protestantisme : la Vierge, la primauté de St-Pierre, le dogme de l'Eucharistie, le culte des saints et leur intercession pour les âmes du Purgatoire.

L'œuvre des artistes de la Contre-Réforme se développa dans le sillage de celle de Michel-Ange et de Raphaël. Leur art demeura dans la « manière » de ces deux géants ; d'où le terme de **« maniérisme »** donné à la peinture et à la sculpture du 16e s.

En sculpture, on remarque les proches disciples de Michel-Ange, tels **Ammanati** (1511-1592), **Guglielmo Della Porta** (v. 1500-1577). À la fin de la période, on note la présence à Rome de **Pietro Bernini** (1562-1629), le père de Gian Lorenzo *(voir ci-dessous)*.

Parmi les peintres, **Daniele Ricciarelli**, dit aussi Daniele da Volterra, était le collaborateur de Michel-Ange. **Giovanni da Udine, Sermoneta, Francesco Penni, Jules Romain** firent partie de l'« école romaine » réunie autour de Raphaël. La manière de la génération suivante, de **Federico** et **Taddeo Zuccari**, de **Pomarancio**, de **Cesare Nebbia**, du **Cavalier d'Arpin**, etc., découle directement de l'art du maître des *Stanze*. Il faut faire une place spéciale au **Baroche**, dont la douceur ne tomba jamais dans la préciosité.

Imitant les attitudes et les expressions des personnages peints par Michel-Ange et Raphaël, les peintures maniéristes aboutissent souvent à l'affectation. Les couleurs sont blafardes, comme « mangées » par la lumière.

La décoration est surchargée : des assemblages complexes de marbres, des bordures de stucs et des dorures cernent les espaces peints de fresques. Souvent les grandes surfaces sont divisées en petits panneaux, plus faciles à réaliser.

La réaction – Elle fut le fait du **« groupe des Bolonais »** et du Caravage qui marquèrent l'avènement du baroque.

Les Bolonais eurent pour chefs de file les **Carrache**, créateurs d'une académie à Bologne de 1585 à 1595. Il y eut Louis (1555-1619), fondateur de l'académie, son cousin Augustin (1557-1602) et Annibal son frère (1560-1609). À leur suite, **Guido Reni** (1575-1642), **le Dominiquin** (1581-1641), **le Guerchin** (1591-1666). Sans se départir d'idéalisme, ils ont voulu mettre plus de vérité dans l'expression.

Michelangelo Merisi (1573-1610), dit **le Caravage**, du nom de son village natal près de Bergame, fut un révolté. Arrivé à Rome en 1588, il commença à travailler chez le cavalier d'Arpin. De querelles en rixes, il dut fuir la ville en 1605 vers Naples, l'île de Malte, la Sicile. En marge de toute convention, il peignit de puissantes figures révélées par une lumière crue, mettant en contraste l'ombre et la lumière. La vie mouvementée du Caravage ne lui permit pas d'avoir des élèves. Mais son art eut une répercussion sur les artistes de l'Europe entière regroupés sous le terme de « caravagesques ».

L'ART BAROQUE (17e-18e s.)

Le terme « baroque » désigne l'art du 17e s. et d'une partie du 18e s. À l'origine, ce vocable (du portugais *barrôco* : « perle irrégulière ») revêtait une nuance péjorative afin de souligner l'aspect irrégulier, peu proportionné ou extravagant de style. Longtemps synonyme de « mauvais goût », le mot a peu à peu perdu son caractère dépréciatif tout en demeurant d'un emploi relativement ambigu. Expression du triomphe de l'Église romaine sur l'hérésie, l'art baroque connut son plus grand développement dans la capitale pontificale à partir du règne d'Urbain VIII (1623-1644) avant de déborder ce cadre strictement romain.

Les chefs de file

Deux personnalités ont dominé le baroque romain : Gian Lorenzo Bernini, dit le Bernin, et Francesco Borromini.

Né à Naples, **le Bernin** (1598-1680) vit dès ses premières réalisations son talent reconnu par le cardinal Scipion Borghèse, qui lui commanda les sculptures de la maison de campagne *(casino)* qui accueille aujourd'hui le musée Borghèse : à 17 ans, il produit sa première œuvre, *Jupiter et la chèvre Amalthée*. Avec l'avènement d'Urbain VIII, il devint l'artiste officiel de la cour pontificale et de la famille Barberini. À la mort de Maderno (1629), le pape le nomme architecte de St-Pierre.

Sous le règne d'Innocent X (1644-1655), il réalise l'extraordinaire *Extase de sainte Thérèse* conservée à Ste-Marie-de-la-Victoire et la fontaine des Fleuves *(voir Piazza Navona)*. Sous le pontificat d'Alexandre VII (1655-1667), il construit St-André-du-Quirinal, la colonnade de la place St-Pierre, dispose la chaire de St-Pierre et élève la Scala Regia du palais du Vatican. En 1665, il est appelé à Paris par Colbert et Louis XIV pour projeter la façade de la cour Carrée du Louvre. Son projet (3 en réalité) ne fut pas réalisé, l'intérêt du roi s'étant focalisé sur la construction de Versailles.

ARTISTES ACTIFS A ROME DU 15e AU 18e S.

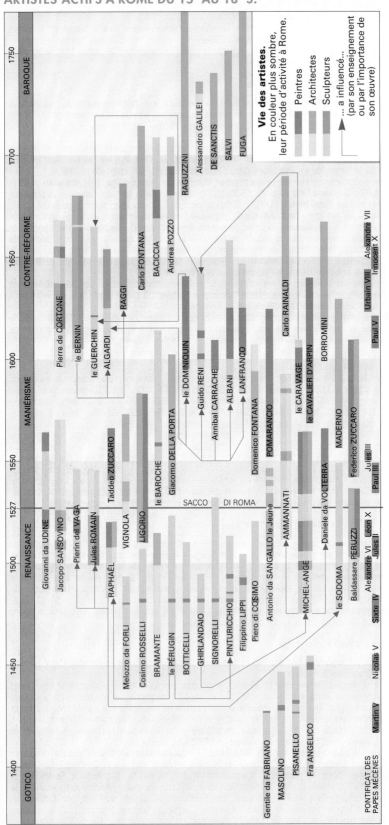

Vie des artistes.
En couleur plus sombre,
leur période d'activité à Rome.

- Peintres
- Architectes
- Sculpteurs
- ... a influencé...
(par son enseignement
ou par l'importance de
son œuvre)

GOTICO · RENAISSANCE · MANIÉRISME · CONTRE-RÉFORME · BAROQUE

1400 · 1450 · 1500 · 1527 · 1550 · 1600 · 1650 · 1700 · 1750

SACCO DI ROMA

Giovanni da UDINE
Jacopo SANSOVINO
Pierre de CORTONE
le BERNIN
le GUERCHIN
ALGARDI
RAGGI
Carlo FONTANA
BACICCIA
Andrea POZZO
RAGUZZINI
Alessandro GALILEI
DE SANCTIS
SALVI
FUGA

Pierin del VAGA
Jules ROMAIN
Taddeo ZUCCARO
VIGNOLA
LIGORIO
le BAROCHE
Giacomo DELLA PORTA
le DOMINIQUIN
Guido RENI
Annibal CARRACHE
ALBANI
LANFRANCO
Carlo RAINALDI

RAPHAËL
Melozzo da FORLI
Cosimo ROSSELLI
BRAMANTE
le PÉRUGIN
BOTTICELLI
GHIRLANDAIO
SIGNORELLI
PINTURICCHIO
Filippino LIPPI
Piero di COSIMO
Antonio da SANGALLO le Jeune
AMMANNATI
Domenico FONTANA
POMARANCIO
le CARAVAGE
le CAVALIER D'ARPIN
BORROMINI
MADERNO
Federico ZUCCARO

Daniele da VOLTERRA
MICHEL-ANGE
le SODOMA
Baldassare PERUZZI

Gentile da FABRIANO
MASOLINO
PISANELLO
Fra ANGELICO

PONTIFICAT DES
PAPES MÉCÈNES

Martin V · Nicolas V · Sixte IV · Alexandre VI · Jules II · Léon X · Paul III · Jules III · Paul V · Urbain VIII · Alexandre VII · Innocent X

60

L'*Extase de sainte Thérèse*, du Bernin (Église Ste-Marie-de-la-Victoire)

Architecte et sculpteur, le Bernin fut aussi scénographe, poète et peintre. Probablement réalisa-t-il une centaine de tableaux dont quelques-uns seulement ont subsisté. Auteur d'une œuvre considérable, son ascension fut rapide et son succès total. Honoré de nombreuses décorations, génie reconnu de son vivant, ses contemporains virent en lui un autre Michel-Ange. Reçu dans les réunions les plus brillantes, il montait pour ses amis des pièces de théâtre dont il agençait les décors, écrivait le texte et qu'il interprétait. À peine a-t-il connu une disgrâce passagère au profit de Borromini lorsque Innocent X succéda à Urbain VIII. Mais il rentra en grâce avec son projet de la fontaine des Fleuves.

Destinée tout autre que celle de **Borromini** (1599-1667). Fils de Giovanni Domenico Castelli, un architecte de la famille Visconti de Milan, il exerça très tôt le métier de tailleur de pierre et acquit une grande connaissance technique. En 1621, il est à Rome où il devient l'aide de Carlo Maderno ; à ses côtés, il travaille à St-Pierre, à S. Andrea della Valle, au palais Barberini. En 1625, il reçoit le titre de « maestro » et en 1628 il prend le nom de sa mère, Borromini. Caractère angoissé et fermé, fuyant les mondanités, il fonda son art sur la rigueur et la sobriété, excluant les décorations de marbre, les peintures. Chez Borromini, le mouvement baroque naît du jeu des lignes d'architecture qu'il brise et courbe avec science. Architecte, il reprochait au Bernin de résoudre les problèmes par des effets d'exubérance.

St-Charles-aux-Quatre-Fontaines, la première œuvre qu'il réalise en totalité (1638), exprime probablement le mieux son génie. À la même époque, il entreprend la façade de l'oratoire des Philippins, caractéristique de son art original et contrôlé. Ces travaux lui attirent la protection du père Spada qui devient conseiller d'Innocent X, successeur d'Urbain VIII. Le pape lui donna la première place et le chargea de rénover St-Jean-de-Latran. Parmi ses œuvres, la façade de St-Charles-aux-Quatre-Fontaines fut exécutée l'année de sa mort. Vivant dans l'inquiétude, il ne connut jamais la renommée de son rival. Au cours d'une nuit de souffrance et dans un accès de colère contre son domestique, il se donna la mort.

Borromini – S. Ivo alla Sapienza

D'autres architectes travaillaient à Rome. **Carlo Maderno**, auteur notamment des façades de St-Pierre et de Ste-Suzanne, et **Giacomo Della Porta**, probablement l'architecte le plus actif de la ville après 1580, furent de grands admirateurs de Michel-Ange et sont souvent rangés parmi les maniéristes. **Flaminio Ponzio** travailla pour les Borghèse (façade du palais Borghèse, fontaine Pauline). **Giovanni Battista Soria**, quant à lui, est l'auteur des façades de Ste-Marie-de-la-Victoire et de St-Grégoire-le-Grand. L'architecture équilibrée de **Pierre de Cortone** est séduisante (St-Luc-et-Ste-Martine, façade de Ste-Marie-de-la-Paix, de S. Maria in via Lata, coupole de S. Carlo al Corso). Le nom de **Carlo Rainaldi** mérite d'être retenu pour ses travaux à S. Maria in Campitelli (1655-1665) et pour l'aménagement des deux églises de la piazza del Popolo.

Le baroque romain

L'art baroque veut créer l'effet de mouvement et de contraste. L'eau, qui ondoie et sert de miroir, en fut un des éléments essentiels. Pour éblouir, l'art baroque utilisa de riches matériaux comme le marbre et les pierres précieuses. Les stucs (mélange de chaux, de plâtre et de poussière de marbre mouillée), se prêtant bien au modelage, furent très employés. Les allégories (les quatre continents, les fleuves) sont tirées du dictionnaire de Cesare Ripa paru en 1594 qui indiquait comment traduire une idée abstraite.

Architecture – Dans le plan même des édifices apparaît une recherche de mouvement (St-Charles-aux-Quatre-Fontaines, St-André-au-Quirinal). Les façades s'animent de colonnes tout à fait dégagées, de décrochements audacieux, de lignes courbes et de niches.

Sculpture – Elle est dominée par des figures qui expriment les sentiments, par des draperies qui volent. Les retables s'ornent de tableaux de marbre sculptés en relief, de colonnes torsadées ; celles-ci, déjà présentes dans l'art romain de l'Antiquité, connurent la plus grande faveur après que le Bernin les eut utilisées pour le baldaquin de St-Pierre. L'intérieur des églises se peuple d'anges juchés sur les corniches et les frontons.
Outre les sculpteurs associés comme élèves à l'œuvre du Bernin (Antonio Raggi, Ercole Ferrata, Francesco Mochi...), il faut signaler l'œuvre de **l'Algarde** (Alessandro Algardi, 1592-1654), auteur de remarquables portraits et de tableaux de marbre.

Peinture – Les peintres baroques recherchèrent les effets de perspectives et de trompe-l'œil, les compositions en vrille et en diagonale. Parmi eux, **Pierre de Cortone**, architecte mais aussi grand décorateur, Giovanni Battista Gaulli dit **il Baciccia**, protégé du Bernin, et **Lanfranco** (1582-1647). Le frère jésuite **Andrea Pozzo**, peintre et théoricien d'architecture, se passionna pour les études en trompe l'œil. Son livre *Prospettiva de' pittori e architetti*, paru en 1693, fut diffusé à travers toute l'Europe.
Rome attira des artistes de toutes nationalités. Nicolas Poussin y mourut en 1665, Claude Lorrain en 1682. Rubens y fit plusieurs séjours ; il admira Michel-Ange, les Carrache et le Caravage, et termina les peintures de l'abside et de la Chiesa Nuova. De même Vélasquez y exécuta le beau portrait du pape Innocent X, aujourd'hui conservé à la galerie Doria Pamphili.

DU 18ᵉ S. À NOS JOURS

Néoclassicisme – Ce courant se développa à partir du milieu du 18ᵉ s. jusqu'au début du 19ᵉ s. et fut marqué par un retour à l'architecture grecque et romaine découverte avec enthousiasme après les fouilles d'Herculanum, de Pompéi, de Paestum. Succédant à la fougue baroque, le néoclassicisme se caractérisa par la simplicité et la symétrie, non sans quelque froideur. C'est l'époque où l'Allemand Winckelmann, préfet des

Andrea Pozzo – Voûte de l'église St-Ignace

Antiquités romaines et bibliothécaire au Vatican, publie ses ouvrages sur
où Francesco Milizia critique violemment le baroque et les décorations d
d'utilité et loue la simplicité et la noblesse des monuments antiques.

Graveur et architecte, **Piranèse** (1720-1778) vint s'établir définitivement à Rome
1754. Son œuvre compte environ 2 000 gravures parmi lesquelles la série des « Vues
de Rome » publiée en 1750 constitue un incomparable recueil de charme et de
mélancolie. Architecte, il composa la jolie piazza dei Cavalieri di Malta.

Antonio Canova (1757-1821) fut la personnalité dominante de cette période et le
sculpteur préféré de Napoléon. Le calme et la régularité qui se dégagent de ses œuvres
enchantèrent ses contemporains.

En architecture, il faut retenir le nom de **Giuseppe Valadier** qui aménagea la piazza del
Popolo (1816-1820). En peinture, on note surtout la présence d'étrangers, tels
l'Allemand Mengs et les Français de la villa Médicis *(voir Piazza di Spagna)*. David
notamment vint deux fois à Rome, en 1774 et en 1784, où il exécuta *Le Serment des
Horaces.*

À la fin du 19ᵉ s. travaillaient à Rome des artistes tels C. Maccari (fresques du palais
Madama) et G. A. Sartorio, qui décora la grande salle du Parlement.

Artistes, mouvements et œuvres contemporaines – Giacomo Balla (1861-1958),
représentant du futurisme romain, s'établit à Rome en 1895 et cosigna avec Depero
en 1914 le manifeste de la « Reconstruction futuriste de l'univers » ; après 1930, sa
peinture revint aux thèmes préfuturistes. Parmi les autres artistes importants, citons
M. Mafai (1902-1965) et G. Bonichi dit Scipione (1904-1933), représentants de
l'école romaine avec laquelle R. Guttuso entra également en contact en 1931. Pour ce
qui est de la peinture et de la sculpture, c'est à la galerie nationale d'Art moderne que
l'on pourra le mieux suivre l'évolution des grands mouvements artistiques.

Architecture et urbanisme – Dans les vingt premières années de sa vie de capitale, Rome
fut en chantier. Les plans d'urbanisme de 1871 et de 1883 déterminèrent de nombreuses
opérations d'urbanisme : construction de logements pour les nouveaux fonctionnaires
dans les quartiers de la piazza Vittorio Emanuele, de la piazza dell'Indipendenza, du Castro
Pretorio et des Prati ; démolition des quartiers insalubres du centre et construction de
bâtiments administratifs ; établissement de grandes banques et de grands journaux ; aménagement des grands axes de la ville. À la via del Corso, l'ancienne via Flaminia, et à la via
Nazionale, ouverte au lendemain du rattachement de Rome au royaume d'Italie s'ajoutèrent le corso Vittorio Emanuele II et la via XX Settembre.

Au début du 20ᵉ s. – Les grands travaux se poursuivirent. En 1902 le Quirinal fut relié au
centre des affaires de la galerie Umberto I. D'immenses espaces verts, propriété de
familles importantes, furent transformés en parcs publics ou, comme la villa Ludovisi,
vendus pour créer des édifices résidentiels.

Des travaux d'endiguement du Tibre furent réalisés. On érigea le monument à Victor
Emmanuel II devant le Capitole. À l'occasion de l'Exposition internationale de 1911
naquit le quartier de la piazza Mazzini. Dans un agréable cadre de jardins, un grand
musée d'art moderne fut édifié. En 1920, la construction de cités-jardins fut amorcée :
au Nord près du Monte Sacro, au Sud à Garbatella.

La Rome mussolinienne – Avec l'arrivée de Mussolini en 1922 commence une politique
d'urbanisme de prestige – liée à l'idéologie fasciste – qui prônait un retour à la grandeur
antique.

Pour mettre en valeur l'antique Champ de Mars, on l'ouvre à la circulation en perçant
le corso del Rinascimento, la via delle Botteghe Oscure et la via del Teatro di Marcello.
Pour dégager la vue sur le Colisée depuis la piazza Venezia, la via dei Fori Imperiali est
ouverte en 1932 (condamnant à la disparition une grande partie des Forums).

Pour marquer la réconciliation entre l'Église et l'État, scellée par les accords du Latran
en 1929, on ouvre la via della Conciliazione en 1936 au détriment du quartier
médiéval du Borgo.

En même temps furent entrepris le dégagement du théâtre de Marcellus et les fouilles
de l'Area Sacra du largo Argentina, les travaux de construction de la gare centrale
(Stazione Termini) et l'ensemble sportif du Foro Italico.

L'expansion de Rome ayant été décidée en direction de la mer, le quartier de l'EUR est
commencé.

De la seconde après-guerre à nos jours – L'année sainte de 1950 vit l'achèvement de la via
Cristoforo Colombo et la gare centrale fut prête à accueillir les pèlerins. Pour les Jeux
olympiques de 1960, le stade Flaminio et les deux palais des sports de la via Flaminia et
de l'EUR furent construits. Le village olympique (via Flaminia) remplaça un quartier de
baraquements. Un audacieux ouvrage d'art enjambant le réseau de voirie urbaine, le
corso di Francia, décongestionna le Nord de la ville. À l'Ouest, la via Olimpica relia le
Foro Italico à l'EUR. En 1961, l'aéroport international de Fiumicino (Leonardo da Vinci)
vint compléter celui de Ciampino.

En 1970 fut achevé le périphérique (Grande Raccordo Anulare), long de 70 km. Parmi
les édifices de la Rome moderne, il faut citer des réussites telles que l'immeuble de la
RAI, l'ambassade du Royaume-Uni, certains immeubles de l'EUR ; au Vatican, la salle
d'audience conçue par Pier Luigi Nervi (1971) et les Musées profane et chrétien
(1970) ; quelques grands hôtels : le Jolly, aux parois de verre doré où se reflètent les
frondaisons de la villa Borghèse, et le Hilton, dont l'installation sur le mont Mario
provoqua de violentes polémiques.

...ne contribution fondamentale à l'histoire de la littérature : dans ...e entre le 3ᵉ s. avant J.-C. et le célèbre pillage de la ville en ...la littérature latine a abordé et développé tous les genres littéraires. ...seulement de rappeler quelques noms : **Ennius** (239-169 avant J.-C.), **Virgile** (70-19 avant J.-C.), **Lucain** (39-65 après J.-C.) et **Stace** (40-96 après J.-C.) pour l'épopée, **Plaute** (v. 250-184 avant J.-C.) et **Térence** (v. 184-v. 159 avant J.-C.) pour la comédie, **Lucilius** (v. 168-102 avant J.-C.), **Horace** (65-8 avant J.-C.) et **Juvénal** (2ᵉ s. après J.-C.) pour la satire, **Lucrèce** (v. 98-v. 55 avant J.-C.) pour la poésie didactique, **Catulle** (87-v. 55 avant J.-C.), **Properce** (97-16 avant J.-C.), **Tibulle** (55-19 avant J.-C.) et **Ovide** (43 avant J.-C.-17 après J.-C.) pour la poésie d'amour, **Cicéron** (106-43 avant J.-C.) et **Sénèque** (v. 4 avant J.-C.-65 après J.-C.) pour la prose (rhétorique et philosophique), **Pétrone** (2ᵉ s. après J.-C.) et **Apulée** (125-180 après J.-C.) pour le roman.

Ceux qui écrivirent en particulier sur la ville et sur son Empire furent les historiens. **César** (100-44 avant J.-C.) publia les *Commentaires de la guerre des Gaules* et *De la guerre civile*, souvenirs de ses campagnes militaires ; de **Salluste** (86-35 avant J.-C.) restent deux monographies : *Guerre de Jugurtha* (sur la guerre de Numidie de 11 à 105 avant J.-C.) et *Conjuration de Catilina*, sur le coup d'état manqué du personnage ambigu de Catilina en 63 avant J.-C., thème de quatre autres oraisons de **Cicéron** (les *Catilinaires*) qui lues avec d'autres œuvres du même auteur (par exemple deux autres de ses discours : *Pro Murena* et *Pro Milone*) expriment parfaitement le climat politique de la période républicaine.

Parmi les écrivains d'annales se distinguent **Tite-Live** (59 avant J.-C.-17 après J.-C.), qui dans son *Histoire de Rome* narra l'histoire de la ville, de sa fondation jusqu'en 9 avant J.-C. (une trentaine de livres nous sont parvenus intacts) et **Tacite** (55-117 après J.-C.) qui retraça la période de l'Empire depuis la mort d'Auguste à la mort de Néron (dans les *Annales*) et de l'avènement de Galba jusqu'à Domitien (dans les *Histoires*).

En plus de cette historiographie «officielle», il est nécessaire de rappeler les *Vies des Césars* (de Jules César à Domitien) de **Suétone** (v. 70-v. 125 après J.-C.) et les dix livres des *Lettres* de **Pline le Jeune** (61-113 après J.-C.), sur les thèmes les plus variés, écrites aux personnages de son temps, dont l'empereur Trajan lui-même ; cette correspondance est très utile pour saisir l'esprit de la haute société impériale. Dans son *Satiricon*, **Pétrone** dresse un portrait absolument grotesque et parodique des mœurs de son temps (la transposition cinématographique réalisée par le metteur en scène Fellini est remarquable).

Au Moyen Âge, les auteurs les plus notables de la production littéraire s'installèrent dans d'autres villes (en particulier Florence) et c'est grâce à l'Académie romaine, fondée par **Pomponius Laetus** (1428-1497), et surtout à l'Arcadie, que Rome redevint un centre littéraire de première importance. Parmi les fondateurs de l'**Arcadie**, citons **Felice Zappi** (1667-1719) et sa femme **Faustina Maratti** (1680-1745). Ce mouvement, créé en 1690 et siègeant sur le Janicule, se proposait de restaurer «le bon goût», inspiré du *Canzoniere* de Pétrarque, par opposition au «mauvais goût baroque». Parmi ses représentants, on retiendra **Paolo Rolli** (1687-1785) et **Pietro Metastasio** (Pierre Métastase,1698-1782), qui fut aussi poète de cour à Vienne et eut un grand succès grâce à ses mélodrames *(Caton à Utique* et *Didon abandonnée)*.

Au Siècle des lumières, Rome resta à l'écart du débat culturel qui s'était développé en Italie, en particulier à Milan et à Naples. Les gens de lettres eux-mêmes, hôtes de cette ville pendant des années, semblaient du reste percevoir parfois ce caractère unique de Rome, qui la rendait tellement différente des autres centres culturels d'Europe et, très certainement aussi, d'Italie, au point de susciter inévitablement des jugements tantôt enthousiastes, tantôt férocement critiques. S'il est vrai qu'il pesta contre le chahut du carnaval de la via del Corso, Goethe n'en avouait pas moins pour autant qu'il était né le jour où il débarqua à Rome *(Voyage en Italie)*. Mark Twain ne voyait guère d'un très bon œil la papauté et les attitudes superstitieuses, et il écrivait qu'il avait du mal à croire à la grandeur du passé en regardant la Rome de son époque *(Le Voyage des innocents)*. Leopardi, lui-même, tira une cuisante déception de sa découverte de Rome : renfermée, spirituellement pauvre, peuplée de femmes qu'il n'hésita pas à qualifier d'«écœurantes».

L'œuvre dialectale de **Giuseppe Gioacchino Belli** (1791-1863), qui porte une attention particulière au «peuple», peut être assimilée aux thématiques du romantisme. Dans ses *Sonnets* (il en écrivit plus de 2 000), qui parfois traduisent un goût pour la nouvelle folklorique, il soutint le peuple. Grâce au langage et au lexique caractéristique du milieu social le moins élevé, il réussit à donner une vision dure et très réaliste de la société romaine, divisée entre les nobles et le clergé d'une part, et la «plèbe» d'autre part.

L'évocation de Rome dans *L'Enfant de volupté* (1889) de **Gabriele D'Annunzio** est magnifique : les cours du 16ᵉ s. et les palais baroques, dont les décors merveilleux sont décrits dans les moindres détails, constituent le cadre d'élégantes réceptions et de fastueux déjeuners, symbolisant les états d'âme des personnages. Rome devient presque l'un des protagonistes du roman.

Dans le cercle des collaborateurs de la revue littéraire **La Ronda** (1919-1923), liée à Rome, se distinguèrent deux de ses fondateurs : **Vincenzo Cardarelli** (1887-1959) et **Antonio Baldini** (1889-1962).

Parmi les contemporains, **Alberto Moravia** (1907-1990) décrivit l'apathie et l'inaptitude sociale de la bourgeoisie romaine *(Les Indifférents, L'Ennui)* et les classes sociales les plus pauvres dans les *Nouvelles Romaines*, *La Romaine* et *La Ciociara* (dont on rappelle la superbe adaptation cinématographique de De Sica).

Né et élevé à Milan, **Carlo Emilio Gadda** (1893-1973) fut célèbre grâce à son roman situé à Rome, *L'Affreux Pastis de la rue des Merles* (1957), représentation stupéfiante et réaliste de la capitale fasciste (les vicissitudes se déroulent en 1927) à travers tous les milieux sociaux, de la haute bourgeoisie aux petites gens. Le dialecte de Rome, pour lequel Gadda dut recourir à des amis expérimentés, prédomine dans le nouveau et audacieux mélange linguistique présent dans le roman, créant des effets très originaux.

Alberto Moravia

Auteur très discuté mais d'importance incontestable dans le panorama culturel des années 1960-1970, **Pier Paolo Pasolini** (1922-1975), poète, romancier, critique, metteur en scène cinématographique, dramaturge né aussi loin de Rome, a tracé un tableau tristement réaliste du sous-prolétariat romain dans ses romans *Les Enfants de la vie* et *Une vie violente*.

Musique et cinéma

2 000 ans de créativité musicale – La musique romaine de l'Antiquité, fondée essentiellement sur les instruments à vent, a subi l'influence grecque et étrusque.

C'est à partir du Moyen Âge que Rome affine son art musical, s'inspirant à cette époque de thèmes religieux. Le chant, inévitablement hétéroclite en raison des origines diverses des premiers chrétiens, trouve son unité dans le rite latin du 4e s. et dans la réforme de Grégoire le Grand (590-604) qui donna son nom au **chant grégorien**. Au 14e s., Rome voit s'épanouir la musique contrapuntique flamande, introduite par les nombreux maîtres de musique étrangers qui officient au sein des cours italiennes. **Giovanni Pierluigi da Palestrina**, auteur notamment de la *Missa Papae Marcelli* (Messe du pape Marcel), fut un des grands maîtres de la musique polyphonique. Sa carrière se déroula dans de nombreuses églises romaines et il est enterré dans la basilique St-Pierre. Palestrina est connu pour l'utilisation du **style a cappella**, typique de la musique polyphonique sacrée, dépouillée de tout accompagnement instrumental. Avec saint **Philippe Neri** (1515-1595), originaire de Florence, mais qui travailla surtout à Rome, il instaure l'usage d'insérer, avant et après le sermon, des chants choraux de louanges, les **laudi**, afin de stimuler la ferveur des fidèles. Cette forme musicale donna naissance par la suite à l'**oratorio**, qui fait appel à des voix de solistes pour les dialogues et les récitatifs. Le représentant le plus accompli de ce genre fut **Giacomo Carissimi** (1605-1674).

En tant que centre spirituel, Rome continua à produire une musique à caractère religieux. On y développa ainsi la **cantate sacrée**, où les voix sont accompagnées par l'orgue, le théorbe et les violons. **Muzio Clementi** (1752-1823), représentant de la musique instrumentale, fut un siècle plus tard l'auteur de sonates pour piano illustrant le potentiel de cet instrument.

Plus près de nous, **Ottorino Respighi** (1879-1936), originaire de Bologne, mais longtemps lié au conservatoire de Ste-Cécile, «décrit» Rome dans ses poèmes symphoniques *Les Fontaines de Rome*, *Les Pins de Rome* et *Les Fêtes romaines*.

Rome, thème cinématographique et lieu de production – Le cinéma à Rome, c'est avant tout **Cinecittà**. Les studios créés en 1937 couvrent environ 140 000 m² le long de la via Tuscolana. Lors de son inauguration, Cinecittà comptait seize studios de tournage, des bureaux, des restaurants et un immense bassin pour les scènes aquatiques. Cet outil fabuleux contribua à accroître la production cinématographique italienne qui parvint même à se maintenir pendant la première partie de la guerre.

C'est ici que le néoréalisme trouve ses racines. Et même si ce mouvement privilégiait les tournages en extérieur, loin des studios, quelques-unes de ses grandes figures de proue, telles que **Vittorio De Sica** et **Roberto Rossellini**, tournèrent certains de leurs premiers films à Cinecittà. Pour combler la distance, instaurée sous le fascisme, entre la vie et son image à l'écran, ces metteurs en scène proposèrent un retour au concret,

à l'observation de la réalité quotidienne. La guerre et ses funestes conséquences furent ainsi le thème principal du néoréalisme. Avec *Rome, ville ouverte* (1945), *Paisà* (1946) et *Allemagne, année zéro* (1948), c'est toute l'oppression nazi-fasciste que Rossellini met en images. Dans *Sciuscià* (1946) et *Le Voleur de bicyclette* (1948), De Sica ébauche le portrait de l'Italie de l'après-guerre, avec son chômage et sa misère. Dans *Riz amer* (1949) et *Pâques sanglantes* (1950), De Santis décrit un milieu populaire partagé entre la soumission à l'idéologie dominante et les aspirations révolutionnaires. Au début des années 1950, le néoréalisme s'essouffle, il ne répond plus aux attentes du public, désireux d'oublier les misères de cette époque. De grandes productions américaines naissent alors à Cinecittà, le Hollywood italien, tels *Quo vadis* (1950), *Vacances romaines* (1953), *Guerre et paix* (1956), *Ben Hur* (1959), *Cléopâtre* (1963). Les années 1960 sont, pour le cinéma italien, des années d'or. Soutenue par cette puissante infrastructure industrielle, la production cinématographique atteint un volume remarquable (plus de 200 films par an) et, de surcroît, de très haut niveau.
Parmi les metteurs en scène de premier plan, rappelons **Federico Fellini** et **Luchino Visconti**. En 1960, Fellini réalise *La Dolce Vita*, miroir troublant des célèbres nuits romaines. Parmi ses films, peuplés d'images fantastiques et oniriques, citons *Amarcord, La Cité des femmes, Et vogue le navire* et *Ginger et Fred*. Visconti signa quant à lui *Les Nuits blanches* et *Ludwig*. Les années 1960 se caractérisent aussi par les débuts d'une nouvelle génération de metteurs en scène qui développent à l'écran leur engagement politique et social : **Pasolini, Rosi, Bertolucci**.
Mais à la fin des années 1970, victime de la concurrence de la télévision et de l'écroulement du marché, le cinéma italien connaît une crise profonde sur le plan de la production et de la créativité, à laquelle toutefois il résiste grâce aux films d'auteur, tels que, parmi les plus récents, *La Famille* d'**Ettore Scola**.
Depuis le début des années 1990, un nouvel élan créatif est né avec de jeunes metteurs en scène comme **Nanni Moretti** dont un des sketchs du *Journal intime* donne une vision actuelle de la Ville éternelle et de ses quartiers périphériques.

Cahiers du Cinéma

Sophia Loren et Marcello Mastroianni dans *Une journée particulière* d'Ettore Scola (1977)

Rome vue par les écrivains français

François **Rabelais** vint à Rome une première fois en 1534 à la suite de Monseigneur du Bellay, évêque de Paris. Il y revint l'année suivante, toujours en compagnie du prélat devenu cardinal, puis en 1548. Dans une lettre au cardinal de Guise il raconta la fête fantastique donnée par le cardinal à l'occasion de la naissance du fils d'Henri II. Le récit du souper d'une «somptuosité si grande qu'elle pouvait effacer les célèbres banquets de plusieurs anciens empereurs romains et barbares» atteste qu'à Rome aussi il apprécia la vie en épicurien.

Joachim **du Bellay** arriva en 1553 comme secrétaire du cardinal, son cousin. Il ressentit d'abord la poésie des ruines puis changea d'humeur et vécut à Rome comme en exil, déçu et nostalgique *(Les Antiquités de Rome, Les Regrets)*.

Montaigne fit son entrée le 30 novembre 1580 et visita la ville entière, parfois avec gaieté lorsque sa gravelle ne le faisait pas trop souffrir *(Journal de voyage en Italie)*.

Montesquieu tira de son séjour de près de six mois (à partir de janvier 1729) les *Considérations sur les causes de la grandeur des Romains et de leur décadence.*

Le **président de Brosses** (1709-1777), arrivé avec une joyeuse compagnie de Bourguignons, envoya des lettres familières à ses amis de Dijon qui sont à mettre au nombre des pages les plus savoureusement écrites sur «la plus belle ville du monde» selon son expression. Il donna son avis dans tous les domaines, admira ou critiqua de façon divertissante. Il s'étonna que le Tibre ne fût point endigué et trouva que les quartiers avoisinants étaient des plus vilains. Un siècle plus tard, Rome, devenue la capitale d'Italie, réalisa son vœu.

Chateaubriand, qui séjourna à Rome en qualité de secrétaire du cardinal Fesch en 1803 puis en 1828, rêva de finir ses jours à San Onafrio *(p. xxx)*. Avant de partir, il écrivit «Je l'aime de nouveau passionnément, cette Rome si triste et si belle» *(Mémoires d'Outre-Tombe)*.

Stendhal (1783-1842) est sans doute l'auteur français dont les ouvrages sont le plus imprégnés de l'Italie. Ses *Promenades dans Rome* continuent d'être un chef-d'œuvre de grand intérêt pour le visiteur d'aujourd'hui. Psychologue ou poète, discourant sur la musique, la peinture ou la politique, Stendhal adora Rome ou la détesta suivant son état d'esprit. Il traite de Rome notamment dans *Rome, Naples et Florence*, dans *La Vie d'Henri Brûlard*, dans les *Chroniques italiennes (L'Abbesse de Castro ; Les Cenci).*

Le livre d'Hippolyte **Taine** (1828-1893) fut longtemps la vademecum du touriste sérieux. **Jules** et **Edmond de Goncourt** ont fait revivre Rome d'une manière pittoresque dans leur roman *Madame Gervaisais* et dans le troisième volume de leur Journal.

Après un séjour de trois semaines, Émile **Zola** (1840-1902) écrivit dans *Rome* de belles pages sur les catacombes et la chapelle Sixtine.

On peut encore citer les ouvrages de Jean-Louis Vaudoyer *(Italiennes, Délices de l'Italie)*, de Pierre de Nolhac *(Souvenirs d'un vieux Romain)*, les belles évocations d'Émile Mâle *(Rome ; Rome et ses vieilles églises)*.

Se détendre sur la piazza Navona

M. Renaudeau / HOA QUI

Carnet
d'adresses

Se loger à Rome

Rome offre de nombreuses possibilités d'hébergement d'autant plus qu'à chaque saison elle est envahie par une foule de touristes et de pèlerins. À l'occasion du Jubilé en particulier, on prévoit que la ville sera complètement prise d'assaut. Donc, pour avoir la certitude de trouver de la place et pour éviter de désagréables surprises, il est préférable de réserver bien à l'avance.

HÔTELS

Nous vous proposons ci-dessous quelques hôtels sélectionnés en fonction de leur rapport qualité-prix particulièrement intéressant, de leur emplacement ou de leur atmosphère de charme. Les lettres entre parenthèses placées après le nom des établissements permettent de les localiser par rapport au quadrillage du plan de la ville figurant en fin de guide (à l'intérieur de la couverture) ; le quartier indiqué après l'adresse renvoie aux chapitres descriptifs du guide ; l'indication *(CB)* signale que le règlement peut être effectué par carte bancaire.

Les hôtels sont répertoriés sous trois catégories par rapport au prix de la chambre double et sont présentés par ordre alphabétique :

– « **Budget** » propose des chambres à un prix inférieur à 150 000 L ; il s'agit générale-ment de petits établissements, simples mais assez confortables ou bien situés ;

– « **Notre sélection** » signale quelques hôtels pratiquant des prix compris entre 150 000 L et 300 000 L et offrant une atmosphère particulièrement agréable ;

– « **Option prestige** » recense des hôtels de grand charme, très confortables, qui vous assurent d'un séjour inoubliable.

Nous vous conseillons de vous renseigner sur les prix par téléphone, surtout pendant le Jubilé en raison d'une possible augmentation. Pour les hôtels de la première catégorie, nous indiquons aussi le nombre de chambres avec ou sans salle de bains. Il est évident que les hôtels des deux catégories supérieures ne possèdent que des chambres avec salle de bains (sauf contre-indication précisée dans le texte).

Pour une sélection plus exhaustive, consulter le **guide Rouge Michelin Italia**.

Services complémentaires – Il est possible de procéder à une réservation de chambre par l'intermédiaire du service **Hotel Reservation** (☎ 06 69 91 000, de 7 h à 22 h). Entièrement gratuit, il permet un choix parmi plus de 200 établissements de la capitale.

« BUDGET »

Certains établissements signalés dans ce chapitre proposent aussi des chambres sans salle de bains, ce qui réduit le prix de 20 % à 30 %.

Pensione Barrett (BX ⑤) – *Largo Torre Argentina, 47 (Isola Tiberina-Torre Argentina) – 20 chambres –* ☎ *06 68 68 481.*
Simple mais très soigné, il est tenu par une personne qui a un véritable culte de l'hospitalité : les chambres sont dotées de petits « conforts » très particuliers, comme par exemple un petit bain de pieds.

Hotel Campo dei Fiori (BX ⑥) – *Piazza del Biscione, 6 (Campo dei Fiori) – 27 chambres, dont 9 avec salle de bains (CB) –* ☎ *06 68 80 68 65.*
Un hôtel particulier de six étages (sans ascenseur) abrite cet établissement dont la belle terrasse s'ouvre sur la piazza du Campo dei Fiori. Les chambres sont petites, mais très accueillantes.

Hotel Casa tra Noi (AX ⑪) – *Via Monte del Gallo, 113 (Vaticano-S. Pietro) – 110 chambres et deux appartements pour trois ou quatre personnes (CB) –* ☎ *06 39 38 73 55.*
Simple et tranquille, l'hôtel est situé au bout d'une rue d'où l'on peut admirer le dôme de St-Pierre. En mesure d'accueillir de nombreux groupes, il pratique la demi-pension et la pension complète à des prix convenables.

Pensione Panda (CV ②) – *Via della Croce, 35 (Piazza di Spagna) – 20 chambres, dont 16 sans salle de bains (CB) –* ☎ *06 67 80 179.*
Charmant et soigné, ses 4 chambres avec salle de bains sont spacieuses. Nous conseil-lons de prendre le petit déjeuner (service non fourni) à l'excellente pâtisserie D'Angleo, qui se trouve à côté de l'hôtel (au 30 de la via della Croce) et propose en outre une délicieuse glace au sabayon.

Albergo del Sole (BX ⑦) – *Via del Biscione, 76 (Campo dei Fiori) – 60 chambres, dont 20 sans salle de bains –* ☎ *06 68 80 68 73.*
À deux pas de la piazza Campo dei Fiori et de son animation, l'hôtel le plus ancien de Rome a été construit sur les fondations du théâtre de Pompée. Il possède une jolie terrasse panoramique et un parking payant.

Hotel Ticino (BV ⑩) – *Via dei Gracchi, 161 (Vaticano-S. Pietro) – 13 chambres (CB) –* ☎ *06 32 43 307.*
Ce petit hôtel meublé très simplement mais malheureusement sous-équipé (7 des chambres seulement disposent d'une douche) occupe le 4e étage d'un immeuble (ascenseur).

Hotel Trastevere Manara (BY ⑪) – *Via Luciano Manara, 24a/25 (Trastevere) – 9 chambres, dont deux individuelles (CB) –* ☎ *06 58 14 713.*
Très bien situé, tout près de la charmante piazza S. Maria in Trastevere, cet hôtel à été complètement restauré en 1998. Les boiseries donnent un aspect très accueillant aux chambres, meublées en style moderne.

« NOTRE SÉLECTION »

Hotel Alimandi (BV ⓐ) – *Via Tunisi, 8 (Vaticano-S. Pietro) – 35 chambres (CB) –* ☎ *06 39 72 39 48.*
À proximité des musées du Vatican, cet hôtel met à la disposition de ses clients une terrasse au 1er étage, ainsi qu'un jardin en terrasse où sont organisées des « soirées grillades » en été. Le bar, avec son ameublement de style médiéval, est très caractéristique.

Hotel Amalia (AV ⓒ) – *Via Germanico, 66 (Vaticano-S. Pietro) – 30 chambres (CB) –* ☎ *06 39 72 33 54.*
Tout proche de la basilique St-Pierre, cet hôtel (dont la réception se trouve au rez-de-chaussée) occupe les 3e et 4e étages d'un hôtel particulier d'époque (avec ascenseur).

Hotel Canada (EV ❼) – *Via Vicenza, 58 (Porta Pia) – 70 chambres (CB) –* ☎ *06 44 57 770.*
Un bel édifice accueille cet hôtel particulièrement tranquille si l'on considère le voisinage de la gare Termini.

Hotel Celio (DY ⓐ) – *Via dei S.S. Quattro, 35/C (Colosseo-Celio) – (CB) –* ☎ *06 70 49 53 33.*
Cet hôtel, à la fois familial et raffiné, doit son originalité aux splendides fresques décrochées présentes dans ses chambres. Il possède trois « junior suite » et une suite avec vue sur le Colisée. Le petit-déjeuner est servi dans les chambres. En haute saison, il est préférable de s'assurer qu'en raison de l'augmentation des prix, l'hôtel ne fera pas partie de la catégorie « Rêver les yeux ouverts... sans regarder la dépense. »

Hotel Coronet (CX ⑪) – *Piazza Grazioli, 5 (Pantheon) – 13 chambres (CB) –* ☎ *06 67 92 341.*
Le palais Doria Pamphili accueille ce petit hôtel très soigné qui possède des chambres spacieuses et confortables. Il est situé au 3e étage avec ascenseur.

Hotel Invictus (DV ⓐ) – *Via Quintino Sella, 15 (Fori Imperiali) – Même gestion que Solis Invictus (voir ci-dessous) –* ☎ *06 42 01 14 33.*
Très accueillant et soigné, il vient d'être restauré. Il est situé au 1er étage (avec ascenseur) d'un édifice tout proche des Forums.

Hotel Margutta (CV ✖) – *Via Laurina, 34 (Piazza di Spagna) – 21 chambres (CB) –* ☎ *06 32 23 674.*

Hotel Parlamento (CV ⓖ) – *Via delle Convertite, 5 (Piazza di Spagna) – 23 chambres, dont 16 avec air conditionné (CB) –* ☎ *06 69 92 10 00.*
Très soigné et agréable, il se trouve aux 3e et 4e étages (ascenseur). En été, le petit déjeuner est servi sur une jolie terrasse qui s'ouvre sur la piazza S. Silvestro.

Hotel S. Anselmo (CY ⓖ) et **Hotel Villa S. Pio** (CY ⓖ) – *Réception : Piazza S. Anselmo, 2, au S. Anselmo (Aventino) – (CB) –* ☎ *06 57 43 547.*
Situés loin du trafic de la ville, dans la verdure de l'Aventin, ils appartiennent au même ensemble hôtelier. Trois villas résidentielles entourées de charmants jardins composent les deux hôtels, dont les chambres présentent un ameublement ancien. Petit déjeuner servi dans une belle véranda.

Hotel S. Prisca (CZ ❺) – *Largo M. Gelsomini, 25 (Aventino) – 49 chambres (CB) –* ☎ *06 57 41 917.*
Réaménagé récemment, l'hôtel est érigé au pied de l'Aventin. Son restaurant propose un menu fixe à un prix raisonnable aussi bien au déjeuner qu'au dîner. Parking dans le jardin.

Hotel Solis Invictus (DX ✖) – *Via Cavour, 305 (Fori Imperiali) – 10 chambres (CB) –* ☎ *06 69 92 05 87.*
C'est un petit hôtel à gestion familiale, très accueillant et soigné, situé au 1er étage (avec ascenseur) d'un édifice à proximité des Forums.

« OPTION PRESTIGE »

Aldrovandi Palace Hotel (CU ⓥ) – *Via Aldovrandi, 15 (Villa Borghese-Villa Giulia) – 127 chambres (CB) –* ☎ *06 32 23 993.*
Situé dans un havre de végétation et de paix tout près de la villa Borghese, il accueille aussi l'excellent restaurant **La Piscine**, dont les tables, en été, sont disposées le long du bassin.

Hotel Atlante Star (AV ⓖ) – *Via Vitelleschi, 34 (Vaticano-S. Pietro) – 70 chambres, 3 suites (CB) –* ☎ *06 68 73 233.*
À proximité de la basilique St-Pierre, cet élégant hôtel, qui possède un jardin en terrasse, où les tables du restaurant **Les Étoiles** s'installent en été, offre une vue magnifique sur la basilique.

Hotel D'Inghilterra (CV ❸) – *Via Bocca di Leone, 14 (Piazza di Spagna) – 89 chambres, 9 suites (CB)* – ☎ 06 69 93 40.
C'est un hôtel de grande tradition, situé dans une ancienne hôtellerie. Il possède un ameublement d'époque et des intérieurs élégants et raffinés.

Hotel Hassler Villa Medici (CV ❺) – *Piazza Trinità dei Monti, 6 (Piazza di Spagna) – 85 chambres, 15 suites (CB)* – ☎ 06 69 93 40.
Cet hôtel de grande tradition et de grand prestige est magnifiquement situé au sommet de Trinità dei Monti.

Hotel Eden (CV ❶) – *Via Ludovisi, 49 (Piazza di Spagna et Via Veneto) – 101 chambres, 11 suites (CB)* – ☎ 06 47 81 21.
Il occupe un hôtel particulier de la fin du 19ᵉ s. qui a été restauré récemment avec beaucoup d'élégance. L'hôtel abrite le fameux restaurant **La Terrazza** qui, comme le suggère son nom, dispose ses tables dans le jardin en terrasse offrant une vue magnifique sur Rome.

Hotel Lord Byron (hors plan, accès par le viale Bruno Buozzi – BV) – *Via De Notaris, 5 (Villa Borghese-Villa Giulia) – 28 chambres, 9 suites (CB)* – ☎ 06 32 20 404.
C'est une petite «bonbonnière» élégante et raffinée, située dans un beau quartier résidentiel. Le restaurant **Relais Le Jardin** offre une cuisine particulièrement recherchée et raffinée.

Hotel Majestic (CV ⓝ) – *Via Vittorio Veneto, 50 (Via Veneto) – 76 chambres, 10 suites (CB)* – ☎ 06 48 68 41.
Situé dans la rue de la *Dolce Vita*, cet hôtel possède des salles très élégantes qui présentent un ameublement raffiné.

AUTRES FORMES D'HÉBERGEMENT

Auberges de jeunesse et organisations touristiques pour la jeunesse – L'Association italienne des auberges de jeunesse (Associazione Italiana Alberghi per la Gioventù – AIG) se trouve via Cavour, 44 (☎ 06 48 71 152). Le comité régional du Latium a son siège dans le même immeuble que l'auberge **Foro Italico**, viale delle Olimpiadi, 61 (☎ 06 32 36 267). On peut aussi s'adresser à l'**Esercito della Salvezza**, via degli Apuli 41 (☎ 06 44 65 236 ou 06 44 51 351 – fax 06 44 56 306). Deux autres adresses utiles sont : la **Protezione della Giovane**, via Urbana 158 (☎ 06 48 81 489 ou 06 48 80 056), réservé aux jeunes femmes célibataires de moins de 25 ans, et **YWCA**, via Balbo, 4 (Young Women Christian Association – ☎ 06 48 80 460 ou 06 48 83 917 – fax 06 48 71 028), qui accueille femmes, couples et groupes (pas d'hommes seuls).

Couvents et maisons religieuses – Ils permettent de se loger à un prix abordable, mais présentent l'inconvénient de fermer leurs portes vers 22 h 30. La liste des maisons recevant des hôtes est disponible au centre Peregrinatio ad Petri Sedem, piazza Pio XII, 4 (Cité du Vatican – ☎ 06 69 88 48 96 – Fax 06 69 88 56 17), qui peut procéder à des réservations, mais seulement pour des groupes nombreux.

Se restaurer à Rome

La cuisine romaine, que l'on dit «pauvre», est fondée surtout sur la simplicité et la pureté des produits. Un repas dans une trattoria typique peut commencer par un **antipasto** (hors-d'œuvre de légumes ou de charcuterie) et continuer avec les célèbres **fettuccine** (pâtes aux œufs), les **bucatini all'amatriciana** (sauce à base de joue de porc, huile d'olive, fromage de brebis, piment, tomates et oignons), les **tonnarelli con cacio e pepe, les gnocchi alla romana** (pâtes de semoule) ou de pommes de terre (préparés traditionnellement le jeudi), ou avec la plus classique **carbonara**. Parmi les plats de résistance, citons la **saltimbocca** (escalope de veau farcie au jambon et à la sauge), l'**abbacchio** (agneau de lait chasseur ou grillé à la braise – *alla scottadito*), la **trippa** (tripes de bœuf aux tomates et aux herbes), la **coda alla vaccinara** (queue et joue de bœuf, lard, ail, légumes, sel, poivre, aromates et vin blanc), la **pajata** (tripes d'agneau) et le **baccalà** (morue), généralement frit. Parmi les légumes d'accompagnement, évoquons les **puntarelle** (cœurs de chicorée en salade assaisonnés avec de l'ail et des anchois), les **agretti** (un autre type de salade très fine préparée à l'aigre), les **carciofi alla giudia** (artichauts cuits à l'huile et accommodés avec de l'ail et du persil) et la **rughetta** (type de salade appelée *rucola* dans le Nord de l'Italie). Les fromages, le *pecorino* en particulier, se mangent souvent accompagnés de quelques fèves. Dans les trattorias les plus simples, le choix des desserts est généralement limité au **tiramisù**, à la **panna cotta** (crème cuite), à la crème caramel et aux gâteaux glacés, mais dans les restaurants plus raffinés, on pourra commander la **tarte à la ricotta** faite maison ou la **zuppa inglese** (charlotte russe) qui, malgré son nom, a des origines typiquement romaines. Le tout arrosé de vins des Castelli (Frascati), qui sont pour la plupart des vins blancs, servis dans un pichet.

> Dans les trattorias romaines typiques, appelées *hostarie*, on retrouve souvent des panonceaux où sont inscrits d'anciens dictons populaires comme par exemple «Chi cia' li sordi e se li magna e beve arisparmia er pianto dell'erede» (Qui a des sous pour boire et manger épargne les pleurs de son héritier).

Nous proposons ci-dessous quelques adresses de simples trattorias et de restaurants plus élégants, où l'on pourra goûter les spécialités de la tradition culinaire romaine. La sélection se divise en trois catégories par rapport au prix moyen d'un repas par personne :
– **«Budget»** signale les établissements où l'on sert un repas pour moins de 50 000 L ;
– **«Notre sélection»**, ceux dont les prix varient entre 50 000 L et 100 000 L ;
– **«Une petite folie!»**, quelques-uns des meilleurs restaurants de la ville. Les prix sont généralement convenables.

« BUDGET »

Augusto – *Piazza de' Renzi, 15 (Trastevere)* – ☎ *06 58 03 798* – *Fermé le samedi soir et le dimanche.*
Quand il fait beau, les grandes tables en bois, avec leurs nappes en papier, signalent la présence de cette trattoria familiale, située sur l'une des petites places les plus caractéristiques du quartier. L'attente est presque toujours obligatoire.

Da Betto e Mary – *Via dei Savorgnan, 99 (quartier Prenestino, non décrit dans le guide)* – ☎ *06 24 30 53 39* – *Ouvert le soir uniquement, sauf le dimanche; fermé le jeudi.*
Les plats typiques traditionnels, comme les raviolis aux ris de veau, sont servis dans une atmosphère romaine authentique. Vous serez éblouis aussi par les viandes cuites à la braise, dont les steaks de cheval.

Trattoria dal Cav. Gino – *Vicolo Rosini, 4 (Montecitorio)* – ☎ *06 68 73 434.*
Une bonne adresse pour goûter la cuisine bourgeoise. En raison de la capacité limitée de la salle par rapport à la fréquentation, il est préférable de réserver.

Da Marcello – *Via dei Campani, 12 (S. Lorenzo fuori le Mura)* – ☎ *06 44 63 311* – *Ouvert le soir uniquement; fermé le samedi et le dimanche.*
Cette trattoria très sympathique et très fréquentée par les étudiants offre à ses clients des spécialités typiquement romaines, dont les traditionnels *tonnarelli cacio e pepe*. Excellente carte des vins.

Lo Scopettaro – *Lungotevere Testaccio, 7 (Piramide Cestia-Testaccio)* – ☎ *06 57 42 408.*
Cette trattoria, dont l'ameublement et l'atmosphère sont très accueillants, propose une cuisine bourgeoise consacrée aux spécialités romaines traditionnelles.

Tonino – *Via del Governo Vecchio, 18 (Piazza Navona)* – ☎ *06 68 77 002.*
En raison des dimensions réduites de cet établissement dépourvu d'enseigne, il arrive souvent de partager sa table avec d'autres clients dans une atmosphère très conviviale. Les différentes sauces des pâtes et des viandes invitent à *fare la scarpetta* (saucer) avec du pain de ménage.

« NOTRE SÉLECTION »

Checchino dal 1887 – *Via di Monte Testaccio, 7 (Testaccio)* – ☎ *06 57 43 816.*
On vient ici pour goûter une cuisine romaine de haut niveau, arrosée des meilleurs vins nationaux. Parmi les spécialités, on signale les macaronis *alla pajata*, les abats rôtis variés, les ris de veau au vin blanc ou la queue de bœuf à *la vaccinara*. Grand assortiment de fromages. Pour le déjeuner, possibilité d'un repas plus économique à base de légumes et de fromages.

Paris – *Piazza S. Callisto, 7a (Trastevere)* – ☎ *06 58 15 378.*
Au cœur du Trastevere, ce restaurant propose une cuisine essentiellement judéo-romaine, dans une salle baroque ou en plein air l'été. Vous adorerez sûrement les *tagliolinis* à la sauce de poisson, le poisson *all'acqua pazza* (bouilli à la sauce tomate, ail et persil), les artichauts à la juive *(alla giudia)*, les légumes frits et, pour finir, les délicieuses boulettes de ricotta.

Pommidoro – *Piazza dei Sanniti, 44 (S. Lorenzo fuori le Mura)* – ☎ *06 44 52 692.*
Cette authentique trattoria romaine est spécialisée dans les entrées, les plats de résistance à base de gibier et la préparation de viandes et de poissons sur le grill. C'est un lieu fréquenté par des politiciens, des artistes et des journalistes.

Al Pompiere – *Via S. Maria dei Calderari, 38 (Isola Tiberina-Torre Argentina)* – ☎ *06 68 68 377.*
Les spécialités de la tradition judéo-romaine sont servies dans les spacieuses salles d'un hôtel particulier d'époque. La tarte à la ricotta et aux griottes vous laissera un goût de paradis…

Sora Lella – *Via di Ponte Quattro Capi, 16 (Isola Tiberina-Torre Argentina)* – ☎ *06 68 61 601.*
Ce restaurant historique, tenu autrefois par Lella Fabrizi, sœur de l'acteur Aldo Fabrizi, est actuellement géré par son fils, qui s'est lancé dans de nouvelles spécialités tout en gardant les traditionnelles recettes de famille. Ne pas manquer les fromages avec les confitures et les gâteaux faits maison.

« UNE PETITE FOLIE ! »

Agata e Romeo – *Via Carlo Alberto, 45 (S. Maria Maggiore)* – ☎ *06 44 66 115.*
Avec son excellente cuisine traditionnelle et ses plats personnalisés par une touche de fantaisie, ce restaurant propose une inimaginable sélection de vins, établie avec le plus grand soin.

La Pergola – *Via Cadlolo, 101 (Nord de Vaticano-S. Pietro)* – ☎ *06 35 091.*
Situé dans le jardin en terrasse de l'hôtel Hilton, offrant une vue magnifique sur tout Rome, il propose une version moderne d'une cuisine à la fois traditionnelle et internationale.

Sans Souci – *Via Sicilia, 20-24 (Via Veneto)* – ☎ *06 48 21 814.*
Restaurant de grande tradition qui propose une cuisine classique et régionale avec quelques touches créatives. L'atmosphère rappelle la splendeur de la période de la « dolce vita ».

La Terrazza – *Via Ludovisi, 49 (Piazza di Spagna et Via Veneto)* ☎ *06 47 81 21.*
Ce restaurant situé dans le jardin en terrasse de l'hôtel Eden *(voir ci-dessus)*, qui offre une vue magnifique sur Rome, propose une cuisine très moderne et créative.

et pour ceux qui veulent goûter de l'excellent poisson...

La Rosetta – *Via della Rosetta, 9 (Pantheon)* – ☎ *06 68 61 002.*
Spécialisé dans les poissons de mer, ses recettes très raffinées ont fait sa célébrité.

QUELQUES ADRESSES INCLASSABLES ET ORIGINALES...

De nombreux restaurants très modestes et une infinité d'établissements se distinguent par la finesse des plats proposés, l'originalité de leur cuisine, de leur atmosphère ou tout simplement par une de leurs spécialités. Voici notre sélection :

L'Archetto a Fontana di Trevi – *Via dell'Archetto, 26 (Fontana di Trevi-Quirinale)* – ☎ *06 67 89 064 – 40 000 L environ.*
Ici, on pourra choisir entre les 60 différents plats de pâtes, très originaux et copieux, ou les trois types de dégustations. Mousse et tiramisù faits maison.

L'Asino cotto – *Via dei Vascellari, 48 (Trastevere)* – ☎ *06 58 98 985 – Internet : http://www.giulianobrenna.com – Fermé le lundi – 40 000 L environ.*
Une atmosphère chaleureuse et accueillante, une cuisine très raffinée à des prix raisonnables. Excellente adresse.

Ditirambo – *Piazza della Cancelleria, 74 (Piazza Navona)* – ☎ *06 68 71 626 – Fermé le lundi – Prix moyen : 50 000 L.*
Deux petites salles meublées avec goût accueillent les clients, même après minuit (sur réservation).
Parmi les plats du menu, tous préparés à base d'huile d'olive vierge extra, pressée à froid, on signale les *tonnarelli* au thon et aux courgettes, le riz aux calmars et aux épinards, le canard aux herbes, le lapin chasseur et les calmars farcis. Les pains spéciaux et les pâtes sont faits maison.

L'Eau Vive – *Via Monterone, 85 (Pantheon)* – ☎ *06 68 80 10 95 – 60 000 L.*
Ce restaurant, géré par des sœurs missionnaires françaises, se trouve à l'intérieur du palais Lante qui date du 16e s. Dans le salon décoré de fresques, situé au 1er étage, on pourra goûter des spécialités françaises.

Fantasie di Trastevere – *Via S. Dorotea, 6 (Trastevere)* – ☎ *06 58 81 671 – Prix moyen par personne : 85 000 L.*
Vous pourrez y apprécier les plaisirs de la table associés à ceux de « l'esprit ». En effet, ici on peut dîner mais aussi profiter d'un spectacle théâtral folklorique tous les soirs (début du spectacle : 21 h 30).

Al Limone – *Viale Angelico, 64-66 (Vaticano-S. Pietro)* – ☎ *06 37 22 003 – Prix moyen par personne : 50 000 L.*
De l'ameublement aux mets, le citron est le point fort de ce restaurant où l'on propose du pain fait maison.

La Parolaccia da Cencio – *Vicolo del Cinque, 3 (Trastevere)* – ☎ *06 58 03 633 – 65 000 L (vin inclus).*
Restaurant connu de tous les Romains pour le franc-parler de ses serveurs, qui depuis quarante ans s'amusent à invectiver d'une façon sympathique les clients. La cuisine est typiquement romaine.

Il Pulcino Ballerino – *Via degli Equi, 66 (S. Lorenzo fuori le Mura)* – ☎ *06 49 41 255 – Prix moyen : 35 000 L.*
La caractéristique de ce petit restaurant, à l'atmosphère sympathique et informelle, consiste dans la cuisson des mets sur une pierre ollaire. Placée au centre de chaque table, cette pierre permet aux clients de cuire à leur gré les légumes, les viandes ou les fromages.

En général ouvertes uniquement le soir, les pizzerias sont le point de convergence pour qui désire dîner en compagnie sans avoir de surprise concernant le prix. Aussi est-il préférable de réserver (si possible) pour éviter la file d'attente hors des établissements, souvent bondés.

La pizza à la romaine

Les Romains la préfèrent en général « fine, imbibée d'huile et croustillante » et renoncent rarement aux hors-d'œuvre typiques de la pizzeria comme la *bruschetta* (pain grillé ailé souvent tomaté) et le *fritto misto* à la romaine, constitué de croquettes de riz à la sauce, avec mozzarelle, olives farcies de viande, croquettes de pommes de terre, fleurs de courgettes aux olives, mozzarelle et filets de morue.

Parmi les adresses indiquées ci-dessous, vous trouverez quand même certaines pizzerias satisfaisantes aux palais des amateurs (toujours plus nombreux) de pizza napolitaine.

Addò Masto 2 – *Via G. Bove, 43 (Piramide Cestia-Testaccio)* – ☎ *06 57 46 372*.
Toujours beaucoup de monde dans cette pizzeria spacieuse, avec ses tables en plein air l'été. Pizzas à pâte épaisse et moelleuse pour le bonheur des amateurs de pizza classique.

Da Baffetto – *Via del Governo Vecchio, 114 (Piazza Navona)* – ☎ *06 68 61 617*.
Historique pour sa pizza romaine à pâte fine et croustillante, fréquenté depuis les années 1960 par des étudiants. Il faut faire la queue, mais le service est rapide.

Al Forno della Soffitta – *Via dei Villini, 1E-1F (Porta Pia)* – ☎ *06 44 04 642*.
Avec son atmosphère rustique, elle est l'une des premières pizzerias à proposer la vraie pizza napolitaine à pâte et bords épais, servie sur une palette en bois ronde et coupée en parts selon les ingrédients choisis. Tous les produits arrivent quotidiennement de la Campanie (mozzarelle de bufflesse, *pastiere* napolitaines, lime d'Amalfi). Pas de réservation possible, donc queue obligatoire...

La Gallina Bianca – *Via A. Rosmini, 9 (S. Maria Maggiore-Esquilino)* – ☎ *06 47 43 777*.
Meublée en style country, cette pizzeria offre aussi une cuisine à des prix abordables.

Gusto – *Piazza Augusto Imperatore, 9 (Piazza del Popolo)* – ☎ *06 32 26 273*.
Tout près de la via del Corso, cet établissement très « tendance » dispose de divers espaces dont la pizzeria (menu intéressant : déjeuner à 13 000 L), le bar à vins, le restaurant, ainsi qu'une boutique de spécialités gastronomiques et d'articles de cuisine.

Il Ministero della Pizza – *Via dei Campani, 65 (S. Lorenzo fuori le Mura)* – ☎ *06 49 02 17*.
Dans le quartier des étudiants, cette pizzeria propose aussi de nombreuses entrées et quelques spécialités calabraises.

La Montecarlo – *Via dei Savelli, 12 (Piazza Navona)* – ☎ *06 68 61 877*.
Il s'agit encore d'une autre pizzeria connue par tous les Romains pour ses pizzas croustillantes et pour ses fritures légères. Les pâtisseries maison sont excellentes.

Panattoni – *Viale Trastevere, 53 (Trastevere)* – ☎ *06 58 00 919* – *Fermé le mercredi*.
Les Romains ont toujours appelé ce local « la morgue » en raison de ses longues tables en marbre. Les serveurs sont rapides et accueillants.

Dar Poeta – *Vicolo del Bologna, 45 (Trastevere)* – ☎ *06 58 80 516*.
Dans une atmosphère accueillante et vivante, des pizzas fines ou épaisses à partir d'une pâte spéciale. Et puis différents types de *bruschette* et, pour les plus gourmands ou les plus affamés, des pizzas en chausson fourrées de *ricotta* et de nutella.

POUR MANGER SUR LE POUCE...

Ces dernières années, Rome a été envahie par de nombreux fast-food à l'américaine qui n'ont cependant pas supplanté les *pizzerie al taglio*, situées dans chaque quartier, souvent équipées de tablettes et de quelques tabourets particulièrement appréciés pour se reposer et manger sa part de pizza.
Pour les amateurs de bons vins, la formule du bar à vin, apparu à Rome vers 1970, a eu un grand succès. Là, des vins choisis arrosent souvent les dégustations de spécialités maison ou d'appétissants sandwichs.

Les « pizzerie al taglio »

Outre les nombreuses *pizzerie al taglio*, établissements proposant la pizza en parts, disséminées dans toute la ville, il faut aussi signaler certaines boulangeries qui se distinguent pour leurs excellentes pizzas « blanches » (huile et romarin), pizzas « rouges » (sauce tomate) ou pour leurs spécialités. Il faut savoir que ces établissements pratiquent les mêmes horaires que les boutiques et sont donc fermés pendant l'heure du déjeuner. Les quelques adresses suivantes sont regroupées par quartiers.

Piazza Navona et alentours – Après avoir fait une promenade à la recherche de vêtements usagés, on peut se reposer quelques instants chez **I Paladini** *(via del Governo Vecchio, 29)*, où la pizza blanche encore chaude est prête à être farcie avec des cœurs d'artichauts, du fromage, de la charcuterie ou du nutella *(attention, fermeture de 14 h 30 à 17 h)*.

Colosseo – À proximité de l'amphithéâtre, un petit magasin accueille énormément de monde pendant l'heure du déjeuner, offre une vaste palette de pizzas pour tous les goûts, des plus traditionnelles aux plus inhabituelles, comme par exemple la pizza au potiron ; c'est la **Pizzeria Leonina** *(via Leonina, 84, métro Cavour)*.

Isola Tiberina-Torre Argentina – Pour qui désire goûter les produits casher du quartier juif, voici deux adresses fameuses : **Zì Fenizia** *(via S. Maria del Pianto, 64-65)*, spécialisée dans la pizza aux endives et anchois, et l'**Antico Forno Cordella** *(piazza Costaguti, 31)*, renommé pour sa pizza blanche, épaisse ou fine, ainsi que pour ses sandwichs croustillants.

Campo dei Fiori – Exposé aux regards des touristes, le **Forno di Campo de' Fiori di Bartocci e Roscioli** *(piazza Campo dei Fiori, 22/22a)* est complètement envahi par les habitants du quartier lorsque la pizza (la blanche et la rouge sont aussi délicieuses) et le pain sortent tout chauds du four.

Trastevere – **Frontoni** *(viale Trastevere, 52)* se transforme en restaurant self-service jusque tard le soir. Ici, on peut goûter aussi bien des pizzas que toutes les fritures de la tradition romaine, arrosées d'une des 120 bières à la pression ou en bouteille. Dans le même quartier, la pizzeria **Sisini** *(via S. Francesco a Ripa, 137)* prépare des entrées comme les cannellonis ou lasagnes, ainsi que d'appétissants croûtons aux fleurs de courgettes.

Vaticano-S. Pietro – Après avoir visité la basilique et les musées du Vatican, on peut faire une halte chez **Non solo Pizza** *(via degli Scipioni, 95/97)* pour goûter ses spécialités aux cèpes, aux brocolis et aux saucisses. Tout proche, **Ottaviani** *(via Paolo Emilio, 9/11)* satisfera les plus exigeants avec sa *pizza pazza* farcie avec les ingrédients choisis par le client.

S. Lorenzo fuori le Mura – Au cœur du quartier, en face des étalages du marché du largo degli Osci, **Superpizza** propose d'excellentes pizzas aux nombreux étudiants de l'université. Non loin, l'**Antico Forno** *(via dei Reti, 61)* attire aussi les habitants des quartiers voisins pour sa pizza blanche et pour ses gâteaux vendus à des prix vraiment convenables.

Quartiere Montesacro (à proximité des Catacombes de Priscille) – Loin des touristes, **Angelo e Simonetta** *(via Nomentana, 581)* sont les champions de la pizza al taglio et les fondateurs d'un club dont les adhérents préparent leurs pizzas avec une pâte spéciale qui les rendent croustillantes et légères. Outre la pizza coupée en parts et servie sur un plateau en bois, on peut déguster des croquettes de riz et de poulet.

Les bars à vin

La sélection ci-dessous propose, parmi les nombreuses œnothèques dispersées dans la ville, quelques adresses où l'on pourra manger rapidement ou goûter quelques tartines au comptoir.

L'Angolo Divino – *Via dei Balestrari, 12 (Campo dei Fiori)* – ☎ *06 68 64 413* – *Fermé le lundi soir.*
Cet historique détaillant de vin et d'huile a été transformé soigneusement en œnothèque avec un ameublement simple et rustique, et des étagères chargées de bouteilles de vin provenant même d'Amérique et d'Australie. Les en-cas sont constitués de tartes rustiques, de petits roulés, de légumes, de charcuterie et de fromages. L'établissement organise régulièrement des dégustations « œno-gastronomiques ».

Bookowsky – *Via Pomponio Leto, 1 (Prati)* – ☎ *06 68 33 844* – *Fermé le dimanche.*
Ce petit établissement s'est inspiré des bistrots littéraires des principales capitales européennes. Les volumes que l'on y feuillette sont aussi variés que les vins servis au verre, les tartines, les *bruschette* et autres sandwichs chauds ou froids.

La Bottega del Vino da Anacleto Bleve – *Via S. Maria del Pianto, 9A (Isola Tiberina-Torre Argentina)* – ☎ *06 68 65 970* – *Ouvert uniquement le mercredi, le jeudi et le vendredi pour le déjeuner.*
En entrant, vous pourrez déjà manger des yeux les délicates timbales et les *carpacci* préparés par la propriétaire, qui les présente en vitrine, ainsi que les salades et les fromages (les mozzarelles sont excellentes) que vous choisirez avant de vous mettre à table. Les petites coupes à la crème de citron et au café sont délicieuses. Atmosphère familiale et service très soigné.

Cul de Sac – *Piazza Pasquino, 73 (Piazza Navona)* – ☎ *06 68 80 10 94* – *Fermé le lundi midi.*
Face à la statue du célèbre Pasquino, le premier bar à vin de Rome doit son nom à sa salle allongée et étroite. Une vaste sélection de vins italiens et étrangers accompagne un excellent assortiment de plats froids et chauds, dont le pâté d'aubergines. Vous êtes gourmand ? Goûtez donc, au dessert, aux petites coupes à la meringue, chantilly, fraises et crème pâtissière.

Ditta Marcello Testa il Wine Bar – *Via Metauro, 31 (Trieste, non inclus dans le guide)* – ☎ *06 85 30 06 92* – *Fermé le dimanche.*
Cet historique restaurant de style anglais vient d'inaugurer son coin bar à vin, riche de petites gourmandises (*carpacci* variés, saumon norvégien, jambon de cochon noir et nombreux fromages aux confitures). Il propose plus de 300 vins de régions différentes.

Il Simposio di Piero Costantini – *Piazza Cavour, 16 (Castel S. Angelo)* – ☎ *06 32 11 502* – *Fermé à midi le samedi et le dimanche.*
Une partie de cette vaste œnothèque est réservée au restaurant et au coin dégustation, où l'on sert des plats extrêmement raffinés, que vous arroserez des meilleurs vins. Les prix sont convenables par rapport à la qualité.

La Taverna del Campo – *Piazza Campo dei Fiori, 16 (Campo dei Fiori)* – ☎ *06 68 74 402* – *Fermé le lundi.*
Sur son socle, Giordano Bruno doit saliver devant les délicieux amuse-gueules exposés sur le comptoir au moment de l'apéritif. En sirotant un verre de votre vin préféré, vous grignoterez les cacahuètes que vous puiserez dans de grands sacs de jute.

Trimani il Wine Bar – *Via Cernaia, 37B (Porta Pia)* – ☎ *06 44 69 630* – *Fermé le dimanche (prix moyen : 45 000 L, vin non compris).*
La plus ancienne famille de cavistes romains vous proposera (peut-être sous le kiosque du jardin extérieur) d'appétissantes spécialités comme le poisson fumé, la tourte de légumes, les fromages (italiens et étrangers) que vous pourrez marier à une incroyable gamme de vins. Sans oublier des plats originaux : l'espadon à l'orange, le camembert à la truffe et la tarte façon Tatin aux fruits secs...

Un moment de détente

UNE HALTE GOURMANDE

À côté des nombreuses pâtisseries regorgeant de spécialités raffinées, Rome abonde en modestes laboratoires où l'on préserve amoureusement les secrets d'un tour de main ou d'une association de saveurs. Parmi les pâtisseries romaines que l'on peut rapporter, le **panpepato** est fait d'une pâte obtenue en mélangeant farine, amandes, fruits confits, miel, zestes d'orange et épices ; le **pangiallo** est préparé avec de la farine de maïs, des amandes, des noix, des pignons et des raisins secs ; mais on n'oubliera pas non plus la **torta di ricotta e visciole** (tarte à la ricotta et aux griottes), d'origine juive, la **zuppa inglese** (la charlotte russe) ni les **bignè di S. Giuseppe** (beignets de saint Joseph), farcis à la crème.
Et pour se griser d'un moment de fraîcheur, on entrera chez l'un des excellents glaciers romains ou on rôdera auprès d'un « historique » *grattacheccaro* : un cornet appétissant, une *granita* (glace pilée) ou une *grattachecca* aux parfums choisis pourront sûrement combler l'irrépressible besoin d'oublier la touffeur de la capitale.

> La *grattachecca* est la version romaine de la glace pilée vendue en été dans les kiosques que l'on voit le plus souvent à l'angle de certaines rues. Les raclures de glace obtenues par les *grattacheccari* à l'aide d'une spatule spéciale sont mises dans des gobelets en carton et arrosées de sirops sucrés colorés. Parsemées de petits morceaux de fruits frais, il n'y a plus qu'à déguster.

Antonini – *Via Sabotino, 21/29 (Prati).*
Cette pâtisserie, considérée comme l'une des meilleures de la ville, se distingue particulièrement pour ses tartes à la crème chantilly et aux fruits des bois, ainsi que pour ses monts-blancs. Son bar prépare d'excellents apéritifs à siroter avec de délicates tartines.

Il Boccione – *Via Portico d'Ottavia, 1 (Isola Tiberina-Torre Argentina).*
Au cœur du quartier juif, cette boulangerie est spécialisée dans les tartes à la ricotta aux griottes, au chocolat, aux amandes et dans les gâteaux aux raisins secs. Pour le petit déjeuner, elle propose d'excellents croissants et des *bombe* moelleuses.

Cavalletti – *Via Nemorense, 179/181 (Catacombe di Priscilla).*
Cette petite pâtisserie, célèbre dans toute la ville pour ses légers millefeuilles, offre d'excellentes *pastiere* napolitaines, ainsi que des tartes à la crème au citron.

Chiosco Testaccio – *Via G. Branca (Piramide Cestia-Testaccio).*
Parmi les différents types de *grattachecca*, signalons celle au tamarin et le très demandé *lemoncocco*.

Di Lanzallotto Domenico – *Viale Somalia, 96 (Catacombe di Priscilla).*
Les soirs d'été, ce glacier attire une foule d'amateurs de nutella, un goût à ne pas manquer pour sa délicatesse plus proche d'une mousse que d'une glace. Les autres parfums sont aussi délicieux.

La Dolce Roma – *Via Portico d'Ottavia, 20B (Isola Tiberina-Torre Argentina).*
Cette pâtisserie de quartier est renommée pour ses gâteaux autrichiens, comme le délicieux strudel aux pommes ou la sachertorte, et américains, comme les *apple pies* (tarte aux pommes), les *carrot cakes* (tarte aux carottes) et les *peanut butter cookies* (galettes préparées avec du beurre de cacahuètes).

Duse – *Via Duse, 1E (Parioli).*
Connu de tous sous le nom « da Giovanni », ce petit glacier isolé dans l'un des quartiers les plus élégants de Rome se distingue pour ses excellentes glaces aux crèmes et pour certains parfums originaux comme la datte, le fruit de la passion, la papaye et la mandarine.

Fonte d'Oro – *Lungotevere Sanzio, en face de Ponte Garibaldi (Trastevere).*
Pendant les chaudes nuits romaines, ce kiosque est un point de rencontre bondé où l'on peut déguster une *grattachecca* savoureuse, mais pas trop sucrée, à base d'assortiments de fruits ou de fruits tropicaux.

Il Gelato di S. Crispino – *Via Acaia, 55/56 (S. Giovanni in Laterano) et Via della Panottoria, 42 (Fontana di Trevi).*
Cet artisan glacier, considéré comme l'un des meilleurs de la ville, ne vous proposera que les parfums qu'il aime. Essayez les spécialités au miel, au gingembre avec de la cannelle, à la crème d'armagnac, au réglisse, à la meringue avec des noisettes ou du chocolat et à la crème de vin de paille de Pantelleria.

G. Del Magro/SIPA PRESS

Giolitti-La Casina dei Laghi – *Via Oceania, 90 (EUR).*
Caché dans la verdure entourant les petits lacs de l'EUR, ce célèbre glacier offre ses tables en plein air et la dégustation de grandes coupes appétissantes.

Marinari – *Piazza S. Emerenziana, 20/21 (Catacombe di Priscilla).*
Fameuse pour ses tartes à la crème et aux fruits des bois, cette pâtisserie prépare aussi d'appétissantes tartes aux fruits et de délicats mignons sucrés et salés.

Pica – *Via della Seggiola, 12 (Campo dei Fiori).*
Ouvert jusqu'à 2 h du matin (même en hiver), cet excellent glacier possède aussi des tables en plein air où l'on peut s'asseoir à une heure avancée de la nuit sans payer de supplément. Il est connu pour ses parfums au riz et à la *ricotta*.

Sora Mirella – *Lungotevere degli Anguillara, face à Ponte Cestio (Trastevere).*
Ici, les touristes peuvent goûter une des historiques *grattachecche* de Rome, en admirant le panorama de l'île Tibérine. Sur demande et pour un prix plus élevé, on peut savourer la *superfrutta* avec du kiwi, des fraises et du melon.

Lo Zodiaco – *Viale Parco Mellini, 90 (Monte Mario).*
Les plus romantiques, tout en dégustant une bonne glace, admireront la magnifique vue sur la ville depuis la terrasse ou la véranda couverte.

BARS ET CAFÉS

On distingue à Rome les cafés dits « historiques », la plupart munis de salles intérieures et de terrasses en plein air, et les bars connus pour leurs spécialités, les pubs et les brasseries, pour tous les goûts et pour toutes les bourses, ouverts jusqu'à une heure avancée de la nuit.

Le petit déjeuner, version romaine

Si le Romain boit rapidement un café chez lui, il ne manque pas par contre de se rendre dans un bar en milieu de matinée pour y consommer un café ou un *cappuccino*, qu'accompagnera l'incontournable *cornetto* (croissant ou brioche) ou la traditionnelle *bomba* (beignet farci à la crème, appelé *krapfen* dans le Nord, ou à la confiture). C'est en général debout que l'on sacrifie à cette agréable habitude, les bars romains typiques étant dépourvus de chaises et de tables.

Pour un café « historique »...

Café de Paris – *Via V. Veneto, 90 (Via Veneto)*.
Ce bar, jadis rendez-vous des personnalités de la *dolce vita*, est aujourd'hui fréquenté principalement par des touristes.

Caffè della Pace – *Piazza della Pace, 4 (Piazza Navona)*.
Sur une petite place magnifique proche de la piazza Navona, ce café attire de nombreux représentants du monde du spectacle, qui prennent place le soir à la terrasse. Dans les deux salles intérieures, les divans rembourrés, les lumières diffuses et les miroirs fumés créent une atmosphère typique de l'Europe centrale.

Caffè Greco – *Via dei Condotti, 86 (Piazza di Spagna)*.
À proximité de la place d'Espagne, l'un des cafés littéraires les plus anciens de Rome exhale son atmosphère d'époque.

Caffè Greco

Ciampini – *Viale della Trinità dei Monti (Piazza di Spagna)*.
Moins élégant que son homonyme de la piazza S. Lorenzo in Lucina, 29, ce bar offre néanmoins une inoubliable vue sur Rome, au sommet du célèbre escalier de la Trinité-des-Monts. Les tables se trouvent uniquement en plein air.

Doney – *Via Veneto, 145 (Via Veneto)*.
Il émane une atmosphère légèrement nostalgique de cet élégant piano-bar, considéré comme l'un des plus légendaires de la rue.

Rosati – *Piazza del Popolo, 4 (Piazza del Popolo-Pincio)*.
Une adresse historique pour des rendez-vous de classe.

S. Eustachio – *Piazza S. Eustachio, 82 (Pantheon)*.
On vient ici pour déguster le *gran caffè speciale*, crémeux et plein d'arôme, dont le créateur garde précieusement le secret. Comme le breuvage est servi sucré par avance, il est préférable que les amateurs de café amer préviennent les serveurs.

Tre Scalini – *Piazza Navona, 28 (Piazza Navona)*.
Ce café, ouvrant sur l'une des plus belles places de Rome, est renommé pour ses excellents *tartufi*.

Vanni – *Via Col di Lana, 10 (Prati)*.
Près des studios de la RAI, ce rendez-vous historique des célébrités de la télévision est très fréquenté à l'heure du déjeuner. Il propose un grand choix d'apéritifs et de pâtisseries.

...ou une spécialité

Babington's – *Piazza di Spagna, 23 (Piazza di Spagna)*.
Depuis son ouverture en 1893, cet ancien établissement garde son style résolument « british » et le service est assuré par des serveurs en uniforme. On peut accompagner le thé des traditionnelles pâtisseries anglaises, comme l'*apple pie*, le *muffin* et les *scones*.

Bar Galeani – *Via Arenula, 50 (Isola Tiberina-Torre Argentina)*.
Ce bar de quartier propose des sandwichs casher avec *pastrami*, c'est-à-dire avec de la viande de bœuf épicée et saumurée.

79

Café du Parc – *Piazza di Porta S. Paolo (Piramide Cestia-Testaccio).*
À l'une des tables sous les ombrages, on pourra goûter un *cremolato* aux fruits de saison, version plus crémeuse et raffinée de la *granita*. Les *frullati* (cocktails de fruits passés au mixeur) et les glaces sont aussi excellents.

La Caffettiera – *Piazza di Pietra, 65 (Pantheon).*
Dans cet établissement élégant et soigné, le café peut être servi sur demande dans la typique cafétéria napolitaine. Grand choix d'amuse-gueules salés pour les apéritifs et de pâtisseries napolitaines.

Giolitti – *Via Uffici del Vicario, 40 (Pantheon).*
Ce bar, dépourvu de tables en plein air, est un excellent point de rencontre du centre historique où on peut savourer des glaces et des *frullati*.

Bar Piccolino – *Via del Teatro Valle, 54/A (Pantheon et Piazza Navona).*
Loin de la foule du Sant'Eustachio, ce petit bar se distingue pour son délicieux café au goût de noisette.

Tazza d'Oro – *Via degli Orfani, 84 (Pantheon).*
Ce bar est aussi une maison du café où l'on peut goûter un café fort et plein d'arôme. Il propose également un grand choix de mélanges à emporter. À ne pas manquer en été : la *granita* au café avec double chantilly.

Pour ceux qui aiment les images virtuelles

Excape Internet Cafè – *Internet : www.excape.it* – *Mél : info@excape.it* – *Viale Somalia, 227 (Catacombe di Priscilla).*
Cet établissement très accueillant dispose d'imprimantes, scanners, jeux vidéo en trois dimensions, consoles à commandes, télévision par satellite, ainsi que de 22 ordinateurs pour naviguer sur Internet.

Internet Café – *Internet : www.infernet.it/barbarahatton* – *Via Aubry, 1/a (Monte Mario).*
Les 20 installations télématiques de ce petit établissement se trouvent dans la deuxième salle de style moderne qui présente des lampes originales descendant tortueusement du plafond.

Internet Café – *Internet : www.internetcafe.it* – *Mél : info@internetcafe.it* – *Via dei Marrucini, 12 (S. Lorenzo fuori le Mura).*
Les passionnés d'Internet pourront surfer ou jouer en réseau sur les 22 écrans à leur disposition, en sirotant une boisson accompagnée d'un en-cas.

Old London Club-Internet café – *Via Cassia, 1134/a (Cassia, non inclus dans le guide)* – *Ouvert le soir uniquement.*
Pour les passionnés d'Internet et de musique en direct. Ceux qui aiment le football pourront voir les matchs de la *Lazio* et de la *Roma* (les deux équipes de Rome) sur grand écran.

Squinternet – *Via dei Luceri, 13 (S. Lorenzo fuori le Mura).*
En payant 8 000 L l'heure, il est possible de surfer sur Internet confortablement assis à l'une des 9 installations de cet établissement, qui propose du thé directement importé de Ceylan.

Outre les établissements signalés ci-dessus, nous suggérons aux passionnés d'Internet : **Hackers**, via Sebastiano Veniero, 16 (au Nord de Vaticano-S. Pietro, fermé le lundi matin) ; **Bibli**, via dei Fienaroli, 38 (Trastevere, fermé le lundi matin) ; **Esanet**, via della Polveriera, 12 (Colosseo) ; **Itaca Multimedia**, via delle Fosse di Castello, 8 (Castel S. Angelo) ; **Ziwingo**, via della Meloria, 78 (au Nord de Vaticano-S. Pietro).

Prendre un verre entre amis

Club Scanderbeg – *Piazza dei Campani, 1 (S. Lorenzo fuori le Mura)* – *Ouvert de 18 h à 2 h du matin.*
Parmi les nombreux pubs, bars et brasseries du quartier des étudiants, cet établissement se distingue pour son atmosphère albanaise. Ici, on pourra goûter des liqueurs et des spécialités d'importation, le typique café à la turque et participer à des soirées de danses et de chants traditionnels.

The Drunken Ship – *Piazza Campo de' Fiori, 16 (Campo dei Fiori)* – *Ouvert de 17 h à 2 h du matin.*
En été, on remarquera des groupes de jeunes (la plupart sont des étudiants américains) qui discutent, un verre à la main, devant ce bar bien placé. *Happy hour* de 17 h à 21 h.

Explorer Coffee Gallery – *Via Silla, 76 (Vaticano-S. Pietro)* – *Entrée avec carte* – *Ouvert de 20 h à 3 h du matin.*
Ce vaste établissement, qui fut l'un des premiers du genre à ouvrir à Rome, dispose de plusieurs salles accueillant des expositions d'art, des écrans géants, des jeux, ainsi qu'un bar de style londonien des années 1960.

Jonathan's Angels – *Via della Fossa, 16 (Piazza Navona)* – *Ouvert de 16 h à 2 h du matin.*
Il est difficile de trouver une place dans ce piano-bar romain très animé et chaotique, considéré comme un des plus célèbres de Rome. Les tableaux peints par le propriétaire, personnage énigmatique qui domine derrière la caisse, ornent les murs de cet établissement volontairement kitsch. Les toilettes, décorées selon le même style, méritent d'être vues.

Morrison's – *Via E. Q. Visconti, 88 (Vaticano-S. Pietro) – Ouvert de 11 h 30 à 2 h du matin.*
Cet élégant pub propose un choix international de whisky, ainsi que de nombreuses bières, en particulier du groupe Guinness.

L'Oasi della Birra – *Piazza Testaccio, 38/41 (Piramide Cestia-Testaccio).*
Cette brasserie, l'une des plus anciennes de Rome, propose plus de 500 bières à déguster avec du fromage, des soupes, des *bruschette* et de la charcuterie allemande.

La Pace del Cervello 2 – *Via di S. Giovanni in Laterano, 8 (S. Giovanni in Laterano).*
Une soirée à la recherche de la paix de l'esprit consiste, avant de prendre place à l'une des tables de jeux de société de la salle homonyme voisine, à s'y servir une bière à la pression débitée par un système à jetons assez futuriste.

Trinity College – *Via del Collegio Romano, 6 (Pantheon) – Ouvert pendant l'heure du déjeuner et de 16 h 30 à 4 h 30 du matin.*
Ce pub, dont les meubles, les tableaux et les objets sont en parfait style irlandais, occupe deux des étages d'un splendide immeuble ancien. Des bières anglaises et irlandaises attirent, le soir, des groupes de jeunes Italiens et étrangers.

ÉTABLISSEMENTS DE NUIT

Pour les passionnés de danse et de musique, Rome offre d'innombrables possibilités de passer gaiement une soirée dans les boîtes de nuit les plus célèbres, ainsi que dans les *disco-bars* ou dans les établissements qui organisent des soirées avec concerts.
À l'exception des boîtes de nuit, il faut en général prendre une carte de membre, valable un mois ou un an, dont le prix varie de 7 000 L à 20 000 L. Pour les autres établissements, le prix d'entrée varie selon les jours de la semaine.

L'« Estate Romana »

En été, la plupart des discothèques romaines « s'évadent » vers leurs fraîches « succursales » alignées le long de la plage « haut de gamme » de Fregene.
Alors, dans plusieurs « villages » de la capitale sont organisés de nombreux concerts en plein air. Avant de se déchaîner sur les vastes « pistes » de danse ou de s'asseoir à une table pour écouter de la bonne musique, on peut acheter des livres, des disques, des produits d'artisanat, des vêtements et, bien sûr, des sandwichs et des boissons. Les sites les plus connus sont le **Testaccio Village**, qui accueille tous les ans des artistes internationaux, la zone du **Foro Italico**, où l'on peut assister chaque année à des spectacles de cabaret, le **parc de la villa Celimontana**, qui accueille des jazzmen venus du monde entier, le **parc de la villa Ada Savoia**, pour les passionnés de nouvelles sonorités, et le **Fiesta**, ouvert récemment et dédié à la musique latino-américaine.

Akab-Cave – *Via di Monte Testaccio, 69 (Piramide Cestia-Testaccio) – Ouvert du mardi au samedi de 22 h à 4 h du matin.*
Dans un quartier où se sont implantés des établissements de tout genre, l'Akab est constitué d'un sous-sol et d'un étage réservé aux concerts et aux soirées à thèmes.

Alexanderplatz – *Via Ostia, 9 (Vaticano-S. Pietro) – Ouvert de 21 h à 2 h du matin, fermé le dimanche.*
Pour les passionnés de jazz, c'est une excellente adresse qui, depuis plus de douze ans, accueille les musiciens les plus importants du genre. Les concerts commencent à 22 h 30.

Alpheus – *Via del Commercio, 36 (Piramide Cestia-Testaccio) – Ouvert du mardi au samedi de 22 h à 3 h du matin.*
Une des nombreuses discothèques du quartier, aménagée dans un ancien entrepôt. Ses trois salles, où l'on peut danser, accueillent des concerts et des spectacles de cabaret.

Bella Blu – *Via L. Luciani, 21 (Parioli).*
Les lumières diffuses, les petits canapés en velours rouge et les signes zodiacaux en bois marqueté font partie de la décoration intérieure de cette discothèque, une des plus élégantes de la ville.

Big Mama – *Vicolo S. Francesco a Ripa, 18 (Trastevere) – Ouvert de 21 h à 1 h 30 du matin.*
Depuis plus de dix ans, cet établissement accueille les bluesmen et les jazzmen, les plus célèbres du monde.

Dancing Days – *Via Neper, 4 – Ouvert le jeudi, le vendredi et le samedi de 21 h à 2 h du matin ; le dimanche de 16 h à 19 h 30 et de 21 h à 1 h 30 du matin.*
Au-delà de la rocade, cet établissement est fréquenté par les passionnés de *liscio* et de danse latino-américaine, qui pourront s'exhiber au rythme de la musique d'un orchestre.

Dome Rock Cafè – *Via D. Fontana, 18 (S. Giovanni in Laterano)* – *Ouvert de 20 h à 3 h du matin.*
Dans ce bar à décoration gothique, les sélections musicales varient en fonction des soirées. On peut assister à des concerts blues, pop, rock et danser au rythme de la musique brit pop, hip hop, acid jazz, funky et indie rock. La musique rock des années 1970/1980 est souvent proposée.

Frontiera – *Via Aurelia, 1051 (Ouest de Gianicolo)* – *Ouvert de 21 h 30 à 2 h du matin.*
Dans ce grand hangar, situé au-delà de la rocade annulaire, on organise de nombreux concerts de tout genre, des groupes les plus fameux à la musique d'avant-garde.

Gilda – *Via Mario de' Fiori, 97 (Piazza di Spagna)* – *Ouvert de 22 h 30 à 4 h du matin, fermé le lundi.*
Cette discothèque, la plus citée des chroniques mondaines, continue à être fréquentée par des gens du spectacle qui organisent des fêtes et des expositions dans son élégant piano-bar.

Il Locale – *Vicolo del Fico, 3 (Piazza Navona)* – *Ouvert de 22 h à 3 h du matin, fermé le lundi.*
Ce vieux garage, divisé en plusieurs petites salles décorées sobrement, accueille fréquemment les nouveaux groupes du rock italien.

Jam Session Music – *Via del Cardello, 13 (Colosseo)* – *Ouvert de 22 h 30 à 3 h du matin du mercredi au dimanche.*
Après les concerts de musique principalement soul et rythm & blues, on pourra danser sur des rythmes black et acid jazz. Des soirées de cabaret sont organisées une fois par semaine.

Piper – *Via Tagliamento, 9 (Catacombe di Priscilla)* – *Ouvert de 23 h à 4 h 30 (ainsi que de 16 h à 20 h le samedi et le dimanche), fermé le lundi.*
Cette discothèque historique, inaugurée en 1965, propose des soirées de genres variés, du rock à l'underground, en passant par les revivals des années 1970.

EN-CAS POUR NOCTAMBULES

Au terme d'une longue soirée passée dans les discothèques ou simplement à se promener dans les rues de la ville, l'un des rituels les plus traditionnels de la vie romaine est certainement celui qui consiste à manger un *cornetto* au petit matin. Certaines boulangeries qui préparent les pâtisseries destinées aux bars sur le point d'ouvrir sont difficiles à repérer, car elles ne possèdent aucune enseigne sur la rue, mais certaines d'entre elles ouvrent leurs portes aux noctambules. Les plus connues se trouvent dans le quartier du **Transtévère** *(vicolo del Cinque, 40* et *via S. Francesco a Ripa, 1)* et du **Testaccio** *(via dei Magazzini Generali, 15 ; le vendredi et le samedi, elle est ouverte jusqu'à 6 h).* Signalons également deux boulangeries près de la gare Tiburtina : la première *(via Giano della Bella, 2)* est toujours ouverte, tandis que la deuxième *(piazza Zamorani, 5)* ferme le samedi et le dimanche à 3 h. Dans le quartier S. Giovanni, le **Laboratorio Tuscolo** *(via Collazia, 29)* est ouvert tous les jours jusqu'à 4 h et le **Cornetto Notte** *(via Nomentana, 940)* ferme à 5 h. Si l'on désire agrémenter ce cornetto matinal d'une boisson, certains bars demeurent ouverts jusque tard dans la nuit, notamment le célèbre **Quelli della Notte** *(via Leone IV, 48, quartier Vaticano-S. Pietro –* ouvert 24 h/24)*, qui prépare de délicieux cornetti à la crème, et **Romoli** *(viale Eritrea, 140, quartier Catacombe di Priscilla)* qui propose un vaste choix de *fagottini* (sorte de raviolis sucrés) farcis, ou la *dama*, une spécialité de la maison coupée en deux et farcie au choix de chantilly, crème, chocolat ou nutella.
Ceux qui ont la possibilité de naviguer sur Internet, peuvent profiter du site http://freeweb.aspide.it/freeweb/guac, qui signale toutes les boutiques de cornetti, quelles que soient leurs heures d'ouverture, avec commentaires techniques et appréciatifs.
Pour ceux qui, après une soirée en discothèque, préfèrent une part de pizza au *cornetto* classique, **Quelli di via Nizza** *(via Nizza, 16)*, tout proche de la Porta Pia, reste ouvert jusqu'à 3 h ou 4 h du matin. Parmi les spécialités les plus originales : les pizzas à la dinde, aux cèpes et à la roquette, aux gambas et à la crème de pommes et au nutella. **La Base** *(via Cavour, 274/276, quartier Fori Imperiali)* est l'un des rares établissements de Rome où l'on peut commander un sandwich, des spaghettis ou une pizza jusqu'à 5 h du matin.

Chaque année,
le guide Rouge Michelin Italia
révise sa sélection d'hôtels et de restaurants
– agréables, tranquilles, isolés ;
– offrant une vue exceptionnelle, intéressante, étendue ;
– possédant un court de tennis, une piscine, une plage aménagée ;
– un jardin de repos…
Tout compte fait, le guide de l'année, c'est une économie.

Un peu de lèche-vitrines

VITRINES DE MODE

L'historique **via Veneto** se distingue encore par la présence de vitrines luxueuses. Dans la zone comprise entre la **via del Corso** et la **piazza di Spagna** (via Frattina, via Borgognona, via Bocca di Leone, etc.), on trouvera les boutiques des plus grandes griffes de la haute couture italienne. Dans ce même quartier, et plus exactement au début de la **via Condotti**, les vitrines **Bulgari**, le fondateur de l'orfèvrerie romaine, méritent une attention particulière. Dans la même rue, la joaillerie **Raggi** conquiert depuis des années les jeunes femmes romaines pour ses bijoux voyants, tous à des prix abordables.

Le long des via del Corso, fréquentée par des jeunes tous les samedis après-midi, via Nazionale, via del Tritone et via Cola di Rienzo, s'ouvrent d'innombrables boutiques aux prix intéressants et pour tout genre de clientèle.

Nous signalons ci-dessous quelques boutiques historiques de la mode romaine particulièrement intéressantes pour leur originalité ou pour leurs prix.

Bomba – *Via dell'Oca, 39 (Piazza del Popolo).*
Depuis plusieurs années, cette boutique spécialisée dans les vêtements féminins, est renommée pour l'élégance de ses vêtements aux formes simples mais recherchées.

Claudio Sanò – *Via dei Volsci, 67 (S. Lorenzo fuori le Mura).*
C'est un atelier où l'on peut trouver d'excentriques sacs à main en cuir aux formes originales : en cube, en triangle, en trapèze et même en bouton.

David Saddler – *Via del Corso, 103 (Piazza del Popolo).*
Pour ceux qui aiment les vêtements classiques, cette boutique possède dans la capitale de nombreux points de vente où l'on peut trouver des vestes, pantalons, jupes et chemises de style anglais à des prix convenables.

De Clercq & De Clercq – *Via delle Carrozze, 50 (Piazza di Spagna).*
Tous les tricots exposés, du plus chaud au plus léger, sont fabriqués avec des fibres naturelles, du cachemire à la soie.

Il Discount dell'Alta Moda – *Via di Gesù e Maria, 14/16 (Piazza del Popolo) et via del Viminale, 35 (S. Maria Maggiore).*
Les collections masculines et féminines des saisons précédentes peuvent être achetées avec 40 % ou 50 % de remise.

Factory Store – *Via degli Astalli, 18 (Pantheon).*
Ici, on peut trouver des vêtements griffés de style classique, aussi bien pour hommes que pour femmes, exposés sur deux étages et vendus à moitié prix.

Franco Borini – *Via dei Pettinari 86/87 (Campo dei Fiori).*
Ses vitrines attirent le regard des femmes qui ont des goûts originaux et qui recherchent des chaussures pointues, des talons très hauts ou des couleurs vives.

Fratelli Viganò – *Via Minghetti, 7/8 (Fontana di Trevi-Quirinale).*
Cette boutique est l'une des plus anciennes de la ville. Ouverte comme boutique de chapeaux, elle propose aujourd'hui un grand choix de vêtements masculins, ainsi que de nombreux chapeaux, dont le véritable panama d'origine.

Galleria di orditi e trame – *Via del Teatro Valle, 54B (Piazza Navona).*
Dans cette boutique, deux artistes très habiles créent des chapeaux originaux, dont la matière première est le fil de différentes matières.

Kailua – *Via del Corso, 15 (Piazza del Popolo).*
Les grands ou les petits, passionnés de bandes dessinées, peuvent y trouver des sweat-shirts et des tee-shirts avec leurs personnages préférés, de Spiderman aux Simpsons.

Sergio di Cori Gloves – *Piazza di Spagna, 53 (Piazza di Spagna).*
Dans ce petit magasin d'ancienne tradition, on peut trouver toutes sortes de gants.

TÉMOIGNAGES DU PASSÉ

Les passionnés d'objets anciens pourront se promener aux alentours de la piazza di Spagna, le long de la **via del Babuino**, où se trouvent les antiquaires les plus prestigieux de la ville, et le long de la **via Margutta**, rue riche en galeries d'art et boutiques d'artisanat qui travaillent et restaurent le marbre et l'argent. À proximité de la piazza Navona, la **via dei Coronari** est la rue la plus animée, en particulier dans les périodes où les foires aux antiquaires ont lieu. En empruntant les ruelles caractéristiques autour de la **piazza Campo dei Fiori** et de la **piazza Farnese**, on rencontre souvent des brocanteurs et des artisans occupés à travailler en plein air.

Certaines boutiques, qui depuis des années exercent leur métier avec art et passion, méritent une attention particulière, ainsi que de nombreux petits magasins à caractère ancien qui ont ouvert loin des rues les plus célèbres.

Antica Erboristeria Romana – *Via di Torre Argentina, 15 (Isola Tiberina-Torre Argentina).*
Cette boutique, datant de 1783, possède encore son ameublement ancien de tiroirs et de petites vitrines du 19e s., ainsi qu'un plafond à caissons orné de fresques.

Antonella Marani – *Via di Monte Giordano, 27 (Piazza Navona).*
Ce magasin propose les façades en miniature des églises romaines, réalisées en plâtre, ainsi que des stucs, frises, bas-reliefs et bustes de style romain.

Le Bambole – *Via Luca della Robbia, 11 (Testaccio).*
Dans ce curieux magasin, où l'on trouve toute sorte de camelote, des jouets aux petits bijoux fantaisie, deux artisans très habiles réparent des poupées anciennes.

Bijoux – *Via del Boschetto, 148 (Fori Imperiali).*
Dans cet atelier on réalise des reproductions anciennes de bijoux et on restaure des bijoux d'époque avec des pierres et des perles de récupération.

Comics Bazar – *Via dei Banchi Vecchi, 127/128 (Campo dei Fiori).*
Lorsqu'on entre dans cette boutique, on est frappé par l'entassement de meubles et d'objets de tout genre. Si l'on fouille un peu, on peut trouver des pièces intéressantes, en particulier dans les meubles de production Thonet.

Ditta G. Poggi – *Via del Gesù, 74/75 et via Pié di Marmo, 38/39 (Pantheon).*
Depuis 1825, cette boutique de marchand de couleurs propose aux étudiants de la proche académie des Beaux-Arts, tous les matériaux dont ils ont besoin, des aquarelles aux tables à dessin.

Farmacia Pesci – *Piazza Fontana di Trevi (Fontana di Trevi-Quirinale).*
La plus ancienne pharmacie de Rome, qui date du milieu du 16ᵉ s., conserve de nombreux témoignages du passé : des vases et des documents, ainsi que la massive structure qui autrefois séparait le laboratoire du point de vente.

Fratelli Alinari – *Via Alibert, 16A (Piazza di Spagna).*
Qui ne connaît pas ces grands photographes découvrira ici leurs vues et paysages consacrés à la Rome antique.

Hausmann & C. – *Via del Corso, 406 (Piazza di Spagna).*
Depuis 1794, ce magasin vend et répare de magnifiques horloges, mises en valeur sur d'éclatants velours rouges. À l'entrée, on peut admirer l'ancienne horloge qui, depuis des années, indique l'heure exacte.

Italia Garipoli – *Borgo Vittorio, 91A (Vaticano-S. Pietro).*
Cet atelier est consacré à la fabrication et à la vente de précieuses dentelles et broderies, toutes réalisées selon des techniques anciennes, ainsi qu'à la restauration de vêtements et de tissus de grande valeur.

Lattonieri – *Piazza de' Renzi, 22 (Trastevere).*
Ici, on fait revivre l'ancien métier du ferblantier qui fabriquait des objets en étain comme des cafetières, lanternes ou burettes à huile.

Maria Favilli – *Via della Scrofa, 93 (Pantheon).*
Même si ses bijoux ne sont pas anciens, les créations raffinées de cette artiste adoptent la forme de colonnes, chapiteaux, amphores, inspirés de la Rome impériale.

Orsantico – *Via dell'Orso, 60/61/63 (Piazza Navona).*

Et pourquoi ne pas se laisser croquer ?

Occupant le palazzo della Scimmia (palais du Singe, appelé ainsi à cause d'un miracle qui y eut lieu dans des temps reculés), ce magasin est spécialisé dans les meubles et les objets d'art anciens italiens et français.

Panisperna 51 – *Via Panisperna, 51 (Fontana di Trevi-Quirinale).*
Les amateurs du style Art déco auront l'embarras du choix parmi les différentes propositions de lampes et d'appliques de ce magasin, où l'on peut trouver également de nombreux meubles et des accessoires d'ameublement.

Set – *Piazza del Fico, 23 (Piazza Navona).*
Cette petite boutique, située juste en face du célèbre Bar del Fico, est spécialisée dans les meubles et objets datant de la période 1900-1950.

Siragusa – *Via delle Carrozze, 64 (Piazza di Spagna).*
Inspirés des bijoux de l'Antiquité, les chef-d'œuvres de cet atelier sont réalisés avec des pièces archéologiques.

SPÉCIALISTES DE RENOM

Adventure Center – *Via Derna, 12/14/16 et via Tripolitania, 69/71 (Catacombe di Priscilla).*
C'est un magasin d'articles de sport où l'on trouve principalement des équipements pour les passionnés de ski, trekking, alpinisme, spéléologie, rafting ou kayak.

Becker & Musicò – *Via di S. Vincenzo, 29 (Fontana di Trevi).*
Spécialisé dans les articles pour fumeurs, ce magasin possède un atelier où des pipes de bruyère sont fabriquées sur commande.

La Bottega di Merlino – *Viale Eritrea, 104 (Catacombe di Priscilla).*
C'est une boutique originale où l'on est toujours prêt à effectuer des démonstrations aux clients qui désirent s'initier aux tours de prestidigitation.

Boutique Jaguar Collection – *Via F. Siacci, 36 (Parioli).*
Située dans le quartier chic, cette boutique pour ceux qui aiment le luxe propose des sacs à main, des valises et des accessoires de cette fameuse firme.

Dr Kinky – *Via Cavour, 75 (Colosseo).*
Les propriétaires de ce magasin ont eu l'idée originale d'effectuer des broderies sur tous les tissus portés par les clients. En cinq minutes, un tricot, un foulard ou un chapeau sera personnalisé avec une phrase, un dessin ou seulement un nom.

Indian Emporium – *Via Arenula, 87 (Isola Tiberina-Torre Argentina).*
Comme l'indique son nom, ce grand magasin original propose des objets et des vêtements orientaux, mais il se distingue surtout par sa vaste gamme d'encens indiens.

Jaracandà – *Via del Teatro Pace, 2A (Piazza Navona).*
Un atelier d'artisanat qui s'est spécialisé dans la réparation et la restauration d'instruments de musique italiens traditionnels, notamment les petits tambours ou les cornemuses, et d'autres pays du monde.

Myricae – *Via Frattina, 36 (Piazza di Spagna).*
Cette boutique est spécialisée dans les céramiques peintes à la main, provenant en particulier des Pouilles, de Toscane et de Grande-Bretagne.

SPÉCIALITÉS GASTRONOMIQUES

Tous les magasins d'alimentation ou tous les *pizzicaroli* (terme que les Romains utilisent pour désigner les charcutiers) proposent les spécialités régionales les plus classiques, comme la charcuterie et les fromages, ainsi que les plats raffinés déjà cités dans la section adressée aux gourmands *(voir ci-dessus).*
Nous signalons quelques adresses où l'on peut trouver des spécialités alimentaires faites maison ou des produits d'excellente qualité.

Billo Bottarga – *Via di S. Ambrogio, 7 (Isola Tiberina-Torre Argentina).*
Située dans le quartier juif, cette boutique, paradis de la gastronomie casher, propose des saucissons, des würstel, des fromages, du pain azyme et, bien sûr, des œufs de thon ou de mulet séchés pressés.

Biscottificio Artigiano Innocenti – *Via della Luce, 21 (Trastevere).*
C'est l'endroit idéal pour acheter un souvenir romain, sucré ou salé, à emporter : *frappe, castagnole, tozzetti con le mandorle,* petits fours, petites pizzas et *rustici.*

La Bottega del Cioccolato – *Via Leonina, 82 (Fori Imperiali).*
Comme l'indique son nom, toute sa production est à base de chocolat.

Cds Artigiana Dolciumi – *Via S. Maria Goretti, 24 (Catacombe di Priscilla).*
Ce petit atelier est spécialisé dans les produits à base de marrons, comme les confitures, les pâtisseries et surtout les marrons glacés.

Cooperativa agricola Stella – *Via Garigliano, 68 (Catacombe di Priscilla).*
Pour ceux qui aiment le fromage, cette boutique offre la possibilité de goûter la mozzarella, ainsi que la *ricotta* produite avec le lait de bufflesse.

Fattoria la Parrina – *Largo Toniolo, 3 (Piazza del Popolo).*
La ferme toscane La Parrina a ouvert des magasins où l'on vend fromages, légumes, fruits, huile et vin parmi les plus naturels.

Gatti e Antonelli – *Via Nemorense, 211 (Catacombe di Priscilla).*
En plein quartier africain, ce petit magasin produit, semble-t-il, les meilleures pâtes fraîches de la ville.

Latteria Ugolini – *Via della Lungaretta, 161 (Trastevere).*
Dans cette ancienne crèmerie, l'une des rares à avoir gardé son comptoir en marbre, on pourra s'asseoir à une table pour goûter les traditionnels *gentilini*, fabriqués autrefois dans la biscuiterie homonyme.

Puyricard – *Via delle Carrozze, 26 (Piazza del Popolo).*
Certaines spécialités de la pâtisserie provençale accompagnent les 92 types de chocolats de grande qualité, exposés dans une vitrine et insérés dans les typiques ballotins (de 250 g à 1,5 kg).

Lo Zio d'America – *Via U. Ojetti, 2 (Montesacro, non inclus dans les chapitres décrits).*
Ouvert tous les jours de 7 h à 24 h. Cette grande boutique qui comprend un bar et une *pizzeria al taglio*, offre d'excellents produits alimentaires et un grand choix de vins et de spiritueux. À l'étage, le secteur « œnogastronomique » se transforme aussi en restaurant self-service où l'on peut découvrir les spécialités de la maison.

POUR « COUCHE-TARD »
(… ET « LÈVE-TÔT »)

Tous les magasins ferment vers 19 h 30 en hiver et 20 h en été, mais certains points de vente demeurent toutefois ouverts jusque tard dans la nuit.
Il existe certains **kiosques** où l'on peut trouver des journaux tard le soir ou acheter tôt le matin les premières éditions des quotidiens. C'est le cas des kiosques du centre-ville, via Veneto, viale Trastevere et piazza Sonnino, piazza dei Cinquecento, piazza Colonna, piazza Cola di Rienzo, viale Manzoni et via Magna Grecia.
Dans les rues du centre, on remarque, parmi les enseignes éteintes des boutiques fermées, la devanture éclairée de certaines librairies qui restent ouvertes pour les lecteurs noctambules : **Invito alla Lettura**, corso Vittorio Emanuele II (jusqu'à 24 h), **Bibli**, via de' Fienaroli, 28 dans le quartier du Transtévère (ouverte jusqu'à 0 h 30) et **Farenheit 451**, piazza Campo de' Fiori, 451 (jusqu'à 1 h). Une promenade après un copieux dîner pourra connaître une conclusion culturelle parmi les étagères de **Le Pleiadi**, via Nazionale, 71, de **La Bottega del Libro**, via del Governo Vecchio, 46, et de la **Libreria di Ripetta**, via di Ripetta, 239.
Si le *cornetto* pris au petit matin ne suffit pas à satisfaire les besoins alimentaires, on peut trouver de quoi grignoter dans les drugstores ouverts 24 h/24, comme le **Museum Drugstore** (via Portuense, 313), qui comprend aussi une brasserie, **Rosati Due** (piazzale Clodio) et celui de la gare **Tiburtina**.
Même si les fumeurs les plus invétérés peuvent se servir, depuis quelques années, des distributeurs automatiques de quelques bureaux de tabac, certains **bars-tabacs** restent ouverts jusque tard dans la nuit : piazza d'Aracoeli, piazza Venezia (ouvert toute la nuit), via del Tritone, 144, piazza del Popolo, 16, viale Trastevere, 354, gare Tiburtina et via Cesare Battisti, 135.
Pour trouver des **fleurs fraîches** à n'importe quelle heure du jour et de la nuit, il faut se rendre au lungotevere Milvio, piazzale degli Eroi et via Latina (angle de la piazza Galeria), piazzale del Parco della Rimembranza et via Portuense (angle de la via Rolli).

CENTRES COMMERCIAUX ET GRANDS MAGASINS

Il faut ranger parmi les grands magasins les plus luxueux **La Rinascente** (via del Corso, 189, à l'angle du largo Chigi, et via Aniene, 1, à l'angle de la piazza Fiume – ouverts aussi le dimanche de 10 h 30 à 20 h), et **Coin** (piazzale Appio et via Mantova), dont les magasins principaux possèdent un rayon d'objets domestiques et d'ameublement. Spécialisé uniquement dans les articles pour la maison, **Habitat** a ouvert trois magasins qui s'étalent sur deux étages (via Cola di Rienzo, 197, viale Regina Margherita, 18/20 et viale G. Marconi, 259), où l'on peut trouver les meubles et les accessoires les plus innovants pour l'ameublement.

86

On peut acheter des vêtements à des prix modérés dans les grands magasins **Standa** et **Upim**, répartis dans les différentes zones de la ville, et chez **MAS**, tout près de la piazza Vittorio (via dello Statuto, 11, Zone S. Maria Maggiore-Esquilino). Dans les différents espaces, divisés par rapport aux articles, les clients s'amusent à fouiner dans le désordre des rayons pour chercher une robe, un tricot, un pantalon, une paire de chaussures et même une veste en cuir.

Les plus grandes galeries commerciales de Rome, qui comprennent de nombreux magasins et boutiques de mode, ainsi qu'un supermarché d'alimentation, se trouvent généralement loin des zones centrales, mais sont facilement desservies par le métro et les autobus. Les autobus nos 33, 34, 35, 39 desservent le **Centro Euclide**, Via Flaminia au km 8,2 (Cassia). Ce petit centre commercial est ouvert le dimanche de 7 h à 23 h (il est fermé le lundi). On y trouve d'excellents produits alimentaires.

Cinecittà Due, via V. Lamaro à l'angle de via P. Togliatti (métro A - Cinecittà) est ouvert de 9 h 30 à 20 h (le samedi jusqu'à 20 h 30 ; fermé le dimanche) et offre 2 heures de stationnement gratuit. On y trouve des boutiques de vêtements et d'articles d'ameublement de qualité, ainsi que plusieurs points de restauration.

I Granai, via T. Nuvolari, 100 (Ardeatino), ouvre tous les jours de 10 h à 20 h (sauf le lundi) et même le dimanche pendant l'heure d'été. Ses deux étages accueillent 130 magasins et un supermarché.

La Romanina, via E. Ferri (sortie 20 du G.R.A), est ouvert tous les jours de 10 h à 20 h (sauf le dimanche et le lundi matin). Ses restaurants, ses bars et ses nombreux magasins, distribués sur plusieurs étages, pourront satisfaire les goûts de toute la famille.

MARCHÉS TYPIQUES

Errer dans les marchés de quartier, où les couleurs, les parfums, les bavardages et les cris des vendeurs permettent de découvrir la véritable Rome, ainsi que se promener au milieu des étals des marchés de vêtements usagés ou d'objets anciens, amènera sûrement à la découverte d'un objet rare ou d'un vêtement que l'on ne peut trouver ailleurs.

Borgo Parioli – *Via Tirso, 14.*
Tous les samedis et les dimanches de 9 h à 20 h. Un grand garage accueille un marché d'objets anciens où l'on peut trouver des tableaux, estampes, cadres, horloges, broderies, dentelles, livres et revues. En outre, ici on peut goûter de délicieuses spécialités culinaires.

Garage Sale. Rigattieri per hobby – *Piazza della Marina, 32 Borghetto Flaminio.*
Ouvert tous les dimanches de 10 h à 19 h. Entrée : 3 000 L. C'est un marché d'habits usagés de classe, de la brocante et des objets modernes où l'on peut louer un stand pour vendre des vêtements et des objets.

Il Giardino d'Inverno – *Via di S. Teresa, 10.*
Les 2e et 4e dimanches du mois, de 10 h à 19 h. Ici, on peut trouver des vêtements usagés (griffés), estampes, livres et certaines curiosités.

Mercatino Biologico – *Vicolo della Moretta.*
Tous les dimanches de 9 h à 19 h. Le marché propose des produits écologiques : produits biologiques, objets en papier recyclable, savons végétaux et jouets en bois.

Mercatino dell'usato a S. Paolo – *Lungotevere di Pietrapapa, à l'angle de la via Blaserna.*
Le mardi et le jeudi de 15 h à 19 h, le samedi de 9 h à 12 h 30 et de 15 h à 19 h. Grâce à la communauté Emmaüs, qui accueille et donne du travail aux sans-abri, on pourra trouver chaque semaine des meubles et des objets récupérés auprès des privés, qui ont été restaurés et mis en vente à des prix très bas.

B. Kaufmann

Le marché du Campo dei Fiori

Mercatino di Ponte Milvio – *Lungotevere Capoprati.*
Le premier week-end de chaque mois, le samedi de 15 h à 19 h et le dimanche de 8 h à 19 h. C'est une foire-exposition d'objets, meubles, artisanat et œuvres d'art qui se tient sous le pont même.

Mercato dell'Antiquariato di Fontanella Borghese – *Piazza Borghese.*
Du lundi au samedi de 7 h à 13 h, pour les amateurs d'estampes et de livres anciens.

Mercato dell'Antiquariato di Piazza Verdi – *Piazza Verdi.*
Le 4e dimanche du mois de 9 h à 20 h, on y expose des objets anciens et d'artisanat, ainsi que des amphores, des décorations anciennes et des écussons. On organise des spectacles et on propose un grand choix de livres pour enfants.

Mercato di Campo de' Fiori – Chaque matin. Il fut jadis le plus important marché de la ville. Il est devenu un modeste marché de quartier limité à un petit nombre d'étals disposés tout autour de la place. On y trouve des légumes typiquement romains, comme le cresson et les magnifiques étals de fleurs qui demeurent ouverts même l'après-midi.

Mercato coperto dei Fiori – *Via Trionfale.*
Ouvert de 10 h 30 à 16 h, c'est une excellente adresse pour les amateurs de fleurs fraîches.

Mercato di Piazza Alessandria – Ouvert le matin, fermé le dimanche. C'est un marché d'alimentation situé à l'intérieur d'une construction de style Art nouveau.

Mercato di Piazza S. Cosimato – Ouvert le matin, fermé le dimanche. Ce marché, un des plus fréquentés du centre, est divisé en deux catégories de marchands : les *fruttaroli*, qui achètent leur marchandise le matin aux marchés généraux, et les *vignaroli*, dont les étalages sont moins fournis et qui proposent les produits de leurs potagers.

Mercato di Piazza Vittorio Emanuele – Ouvert tous les matins. C'est un des marchés les moins chers de Rome. Réputé pour son poisson frais à des prix convenables, ses importants étalages de fromage et sa viande de cheval, il propose également de nombreuses épices orientales.

Mercato di Testaccio – *Piazza di Testaccio.*
Ouvert le matin, fermé le dimanche. Appelé " er core de Roma ", ce marché propose un ample choix de produits de très bonne qualité et se distingue pour ses chaussures de marques «dégriffées» à des prix particulièrement intéressants.

Mercato di Viale Parioli – Il commence viale Parioli avec ses éventaires de bijouterie, de vêtements et autre objets domestiques et se poursuit via Locchi, où se trouvent les marchands de produits alimentaires.

Mercato di Via Sannio – Ouvert de 10 h à 13 h, sauf le dimanche. Il offre un grand choix de vêtements neufs et usagés et de chaussures de marques «dégriffées», le tout à des prix très intéressants.

Porta Portese – Tous les dimanches du petit matin jusqu'à 14 h environ. Il rassemble un peu de tout, ce qui lui a valu le surnom de marché aux puces. Il existe officiellement depuis la fin de la Seconde Guerre mondiale après avoir regroupé plusieurs marchés de quartier. Il se développe le long de la via Portuense. On y trouve notamment des vêtements neufs et usagés, ainsi que de la brocante, du matériel photographique, des livres et des disques.

La chine à Porta Portese

Porta Portese 2 – *Via Palmiro Togliatti.*
Ouvert uniquement le dimanche de 6 h à 14 h. Il propose des vêtements neufs et usagés, des objets anciens, ainsi que des produits d'alimentation.

La Soffitta sotto i Portici – *Piazza Augusto Imperatore.*
Ouvert le 3ᵉ dimanche du mois de 10 h au coucher du soleil. C'est le rendez-vous des collectionneurs passionnés de tableaux, estampes, cadres, petits meubles, céramiques et dentelles.

Suk – *Via Portuense, 851.*
Ouvert le samedi de 10 h à 20 h. S'étalant sur le parking du supermarché, ce marché ethnique propose des objets anciens et de nombreux articles originaux.

Underground – *Parcheggio Ludovisi Via Crispi, 96.*
Ouvert le 1ᵉʳ week-end du mois de 15 h à 20 h et le dimanche de 10 h 30 à 19 h 30. Entrée : 2 500 L. Il s'agit d'un terrain de sport de 5 000 m² situé en plein centre historique, qui présente une énorme variété d'objets anciens, modernes et de collection, de bijoux précieux et de colifichets.

Vanity Fair – *Palestra del S. Gabriele, viale Parioli, 16/1.*
Ouvert le samedi et le dimanche. Ce petit marché à la brocante propose de nombreux bijoux fantaisie américains des années 1930 et des articles d'artisanat ; c'est aussi le domaine des essences et des ambres.

LES GUIDES VERTS MICHELIN (paysages, monuments, routes touristiques) :

Allemagne - Amsterdam - Autriche - Barcelone et la Catalogne - Belgique, Grand-Duché de Luxembourg - Berlin - Bruxelles – Budapest et la Hongrie - Californie - Canada - Danemark, Norvège, Suède, Finlande - Écosse - Espagne - Europe - Florence et la Toscane - Floride - Forêt Noire, Alsace - France - Grande-Bretagne - Grèce - Guadeloupe, Martinique - Hollande - Irlande - Italie - Londres - Maroc - Mexique, Guatemala, Belize - New York - Nouvelle-Angleterre - Paris - Portugal – Prague - Le Québec - Rome - San Francisco - Suisse - Thaïlande - Venise - Vienne

... et la collection des guides régionaux sur la France.

Rendez-vous culturels

LIBRAIRIES

Les plus célèbres maisons d'édition vendent leurs publications dans les librairies du centre de la capitale. De vastes espaces répartis sur plusieurs étages proposent tous les genres de littérature, ainsi que des vidéo-cassettes, cédéroms et articles de papeterie. **Feltrinelli** a ouvert trois librairies dans des points stratégiques comme la via del Babuino, 41, la via Orlando, 78/81 (près de la piazza della Repubblica), où un magasin entier est spécialisé dans les ouvrages en langues étrangères, et le largo Argentina, 5A/6. **Rizzoli** s'est installé via Tomacelli, 156 et largo Chigi (près de la galleria Colonna), tandis que **Mondadori** est plus décentralisé, via Appia Nuova au n° 51. Les passionnés de lecture fréquentent aussi **Mel Book Store**, via Nazionale, 254/255, et **Rinascita**, via delle Botteghe Oscure, 1.

Mais ces établissements, comparables aux grands points de vente que l'on rencontre désormais dans toute grande ville, n'ont pas l'attrait des librairies proposant des ouvrages rares ou inhabituels.

All American Comics – *Via Tarquinio Prisco, 89 (S. Giovanni in Laterano).*
C'est le spécialiste de la bande dessinée japonaise et américaine, disponible même en langue originale, avec un vaste rayon consacré à la science-fiction.

Al Tempo Ritrovato – *Via dei Fienaroli, 31D/32 (Trastevere).*
La littérature masculine en est totalement bannie. Vous n'y trouverez que des livres écrits par des femmes et un centre de recherche et de documentation sur la culture féminine.

Bibli – *Via dei Fienaroli, 27/28 (Trastevere).*
Ouvert tous les jours jusqu'à 24 h, l'établissement inclut un noyau accueillant des installations Internet et un restaurant-salon de thé, où l'on peut prendre un *brunch* (petit déjeuner aussi copieux qu'un déjeuner) le dimanche matin.

Invito alla Lettura – *Corso Vittorio Emanuele, 283 (Castel S. Angelo).*
Chaque dimanche, une troupe y organise des spectacles pour enfants, avec marionnettes et jongleurs.

La Procure – *Piazza S. Luigi dei Francesi, 23 (Pantheon).*
Si vous désirez élargir vos connaissances d'une autre langue et d'une autre culture, vous trouverez ici une vaste gamme d'ouvrages et de guides en diverses langues.

Libreria Antiquaria Rappaport – *Via Sistina, 23 (Piazza di Spagna).*
C'est le paradis des amateurs de livres anciens, estampes et cartes géographiques d'autrefois, dont les prix peuvent être très élevés en raison de leur valeur.

Libreria all'Orologio – *Via del Governo Vecchio, 7 (Piazza Navona).*
Le spécialiste de la littérature « aéronautique ».

Shanti Libreria – *Via dei Georgofili, 67 (EUR).*
Dans une rue transversale à la via Cristoforo Colombo, ce domaine de la « paix » (*shanti* en sanscrit) propose des textes relatifs aux médecines naturelles, aux philosophies orientales et à tout ce qui concerne la pensée positive.

The Lion Bookshop – *Via dei Greci, 33/36 (Piazza di Spagna).*
Grand choix d'ouvrages en langue anglaise, mais aussi un espace où l'on peut prendre un café ou un thé assis confortablement à une table.

MAGASINS DE MUSIQUE

Contrairement aux autres capitales européennes, Rome ne possède pas de grands centres de musique où l'on peut trouver de tout, des disques en vinyle aux CD les plus récents. Toutefois, il existe de nombreux magasins qui arriveront à satisfaire les exigences de chacun.

Archivio Fonografico – *Viale Aventino, 59 (Aventino).*
Ce petit espace, dépourvu d'enseigne et révélé par un panneau et une sonnerie, n'a pas l'air d'un vrai magasin. À l'intérieur, par contre, on s'étonnera de la variété de disques et de CD de musique classique et ancienne que l'on pourra écouter assis confortablement sur les canapés de ce « salon ».

Art & Music – *Via Ignazio Persico, 78 (Piramide Cestia).*
Réservé aux amateurs de musique sud-américaine, qui pourront acheter des CD, des estampes et même des billets pour des concerts.

CDiscount – *Viale Ippocrate, 32 (entre Porta Pia et S. Lorenzo) et via Nomentana, 473.*
Ici, on peut acheter des CD et des lasers-vidéo de musique principalement classique et de jazz à des prix intéressants.

Cemeterium – *Via dell'Arco dei Ginnasi, 2 (Piazza Venezia).*
C'est le seul magasin de la ville spécialisé dans la musique gothique. Il vend et achète également des CD, vierges ou non (musique électronique).

Città 2000 – *Via D. Cassini, 4 (Nord de Villa Borghese-Villa Giulia).*
Près du viale Parioli, ce magasin propose des disques de trip-hop, fusion, jazz, ainsi que quelques raretés provenant du Japon.

Discoteca Laziale – *Via Mamiani, 62A (S. Maria Maggiore).*
Idéalement situé à proximité de la gare centrale (stazione Termini), il possède un grand choix de tout genre musical.

Disfunzioni Musicali - Disfunzioni Musicali Usato e Rarità – *Via degli Etruschi, 4 et via dei Marrucini, 1 (S. Lorenzo fuori le Mura).*
Le premier magasin vend en particulier des disques d'importation, d'avant-garde et plusieurs raretés, ainsi que des CD d'occasion. Le deuxième, ouvert depuis quelques années, est spécialisé dans les disques en vinyle et dans les 45 tours d'avant-garde et de rock.

Metropoli Rock – *Via Cavour, 72 (Fori Imperiali).*
Ce magasin propose tous les genres de musique, dont 8 000 CD de musique classique.

Millerecords – *Via dei Mille, 29 et 41 (S. Lorenzo fuori le Mura).*
Près de l'université, ces deux boutiques sont spécialisées dans la musique rock, pop et jazz, pour la première, et classique pour la deuxième.

Ricordi – *Via del Corso, 506 (Piazza del Popolo); via C. Battisti, 120C (Piazza Venezia); piazza Indipendenza, 24 (Porta Pia); viale G. Cesare, 88 (Est de Vaticano-S. Pietro).*
Avec ses quatre magasins situés dans les quartiers du centre, Ricordi est un des magasins de musique les mieux approvisionnés de Rome.

Tendenza – *Via G. B. Bodoni, 55D (Testaccio).*
Chaque semaine, ce magasin reçoit de nouveaux disques d'importation concernant en particulier le genre house et underground.

THÉÂTRES

Les théâtres de Rome offrent une diversité de nature à satisfaire tous les publics, y compris les spectateurs les plus exigeants. Les programmations les plus traditionnelles occupent l'affiche dans le centre historique de la ville surtout; plusieurs salles proposent des spectacles modernes ou d'avant-garde.
Certains centres s'occupent de la réservation et de la vente de billets à l'avance pour les spectacles, les concerts et les manifestations sportives. Chez **Orbis** *(piazza Esquilino, 37 – ☎ 06 47 44 776)*, on pourra se procurer des billets pour les principaux théâtres de la ville; l'**Associazione Culturale Romacomoda** *(via G. Bettolo, 4 – ☎ 06 37 23 956/7)* livre les billets directement à domicile; **Planetario** *(via E. Filiberto, 215 – ☎ 06 70 45 01 22)* vend aussi des billets pour le Teatro dell'Opera et pour l'Auditorio di S. Cecilia; le **Box Office** de Ricordi *(via del Corso, 506 – ☎ 06 36 12 682 et viale Giulio Cesare, 88 – ☎ 06 37 20 216)* délivre aussi des billets pour les spectacles donnés à l'étranger; **Prontospettacolo** *(☎ 06 39 38 72 97)* ne procède qu'à des réservations par téléphone : les billets peuvent être retirés dans l'un des 21 kiosques conventionnés ou directement au théâtre, 15 mn avant le début du spectacle, grâce au système de débit par carte de crédit; enfin **TicketsOkay sur Internet** *(www.ticketsokay.com)* permet de réserver et payer les billets par Internet.
Parmi les théâtres les plus célèbres de la capitale, le **Teatro Argentina** *(largo Argentina, 52 – ☎ 06 68 80 46 01)*, le **Teatro Valle** *(via del Teatro Valle, 23/A – ☎ 06 68 80 37 94)* et le Teatro Quirino *(via M. Minghetti, 1 – ☎ 06 67 94 585)* proposent en général un répertoire classique. Le **Teatro Sistina** *(via Sistina, 129 – ☎ 06 48 26 841)* accueille les spectacles musicaux les plus célèbres tournant dans le monde entier. Signalons également le **Teatro delle Muse** *(via Forlì, 43 – ☎ 06 44 23 13 00)*, le célèbre **Teatro Parioli** *(via G. Borsi, 20 – ☎ 06 80 88 299)* qui depuis des années accueille le *Maurizio Costanzo Show*, le **Teatro Dei Satiri** *(via di Grottapinta, 19 – ☎ 06 68 71 639)*, spécialisé dans les pièces de théâtre et le **Teatro Eliseo** *(via Nazionale, 183 – ☎ 06 48 87 21)*.
Certains théâtres-clubs proposent des spectacles d'acteurs débutants; c'est le cas du **Colosseo** *(via Capo d'Africa, 5/A – ☎ 06 70 04 932)*, du **Teatro Dei Cocci** *(via Galvani, 69 – ☎ 06 57 83 502)* ou du **Teatro Dell'Orologio** *(via dei Filippini, 17/A – ☎ 06 68 30 87 35)*. Comme l'indique son nom, l'**Instabile dell'Humour** *(via Taro, 14 – ☎ 06 84 16 057)* propose uniquement des pièces théâtrales comiques, tandis que le **Stabile del Giallo** *(via Cassia, 871 – ☎ 06 30 31 10 78)* représente les œuvres de célèbres auteurs de romans policiers.
Les amateurs de musique classique, d'art lyrique et de spectacles chorégraphiques pourront satisfaire toutes leurs exigences en choisissant parmi les représentations proposées par le **Teatro dell'Opera** *(piazza B. Gigli – ☎ 06 48 16 01)*, le **Teatro Brancaccio** *(via Merulana, 244 – ☎ 06 48 54 98)*, le **Teatro Olimpico** *(piazza G. da Fabriano, 17 – ☎ 06 32 34 890)*, l'**Auditorium dell'Accademia Nazionale di Santa Cecilia** *(via della Conciliazione, 4 – ☎ 06 68 80 10 44)* et l'**Auditorium del Foro Italico** *(piazza Lauro de Bossis, 5 – ☎ 06 36 86 56 25)*.
De nombreuses salles de ville proposent en outre des spectacles de cabaret et des soirées de variétés, comme par exemple le célèbre **Alfellini** *(via F. Carletti, 5 – ☎ 06 57 57 570)*, **La Chanson** *(largo Brancaccio, 82A – ☎ 06 48 73 164)*, **Velavevodetto** *(via di Monte Testaccio, 97 – ☎ 06 57 44 194)* ou le **Tinapika** *(via Fonteiana, 57 – ☎ 06 58 85 754)*.

Se rendre au théâtre en bus – La ligne n° 116 t relie les différents théâtres du centre en partant de via Veneto et de via Giulia. Cette ligne circule de 20 h à 1 h 30 (départ toutes les 15 mn) du lundi au vendredi.

Cinéma en plein air

Plusieurs salles de cinéma ferment en juillet et en août, mais les «villages» mis en place pendant la manifestation *Estate Romana* offrent aux cinéphiles la possibilité d'assister à de nombreuses projections de films. Parmi les vétérans de cette manifestation, le **Cineporto** présente chaque année, sous les pins de la Farnesina, les films qui ont eu du succès l'année précédente. **Sotto le Stelle di San Lorenzo** permet de voir des films en version originale sous les frais ombrages du parc de la villa Mercede; le récent **Notti di Cinema**, piazza Vittorio Emanuele II, programme de nombreux succès cinématographiques, ainsi que quelques films moins connus. Certains n'ont pas encore trouvé où s'installer définitivement : le **Massenzio** accueilli dans le cadre évocateur du parc du Celio en 1997 et en 1998, et l'**Isola del Cinema**, qui a quitté l'île Tibérine en raison des travaux liés au Jubilé de l'an 2000.

Aux nombreux cinémas disposant de plusieurs salles, où l'on peut assister aux films en exclusivité *(prima visione)*, s'ajoutent des cinémas d'art et d'essai, ainsi que des salles proposant chaque jour un film différent. Parmi ces dernières, certaines salles satisfont aussi bien les amateurs de vieux films ou de films «culte» que les amateurs de film en version originale, comme l'**Azzurro Scipioni**, le **Labirinto**, le **Pasquino** (qui projette uniquement des films en anglais sans sous-titres), **le Posto delle Fragole**, le **Grauco**, le **Quirinetta**, le **Cineclub Detour**, le **Politecnico**, le **Nuovo Sacher** et enfin le très **récent Warner Village Cinemas**. Le prix du billet, identique dans toutes les salles, mais généralement plus économique dans les ciné-clubs, est réduit pendant les projections de l'après-midi et le mercredi.

Flâner dans les parcs

Pour ceux qui désirent fuir le chaos et surtout le trafic du centre-ville, Rome dispose de nombreux havres de paix. Les citadins romains s'y rendent pour les traditionnels déjeuners sur l'herbe du début d'été ou pour se promener tranquillement à l'ombre des pins. La plupart de ces parcs, appelés «villa» car ils ont fait partie d'anciennes propriétés patriciennes, sont en général ouverts du lever du jour à la tombée de la nuit.

Villa Borghese *(Villa Borghese)* – Dans ce vaste jardin très fréquenté, orné de statues et de fontaines, on peut encore découvrir des zones tranquilles, comme le Giardino del lago, un parc à l'anglaise où fleurissent les magnolias, des aloès et des yuccas, ou comme le Parco dei Daini de style italien. Possibilité de participer aux cours gratuits de gymnastique qui ont lieu chaque week-end, près de la Casina dell'Orologio. Le Bioparco est un lieu intéressant pour les enfants où ils pourront voir des mammifères, des reptiles et des oiseaux.

Roseto Comunale *(Aventino)* – La roseraie municipale n'est ouverte que durant la floraison des roses (de fin avril à fin juin). Le concours qui s'y tient annuellement est réservé aux nouvelles variétés. La remise des prix qui clôture la manifestation attire un public nombreux.

Villa Sciarra *(Monteverde Vecchio)* – Riche de statues, de fontaines et d'antiquités, ce parc a retrouvé depuis le début du siècle son charme baroque initial. Il est renommé pour ses plantes et abrite en outre la bibliothèque de l'Institut italien d'études germaniques.

Villa Celimontana *(Colosseo-Celio)* – C'est l'un des rares parcs possédant une piste de patinage. Les jeunes mariés choisissent très souvent son cadre magnifique pour s'y faire photographier. En été, il devient le lieu de rencontre de nombreux passionnés de jazz.

Villa Ada Savoia *(Catacombe di Priscilla)* – Possédant depuis peu une piste cyclable, ce parc a subi de nombreuses transformations, dont l'aménagement de parcours équipés et de sentiers naturalistes, ainsi que la restauration d'un ancien petit temple. Il accueille en outre l'ambassade d'Égypte, une succursale du WWF, ainsi que plusieurs manèges destinés aux enfants. Près du petit lac principal, où chaque week-end ont lieu des cours gratuits de gymnastique, il est possible de louer des vélos. En été, la villa est le cadre de nombreux concerts associés aux différentes manifestations de l'*Estate Romana*.

Villa Torlonia *(Porta Pia)* – Ancienne résidence de la famille Mussolini, ce parc vante la présence d'un exemplaire rare de palmier, appelée palmier de Californie. À l'intérieur, on peut visiter la Casina delle Civette *(voir le chapitre de la nomenclature)*, témoignage typique du style Art nouveau, qui abrite une collection de vitraux polychromes, ainsi que des dessins et des objets variés.

Villa Glori *(Parioli)* – C'est un vaste jardin planté d'oliviers. Les enfants peuvent encore chevaucher quelques poneys et de petits ânes, bien qu'ils aient aujourd'hui pratiquement disparus.

Villa Doria Pamphili *(Aurelia)* – Il est considéré comme le poumon vert de la partie Ouest de la ville. Le soir venu, il est très fréquenté par les sportifs et les passionnés de cerfs-volants. On y voit de nombreux édifices (hôtel Algardi, arches de l'aqueduc de Paul – *voir p. 326* –, pavillon Bel Respiro et ancienne villa), ainsi que des serres, un petit lac datant du 18e s. et de nombreuses plantes rares, dont l'arbre du camphre.

Parco dell'Appia Antica *(Appia Antica)* – D'importants travaux d'aménagement ont rendu à ce parc son ancien aspect. Chaque dimanche on y organise des visites guidées qui permettent de découvrir certains monuments et villas d'autrefois suivant un parcours que l'on peut effectuer même en vélo.

Orto Botanico di Villa Corsini *(Trastevere)* – À proximité du Transtévère poussent de nombreuses variétés de cactus, orchidées et plantes tropicales. Un petit jardin présentant des plantes aux parfums particulièrement intenses a été réalisé expressément pour les non-voyants. Parmi les arbres, on signale une espèce remontant à plus de 300 millions d'années.

Riserva Naturale di Monte Mario *(Monte Mario)* – Cette réserve est intéressante pour le développement d'une végétation luxuriante et pour la protection des animaux, ainsi que du point de vue archéologique et historique pour la présence de vestiges remontant à la préhistoire, à la Rome Antique et à la Renaissance. Plusieurs parcours botaniques parsemés de panneaux explicatifs nous informent sur la flore et la faune.

Riserva Naturale del Litorale Romano – Caractérisée par une végétation typiquement méditerranéenne et par de vastes zones de dunes et de forêts de chênes verts, cette réserve offre la possibilité d'admirer quelques vestiges du patrimoine archéologique romain, dont les ruines d'Ostie Antique, les ports de Trajan, les vestiges le long de la via Severiana et la villa de Pline, riche de mosaïques. Chaque week-end, des associations privées organisent des excursions naturalistes ou des visites guidées à travers les sentiers du parc.

OU ENCORE...

Afin d'avoir une vision insolite de la ville, une association privée propose chaque week-end une **excursion** en **bateau sur le Tibre**, partant du ponte Marconi (angle lungotevere Dante) jusqu'au Molo di Ripa, près de l'île Tibérine. Le dimanche, le bateau effectue aussi un parcours en aller simple jusqu'à Ostie, proposant une visite guidée des fouilles (retour en métro). Pendant l'excursion, un guide du WWF donne des informations sur la flore et la faune que l'on peut observer le long du trajet. Pour tout renseignement et réservation : ☎ 06 56 64 982 ou 0330 68 04 00 (portable) ou 0347 62 45 246 (portable)

À la découverte de Rome

APPIA ANTICA★★

La partie de la via Appia Antica la plus intéressante pour le touriste est celle qui côtoie les catacombes et les monuments antiques qui ont subsisté à l'entour (tombeau de Romulus, cirque de Maxence, tombeau de Cecilia Metella).

Consulter un plan des transports (en autobus, départ de la piazza di Porta S. Giovanni pour les catacombes de St-Calixte, de St-Sébastien et de Domitille). Pour y accéder en voiture, consulter le plan Michelin n° 38.

Visite : une demi-journée. Suivre l'itinéraire indiqué sur le schéma. Compter 4 h 1/2 environ (dont 1 h pour les catacombes de St-Calixte, 1 h pour celles de St-Sébastien, 1 h pour celles de Domitille). Le jeudi, le vendredi et le samedi, tous les monuments et catacombes sont accessibles. Du tombeau de Cecilia Metella à Casal Rotondo, la via Appia Antica doit être parcourue en voiture.

La via Appia porte le nom du magistrat Appius Claudius Cæcus qui la fit ouvrir en 312 avant J.-C. Avant la construction de l'enceinte d'Aurélien au 3ᵉ s., la via Appia sortait de Rome à la porte Capena, suivait approximativement le tracé des actuelles via delle Terme di Caracalla et via di Porta S. Sebastiano, puis gagnait Capoue, Bénévent et Brindisi. La via Appia fut bordée de sépultures, en vertu d'une loi déjà en vigueur au 5ᵉ s. avant J.-C. qui interdisait d'ensevelir dans la ville. Au Moyen Âge, elle devint peu sûre ; les Caetani, ayant transformé le tombeau de Cecilia Metella en forteresse, rançonnaient les passants. C'est alors qu'on ouvrit la via Appia Nuova. À la fin du 17ᵉ s., l'Appia Pignatelli relia l'Appia Antica à l'Appia Nuova.

Aujourd'hui, la via Appia Antica, siège des catacombes et de l'église Domine, quo vadis ?, est un des hauts lieux de la Rome chrétienne.

L'**église Domine, quo vadis ?** évoque une légende célèbre. C'est là que saint Pierre, fuyant les persécutions, aurait rencontré le Christ. « Domine, quo vadis ? » (Seigneur, où vas-tu ?) lui demanda-t-il. « À Rome, pour me faire crucifier une seconde fois », répondit le Christ ; puis il disparut laissant dans le pavement l'empreinte de ses pieds. Saint Pierre, honteux de sa faiblesse, regagna Rome où il fut martyrisé.

LES CATACOMBES

Au Moyen Âge à Rome, l'expression latine « ad catacumbas » désigna le cimetière de St-Sébastien situé près d'un ravin au bord de la via Appia (en grec *kumbos* signifie ravin et *kata* près de). Lorsque au 16ᵉ s. on découvrit d'autres cimetières semblables, on les appela par ce même nom. Le mot « catacombes » signifie un cimetière souterrain utilisé à l'époque chrétienne, creusé en longues galeries sur plusieurs étages. Les galeries étaient généralement creusées de la surface vers le bas ; lorsque la place commençait à manquer dans la galerie supérieure, on entreprenait le percement d'une autre galerie au niveau inférieur ; donc les galeries les plus proches de la surface du sol sont la plupart du temps les plus anciennes.

Des catacombes ont été trouvées tout autour de Rome. Naples, la Sicile, l'Afrique du Nord, l'Asie Mineure en possèdent aussi.

Les catacombes et les chrétiens – Durant le 1ᵉʳ s. et jusqu'au milieu du 2ᵉ s. il n'y eut pas de cimetières chrétiens à proprement parler. Bien souvent une famille patricienne possédant un cimetière privé et dont quelques membres étaient favorables au christianisme permettait à des chrétiens de sa connaissance d'y ensevelir leurs morts. Les choses changèrent au début du 3ᵉ s. lorsque le pape Zéphirin nomma Calixte administrateur d'un cimetière de la via Appia ; ce fut le début d'une organisation rationnelle des sépultures chrétiennes et l'apparition de cimetières entièrement réservés aux chrétiens installés sur des terrains qui appartenaient à l'Église.

Longtemps, les catacombes furent de simples cimetières où les chrétiens venaient prier sur le tombeau d'un être cher. Leur fréquentation s'accrut au 3ᵉ s. après que les persécutions (de Septime Sévère en 202, de Dèce en 250, de Valérien en 257, de Dioclétien en 295) eurent créé de nombreux martyrs ; les papes recommandèrent vivement aux fidèles de venir se recueillir sur leurs tombes. Mais les chrétiens ne se sont jamais réfugiés en masse dans les catacombes pour y vivre clandestinement ; l'emplacement des catacombes était connu du gouvernement impérial et leur accès était interdit lorsque sévissait un édit contre les chrétiens. Ce n'est qu'exceptionnellement que des chrétiens furent tués dans les catacombes parce qu'ils avaient enfreint cette règle. Après une période de grande faveur au 4ᵉ s., coïncidant avec l'épanouissement du christianisme, les catacombes connurent l'abandon (à l'exception des catacombes de St-Sébastien qui furent toujours un lieu de pèlerinage). La campagne romaine fut ravagée par les Barbares aux 5ᵉ et 6ᵉ s. et peu à peu les reliques des martyrs furent transportées à l'intérieur de la ville dans des églises bâties pour les abriter. On recommença à s'enthousiasmer pour les catacombes au 16ᵉ s. lorsque l'archéologue italien Antonio Bosio découvrit un cimetière souterrain sur la via Salaria (1578). Leur investigation systématique est essentiellement l'œuvre de l'archéologue Giovanni Battista de Rossi (1822-1894).

Quelques termes utiles à la visite – Dans les catacombes, l'**hypogée** désigne le tombeau souterrain qui appartient à une noble famille romaine. À partir de l'hypogée se développait le réseau des galeries, larges de 1 m environ et hautes de 2 ou 3 m. Dans ces galeries s'ouvraient des **cubicula**, salles assez spacieuses destinées à recevoir des sarcophages et parfois dotées d'un **lucernaire**, lucarne percée dans le plafond permettant à l'air et à la lumière de pénétrer.

Quelques décorations de catacombes

À l'origine, les chrétiens ornèrent leurs tombes de motifs que l'on pouvait aussi bien rencontrer sur les tombes païennes : fleurs en guirlandes, oiseaux et petits amours. Puis apparurent divers sujets illustrant les métaphores des Saintes Écritures, représentant des épisodes de la Bible, symbolisant les manifestations de la vie spirituelle. La signification des peintures et des symboles des catacombes demeure néanmoins un objet de controverses.

La **colombe** tenant un rameau dans son bec symbolisa la réconciliation de Dieu avec les hommes. L'**ancre** symbolisa l'espérance ; parfois la barre transversale est accentuée pour former une croix. Le **poisson** désigna le Christ : le mot « poisson » en grec est formé des lettres initiales d'une phrase signifiant « Jésus-Christ, fils de Dieu, Sauveur » .

Le **dauphin,** qui passait pour secourir les naufragés, désigna le Christ Sauveur.

Le **pêcheur à la ligne** désigna le prédicateur, en référence aux paroles de Jésus à ses disciples « Vous serez désormais des pêcheurs d'homme. » **Jonas** et la baleine préfigura la Résurrection. Le **Bon Pasteur** ou Jésus ramenant la brebis égarée fut une des représentations du Christ les plus chères aux premiers chrétiens.

Parmi les scènes les plus courantes : le miracle de la multiplication des pains, la guérison du paralytique, le baptême de Jésus ou l'institution du baptême.

Quand la place commença à manquer, on creusa les parois des galeries de niches superposées, les **loculi,** dans lesquelles on déposait le cadavre enveloppé dans un linceul ; la niche était close par une dalle de marbre ou de terre cuite où l'on gravait le nom du défunt souvent accompagné d'un signe permettant de reconnaître sa religion. Parfois la tombe, encastrée dans la paroi, était fermée par une dalle de marbre posée horizontalement ; au-dessus, une voûte, ou **arcosolium,** était fréquemment décorée de peintures. Avec le culte des martyrs, se développa la coutume reprise aux païens du repas funèbre nommé par les chrétiens **refrigerium.** À l'occasion de ces repas pris en commun près de la tombe d'un martyr les fidèles demandaient son intercession.

À proximité des catacombes on rencontre parfois un **colombarium,** sépulture collective abritant des urnes cinéraires et généralement réservée à des païens de modeste condition.

★★★VISITE DES CATACOMBES

Parmi les catacombes situées sur la via Appia et ses abords, celles de St-Calixte, St-Sébastien et Domitille sont particulièrement intéressantes.

L'affluence des visiteurs, qui impose souvent une allure vive, et la pénombre qui règne dans les galeries réclament la plus grande attention de la part du visiteur.

La visite des catacombes s'effectue sous la conduite d'un guide.

★★★Catacombe di S. Callisto ⊘

Elles s'étendent entre la via Appia, la via Ardeatina et la via delle Sette Chiese. Environ 500 000 personnes y sont enterrées. Au prestige de ce cimetière où furent enterrés presque tous les papes du 3ᵉ s., s'ajoute l'exceptionnelle richesse de ses peintures. Selon G. B. de Rossi, le tombeau patricien de la famille des Caecilii pourrait être à l'origine du cimetière chrétien. Au 3ᵉ s., la propriété appartenait à l'Église qui y développa un immense cimetière chrétien.

Probablement **Calixte** joua-t-il un rôle important dans le tournant que prit l'Église à l'orée du 3ᵉ s. qui lui permit de devenir légalement propriétaire des cimetières. Cela se passait sous le règne de l'empereur Commode (180-192), période de tranquillité pour les chrétiens : ne dit-on pas que la concubine de Commode, Marcia, aurait été chrétienne. Calixte, peut-être originaire du Trastevere, était l'esclave d'un chrétien qui fit de lui son banquier. Après une faillite, il prit la fuite. Rattrapé, accusé par les juifs d'être chrétien, il fut déporté dans les mines de Sardaigne. Il en revint, ayant bénéficié d'une mesure de clémence. Mais le pape régnant, Victor, éloigna de Rome cet aventurier. Rentré en grâce auprès de Zéphyrin, successeur de Victor, il est nommé diacre et administrateur du cimetière qui porte son nom. Il succéda à Zéphyrin au trône pontifical en 217. Cinq ans après il mourut. Curieusement, il ne fut pas enterré dans son cimetière de la via Appia, mais près du Janicule sur la via Aurelia dans le cimetière de Calépode où sa tombe fut retrouvée en 1962.

Cripta dei papi – Après que Calixte eut décidé de faire de son cimetière le lieu officiel de sépulture des papes, les dépouilles des pontifes du 3ᵉ s. furent déposées dans les loculi creusés dans les parois de cette salle. Parmi eux, Sixte II qui mourut le 6 août 258 avec quatre de ses diacres ; ils furent surpris alors qu'ils tenaient une réunion dans le cimetière, contrevenant ainsi à l'édit de l'empereur Valérien qui interdit toute réunion chrétienne et plaça les cimetières sous séquestre.

Devant les loculi, les plaques de marbre portent le nom des défunts et leur qualité. Pour les papes Pontien et Fabien, furent ajoutées les trois lettres M T P (principales consonnes du mot « martyr » en grec, dont le sens premier signifie : « témoin ») ;

Pontien mourut en 235, déporté en Sardaigne ; Fabien fut victime de la persécution organisée par l'empereur Dèce, une des plus rudes épreuves qu'aient subies les chrétiens.

Les colonnes à torsades et le lucernaire datent du 4e s.

Au 4e s. également, le pape Damase, qui célébra les martyrs en faisant graver des vers en leur honneur, fit placer une inscription à la gloire de tous les saints personnages qui reposèrent en ce lieu.

Cripta di S. Cecilia – Déjà au 7e s. les pèlerins vénéraient cette salle comme le lieu de la sépulture de sainte Cécile. C'est dans le loculus où a été placée une copie de la statue de la sainte sculptée par Maderno que Pascal Ier aurait trouvé au 9e s. le sarcophage de sainte Cécile *(voir p. 271)*.

Sala dei Sacramenti – Ce groupe de cubicula renferme un extraordinaire ensemble de peintures datées de la fin du 2e s. ou du début du 3e s. La plupart des sujets généralement représentés dans les catacombes y figurent. Remarquer l'absence de motifs décoratifs, remplacés par de simples bandes encadrant les scènes.

Le cimetière de Calixte renferme encore la crypte où fut enterré le pape **Eusèbe** (309-310), mort en déportation en Sicile ; son successeur fit rapporter sa dépouille ; la crypte où fut enterré le pape **Caïus** (283-296) ; celle où, selon G. B. de Rossi, aurait été déposé le pape **Miltiade** (311-314).

La **région de Lucine** *(réservée aux chercheurs)*, du nom d'une noble dame romaine, est, avec la crypte des papes, l'endroit le plus ancien du cimetière ; cette dame aurait recueilli la dépouille du pape Corneille (251-253) et l'aurait fait ensevelir là dans une crypte où des peintures de la fin du 6e s. représentent Corneille en compagnie de son ami Cyprien, l'évêque de Carthage. Une autre salle de la région de Lucine renferme, parmi d'autres peintures, deux sujets, assez effacés, illustrant le mystère de l'Eucharistie : deux poissons devant lesquels sont peints deux paniers remplis de pains ; à travers les paniers apparaissent des verres de vin. Ces peintures datées du 2e s. sont à la paroi gauche de la salle.

À l'extérieur du cimetière de Calixte se trouve une **chapelle à trois absides** peut-être élevée avant le 4e s. ; elle aurait abrité la dépouille du pape Zéphirin.

★★★ Catacombe di Domitilla ⊙

Entrée au n° 282, via delle Sette Chiese.

Cet immense réseau de galeries aurait pour origine le cimetière privé de Domitille, nièce de l'empereur Domitien (81-96), de la riche famille des Flaviens. En 95, l'époux de Domitille, Flavius Clemens, fut dénoncé comme chrétien et exécuté sur l'ordre de Domitien. Domitille fut exilée sur l'île de Pandataria (aujourd'hui, île Ventotene).

Le domaine de Domitille connut la gloire au 4e s. lorsque s'y éleva une basilique sur l'emplacement de la sépulture des saints Nérée et Achillée ; la légende fit d'eux des serviteurs de Domitille, convertis au christianisme comme leur maîtresse ; ils furent en fait deux soldats martyrisés sous Dioclétien (284-305). Non loin de leur tombeau reposait sainte Pétronille dont le sarcophage fut transféré au Vatican au 8e s.

Le cimetière de Domitille fut retrouvé au 16e s. par Antonio Bosio, fouillé par G. B. de Rossi au 19e s. et par la Commission pontificale d'archéologie sacrée.

Catacombes de Domitille – Le Bon Pasteur

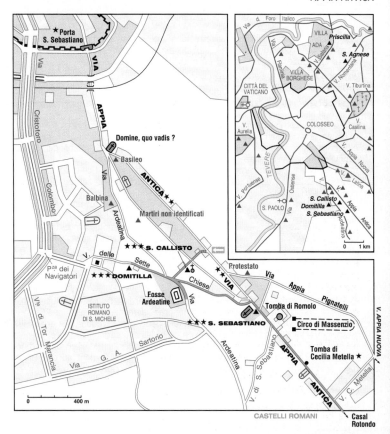

Basilica dei S.S. Nereo e Achilleo – Elle fut édifiée de 390 à 395 avec 3 nefs précédées d'un narthex, au détriment des galeries de surface qui appartinrent à l'un des centres les plus anciens du cimetière. Les sarcophages des deux saints devaient être placés dans l'abside à proximité de celui de Pétronille. Des fragments d'origine, notamment de la schola cantorum qui séparait le chœur du reste de l'édifice, ont été replacés. Devant le chœur, sur la droite, une des petites colonnes qui soutenaient le ciborium porte la sculpture du martyre d'Achillée.

C'est dans cette basilique que saint Grégoire le Grand, à la fin du 6ᵉ s., prononça une de ses homélies, déplorant les temps de misère que vivait Rome, menacée par les Barbares. Vers la fin du 8ᵉ s. la basilique fut désertée ; les saints furent désormais honorés à l'abri des murailles de la ville, dans la nouvelle basilique que fit construire Léon III *(voir Chiesa dei S.S. Nereo e Achilleo p. 266).*

Cubiculo di Veneranda – Cette salle située derrière l'abside témoigne de l'essor du cimetière au 4ᵉ s. À cette époque, les fidèles désiraient vivement être ensevelis près d'un saint. Telle cette Veneranda qui obtint une tombe tout près de sainte Pétronille. Toutes deux sont représentées entrant au Paradis sur la peinture qui décore l'arcosolium.

« Vestibolo dei Flavi » – On nomme ainsi l'hypogée qui s'étend sur la droite de la basilique. Daté du 2ᵉ s., ce serait l'un des endroits les plus anciens du cimetière. Il se présente comme une longue et large galerie décorée de sarments de vigne, d'oiseaux et de petits amours, sur laquelle s'ouvrent les cubicula destinés à recevoir les sarcophages ; quand la place manqua, on creusa des loculi. Vers la fin du 3ᵉ s., à droite de l'entrée de l'hypogée, fut aménagée une salle pour les repas funèbres. Communiquant avec cette salle, un cubiculum est dit « d'Amour et de Psyché » pour ses décorations ; celles-ci, du 3ᵉ s., ont été en partie détruites par le percement des loculi.

Ipogeo dei Flavi Aureli – *Fermé au public.* Étendu sur la gauche de la basilique, ce cimetière où l'on trouva des noms d'affranchis des familles des Flaviens et des Auréliens serait contemporain de celui des Flaviens. Il renferme quelques signes simples comme l'ancre ou un monogramme, témoins des débuts du christianisme.

Les catacombes de Domitille renferment encore une multitude de galeries et de cubicula (cubiculum de Diogène ; cubiculum d'Ampliatus, etc.).

De la via delle Sette Chiese, prendre à droite la via Ardeatina.

Les **Fosses Ardéatines** sont un lieu émouvant qui commémore un épisode particulièrement douloureux de la dernière guerre. Là, le 24 mars 1944, les nazis tuèrent 335 Italiens, en représailles d'un attentat perpétré par des résistants à Rome, via Rasella, et au cours duquel 32 soldats allemands trouvèrent la mort. Un sanctuaire abrite les tombes des victimes et un musée évoque cette période.

Reprendre la via delle Sette Chiese.

★★★Catacombe di S. Sebastiano ⊙

Là où s'étendent ces catacombes, la via Appia passait dans un ravin. Sur les pentes du ravin, s'installèrent des maisons et des colombariums. Au fond du ravin, furent édifiés trois mausolées qui probablement ont constitué le point de départ du cimetière. Au 3ᵉ s., alors que l'Église était devenue propriétaire des lieux, les mausolées furent recouverts par une esplanade aménagée en cour couverte appelée « **triclia** » . Au 4ᵉ s., une basilique à trois nefs fut édifiée sur l'ensemble, bordée de mausolées (ceux du côté Sud et ceux autour de son abside sont conservés). C'est ici, près du lieu où l'on vénérait les apôtres Pierre et Paul, que fut enseveli **Sébastien**, le soldat martyr victime de la persécution de Dioclétien (284-305). Au 5ᵉ s., pour faciliter le culte de ce saint devenu très populaire, une crypte fut construite sur l'emplacement de sa tombe. La basilique fut transformée au 13ᵉ s., puis reconstruite au 17ᵉ s. à l'initiative du cardinal Scipione Borghese ; le nouvel édifice prit place au-dessus de la nef centrale de la basilique précédente.
La visite des catacombes de St-Sébastien permet de voir un colombarium ; d'autres sépultures du même type s'alignent parallèlement à celui que l'on visite.

Les trois mausolées – L'origine de ces trois édifices à façade de briques, fronton et porte encadrée de travertin, remonte probablement au 1ᵉʳ s. de l'Empire. Ils furent utilisés d'abord par des païens, puis par des chrétiens. Le mausolée de gauche et celui du centre portent encore de belles décorations en stucs ; d'après les décorations et les inscriptions qui y furent découvertes, ils auraient d'abord appartenu à des sectes religieuses qui se développèrent parallèlement au christianisme ; dans le mausolée central les chrétiens ont laissé l'inscription grecque symbole du Fils de Dieu Sauveur. Le mausolée de droite, décoré de peintures, porte le nom de son propriétaire, Clodius Hermes.

La « triclia » – Sans doute est-ce le lieu des catacombes qui provoqua les discussions les plus passionnées parmi les archéologues. Les nombreux graffiti qui y furent trouvés, invoquant les apôtres Pierre et Paul, indiquèrent qu'à partir de 258 des chrétiens se réunissaient là pour célébrer leur mémoire. Mais s'y retrouvaient-ils parce que les reliques des saints y avaient été provisoirement déposées en attendant que les basiliques de St-Pierre et de St-Paul-hors-les-Murs soient construites ?
Remarquer les bancs de pierre où prenaient place les fidèles pour le refrigerium.

Catacombe e cripta di S. Sebastiano – Le réseau de galeries qui se développa à partir du 4ᵉ s. près de la tombe du martyr fut très endommagé au Moyen Âge où ne cessèrent de se succéder les pèlerins venus invoquer saint Sébastien contre la peste.

Mausoleo di Quirino e « Domus Petri » – Ces deux salles passèrent pour avoir abrité les reliques de Pierre et de Paul ; dans l'une, on trouva le graffiti « Domus Petri » qui fit penser qu'il s'agissait de la demeure funéraire de saint Pierre.
L'autre fut le mausolée de saint Quirin (martyrisé en Hongrie) construit au 5ᵉ s.

Basilique actuelle – Elle est assez solennelle avec sa nef unique et son plafond de bois peint (17ᵉ s.). Dans la chapelle des reliques, à droite, est conservée la pierre où le Christ aurait laissé l'empreinte de ses pieds *(se reporter au début du chapitre)*. Dans la chapelle de St-Sébastien, édifiée au 17ᵉ s., au-dessus de sa sépulture, a été placée une statue du saint, œuvre d'un élève du Bernin (17ᵉ s.). À droite, dans la sacristie, beau Christ en bois du 14ᵉ s.

CIRCO DI MASSENZIO, TOMBA DI ROMOLO ⊙

L'empereur Maxence (306-312) avait fait édifier sa résidence impériale au bord de la via Appia. Il y fit élever à proximité un beau tombeau pour son fils Romulus mort très jeune en 309, ainsi qu'un grand cirque pour les courses de chevaux. La forme allongée du cirque est bien conservée, de même que les écuries et les restes des deux tours qui, aux extrémités, flanquaient les loges des magistrats qui donnaient le départ.

Tomba di Romolo – Ce mausolée, au centre d'une enceinte délimitée par un quadriportique, se compose d'une rotonde couverte d'une coupole et précédée d'un pronaos, plan qui le faisait ressembler au panthéon en plus petit. Il est en partie caché par une maison installée dans sa partie antérieure.

★TOMBA DI CECILIA METELLA ⊘

Ce noble tombeau de la fin de la République fut crénelé au 14ᵉ s. lorsque la famille des Caetani en fit le donjon de la forteresse du 11ᵉ s., adjacente au tombeau et étendue au-delà de la route actuelle. Sa silhouette est une des images les plus célèbres de la campagne romaine. Ce mausolée cylindrique sur socle carré fut la sépulture de l'épouse de Crassus, fils du Crassus qui participa au premier triumvirat avec César et Pompée (60 avant J.-C.). Orné d'une frise à bucranes (c'est-à-dire à crânes de bœuf), il valut à l'endroit le nom de « capo di Bove » .

Dans les ruines de la forteresse médiévale *(à droite de l'entrée)* ont été déposés des fragments de tombeaux trouvés sur la via Appia.

À gauche de l'entrée, on peut accéder à la chambre funéraire, de forme conique.

DU TOMBEAU DE CECILIA METELLA AU CASAL ROTONDO *5 km*

À 800 m après le tombeau de Cecilia Metella, la via Appia est en sens unique.

Les visiteurs qui sont prêts à faire abstraction de la carence d'entretien des lieux pourront découvrir sur cette partie de la via Appia Antica un bel aspect de la campagne romaine où les tons rougeâtres des ruines d'aqueducs et de tombeaux se mêlent au vert sombre des cyprès et des pins parasols.

Les tombeaux de la via Appia furent parmi les plus luxueux de Rome : en forme de pyramide ou de tumulus surmonté d'un tertre envahi de végétation, parfois réduits à une simple inscription ou à quelques sculptures.

Parmi ces monuments, celui que l'on a longtemps considéré comme étant le **tombeau d'un des Curiaces**, protagoniste du fameux combat avec les Horaces, est situé sur la droite de la route, après avoir laissé sur la gauche la via Erode Attico.

La **villa dei Quintili**, immense

A. Wolf/EXPLORER

Tombeau le long de la via Appia

domaine dont l'origine remonte à l'époque d'Hadrien (117-138), fut transformée en forteresse au 15ᵉ s.

Le **Casal Rotondo**, sur lequel est maintenant construit une ferme, fut un mausolée cylindrique d'époque républicaine. De là, une vue s'offre (à gauche) sur de beaux vestiges d'aqueducs.

AVENTINO ★
L'AVENTIN – Visite : 1 h 1/2

Départ : piazzale Ugo La Malfa.

Petite éminence d'une quarantaine de mètres d'altitude, l'**Aventin** est l'une des sept collines de Rome : il est formé de deux « sommets » séparés par une vallée où passe le viale Aventino. Il demeura un quartier populaire pendant toute la période antique de la République ; des marchands notamment y habitaient, attirés par les ports et les grands entrepôts des bords du Tibre. De nombreux édifices religieux s'y élevèrent : les plus anciens, les temples de Diane, de Cérès, de Minerve, étaient situés entre la via di S. Melania et la via di S. Domenico.

Sous l'Empire, l'Aventin prit une allure résidentielle. Trajan y résida avant de devenir empereur et son ami Licinius Sura fit construire des thermes privés (au Nord-Ouest de l'église S. Prisca) ; de même l'empereur Dèce fit bâtir des établissements de bains en 242. Tout ce luxe excita la convoitise des Wisigoths d'Alaric qui, en 410, pillèrent Rome pendant trois jours. L'Aventin fut entièrement dévasté.

Il offre aujourd'hui l'aspect d'un quartier résidentiel, très calme, verdoyant, occupé par de nombreux établissements religieux.

Un fief plébéien – Après l'expulsion du dernier roi (509 avant J.-C.), la mise en place des nouvelles institutions de la République fut marquée par les luttes entre patriciens et plébéiens. Au 5e s. avant J.-C., les plébéiens, las de combattre dans des guerres qui ne leur procuraient que misères, se retranchèrent sur l'Aventin en signe de protestation. Menenius Agrippa, chargé de les ramener à la raison, leur raconta la parabole du corps humain et des membres : ceux-ci, irrités de ne travailler que pour le bien-être du corps, décidèrent de ne plus fonctionner ; il s'ensuivit la mort du corps entier entraînant celle des membres eux-mêmes. « C'est en comparant la révolte intestine des membres du corps à celle des pébéiens contre les patriciens que Ménénius Agrippa parvint à apaiser les esprits. » (Tite-Live.) À la suite de cette crise, deux tribuns de la plèbe furent créés, « chargés de la protéger contre les consuls ».

Du théâtre en plein air ?

Les amateurs de théâtre italien ne manqueront pas le traditionnel rendez-vous estival du **Giardino degli Aranci** (le jardin des Orangers), situé dans le Parco Savello. Ce parc offre son cadre magnifique à des spectacles principalement centrés sur l'évocation de la Rome d'autrefois et adoptant son langage coloré.

La mort d'un tribun – Le tribun de la plèbe Caius Gracchus et son frère Tiberius – **les Gracques** – firent partie de cette poignée de citoyens qui façonnèrent l'histoire de la République romaine. Poursuivant l'œuvre commencée par Tiberius (assassiné en 133 avant J.-C.), Caïus Gracchus proposa une série de réformes destinées à réglementer la propriété des terres confisquées par Rome aux peuples vaincus, qui étaient gérées par le sénat et accaparées par les plus riches. Le tribunat de Caius Gracchus s'acheva sur l'Aventin où il se réfugia, poursuivi par les soldats recrutés contre lui par un des consuls. Ne pouvant plus résister, il s'enfuit, traversa le pont Sublicius et périt sous le coup de ses assassins au pied du Janicule. Cela advint en 121 avant J.-C.

VISITE

Depuis le piazzale Ugo La Malfa une belle **vue**★ s'offre sur les ruines de la façade en hémicycle de la Domus Augustana du Palatin.

Sur la place s'élève le monument à **Giuseppe Mazzini** (1805-1872). En 1849, cet écrivain et homme politique proclama la République de Rome, mais le général français Oudinot rétablit le pouvoir du pape.

« Circo Massimo » – Le Grand Cirque, ou Circus Maximus, aménagé dans la vallée qui sépare le Palatin de l'Aventin (vallée Murcia) et transformé aujourd'hui en longue esplanade fut le plus vaste cirque de Rome. Réservé aux courses de chars à deux, trois ou quatre chevaux (biges, triges ou quadriges), il attira les foules comme nul autre lieu de spectacle. La piste, étirée sur plus de 500 m, était bordée de rangées de gradins et se terminait, au Sud-Est, par un côté arrondi précédé d'un arc de triomphe ; le côté Nord-Ouest était occupé par les écuries, surmontées de la tribune réservée au magistrat responsable du spectacle. Dès le 4e s. avant J.-C., la piste fut divisée dans le sens de la longueur par un terre-plein appelé la « spina » qui relia les deux « metæ », bornes coniques autour desquelles viraient les attelages. À l'époque d'Auguste, le Grand Cirque devint un monument grandiose. En 10 avant J.-C. un obélisque de plus de 23 m de hauteur fut érigé sur la spina (il orne aujourd'hui la piazza del Popolo). Au-dessous du palais Flavien, une magnifique tribune fut construite, réservée à l'empereur et à sa famille. Le Grand Cirque pouvait alors recevoir 150 000 spectateurs.

Dès lors, les empereurs ne cessèrent de l'embellir : Claude (41-54) fit remplacer le bois des metæ par du bronze doré et le tuf des écuries par du marbre. Son successeur Néron, après l'incendie de 64, porta les dimensions de l'édifice à 600 m de longueur et 200 m de largeur. Domitien (81-96), puis Trajan (98-117) augmentèrent le nombre des gradins qui pouvaient alors accueillir jusqu'à 300 000 personnes.

Les principales courses se déroulaient durant les jeux de septembre dont l'origine remonte au 6e s. avant J.-C. Sous l'Empire, les jeux étaient devenus un simple dérivatif offert par l'empereur à son peuple et la passion pour les courses a parfois poussé les empereurs eux-mêmes à commettre les pires excès : Vitellius (68-69) qui protégeait l'écurie des « Bleus » (il y avait quatre écuries distinguées par une couleur) fit tout simplement exécuter les adversaires de ses auriges favoris ; Caracalla (211-217) fit subir le même sort aux auriges des « Verts ». Il faut imaginer le Grand Cirque les jours de grande affluence ; alors il « apparaissait à lui tout seul comme une ville éphémère et monstrueuse, campée dans la Ville éternelle » (J. Carcopino).

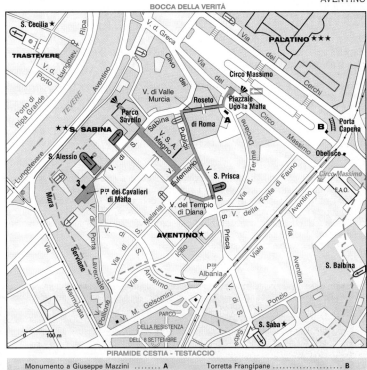

BOCCA DELLA VERITÀ

PIRAMIDE CESTIA - TESTACCIO

| Monumento a Giuseppe Mazzini .... **A** | Torretta Frangipane .... **B** |

Au 4ᵉ s. l'édifice était encore utilisé et Constance II y fit dresser un deuxième obélisque (il se trouve aujourd'hui sur la piazza di S. Giovanni in Laterano).

Les quelques vestiges mis au jour du côté de la porta Capena appartiennent à la construction de Trajan.

La petite tour que l'on voit sur ce même côté date du Moyen Âge ; elle est un reste de forteresse érigée par la famille noble des Frangipani.

À droite du monument à Mazzini, prendre la via di Valle Murcia.

Dans cette rue se trouvent les entrées de la **roseraie de Rome** (Roseto di Roma) (floraison en mai).

Prendre ensuite à gauche le clivo dei Publicii.

S. Prisca – Reconstruite au 17ᵉ et au 18ᵉ s., son origine remonterait à la fin du 2ᵉ s. ; elle serait ainsi l'un des tout premiers lieux de culte chrétien à Rome.

D'émouvantes légendes entourent la sainte femme qui y est honorée : Prisca serait la première femme à avoir subi le martyre à Rome ; baptisée par saint Pierre lui-même, Prisca fut dénoncée aux autorités impériales, martyrisée et finalement décapitée sur la route d'Ostie. Au 13ᵉ s., on n'hésita pas à aménager un chapiteau antique en vasque baptismale *(au bas de la nef droite)* et à y graver qu'elle fut utilisée par saint Pierre.

Une autre légende fit de Prisca l'épouse d'Aquilas dont le souvenir est évoqué par saint Paul dans l'épître qu'il adressa aux Romains : «Saluez Prisca et Aquilas, mes compagnons d'œuvre en Jésus-Christ, qui ont exposé leur tête pour sauver ma vie... »

Des fouilles ont révélé la présence d'un **sanctuaire dédié à Mithra** ⊙ *(accès par la nef droite de l'église)* installé à la fin du 2ᵉ s. À la même époque, dans un bâtiment voisin, prenait place un édifice à deux nefs qui pourrait être le lieu de culte chrétien sur lequel s'édifia l'église actuelle.

À proximité, des bâtiments plus anciens, de la fin du 1ᵉʳ s. et du début du 2ᵉ s., ont été retrouvés ; peut-être sont-ils des vestiges de la demeure de Trajan (98-117) ou de celle de son ami Licinius Sura, adjacente aux thermes qu'il fit construire.

Prendre la via del Tempio di Diana, la via Eufemiano puis la via S. A. Magno.

Parco Savello – Ce parc, plus connu sous le nom de **Giardino degli Aranci**, cerne l'abside de l'église Ste-Sabine. On y voit des restes des fortifications construites au 10ᵉ s. pour défendre la colline et devenues au 13ᵉ s. la forteresse de la famille Savelli. Une **vue**★ agréable sur Rome s'offre au mur qui surplombe le flanc Nord-Ouest de l'Aventin : depuis le Janicule, la coupole de la basilique St-Pierre, le monte Mario avec son antenne de télévision jusqu'au monument à Victor Emmanuel II et la tour des Milices.

★★S. Sabina – C'est l'évêque Pierre d'Illyrie qui fit bâtir cette église au 5ᵉ s., après avoir officié comme prêtre dans le « titre » qui existait à cet endroit.

Dès l'origine, elle fut dédiée à Sabine ; la légende de cette sainte, apparue au 6ᵉ s., ne permet pas de savoir si elle vécut et mourut sur l'Aventin ou si sa dépouille fut transportée d'Ombrie, lieu de son martyre sous Hadrien (117-138). L'édifice subit maintes transformations : au 10ᵉ s. un campanile lui fut adjoint, puis écrêté au 17ᵉ s. Au 13ᵉ s., le pape Honorius III, issu de la famille des Savelli, donna l'église à saint Dominique qui fit bâtir le cloître et le couvent pour y installer les religieux de son ordre. Au 16ᵉ s., l'entreprenant Sixte Quint (1585-1590) et son architecte Domenico Fontana donnèrent à l'intérieur l'aspect des édifices de la Contre-Réforme. Lorsque le baroque eut ajouté sa marque, Ste-Sabine n'avait plus rien d'un monument du haut Moyen Âge.

De gigantesques travaux de restauration effectués par Muñoz lui redonnèrent son bel aspect primitif.

Extérieur – La porte sur le flanc droit est précédée d'un portique ajouté au 15ᵉ s. Le narthex qui précède la façade principale fut un des côtés du quadriportique qui entourait l'atrium carré disparu au 13ᵉ s. lorsqu'on bâtit le couvent.

Remarquer surtout la très belle **porte★★** en bois de cyprès qui donne dans la nef principale : appartenant à l'église primitive, elle date du 5ᵉ s. Les deux vantaux sont divisés en panneaux dont dix-huit ont conservé leurs sculptures en bas-relief, illustrant des scènes de l'Ancien et du Nouveau Testament.

Remarquer, en haut et à gauche, la Crucifixion, qui serait l'exemple le plus ancien de représentation de cette scène dans un lieu public.

Église Ste-Sabine

★★Intérieur – D'une ampleur harmonieuse et baigné d'une belle lumière, cet édifice exprime remarquablement l'épanouissement de l'Église chrétienne primitive.

Le plan basilical (les deux chapelles latérales ajoutées au 16ᵉ s. et au 17ᵉ s. ont été conservées) se compose de trois nefs séparées par une suite de colonnes à chapiteaux corinthiens soutenant sans architrave les arcades d'une grande légèreté. Au-dessus s'ouvrent des baies, restituées dans leur originalité.

Au-dessus de la porte d'entrée, une mosaïque, unique reste des mosaïques qui ornaient les parois de l'église entre les baies et les colonnes, porte une inscription en lettres d'or commémorant la construction de l'édifice par Pierre d'Illyrie sous le pontificat de Célestin Iᵉʳ (422-432) ; de part et d'autre, les deux personnages féminins sont les allégories de l'Église née de l'Église des Juifs (« Ecclesia ex circumcisione ») convertis par saint Pierre et de l'Église des Gentils (« Ecclesia ex gentibus »), ou des païens, convertis par saint Paul.

Nef principale : la décoration de marbres marquetés qui court en frise au-dessus des arcades et entre elles est un vestige du 5ᵉ s. Au parterre, devant la schola cantorum (espace devant le chœur, réservé aux chantres), remarquer la tombe en mosaïque d'un maître général des dominicains, mort en 1300.

Chœur : le riche mobilier de marbre (schola cantorum, presbyterium, ambons) du 9ᵉ s., détruit par Sixte Quint, fut restitué à l'aide d'éléments originaux ; les ambons et le candélabre pour le cierge pascal sont des reconstitutions.

À l'abside, une fresque du maniériste Taddeo Zuccari (retouchée aux 19ᵉ et 20ᵉ s.) remplaça au 16ᵉ s. la mosaïque d'origine mettant en scène les saints personnages vénérés dans l'église.

Nef droite : on y voit la partie supérieure d'une colonne antique appartenant aux constructions mises au jour au cours de fouilles effectuées sous l'église ; peut-être appartint-elle à cette maison des 3ᵉ ou 4ᵉ s., où s'installa le « titre » primitif.
À la tête de la nef, le cardinal Poggio del Monte di Auxia avait fait aménager au 15ᵉ s. une chapelle dédiée à la Vierge ; son joli tombeau rappelle l'art funéraire lombard de la Renaissance diffusé à Rome par Andrea Bregno.

Nef gauche : la chapelle baroque de sainte Catherine de Sienne ouverte au 17ᵉ s. y a été conservée. Avec ses marbres polychromes, ses fresques et sa coupole peinte elle fait figure d'intruse dans la sérénité de cette église.
Dans le jardin des moines *(accès sur demande au sacristain ; offrande)*, parfumé de jasmin et de géraniums, ombragé d'orangers et de citronniers, le sculpteur Gismondi a représenté les douze apôtres lors de la Cène (1974).

S. Alessio – Que l'amateur de légendes entre dans cette église. Il y verra, au bas de la nef gauche, l'escalier de saint Alexis : ce fils de patricien romain parti comme un mendiant en Terre sainte revint à Rome pour y mourir ; mais sa famille ne le reconnut pas et il termina sa vie, caché sous l'escalier de la maison paternelle. La légende du « Pauvre sous l'escalier » fut un des grands sujets du théâtre des Mystères au 15ᵉ s.

Poursuivre jusqu'à la piazza dei Cavalieri di Malta.

Cette **place** constitue un ensemble plein de charme, dessiné au 18ᵉ s. par Piranèse.
Au n° 3, le portail de la Villa del Priorato di Malta permet une curieuse découverte : par l'ouverture pratiquée au-dessus de sa serrure, on aperçoit, à l'extrémité d'une allée bien taillée, le dôme de St-Pierre.

BOCCA DELLA VERITÀ★★

Visite : 1 h 1/2

Pour imaginer l'unité de cette partie de la ville, cernée par les collines du Capitole, du Palatin et par le Tibre, il faut se reporter 2 500 ans en arrière, à l'époque des rois étrusques et de la République. Dès le 6ᵉ s. avant J.-C., la foule se pressait au marché aux légumes (forum Olitorium) au pied du Capitole et au marché aux bestiaux (forum Boarium) au pied du Palatin. Cette zone était aussi un centre religieux : plusieurs temples s'y élevaient, dont la fondation, pour certains, était attribuée au roi Servius Tullius (578-534).
À la fin de la République, César fit commencer la construction du magnifique théâtre de Marcellus. Près de ce théâtre s'élevait le cirque Flaminius, vaste arène allongée, construite en 221 avant J.-C., où se déroulaient des courses de chars, des spectacles de chasse et des défilés.
Rome déchue, ces édifices tombèrent en ruine. Au Moyen Âge, ce fut un quartier toujours très peuplé, où s'affairaient de nombreux artisans. Les petits commerces aussi abondaient, tenus surtout par des juifs qui se rassemblèrent là à partir du 13ᵉ s. Le bouleversement du ghetto en 1888, le dégagement des monuments antiques entrepris en 1926 et l'ouverture de voies de circulation ont fait disparaître une partie des ruelles et des vieilles maisons.

Forum Olitorium et forum Boarium – Depuis les temps les plus anciens de Rome, il y eut, non loin du forum administratif et politique ou Forum romain, d'autres forums destinés au commerce. L'un d'eux, le **forum Olitorium**, ou marché aux légumes, occupait l'espace limité par le portique d'Octavie, le Tibre, le vicus Jugarius. Vers le Sud, un autre marché, réservé aux bestiaux, le **forum Boarium**, s'étendait jusqu'au pied de l'Aventin ; l'arc de Janus (arco di Giano) et l'arc des Changeurs (arco degli Argentari) le limitaient à l'Est.
Ces deux marchés étaient établis à proximité du port de Rome ; les navires remontant le Tibre alors navigable accostaient sur la rive gauche, à la hauteur du pont Aemilius (ponte Rotto). Très tôt, des divinités et des héros ont été vénérés dans ce secteur. Hercule, dont le passage légendaire se situe au forum Boarium, fut honoré près de l'endroit où se trouve aujourd'hui l'église S. Maria in Cosmedin, en reconnaissance de sa victoire sur Cacus, le voleur de bœufs. Parallèlement au temple d'Apollon, les vestiges d'un sanctuaire ont été retrouvés, attribué à la déesse romaine de la guerre, Bellone. Trois temples disposés côte à côte occupaient l'emplacement de l'église S. Nicola in Carcere. Non loin de l'église S. Omobono, bordant le vicus Jugarius, un groupe de laires sacrés fut mis au jour ; à côté, le temple de la Fortune par Servius Tullius, l'esclave devenu roi, aurait dédié à la divinité qui changea la fatalité. Portumnus, le dieu protecteur des ports, avait naturellement son sanctuaire près du port, parfois identifié avec le très ancien petit temple appelé « de la Fortune virile ».

En aval du forum Boarium et du port, devait se trouver le port militaire, appelé « Navalia inferiora » (plus tard un autre port fut construit au Champ de Mars, le « Navalia superiora »). Au temps où Rome se lança à la conquête des mers, en 338 avant J.-C., les Romains vinrent y admirer les navires pris aux Antiates ; les éperons avaient été exposés à la tribune aux harangues au Forum romain. C'est là aussi qu'en 58 avant J.-C., Caton d'Utique, de retour de son expédition à Chypre, aborda, chargé des richesses du roi Ptolémée Aulète.

★Piazza della Bocca della Verità — Elle occupe approximativement l'emplacement du forum Boarium. Avec ses pins parasols, ses lauriers roses et blancs servant de cadre à un ensemble de monuments antiques, moyenâgeux et baroques, elle compose un tableau caractéristique du paysage romain.

Face à la façade médiévale de S. Maria in Cosmedin, la fontaine à vasque soutenue par deux tritons est venue s'insérer au 18ᵉ s.

★★S. Maria in Cosmedin — Son **clocher★**, très élancé, aux arcades hardies, érigé au début du 12ᵉ s., est l'un des plus élégants de Rome.

Au 6ᵉ s., le quartier qui s'étend de l'Aventin aux bords du Tibre était peuplé de Grecs. Ceux-ci, comme les autres colonies étrangères de Rome, se groupèrent en *schola*. Pour ravitailler les troupes chargées de défendre Rome contre les Lombards, l'Église fut conduite à fonder des **« diaconies »**, organismes composés de laïcs et de religieux qui se substituèrent à ceux de l'Empire, dont la fonction consistait à fixer le cours du blé et à le distribuer, gratuitement ou non, et dont le siège central était la « statio annonae » (bureau des denrées) que dirigeait le **préfet de l'Annone**. L'Église installa sur son emplacement une de ses diaconies, pourvue d'un oratoire qui prit place parmi les pièces réservées aux magasins ; agrandi au 8ᵉ s. par le pape Adrien Iᵉʳ, il devint l'église des Grecs sous le nom de S. Maria in Schola Greca transformé en S. Maria in Cosmedin en souvenir du nom d'un quartier de Constantinople. Au début du 12ᵉ s., l'église fut restaurée et dotée d'un porche et d'un campanile par les papes Gélase II et Calixte II. Elle a retrouvé son aspect moyenâgeux après une restauration au 19ᵉ s.

Église Ste-Marie-du-Cosmedin

Visite — Sous le porche, un énorme médaillon (1) a été déposé. Son nom **« Bocca della Verità »** lui vient d'une légende très populaire à Rome selon laquelle cette bouche happerait la main de quiconque aurait un mensonge sur la conscience. On dit aussi qu'on l'appelle ainsi parce qu'elle n'a jamais parlé. Il s'agit de la figuration d'une divinité marine, peut-être l'Océan, avec ses deux cornes de taureau symbolisant la force bondissante des eaux. Il servit de plaque d'égout, peut-être dans le temple d'Hercule qui s'élevait tout près.

Dans la nef gauche, près de la porte et dans la sacristie, les grandes colonnes corinthiennes prises dans les murs faisaient partie de la « statio annonæ » qui s'étendait transversalement sur la moitié de l'église actuelle.

De l'époque du pape Adrien Iᵉʳ (8ᵉ s.), il reste le chœur à trois absides parallèles, dérivé du plan des églises orientales, et des colonnes qui divisent les trois nefs, provenant de monuments antiques.

Le beau pavement et le mobilier de marbre (les ambons ou chaires, le chandelier pascal, le ciborium au-dessus du maître-autel et le trône épiscopal) sont l'œuvre des Cosmates. La Schola cantorum (2), réservée aux chantres, et le *presbiterio* (3), réservé aux prêtres, sont des reconstitutions du 19ᵉ s. Le presbiterio a été pourvu de sa «pergula», colonnade où étaient fixés les rideaux tirés à certains moments de l'office dans les liturgies orientales.

La crypte du 8ᵉ s. *(accessible seulement sur rendez-vous)*, à 3 nefs séparées par des colonnettes, constitua une originalité à cette époque où l'on suivait le plan en demi-cercle conçu par Grégoire le Grand (590-604) pour la Confession de St-Pierre. Dans la sacristie, belle mosaïque (4) du 8ᵉ s. provenant de la basilique St-Pierre.

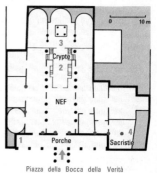

Piazza della Bocca della Verità
● Colonnes de la "Statio Annonae"

De la piazza Bocca della Verità, se diriger vers la via del Velabro.

Le vallon du **Vélabre**, entre les collines du Palatin et du Capitole, fut longtemps très marécageux.

Arco di Giano – Cette construction massive du 4ᵉ s., à quatre faces percées d'ouvertures (arc quadrifons), était un «janus», c'est-à-dire une porte publique sous laquelle passaient les voies les plus fréquentées. Il marquait la limite du forum Boarium. Son nom se réfère au pouvoir du dieu Janus de protéger les carrefours.

Arco degli Argentari – Il s'agit plutôt d'une porte monumentale appuyée au flanc gauche de St-Georges-au-Vélabre. Il fut élevé en 204 par la corporation des changeurs *(Argentari)* en l'honneur de l'empereur Septime Sévère et de son épouse Julia Domna. Tous deux sont représentés (intérieur de l'arc, panneau droit), effectuant une offrande devant un trépied. Les reliefs très accusés et la surabondance des décorations sont caractéristiques de l'art du 3ᵉ s.

★**S. Giorgio in Velabro** – Ancienne diaconie *(voir page précédente)*, l'église naquit peut-être au 7ᵉ s. Le pape Grégoire IV (827-844) la fit reconstruire et l'agrandit. La façade très endommagée, et la tour-clocher datent du 12ᵉ s. Le porche a été récemment détruit. À l'intérieur, la simplicité règne. Au Moyen Âge, Rome était pauvre : pour utiliser les fondations existantes, les architectes bâtirent l'église sur un plan asymétrique ; de même, colonnes et chapiteaux furent réemployés de façon disparate. À l'abside, la fresque au Christ bénissant, entouré de la Vierge et des saints Georges, Pierre et Sébastien, est attribuée à Pietro Cavallini (1295).

S'engager dans la via di S. Giovanni Decollato.

★**Oratorio di S. Giovanni Decollato** ⊘ – La confrérie de St-Jean-Décollé, fondée à la fin du 15ᵉ s., eut pour mission d'assister les condamnés à mort. Ceux qui mouraient en sainteté étaient ensevelis dans les souterrains du cloître.

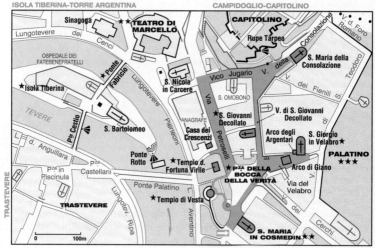

L'oratoire est le siège des réunions des membres de la confrérie. Il est décoré de peintures dues à des maniéristes qui surent s'inspirer de Michel-Ange et de Raphaël, sans les imiter servilement. À partir du mur à droite de l'autel, on remarque :
Annonce de l'ange à Zacharie (Jacopino del Conte) ; portrait de Michel-Ange, qui fut membre de la confrérie, dans la partie gauche de cette fresque ;
Visitation et *Naissance de saint Jean-Baptiste* (Salviati).
Au-dessus de l'entrée :
La Prédication de saint Jean-Baptiste et *Le Baptême du Christ* (Jacopino del Conte).
Sur le mur, près de l'entrée :
L'Arrestation de saint Jean-Baptiste (Battista Franco) ;
La Danse de Salomé (Pirro Ligorio) ;
La Décollation de saint Jean-Baptiste.
De part et d'autre de l'autel : *Saint André* et *saint Barthélemy* (Salviati).
Au-dessus de l'autel : *La Déposition de croix* (J. del Conte).
L'église voisine de l'oratoire *(ouverte le 24 juin)* est ornée de peintures et de stucs (fin du 16e s.).
Se diriger vers la via della Consolazione.

S. Maria della Consolazione — Sa grande façade blanche juchée au sommet d'un escalier invite le passant à s'arrêter. Une chronique du 14e s. raconte qu'un condamné à mort demanda qu'une image de la Vierge soit placée à proximité du Capitole, lieu de son supplice. Pour le réconfort qu'elle apporta aux malheureux qui allaient mourir, on l'appela la Vierge de la Consolation. Une première église fut érigée en 1470, et au début du 16e s. un hôpital lui fut adjoint. Elle fut reconstruite de 1583 à 1600 d'après les plans de Martino Longhi le Vieux. Il commença aussi la façade qui ne fut achevée qu'au 19e s., dans un style inspiré de la période de la Contre-Réforme.
Par la via Petroselli, retourner vers la piazza Bocca della Verità.

Casa dei Crescenzi — Cet ensemble curieux, un des rares vestiges de la « Roma Turrita » (période où Rome se hérissa de forteresses munies de tours), fut construit au 12e s. comme une forteresse pour garder le pont Aemilius (ponte Rotto) où la famille Crescentius percevait un péage. Le réemploi sauvage d'éléments antiques (aux corniches et à l'arc surmontant la porte d'entrée) témoigne de l'aveuglement avec lequel les monuments de Rome furent dépouillés au Moyen Âge.

★**Tempio della Fortuna Virile** — L'attribution de cet édifice à la Fortune virile est sans fondement. Certains archéologues y voient un sanctuaire dédié à Portumnus, le dieu des fleuves et des ports. Daté de la fin du 2e s. avant J.-C., c'est l'un des temples le mieux conservé de Rome. Une solennité austère s'en dégage, qui exprime bien la rigueur de l'époque républicaine. À cette époque, les Romains, encore très influencés par les Étrusques, bâtissaient des temples rectangulaires, juchés sur un haut podium. Une petite église y trouva place, probablement dès le 9e s., dédiée au 15e s. à sainte Marie l'Égyptienne.

★**Tempio di Vesta** — On le nomme ainsi, uniquement pour sa forme circulaire ; il n'y eut à Rome qu'un seul temple à Vesta, celui du Forum romain. Ce temple était probablement dédié à Hercule Olivarius (patron des fabricants d'huile), comme l'atteste l'inscription sur le soubassement de la statue de culte, trouvée dans les environs. Ses colonnes cannelées, aux belles proportions, et ses chapiteaux corinthiens en font un édifice élégant, daté du règne d'Auguste. Dans la cella, une église s'installa au Moyen Âge ; elle fut dédiée à sainte Marie du Soleil au 16e s., car on y déposa une image de la Vierge trouvée dans le Tibre, enfermée dans un coffret d'où un rayon de lumière s'échappa quand on l'ouvrit.

Les pages consacrées à l'art à Rome
offrent une vision générale
des créations artistiques dans la Ville éternelle,
et permettent de replacer dans son contexte
un monument ou une œuvre au moment de sa découverte.
Ce chapitre peut en outre donner des idées d'itinéraires de visite.
Un conseil : parcourez-le avant de partir !

Le Capitole, la plus petite des collines de Rome, mais aussi la plus prestigieuse, donne son nom à cet itinéraire. Cette colline comprenait deux sommets : au Sud, le **Capitole**, au Nord, l'**Arx** ou Citadelle, séparés par un vallon aujourd'hui occupé par la merveilleuse place dessinée par Michel-Ange. Dans la Rome antique, cette éminence était extrêmement importante car, située face au forum qui en constituait l'accès, elle était dominée par deux temples : l'un consacré à Jupiter Optimus Maximus sur le Capitole, l'autre à Junon Moneta (c'est-à-dire qui avertit) sur la Citadelle. C'est à proximité du temple de Jupiter, sur le versant qui surplombe l'actuelle via della Consolazione, que l'on s'accorde à situer la légendaire **roche Tarpéienne** (voir Au pied du Capitole, en fin de chapitre).

Aujourd'hui, c'est du Capitole, siège de la municipalité, que Rome est gouvernée.

L'enlèvement des Sabines et Tarpeia

La légende se perd dans les lointaines origines de Rome. Après avoir tué son frère et fondé la ville, Romulus se préoccupa de la peupler. Ayant choisi de s'établir sur le Capitole, il décréta que la sécurité de tous les hors-la-loi qui viendraient s'y réfugier serait assurée. En peu de temps, il se retrouva entouré d'une importante colonie, composée cependant uniquement d'hommes. L'absence de femmes décida Romulus à enlever les jeunes Sabines, qui demeuraient à proximité. Il organisa à cet effet de grandes festivités au cours desquelles furent enlevées toutes les filles en âge de se marier. Titus Tatius, roi des Sabins, décida alors de récupérer les malheureuses et entreprit de marcher sur Rome. On raconte qu'à cette occasion la fille du gardien de la Citadelle romaine, **Tarpeia**, tomba éperdument amoureuse du roi des Sabins et qu'elle lui offrit l'accès à la Citadelle en échange de son amour. Tatius accepta sur-le-champ, mais fit écraser l'infortunée par les boucliers de ses soldats dès qu'il eut pénétré dans la place. Selon la légende, l'affrontement final entre Romains et Sabins ne fut évité que grâce à l'intervention des Sabines qui s'interposèrent entre leurs frères et leurs nouveaux époux. Cet épisode déboucha sur une nouvelle alliance scellée par le gouvernement conjoint de Romulus et de Titus Tatius.

Jupiter Capitolin – Dès le 6ᵉ s. avant J.-C., le roi étrusque Tarquin le Superbe éleva sur le Capitole un temple dédié à Jupiter très grand et très bon, un édifice considéré par les Romains comme la première demeure du dieu après le ciel. Lors des cérémonies de triomphe, les généraux se dirigeaient vers le temple, parés d'or et de pourpre, munis du sceptre d'ivoire surmonté d'un aigle symbolisant Jupiter.

Son plan était celui d'un temple étrusque. Trois sanctuaires le divisaient : celui dédié à Jupiter séparant ceux de Junon et de Minerve (Triade capitoline). Un trésor était placé sous la statue de Jupiter ; dans la salle dédiée à Junon, les Romains avaient déposé une oie d'argent rappelant les **oies du Capitole** : lorsque les Gaulois attaquèrent Rome (390-388 avant J.-C.), ce sont les oies consacrées à la déesse qui avertirent par leurs cris les Romains retranchés dans la Citadelle.

Ravagé par le feu, le temple de Jupiter Capitolin fut reconstruit par Auguste, puis une dernière fois par Domitien.

Scalinata d'Aracœli – En 1346, une épidémie de peste ravagea l'Italie. Rome, miraculeusement épargnée, construisit en ex-voto cet escalier : la *Scalinata d'Aracœli*. Le premier à le gravir fut **Cola di Rienzo**. Le pape siégeait alors à Avignon, et Rome, aux mains des familles nobles, vivait dans l'anarchie. Cola se donna pour mission de restaurer la grandeur romaine. Vêtu en empereur, juché au sommet de l'escalier, il enivra le peuple de ses discours. **Pétrarque** avait lui-même supplié le pape de redonner à la capitale sa splendeur d'autrefois. En 1354, il se mit en route pour apporter son soutien à C. di Rienzo. Mais avant d'arriver au Capitole, il apprit que le « tribun de Rome » avait trouvé la mort dans une émeute, massacré par un serviteur de la famille Colonna.

Du sommet de l'escalier, belle vue sur les dômes de St-Pierre dans le fond, de la synagogue vers la gauche, de S. Andrea della Valle et du Gesù.

★★S. MARIA D'ARACŒLI

La façade de l'église, large et plate, dressée au sommet de l'escalier constitue un des clichés célèbres de la Rome touristique. Sur le site de cet escalier et de cette église s'éleva, dès les origines de Rome, la citadelle (Arx) qui prolongeait vers le Nord la protection du Palatin déjà naturellement assurée par le Tibre. Sous la République, y fut édifié un temple à Junon Moneta (qui donna l'alerte). Selon la légende c'est que la Vierge et l'Enfant apparurent à l'empereur Auguste après qu'il eut interrogé la sibylle de Tibur pour savoir s'il y aurait un jour un homme plus grand que lui.

À la suite du général byzantin Narsès qui entra dans Rome en 552, de nombreux monastères grecs s'installèrent. L'un d'eux occupait l'oratoire qui devint en 1250, grâce aux moines franciscains, l'église de S. Maria d'Aracœli. Son nom lui aurait été donné par un autel (ara) élevé à une déesse du ciel ou peut-être par la citadelle (Arx, *voir ci-dessus*).

L'austérité de la façade de briques est à peine rompue par deux rosaces gothiques et une porte Renaissance. La partie supérieure, légèrement en encorbellement, était autrefois recouverte de mosaïques.

L'intérieur, bâti sur le plan basilical, abrite de belles œuvres d'art. Les chapelles latérales, les plafonds des bas-côtés ont été ajoutés aux 16e et 17e s.; de même, le chœur et les parties hautes de la nef furent mis au goût du jour.

Plafond et parterre – Le plafond à caissons en bois fut offert en ex-voto par Marcantonio Colonna qui combattit dans les troupes de la Sainte Ligue contre les Turcs à Lépante, en Grèce (victoire chrétienne du 7 octobre 1571). Le parterre est une des œuvres les mieux conservées des Cosmates, marbriers romains qui exercèrent leur art du 12e au 14e s. *(voir p. 56)*.

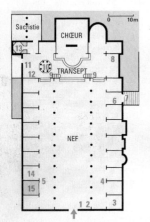

Tombeau du cardinal d'Albret (1) – C'est une des meilleures œuvres d'Andrea Bregno. La délicatesse des motifs, remarquables sur le sarcophage, et la présence d'éléments d'architecture (pilastres, arcades) caractérisent son art.

Pierre tombale de Giovanni Crivelli (2) – Elle est attribuée à Donatello dont on pouvait, dit-on, lire la signature autrefois : celle-ci est effacée car la pierre était posée à terre.

Chapelle de St-Bernardin-de-Sienne (3) – Les **fresques**★ qui la décorent sont du **Pinturicchio** (vers 1485) et illustrent la vie et la fin de Bernardin. La scène des funérailles (paroi gauche) présente des portraits bien campés au sein d'un paysage savamment traité.

La statue gigantesque de Grégoire XIII (4) fait pendant à celle de Paul III (5). Ce sont des œuvres de l'époque de la Contre-Réforme.

Dans le passage conduisant vers la sortie latérale droite, remarquer le tombeau d'un jeune homme (6), Cecchino Bracci, dessiné par Michel-Ange.

Sortir afin d'admirer le portail de l'extérieur.

Mosaïque de la Madone à l'Enfant (7) – Elle surmonte la porte à l'extérieur. Sortie des ateliers cosmatesques, cette mosaïque traduit aussi l'influence de Pietro Cavallini, le plus grand artiste romain du Moyen Âge; il s'illustra par un art équilibré, riche de l'apport byzantin et de l'expérience des modèles antiques.

L'escalier conduit à la place du Capitole, mais nous recommandons d'aborder celle-ci par la « cordonata », afin de mieux apprécier sa composition architecturale. Rentrer dans l'église.

Tombeaux de la famille Savelli – Celui de Luca Savelli (8) est un sarcophage antique de remploi. Les parties traitées en mosaïque et la petite *Vierge à l'Enfant* sont d'Arnolfo di Cambio (14e s.).

Les ambons (9) – Comme le pavement, ils sont dus aux Cosmates. Ils sont signés de Lorenzo di Cosma et de son fils Giacomo et appartiennent à la manière très ouvragée de l'art cosmatesque, caractéristique de la fin du 12e s. L'autre manière, généralement antérieure, n'utilise que le marbre blanc.

Chapelle de Ste-Hélène (10) – Elle occupe un élégant édicule à coupole, du 17e s. Au-dessous de l'urne en porphyre, petit autel du 12e s. à sculptures romanes et incrustations de mosaïques, commémorant l'apparition de la Vierge à l'empereur Auguste *(interrupteur pour l'éclairage)*.

Monument du cardinal Matteo d'Acquasparta (11) – Caractéristique tombeau gothique italien (composition en hauteur, anges tirant les rideaux devant le lit funèbre). La peinture de la *Madone à l'Enfant* se rattache à l'art de P. Cavallini. Le cardinal, général des franciscains mort en 1302, est évoqué par Dante dans *La Divine Comédie* comme celui qui transgressa la sévérité de la règle. Dans le croisillon gauche, énorme statue (12) de Léon X (16e s.).

Chapelle du S. Bambino (13) – Des légendes attribuent à cette statuette de l'Enfant Jésus des pouvoirs miraculeux de guérison. Malheureusement, cette œuvre qui reçoit de nombreuses lettres du monde entier a été volée le 1er février 1994.

3e chapelle gauche (14) – Au 15e s. elle fut décorée de fresques par Benozzo Gozzoli, collaborateur de Fra Angelico; il ne reste que le Saint Antoine de Padoue au-dessus de l'autel.

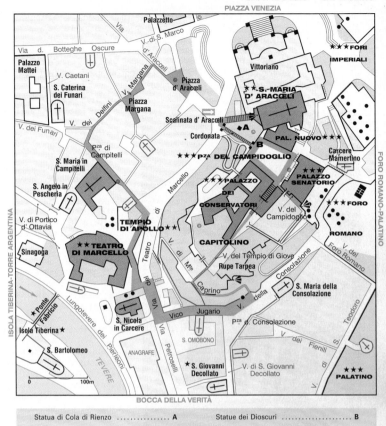

Statua di Cola di Rienzo .... **A**	Statue dei Dioscuri .... **B**

À l'approche de Noël, dans la **2ᵉ chapelle gauche** (**15**), des enfants sont réunis pour réciter ou improviser des «sermons» devant le Santo Bambino.

Redescendre l'escalier de S. Maria d'Aracœli et prendre à gauche la «cordonata».

La «cordonata» – Le dessin que Michel-Ange fit de cet escalier ne fut pas respecté fidèlement. Les deux lions qui en gardent l'entrée sont des œuvres égyptiennes (restaurées en 1955) trouvées au Champ de Mars; elles ont été placées ici en 1582 et transformées en fontaines en 1588 par Giacomo Della Porta. Il fut un temps où, les jours de fête, les lions projetaient l'un du vin rouge, l'autre du vin blanc.

Une **statue** a été érigée à Cola di Rienzo au 19ᵉ s. à l'endroit où il fut tué.

★★★PIAZZA DEL CAMPIDOGLIO

Le visiteur qui ne ferait que passer à Rome devrait s'arrêter un instant sur la **place du Capitole**, havre de calme où charme et majesté se trouvent en harmonie.

Il faut imaginer la colline dans l'Antiquité, couverte de monuments et de temples, tous tournés vers le Forum.

Au Moyen Âge, la place du Capitole n'était plus que le «monte Caprino» où les chèvres broutaient l'herbe qui recouvrait les ruines. Elle changea radicalement d'aspect au 16ᵉ s.

En 1536, à l'occasion de la venue de Charles Quint, Paul III entreprit de redonner un visage convenable à Rome qui avait été mise à sac 9 ans plus tôt par les troupes du même Charles Quint et chargea **Michel-Ange** de l'aménagement du Capitole. Le projet, réalisé en plus d'un siècle, fut partiellement altéré. Trois palais bordent la place (palais sénatorial, palais des Conservateurs, Nouveau Palais), conçue sur un plan trapézoïdal pour respecter la position du palais des Conservateurs déjà construit. Michel-Ange ouvrit la place vers la ville moderne, abandonnant l'orientation vers l'ancien Forum. La balustrade et ses statues un peu disproportionnées n'avaient pas été prévues par Michel-Ange.

Au centre du beau motif géométrique que dessine le sol, motif conçu par Michel-Ange mais réalisé récemment, se trouve le socle de la statue de Marc Aurèle. Cette statue, qui fut longtemps le cœur de la place, a été mise à l'abri dans le Musée capitolin, après avoir fait l'objet d'une importante restauration. Le devant de la place, qui ouvre sur l'escalier de la «cordonata», est habillé d'une balustre ornée de sculptures *(description ci-dessous)*.

Le samedi, la place est l'objet d'une animation très particulière : sortant du palais des Conservateurs, où se trouve la salle des mariages, des dizaines de couples de mariés se font photographier pour la postérité devant la statue du Tibre et de la louve romaine ou sur l'escalier de la «cordonata».

L'un des célèbres jumeaux

★**Statues des Dioscures** – Les deux cavaliers *(voir Tempio di Castore e Polluce, p. 172)* sont représentés debout, à côté de leurs chevaux. Ce sont des œuvres romaines de la fin de l'Empire, trouvées au 16ᵉ s. au Champ de Mars et très restaurées (la tête de l'un d'eux est moderne).

«Trophées de Marius» – C'est le nom donné à ces sculptures du 1ᵉʳ s. avant J.-C. qui commémorent les victoires de Domitien sur les peuples de Germanie. Jusqu'au 16ᵉ s., elles ornèrent une fontaine de l'actuelle piazza Vittorio Emanuele II.

L'habitude des Romains d'amonceler les armes des vaincus remonte aux origines de leur existence quand, sur le champ de bataille, ils entassaient contre un arbre cuirasses, casques et boucliers.

Colonnes milliaires – Elles se trouvent auprès des statues de Constantin et Constantin II. L'une marquait le premier mille sur la via Appia, l'autre le septième.

★★★**Palazzo Senatorio** – *On ne visite pas l'intérieur, occupé par les bureaux de l'hôtel de ville.*

En 1143, le peuple romain, entraîné par les discours d'Arnaud de Brescia qui stigmatisaient la corruption du clergé, déchut le pape de son pouvoir temporel et instaura la Commune romaine. Des sénateurs furent placés à la tête du gouvernement; le **palais du Sénat**, construit comme une forteresse sur les ruines du Tabularium *(voir p. 174)*, abrita les réunions des magistrats.

Michel-Ange conserva les murs de la vieille bâtisse mais lui donna une nouvelle façade. De 1582 à 1605, Giacomo Della Porta, puis Girolamo Rainaldi réalisèrent les dessins du maître.

De 1578 à 1582 Martino Longhi le Vieux avait érigé la tour municipale.

L'escalier à deux rampes est la seule partie de l'édifice qui ait été construite du vivant de Michel-Ange. Il n'avait pas prévu qu'en 1588 une fontaine y serait ajoutée, sur l'initiative de Sixte Quint. La déesse Rome, de porphyre et de marbre, semble perdue dans sa niche, juchée sur un piédestal trop haut pour elle. Elle est entourée de statues sculptées pour les thermes de Constantin au Quirinal figurant le Nil et le Tibre. Cette dernière *(à droite)* représenta d'abord le Tigre, mais on remplaça la tête du tigre par une tête de louve; elle devint alors le Tibre.

Dans le petit jardin, à gauche du palais, gisent quelques blocs de l'antique **Arx Capitolina** (citadelle).

★★★**Palazzo dei Conservatori et Palazzo Nuovo** – Le **palais des Conservateurs**, construit au 15ᵉ s. pour abriter les réunions des conservateurs, magistrats qui gouvernaient la ville avec les sénateurs, fut transformé en 1568 par Giacomo Della Porta, chargé de réaliser le projet de Michel-Ange.

Le **Nouveau Palais** ne fut construit qu'en 1654 par Girolamo et Carlo Rainaldi, identique au palais des Conservateurs, comme l'avait prévu Michel-Ange. À cette époque, la via delle Tre Pile fut ouverte et l'aménagement de la place du Capitole achevé.

Les deux palais, pourvus de portiques au rez-de-chaussée et de façades à un seul ordre de pilastres, forment un ensemble élégant. Ils abritent deux musées dont les collections, réunies en 1471 par Sixte IV, enrichies en 1566 par Pie V et ouvertes au public en 1734 sous Clément XII, sont à mettre au rang des plus importantes de Rome.

Le terme de monnaie (moneta en latin) a pour origine l'ancien temple de Junon Moneta (la mère des Muses) qui se dressait sur le Capitole et non loin duquel on frappait monnaie.

En raison de la fermeture pour restauration des musées du Capitole (musée du palais des Conservateurs et musée du Capitole), une partie des œuvres a été transférée à la centrale Montemartini, viale Ostiense, 160. Au moment de la rédaction de ce guide, on ignore encore si la collection reviendra aux musées du Capitole ou si les œuvres resteront exposées à la centrale Montemartini. Une visite de ce musée insolite s'impose ; une description figure au chapitre Piramide Cestia-Testaccio.

Cour du palais des Conservateurs

★★★ MUSEO DEL PALAZZO DEI CONSERVATORI ⊘ *une heure*

Dans la cour intérieure, on peut encore voir *(à droite)* des arcades gothiques du palais du 15ᵉ s. et quelques éléments colossaux qui ont appartenu à une statue de Constantin placée dans sa basilique du Forum.

La statue, assise, ne devait pas mesurer moins de 10 m de hauteur. C'était probablement une statue acrolithe – où seules les parties du corps dépassant du vêtement étaient en pierre, le reste étant en bois recouvert de bronze. Remarquer aussi les bas-reliefs ornés de figures représentant les provinces de Rome *(à gauche de la cour)* ; ils appartenaient au temple d'Hadrien de la piazza di Pietra *(voir index)*.

Du vestibule, se diriger vers le 1ᵉʳ étage.

Au premier palier, des **hauts-reliefs** : trois d'entre eux appartiennent à un arc de triomphe érigé en 176 pour célébrer les victoires de Marc Aurèle sur les Germains et les Sarmates. Ils illustrent la Victoire (1), la Clémence (2) et la Piété impériale (3). Sur le char du triomphe, la place à côté de Marc Aurèle est vide ; peut-être a-t-elle été occupée par son fils Commode, puis effacée après que le Sénat eut condamné la mémoire de ce terrible empereur. Le haut-relief figurant Marc Aurèle au cours d'une cérémonie de sacrifice est de style traditionnel : la sobriété de la scène est accentuée par les lignes précises du fond du tableau et la foule semble évoluer dans un espace clos. Cette œuvre est remarquable aussi pour la représentation qu'elle donne *(au fond à gauche)* du temple de Jupiter Capitolin dont il ne reste presque rien.

Statue de Charles d'Anjou (4) – Elle est attribuée à **Arnolfo di Cambio** qui vint à Rome à la fin du 13e s. Entré au service du roi de Sicile, il en sculpta cette effigie, à la fois sévère et majestueuse, et donna ainsi un exemplaire rare de sculpture gothique en ronde bosse en cette époque où l'art de la mosaïque et de la peinture prédominait.

Salle des Horaces et des Curiaces (1) – La statue d'Urbain VIII (5), en marbre, a été sculptée par le Bernin et ses élèves. Les Romains ont beaucoup reproché ses dépenses au souverain pontife ; ils s'indignèrent quand il voulut avoir, de son vivant, sa statue au Capitole. Celle d'Innocent X (6), en bronze, est une œuvre magistrale exécutée de 1645 à 1650 par l'Algarde, l'un des plus grands sculpteurs baroques.
Les fresques qui décorent les parois et qui donnent son nom à la salle sont dues au Cavalier d'Arpin : traitées comme des tapisseries, dans des teintes pâles, elles font partie des œuvres auxquelles le Caravage opposa son « luminisme ».

Salle des Capitaines (2) – Elle est ainsi nommée pour les statues (16e et 17e s.) des généraux de l'État pontifical qui y sont placées (Marcantonio Colonna, Alessandro Farnese, etc.).
Le beau **plafond★** à caissons historiés provient d'un palais du 16e s. démoli. Aux murs, des peintures du 16e s. finissant illustrent des épisodes légendaires de l'histoire de Rome au temps de la République : *Brutus condamnant ses fils à mort* (7) ; *La Bataille du lac Régille* (8) ; *Horatius Coclès défendant le pont Sublicius* (9) ; *Mucius Scaevola et Porsenna* (10).

Salle des Triomphes (3) – Beau plafond de bois du 16e s. La frise (15e s.) illustre le triomphe de Paul Émile sur Persée, roi de Macédoine, en 168 avant J.-C.

Au centre, le célèbre **Tireur d'épine★★★** (11) est une œuvre originale grecque ou une très bonne réplique du 1er s. avant J.-C. À l'époque hellénistique, l'enfant fut un des sujets favoris des artistes. Sa faiblesse, sa grâce spontanée plaisent après la période classique où l'on avait admiré surtout la solidité et la raison.

Le charme de la pose de cet enfant occupé à retirer une épine de son pied, la préciosité avec laquelle sont traités les cheveux et le visage en font une œuvre admirable.

Le vase de bronze (12) provient du butin de guerre pris à Mithridate, le roi du Pont, définitivement vaincu en 63 avant J.-C. par Pompée.

Le buste de **Junius Brutus★★** (13) est une œuvre composite : la tête, datée du 3e s. avant J.-C., fut placée sur un buste à la Renaissance. On pensa qu'il s'agissait du portrait du fondateur de la République antique dont la légende, auréolée de sévérité et de solidité, convenait à l'expression de ce visage. Probablement cette tête a-t-elle appartenu à une statue équestre.

Le *Camille* (14) : c'était le nom donné aux jeunes

J.-P. Langeland/DIAF

Le Tireur d'épine

serviteurs qui assistaient les prêtres dans une cérémonie religieuse. Œuvre d'art romaine de l'époque d'Auguste (1er s.).

Salle de la Louve (4) – Elle abrite la célèbre statue en bronze de la **Louve★★★** (15), l'emblème de Rome. À la Renaissance, Antonio Pollaiuolo y ajouta les jumeaux. On dit que dans l'Antiquité elle était placée sur le Capitole et que la foudre la frappa en 65 avant J.-C. Parfois même on montre les traces de la foudre sur une des pattes postérieures.
Cette œuvre, présumée du 6e ou 5e s. avant J.-C., pourrait être d'un artiste étrusque ou grec. L'anatomie, représentée avec précision, est traitée d'une manière remarquablement stylisée.
Aux murs sont exposés des fragments des Fastes consulaires et des Fastes triomphaux : placées sur l'arc d'Auguste au Forum, ces listes énuméraient les consuls qui s'étaient succédé jusqu'en 13 et les grands généraux depuis Romulus jusqu'en 12.

Salle des Oies (5) – Deux petites oies en bronze (16) donnent son nom à cette salle. Le beau chien de marbre vert moucheté (17) dérive d'un original grec du 4e s. avant J.-C. La tête de la Méduse (18) est une œuvre du Bernin.

MUSEO DEL PALAZZO DEI CONSERVATORI

PREMIER ÉTAGE

DEUXIÈME ÉTAGE

PINACOTECA

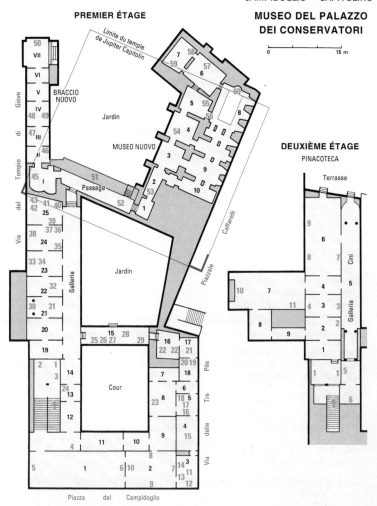

Le plafond est du 16ᵉ s., de même que la frise illustrée de vues de Rome avant 1550.

Salle 18 – La salle abrite la stèle funéraire de la **Jeune fille à la colombe★** (**19**) : il s'agit d'une œuvre grecque, peut-être d'un artiste d'Italie du Sud, exécutée au début du 5ᵉ s. avant J.-C. La stylisation est d'une grande finesse. La tête de lion (**20**) est également une œuvre originale grecque du début du 5ᵉ s. avant J.-C. qui a conservé des traces d'orientalisme.

Salle 17 – Au centre, le torse d'amazone (**21**) est une œuvre grecque de 510 avant J.-C.

Quoique témoin de l'époque «sévère», transition entre l'art archaïque et l'art classique, elle se caractérise par la disparition des formes figées au profit d'un certain naturalisme.

Salle des Magistrats (**16**) – Elle abrite notamment deux statues de magistrats (**22**) donnant le signal du commencement des courses (fin du 4ᵉ s.). La facture assez lourde est caractéristique de l'art du Bas-Empire.

Revenir sur ses pas et repasser par la salle 6 pour gagner la salle 8.

Salle des Tapisseries (**8**) – Beau plafond sculpté du 16ᵉ s. Les grandes tapisseries ont été exécutées dans un atelier romain au 18ᵉ s. L'une d'elles (**23**) reproduit *La Louve et les jumeaux,* le tableau de Rubens exposé à la Pinacothèque.

Après avoir traversé la salle des guerres puniques (**9**) et la chapelle ancienne (**10**), on atteint un couloir (**11**), autrefois occupé par la salle des archives. Quelques tableautins dus au Hollandais **Gaspar Van Wittel** (dit Vanvitelli) montrent des vues de Rome au 18ᵉ s. Le Tibre, près du château St-Ange, n'était pas encore endigué et Rome offrait une physionomie campagnarde. Initiateur du «védutisme» ou art de peindre des vues («vedute» en italien), ce peintre rompit avec la tradition des paysages aux ruines romantiques.

Les trois salles des Fastes modernes – La première (**12**) renferme la liste des magistrats romains depuis 1640. Dans la deuxième (**13**), on peut voir un buste de l'impératrice Faustine (**24** – 2ᵉ s.), l'épouse d'Antonin le Pieux ; tous deux ont leur temple au Forum.

★★**Galerie des Jardins d'Elius Lamia** (**15**) – Elle renferme les sculptures trouvées dans les jardins de ce consul du 3ᵉ s., situées sur l'Esquilin. La jeune fille assise (**25**) est une œuvre grecque très raffinée de l'époque hellénistique (fin du 2ᵉ s. avant J.-C.). La statue privée de tête d'une vieille paysanne (**26**) est une œuvre hellénistique remarquable de réalisme.

La tête de Centaure (**27**) est un original grec de l'école de Pergame ou en tout cas une bonne copie, probablement exécutée à Pergame même, qui fut un des centres de l'art hellénistique en Asie Mineure.

La Vénus de l'Esquilin (**28**) : on nomme ainsi cette statue de jeune fille attachant ses cheveux (un fragment de la main subsiste dans la chevelure). L'œuvre est attribuée à l'école de Passitélès (1ᵉʳ s. avant J.-C.), sculpteur grec venu d'Italie du Sud qui imita surtout des œuvres grecques de l'époque classique.

Le buste de Commode en Hercule (**29**) : le père de Commode, Marc Aurèle, l'avait associé à son gouvernement, mais il redoutait ses excès. Le buste de l'empereur, travesti en Hercule, est une œuvre de la fin du 2ᵉ s. À cette époque l'art romain a atteint une virtuosité technique qui lui permet de traiter le marbre comme une matière souple.

Salle égyptienne (**19**) – Les œuvres exposées, créées à Rome ou importées à l'époque romaine, appartenaient à des édifices construits dans la capitale et consacrés aux divinités alexandrines. Le groupe de pièces le plus important provient du sanctuaire d'Isis et de Sérapis qui se dressait autrefois sur le Champ de Mars.

Salle des Monuments chrétiens (**20**) – Elle renferme des vestiges épigraphiques, des sarcophages des 3ᵉ et 4ᵉ s., ainsi que divers fragments d'œuvres chrétiennes.

Salle de la Cheminée (**21**) – Elle renferme des restes de la cheminée (**30**) du palais des Conservateurs du 15ᵉ s., faite de fragments antiques. Cette salle abrite une belle **collection d'antéfixes**★ (**31**). Parfois richement peintes, elles ornaient le faîte des temples étrusques de Capoue aux 6ᵉ et 5ᵉ s. avant J.-C. et témoignent du goût étrusque pour le fantastique.

Première salle Castellani (**22**) – Elle contient des vases des 7ᵉ et 6ᵉ s. avant J.-C. : vases italiques influencés par l'art géométrique grec ; vases étrusques inspirés de ceux de Corinthe ; vases noirs en « bucchero », la grande spécialité étrusque. Un char (**32**), utilisé lors des processions pour transporter les effigies des divinités, a été reconstitué (4ᵉ s).

Deuxième salle Castellani (**23**) – Les bas-reliefs en péperin (**33**) faisaient partie d'un lit funèbre étrusque du 6ᵉ s. avant J.-C. Un beau vase est exposé dans la vitrine (**34**) : sur ses flancs sont représentés, d'une part Ulysse et ses compagnons aveuglant Polyphème qui tombe assis, de l'autre, deux barques sur le point d'entrer en combat. L'artiste (étrusque ou grec du 7ᵉ s. avant J.-C.) a signé « Aristonothos » (au-dessus de la tête de Polyphème).

Salle des Bronzes (**24**) – La tête (**35**) et la main (**36**) colossales appartenaient à une statue debout de l'empereur Constantin (4ᵉ s). Le petit dieu qui danse (**37**), tenant dans une main un rhyton et dans l'autre une coupe, est l'élégante statuette d'un dieu lare, protecteur du foyer domestique (1ᵉʳ s.).

On peut voir aussi la sphère (**38**) qui surmontait l'obélisque du Vatican avant que celui-ci ne soit transporté au centre de la place St-Pierre (1585). Elle porte les traces des coups de feu tirés par les soldats du connétable de Bourbon lors du sac de Rome en 1527.

Salle des Jardins de Mécène (**25**) – Là sont conservées les œuvres retrouvées dans les jardins que Mécène avait créés en 25 avant J.-C. sur l'Esquilin. Hercule combattant (**39**) est une œuvre romaine qui s'inspira d'une statue sculptée dans l'entourage de Lysippe.

Le *Marsyas* (**40**) est intéressant : il avait osé défier Apollon pour une compétition musicale et fut lié à un arbre en attendant d'être écorché. La sculpture est une bonne réplique romaine du 2ᵉ ou 1ᵉʳ s. avant J.-C. d'une œuvre hellénistique.

Le bas-relief d'une **ménade dansante**★ (**41**) est la copie romaine d'une œuvre grecque de Callimaque qui fut l'un des plus brillants représentants de l'art grec de la fin du 5ᵉ s. avant J.-C. La sérénité de la première période du classicisme est dépassée. Euripide a raconté dans une de ses tragédies l'extrême violence dont étaient capables ces ménades ou bacchantes ; en plein délire bacchique, elles dépecèrent le roi de Thèbes, Penthée, parce qu'il s'était opposé à l'introduction du culte de Dionysos en son royaume.

La statue d'un **aurige** s'apprêtant à monter sur son char (**42**) est une œuvre romaine imitant un bronze grec de la période classique (470-460 avant J.-C.).

La tête d'Amazone (43) est une réplique fort belle de la statue de Krêsilas du 5ᵉ s. avant J.-C. ; il avait concouru pour l'Amazone d'Éphèse aux côtés de Phidias et de Polyclète.
Au 1ᵉʳ s. à Rome, beaucoup d'artistes empruntaient le style néo-attique en vogue à Athènes où l'on admirait le classicisme du 5ᵉ s. avant J.-C.

Braccio nuovo

Salle I – Elle abrite le bas-relief représentant Curtius (45) se précipitant dans le lac au Forum.

Salles II et III – Un plan du temple de Jupiter Capitolin (46) est exposé et au parterre la limite du côté Sud du sanctuaire est indiquée ; un regard permet de voir quelques vestiges de son soubassement.
Dans la série de portraits, celui d'un personnage tenant les bustes de ses ancêtres (47), du 1ᵉʳ s., dénote la grande maîtrise des artistes romains en matière de portraits.

Salle IV – La statue d'Apollon (48) est un original grec de la 1ʳᵉ moitié du 5ᵉ s. avant J.-C. Peut-être l'auteur est-il Pythagoras de Samos, artiste grec venu s'installer vers 470 avant J.-C. à Rhegion (Reggio di Calabria). Probablement rapportée à Rome comme butin de guerre, elle fut placée, après quelques transformations, dans le temple d'Apollon Sosien.
La statue d'Aristogiton (49) est la meilleure réplique existant d'une des statues de bronze du groupe des Tyrannoctones sculpté en 477 ou 476 avant J.-C.

Salle VII – La **frise★** (50) représentant une procession de triomphe décorait l'intérieur de la cella du temple d'Apollon Sosien.

Museo nuovo

Il fut aménagé en 1925 dans le palais Caffarelli.
Dans le passage, partie d'un mur (51) du temple de Jupiter (6ᵉ s. avant J.-C.). L'urne (52) qui contint les cendres d'Agrippine l'Aînée fut utilisée au Moyen Âge comme mesure à grains.

Salle 2 – Une vitrine (53) renferme, parmi d'autres têtes, celle d'un enfant, sculpture grecque de style « sévère » (début 5ᵉ s. avant J.-C.), et celle d'une déesse, œuvre d'un artiste de Grande Grèce (Italie du Sud) de la fin du 5ᵉ s. avant J.-C.

Salle 4 – *Polymnie★* (54), la muse de la poésie lyrique, est une bonne réplique romaine d'une œuvre hellénistique du 2ᵉ s. avant J.-C.

Salle 5 – La statue sans tête de Vénus (55) est la copie de la statue de Praxitèle *La Vénus d'Arles* au musée du Louvre à Paris. Le bas-relief représentant Esculape (56), le dieu de la médecine, est une œuvre grecque du 4ᵉ s. avant J.-C.

Salles 6 et 7 – Dans la salle 6 on peut voir la stèle d'un cordonnier de Rome (57) reconnaissable aux chaussures qui surmontent le buste du défunt, exemple de bas-relief populaire. Dans la salle 7, beau portrait de Domitien (58) et belles sculptures décoratives : morceaux de frise, vasque ornée de feuilles d'acanthe (59).

Salle 8 – La statue colossale d'Athéna (60) serait la copie d'une œuvre grecque de Krêsilas de 430 environ avant J.-C. Au centre de la salle : vestige du temple de Jupiter Capitolin.

★Pinacothèque *(2ᵉ étage)*

Sur le palier d'entrée sont exposés deux beaux tableaux (1) de marbres incrustés représentant des tigresses assaillant des veaux. Ce sont des œuvres romaines du 4ᵉ s. Cette technique dite « opus sectile » *(voir p. 55)* se développa surtout en Égypte et les tableaux étaient souvent exécutés dans des ateliers égyptiens, puis transportés à Rome. Ceux-ci proviennent de la basilique de Junius Bassus qui subsista sur l'Esquilin jusqu'au 17ᵉ s.

Salle 2 – *Le Baptême de Jésus* (2), œuvre de jeunesse de Titien, et plusieurs œuvres de Domenio Tintoret, le fils du Tintoret.

Salle 3 – *Romulus et Rémus allaités par la louve* (3) vus par le maître du baroque flamand, Rubens. Ce tableau, exécuté en 1618, peut-être en souvenir du séjour que le peintre fit à Rome dix ans plus tôt, resta chez le maître jusqu'à sa mort.
L'Allégorie de la Vanité (4) est une œuvre de Simon Vouet, assez académique (début du 17ᵉ s.).

Galerie Cini (5) – On y découvre des porcelaines de Saxe et de Capodimonte.
La Sainte Famille de Pompeo Batoni (5) est à voir pour la délicatesse des couleurs et l'élégance des lignes (18ᵉ s.) ; le *Saint Jean Baptiste* (6) est une œuvre de jeunesse du Caravage.

Salle 6 – Elle abrite *L'Enlèvement des Sabines* (**7**) et *Le Sacrifice de Polixène* (**8**), deux grandes compositions du décorateur baroque Pierre de Cortone, ainsi qu'une Marie-Madeleine (**9**) de petit format due à Guido Reni.

Salle 7 – Elle est dominée par le tableau immense du Guerchin (**10**), à la gloire de sainte Pétronille (1621), admirable notamment pour l'harmonie des bleus et des bruns. Le tracé tourmenté des lignes ascendantes annonce l'art baroque.
Cette salle abrite d'autres œuvres du groupe des Bolonais (le Dominiquin, G. Reni, A. Carrache) et *La Diseuse de bonne aventure* (**11** – 1589) attribuée au Caravage.

★★MUSEO CAPITOLINO ⊙ (MUSÉE DU CAPITOLE)

Installé dans le Nouveau Palais.

Dans la cour, une fontaine est dominée par la statue antique d'une divinité baptisée « Marforio ». Paisiblement étendu, le colosse semble s'ennuyer un peu à contempler l'eau de cette vasque. Au Moyen Âge, il faisait partie du groupe des « statues parlantes » et à ce titre recueillait les inscriptions satiriques dirigées contre les puissants de la ville. Très longtemps, Marforio demeura à côté de l'église de St-Luc-et-Ste-Martine et son transport, en 1595, coûta fort cher ; aussi le gouvernement décida-t-il d'augmenter le prix du vin. Alors Marforio « écrivit » à Pasquin (une autre statue parlante) pour déplorer que les Romains dussent se passer de vin afin qu'il ornât une fontaine.

★★**Statue équestre de Marc Aurèle** – À droite dans la cour. En 1538, Michel-Ange l'avait fait transporter de la place de Latran à celle du Capitole où elle occupait le centre. Plein d'admiration pour cette statue de bronze autrefois doré, bel exemple du réalisme romain de la fin du 2ᵉ s., il la restaura lui-même. Cette statue était restée exceptionnellement intacte, car les chrétiens du Moyen Âge l'avaient prise pour la représentation de Constantin, le premier empereur chrétien ; ils n'auraient certainement pas permis la persistance de l'effigie de l'empereur qui toléra la persécution de sainte Blandine, de saint Pothin et de saint Justin.

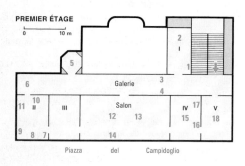

PREMIER ÉTAGE
0   10 m

Galerie

Salon

Piazza   del   Campidoglio

Salles du rez-de-chaussée – Les salles à gauche de l'entrée sont plus particulièrement consacrées aux cultes orientaux de Mithra et de Cybèle. On y voit plusieurs représentations du dieu Mithra tuant le taureau, tandis que les forces du mal (chien, scorpion et serpent) essaient d'empêcher le sacrifice. Un autel porte la dédicace de la vestale Claudia qui utilisa sa ceinture pour amarrer le bateau qui apportait la « pierre noire » *(voir p. 182)* de Pessinonte. Ses mœurs avaient été jugées dissolues et les augures avaient déclaré que seule une jeune fille chaste aurait le pouvoir de déplacer le bateau échoué.

Dans les salles à droite de l'entrée : un sarcophage romain illustre un combat entre Grecs et Galates (2ᵉ s.). Les **Galates** étaient les Gaulois qui occupaient une région d'Asie Mineure, la Galatie. La décoration dérive de modèles empruntés aux artistes de la période hellénistique de l'école de Pergame. La salle voisine renferme un beau sarcophage orné de bas-reliefs illustrant la vie d'Achille et surmonté des époux défunts (3ᵉ s.).

Atrium – La statue colossale de Mars reproduit celle qui était placée dans le temple de Mars Ultor au forum d'Auguste.

Prendre l'escalier qui conduit au premier étage.

Salle des Colombes (**I**) – Elle doit son nom à la **mosaïque★★** (**1**) d'une extrême finesse qui décorait le parterre d'une pièce de la villa d'Hadrien à Tivoli. Probablement s'agit-il de la copie d'une mosaïque grecque de Pergame du 2ᵉ s. avant J.-C.
La statue d'une fillette tenant une colombe dans ses bras, et occupée à se défendre d'un serpent (**2**), est la copie romaine d'une sculpture hellénistique du 2ᵉ s. avant J.-C. Lors de la restauration, le serpent fut substitué à l'animal d'origine (un chien ou un chat).

Galerie – La vieille femme ivre (**3**) est peut-être la réplique d'une œuvre hellénistique du 3ᵉ s. avant J.-C. Remarquer le réalisme de la représentation.
Dame romaine en Vénus (**4**) : dès l'époque d'Auguste, le goût du déguisement devint courant. Le visage de la statue est le portrait d'une dame de l'époque des Flaviens (2ᵉ moitié du 1ᵉʳ s.), son corps est la copie d'un modèle grec du 4ᵉ s. avant J.-C.

★★**Vénus du Capitole** (5) – L'original grec qui inspira le sculpteur romain de cette Vénus était une œuvre hellénistique dérivant du type de la Vénus de Cnide sculptée par Praxitèle, le maître des divinités féminines à l'époque classique. La Vénus du Capitole, représentée au sortir de son bain, se distingue de l'œuvre classique par un double geste de pudeur.

Un puits (2ᵉ s.) sur lequel est posé un grand cratère (6) est orné du cortège des douze dieux conseillers qui avaient un portique au Forum.

★★**Salle des Empereurs** (II) – Il est rare d'avoir l'occasion de voir rassemblés autant de portraits de personnages célèbres. Tous les empereurs sont représentés et parmi eux on relève deux portraits d'Octave Auguste : l'un (7) le figurant à l'époque de la bataille d'Actium *(sur la rangée supérieure)* et l'autre (8 – *face à la fenêtre*) couronné de myrte ; tous deux traduisent à merveille cette froide volonté et ce désir d'affirmer un destin impérial.

Le buste de Commode le représentant encore jeune (9) révèle la grande maîtrise du sculpteur à traiter le marbre et une recherche subtile dans les effets d'ombre et de lumière.

Plotine (10 – *sur la rangée supérieure*), l'épouse de Trajan, est représentée avec des traits sobres et tristes ; c'est elle qui, à la mort de Trajan, annonça aux sénateurs que son époux avait désigné in extremis Hadrien comme son successeur.

Le portrait d'une dame à la haute coiffure bouclée (11), datant de la fin du 1ᵉʳ s. *(placé sur une colonne)*, est une des plus belles œuvres de la collection.

Salle des Philosophes (III) – Elle renferme près de 80 bustes.

Salon – On y remarque deux statues de Centaures, l'un riant parce qu'il est jeune (12), l'autre pleurant parce qu'il est vieux (13). Ce sont des œuvres romaines de l'époque d'Hadrien (117-138) en marbre sombre, reproductions d'œuvres hellénistiques en bronze. L'*Amazone blessée★* (14) est une belle copie romaine de la statue de Krêsilas mise en concurrence avec celles de Phidias et de Polyclète pour l'Amazone d'Éphèse.

Salle du Faune (IV) – Elle abrite un « Satyre » (15) de l'époque des deux Centaures.

Parmi les inscriptions romaines, remarquer la « Lex de imperio Vespasiani » (16) gravée sur bronze. Par cette loi, le Sénat conféra les pleins pouvoirs à Vespasien, le 22 décembre 69. Cola di Rienzo *(voir index)* commenta ce texte devant la foule assemblée.

La statue d'un enfant serrant le cou d'une oie (17). Le sculpteur romain (2ᵉ s.) s'est inspiré de l'œuvre en bronze du Grec Boethos.

Salle du Gladiateur (V) – On l'appela ainsi car on crut longtemps que la magnifique sculpture (18) placée au centre de la salle était celle d'un gladiateur. Il s'agit en réalité d'un Galate *(voir page précédente)* qu'un sculpteur romain imita d'une œuvre en bronze de l'école de Pergame (fin du 3ᵉ s.-début du 2ᵉ s. avant J.-C.). Sans doute faisait-elle partie d'un groupe commémorant la victoire du roi de Pergame Attale Iᵉʳ sur les envahisseurs Galates. Toute la souffrance et la noblesse de ce corps à l'agonie sont admirablement rendues et le **Galate mourant★★★** est à mettre au rang des plus belles pièces de l'art antique.

Sur la place du Capitole, prendre la via del Campidoglio à droite du palais sénatorial. De là s'offre la **vue★★** la plus intéressante sur le Forum romain, plus particulièrement sur le Tabularium, le portique des Dieux conseillers, les temples de Vespasien et de la Concorde.

De retour sur la place du Capitole, prendre à gauche du palais des Conservateurs l'escalier et prendre la via del Tempio di Giove.

En contrebas de la via del Tempio di Giove subsistent quelques blocs ayant formé un angle du temple de Jupiter. On parvient ensuite à d'agréables jardins dominant l'endroit identifié comme la roche Tarpéienne, d'où s'offre une **vue** sur le Forum romain, le Palatin, le mont Caelius et l'Aventin.

AU PIED DU CAPITOLE

Prendre la via di Monte Caprino et descendre, à gauche, vers la piazza della Consolazione.

Rupe Tarpea – La via della Consolazione qui fait suite au vico Jugario est dominée à gauche par le versant Sud du Capitole où l'on situe, après bien des hésitations, la **roche Tarpéienne**. Dans l'Antiquité, c'était une paroi rocheuse d'où l'on précipitait dans le vide les traîtres à la patrie.

Ce site doit son nom à Tarpeia, fille du gardien de la citadelle du Capitole qui, au temps de Romulus, avait ouvert les portes de la cité à l'ennemi sabin.

Le vicus Jugarius (l'actuel vico Jugario), bordé dans l'Antiquité par les échoppes des fabricants de jougs, longeait le pied du Capitole et reliait le forum Olitorium au Forum romain. À l'entrée de la rue, sur la gauche, on peut voir des vestiges de portiques qui occupèrent le pied du Capitole à l'époque de la République.

Traverser la via del Teatro di Marcello.

> **« Il n'y a qu'un pas du Capitole à la roche Tarpéienne »**
>
> Le proverbe, signifiant qu'il y a peu, du triomphe à la chute ignominieuse, fut employé à la suite de Mirabeau qui, à la fois comte et député du tiers état, fut accusé de trahison. Celui-ci avait alors répliqué : « Et moi aussi on voulait il y a peu de jours me porter en triomphe ; et l'on crie maintenant dans les rues : la grande trahison du comte de Mirabeau !… Je n'avais pas besoin de cette leçon pour savoir qu'il n'y a qu'un pas du Capitole à la roche Tarpéienne… »

S. Nicola in Carcere et temples du forum Olitorium – « À chaque pas dans Rome les siècles se chevauchent, leurs vestiges imbriqués les uns dans les autres, les débris de monuments antérieurs remployés d'âge en âge. » (J. Maury et R. Percheron.)

La petite église de **S. Nicola in Carcere** ⊘ s'éleva parmi les ruines antiques au 11e s. et fut plusieurs fois restaurée, jusqu'au 19e s. La tour fut construite au 12e s. lorsque le quartier appartenait à la famille Pierleoni. Les mots « in carcere » évoquent une prison qui occupait, aux 7e et 8e s., l'emplacement du temple dorique. La façade de l'église, due à Giacomo Della Porta, date de 1599. Elle fut établie sur les restes d'un ensemble de monuments païens composé de trois temples disposés côte à côte : les temples du forum Olitarium *(voir également p. 105)*. S. Nicola occupe l'emplacement de la cella et du pronaos du temple central ; dans ses murs latéraux sont emprisonnées les colonnes des podiums des temples latéraux. Le temple de droite était ionique ; les deux colonnes isolées sur la droite de l'église appartenaient à son côté droit. Du temple de gauche, dorique, il reste 6 colonnes incorporées dans le mur gauche de l'église. Les trois temples, attribués à Junon, à Janus et à l'Espérance, ont été reconstruits au 1er s. avant J.-C.

Fouilles – La crypte recèle les fondations des temples antiques ; du toit de l'église, on aperçoit des fragments de frise.

★★**Teatro di Marcello** – « Cette ruine est si jolie, entre si bien dans l'œil, comme disent les artistes, que la plupart des architectes, lorsqu'ils ont à placer l'ordre ionique sur l'ordre dorique, suivent les proportions du théâtre de Marcellus », disait Stendhal. César fit entreprendre la construction du théâtre. Auguste acheva l'édifice entre l'an 13 et l'an 11 avant J.-C. et le dédia à Marcellus, le fils de sa sœur Octavie.

Les deux étages d'arcatures qui restent furent probablement surmontés d'un troisième à pilastres corinthiens. Ils constituèrent la partie circulaire de l'édifice qui entourait les gradins ; la scène, aujourd'hui disparue, se trouvant du côté du Tibre.

Vue du théâtre de Marcellus et du temple d'Apollon Sosien

Il fut le plus grand théâtre de Rome après celui de Pompée au Champ de Mars : 15 000 spectateurs environ pouvaient y prendre place. Son architecture à ordres superposés, austère et solennelle, prépara celle du Colisée où la même pierre fut employée, du travertin provenant d'une carrière de Tivoli. Le jour de l'inauguration, Auguste fut la victime d'un incident que rapporte Suétone : « Les joints de sa chaise curule s'étant relâchés, il tomba à la renverse », raconte-t-il.

Endommagé par l'incendie de 64, puis au cours des luttes entre Vespasien et Vitellius, le théâtre fut abandonné au début du 4ᵉ s. Il ne tarda pas à être dépouillé de ses matériaux dont certains servirent à réparer le pont Cestius au 4ᵉ s. Des maisons s'adossèrent à ses parois et, en 1150, il fut transformé en forteresse, ce qui lui valut d'ailleurs d'être sauvé.

Au 16ᵉ s., la noble famille des Savelli en fit son palais. Ce sont les restes de cette demeure bâtie par Baldassare Peruzzi que l'on voit aujourd'hui au-dessus des arcades antiques. Le palais est ensuite devenu la propriété des Orsini. Le théâtre antique fut dégagé des constructions qui l'entouraient et fouillé de 1926 à 1929.

★★**Tempio di Apollo** – Sur cet emplacement, au 5ᵉ s. avant J.-C., s'éleva le premier temple dédié au dieu grec Apollon, que les Romains vénérèrent d'abord pour son pouvoir d'éloigner les maladies (Apollo medicus). En 34 avant J.-C., Caius Sosius, gouverneur de Cilicie et de Syrie, fit rebâtir en marbre le sanctuaire qui prit le nom de temple d'**Apollon Sosien** en son honneur. Les trois élégantes **colonnes**★★ cannelées à chapiteaux corinthiens, redressées en 1940, appartenaient au pronaos de cet édifice.

Gagner la piazza di Campitelli.

S. Maria in Campitelli – En 1656, durant la peste qui sévit à Rome, les Romains ne cessèrent de prier devant une image de la Vierge dans l'église de S. Maria in Portico (aujourd'hui disparue, elle s'élevait sur l'emplacement des actuels bâtiments de l'État civil – *Anagrafe* – au bord du Tibre). Lorsque l'épidémie cessa, il fut décidé d'ériger un nouveau sanctuaire pour abriter l'image vénérée. En septembre 1662, la première pierre de S. Maria in Campitelli fut posée. La construction fut confiée à Carlo Rainaldi (1611-1691) qui conçut et réalisa lui-même son œuvre.

À l'extérieur comme à l'intérieur, les colonnes triomphent. À la façade, elles se détachent nettement, créant une belle harmonie. La diversité et le mouvement naissent des multiples décrochements, des frontons brisés et incurvés, des corniches saillantes.

À l'**intérieur**★, ce sont les colonnes disposées en avancée qui délimitent l'espace. L'originalité du plan en croix grecque, prolongé et resserré vers l'abside, l'élévation grandiose de la voûte et de la coupole, l'alternance des saillies et des retraits créent d'audacieuses perspectives.

L'Église renferme quelques belles peintures du 17ᵉ s., parmi lesquelles, dans la deuxième chapelle droite, un tableau représentant sainte Anne, saint Joachim et la Vierge, œuvre de Luca Giordano (1632-1705), uns des représentants du baroque. Le cadre est soutenu par deux beaux anges agenouillés. À gauche du chœur, un autre tableau baroque est l'œuvre de Giovanni Battista Gaulli, dit le Baciccia (1639-1709), qui peignit la voûte de l'église du Gesù. Au-dessous de ce tableau, le tombeau du cardinal Massimi est une œuvre de 1975, dessinée par Verroi et sculptée par Qualieri. Au-dessus du maître-autel est conservée dans une gloire baroque l'image en émail de la Vierge (11ᵉ s.) provenant de S. Maria in Portico.

Prendre la via dei Delfini jusque la piazza Margana.

Le calme de cette placette typiquement romaine ne suggère pas la proximité du trafic intense de la capitale. Au n° 40 de la via Margana se trouve la **tour Margana**. Rattachée à un bâtiment, elle fut élevée sur les vestiges d'un portique antique dont il subsiste une colonne à chapiteau ionique.

Gagner la piazza d'Aracœli.

Fontaine de la Piazza d'Aracœli – C'est une œuvre discrète de Giacomo Della Porta (1589), le grand architecte des fontaines de Rome. Du moins en fit-il le dessin. Au 17ᵉ s., le blason de la famille Chigi (les « monts ») fut ajouté et, un siècle plus tard, le socle à deux escaliers prévu par Della Porta fut remplacé par l'actuel bassin circulaire.

Pour trouver la description d'un quartier, le plan d'un monument, consultez le sommaire au début du volume.

CAMPO DEI FIORI★★

Visite : 2 h 1/2

L'itinéraire proposé sillonne les ruelles du quartier délimité par le Tibre, le corso Vittorio Emanuele II et le pied du Capitole. Au Sud du Champ de Mars, il fut essentiellement marqué dans l'Antiquité par l'implantation d'un ensemble monumental de première importance créé par Pompée en 55 avant J.-C. : un théâtre immense, le premier à être construit en pierre à Rome, un temple à Vénus et une **curie** qui abritait parfois les séances du Sénat. Dans la curie, l'histoire romaine prit une orientation décisive : le jour des ides de mars 44, Jules César y fut assassiné au pied de la statue de Pompée. Presque rien n'a subsisté de cette construction.

Non loin de là, des archéologues mirent au jour en 1926 les vestiges d'une enceinte religieuse du temps de la République antique (Area Sacra del largo Argentina).

Le quartier reçut sa première fondation chrétienne (S. Lorenzo in Damaso) en 380 sous le règne du pape Damase.

Au Moyen Âge, églises et forteresses se multiplièrent. Souvent modestes, les églises abritaient les dévotions des artisans qui, groupés en corporations, donnaient un certain caractère à tout le quartier : les corroyeurs *(vaccinari)* étaient nombreux, mais il y avait aussi des chaudronniers *(calderari)*, des cordiers *(funari)* qui ont laissé leurs noms à maintes rues aux abords du monte Cenci.

Après la mise à sac de Rome par les troupes de Charles Quint en 1527, l'architecture civile refleurit. Le cardinal Riario investit l'argent gagné au jeu dans le palais de la Chancellerie, apaisant ainsi les scrupules de son oncle, le pape Sixte IV.

Le cardinal Farnèse, devenu le pape Paul III, bâtit un palais à la mesure de sa famille qu'il conduisit au faîte de la gloire *(voir p. 127)*.

Les ruelles serrées autour du Campo dei Fiori pourraient à elles seules faire comprendre Rome à un nouvel arrivant : sans heurt, les maisons les plus modestes côtoient les palais pleins de noblesse et d'austérité le long des sombres *vicoli*, si étroits qu'un simple arc suffit parfois à en réunir les deux côtés.

J.-P. Lageland/DIAF

Le marché du Campo dei Fiori

Le marché du Campo dei Fiori

Animé par la gouaille de ses vendeurs, le pittoresque marché qui se tient au Campo dei Fiori figure parmi les plus beaux et les mieux achalandés de la ville. Dominés par la sévère statue représentant l'astronome et philosophe Giordano Bruno, les comptoirs et les étals proposent une grande diversité de fromages, de charcuteries, de volailles, de fruits et de légumes, mais aussi des articles ménagers et des babioles au milieu desquelles on a parfois l'aubaine de dénicher des objets insolites, comme par exemple des ex-voto siciliens en argent. Plusieurs personnages typiques animent cette atmosphère populaire, tel l'affûteur de couteaux qui, chaque matin et depuis des années, « pédale » pour actionner sa meule d'affûtage. Puis, la fin du marché fait ressortir les taches colorées que jettent les trois marchands de fleurs qui restent sur place jusqu'à la fin de l'après-midi.

★PIAZZA CAMPO DEI FIORI

L'origine de son nom remonte probablement au Moyen Âge, à l'époque où s'éten-dait à cet endroit une vaste prairie, dominée par les forteresses de la puissante famille des Orsini, seigneurs du quartier. Au 16ᵉ s., la place devint le centre de Rome, lieu de rendez-vous des Romains de tout rang. « Ici le vil faquin discourt des faits du monde », s'offusquait Du Bellay. Les auberges y pullulaient. L'« **Hostaria della Vacca** » appartenait à **Vannozza Caetani** (1442-1518), célèbre pour sa liaison avec Rodrigo Borgia, le futur Alexandre VI. Elle lui donna plusieurs enfants, dont César et Lucrèce. Sur la façade de son établissement, on peut encore voir un blason où se mêlent les armes des Borgia aux côtés de celles de Vannozza et de celles de l'un de ses maris.

Théâtre d'innombrables fêtes, le Campo fut aussi un lieu d'exécutions. Une statue commémore celle de Giordano Bruno, moine hérétique brûlé le 17 février 1600 à l'époque de la Contre-Réforme. Elle s'éleva sur l'emplacement de la fontaine de la « Terrina » qui orne à présent la piazza della Chiesa Nuova.

Aujourd'hui, le Campo dei Fiori s'anime chaque matin d'un marché très pittoresque.

★★PALAZZO DELLA CANCELLERIA ⊙

Le palais de la Chancellerie fut érigé de 1483 à 1513 pour le **cardinal Raffaele Riario** « comblé d'honneurs et de richesses par Sixte IV », dont il était l'arrière-neveu. L'architecte en fut peut-être Andrea Bregno, surnommé Antonio da Montecavallo, ou peut-être son frère, aidé par Bramante. L'inscription surmontant le balcon rappelle que l'édifice fut le siège de la « Corte Imperiale », le palais de justice au temps de l'occupation napoléonienne (1809-1814). Consolidé et restauré de 1937 à 1945, il abrite aujourd'hui la Chancellerie, chargée de rédiger les actes pontificaux. À ce titre, il bénéficie du privilège d'extra-territorialité reconnu au territoire du Vatican par les accords du Latran (voir p. 275).

Un Cupidon vieux de quinze siècles – Dès 1496, le cardinal Riario s'installe dans le palais. Son goût notoire pour les antiquités donna à Michel-Ange l'idée de sculpter un magnifique Cupidon, de le patiner soigneusement et de le faire vendre au cardinal pour 200 ducats comme une œuvre antique. Le collectionneur, ayant eu vent de la supercherie, décida que lui-même récupérerait son argent et l'artiste sa statue. Mais Michel-Ange ne revit jamais son Cupidon. Passée en France, l'œuvre se perdit on ne sait où.

Façade et cour intérieure – Elles font de ce palais l'édifice le plus élégant de la Rome de la Renaissance. La façade de travertin, composée de larges surfaces nues, de pilastres très plats et de lignes droites, est d'une ampleur majestueuse. Les décorations des fenêtres du deuxième étage, où figure la rose des Riario, lui apportent finesse et légèreté. En 1589, le cardinal Alessandro Peretti, arrière-neveu du pape Sixte Quint, fit ajouter le portail central. La cour inté-rieure est très harmonieuse. Les colonnes de granit qui portent les deux étages d'arcades proviennent de l'église primitive de S. Lorenzo in Damaso. Dans la via del Pellegrino, le palais, orné aux coins de beaux balcons, a conservé au rez-de-chaussée les arcades des boutiques louées au profit du chapitre de S. Lorenzo in Damaso. Aux angles antérieurs du bâtiment, blasons de Sixte IV et de Jules II (le chêne des della Rovere) dont les règnes marquèrent le début et l'achèvement des travaux.

Intérieur – À l'étage noble du palais se trouvent l'*Aula Magna* (grande salle de réunion) et la salle dite des « Cent Jours » (Cento Giorni). Dans cette dernière salle, on peut admirer la fresque de Giorgio Vasari illustrant la rencontre de Paul III, Charles Quint et François Iᵉʳ à Nice en 1538. La salle est ainsi nommée car la fresque fut achevée en cent jours.

S. Lorenzo in Damaso – *Dans le palais de la Chancellerie.* Cette église fut fondée au 4ᵉ s. par le pape Damase, puis reconstruite avec le palais. Trans-formée en écurie lors de la première occupation française en 1798, plusieurs fois restaurée au 19ᵉ s., elle devint une annexe de la Cour impériale durant la deuxième occupation française (1809 à 1814). Incendiée en 1939, son plafond fut entièrement refait.

Beau plan en forme de vaste salle divisée en trois nefs et précédée d'un vestibule. Dans la 1ʳᵉ chapelle à droite, Christ en bois du 14ᵉ s. Dans la chapelle au sommet de la nef gauche, tableau de la Vierge daté du 12ᵉ s. et inspiré des icônes byzantines.

Tourner à droite dans le corso Vittorio Emanuele II.

La via Giulia était le théâtre de fêtes conçues spécialement par les Florentins. Ceux-ci organisaient des courses de buffles et faisaient défiler des chars de carnaval. En 1663, on y vit même un tournoi de bossus dénudés.

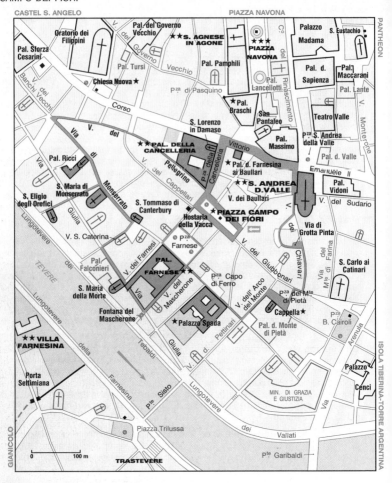

★PALAZZO DELLA FARNESINA AI BAULLARI

Ce petit palais Renaissance fut commencé en 1523 pour le Français Thomas le Roy, diplomate auprès du St-Siège. Anobli par François Ier, il fit figurer le lys de France aux côtés de l'hermine de Bretagne, son pays d'origine. Confondant le lys avec l'iris de l'emblème des Farnèse, on appela le palais la « Piccola Farnesina » . Comme il donne sur la **via dei Baullari**, la rue des fabricants de malles *(bauli)*, il prit le nom de Farnesina ai Baullari. La façade sur le corso Vittorio Emanuele II fut élevée de 1898 à 1904.

À l'intérieur, radicalement restauré au 19e s., un musée abrite les collections de sculptures antiques léguées par le baron Giovanni Barracco.

Museo Barracco ⊙ – *Les numéros correspondent à ceux que l'on trouve sur place.* Ce musée offre un panorama sur la sculpture égyptienne, assyrienne, grecque et romaine des origines à la fin de l'Antiquité.

Admirer l'élégance de la petite cour intérieure, puis monter au 1er étage où l'on est accueilli par une voûte décorée de fresques du 17e s. La **salle I** renferme des sculptures égyptiennes depuis le 3e millénaire, dont la tête en granit noir du jeune pharaon Ramsès II (**21**) et deux bas-reliefs (**2** et **3**) de l'Ancien Empire (4e dynastie) provenant de tombes de riches particuliers. La **salle II** abrite une série de bas-reliefs assyriens dont un représente des femmes dans une palmeraie (fin du 8e s. avant J.-C.) (**48**). Voir le superbe masque mortuaire en carton doré daté de l'époque ptolémaïque (**22**), et une intéressante tête en stuc peint (**33**) d'une momie provenant du Fayoum, période romaine de l'art égyptien (2e s.). Les **salles III** et **IV** présentent des œuvres étrusques et cypriotes : antéfixes (ornements pour toits) et cippes funéraires étrusques ; tête féminine (**205**) du 2e s. avant J.-C. mise au jour près de Bolsena ; petite statue du dieu Bès (**60**), divinité égyptienne mineure vénérée également par d'autres peuples ; statues cypriotes tels le quadrige (**68**) du 6e s. avant J.-C. et la tête d'homme barbu (**64**) du 5e s. avant J.-C.

Le 2e étage est consacré aux œuvres grecques, romaines et médiévales. La **salle V** abrite surtout des sculptures grecques de l'époque classique (5e s. avant J.-C.) et des copies romaines : une tête d'éphèbe (**80**), original grec ; une tête de Marsyas

(**97**), rare copie de l'œuvre de Myron qui groupait la déesse Athéna et le satyre Marsyas ; une tête d'Apollon (**92**), belle réplique de l'œuvre de Phidias. Dans la **salle VI** sont conservés des œuvres de l'époque archaïque grecque, ainsi que des originaux des 5ᵉ et 4ᵉ s. avant J.-C. Les **salles VII** et **VIII** abritent des œuvres de la période hellénistique dont un magnifique cratère à volutes (**233**). On accède à la **salle IX** en traversant la loggia ; on y admirera de beaux exemples d'art romain et médiéval comme un élégant buste juvénile romain du 1ᵉʳ s. après J.-C. (**190**) et un portrait de jeune garçon (**194**).

Poursuivre par le corso Vittorio Emanuele II.

★S. ANDREA DELLA VALLE

La **piazza S. Andrea della Valle** est ornée d'une fontaine attribuée à Carlo Maderno. Décorée de l'aigle et du dragon des Borghèse, elle aurait été construite pour le pape Paul V. L'église, commencée en 1591 par Giacomo Della Porta, fut terminée de 1608 à 1623 par Carlo Maderno. La **façade**★★, qui fut ajoutée de 1656 à 1665 par Carlo Rainaldi, est l'une des plus élégantes de l'époque baroque. Sur deux étages, les colonnes et les nombreux décrochements produisent d'intéressants effets de mouvement. Les volutes qui lient habituellement les parties inférieures et supérieures sont ici remplacées par des anges à l'aile déployée (seule la statue du côté gauche a été réalisée).

Coupole de S. Andrea della Valle

125

Intérieur – Le plan en croix latine à nef unique flanquée de chapelles communicantes, inspiré de l'église du Gesù, est caractéristique de la Contre-Réforme dont l'art sévère se retrouve dans la sobriété de la deuxième chapelle de droite et de l'autel du croisillon droit (les voûtes de la nef et du bras gauche du transept ont été décorées au début du 20ᵉ s.).

★★**Coupole** – Élevée par Carlo Maderno, elle est une des plus belles de la ville, la deuxième pour ses dimensions après celle de St-Pierre – dont elle s'est inspirée pour le motif des colonnes accouplées.

Les fresques furent réalisées entre 1624 et 1627 par **Lanfranco** qui fut le premier à savoir parfaitement adapter une décoration à la forme d'une coupole. D'un riche coloris, *La Gloire du paradis* imite la fresque que le Corrège réalisa pour la coupole de la cathédrale de Parme. Les évangélistes des pendentifs sont du Dominiquin. L'art de Michel-Ange n'est pas étranger à la vigueur de ces œuvres.

★**Abside** – La calotte, décorée par le Dominiquin (1624-1628) de fresques séparées par des nervures de stucs blancs et or, est au goût de la Renaissance finissante. À droite : *Saint André est conduit au supplice*; au centre : la *Vocation des saints André et Pierre*; à gauche : *la Flagellation du saint*. Au sommet : *Saint André arrivant au ciel*. Au centre de l'arcade : *Saint Jean Baptiste désigne le Sauveur à Pierre et à André*.

Les grands panneaux peints (1650-1651) autour du maître-autel et illustrant le supplice de saint André sont l'œuvre de Mattia Preti, qui s'inspira du Caravage et de Lanfranco.

Tombeaux des papes Piccolomini – *Dans la travée précédant le transept*. À gauche, le tombeau du pape Pie II, encastré dans la paroi, est caractéristique de l'art funéraire de la fin du 15ᵉ s. À droite, celui de Pie III est de composition identique.

Sur le côté de l'église, prendre la via dei Chiavari.

La via dei Chiavari passe tout près de l'emplacement du majestueux **théâtre de Pompée** dont il ne reste que la forme en demi-cercle adoptée par les maisons de la **via di Grotta Pinta**.

Traditionnellement la via dei Chiavari était la rue des fabricants de corsages *(giubbetti)*, des marchands de soie et des ravaudeurs. Derrière le théâtre se dressait un grand portique couronné au fond par la curie de Pompée, où Jules César fut poignardé à Rome en 44 avant J.-C. Les restes de la curie sont visibles dans l'Area sacra du largo Argentina *(voir p. 191)*.

Traverser la via dei Giubbonari et gagner la piazza del Monte di Pietà.

★**Cappella del Monte di Pietà** ⏱ – De plan ovale, ce petit édifice à l'intérieur du **palais du Mont-de-piété** est un vrai joyau de l'art baroque. Les auteurs principaux en furent les architectes Giovanni Antonio de Rossi (collaborateur du Bernin) et Carlo Bizzaccheri (élève de Carlo Fontana), qui lui succéda lorsqu'il mourut en 1695 et réalisa le vestibule et la coupole. Les thèmes représentés évoquent le but du mont-de-piété qui fut de combattre l'usure. La chapelle fut consacrée en 1641. L'exécution des décorations dura jusqu'en 1725.

À partir de l'entrée, vers la droite : la statue allégorique de la Foi est l'œuvre de Francesco Moderati. Suivent : un bas-relief, *Tobie prêtant de l'argent à Gabelus*, œuvre exubérante de Pierre Legros, pensionnaire de l'Académie de France ; puis une allégorie de la Charité, de Bernardino Cametti, dont les figures semblent près de jaillir hors de leur niche. Le bas-relief de la *Pietà*, de Domenico Guido, un collaborateur du Bernin, fut achevé en 1676. Après la statue de la *Charité* de Giuseppe Mazzuoli, un bas-relief représente *Joseph donnant la semence aux Égyptiens*; il est dû à Jean-Baptiste Théodon, lui aussi pensionnaire de l'Académie de France. Enfin, l'élégante statue de *L'Espérance* par Agostino Cornacchini.

Prendre la via dell'Aro di Monte, puis tourner à droite pour rejoindre la piazza Capo di Ferro.

★PALAZZO SPADA

Il fut construit vers 1540 pour le cardinal Gerolamo Capodiferro, peut-être par un architecte de l'entourage de Sangallo. En 1632, le cardinal Bernardino Spada l'acquit et y apporta de nombreuses modifications, y adjoignant notamment une aile. En 1927, il devint la propriété du gouvernement italien qui y installa le Conseil d'État.

Élevé seulement quatre ans après le palais Farnèse, le palais Spada est d'une conception fort différente. À la noblesse austère de l'architecture de la Renaissance a succédé la fantaisie maniériste des décorations. Sur la **façade** s'accumulent les statues, les guirlandes de stucs, les médaillons, les cartouches où des inscriptions latines rappellent les hauts faits des personnages de l'Antiquité placés dans les niches du premier étage. L'abondance devient excessive au deuxième étage, dominé par le blason des Spada.

Dans la **cour intérieure★**, la finesse des trois frises est admirable. Au mur qui fait face au revers de la façade, on peut voir le blason de France, au côté de celui du pape Jules III, souvenir du cardinal Capo di Ferro, légat pontifical en France et ami de Jules III.

La « perspective » de Borromini – *Au rez-de-chaussée, derrière la bibliothèque et visible de la cour intérieure. Pour y accéder, demander au personnel du musée.*

On nomme ainsi cette construction de Borromini qui provoque une illusion d'optique : des colonnes de taille décroissante et des arcades judicieusement disposées font apparaître ce passage plus long qu'il n'est réellement (9 m).

Galleria Spada ⊘ – *Les numéros correspondent à ceux que l'on trouve sur place.*

Elle abrite les œuvres réunies par le cardinal Spada et restitue l'atmosphère de la collection privée d'un noble du 17ᵉ s. Le cardinal fut le protecteur du Guerchin et de Guido Reni dont il aima la manière noble, tout en s'intéressant aux « bambochades », tableaux réalistes qui apparurent à Rome vers 1630 dans l'entourage du peintre Pieter Van Laer surnommé « il Bamboccio » à cause de sa figure difforme (*bamboccio* pouvant être traduit par poupon).

Salle I – Elle renferme des œuvres du 16ᵉ s. Toutefois, la frise des murs et le plafond sont du 18ᵉ s. Parmi plusieurs peintures, remarquer deux toiles de Guido Reni (1575-1642) : *Le Portrait du cardinal Bernardino Spada* (**32**), qui traduit l'art au trait pur et distingué du peintre, et *L'Esclave de Ripa Grande* (**38**), ainsi qu'un portrait du même cardinal (**34**) par le Guerchin (1591-1666).

Salle II – La frise en haut des murs (peinte à la détrempe sur toile) est en réalité le même dessin proposé quatre fois. L'original, situé sur la paroi opposée aux fenêtres fut réalisé par Perin del Vaga, probablement comme modèle pour une tapisserie, jamais réalisée, qui devait être posée au-dessous du Jugement dernier dans la chapelle Sixtine ; les trois autres sont des répliques que le cardinal commanda à d'autres artistes. Parmi les peintures, remarquer *Le Portrait de l'archevêque de Zara Luca Stella* (la ville est peinte à l'arrière plan) de Domenico Tintoret, fils du célèbre le Tintoret, et *Le Portrait d'un musicien* (60), œuvre de jeunesse de Titien (vers 1515). Les deux portraits de Bartolomeo Passarotti (1529-1592), *Le Botaniste* (65) et *Le Chirurgien* (66), se rapprochent par leur thème à *L'Astrologue* (63) de Prospero Fontana.

Salle III – Réalisée au 17ᵉ s., cette salle était la galerie originale du cardinal. Une série de panneaux, peints sur le plafond à la fin du même siècle, propose les allégories des quatre parties du monde (les deux premiers), des quatre éléments et des quatre saisons. Les deux panneaux intermédiaires, en faux bas-reliefs, reprennent la même décoration des frises qui se trouvent en haut des murs. Les consoles en bois doré proviennent d'un atelier romain (fin du 17ᵉ s.). Parmi les peintures, remarquer le délicat *Paysage avec moulins à vent* (102) réalisé par Bruegel l'Ancien (1607), œuvre d'une extrême finesse, *La Mort de Didon* (132) du Guerchin (en partie exécutée par ses élèves) qui traduit le goût lyrique du peintre (remarquer le Cupidon ailé) et *Le Triomphe du nom de Jésus* (133) du Baciccia, esquisse de la fresque qui décore la voûte de la nef de l'église de Gesù. L'allégorie du *Massacre des innocents* (**144**) est le chef-d'œuvre de Pietro Testa (vers 1607-1650) : contrastes violents entre les teintes claires et sombres pour accentuer la dimension dramatique du sujet. Le tableau est divisé en deux parties : au premier plan le massacre représenté dans toute sa violence : sur la droite Marie et Joseph avec l'Enfant Jésus qui s'enfuient sur un bateau (remarquer que Jésus enlace la croix, symbole de la passion), tandis qu'au centre, en haut, figure la seule scène aux teintes claires : il s'agit de la personnification de l'Innocence, entourée de petits amours.

Au centre de la salle, on peut admirer deux globes de 1616 et de 1622 (l'un terrestre et l'autre céleste) du cartographe et imprimeur hollandais Blaeu (Caesius).

Salle IV – Elle renferme les œuvres des peintres influencés par le Caravage. Michelangelo Cerquozzi (1602-1660) fut l'un des principaux représentants de ce courant : *La Révolte de Masaniello* (**161**) est une œuvre tardive dont le sujet puisé dans la réalité napolitaine a permis à l'artiste d'exprimer toute sa fougue narrative. *La Sainte Famille et saint Jean* (**184**) est du peintre caravagesque français Jean Valentin (1591-1632) qui s'établit à Rome vers 1612. Remarquer également une *Sainte Cécile* (**149**) d'Artemisia Gentileschi au regard pensif et plein d'extase.

Gagner la piazza Farnese.

★★ PALAZZO FARNESE *Visite non autorisée*

Le plus beau des palais romains, siège de l'ambassade de France en Italie, domine la piazza Farnese ornée des deux vasques trouvées dans les thermes de Caracalla et aménagées en fontaine en 1626. Il porte le nom de la famille qui le construisit. La célébrité des Farnèse commença avec le cardinal Alexandre, élu pape en 1534 sous le nom de **Paul III**. Instigateur du concile de Trente, il fut le premier pape de la Contre-Réforme tout en conduisant son règne comme un prince de la Renaissance : d'une femme dont le nom est resté inconnu, il eut quatre enfants dont trois légitimés et comblés de biens. Ami des arts, il fit reprendre les travaux à la basilique St-Pierre, à la chapelle Sixtine et bâtir le palais Farnèse. Lui-même et ses descendants réunirent une magnifique collection d'œuvres d'art. Parmi ses petits-fils, Ranuce (1530-1565) fit décorer la salle des Fastes farnésiens par Salviati. Édouard (1573-1626) appela les Carrache pour décorer la galerie du 1ᵉʳ étage.

La dernière des Farnèse, Élisabeth (1692-1766), épousa Philippe V d'Espagne, et l'un de leur fils, Charles, roi de Naples à partir de 1735, hérita des biens de la famille Farnèse.

La quasi-totalité des œuvres du palais Farnèse se trouvent aujourd'hui au Musée archéologique national de Naples et au palais royal de Capodimonte.

Un incident mémorable – Dès 1635, la France logea ses ambassadeurs au palais Farnèse. L'ambassade du duc de Créqui fut particulièrement mouvementée : le 20 août 1662, trois Français se dirigeant vers le ponte Sisto se prirent de querelle avec des soldats corses de la garde pontificale. Un pugilat s'ensuivit, qui causa la mort d'un soldat corse et d'un laquais qui accompagnait la voiture de la duchesse de Créqui. Ce fait divers se transforma en incident diplomatique : Louis XIV fit envahir le Comtat Venaissin et menaça de s'allier aux princes d'Italie du Nord, groupés aux frontières des États pontificaux. Le pape Alexandre VII dut s'humilier au traité de Pise et éloigner tous les Corses de son service.

L'ambassade de France occupe régulièrement le palais depuis 1874. Celui-ci fut acheté par le gouvernement français en 1911. L'Italie le racheta en 1936, puis le loua à la France pour 99 ans, en échange de l'hôtel de La Rochefoucauld-Doudeauville, siège de l'ambassade d'Italie à Paris. Depuis 1875, le palais Farnèse abrite aussi l'École française de Rome, où se retrouvent des archéologues, des historiens, des historiens d'art. Émile Mâle, Jérôme Carcopino notamment en furent directeurs.

Parmi les hôtes célèbres – Ils se succédèrent depuis Alphonse de Richelieu, frère du cardinal, jusqu'aux chefs d'État contemporains : Émile Loubet en 1904, René Coty en 1957, le général de Gaulle en 1959 et en 1967, Valéry Giscard d'Estaing en 1975, François Mitterrand en 1982.

Le 22 juin 1553, le cardinal Du Bellay (1492-1560), envoyé par Henri II, arriva au palais, accompagné de son cousin **Joachim Du Bellay** qui rapporta de son séjour deux recueils poétiques, *Les Antiquités de Rome* et les *Regrets*.

Le 27 décembre 1655, la reine Christine de Suède s'installa au premier étage et y séjourna jusqu'en juillet 1656.

Façade – L'absence de pilastres et la netteté des lignes saillantes en font un chef-d'œuvre d'équilibre. Les travaux de construction du palais débutèrent en 1515, ordonnés par le cardinal Alexandre Farnèse, conçus par son architecte préféré Antonio da Sangallo le Jeune. Quand Sangallo mourut en 1546, Michel-Ange prit la direction des travaux. Il conserva les fenêtres du premier étage, parées comme les niches du Panthéon de colonnes et de frontons alternativement incurvés et triangulaires. Il posa sur l'édifice l'imposante corniche supérieure et, au-dessus du balcon central, sculpta le blason des Farnèse orné des fleurs d'iris (à ne pas confondre avec le lys de France). Une récente restauration a révélé un délicat décor nuancé de rose. La **cour intérieure**, qui ne se visite malheureusement pas, est un modèle d'élégance de la Renaissance, œuvre de Sangallo, de Vignole et de Michel-Ange. On peut avoir une idée de la beauté de cette architecture en contemplant la façade postérieure visible de la via Giulia *(voir ci-dessous)*.

Parmi les richesses qui ornent l'intérieur du palais, citons, dans la galerie Farnèse, les remarquables **fresques** (1595-1603) d'Annibal Carrache qu'il avait réalisées avec son frère Augustin et ses élèves le Dominiquin et Lanfranco.

Gagner la via Giulia par la via del Mascherone.

Fontana del Mascherone – Elle fut construite en 1626. Le mascaron de marbre et la grande vasque de granit proviennent probablement d'un édifice antique.

La via Giulia *(voir index)* arrive ensuite devant la **façade postérieure du palais Farnèse**. Œuvre de Vignole, nommé architecte après Michel-Ange, elle fut complétée en 1573 par une loggia bâtie par Giacomo Della Porta. Les derniers travaux ont été exécutés en 1603 lorsque fut construit le pont qui enjambe la via Giulia, reliant le palais au couvent de l'église S. Maria della Morte et à un ensemble de pièces où les Farnèse déposaient leurs collections d'antiquités.

S. Maria della Morte – Façade de F. Fuga (18e s.), nostalgique du Baroque.

Prendre à droite la via di S. Caterina jusqu'à la piazza di S. Caterina della Rota.

La **via di Monserrato** où veillent encore quelques jolies madones (à l'angle avec la via dei Farnesi) est bordée de boutiques d'artisans et d'antiquaires, de palais qui furent les résidences de nombreux prélats espagnols, venus à la suite des papes Borgia (Calixte III et Alexandre VI). Aussi ne faut-il pas hésiter à jeter un coup d'œil de temps en temps dans une cour intérieure ; les beautés de la Renaissance n'ont pas toutes disparu. L'église **S. Tommaso di Canterbury**, édifiée en 1869, se trouve à l'emplacement d'une église du 12e s., dédiée à saint Thomas Becket qui séjourna dans l'hospice attenant. L'église **S. Maria di Monserrato**, dédiée à la célèbre Vierge de Montserrat en Catalogne, est l'église nationale des Espagnols.

Entrer, à gauche, dans l'église S. Eligio degli Orefici

S. Eligio degli Orefici ⊙ – Cette petite église fut conçue par Raphaël. L'intérieur en forme de croix grecque, s'élève à l'intersection des deux bras en une élégante coupole datant de la Renaissance. Les fresques du maître-autel sont de Matteo da Lecce (16ᵉ s.), tandis qu'au-dessus de l'autel du bras droit, on peut admirer *L'Adoration des Mages* de Francesco Romanelli (17ᵉ s.).

Revenir dans la via di Monserrato.

Le **palais Ricci**, au fond de sa petite place, ne manque pas de charme avec sa façade portant des restes de décorations dues à Polidoro da Caravaggio et Maturino da Firenze *(voir p. 211)*. La **via del Pellegrino** fut ouverte par Sixte IV en 1483 ; elle rejoint la via di Monserrato par un immeuble qui, épousant le tracé des rues et dégageant le carrefour par un angle coupé, constitua une innovation d'urbanisme à Rome.

CASTEL S. ANGELO★★
Le CHÂTEAU ST-ANGE – Visite : 2 h 1/2

Très peuplé au Moyen Âge, ce quartier devint peu à peu le centre romain du commerce et des affaires, cela sous l'action des papes, à partir de Sixte IV (1471-1484). Les cortèges se rendant du Vatican à la basilique St-Jean-de-Latran le traversaient. Aussi vit-on de magnifiques palais s'ériger sur le passage du souverain pontife, le long de la via Banco di S. Spirito et de la via dei Banchi Nuovi – qui formaient la **« Via Papalis »** – et de la via del Governo Vecchio.

★★★LE CHÂTEAU

Le mausolée d'Hadrien – Ce bâtiment à l'aspect de forteresse fut à l'origine conçu comme une sépulture pour l'empereur Hadrien et sa famille. Commencé en 135 sur l'ordre de l'empereur, il fut achevé quatre ans plus tard par son fils adoptif et successeur au trône impérial, Antonin le Pieux.
Sa base carrée de 84 m de côté était surmontée d'une partie cylindrique d'une vingtaine de mètres de hauteur, se terminant par un tumulus. Au sommet s'élançaient la statue de l'empereur et un quadrige de bronze (char à 4 chevaux). Le mausolée renferma les urnes cinéraires des empereurs depuis Hadrien jusqu'à Septime Sévère (211). Puis Aurélien, entourant la ville d'une enceinte en 270, l'incorpora dans les murailles et en fit une forteresse.

La forteresse – Durant les luttes qui, au Moyen Âge, opposèrent la papauté aux nobles familles romaines, l'édifice devint un véritable château fortifié. Nicolas V (1447-1455) fit construire, au-dessus de la partie antique, un étage en briques et pourvut de donjons les angles de l'enceinte. Alexandre VI (1492-1503) fit ajouter les bastions octogonaux. En 1527, fuyant les troupes de Charles Quint, Clément VII s'y réfugia. Il y aménagea des appartements que Paul III, plus tard, embellit. Paul III d'ailleurs connaissait déjà le château pour y avoir été emprisonné par Innocent VIII, au temps où il n'était que le cardinal Alexandre Farnèse. Benvenuto Cellini, sculpteur, orfèvre et auteur d'un livre racontant sa vie, affirme avoir aussi connu les geôles du château. Comme Cagliostro, dit-on encore. Caserne et prison militaire après l'unification de l'Italie, entouré d'un jardin public, le château St-Ange ne connaît plus aujourd'hui que les assauts des touristes.
Une longue muraille, le **« Passetto »**, construite par Léon IV (847-855), relie le château aux palais du Vatican. Un passage aménagé en son sommet par Alexandre VI permettait aux papes de passer de leur résidence à la forteresse en cas de siège.

Le château de l'Ange

En 590, le pape Grégoire le Grand conduisait une procession pour que cessât une peste qui décimait la ville. Soudain, au sommet du mausolée, apparut un ange qui remettait son épée au fourreau. Ce geste fut interprété comme le signal de la fin de l'épidémie et, en reconnaissance, le pape éleva une chapelle sur le mausolée.

Visite ⊙ *une heure*

Extérieurement, le château St-Ange présente une masse trapue où la partie antique se reconnaît à ses gros blocs de travertin et de péperin. La statue de l'Ange domine l'ensemble.
On pénètre par l'antique accès du mausolée, qui a été surélevé d'environ 3 m.

La rampe hélicoïdale – *L'entrée se trouve en bas, à droite (en correspondance de l'entrée depuis le quai).* Du temps où le château était un mausolée, ses 125 m de long conduisaient à la chambre où étaient placées les urnes cinéraires. Ses parois étaient alors recouvertes de marbre, son parterre pavé de mosaïques (il en reste quelques traces) et sa voûte tapissée de stucs. Dans cette voûte sont pratiquées des ouvertures : la première que l'on voit (au fond de la galerie, à gauche) correspond à l'emplacement d'un ascenseur construit au 18ᵉ s. Les autres étaient des soupiraux communiquant avec l'extérieur.

Au terme de la rampe, on parvient à une galerie transversale en escalier : dans l'Antiquité, elle aboutissait à la salle des urnes funéraires romaines. Boniface IX la fit transformer en un corridor qui traverse le château en son diamètre. Le passage qui descend vers le pont-levis mène à une pièce située sur la droite et où a été reconstitué le corps de garde dans son état du 16ᵉ s. En parcourant ce passage dans l'autre sens, on rejoint un petit pont construit au 19ᵉ s. au-dessus de la chambre funéraire et reliant le premier passage de la galerie en escalier au second par lequel on accède à la cour d'honneur.

L'« Ange » du château

E. Baret

Cour d'honneur – On la nomme aussi cour de l'Ange, pour la statue du 16ᵉ s. qui y a été déposée et qui ornait le faîte du château jusqu'au 18ᵉ s. Sur la droite s'ouvre une suite de salles qui, bien que réaménagées au 17ᵉ s., remontent à l'époque médiévale. Elles constituent l'armurerie (armeria inferiore).

Le fond de la cour est occupé par un édicule à tympan de Michel-Ange habillant le flanc de la chapelle édifiée par Léon X sans doute sur l'emplacement de celle de Grégoire le Grand *(voir l'encadré saumon sur le château de l'Ange).*

Sur le côté gauche en revanche s'ouvrent les chambres du pape.

Salles de Clément VIII – *Ouvertes lors d'expositions temporaires.* Les salles de Clément VIII sont les pièces de l'appartement de Léon X, plus tard réaménagées par Paul III et Clément VIII dont on lit les noms sur les portes. Dans la première : grande cheminée du 17ᵉ s.

Salle de la Justice – *Ouverte lors d'expositions temporaires.* Elle se trouve exactement au-dessus de la salle des urnes funéraires et au-dessous de la grande salle circulaire probablement destinée au tombeau d'Hadrien. Aux 16ᵉ et 17ᵉ s., un tribunal s'y réunissait.

Salle de l'Apollon – *Accès par la salle de la Justice ou par la cour d'honneur.*
Au-dessus des portes et de la cheminée est inscrit le nom du pape Paul III, 1547. On l'appelle salle de l'Apollon en raison des scènes peintes parmi les « grotesques » . Sur la voûte et les parois, très belle décoration (probablement due à Perin del Vaga) reprenant les motifs de peinture romaine antique à figures mythologiques, grotesques et sarments de vigne. Une des ouvertures percées dans le pavement correspond à l'arrivée de l'ascenseur *(voir page précédente).* Au-dessous d'une autre ouverture, un puits est creusé à 9 m de profondeur, donnant dans une petite salle sans issue. Le château St-Ange possède de nombreuses chausse-trappes de ce genre qui ont donné naissance à des légendes effrayantes.

Salles de Clément VII – Plafonds de bois au nom de ce pontife. Peintures des 15ᵉ et 16ᵉ s. et expositions temporaires.

À partir de la salle de l'Apollon, gagner la cour semi-circulaire par le petit corridor.

Cour d'Alexandre VI – Puits de l'époque de ce pape (1492-1503). Très élégante, on l'appelle aussi cour du Théâtre en souvenir des représentations qu'y donnaient Léon X et Pie IV. Des boulets en pierre, qui du 15ᵉ au 17ᵉ s. alimentèrent cata-pultes, bombardes et canons, y sont entassés.

★Salle de bains de Clément VII – *Accès par le passage qui sépare les cours d'Alexandre VI et de Léon X, puis monter l'escalier, à gauche.*
Admirablement décorée par Giovanni da Udine, disciple de Raphaël, elle témoigne de la vie raffinée du pape au 16e s.

Prisons – *Accès par un escalier en descente dans la cour d'Alexandre VI.*
D'après les légendes, c'est là qu'auraient été emprisonnés Béatrice Cenci *(voir encadré p. 193)*, Giordano Bruno, moine jugé hérétique en son temps, et Benvenuto Cellini.

Réservoirs d'huile et silos – Les jarres pouvaient contenir 22 000 litres d'huile et les cinq grands silos 3 700 quintaux de grain. Alexandre VI prévoyait d'éventuels sièges.

Retourner à la cour d'Alexandre V et prendre l'escalier en montée au centre de la partie semi-circulaire de la cour. On arrive à la loggia de Pie IV.

Loggia de Pie IV – Avant d'être transformées en prison, les pièces s'ouvrant sur la loggia ont servi de résidence aux familiers du château. Là fut longtemps placé le canon qui annonçait midi aux Romains. Une prison politique de la moitié du 19e s. a été reconstituée.

Se diriger sur la gauche.

Loggia de Paul III – Le pape en commanda les plans à Sangallo le Jeune en 1543 et la fit décorer de stucs et de grotesques. Vue sur l'enceinte fortifiée et les bastions.

Continuer au-delà du bar.

Sur la gauche se trouve l'**armurerie** (armeria superiore), un musée réunissant une collection d'armes et d'uniformes des armées italienne et pontificale.

Loggia de Jules II – Elle offre une belle vue sur le pont St-Ange et sur Rome. Elle fut probablement construite par Giuliano da Sangallo à la demande de Jules II.

De la loggia de Jules II part l'escalier en montée vers l'appartement pontifical.

★Appartement pontifical – Après la triste expérience du siège de 1527 qui contraignit Clément VII à s'abriter au château St-Ange, Paul III fit construire au sommet de la forteresse un appartement somptueux isolé par une suite de rampes et d'escaliers.

Salle du Conseil dite salle Pauline (Sala Paolina) – Les visiteurs du souverain pontife y attendaient d'être reçus en audience. Les fresques sont dues à un groupe d'artistes, élèves de Perin del Vaga (1501-1547) ; pavement de marbre.

Chambre de Persée – Elle doit son nom au sujet de la frise réalisée par Perin del Vaga, peintre florentin qui entra dans l'atelier de Raphaël et exécuta d'importantes œuvres à la demande de la cour papale.

Chambre d'Amour et de Psyché – La frise au-dessous du plafond illustre l'histoire de la belle jeune fille aimée du fils de Vénus.

Revenir à la salle du Conseil et emprunter, après quelques marches, le corridor décoré de fresques.

De là, on gagne la **bibliothèque** et une suite de salles dont les noms évoquent leurs décorations : salle du mausolée d'Hadrien, salle des Festons d'où l'on accède à une petite pièce où aurait été retenu prisonnier Cagliostro, salle du Dauphin et de la Salamandre.

Retourner à la bibliothèque.

Salle du Trésor et des archives secrètes – Au cœur de la forteresse, la salle du Trésor est parée de placards de noyer qui abritèrent les archives pontificales, transférées au Vatican depuis 1870. Les coffres (probablement du 14e s.) ont renfermé les objets précieux, les reliques et l'argent du trésor des papes Jules II, Léon X et Sixte Quint.

À côté de la salle du Trésor.

Escalier romain – Il faisait partie du mausolée d'Hadrien. Il mène aux salles des Drapeaux et des Colonnes (salle ronde), ainsi qu'à la terrasse.

Terrasse – Elle est dominée par la statue de l'ange en bronze (refaite au 18e s.) et offre un **panorama★★★** sur Rome, parmi les plus fameux que l'on puisse avoir. De gauche à droite : le quartier des Prati, et l'étendue verte de la villa Borghèse ; au pied du château, le grand bâtiment blanc du palais de justice ; puis le palais du Quirinal, la tour des Milices et le dôme aplati du Panthéon ; plus à droite, le monument à Victor-Emmanuel II et les dômes de Rome : celui du Gesù, celui de St-Yves terminé en vrille, le clocher de S. Maria dell'Anima avec ses carreaux de céramique, le dôme de S. Andrea della Valle, S. Carlo ai Catinari, celui de la synagogue. Vers la droite, le Janicule, le dôme de St-Jean-des-Florentins, la via della Conciliazione, la basilique St-Pierre et les palais du Vatican reliés au château St-Ange par le « Passetto », le monte Mario.
Avant de quitter le château, on peut en faire le tour par le chemin de ronde qui relie les bastions St-Jean, St-Matthieu, St-Marc et St-Luc.

AU SUD DU TIBRE

★**Ponte S. Angelo** – Le **pont St-Ange** est l'un des plus élégants de Rome. Son origine remonte à l'époque d'Hadrien qui fit construire en 136 un bel ouvrage reliant le Champ de Mars à son mausolée : il en reste les trois arcades centrales ; les autres datent du 17e s. et furent refaites lors de l'aménagement des rives du Tibre en 1892-1894. Aux statues des saints Pierre et Paul (à l'extrémité sur la rive gauche), placées en 1530 par Clément VII, Clément IX (1667-1669) fit ajouter par le Bernin les dix statues d'anges qui composent un beau spectacle baroque.

Traverser le pont S. Angelo et s'engager dans la via Paola.

S. Giovanni dei Fiorentini – Sa construction fut décidée par le pape florentin Léon X de la famille des Médicis afin qu'elle serve d'église «nationale» à ses compatriotes résidant à Rome. Les artistes les plus fameux de la Renaissance furent conviés à concourir : Peruzzi, Michel-Ange, Raphaël. C'est Jacopo Sansovino qui fut choisi. Les travaux commencèrent au début du 16e s., puis furent poursuivis par Sangallo le Jeune, Giacomo Della Porta et achevés en 1614 par Carlo Maderno. La façade fut bâtie au 18e s. dans le style de la Contre-Réforme finissante. À l'intérieur, le chœur est une composition baroque : au centre, *Le Baptême de Jésus*, groupe en marbre d'Antonio Raggi, élève du Bernin. Les deux tombeaux latéraux ont été dessinés par Borromini, enterré dans cette église tout près de son maître Carlo Maderno *(au sol, sous la coupole)*. L'absence d'inscription est due au fait que Borromini se suicida.

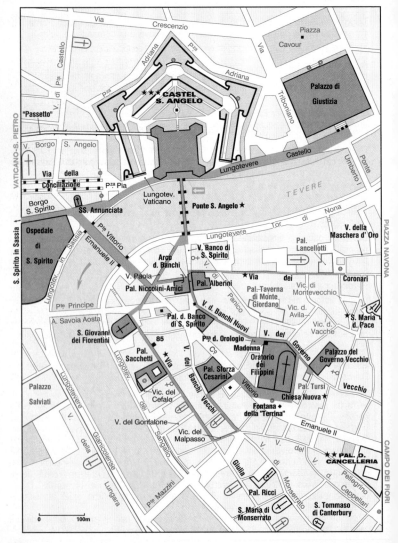

★Via Giulia – Sa notoriété remonte au 16ᵉ s. Elle porte le nom du pape Jules II qui la fit ouvrir, créant ainsi une des rares rues en ligne droite de Rome. Elle jouit d'un grand crédit sous la Renaissance, puis fut délaissée au 17ᵉ s., après qu'Innocent X y eut fait transférer les prisons d'État. Aujourd'hui, des travaux de restauration, l'installation de boutiques d'antiquaires et de galeries d'art moderne lui donnent une certaine allure.

Poursuivre dans la via Giulia.

Au n° 85 de la via Giulia se trouve une des maisons traditionnellement considérée comme l'habitation de Raphaël.

Palazzo Sacchetti – *Au n° 66 de la via Giulia.* Peut-être fut-il construit au 16ᵉ s. par Sangallo le Jeune, l'architecte du palais Farnèse. Peut-être aussi est-il l'œuvre d'Annibale Lippi, l'architecte qui bâtit la villa Médicis. En effet, les édifices furent tous deux commandés par le cardinal Ricci di Montepulciano.

Entre le vicolo del Cefalo et la via del Gonfalone, on peut voir, à la base des immeubles, des blocs colossaux qui furent les assises d'un palais de justice commandé à Bramante par Jules II mais jamais achevé. Les Romains avec humour les ont baptisés « les sofas de la via Giulia ».

Au n° **52** s'élevaient les prisons que fit construire en 1655 Innocent X. L'inscription en façade en fait un établissement modèle, érigé pour une détention plus humaine.

Prendre à gauche le vicolo del Malpasso.

Poursuivre par la **via dei Banchi Vecchi** (la rue des Banquiers au 15ᵉ s.) où Alexandre VI, alors cardinal, fit construire son palais, le **palazzo Sforza Cesarini**.

Prendre à droite la via Sforza Cesarini et traverser le corso Vittorio Emanuele II. Gagner la piazza della Chiesa Nuova.

★Chiesa Nuova – Le nom de S. Maria in Vallicella sous lequel l'église fut fondée au 12ᵉ s. fit probablement allusion à une petite vallée (vallicella), le Tarentum, située dans l'Antiquité à proximité du Tibre.

L'histoire de l'église est liée au souvenir du Florentin **saint Philippe Neri,** fondateur de l'Oratoire érigé en congrégation en 1575 par Grégoire XIII. Aussitôt lui même offrit S. Maria in Vallicella à Philippe Neri pour qu'il y établisse son ordre. La reconstruction fut entreprise, et le nouvel édifice, achevé en 1605, prit le nom de Chiesa Nuova. L'église fut restaurée au 19ᵉ s.

La façade est ornée des pilastres plats et des colonnes engagées des édifices de la Contre-Réforme.

L'intérieur, conçu très sobre par Philippe Neri à l'époque de la Contre-Réforme, fut paré d'une décoration baroque inspirée par **Pierre de Cortone**. Celui-ci a intégré à la voûte à caissons de stucs une *Vision de saint Philippe* (1664-1665) : pendant la construction de l'église, la Vierge lui apparut soutenant un pan du plafond de l'ancien édifice près de s'effondrer sur l'autel où était célébrée la messe.

Pierre de Cortone connut à Rome une renommée égale à celle du Bernin. Du reste, le « cortonisme », qui combinait éloquence narrative et compositions spectaculaires (nombreuses perspectives alliées à des illusions de la mise en scène), inspira bien des peintres. Il travailla à la Chiesa Nuova de 1647 à 1665, y réalisant sa peinture religieuse la plus remarquable. De 1647 à 1651, il décora la coupole où le Christ, présentant à Dieu les instruments de la Passion, fait cesser le châtiment de l'humanité. Aux pendentifs, il plaça les prophètes Isaïe, Jérémie, Ézéchiel et Daniel (1659-1660). Entre-temps il avait commencé à décorer l'abside de l'Assomption.

À gauche du chœur, la chapelle contenant la dépouille de saint Philippe Neri resplendit d'ors, de bronze et de marbre incrusté de nacre. Sur l'autel, le tableau représentant le saint est de G. Reni.

L'église contient de nombreuses peintures maniéristes et baroques : dans le chœur, les trois tableaux sont des œuvres de jeunesse de Rubens (1608) ; dans la chapelle, à gauche, on peut admirer *La Présentation au temple* du Cavalier d'Arpin.

La chapelle du croisillon gauche abrite un tableau du Baroche, maniériste très représentatif de la peinture de la deuxième moitié du 16ᵉ s. On lui doit également le beau tableau *La Visitation (4ᵉ chapelle à gauche).*

Sur l'autel de la sacristie *(accès par le sommet de la nef gauche),* une belle sculpture (1640) d'Alessandro Algardi, dit l'Algarde, représente saint Philippe et un ange.

Oratorio dei Filippini ⊘ – Ce bâtiment contigu à la Chiesa Nuova, construit de 1637 à 1662, abrita les assemblées de la congrégation de l'Oratoire où laïcs et religieux se réunissaient sous la direction spirituelle de saint Philippe Neri.

Aujourd'hui, l'oratoire, connu sous le nom de salle Borromini, sert de cadre à des congrès et à diverses manifestations culturelles. Les salles du vaste palais des Philippins abritent, outre les pères philippins, la bibliothèque Vallicelliana, la bibliothèque romaine, les archives de la ville de Rome comprenant une collection de journaux romains depuis le 18ᵉ s., et divers instituts culturels.

La **façade★** sur la piazza della Chiesa Nuova est disposée en réalité sur un côté de l'oratoire. Borromini la conçut ainsi afin qu'elle formât un ensemble avec celle de l'église. Monumentale et raffinée à la fois, elle offre un dessin tourmenté, les lignes contradictoires et le souci du détail, caractéristiques du grand architecte baroque.

Elle s'élève sur deux ordres, dont les parties centrales présentent des mouvements opposés : convexe à l'étage inférieur, concave à l'étage supérieur. Aux fenêtres ce ne sont que lignes brisées et incurvées; remarquer la complexité des fenêtres du rez-de-chaussée placées au fond de niches. Au sommet s'élève un fronton trilobé, légèrement concave.

Fontana della « Terrina » – Elle fut placée là en 1925 après avoir orné le Campo dei Fiori jusqu'en 1899. La vasque, sculptée en 1590, fut bizarrement recouverte d'un couvercle en travertin quelques années plus tard. Une inscription placée au couvercle invite à « Aimer Dieu, bien faire et laisser dire. »

Emprunter la via della Chiesa Nuova.

Via del Governo Vecchio – Elle fut une des principales rues du quartier, prolongeant la « via Papalis » sous le nom de via di Parione. Elle est peuplée d'artisans, de brocanteurs et d'antiquaires qui occupent les rez de chaussée des palais de la Renaissance. Quelques-uns, dont le palais Turci au n° 123, portent encore le blason des familles nobles qui y résidèrent.

Palazzo del Governo Vecchio – *Au n° 39.* Sa construction fut achevée en 1478. À partir de 1624, le gouverneur de Rome y résida. Lorsque Benoît XIV (1740-1758) transféra le gouvernement au palais Madama, le palais prit le nom de palais de l'Ancien Gouvernement. Jolie porte, ornée de frises sculptées et de blocs en pointe de diamant.

Revenir en arrière par la via del Governo et rejoindre la piazza dell'Orologio.

Piazza dell'Orologio – La façade austère que présente le palais des Philippins dans la via dei Filippini s'achève de façon inattendue à l'angle de la via del Governo Vecchio par une gracieuse tourelle à horloge terminée par un groupe de volutes en fer forgé qui abritent les cloches. On y reconnaît les formes chères à Borromini (1647-1649). Au-dessous de l'horloge, le tableau de mosaïque représente la Vierge de la Vallicella. À l'angle de l'édifice, une belle **Madone** dans une « gloire » d'angelots, caractéristique du goût baroque, veille sur la place. À Rome, ces madones se rencontrent dans chaque ruelle. La petite lanterne que l'on peut parfois encore voir placée devant elles fut longtemps la seule lumière à briller dans l'obscurité de la nuit. Rome ne reçut d'éclairage que fort tard. Les étrangers n'ont jamais compris cette aversion des Romains pour les illuminations. Aussi quand ils se promenaient, une lanterne à la main, s'entendaient-ils crier « Volti la luce » que le président de Brosses a traduit par : « Ne me troublez point dans mes opérations. »

Prendre la via dei Bianchi Nuovi.

Via dei Banchi Nuovi et via Banco di S. Spirito – Ces rues donnèrent au quartier de la Renaissance une physionomie de centre d'affaires. Dès le 15e s., les banquiers florentins, siennois et génois y installèrent leurs sièges. Leurs fortunes furent immenses. Sous la direction du cardinal camerlingue, la famille Chigi administra les finances du St-Siège pendant plus de vingt ans; plus tard ce furent les Strozzi, apparentés aux Médicis. De plus, les banquiers reçurent de l'État pontifical la concession de mines et l'exploitation des douanes. Ils géraient la fortune personnelle du pape et celle des grandes familles romaines.

Les Madones

Il suffit de lever les yeux au croisement de deux rues, le long d'une ruelle, à l'angle d'une place, pour apercevoir ces images. On peut les retrouver dans des peintures, des fresques ou des bas-reliefs en terre cuite; colorées ou monochromes, on dirait qu'elles protègent les passants. Beaucoup d'entre elles gardent encore une petite lanterne qui sert d'éclairage pendant la nuit, et qui fut autrefois la seule lumière à briller dans l'obscurité.

Au mois de décembre, ces madones étaient l'objet d'un culte particulier : moyennant quelque argent, des paysans des Abruzzes, vêtus de peaux de mouton, venaient donner devant leur image des concerts de cornemuse. Ces « pifferari », qui commençaient à jouer dès 4 h du matin, exaspérèrent Stendhal. Car, « pour être bien vu des voisins et ne pas encourir une dénonciation au curé de la paroisse, tout ce qui a peur de passer pour libéral s'adonne pour deux neuvaines ». Ces actes de dévotion accomplis, les « pifferari » regagnaient le pays, nantis de leur petit pécule.

E. Baret

Aux opérations de change, qui se déroulaient couramment dans les rues, s'ajoutaient les paris : on pariait sur l'élection du pape, sur le sexe des nouveau-nés, etc. Jusqu'en 1541, on battait monnaie dans le **palazzo del Banco di S. Spirito.**
À l'entrée de la via Banco di S. Spirito, jolie vue sur le château et le pont St-Ange.
Au début du 16e s., les Strozzi firent élever par Jacopo Sansovino le **palais Niccolini-Amici** dont la cour intérieure témoigne encore de la somptuosité. En face, le **palais Alberini** fut loué en 1515 à des banquiers florentins.

★**Via dei Coronari** – Elle est une des rues les plus attachantes de Rome, jalonnée de boutiques d'antiquaires et de « palais » où chatoient l'ocre et le bistre. Dans l'Antiquité, elle fut une partie de la « via Recta » qui reliait la piazza Colonna au Tibre. Dans son ensemble, elle a conservé l'aménagement que lui donna Sixte IV (1471-1484). Son nom lui vient des marchands de chapelets *(corone)* et autres objets de piété, installés sur le passage des pèlerins, arrivés par la porta del Popolo et se rendant au Vatican par le pont St-Ange.

Arco dei Banchi – Il donnait accès à la banque des Chigi. Sous l'arc, à gauche, une pierre gravée d'une inscription latine, provenant de l'église voisine des Sts-Celse-et-Julien, indique le niveau atteint par le Tibre en crue en 1277.

Ponte Vittorio Emanuele II – Déjà Néron, vers 60, avait jeté un pont en cet endroit, qui s'effondra au 4e s. L'ouvrage actuel, orné de groupes allégoriques et de Victoires ailées, fut entrepris au lendemain de l'unité italienne. Achevé en 1911, il relie Rome au Vatican.
Sur la gauche, l'imposant bâtiment de brique de l'**hôpital S. Spirito** fut fondé par Innocent III et reconstruit au 15e s. sous Sixte IV. La petite **église de la SS. Annunciata** (18e s.) montre une jolie façade pleine de mouvement.

S. Spirito in Sassia – Construite au 8e s. pour les pèlerins anglo-saxons, elle fut rebâtie au 16e s. après avoir été mise à sac en 1527. Sangallo le Jeune en fut l'architecte. L'édifice ne fut achevé qu'après sa mort, sous Sixte Quint (1585-1590) dont le blason figure à la façade. Celle-ci, Renaissance, à pilastres plats et percée d'un oculus, fut élevée d'après les dessins de Sangallo.
L'intérieur, au beau plafond à caissons, est riche de peintures caractéristiques de l'art maniériste (division en petits panneaux, surcharge). Le bel orgue est du 16e s.

Palazzo di Giustizia – Construit de 1889 à 1911 par Guglielmo Calderini, le palais de justice constitue l'une des œuvres les plus voyantes de la Rome contemporaine. Surmonté d'un quadrige de bronze dû à Ximenès (1855-1926), pourvu de statues colossales, il s'inspire de l'Antiquité et du baroque.

CATACOMBE DI PRISCILLA★
Les CATACOMBES DE PRISCILLE

Ce quartier hors-les-murs, étendu entre la via Salaria et la via Nomentana, appelé « africain » en raison des nombreuses rues qui portent le nom de contrées de l'empire italien, est une réalisation de l'époque fasciste (1926).
La monotonie des rues loties de grands immeubles confortables cesse autour de la **piazza Mincio** aménagée de 1922 à 1926 par l'architecte Gino Coppedè en édifices aux décorations extravagantes où se mêlent les styles Renaissance, baroque et égyptien.
Les curiosités de cet itinéraire sont décrites dans leur ordre alphabétique

★CHIESA DI S. AGNESE FUORI LE MURA, MAUSOLEO DI S. COSTANZA

L'histoire de ces deux édifices commence avec la mort d'Agnès, cette très jeune fille d'une douzaine d'années martyrisée à l'époque de Dioclétien (284-305).

La légende de sainte Agnès – Les textes de saint Ambroise et de Damase, écrits à une époque encore proche de la persécution de Dioclétien, attestent le martyre d'Agnès. C'est donc sur un fond de vérité que se forgea la légende au 6e s. : ayant refusé d'épouser le fils du préfet de la ville, la jeune Agnès déclara avoir voué son amour au Christ. Le préfet la condamna alors à être exposée dans un mauvais lieu, peut-être sous les gradins du stade de Domitien, là où s'élève l'église S. Agnese in Agone *(voir index)* ; dénudée, elle fut miraculeusement parée d'une longue chevelure et d'un manteau éblouissant. Condamnée au bûcher, elle en ressortit indemne, les flammes s'étant retournées contre ses bourreaux. Finalement, elle périt par le glaive et fut ensevelie au cimetière de la via Nomentana.

La légende de sainte Constance – Le nom de cette sainte résulte d'une confusion avec celui de Constantine, fille de l'empereur Constantin. De si grands bienfaits étaient attribués à Agnès que Constantine, atteinte de lèpre, vint passer la nuit auprès de son tombeau ; la jeune martyre lui apparut alors en rêve, l'exhortant à se convertir au christianisme ; à son réveil, la lèpre avait disparu.

La construction des églises – Au 4e s. (après 337), Constantine fit ériger une grande basilique près du tombeau de sainte Agnès. Des vestiges de l'abside subsistent, bien visibles depuis la via Bressanone et la piazza Annibaliano *(au Nord-Ouest de l'édifice).*

CATACOMBE DI PRISCILLA

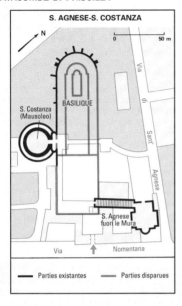

S. AGNESE-S. COSTANZA

S. Costanza (Mausoleo)

BASILIQUE

S. Agnese fuori le Mura

Via Nomentana

—— Parties existantes —— Parties disparues

Par la suite, Constantine fit construire, sur le côté gauche de la basilique, l'édifice circulaire qui devait lui servir de mausolée, devenu l'église Ste-Constance. Sur la tombe elle-même de sainte Agnès se dressait une petite chapelle; le pape Honorius (625-638) la reconstruisit et l'agrandit, alors que la basilique de Constantine tombait en ruine : c'est l'actuelle église Ste-Agnès plusieurs fois restaurée, notamment au 19ᵉ s.

★**S. Agnese fuori le Mura** – Cette église est accessible par la via di S. Agnese ou depuis la via Nomentana par un escalier donnant dans le narthex; reconstruit au 16ᵉ s., il existait déjà dans la construction du 7ᵉ s. Divers fragments y ont été déposés dont *(à droite en descendant, presque au bas de l'escalier)* un bas-relief représentant Agnès en prière, qui orna la tombe de la sainte au 4ᵉ s., et une inscription que le pape Damase (366-384) fit graver à la gloire de la martyre *(disposée sur 10 lignes dont la 1ʳᵉ est : FAMA REFERT SANCTOS DUDUM RETULISSE PARENTES).*

Malgré les peintures du 19ᵉ s. au-dessus de l'arc triomphal, entre les fenêtres hautes et au-dessus des arcades de la nef principale, l'intérieur de cette église donne encore une idée de ce que fut l'édifice du 7ᵉ s., construit sur un plan basilical à trois nefs et pourvu de tribunes.

Le plafond et le baldaquin sont des œuvres du 17ᵉ s. À cette époque, Paul V fit entreprendre des travaux de restauration au cours desquels on trouva les ossements d'Agnès, à côté de ceux d'un autre corps; peut-être celui d'Émérentienne qui continua de prier près du corps de la sainte, tandis que les autres chrétiens s'enfuyaient, lapidés par les païens. Paul V fit ranger ces ossements dans une châsse placée sous l'autel.

Sur l'autel, la statue de sainte Agnès est une œuvre curieuse du sculpteur français Nicolas Cordier (1567-1612) qui réemploya le torse en albâtre d'une statue antique d'Isis. À gauche de l'autel, beau candélabre antique en marbre.

La **mosaïque**★ de l'abside ornait déjà l'édifice au 7ᵉ s. Elle représente Agnès avec le pape Symmaque (498-514) qui fit restaurer la chapelle primitive et le pape Honorius présentant son église. Cette œuvre est caractéristique de l'influence byzantine qui s'exerça sur l'art romain : Agnès est parée du costume d'une impératrice de Byzance; les couleurs sont assourdies et assez monotones (même couleur pour les trois vêtements); les lignes verticales sont d'une belle pureté, parfaitement en accord avec les lignes de la voûte.

Mosaïques du mausolée de sainte Constance

136

Catacombes ⊙ – Un cimetière existait là avant qu'y soit déposée la dépouille d'Agnès. La partie la plus ancienne remonte au 2ᵉ s. et s'étend à gauche de l'église. Après la déposition de la martyre, le cimetière s'étendit derrière l'abside, puis entre l'église Ste-Agnès et le mausolée de Constantine.

★★**Mausoleo di S. Costanza** ⊙ – Les filles de l'empereur Constantin, Hélène et Constantine, furent ensevelies dans cet édifice circulaire construit au 4ᵉ s. Le mausolée fut transformé en église probablement au 13ᵉ s. Précédée d'un vestibule ovale qui se devine encore, la rotonde intérieure est surmontée d'une coupole reposant par l'intermédiaire d'un haut tambour sur un cercle de colonnes jumelées et reliées par d'élégantes arcades. Autour, une galerie voûtée en berceau porte encore sa décoration en **mosaïque**★ du 4ᵉ s., témoin du renouveau de l'art durant la période qui suivit le règne de Constantin ; divisée en panneaux, la voûte est couverte d'une multitude de sujets se détachant sur un fond clair : motifs floraux et géométriques, portraits en médaillons, pampres de vignes mêlés de scènes de vendanges ; dans les niches latérales, les mosaïques représentent des thèmes chrétiens : Dieu remettant les Tables de la Loi à Moïse (la remise des clefs à saint Pierre selon d'autres interprétations) et le Christ remettant la Nouvelle Loi (l'Évangile) à saint Pierre et à saint Paul.

Dans la niche opposée à l'entrée, copie du sarcophage de Constantine.

★★CATACOMBE DI PRISCILLA ⊙ *via Salaria, 430.*

À l'origine, il exista là un hypogée privé, creusé au-dessous de la villa de la noble famille des Acilii à laquelle appartenait Priscille. Dans cet hypogée, les archéologues ont retrouvé des inscriptions mentionnant le nom de Priscille et d'un certain Acilius Glabrio, dont parle Suétone : l'empereur Domitien l'avait condamné à mort en 91 pour le même motif que Flavius Clémens, le mari de Domitille *(voir p. 98)*. Convertie au christianisme, la famille permit aux chrétiens de creuser le sous-sol de sa propriété de galeries pour y ensevelir leurs morts. Deux étages de galeries se développèrent autour de l'hypogée privé durant tout le 3ᵉ s. Au 4ᵉ s., le pape Sylvestre (314-335) fit ériger, au-dessus des sépultures, la basilique St-Sylvestre où furent ensevelis plusieurs papes.

La **chapelle de la Prise de voile** est ainsi appelée pour une scène peinte sur la paroi du fond et d'abord interprétée comme représentant une jeune vierge prenant le voile en présence de la Vierge ; aujourd'hui on y voit la représentation de trois épisodes de la vie de la défunte : son mariage, sa dévotion, son rôle de mère de famille.

Dans la **chapelle de la Vierge à l'Enfant**★, à côté de la Vierge tenant l'Enfant sur ses genoux (au plafond), se tient un personnage montrant une étoile. Cette scène est interprétée comme l'illustration d'un passage de la prophétie d'Isaïe (« Voici, la vierge deviendra enceinte, elle enfantera un fils... ») Elle constituerait la plus ancienne figure connue de la Vierge.

La **chapelle grecque**★ (on y trouva des inscriptions en grec) se compose de deux salles séparées par un arc. Au-dessus de l'arc de la salle du fond, une peinture représente un banquet où l'un des personnages *(à gauche)* rompt du pain ; sur la table sont disposés un calice et un plat de poissons ; sur les côtés, les 7 paniers renfermant du pain pourraient être une allusion au miracle de la multiplication des pains. Pour tous ces éléments, cette scène est interprétée comme une représentation de l'Eucharistie. Les archéologues ont daté cette peinture du 2ᵉ s., d'après la coiffure de l'une des femmes assises à la table, mise à la mode par Faustine, l'épouse de l'empereur Antonin le Pieux (138-161).

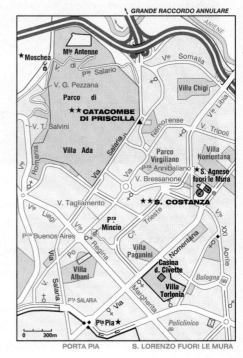

AUTRES CURIOSITÉS

Parco di Villa Ada – Dans ce vaste parc public, l'emplacement du mont Antenne est lié aux origines de Rome : là se trouvait la cité sabine des Antemnates, vaincue par Romulus, d'après Tite-Live. Les Antemnates avaient attaqué les Romains à la suite de l'affaire du rapt des Sabines.

★**Moschea** – Bordé par la végétation verdoyante du mont Antenne, la **mosquée** fait partie du plus vaste ensemble monumental construit à Rome au cours des dernières décennies. En effet, le nouveau Centre islamique ne se limite pas à la seule mosquée. Cette dernière est flanquée d'une bibliothèque, d'un auditorium d'une capacité de 300 places et de nombreuses salles de conférences et de réunion. Le projet du Centre islamique de Rome est le fruit d'une collaboration entre les architectes P. Portoghesi, V. Gigliotti et S. Moussawi. La construction de la mosquée a débuté en 1984 et s'est achevée en 1992.

L'édifice s'inscrit avec naturel dans le tissu architectural de la ville. L'utilisation de matériaux typiquement romains, tels que la brique jaune clair et le travertin classique, établit ainsi une affinité étroite avec la culture architecturale locale. L'intérieur constitue assurément le chef-d'œuvre de ce temple islamique, avec sa salle de prière pouvant accueillir jusqu'à 3 000 personnes, où 32 piliers creux de ciment blanc et poudre de marbre soutiennent la grande coupole à cercles concentriques, inspirée de la Grande Mosquée de Cordoue, et 16 petites coupoles latérales. Les murs externes, qui constituent le soubassement des coupoles, sont soutenus par ces mêmes piliers creux et ne prennent donc pas appui sur la base rectangulaire de l'édifice. Cet agencement crée un bandeau de lumière d'une hauteur de 80 cm qui court tout autour de ce soubassement (170 m), produisant ainsi un effet des plus saisissants.

À l'intérieur, tout est axé sur la lumière. Ainsi, chaque gradin des coupoles est percé d'une série de petites ouvertures qui, s'alliant à la bande de lumière du pourtour, contribuent à diffuser la lumière et à créer une atmosphère irréelle. L'enchevêtrement des arches qui se développent à partir des piliers et qui, par leur mouvement continu, ne sont pas sans rappeler les sinuosités du baroque italien est de toute beauté et extrêmement suggestif.

Intérieur de la mosquée

Casina delle Civette ⊘ – Dissimulée dans la végétation de la villa Torlonia, cette construction originale imitant le style médiéval accueille un petit musée qui présente de magnifiques **vitraux**★ de style Liberty. L'édifice, conçu pour servir d'habitation privée au prince Torlonia (1908) et tombé en ruine après sa mort (1939), a subi une restauration complète. Les vitraux en plomb, aux dessins multicolores souvent liés au monde naturel et fantastique, ont fait l'objet d'une attention particulière, ce qui leur a permis de retrouver leur splendeur originale. En outre, dans les salles ont été rassemblées des esquisses de vitraux datant de la même période.

Pour un bon usage des plans de quartiers, consultez la légende page 9.

COLOSSEO – CELIO★★★

Le COLISÉE – Le CAELIUS

Visite : prévoir une demi-journée au moins

Avec le Colisée et l'arc de triomphe de Constantin, la première partie de cet itinéraire traversant les siècles est consacrée à la période impériale. La seconde conduit à la découverte de l'une des sept collines de Rome, le Caelius (Celio), et des précieux témoignages médiévaux qu'elle recèle.

★★★COLOSSEO

La fondation – L'empereur Vespasien, le premier des Flaviens, entreprit en 72 de consacrer aux divertissements publics une partie de l'espace démesuré qu'occupait la Maison dorée. Là où s'étendait le lac du domaine de Néron, il fit élever le plus grand amphithéâtre du monde romain où se déroulèrent des spectacles légendaires.

L'amphithéâtre Flavien prit le nom de Colisée peut-être parce que la statue colossale de Néron, le «Colosseum», s'élevait non loin de là; peut-être aussi à cause des dimensions colossales de l'édifice lui-même. Avec 527 m de circonférence et 57 m de hauteur, le Colisée est une inoubliable démonstration de la grandeur romaine.

L'emplacement de la **statue de Néron** est indiqué par quelques dalles de travertin posées au sol. L'empereur était représenté la tête auréolée de rayons, à l'image du soleil. D'après Suétone, cette sculpture mesurait cent vingt pieds de haut (plus de 35 m).

Les jeux – À l'origine, ils revêtaient pour les Romains le caractère d'une cérémonie religieuse et constituaient un rite destiné à entretenir de bons rapports entre la Cité et les dieux. Pendant très longtemps, l'assistance y participa, tête nue, comme à un sacrifice. On blâma César parce qu'il lisait son courrier à l'amphithéâtre et Suétone, le biographe des empereurs, reprocha vivement à Tibère de ne pas aimer les jeux.

En 80, Titus, le fils de Vespasien, inaugura le Colisée inachevé. Les jeux qu'il organisa à cette occasion durèrent cent jours. Les combats entre hommes et animaux féroces succédèrent aux duels de gladiateurs et aux courses. 5 000 bêtes périrent. On simula même des combats navals ou **naumachies** après avoir inondé l'arène. En 249, pour fêter le millénaire de la fondation de Rome, 1 000 couples de gladiateurs s'affrontèrent; 32 éléphants, une dizaine de tigres, plus de 50 lions, etc., envoyés par les provinces impériales, furent tués.

Généralement, les jeux duraient de l'aube à la tombée de la nuit. Les spectacles étaient variés. Certains, d'une extrême cruauté, inondaient l'arène de sang; d'autres, comme la présentation d'animaux savants, se rattachaient aux exercices du cirque.

La fin du Colisée – Les duels de gladiateurs furent interdits en 404 par l'empereur Honorius. Les combats entre bêtes fauves disparurent au 6e s. Au 13e s., les Frangipani transformèrent le Colisée en une forteresse qui passa ensuite aux Annibaldi. Mais c'est au 15e s. que l'édifice subit les plus graves dommages : véritable carrière de travertin, ses pierres servirent à la construction du palais Venezia, du palais de la Chancellerie, de la basilique St-Pierre. Au 18e s., Benoît XIV mit un terme au pillage en consacrant l'édifice aux martyrs chrétiens qui, croyait-on, y avaient péri. Un chemin de croix fut érigé autour de l'arène. Stendhal écrit qu'il fut gêné par les «murmures pieux des dévots qui par troupes de 15 ou 20 font les stations du calvaire». Aujourd'hui, une croix s'élève près de l'entrée Est du Colisée, rappelant que des chrétiens se sont probablement trouvés parmi les condamnés à mort que l'on opposait sans défense à des adversaires armés ou à des bêtes fauves.

Devant le Colisée, dont la masse semble indifférente à tous les périls, la coutume veut que l'on cite Bède le Vénérable, moine et historien anglais, qui prophétisa au début du 8e s. : «Aussi longtemps que durera le Colisée, durera aussi Rome : quand tombera le Colisée, Rome aussi tombera; et lorsque Rome tombera, le monde aussi tombera.»

Visite ⊘

L'ensemble se compose de trois étages d'arcades reposant sur des piliers à colonnes engagées, doriques à l'étage inférieur, puis ioniques et corinthiennes, surmontés d'une muraille rythmée par des pilastres à plate-bande. Entre ceux-ci, de petites ouvertures alternent avec des surfaces occupées au temps de Domitien par des boucliers de bronze. Les consoles supportaient les bases des mâts qui, enfilés dans les trous pratiqués dans la corniche supérieure, permettaient de tendre le voile de lin au-dessus de l'amphithéâtre, afin de protéger les spectateurs du soleil ou de la pluie. La manœuvre du «velum», que le vent rendait souvent difficile, était confiée à des marins de la flotte de Misène.

Le Colisée

S. Chirol

L'appareil de travertin n'a jamais été recouvert de marbre. Il est fait de gros blocs autrefois assemblés par des éléments métalliques, retirés au Moyen Âge, mais dont on peut encore voir l'emplacement. Ces blocs furent transportés des carrières d'Albulae près de Tivoli le long de routes de 6 m de largeur, tracées tout exprès.

Les portes étaient numérotées, et les spectateurs pénétraient dans le Colisée par celle qui portait le numéro indiqué sur leur jeton (la «tessera»). Ils gagnaient leur place par un labyrinthe très étudié d'escaliers et de galeries aux voûtes décorées de stucs.

Intérieur – Le plan du monument a la forme d'un ovale très arrondi dont les axes atteignent 188 m et 156 m. Aux extrémités du petit axe étaient placées les tribunes réservées à l'empereur et sa suite (au Nord) et au préfet de la ville et aux magistrats (au Sud).

À 4 m au-dessus de l'arène commençait la *cavea*: il y avait d'abord le *podium*, plate-forme protégée par une balustrade et réservée aux sièges de marbre des personnages importants. Puis s'élevaient trois séries de gradins, séparées les unes des autres par des couloirs et divisées par des corridors en pente qui déversaient la multitude des spectateurs (d'où leur nom de *vomitoria*). Les places étaient attribuées suivant le rang social de chacun.

Au sommet, une colonnade soutenait une terrasse sous laquelle s'asseyaient les femmes. Sur la terrasse, les esclaves assistaient au spectacle, debout. Au total, probablement 45 000 places assises et 5 000 debout.

Les gladiateurs entraient par les portes situées aux extrémités du grand axe. En rang, comme des soldats, ils faisaient un tour d'arène, parés de pourpre et d'or, puis s'arrêtaient devant l'empereur. Là, le bras droit levé, ils prononçaient la formule : « Ave, Imperator, morituri te salutant. » (Salut, Empereur, ceux qui vont mourir te saluent.)

La plate-forme qui servait d'arène et où se déroulaient les spectacles a disparu lors des fouilles, ce qui permet de voir les « coulisses » d'où arrivaient, par un système de plans inclinés et de monte-charge, les bêtes fauves, pour le plus grand plaisir de la foule.

★★★ ARCO DI TRIONFO DI COSTANTINO

En pleine saison touristique, il est parfois difficile de s'approcher de l'**arc de Constantin**, sa notoriété lui valant la visite de quiconque ne fait que passer à Rome. Cet arc magnifique, à trois arcades, fut élevé en 315 par le Sénat et le peuple romain trois ans après que Constantin eut battu son rival Maxence au pont Milvius *(voir p. 199)*. Comme le Colisée, il fut intégré aux fortifications médiévales. Restauré au 18ᵉ s., il fut remis dans son état actuel en 1804. Les proportions sont harmonieuses. La décoration fort abondante n'a pas été entièrement sculptée au 4ᵉ s. De nombreuses sculptures furent prélevées sur des monuments du 2ᵉ s. (de Trajan, d'Hadrien et de Marc Aurèle) et réemployées.

La face Nord – À l'étage supérieur, les quatre statues de prisonniers daces appartenaient à un monument élevé à Trajan (98-117). La façon de les disposer sur un socle volumineux porté par l'entablement est caractéristique du goût du 4ᵉ s. Entre ces statues, les quatre bas-reliefs datent du 2ᵉ s. : avec ceux exposés au musée du palais des Conservateurs, ils appartenaient à des monuments érigés en l'honneur de Marc Aurèle (bien qu'ici la tête de celui-ci ait été remplacée par celle de Constantin). De gauche à droite, ils représentent : Marc Aurèle accueilli par la Via Flaminia personnifiée, lorsqu'il rentra à Rome en 174 après avoir combattu en Germanie ; son triomphe ; la distribution du pain et de l'argent au peuple ; l'interrogatoire d'un roi prisonnier. Les quatre médaillons ornaient un monument élevé à Hadrien. Les sujets traitent de la chasse, sport d'origine orientale particulièrement apprécié d'Hadrien, et des sacrifices. De gauche à droite : la chasse au sanglier et le sacrifice à Apollon. Puis la chasse au lion et le sacrifice à Hercule, le héros paré d'une peau de lion. Les autres sculptures, exécutées au 4ᵉ s., illustrent le règne de Constantin.

La face Sud – Le schéma est identique à celui de la face Nord. Au sommet, quatre bas-reliefs appartenant à la même série que ceux du musée du Capitole et de la face opposée de l'arc : à gauche, deux épisodes des guerres de Marc Aurèle ; à droite, l'empereur s'adresse à son armée et, à côté, la représentation d'une cérémonie de sacrifice (au bas de la composition : les animaux conduits au sacrifice).

Sur les quatre médaillons (assez détériorés) sont représentés de gauche à droite : le départ pour la chasse et le sacrifice à Silvain, le dieu des forêts ; puis la chasse à l'ours et le sacrifice à Diane, la déesse chasseresse par excellence.

La « Meta Sudans » – On peut encore voir l'emplacement de cette fontaine, construite par Titus, puis refaite par Constantin. Elle avait la forme d'un cône d'où l'eau suintait comme de la sueur. Ce qu'il en restait a été démoli en 1936.

Se diriger vers la via S. Giovanni in Laterano.

Au bas de la rue, les vestiges que l'on voit en contrebas appartinrent peut-être au **Ludus Magnus**, gymnase construit par Domitien pour l'entraînement des gladiateurs.

Prendre la via N. Salvi, puis la via delle Terme di Tito. À gauche, au-delà du largo della Polveriera, gagner la piazza S. Pietro in Vincoli par la via Eudossiana.

★ S. PIETRO IN VINCOLI

C'est au 5ᵉ s. que Sixte III (433-440) consacre l'église **St-Pierre-aux-Liens**, probablement érigée sur une construction plus ancienne. À la Renaissance, les cardinaux de la famille Della Rovere en furent titulaires : Francesco, devenu le pape Sixte IV (1471-1484), puis Giuliano, le futur Jules II (1503-1513), la firent restaurer.

Abritant le fameux *Moïse* de Michel-Ange, cette église constitue aujourd'hui l'un des principaux attraits touristiques de Rome. Elle est également un lieu très fréquenté des pèlerins qui viennent y vénérer les chaînes qui lièrent saint Pierre.

En 1475, le cardinal Giuliano Della Rovere fit ajouter le porche qui ne manquerait pas d'élégance s'il n'avait été surmonté d'un étage au 16ᵉ s.

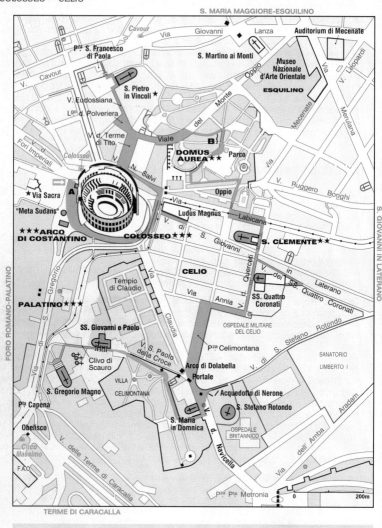

Ancien emplacement de la statue de Néron .. **A**   Implantation des thermes de Trajan..... **B**

L'intérieur, divisé en trois nefs, très ample, séduit le visiteur par la solennité austère que lui confèrent ses belles colonnes doriques en marbre. Cet ensemble médiéval a été modifié aux 17ᵉ et 18ᵉ s. : la nef centrale fut couverte d'une voûte et peinte d'une fresque.

À gauche de la porte centrale, tombeau des grands sculpteurs florentins de la Renaissance, Antonio et Piero Pollaiuolo.

Mausolée de Jules II – Ce monument fut l'occasion de la rencontre de deux des personnalités les plus puissantes de la Renaissance : Jules II et Michel-Ange. Dans l'esprit de ce pape assoiffé de grandeur naquit l'idée d'un tombeau dont la splendeur devrait être le témoignage éternel de son pontificat. En 1505, il fit venir de Florence Michel-Ange pour l'associer à son projet. Ce tombeau prendrait place au centre de la basilique St-Pierre, élevé sur 3 étages, composé de quarante statues gigantesques, de bas-reliefs de bronze et couronné par le sarcophage. Michel-Ange partit aussitôt pour Carrare où, pendant 8 mois, il choisit les blocs de marbre d'où devait naître cette œuvre surhumaine. C'est là qu'il rêva de sculpter la montagne de marbre en une seule statue. Puis ce fut le retour à Rome et l'indifférence du pape qui ne jurait plus que par Bramante. Michel-Ange, blessé, rentra à Florence. Après la mort de Jules II, en 1513, le projet de son tombeau ne cessa de se rétrécir. Michel-Ange n'en sculpta que les esclaves (à Paris et à Florence) et le Moïse ; il commença les statues des filles de Laban, Lia et Rachel, et laissa l'exécution du mausolée lui-même à ses élèves.

★★★ **Le Moïse** – Le pape Paul III, las de voir Michel-Ange œuvrer au tombeau de Jules II et désirant lui confier au plus tôt le *Jugement dernier* de la chapelle Sixtine, se rendit un jour chez le sculpteur. Là, devant le Moïse, un cardinal de sa suite, très diplomate, fit remarquer que la statue était si belle qu'elle suffirait à honorer la sépulture d'un pape.

Le spectateur est saisi devant le regard de ce géant, campé dans une attitude autoritaire.

Chaînes de Pierre – Elles sont exposées dans la confession, en contrebas du chœur. À l'origine, il y eut deux chaînes, une qui avait lié l'apôtre à Jérusalem, l'autre à Rome. Au 13e s. naquit la légende de la soudure miraculeuse qui réunit les deux reliques.

Crypte – *Accès interdit*. Elle est visible à travers la grille de l'autel de la confession *(sous l'autel du chœur)*. Dans le beau sarcophage du

Michel-Ange – *Moïse*

4e s. sont conservées les reliques des sept frères Maccabées, dont l'Ancien Testament raconte le martyre.

DE ST-PIERRE-AUX-LIENS À LA COLLINE DU CÆLIUS

En sortant de l'église, prendre à droite le passage couvert qui mène à la piazza S. Francesco di Paola.

L'escalier est dominé par ce qui fut le palais des Borgia (jolie loggia du 16e s.); ce palais fut la demeure de Vannozza Caetani, mère de César et Lucrèce Borgia, enfants du pape Alexandre VI.

La triste fin d'un roi étrusque – De la piazza S. Francesco di Paola, le visiteur peut contempler un moment les escaliers qu'il vient de gravir : leur site est lié à l'histoire légendaire des origines de Rome, au temps où la cité était administrée par les rois étrusques.

Le roi Servius Tulius avait une fille, Tullia, mariée à Tarquin. Dévorée par l'ambition, elle poussa son époux à détrôner son père. Celui-ci, blessé au cours d'une lutte fomentée par son gendre dans la vénérable curie, vint mourir dans la rue qui reliait Suburre à l'Esquilin suivant le tracé des modernes escaliers. Tite-Live, sept siècles plus tard, raconte dans son *Histoire romaine* que Tullia, égarée par la furie de son époux, «fit passer sa voiture sur le corps de son père...». On appela alors cette rue le vicus Scelaratus, la rue du Crime.

Retourner à la piazza S. Pietro in Vincoli et se diriger vers le viale del Monte.

L'itinéraire gagne le **parco Oppio** (antique colline de l'Oppius) et côtoie les vestiges des **thermes de Trajan** dont un plan gravé est exposé au revers d'une abside.

★★ **Domus Aurea** ⊙ – La **Maison dorée** est le luxueux palais que Néron se fit construire après l'incendie de 64. Le vestibule se trouvait sur la Vélia (site d'origine de l'arc de Titus) et renfermait la fameuse statue de Néron, tandis que les pièces étaient situées sur la colline de l'Oppius. À l'emplacement du vallonnement occupé aujourd'hui par le Colisée, une pièce d'eau «semblable à une mer» et, tout autour, des cultures, des vignobles, une vraie campagne. À l'intérieur, «le plafond des salles à manger était fait de tablettes d'ivoire mobiles et percées de trous, afin que l'on pût répandre d'en haut sur les convives soit des fleurs, soit des parfums ; la principale était ronde et tournait continuellement sur elle-même, le jour et la nuit, comme le monde...»

Néron se suicida en 68, le Sénat condamna sa mémoire et la Maison dorée ne tarda pas à disparaître. Le lac fut asséché et sur son emplacement se dressa le Colisée. Puis on abattit patiellement les murs, et la Maison dorée servit de fondations aux thermes de Titus et de Trajan. À la Renaissance, elle fut redécouverte. Raphaël et

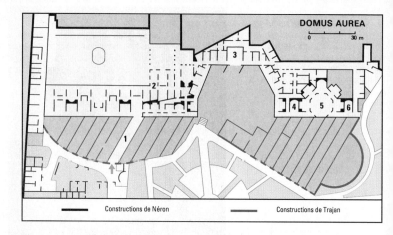

Constructions de Néron | Constructions de Trajan

des artistes de son entourage s'enthousiasmèrent pour les peintures qu'ils y découvrirent : des dessins géométriques, des rinceaux, ornés de visages et d'animaux. Les salles ainsi décorées étaient sous terre et ressemblaient à des grottes, aussi appelèrent-ils ces motifs des **« grotesques »**.

Visite – La partie Ouest de la Maison dorée est encore en cours de restauration et de consolidation. L'entrée s'effectue par le viale Domus Aurea, au-dessous des jardins du Colle Oppio. La demeure, dont la belle façade de brique faisait partie des thermes de Trajan, se divise en deux ailes ; l'aile gauche abritait les appartements impériaux, la droite les salles de banquets, les galeries, les bibliothèques, etc. La visite commence par l'une des galeries obliques (**1**) construites devant la maison de Néron, galerie sur laquelle s'appuient les thermes de Trajan, et se poursuit dans une série de salles assez obscures. L'une d'elles (**2**) présente des vestiges des maisons détruites par l'incendie de 64. On passe ensuite devant le nymphée d'Ulysse et Polyphème pour s'arrêter un instant dans la salle de la Voûte dorée (**3**) ; les deux pièces sont décorées de sujets mythologiques et de paysages aux splendides couleurs, peints par Fabullus. On emprunte ensuite plusieurs couloirs où l'on remarque, au plafond par lequel ils pénétrèrent dans les ruines, les signatures de nombreux artistes, et l'on parvient à la galerie fermée *(cryptoporticus)* qui reliait les deux ailes du palais. La salle d'Achille Asciro (**4**), aux murs ornés de traits et de guirlandes, précède la partie Est du palais, qui comprend la salle octogonale (**5**). C'est là que l'on peut juger le mieux de la hardiesse de conception de l'édifice. Amplement éclairée par le plafond, la pièce commande un nymphée et quatre salles à manger. La visite s'achève dans la salle d'Hector et Andromaque (**6**), où fut probablement découvert en 1506 le *Laocoon* aujourd'hui exposé au Vatican. Selon les experts, la décoration de la voûte traiterait des noces d'Amphitrite et de Poséidon.

LA COLLINE DU CÆLIUS

Des sept collines de Rome, le verdoyant Caelius (ou *Celio* en italien) est l'une des plus agréables. Il fut compris dans l'enceinte de la ville dès le 7ᵉ s. avant J.-C. : la cité d'Albe ayant rompu le traité de paix qui l'unissait à Rome depuis le combat des Horaces et des Curiaces, le roi Tullus Hostilius s'empara de la traîtresse et transféra sa population sur le mont Caelius. Celui-ci ne cessa d'être habité qu'au 11ᵉ s. lorsque la querelle des Investitures porta la guerre à Rome. En 1084, les armées de Robert Guiscard « libérèrent » la capitale pontificale des troupes germaniques au prix d'une effroyable mise à sac. Dès lors, le Caelius demeura à l'écart des reconstructions.

Gagner la via Labicana, puis, en tournant à droite, St-Clément.

★★Basilica di S. Clemente

Fondée au 4ᵉ s. dans la maison particulière d'un chrétien (un « titre »), elle fut aussitôt dédiée à saint Clément, un des premiers successeurs de saint Pierre. Elle compte donc parmi les plus anciennes basiliques romaines. Dévastée en 1084, elle fut reconstruite par Pascal II à partir de 1108 sur les ruines de la basilique antérieure.

Basilique actuelle – L'entrée principale a l'austérité des édifices médiévaux. L'intérieur *(on entre souvent par le bas-côté gauche, via di S. Giovanni in Laterano)* a conservé son plan basilical du 12ᵉ s., divisé en trois nefs par des colonnes antiques de diverses provenances. Cependant, son unité a été altérée par des décorations baroques de stucs et par des remaniements au 18e s. (plafond et fresques des parois). Le mobilier de marbre y est remarquable : dans la schola cantorum (1) où se tenaient les chantres, les ambons très sobres où sont lus l'Évangile et l'Épître, le candélabre pour le cierge pascal sont de beaux ouvrages du 12e s. ; la clôture qui sépare la schola cantorum du chœur appartint à la basilique primitive et remonte au 6e s. Le pavement cosmatesque (12e s.) est l'un des mieux conservés de Rome.

★★★ **Mosaïque de l'abside** – Cette œuvre, éblouissante de couleurs, date du 12e s. À la richesse du symbolisme s'ajoutent la diversité et la beauté du style. Au creux de la calotte, sur un fond de rinceaux parsemés de petits sujets selon la manière décorative transmise par les mosaïstes des premiers siècles, est illustrée la Crucifixion ; la Vierge et saint Jean encadrent la croix, ornée de douze colombes symbolisant les apôtres. Au-dessus, le Paradis aux coloris chatoyants est représenté comme un parasol avec la main du Père tendant la couronne au Fils. Au-dessous de la croix des cerfs se désaltèrent (symbole de ceux qui aspirent au baptême), l'humanité est occupée à ses travaux. Au bas de la calotte, en frise, les agneaux sortant de Jérusalem et de Bethléem, symboles de l'Ancien et du Nouveau Testament, s'en vont dans une belle perspective, adorer l'Agneau divin.

Au-dessus de l'arc, le style est influencé par l'art byzantin. Les prophètes Jérémie et Isaïe (au-dessus des deux villes) annoncent le triomphe de Dieu représenté par le Christ bénissant entouré des symboles des évangélistes. Entre les prophètes et le Christ, les martyrs : Clément, muni de l'instrument de son supplice (la barque), est accompagné par saint Pierre *(à droite)* ; Laurent, portant son gril, est accompagné par saint Paul *(à gauche)*.

Détail des mosaïques

Chapelle Ste-Catherine (2) – Les **fresques★** qui la décorent sont dues à Masolino da Panicale (1383-1447). De l'art des primitifs, Masolino a conservé le goût pour les attitudes et les visages raffinés, pour les couleurs tendres. De la Renaissance qui commence, il adopte la recherche d'un espace bien déterminé : remarquer le décor architectural dans la scène de l'Annonciation au-dessus de l'arcade de l'entrée de la chapelle.

La scène à gauche de l'arcade représente saint Christophe portant Jésus ; dans la chapelle, à la paroi gauche, scènes de la vie de sainte Catherine d'Alexandrie ; à la paroi du fond, la Crucifixion ; à droite, assez abîmées, les scènes de la vie de saint Ambroise.

Constructions souterraines ⊘ – Une fois l'escalier descendu, on se trouve au niveau de la **basilique inférieure** (4e s.).

Cette basilique se composait d'un narthex, de trois nefs et d'une abside. La basilique supérieure occupe le collatéral gauche et la nef centrale ; on en voit le mur de soutènement (3), créant une division en quatre parties.

S. CLEMENTE

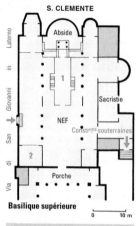

Basilique supérieure

0   10 m

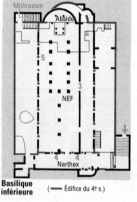

Basilique inférieure   (—— Édifice du 4ᵉ s.)

Fresques – Certaines (4) datent des 11ᵉ et 12ᵉ s. D'autres remontent au 9ᵉ s. On peut distinguer, pour leur bon état de conservation et pour la vivacité des scènes, celles de la nef centrale (11ᵉ s. – 5) illustrant la légende de Sisinius, préfet de Rome : voulant faire arrêter son épouse qui assistait clandestinement à la messe célébrée par le pape Clément, le préfet fut privé de la vue lorsqu'il arriva auprès du saint homme ; au-dessous de cette scène, ses serviteurs, aveuglés eux aussi, transportent une colonne, croyant emporter l'épouse de Sisinius. D'un certain point de vue, ces fresques sont vraiment étonnantes ; certaines phrases prononcées par les protagonistes des différentes scènes y figurent en même temps que les personnages, ce qui en fait une véritable bande dessinée, peut-être la première de l'histoire. Chose encore plus importante, il s'agit là d'une des très rares manifestations écrites de la langue de transition entre le latin et la langue vulgaire.

Mithraeum – Au-dessous des nefs et de l'abside de la basilique du 4ᵉ s., il existait deux maisons remontant à l'époque de la République (1ᵉʳ s.). Celle située sous l'abside fut transformée au 3ᵉ s. pour accueillir un mithraeum, petit temple où l'on célébrait le culte du dieu Mithra. On descend au mithraeum par un escalier antique. Bien conservé, le temple possède ses deux bancs de pierre latéraux où prenaient place les initiés. Comme autrefois, une statue du dieu a été placée au fond du sanctuaire ; au centre se trouve l'autel où figure le dieu égorgeant le taureau, tandis que le chien, le serpent et le scorpion, symboles du mal, essaient d'empêcher le sacrifice d'où doivent naître les forces de la vie.

Prendre la via dei S.S. Quattro Coronati.

S.S. Quattro Coronati

Au Moyen Âge, cette église fit partie d'un ensemble fortifié protégeant le palais pontifical du Latran contre les attaques toujours possibles dirigées depuis les forteresses des familles nobles installées sur le Palatin et au Colisée.

De l'église élevée aux premiers temps du christianisme (4ᵉ s.), Léon IV (847-855) fit un édifice qui dura jusqu'en 1084. Mais, après le passage des troupes de Robert Guiscard, il n'en restait que ruines. Pascal II (1099-1118) reconstruisit une église beaucoup plus petite, réduisant la longueur et supprimant les nefs latérales. Du 12ᵉ s. au 15ᵉ s. elle appartint aux moines bénédictins. Au 16ᵉ s. l'ensemble passa aux sœurs augustines.

Archéologues et historiens n'ont pu identifier les quatre saints auxquels l'église est dédiée. À l'histoire de quatre soldats martyrisés se trouve mêlée celle de cinq sculpteurs martyrisés en Pannonie (l'actuelle Hongrie occidentale). Suivant une liste de martyrs établie par Léon IV, leurs dépouilles auraient toutes été déposées dans la crypte de cette église.

Visite – Après être passé sous une tour qui servit de clocher au 9ᵉ s., on pénètre dans une première cour intérieure. La paroi opposée à celle par où on est entré marqua la limite de l'église primitive. Dans la deuxième cour, sur la droite, les colonnes emprisonnées dans le mur séparaient la nef principale du collatéral droit.

Intérieur – Il offre l'aspect que lui donna Pascal II. Les trois nefs actuelles correspondent à l'espace occupé par la nef principale primitive. Aussi l'abside, qui a conservé ses dimensions premières, apparaît-elle démesurément ample. Dans les murs des nefs latérales, comme dans la cour précédente, les colonnes qui séparaient la nef principale des bas-côtés sont restées prisonnières de la construction de Pascal II.

Au 16ᵉ s., l'église reçut son plafond de bois et ses matronées (galeries hautes réservées aux femmes). Au 17ᵉ s. l'abside fut décorée de peintures et de stucs. L'artiste y représenta l'histoire des saints vénérés en cette église et, à la calotte, la gloire de tous les saints.

Au pilier gauche de l'arc triomphal, tabernacle du 15ᵉ s. aux fines sculptures rehaussées d'ors. Les peintures qui l'entourent furent ajoutées au 17ᵉ s.

La crypte remonte à l'époque de Léon IV. Quatre sarcophages de martyrs et le reliquaire d'argent contenant le chef de saint Sébastien y furent retrouvés.

★ **Cloître** – Les bénédictins ajoutèrent cette délicieuse construction au 13ᵉ s. Les sœurs augustines firent remplacer la simple toiture qui couvrait les galeries par des voûtes. Au centre du jardin fut placée une vasque du temps de Pascal II. Remarquer la simplicité des colonnettes aux chapiteaux décorés de feuilles de nénuphars. Sur le côté Est, le cloître communique avec la chapelle Ste-Barbara, à trois petites absides, adjonction de Léon IV (9ᵉ s.).

★ **Chapelle St-Sylvestre** – *Située sous le portique qui sépare les deux cours précédant l'église. Demander la clé dans le vestibule des sœurs, dans la cour précédant l'église.* Construite au 13ᵉ s., elle fut décorée d'un curieux ensemble de fresques, de facture très naïve. Au-dessous du Christ, entouré de la Vierge, de saint Jean-Baptiste et des apôtres, est illustrée la légende du pape Sylvestre (314-335) ; depuis la lèpre de l'empereur Constantin (couché et pustuleux) jusqu'à sa guérison par le pape, son baptême, la donation de son pouvoir au souverain pontife et l'entrée à Rome de celui-ci conduit par l'empereur.

DE L'ARC DE DOLABELLA
À S. GREGORIO MAGNO

De la via dei S.S. Quattro Coronati, gagner la piazza Celimontana.

Arco di Dolabella – Situé à l'entrée de la petite via S. Paolo della Croce, l'arc (1ᵉʳ s.) est surmonté des restes de l'**aqueduc de Néron** qui alimentait en eau le Palatin à partir de la porta Maggiore ; on retrouve sa trace à l'extrémité de la via di S. Stefano Rotondo et sur la via della Navicella où subsiste un de ses piliers.

Tout près de l'arc de Dolabella, remarquer un joli **portail** *(portale)* orné d'une mosaïque (13ᵉ s.) où le Christ figure entre un personnage blanc et un noir, faisant ainsi allusion à l'ordre des Trinitaires fondé pour racheter les esclaves. Il y avait là un hôpital des Trinitaires.

S. Stefano Rotondo ⊘ – Cette église à l'étrange plan circulaire fut construite sur le mont Caelius à la fin du 4ᵉ s. et au début du 5ᵉ s. en suivant le plan du St-Sépulcre de Jérusalem. À la fin du 5ᵉ s., le pape la dédia au martyr saint Étienne (Stefano). C'était alors l'une des églises les plus somptueuses de Rome avec ses trois nefs concentriques séparées par des colonnes à chapiteaux ioniques et sa décoration de marbre et de mosaïques. En 1450, l'église n'avait plus de toit ; pour la sauver, on détruisit la nef extérieure, et l'on fit élever un mur entre les colonnes de la seconde enceinte. Le diamètre de la basilique passa alors de 65 à 40 m. Au 16ᵉ s. les murs furent décorés de 34 fresques de Pomarancio (vers 1530-1592) décrivant des scènes de martyre.

S. Maria in Domnica – Les origines de cette église au charme campagnard remontent au 9ᵉ s., mais l'édifice reçut quelques transformations à la Renaissance. Andrea Sansovino, à l'initiative du pape Léon X, rénova la façade, ainsi que l'élégant portique, caractérisé par des arcades en plein cintre, et plaça un lion à la clé des arcs pour rappeler le nom du souverain pontife.

Devant ce porche, la **fontaine de la Navicella** fut aménagée en 1931 avec une sculpture du 16ᵉ s. imitant une barque antique.

Du 9ᵉ s., l'intérieur a conservé le plan basilical à trois absides, les colonnes à chapiteaux antiques et la belle **mosaïque**★ de l'abside, témoin du renouveau artistique que connut l'époque de Pascal Iᵉʳ (817-824). Dégagé de la raideur byzantine, l'artiste a donné à l'ensemble beaucoup de vie : un souffle de vent semble passer dans les vêtements des anges, disposés autour de la Vierge en une belle perspective ; de même, au-dessus de l'arc, les apôtres représentés comme des personnages et non plus sous leur forme symbolique d'agneaux semblent se diriger joyeusement vers le Christ et les deux anges qui l'entourent. Partout des fleurs multicolores parsèment les vertes prairies. Au centre de la calotte trône la Vierge ; à ses pieds, le pape Pascal agenouillé, la tête ceinte du nimbe carré des vivants. Le plafond en bois et à caissons peints remonte à 1566. Admirer au centre les armoiries du commettant, Ferdinand de Médicis, dont les symboles font allusion aux litanies de la Vierge.

Traverser le parc de la villa Celimontana et gagner la piazza dei S.S. Giovanni e Paolo.

Basilica dei S.S. Giovanni e Paolo – Sur une place tranquille, cette basilique présente un porche et un fier campanile (tour-clocher) du 12ᵉ s. Celui-ci fut élevé sur les restes de constructions ayant soutenu le temple de Claude, visibles sous le porche de la maison des Pères passionistes. Son histoire ressemble à celle des autres édifices du Caelius : au 4ᵉ s. un certain Pammachius installa une église dans la maison d'un particulier : saccagée par les Normands de Robert Guiscard en 1084, elle fut rebâtie au 12ᵉ s.

MAISON ANTIQUE
SOUS LA BASILIQUE

— Mur romain   ▢ Fouilles
▨ Soubassement de la basilique

De l'édifice antique, il reste les cinq arcades qui surmontent le porche et la galerie : elles constituaient le fronton supérieur de la façade.

L'intérieur, gardé par deux beaux lions de marbre du Moyen Âge, fut presque entièrement refait au 18e s. L'intérêt de la visite réside surtout au sous-sol où les salles de la **maison antique** ★ ⊙ ont été dégagées, découvrant de beaux restes de peintures.

Au bas de l'escalier, un nymphée offre une fresque (1) évoquant une scène marine, datée du 2e s. ; sa bonne conservation est due à une couverture de chaux qu'elle reçut, peut-être pour masquer ce sujet païen lorsque la maison fut devenue chrétienne. Puis une suite de pièces sont disposées parallèlement à la nef principale et le collatéral gauche ; l'une d'elles (2) renferme les vestiges de fines peintures d'adolescents et de génies parmi des guirlandes de fleurs, des pampres de vigne et des oiseaux. Une salle voûtée évoque le temps où le christianisme pénétra dans cette maison : une femme en prière est représentée bras en croix sur un mur (3) parmi les décorations de rinceaux, d'animaux...

Deux escaliers donnent accès à une petite chapelle, la confession, construite par la famille de Pammachius et peinte de fresques au 4e s. qui racontent le martyre de saints orientaux dont les reliques, déposées sous la confession, auraient motivé la construction de la basilique.

À gauche de la basilique, prendre le clivo di Scauro.

Admirer le beau chevet de la basilique, unique de ce type à Rome. Avec ses colonnettes, il rappelle les édifices romans de Lombardie.

S. Gregorio Magno ⊙ – Son imposante façade du 17e s. s'élève au sommet d'un escalier dans un beau paysage romain de cyprès et de pins parasols. Elle fut commandée en 1633 à G. B. Soria par le cardinal Scipione Borghese (aigle et dragon de son emblème au-dessus des arcades inférieures). La légende raconte qu'au 6e s. Grégoire transforma sa demeure en monastère et en église. Au 12e s., l'église fut rebâtie et dédiée au saint pape. L'édifice actuel fut refait aux 17e et 18e s. Au-delà de la façade, au sommet du grand escalier s'ouvre un portique à quatre arcades. Au fond, se trouve l'église.

Dans la chapelle à l'extrémité de la nef droite, l'autel de Grégoire, orné de bas-reliefs racontant sa légende, est une œuvre du 15e s. À droite de cette chapelle, une petite cellule, dotée d'un trône antique, passe pour celle qu'occupa le saint.

Dans la deuxième chapelle à gauche, on peut admirer un magnifique retable représentant l'archange Gabriel au pied de la Vierge, réalisé par P. Batoni (1742).

Dans la deuxième chapelle à gauche, on peut admirer un magnifique retable représentant l'archange Gabriel au pied de la Vierge, réalisé par P. Batoni (1742).

À l'extrémité de la nef gauche se trouve une chapelle décorée de fresques des 16e et 17e s. ; elle renferme une curieuse Vierge peinte sur le mur (13e s.) et, en face, un tabernacle du 15e s.

Par l'atrium gagner la petite place à gauche de l'église.

Sur cette place s'élèvent trois charmantes **chapelles**, réunies par un portique à colonnes antiques. Deux ont été construites au 17e s. L'abside de la chapelle Ste-Sylvie *(à droite)*, dédiée à la mère de saint Grégoire, a été décorée par Guido Reni (1608) d'un concert d'anges. Dans la chapelle St-André *(au centre)*, les parois sont ornées de la *Flagellation de saint André* (1608) due au Dominiquin, ainsi que d'une œuvre de Guido Reni : le saint conduit au martyre. Remarquer sur l'autel un retable où est représentée la Vierge avec saint André et saint Grégoire, exécuté par Pomarancio. La chapelle Ste-Barbe *(à gauche)* fut restaurée au 17e s. Une légende raconte que la table placée en son centre est celle où saint Grégoire offrait un repas aux pauvres ; un jour un ange vint s'asseoir parmi les convives. Une fresque raconte cette apparition. La belle statue de saint Grégoire est l'œuvre de Nicolas Cordier.

Pour trouver la description d'une curiosité, l'évocation d'un souvenir historique, consultez l'index à la fin du volume.

EUR ★

Visite : *compter environ une demi-journée avec la visite des musées.*

Accès : *en métro ou en autobus, consulter un plan des transports. En voiture, par la via Cristoforo Colombo, voir plan Michelin n° 38.*

Les trois lettres EUR, initiales de « Esposizione Universale di Roma », désignent un quartier moderne étendu au Sud de Rome. Son origine remonte à 1937, lorsque le gouvernement conçut le projet grandiose d'une exposition universelle. Prévue pour 1942 (le quartier est aussi nommé E 42), elle devait être le point de départ de l'expansion de Rome vers la mer, le long de l'autoroute qui, depuis 1928, reliait Rome à Ostie.

L'ensemble des travaux fut confié à l'architecte Marcello Piacentini. En 1939, les premiers édifices s'élevèrent. Mais le 10 juin de l'année suivante, l'Italie entra en guerre au côté de l'Allemagne et en 1941 les travaux s'arrêtèrent. Le bombardement de Rome le 19 juillet 1943 et la chute du gouvernement fasciste firent oublier le projet.

Deux événements, l'année sainte en 1950 et les Jeux olympiques en 1960, contribuèrent à le remettre à l'ordre du jour : en 1950, la via Cristoforo Colombo fut ouverte pour relier Rome et l'EUR. Le métro, en mettant la gare centrale à moins d'un quart d'heure du nouveau quartier, favorisa l'établissement d'un centre administratif et culturel, d'un centre d'affaires et d'immeubles résidentiels.

À l'occasion des Jeux olympiques, un palais des sports et un vélodrome furent construits. Le **palais des sports** est l'œuvre de Marcello Piacentini et de Pier Luigi Nervi. Inspiré par l'obsession de la grandeur, peuplé de colossales constructions blanches, le quartier de l'EUR apparaît finalement conforme au projet élaboré au temps du fascisme. « Par certains éclairages, l'EUR prend l'apparence hallucinante des villes imaginaires de De Chirico. » (Sylvia Pressouyre.)

L'EUR est le siège de nombreux musées ; outre ceux décrits ci-après, il faut citer le **musée du Haut Moyen Âge** (Museo dell'Alto Medioevo ⊘), où sont exposés, avec des plans de la Rome antique et de la Rome chrétienne, des objets, témoins des périodes allant du 5ᵉ au 11ᵉ s.

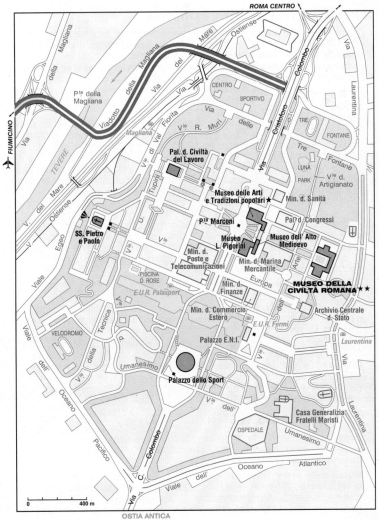

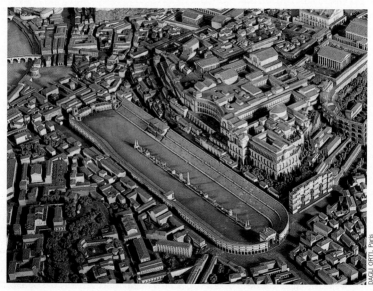

Rome au temps de Constantin – Détail de la maquette

★★MUSEO DELLA CIVILTÀ ROMANA ⊙

Le **musée de la Civilisation romaine est immense :** installé dans deux bâtiments reliés par un portique, il réunit, uniquement à l'aide de reproductions, une documentation complète sur la Rome antique, depuis les origines de la cité jusqu'à la fin de l'Empire. Les nombreuses maquettes de reconstitution, ainsi que chaque monument permettent de visualiser les grands ensembles dont ne subsistent que quelques fragments dispersés dans la ville. L'intérêt réside dans la possibilité de jalonner ainsi le chemin parcouru par d'humbles paysans qui fondèrent un empire dont l'histoire domina celle du monde entier pendant plus d'un millénaire.

L'exposition commence avec une grande **maquette de la Rome archaïque** (5ᵉ s. avant J.-C.) qui met en évidence l'aspect du territoire. À l'intérieur des murs de l'enceinte, on peut reconnaître les deux points hauts du Capitole, avec le temple de Jupiter Optimus Maximus (assez grand) et la citadelle, lovés dans le méandre du Tibre, où se loge l'île Tibérine. Au pied des deux collines s'ouvre le Forum romain, délimité au Sud par le Palatin. Le fleuve est enjambé par le pont Sublicius, premier grand pont fixe construit sous le règne d'Ancus Martius (640-616 avant J.-C.)

Les salles suivantes retracent les étapes les plus importantes de l'histoire romaine, avec la reconstitution de célèbres batailles et victoires et des maquettes qui font revivre les grands monuments de Rome, tels le Colisée et le stade de Domitien *(salle XI)* ou la villa Adriana *(salle XII)*. À partir de la salle XV, la civilisation romaine est illustrée à travers tous ses nombreux aspects. On commence par le christianisme et on continue par la découverte des institutions, des activités économiques, des travaux publics, de la vie sociale et des loisirs.

Les salles qui suivent la salle XVII sont fermées au public. La visite recommence à partir de la salle LVI et se poursuit à rebours jusqu'à la salle XXXVII.

La maquette de la **colonne Trajane** *(salle LI)* est particulièrement intéressante et permet d'admirer de près toute la spirale des bas-reliefs narrant les guerres de Trajan contre les Daces. La salle XLVII présente la reconstitution d'une petite bibliothèque.

La visite du musée s'achève par une magnifique **maquette★★** de Rome au temps de Constantin (306-337) réalisée en 1937 à l'échelle 1/250 par l'architecte Italo Gismondi. La ville est présentée dans toute sa splendeur. L'observation de la maquette de haut en large, permet d'identifier tous les monuments, aussi bien ceux qui ont survécu que ceux qui ont disparu. Pour une orientation plus précise, consulter le plan à la page 36.

AUTRES CURIOSITÉS

Piazza Marconi – Un grand obélisque de marbre sculpté (achevé en 1950) s'élève à la gloire du physicien italien Guglielmo Marconi (1874-1937), inventeur des transmissions par télégraphie sans fil.

★**Museo delle Arti e Tradizioni popolari** ⊙ – Cette magnifique exposition permet de découvrir les différents aspects du folklore et de la tradition italienne. Les objets sont regroupés de façon thématique et présentent certains aspects de la vie quotidienne, en commençant par les moyens de transport *(rez-de-chaussée)*, parmi lesquels on peut admirer de belles charrettes siciliennes et un char qui servait à transporter du raisin. L'exposition se poursuit au 1er étage. À gauche par rapport à l'escalier, légèrement cachée, se trouve une majestueuse **gondole** vénitienne, offerte par la Sérénissime République de Venise à la reine Marguerite de Savoie (1882). Les salles sont consacrées à la tradition : le travail des paysans, la panification, l'élevage, la chasse, la navigation et la pêche. On explore ensuite le milieu familial et différents aspects de la vie sociale : cadeaux pour les fiançailles, trousseaux et dots, ainsi que distractions populaires avec une collection d'instruments de musique et de marionnettes.

Museo Preistorico Etnografico L. Pigorini ⊘ – Le musée possède l'une des plus grandes collections de pièces et de témoignages ethnographiques qui existent. À l'entrée, l'exposition d'une pirogue monoxyle en bois, retrouvée dans le lac de Bracciano et datant de 5500 avant J.-C., permet de retracer les conditions de sa découverte et quelques événements de l'histoire d'un village néolithique lacustre. Le 1er étage accueille les collections ethnographiques et les expositions temporaires aménagées dans le salon des Sciences. Outre la section consacrée à l'Amérique, inaugurée récemment, la **section africaine**, très riche, réunit plus de 60 000 objets témoignant des us et coutumes, des armes aux outils, aux costumes et aux pratiques religieuses. Dans la **section océanienne**, dont les salles abordent des thèmes variés, le visiteur peut admirer de nombreux objets de culte, masques, sculptures et peintures qui représentent la vie et les coutumes des différentes populations océaniennes. Au centre de la salle principale trône un grand canoë cérémoniel, provenant des îles Trobriand. Dans quelques années, le musée accueillera aussi des collections provenant d'Asie et d'Indonésie.

Le 2e étage est consacré à la préhistoire italienne, de la période néolithique à l'âge du fer (les secteurs des périodes paléolithique et mésolithique sont en cours d'aménagement). Ici, on explore les différents aspects de la vie d'un village, les techniques d'élaboration des outils, les cérémonies et les coutumes funéraires (la fibule de Préneste, qui présente l'une des plus anciennes inscriptions latines, y sera exposée).

Palazzo della Civiltà del Lavoro – Élevé en 1938 par les architectes Guerrini, La Padula et Romano, le palais de la Civilisation du travail est l'une des constructions les plus caractéristiques de l'EUR. Dépourvu de tout chapiteau ou corniche qui pourraient l'animer, il offre un aspect massif et figé encore accentué par la répétition des rangées d'arcades qui se superposent. Sous les arcades du rez-de-chaussée sont disposées les statues allégoriques des différents arts, symboles de la grandeur de Rome. Il est le siège de plusieurs organismes représentatifs de la « civilisation du travail ».

S.S. Pietro e Paolo – C'est un édifice spectaculaire construit en travertin, de 1937 à 1941, à l'endroit le plus élevé de l'EUR. Dans un cadre verdoyant et fleuri, sa masse blanche domine tout le quartier. L'architecte principal fut Arnaldo Foschini. Au sommet de l'escalier, deux grandes statues des saints Pierre et Paul accueillent le visiteur. Le plan en croix grecque est souligné par des angles rigoureux et des lignes très sobres. La coupole, recouverte de petites dalles disposées en écailles de poisson, repose sur un tambour percé d'oculi.

La porte d'entrée en bronze est ornée de bas-reliefs illustrant l'apostolat des saints Pierre et Paul, par Giovanni Prini (1877-1958).

De la terrasse qui entoure l'édifice, bordée de portiques, vue sur la banlieue romaine.

Palais de la Civilisation du travail

L'itinéraire débute par un des monuments romains les plus notoires, la fontaine de Trevi, et conduit ensuite aux lieux plus remarquables du Quirinal qui, avec 61 m d'altitude, fut la plus haute des sept collines de Rome. Selon la tradition peuplé de Sabins, le Quirinal emprunta son nom au dieu d'origine sabine Quirinus qui, avec Mars et Jupiter, constitua le fondement de la religion romaine.

Domitien (81-96) y fit construire le mausolée des Flaviens. Caracalla y édifia un temple à Sérapis dont les ruines subsistèrent jusqu'au Moyen Âge ; Constantin y fit bâtir des thermes, disparus au 17ᵉ s. Jusqu'à la fin du 19ᵉ s., le Quirinal demeura à la périphérie de la ville. Aujourd'hui, le nom de Quirinal évoque la vie politique de l'Italie, le palais du même nom étant la résidence officielle du président de la République.

★★★FONTAINE DE TREVI

Ce monument du baroque finissant, l'une des images les plus réputées de Rome, a vu sa renommée croître encore après que Fellini, pour une scène de *La Dolce Vita*, y a fait s'y baigner en robe du soir Anita Ekberg. Le thème de l'œuvre est révélé par les deux hauts-reliefs : à gauche, Agrippa, en 19 avant J.-C., décide d'amener l'eau à Rome par un canal de 20 km ; on appellera cette conduite l'Acqua Vergine, car une jeune vierge indiqua la source à des soldats romains *(au panneau droit)*. Réparé par le pape Nicolas V, puis par Urbain VIII, le canal se termina par cette fontaine sous Clément XII qui confia les travaux à Nicolà Salvi (1732).

Fontaine de Trevi

S. Chirol

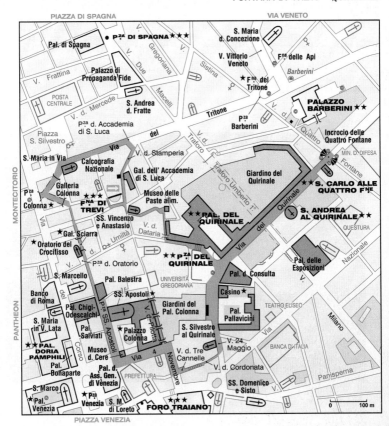

Celui-ci lui donna les dimensions du palais auquel elle est adossée et l'allure d'un arc de triomphe. Depuis, la figure centrale de l'Océan jaillit de sa niche, juchée sur un char guidé par deux chevaux marins et deux tritons, et se donne en spectacle devant le fidèle public de touristes. Celui-ci continue de jouer le jeu de la tradition, jetant dans la vasque *(en lui tournant le dos)* deux pièces de monnaie, une pour un retour à Rome, l'autre pour la réalisation d'un vœu. En coulisse veillent l'*Abondance* et la *Salubrité*.

La façade de l'**église S.S. Vincenzo e Anastasio** fut érigée en 1650 par Martino Longhi le Jeune à l'initiative de Mazarin : les colonnes sont entièrement détachées de la paroi, les frontons et les décrochements créent un jeu typiquement baroque d'ombre et de lumière.

Sur le côté de l'église, emprunter le vicolo Modelli qui permet d'atteindre la piazza Scanderbeg. Le palais du même nom abrite le **Museo nazionale delle Paste alimentari** ⊙ qui relate l'histoire des pâtes alimentaires. Toute l'élaboration de l'aliment le plus répandu de la cuisine italienne y est expliqué : depuis la matière première, le blé et ses composants nutritifs, jusqu'au travail de la pâte effectué à l'origine dans des pétrins de pierre, puis totalement réalisé par des machines mécaniques ou hydrauliques. Chaque étape est éclairée par des panneaux didactiques et des images pittoresques de mangeurs goulus ou de célébrités savourant le traditionnel plat de pâtes.

Gagner la via della Dataria et la suivre jusqu'à la piazza del Quirinale.

★★PIAZZA DEL QUIRINALE

Bordée de palais aux nobles façades, parée de statues antiques et d'un obélisque, agrémentée d'une fontaine, elle caractérise l'élégance romaine.

Sixte Quint (1585-1590) commença par y faire disposer les statues des Dioscures qui, non loin de là, décorèrent les thermes de Constantin. Ce sont de belles copies romaines d'œuvres grecques. Près de deux siècles plus tard, Pie VI les déplaça légèrement pour faire dresser entre elles un des obélisques qui marquaient l'entrée du mausolée d'Auguste *(voir p. 223)*. Enfin, Pie VII (1800-1823) compléta l'ensemble d'une belle vasque antique qui servit d'abreuvoir au temps où le Forum romain était le Campo Vaccino.

153

★★Palazzo del Quirinale ⊘ – Quelques-uns des plus grands architectes de la Contre-Réforme et du baroque ont œuvré à sa construction. Grégoire XIII fit commencer l'édifice en 1573 par Martino Longhi l'Ancien pour en faire la résidence estivale des papes. Sixte Quint y fit travailler Ottaviano Mascherino, Domenico Fontana et Flaminio Ponzio ; Paul V, Carlo Maderno, auteur de la monumentale porte d'entrée surmontée des statues à demi allongées des saints Pierre et Paul ; Alexandre VII recourut au Bernin ; Clément XII fit appel à Ferdinando Fuga pour l'achever.

Palais du Quirinal

La tempête napoléonienne

En 1808, Napoléon était roi d'Italie, son frère Joseph roi de Naples. Pie VII, chef des États pontificaux, refusait d'appliquer le blocus économique et de reconnaître un autre roi de Naples que Ferdinand IV. Le 2 février, le général Miollis reçut l'ordre de pénétrer dans Rome à la tête de 8 000 soldats français. Pie VII s'enferma dans le palais du Quirinal. Le soir du 17 mars 1809, Napoléon, alors à Vienne, raya de la carte de l'Europe les États pontificaux. Pie VII signa une bulle d'excommunication. À cela s'ajoutèrent quelques cadavres de soldats français trouvés à l'aube dans les rues de Rome. Le 7 juillet 1809, les troupes françaises enfoncèrent à la hache la porte du palais. Le pape, en étole et camail, les attendait. Bien que saisis d'un profond respect, les soldats emmenèrent le pape Pie VII qui dut attendre à Fontainebleau la fin de l'Empire. Ainsi, Napoléon rendit « à Dieu ce qui est à Dieu, et à César ce qui est à César ».

Intérieur – De la cour du palais présidentiel où veillent les gardes républicains dont la taille ne doit pas être inférieure à 1,82 m, on gagne l'escalier d'honneur ; remarquer la fresque du Christ, par Melozzo da Forlì (1438-1494), qui faisait partie de l'*Ascension* réalisée dans l'abside de la basilique des Sts-Apôtres.
On visite une suite de salles fastueusement parées, la chapelle décorée par Guido Reni (retable de l'*Annonciation*) et la chapelle Pauline dont les stucs sont du 17ᵉ s.

Palazzo della Consulta – Sa façade★ est l'œuvre de Ferdinando Fuga (18ᵉ s.) qui puisa souvent ses motifs dans l'art baroque.
Ses trois portails, surmontés de frontons peuplés de statues et de sculptures, sa terminaison en une envolée d'angelots soutenant le blason de Clément XII l'animent d'un mouvement qui contraste avec les surfaces dépouillées du palais du Quirinal. L'édifice est aujourd'hui le siège de la Cour constitutionnelle.
Poursuivre par la via del Quirinale que borde une aile du palais du Quirinal élevée aux 17ᵉ et 18ᵉ s.

★★ S. ANDREA AL QUIRINALE ⊙

St-Charles-aux-Quatre-Fontaines, édifiée par Borromini, et St-André-au-Quirinal, édifiée par le Bernin, sont l'illustration saisissante de deux génies opposés.

La façade de St-André, s'ouvrant par un porche arrondi, porte sous une couronne le blason du cardinal Camillo Pamphili, neveu d'Innocent X, qui commanda l'édifice en 1658 (achevé en 1678).

L'**intérieur★★**, comme à St-Charles, est conçu sur un plan elliptique, mais il est ici orienté suivant le petit axe défini par une entrée et un chœur imposants, alors que l'ovale transversal vient buter sur des piles pleines. Les profondes chapelles latérales rectangulaires et le faux portique du chœur accentuent cette tension spatiale qui fait toute l'originalité d'un édifice qui apparaît plus vaste qu'il ne l'est en réalité. Le Bernin, qui réalisa probablement ici son église la plus importante, produisit des effets très riches en associant des marbres de couleur, des dorures et des stucs, distribués avec maestria.

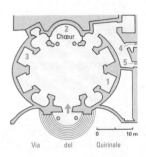

Dans les chapelles se trouvent trois tableaux (1) de Baciccia (1639-1709) et une *Crucifixion de saint André* (2) de Jacques Courtois (1621-1676) dit le Bourguignon (il Borgognone). La *Gloire* dorée qui surmonte le maître-autel, éclairée par un « transparent », rappelle que le Bernin se passionna pour les décors de théâtre. À gauche, la chapelle (3) dédiée à la gloire de saint Stanislas Kotska, jeune Polonais venu à Rome pour entrer au noviciat des jésuites auxquels appartenait l'église St-André. Un tableau de Carlo Maratta (1625-1713) illustre l'apparition de la Vierge à saint Stanislas.

Les **chambres de saint Stanislas** (4) *(s'adresser au sacristain)* renferment un gisant du saint, sculpté par Pierre Legros (1629-1714) dans des marbres polychromes.

La **sacristie** (5) est couverte d'une belle voûte décorée en trompe l'œil.

Poursuivre le long de via del Quirinale.

★★ S. CARLO ALLE QUATTRO FONTANE ⊙

Cet édifice, appelé aussi S. Carlino, est probablement l'œuvre la plus expressive du génie de Borromini. Commandé en 1638, il fut sa première œuvre connue. La façade, élevée près de trente ans après, fut sa dernière création ; en 1667, lorsqu'il se donna la mort, elle n'était pas achevée. On peut y lire le tourment d'un homme dont l'art traduisit les contradictions : chaque courbe est suivie d'une contre-courbe (mouvement de la façade elle-même et des corniches). À l'étage supérieur, dans la partie centrale concave, Borromini logea un édicule convexe (au-dessous du médaillon). Le clocher et la lanterne de la coupole à pans concaves expriment aussi l'architecture « à rebours » de Borromini.

★★ **Intérieur** – Particulièrement exigu (on dit que l'église pourrait tenir dans un pilier de la coupole de St-Pierre), l'intérieur offre une unité spatiale complexe. Le plan combine l'ellipse et la croix grecque, l'élévation présente des « murs ondulants » déjà annoncés par le mouvement de la façade. L'ensemble, qui donne une impression de flexibilité, témoigne de l'art original de l'architecte : à la fois raffiné et sévère, étrange et élégant, en désaccord avec le goût du colossal propre à l'époque baroque.

Voûte de St-Charles-aux-Quatre-Fontaines

S. Chirol

155

D'un dessin compliqué, la coupole ovale à caissons est coiffée d'un lanternon qui dispense lumière et Esprit-Saint.

★Cloître – Élevé par Borromini sur deux étages de colonnes doriques, ses angles transformés en pans légèrement convexes, il est de proportions exquises.

Rejoindre le carrefour.

Carrefour des Quatre-Fontaines – Il illustre l'urbanisme selon Sixte Quint (1585-1590), ce pape bâtisseur qui bouleversa Rome comme jamais elle ne l'avait été depuis la fin de l'Empire romain. Son but était de relier les principales basiliques entre elles et les principaux quartiers par des rues larges et droites. Il fit percer ces quatres rues rectilignes qui découvrent une **vue★** sur la porta Pia et les trois obélisques de la Trinité-des-Monts, de la piazza dell'Esquilino (au chevet de Ste-Marie-Majeure) et de la piazza del Quirinale. Aux pans coupés du carrefour, des particuliers firent placer quatre fontaines (16ᵉ s.).

Qui le souhaite peut faire un crochet jusqu'au **palais des Expositions** en suivant les via del Quirinale, via Milano et via Nazionale, où se trouve l'entrée du palais.

Palazzo delle Esposizioni – *Expositions temporaires, festivals de cinéma et de théâtre. Accès : via Nazionale, 194 et via Milano, 9/A (restaurant et cafétéria).*
Conçu par l'architecte Pio Piacentini et inauguré en 1883. La façade principale, néoclassique, avec son grand arc central et ses deux entrées latérales, rappelle un arc de triomphe. Il s'agit du premier bâtiment construit à Rome pour abriter des expositions et des manifestations artistiques.
Le palais a été restructuré par l'architecte C. Dardi. Soucieux de ne pas dénaturer l'implantation originale, celui-ci a doté le palais de systèmes technologiques récents, d'illuminations et de services nouveaux : salles de congrès, de cinéma (200 places), de théâtre (130 places), une bibliothèque, une cafétéria et un restaurant au dernier étage. Ce palais qui accueille expositions et festivals est aussi devenu un lieu de rencontre.

Revenir à la piazza del Quirinale et prendre la via 24 Maggio.

LE QUARTIER

Palazzo Pallavicini – Disposé autour d'une cour plantée de palmiers, de lauriers, de pins et de chênes verts, il fut édifié en 1603 à peu près sur l'emplacement des thermes de Constantin, par le cardinal Scipione Borghese, neveu du pape Paul V.
Le **Casino★** ⊘ du palais, charmante construction du 17ᵉ s. donnant sur un jardin en terrasse, fut célèbre pour la **fresque de l'Aurore** peinte à son plafond par Guido Reni, élève des Carrache, qui réalisa ainsi une belle œuvre d'académisme. La déesse est représentée ouvrant les portes du ciel au char du Soleil.
Sur la droite de la via 24 Maggio un escalier et un portail marquent l'entrée monumentale des **jardins du palais Colonna**.

S. Silvestro al Quirinale ⊘ – *Entrée à gauche de la façade.* Uniquement décorative, la façade fut ainsi disposée au 19ᵉ s. pour compenser la différence de niveau entre l'église et la rue, élargie et rabaissée. L'église elle-même fut amputée de sa partie antérieure.
L'intérieur surprend par sa richesse. Le plafond à caissons date du 16ᵉ s. (restauré au 19ᵉ s.). Parmi les décorations maniéristes, remarquer les peintures de la **première chapelle gauche**, dues à Polidoro da Caravaggio et Maturino da Firenze *(voir p. 211).* Au parterre ont été placés des restes du pavement de céramique qui orna la loggia de Raphaël au palais du Vatican.
Dans le bras gauche du transept, belle **chapelle★** couverte d'une coupole. Le Dominiquin réalisa les médaillons des pendentifs (1628) et Alessandro Algardi, à la même époque, sculpta les statues en stuc de Marie-Madeleine et de saint Jean *(à gauche du chœur).*
La voûte du **chœur** est décorée d'une fresque sur de beaux fonds gris (fin 16ᵉ s.).
À gauche du chœur, une porte donne accès à une paisible terrasse où plane le souvenir de l'amitié de Michel-Ange et de Vittoria Colonna. Cette noble dame, auteur de poèmes à la gloire de son époux défunt, passa des heures sur cette terrasse, entourée de doctes et saints personnages. Parfois, Michel-Ange vint se joindre à eux. Mû par une affection intense pour cette femme supérieure, il l'assista à ses derniers instants.

Prendre à droite la via della Cordonata et gagner la via 4 Novembre.

★Galleria del Palazzo Colonna ⊘ – *Entrée via della Pilotta. Visite : une demi-heure. Les numéros repris ci-dessous correspondent à ceux indiqués sur place.* Le palais lui-même date du 15ᵉ s., mais fut reconstruit en 1730. Il forme un ensemble avec les jardins qui donnent sur la via 24 Maggio, auxquels il est relié par des arcades passant au-dessus de via della Pilotta. Martin V (1417-1431), issu de la famille Colonna, y établit sa résidence lorsqu'il se réinstalla à Rome après les désordres du grand schisme d'Occident qui vit jusqu'à trois papes régner en concurrence. La galerie, somptueuse suite de salles richement meublées, abrite de nombreux tableaux du 15ᵉ au 18ᵉ s.

Salle de la «Colonna Bellica» – Le nom de cette salle est dû à la présence d'une colonne rouge, emblème de la famille. *Narcisse à la fontaine* (**189**) du Tintoret (1518-1594). Portrait (**37**) qui représenterait Vittoria Colonna *(voir ci-dessus S. Silvestro al Quirinale)*, longtemps attribué à G. Muziano, puis, récemment, à B. Cancellieri.

Dans une des marches de l'escalier qui conduit au salon est fiché un boulet tiré par les troupes françaises qui assiégèrent Rome en 1849 pour rétablir Pie IX sur son trône.

**Salon – Très belle perspective, resplendissant d'ors, de miroirs, de lustres en cristal, de marbres et de peintures. À la voûte, une fresque du 17ᵉ s. illustre le triomphe de Marcantonio Colonna qui, à la tête des armées de Pie V, se couvrit de gloire à Lépante en 1571.

Salle des Écrins – Deux «écrins» *****, petits meubles du 17ᵉ s. : l'un en ébène orné de bas-reliefs en ivoire (au centre, *Jugement dernier* de Michel-Ange) ; l'autre en bois de santal riche de pierres précieuses et de bronze doré. Tableaux de Gaspard Dughet (1613-1675).

Salle de l'Apothéose de Martin V – Son nom lui vient du sujet qui décore le plafond. Beau portrait de gentilhomme (**197**) de Paolo Véronèse (1528-1588). Remarquer aussi *Le Mangeur de fèves* (**43**) d'Annibale Carrache (1560-1609), un bel exemple de naturalisme.

Salle du Trône – Elle était destinée à accueillir le pape.

Gagner la via 4 Novembre, puis tourner à droite dans la piazza S.S. Apostoli où se trouve, au n° 67, le **musée des Figures de cire** (Museo delle Cere ⊘).

*Basilica dei S.S. Dodici Apostoli ⊘ – Son origine remonte au 6ᵉ s., à l'époque où les papes Pélage Iᵉʳ et Jean III dédièrent ici une basilique aux apôtres Philippe et Jacques le Mineur, dont ils avaient reçu les reliques. Les plus grands travaux de reconstruction sont l'œuvre de Sixte IV (1471-1484) dont il reste la partie inférieure du porche. La loggia qui le surmonte fut fermée à l'époque baroque, ajourée de fenêtres rectangulaires et couronnée d'une balustrade à statues. La partie supérieure est une composition néoclassique du 19ᵉ s. Sous le porche, il reste trois lions de l'édifice médiéval, dont deux gardent l'entrée.

À la voûte de la nef centrale, le Baciccia représenta le Triomphe de l'ordre des Franciscains (1706). Quelques années auparavant, ce peintre avait réalisé son chef-d'œuvre en décorant la voûte du Gesù.

Le chœur renferme les tombeaux Renaissance des cardinaux Pietro et Raffaele Riario. À gauche, le **tombeau de Pietro Riario*** est le fruit de la collaboration de trois maîtres de l'art funéraire : Andrea Bregno, Mino da Fiesole et Giovanni Dalmata. À droite, celui de Raffaele s'inspire des dessins chers à Michel-Ange. Au plafond du chœur, bel effet de trompe-l'œil dans la Chute des anges rebelles par Giovanni Odazzi (18ᵉ s.).

Au sommet de la nef gauche, le **monument de Clément XIV** est la première œuvre exécutée à Rome par le néoclassique Antonio Canova (1787).

Palazzo Chigi-Odescalchi – Face à la basilique des Sts-Apôtres se trouve ce palais acheté par les Chigi et transformé par le Bernin en 1664. Par cette intervention, ce dernier fixa certaines normes de style qui influencèrent considérablement l'architecture de l'Europe centrale et septentrionale.

Palazzo Balestra – Ce palais baroque fut construit en 1644 pour la famille Muti Papazzuri. Le pape Clément XI en fit don en 1719 à **Jacques Édouard Stuart**, prétendant malheureux, soutenu par Louis XIV, au trône de Grande-Bretagne. Ses deux fils naquirent dans ce palais : l'aîné, Charles Édouard, devint, sous le nom de Bonnie Prince Charlie, un personnage légendaire en Écosse, il revint mourir au palais Balestra en 1788. Le cadet, Henri Benedict, cardinal d'York, mort en 1807, fut le dernier des Stuarts. Tous trois furent inhumés dans la basilique St-Pierre, où l'on peut voir leur monument funéraire.

*Oratorio del Crocifisso – Sa construction fut confiée à Tommaso dei Cavalieri, jeune noble romain qui inspira une très vive amitié à Michel-Ange et qui, néanmoins, choisit comme conseiller un des adversaires les plus acharnés de Michel-Ange, Nanni di Baccio Bigio. La façade fut confiée en 1561 à Giacomo della Porta. Ce fut pour lui le début d'une brillante carrière qui le conduisit à la tête des travaux du Capitole et de St-Pierre (1573). Cette façade achevée en 1568, si joliment intégrée à la petite place qui la précède, porte les traces des leçons de Michel-Ange (frontons des niches qui encadrent la porte). L'intérieur offre un bel ensemble de fresques, œuvres d'artistes maniéristes. Au revers de la façade est illustrée l'histoire de la confrérie du Crucifix de St-Marcel. Aux parois, tel un décor de théâtre, Giovanni de' Vecchi, Pomarancio, Cesare Nebbia peignirent l'histoire de la croix.

Emprunter le passage sur la droite de l'oratoire.

La galerie Sciarra

La **galerie Sciarra★**, avec ses armatures métalliques, sa couverture de verre et ses peintures raffinées, constitue une originale réalisation de la fin du 19ᵉ s.

Poursuivre par la via S. Maria in Via.

Galerie Colonna – Ce passage, achevé en 1923, met en communication la via di S. Maria in Via avec la via del Corso et la piazza Colonna.

S. Maria in Via – Un miracle serait à l'origine de la fondation de cette église : une image de la Vierge, peinte sur une tuile, tomba dans un puits ; celui-ci déborda et l'image en sortit. De nombreux fidèles viennent encore boire l'eau du fameux puits et vénérer la « Madonna del Pozzo ». Belle façade baroque due à Francesco da Volterra et Carlo Rainaldi (fin 17ᵉ s.).

Prendre la via del Tritone jusqu'à la piazza dell'Accademia di S. Luca.

Via del Tritone – Bordée de boutiques, elle est une des rues les plus animées de Rome, mettant en communication le centre de la ville avec les quartiers Nord-Est.

Prendre la via della Stamperia.

Galleria dell'Accademia di S. Luca ⊘ – La salle I abrite un portrait de Clément IX par le Baciccia (1639-1709). Dans la salle II, beau fragment d'une fresque de Raphaël et *Judith et Holopherne* du Vénitien Piazzetta (1682-1754). Dans la salle III, autoportrait de Mme Vigée-Lebrun, peintre officiel de Marie-Antoinette qui émigra au moment de la Révolution (1755-1842), et autoportrait d'Angelika Kauffmann (1741-1807), peintre suisse et amie de Goethe à Rome. Salle V : *La Vierge et les anges* d'Anton Van Dyck.

Au n° 6 se trouve la section **Calcografia** de l'Institut national d'arts graphiques *(voir aussi Gabinetto nazionale delle Stampe, p. 186)*, où sont conservées plus de 20 000 gravures parmi lesquelles celles de Piranèse (1720-1778), auteur de remarquables vues de Rome. Des expositions temporaires s'y déroulent, de même que l'on peut y recevoir des cours didactiques sur les techniques de la gravure sur cuivre.

FORI IMPERIALI★★★
Les FORUMS IMPÉRIAUX
Visite : 2 h

On nomme ainsi l'ensemble des forums qui furent édifiés par les empereurs, l'ancien forum, ou Forum romain, étant devenu trop exigu pour abriter les réunions du peuple et les séances de la justice, pour traiter les affaires publiques et pour y faire du commerce. César commença la construction d'un nouveau forum au Nord de l'ancien ; puis Auguste, Vespasien, Nerva et Trajan bâtirent le leur. Étendus approximativement de la basilique de Maxence à la piazza Venezia, les forums impériaux constituèrent un ensemble monumental de premier ordre. Avec leurs portiques, leurs temples, leurs bibliothèques, leurs basiliques, ils furent l'expression du prestige des empereurs. Le Forum romain ne fut pas pour autant abandonné. Octave y éleva un temple à César divinisé ; devenu l'empereur Auguste, il y fut honoré par un arc de triomphe en 19 avant J.-C. alors que son propre forum était commencé depuis plus de 10 ans ; Vespasien eut son temple au pied du Capitole.

Les forums impériaux furent fouillés au 19e s. et débarrassés des constructions médiévales qui s'y étaient établies, puis de 1924 à 1932 lors des travaux entrepris pour l'ouverture de la voie des Forums Impériaux.

Inaugurée en 1932 sous le nom de via dell'Impero, la **via dei Fori Imperiali** (voie des Forums Impériaux) divisa irrémédiablement l'ensemble des forums impériaux. Cette artère, large de 30 m, longue de 850 m, partant en ligne droite de la piazza Venezia, devait permettre de dégager amplement la vue sur le Colisée, témoin de la grandeur romaine.

★★FORO DI CESARE

L'accès en est généralement interdit, mais il est possible d'en avoir une bonne vue depuis l'enceinte du champ de fouilles.

César choisit pour son forum un emplacement central, au pied du Capitole, et proche de l'ancien Forum romain. Il dut pour cela déplacer la curie Hostilia et le Comitium *(voir chapitre Foro Romano)* et acheter, puis démolir, les riches habitations qui occupaient le terrain, ce qui lui coûta la somme exorbitante de 60 millions de sesterces selon Cicéron (alors consul et ami de César), plus de 100 millions selon Suétone, le biographe des empereurs (environ 20 millions de francs-or). Les tractations débutèrent en 54 avant J.-C., alors que César était riche du butin de la conquête des Gaules (de 58 à 51) ; les travaux purent commencer en 51.

Le forum de César était une vaste place rectangulaire dont les longs côtés s'étendaient à peu près parallèlement au Clivus Argentarius, tandis qu'à l'Est elle s'étendait jusqu'à la curie et à l'Ouest jusqu'à la via de S. Pietro in Carcere. Domitien (81-96) entreprit une restauration, peut-être après l'incendie qui détruisit une partie du Capitole en 80. Trajan termina les travaux.

Deux tiers environ du forum de César ont été mis au jour, le reste se trouvant au-dessous de la voie des Forums Impériaux.

Les vestiges – On remarque d'abord les trois belles colonnes dressées, richement sculptées. Elles faisaient partie du **temple de Vénus Genitrix** et datent de l'époque de Domitien et Trajan. César estimait que sa famille (les Julii) descendait de Vénus par l'intermédiaire d'Énée, fils de la déesse, et de Iule, fils d'Énée. Il décida de lui dédier un temple lors de sa victoire à Pharsale en 48, à l'issue de laquelle Pompée fut tué par Ptolémée, le frère de Cléopâtre.

Ce temple, situé au Nord du forum, fut un véritable musée : outre la statue de Vénus placée dans la cella, on y voyait une statue en or de Cléopâtre, des peintures grecques et, devant le temple, la statue du cheval de César : cet animal extraordinaire avait des sabots curieusement fendus, de sorte qu'ils ressemblaient à des pieds humains ; cette étrangeté, marque d'une intervention divine, présageait, selon les haruspices, l'empire du monde pour son maître.

B. Kaufmann

Sur le pourtour du forum s'ouvraient des boutiques, encore visibles au-dessous du Clivus Argentarius.

Sur le long côté qui longe le Clivus Argentarius, fut ajouté, à l'époque de Trajan, au 2e s., un portique dont sont restées les deux rangées de colonnes de granit; il fut identifié comme la basilique Argentaria où des changeurs (argentari) exerçaient leur métier.

ENTRE LE FORUM DE CÉSAR ET LE FORUM D'AUGUSTE

Carcere Mamertino ⊘ – On nomme **prison Mamertine** les deux pièces superposées creusées dans la colline du Capitole et sur lesquelles s'élève l'église S. Giuseppe dei Falegnami (St-Joseph-des-Charpentiers).

Cachot de l'État romain, la prison Mamertine abrita de nombreux prisonniers, ennemis de Rome. À droite de la porte d'entrée, une liste donne les noms des illustres personnages qui périrent ici. En 104 avant J.-C., Jugurtha succomba pendant que défilait au Forum le cortège triomphal de son vainqueur, Marius. En 46, **Vercingétorix** y mourut après le triomphe de César. Cependant, depuis la victoire de Paul Émile à Pydna en 168 avant J.-C. contre Persée de Macédoine, les chefs ennemis de valeur échappaient souvent à la mort; mais Jugurtha et Vercingétorix n'avaient pas été jugés dignes de cette clémence. C'est là aussi qu'au soir du 5 décembre 63, les conjurés amis de **Catilina** furent étranglés après que Cicéron eut prononcé sa quatrième Catilinaire.

Au Moyen Âge, une légende fit de ces lieux la prison de Pierre, d'où le nom de S. Pietro in Carcere. À gauche de la porte d'entrée, une liste donne les noms des martyrs chrétiens morts ici. Près de l'escalier qui réunit les deux pièces, une pierre est pourvue d'une cavité qui passe pour être l'empreinte de la tête de l'apôtre bousculé par les sbires qui le conduisaient.

La pièce du bas (Tullianum) fut construite à la fin du 4e s. avant J.-C. en gros blocs de tuf disposés en voûte et servit de réserve d'eau ou peut-être de tombeau. La légende raconte que Pierre et Paul, accomplissant un miracle, auraient fait jaillir de terre une source qui leur permit de donner le baptême à leurs geôliers. On voit encore la colonne où auraient été liés les saints et la source miraculeuse.

S.S. Luca e Martina – Vers le 7e s. fut érigée sur l'emplacement du Secretarium Senatus (la salle des archives du sénat, annexe de la curie) une église que l'on dédia à Martine, martyrisée sous Septime Sévère. À partir de 1588, on y honora également saint Luc. Car cette année-là, le pape Sixte Quint fit don de l'église aux

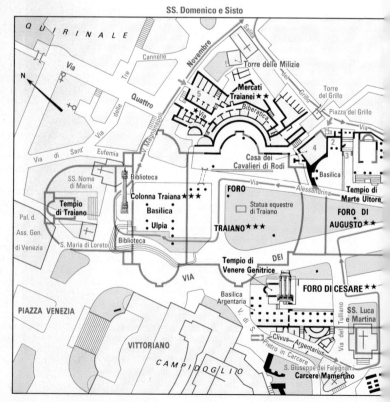

membres de l'académie de St-Luc, corporation de peintres qui reconnaissait en l'évangéliste leur saint patron depuis qu'une légende, née au 6ᵉ s., avait fait de celui-ci le portraitiste de la Vierge.

En 1634, fut découvert un sarcophage de terre cuite contenant les restes de sainte Martine. Le cardinal Francesco Barberini confia alors à Pierre de Cortone le soin d'ériger un nouveau sanctuaire au-dessus du précédent. Pierre de Cortone, contemporain des chefs de file du baroque, le Bernin et Borromini, conçut une belle **façade★**. Le mouvement convexe dont elle est légèrement animée, l'intérieur de l'édifice sur plan en croix grecque, enveloppé dans la pâleur des stucs où l'on dénote une certaine recherche de formes compliquées, rappellent la manière de Borromini.

Après avoir traversé la via dei Fori Imperiali, il est recommandé de contempler les forums impériaux dans leur ensemble en longeant la via Alessandrina depuis l'intersection de la via Cavour avec la via dei Fori Imperiali.

À cette intersection se trouvait à peu près la limite entre le forum de Vespasien (étendu vers la droite) et le forum de Nerva. Il n'en reste que très peu de vestiges.

Foro di Vespasiano – Il formait un carré s'étendant approximativement de la Torre de'Conti à l'église Sts-Cosme-et-Damien et jouxtait l'ancien forum. Érigé de 71 à 75 par Vespasien, on l'appela aussi forum de la Paix, car il comprenait un temple élevé à la Paix par l'empereur après sa victoire sur les Hébreux en 71. Ce temple abrita les dépouilles du temple de Jérusalem : le chandelier en or à sept branches, les Tables de la Loi de Moïse et les trompettes d'argent qui figurent sur l'arc de Titus.

L'angle Sud de la place était occupé par une bibliothèque où s'est installée l'église Sts-Cosme-et-Damien.

Foro di Nerva – Commencé par Domitien, il fut achevé et inauguré par Nerva en 98. Il se présentait comme un long couloir étroit, traversé par l'Argiletum, cette voie qui, venant du Forum romain, gagnait le quartier de Suburre. En tant que voie de passage on l'appela aussi Forum Transitorium. Dans le forum se dressait le temple dédié à Minerve, dont on pouvait encore voir de beaux vestiges au début du 17ᵉ s., jusqu'à ce que le pape Paul V le fît démanteler ; colonnes et corniches furent utilisées pour la construction de la fontaine Pauline sur le Janicule.

Sur la droite, il reste deux belles **colonnes★** (1) et des fragments de frise qui garnissaient le mur d'enceinte du forum.

★★FORO DI AUGUSTO

On en a une vue d'ensemble depuis la via Alessandrina.

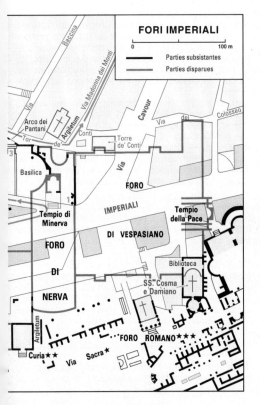

Octave, qui prit le nom d'Auguste lorsqu'il devint empereur, voulait venger le meurtre de son père adoptif César. Lorsqu'il vainquit définitivement les meurtriers Cassius et Brutus à Philippes (ville de Grèce) en 42 avant J.-C., il fit vœu de dédier un temple à Mars qu'il construirait sur un nouveau forum. Celui-ci s'ajouterait aux deux qui existaient déjà (le Forum romain et le forum de César) et serait plus particulièrement affecté à l'exercice de la justice.

En 31 avant J.-C. les travaux commencèrent sur le terrain compris entre l'ancien forum et le quartier populeux de Suburre, nécessitant d'importantes démolitions. Pour isoler la nouvelle place des taudis de Suburre et des incendies qui s'y déclaraient fréquemment, Octave fit bâtir une grande muraille dont la forme irrégulière révèle les difficultés que durent connaître les bâtisseurs. Cette muraille constituait le fond du forum. Les côtés Sud-Est et Nord-Ouest étaient pourvus chacun d'un hémicycle dont on distingue encore la forme.

Des niches creusées dans les parois abritaient les statues de bronze des Romains les plus illustres «qui avaient fait Rome de si petite, si grande» (Suétone). Énée y figurait avec Anchise et Ascagne, les rois d'Albe, ancêtres de la gens Julia, Romulus, Marius, Sylla et d'autres grands généraux de la République.

Au centre et au fond du forum se dressait le **temple du Mars Vengeur** (Ultor), auquel on accédait par un escalier majestueux. Quelques colonnes de la façade et du côté droit ont été relevées.

Ce temple joua un rôle extrêmement important dans la vie publique ; on y conservait, comme une relique, l'épée de César. C'est là que les membres de la famille impériale recevaient la toge virile, cérémonie qui marquait le passage de l'enfance à l'âge d'homme (vers 17 ans). De même, les magistrats envoyés dans les provinces y étaient investis du commandement et devaient à leur retour y rapporter les trophées de leurs victoires.

Les basiliques – Il s'agissait de deux portiques situés de part et d'autre du temple devant les hémicycles. Des statues de marbre étaient placées entre les colonnes. Derrière la basilique de gauche, une salle (2) devant laquelle deux colonnes ont été redressées abritait une statue colossale de Mars ou d'Auguste.

Entre le temple et les basiliques, deux escaliers mettaient en communication le forum d'Auguste et Suburre. Entre la basilique de droite et le temple, à côté des trois colonnes redressées, se trouvait l'entrée du forum surmontée d'un bel arc, appelé Arco dei Pantani. On en a la meilleure vue depuis la via Tor de'Conti.

Les successeurs d'Auguste continuèrent d'embellir l'ensemble : Tibère (14-37) y fit ériger, de part et d'autre du temple, deux arcs de triomphe (3) en l'honneur de Drusus et de Germanicus, pacificateurs de la Germanie et de la Pannonie (l'actuelle Hongrie occidentale). L'empereur Claude (41-54) continua d'y rendre la justice puisque Suétone raconte : «… un jour qu'il jugeait dans le forum d'Auguste, il fut alléché par le fumet d'un repas que l'on apprêtait pour les Saliens dans le temple de Mars, tout voisin ; quittant alors son tribunal, il monta chez ces prêtres et se mit à table avec eux».

★★★FORO TRAIANO

Le forum de Trajan est séparé du forum d'Auguste par un bâtiment (4) construit par Domitien qui porte la maison des chevaliers de Rhodes avec sa jolie loggia, bâtie au 15ᵉ s. *(voir en fin de chapitre : Casa dei Cavalieri di Rodi)*.

Ce forum comprend les marchés avec leur façade concave, et le forum proprement dit, lui-même composé d'une place publique, de la basilique Ulpia, de la colonne Trajane, des bibliothèques et du temple à Trajan divinisé.

Inauguré en 113 par l'empereur, sa construction exigea de gigantesques travaux au cours desquels la colline du Quirinal qui s'avançait en éperon vers le Capitole fut taillée et nivelée. De même que César avait financé ses travaux avec le butin pris aux Gaulois, Trajan utilisa les richesses enlevées aux Daces, peuple redoutable qui occupait à peu près l'actuelle Roumanie. Même après la mort de Trajan, le prestige de son forum ne diminua pas ; il fut le théâtre de grandes démonstrations officielles : Hadrien y brûla publiquement les tablettes où étaient inscrites les dettes de certains citoyens. Marc Aurèle (161-180) y organisa la vente aux enchères de ses trésors personnels afin de financer ses guerres contre les Marcomans (un peuple germanique) qui menaçaient l'Empire.

Étendu jusqu'au forum de César et au-delà de l'emplacement occupé aujourd'hui par les deux églises à dômes du SS. Nome di Maria et de S. Maria di Loreto, il fut le plus vaste des forums impériaux, et certainement aussi le plus beau, si l'on croit l'historien Ammien Marcellin (vers 330-400) ; cet auteur fit le récit du voyage de Constance II (356), l'empereur d'Orient, en visite dans la capitale déchue ; déjà, à la vue de l'ancien forum «sanctuaire de l'antique puissance», il était resté interdit. «Mais arrivant au forum de Trajan… Il resta stupéfait.» Aujourd'hui encore, peu de ruines à Rome évoquent la civilisation antique avec autant de noblesse.

Foro – Il s'étendait du pied des marchés jusqu'au forum de César. L'entrée était située à l'Est, sur un côté légèrement incurvé. Les côtés Nord et Sud étaient renflés de deux petits hémicycles dont l'un est encore visible, dessiné parallèlement à l'hémicycle des marchés et marqué par deux colonnes (dont une relevée). Remarquer aussi, à gauche de cette colonne, quelques restes d'une petite église élevée là au Moyen Âge.

Plus à gauche, à l'extrémité de l'hémicycle, le mur en gros blocs de pépérin et de travertin était le mur d'enceinte de la place.

Piazza del foro – Au centre de la place se dressait la statue équestre en bronze doré de l'empereur Trajan que Constance II a rêvé d'imiter. Ammien Marcellin raconte qu'un prince de sa suite fit alors remarquer avec finesse : «Commencez, Sire, par faire construire une écurie de ce genre… pour que le cheval que vous projetez soit aussi bien logé que celui-ci.» Les côtés de l'esplanade étaient bordés de portiques et ornés, comme dans le forum d'Auguste, de statues d'hommes illustres.

Basilica Ulpia et bibliothèques – La basilique portait le nom de la famille de Trajan. Ses extrémités étaient pourvues de deux hémicycles dont l'un se trouve au-dessous de l'immeuble à l'angle de la via Magnanapoli. Cette basilique fut somptueuse, avec ses cinq nefs, son pavement de marbre et ses deux étages de colonnes de granit et de marbre (en partie relevées ou indiquées par leur base).

Le forum de Trajan

Derrière la basilique, deux bibliothèques publiques avaient été aménagées ; l'une abritait des œuvres grecques, l'autre des ouvrages latins et, en outre, les archives personnelles de Trajan. Ces deux bibliothèques étaient séparées par une cour au centre de laquelle s'éleva la colonne Trajane, chef-d'œuvre inégalé de l'art antique.

★★★ **Colonna Traiana** – Dans l'Antiquité, des terrasses aménagées au-dessus des bibliothèques permettaient de contempler cette magnifique colonne plus aisément qu'aujourd'hui. Cet ouvrage extraordinaire, imaginé par Apollodore de Damas et auquel aucun modèle n'a été trouvé, élève à 38 m environ ses 17 tambours de marbre sculptés en spirale de panneaux racontant chacun un épisode des guerres de Trajan contre les Daces *(voir illustration p. 362)*. Déroulée et étalée le long d'une ligne droite, cette spirale atteindrait 200 m. Jamais les victoires impériales ne furent exaltées avec plus de talent et de génie. Les deux guerres (celle de 101-102 et celle de 105-106) sont illustrées ; leurs épisodes respectifs sont séparés par une figure de la Victoire ailée inscrivant sur un bouclier les victoires impériales *(visible depuis la terrasse devant les deux églises)*. Plus de 100 scènes ont été dénombrées ; à la finesse de l'exécution et aux prouesses techniques qui furent nécessaires pour raccorder parfaitement les sculptures entre elles à la jonction des tambours, s'ajoute une telle précision dans les détails que la colonne constitue un document historique des expéditions de Dacie et de la technique militaire des Romains.

Le diamètre n'est pas égal tout au long du fût : la colonne est renflée aux deux tiers de sa hauteur afin d'éviter l'illusion de concavité que provoquerait sa taille élevée. La taille des panneaux et des figures grandit à mesure qu'ils s'éloignent de l'observateur.

Au sommet de ce monument, qui resplendissait de couleurs dans l'Antiquité, la statue en bronze de Trajan, le meilleur des Antonins, fut placée probablement après sa mort. En 1587, le pape Sixte Quint la fit remplacer par celle de saint Pierre que l'on voit aujourd'hui. La colonne Trajane, monument païen, ne fut jamais maltraitée par les chrétiens, car on crut que l'âme de Trajan avait été sauvée par les prières de saint Grégoire. Les cendres de l'empereur, recueillies dans une urne en or, furent déposées dans la chambre funéraire ménagée à l'intérieur de la colonne. L'urne fut dérobée au Moyen Âge.

Hadrien, successeur de Trajan, fit élever un temple à l'empereur divinisé après sa mort ; il n'en reste rien de visible. Le socle de la colonne, où sont sculptés des trophées de guerre, porte une inscription latine qui suscita les plus vives polémiques *(sur la face tournée vers la basilique Ulpia)* ; la hauteur de la colonne, indique-t-elle, marquerait le niveau original de la colline du Quirinal qui, nivelée, fut remplacée par l'ensemble du forum de Trajan.

À l'intérieur de la colonne se déroule un escalier en colimaçon *(on ne visite pas)* qui atteint le sommet, ajouré de fenêtres percées dans les panneaux sculptés : un trait du génie du maître d'œuvre consista à rendre peu visibles ces fenêtres de l'extérieur.

Du forum, on peut voir l'**église S. Maria di Loreto**. Commencée par Antonio da Sangallo le Jeune en 1507, cette petite église de plan carré fut achevée, en 1577, par le Sicilien Giacomo del Duca qui réalisa le grand tambour octogonal que surmonte le dôme.

Les marchés de Trajan

★★**Mercati Traianei** ⊙ – Composés de 150 boutiques environ, étagés au-dessus du forum et adossés à la paroi entaillée de la colline du Quirinal, les **marchés de Trajan** n'étaient pas un simple lieu de vente au détail comme les forums Boarium et Olitorium *(voir p. 105)* mais un centre d'approvisionnement, de répartition et de redistribution des produits, géré par des fonctionnaires impériaux dépendant du préfet de la Ville et du préfet de l'Annone *(voir p. 106)*.

On pénètre d'abord dans une salle (5) magnifiquement voûtée, pourvue de tribunes ; probablement les fonctionnaires accomplissaient-ils là leur tâche. Remarquer les arcs-boutants qui épaulent les pilastres soutenant les voûtes ; on ne trouve pas l'équivalent de cette structure dans les autres monuments antiques de Rome.

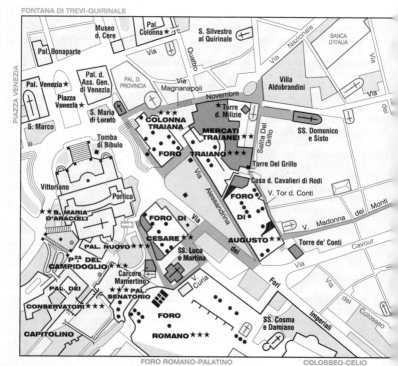

★**Via Biberatica** – Encore pourvue de son pavement antique, elle dessert la partie haute de l'hémicycle qui forme la façade des marchés. Les boutiques qui la bordent débitaient des denrées exotiques. Elle partait de la torre del Grillo, épousait la courbe de l'hémicycle, puis se raccordait à l'actuelle via Quattro Novembre.

De la via Biberatica, on descend au pied des marchés en passant par le premier étage de boutiques ; celles-ci, longues et voûtées, étaient peut-être réservées au commerce du vin et de l'huile ; elles s'ouvrent sur un corridor voûté qui présente en façade une série d'arcades.

Façade – La façade en hémicycle et l'étagement des boutiques révèlent bien le génie d'Apollodore de Damas qui sut donner à un ensemble utilitaire un aspect monumental. Les boutiques du rez-de-chaussée, peu profondes, s'ouvraient directement sur la voie qui a conservé son beau pavement antique, tracée le long de la courbe concave ; peut-être y vendait-on des fleurs et des fruits. L'une a été reconstituée.

Au premier étage, remarquer l'élégance des arcades surmontées de frontons courbes et triangulaires.

DE LA TOUR DES MILICES AU VIMINAL

★**Torre delle Milizie** – La tour des Milices est l'un des vestiges les mieux conservés de la Rome médiévale. Elle servit de donjon à une forteresse érigée par le pape Grégoire IX (1227-1241) à l'époque où le sacerdoce et l'Empire s'affrontaient. Légèrement inclinée par un tremblement de terre au 14e s., elle fut écrêtée d'un étage et pourvue de créneaux. On l'appela « la tour de Néron » car, selon la légende, c'est de son sommet que l'empereur fou contempla l'incendie qu'il avait lui-même ordonné d'allumer, « charmé par la beauté des flammes », d'après le récit de Suétone, et chantant un de ses poèmes dans son costume de théâtre.

De la via Quattro Novembre, une vue s'offre sur les beaux arbres du parc public en terrasses de la **villa Aldobrandini** et sur la façade baroque de l'**église S.S. Domenico e Sisto** (achevée en 1655).

Prendre à droite la salita Del Grillo.

Le nom de cette rue vient du palais du marquis Del Grillo, connu pour ses plaisanteries et railleries à l'égard des déshérités. À côté de l'arcade, on remarque la **tour** du palais.

Casa dei Cavalieri di Rodi ☉ – Le cardinal Marco Barbo, nommé à la tête de l'ordre des Hospitaliers de St-Jean par son oncle le pape Paul II (1464-1471), fit reconstruire cet édifice pour les chevaliers de Rhodes au 15e s. sur les ruines d'un couvent installé au Moyen Âge dans les vestiges des forums impériaux.

Poursuivre par la via Tor de' Conti.

La **via Tor de' Conti** longe l'impressionnante muraille faite de gros blocs de tuf et de travertin qui sépare le forum d'Auguste du quartier de Suburre. Remarquer au passage le bel arc dei Pantani qui marquait l'entrée de ce forum. Au débouché de la rue, on ne peut éviter la masse imposante qui subsiste de la tour du même nom. Le pape Innocent III la fit ériger vers 1238 avec des matériaux provenant du forum de Nerva ; elle fut habitée jusqu'en 1348, date à laquelle un séisme la réduisit aux proportions que nous lui connaissons aujourd'hui.

Emprunter la via Madonna dei Monti.

La via Madonna dei Monti mène au quartier de **Suburre**, le plus malfamé de la Rome antique, repaire de voleurs et de sicaires, et qui a laissé son nom à une place voisine. Les ruelles étroites semblent encore hantées par le spectre de la scandaleuse impératrice Messaline qui fréquentait en cachette les lupanars du quartier.

Prendre à gauche la via del Boschetto et gagner la via Panisperna.

Cette rue traverse le **Viminal**, l'une des sept collines de Rome, ainsi nommée soit à cause des nombreux osiers *(vimini)* qu'elle portait, soit en l'honneur d'un temple dédié à Jupiter (Jupiter Vimineus) qui s'y élevait. La cour ombragée de l'**église S. Lorenzo in Panisperna** constitue une petite oasis entre la cité trépidante et le lieu de culte. À l'occasion de la fête de saint Laurent (10 août), les moines offrent du pain bénit selon une tradition ancestrale.

FORO ROMANO – PALATINO★★★
Le FORUM ROMAIN – Le PALATIN
Visite : une demi-journée

Compter 3 h pour la visite d'ensemble du Forum et du Palatin. Les meilleures vues sur les ruines s'offrent de la terrasse du Capitole et des jardins Farnèse sur le Palatin. Il peut arriver que la visite de certaines parties des ruines ne soit pas autorisée, le personnel de surveillance faisant défaut ou des travaux de consolidation et de réaménagement (par moments très nombreux) étant en cours.

★★★LE FORUM

Ce champ de ruines, parsemé de pans de murs déchiquetés ou rasés, animé comme par magie par quelques colonnes, porte, imprimés dans son sol, les douze siècles d'histoire qui ont forgé la civilisation romaine.

Un peu d'histoire

Vers 750 avant J.-C., le site du forum n'était qu'un marécage, périodiquement inondé par le Tibre en crue et par les eaux ruisselant des collines voisines : le Palatin, le Caelius, l'Esquilin, la Velia – qui reliait le Palatin à l'Esquilin –, le Viminal, le Quirinal et le Capitole *(voir plan p. 36)*. Des villages, faits de cabanes rudimentaires, occupaient ces collines. Leurs habitants, des Latins et des Sabins, vivaient en paysans, parfois en soldats. La vallée, qui devint plus tard le Forum, leur servait de lieu de sépulture. Cet emplacement étant à peu près au centre du cercle des collines, les chefs s'y réunissaient pour prendre les décisions concernant la communauté et les habitants pour y échanger leurs produits et y adorer leurs dieux.

Deux siècles plus tard, la vallée marécageuse change totalement d'aspect et devient une véritable place, au centre d'une vraie ville : la nécropole est abandonnée et recouverte de maisons ; la partie Ouest du Forum est pavée. Les auteurs de ces transformations sont les **Étrusques**. Venus de la rive droite du Tibre, ils étendent leur domination jusqu'à Cumes, aux portes de la Grande Grèce. Ils s'installent sur le site de Rome, établissent une citadelle sur le Capitole, réalisent l'union des villages, organisent la vie sociale. De 616 à 509 avant J.-C., Rome est gouvernée par des rois d'origine étrusque. Une enceinte fortifiée délimite la cité ; les eaux qui stagnaient sur le Forum sont drainées vers le Tibre au moyen d'une canalisation qui deviendra la « Cloaca maxima ».

Le Forum sous la République – Le dernier roi étrusque, Tarquin le Superbe, a été chassé en 509 avant J.-C., puis le consulat institué. L'ère de la République commence : Rome, de cité rurale, se prépare à devenir capitale d'Empire. Le Forum, petite place de 2 ha à peine, va connaître les convulsions que suscita l'éclosion des temps nouveaux. La période républicaine est d'abord le temps de l'extension territoriale : dès le début du 5ᵉ s. avant J.-C. Rome est en guerre contre ses voisins. Au Forum on célèbre les victoires : on élève un temple aux Dioscures qui ont aidé les Romains au lac Régille *(voir ci-après Tempio di Castore e Polluae)*. En 260, lors de la première guerre punique, on dresse une colonne en l'honneur de Caius Duilius qui remporta la première victoire navale romaine à Myles (auj. Milazzo) en Sicile. Tous les chefs d'armée victorieux défilent au Forum.

Un centre d'affaires – Les conquêtes introduisent à Rome d'immenses richesses, produits de la confiscation des trésors ennemis, des indemnités versées par les vaincus, des tributs payés par les provinces. Dès le 3ᵉ s. avant J.-C. Rome est une importante place financière. Au Forum s'effectuent les opérations de change, d'emprunt et de crédit. Les boutiques, naguère occupées par de petits commerces, sont peu à peu réservées aux banquiers.

Au cœur de la vie politique – Les cinq siècles de la République romaine qui ont précédé l'avènement de l'Empire fourmillent d'événements. Les hommes qui font la destinée de Rome se retrouvent au **Comitium**, place disposée à l'angle Nord-Ouest du Forum, où se réunissent les assemblées populaires ou « comices ». Au fond de la place, la curie. On la nomme « Hostilia » car, dit-on, Tullus Hostilius, roi sabin qui aurait régné de 672 à 640, l'a créée. La curie est le siège de la plus haute autorité du gouvernement républicain, le Sénat. Là, 300 sénateurs à vie dirigent la politique étrangère, contrôlent les opérations militaires, élaborent les traités de paix, décrètent les mesures de salut public. Face à la curie, la tribune aux harangues. On vient y entendre les discours à la logique impitoyable et aux accents mesurés de Tiberius et Caius Gracchus. À côté, la « Graecostasis », plate-forme où attendent les ambassadeurs étrangers. En 185 avant J.-C., la **basilique Porcia**, premier monument de ce type à Rome, s'élève sur un côté du Comitium ; son promoteur Porcius Caton a ainsi permis au peuple de s'assembler en un lieu couvert.

Un foyer religieux – En 497 avant J.-C., on construit au forum un temple dédié à Saturne *(voir dans ce chapitre : Tempio di Saturno)* ; d'autres édifices religieux existaient déjà à l'époque des rois. Mais le temps des troubles est proche et les croyances religieuses se perdent. L'une d'elles qui consistait à offrir aux mânes des défunts des combats devant se terminer par la mort de l'un des deux adversaires dégénère en divertissement : dès 264 des combats de gladiateurs sont organisés en plein Forum.

Le temps des orages – Pendant cent ans, la République agonise dans les guerres civiles. En 52 avant J.-C., le tribun Clodius est tué par Milon, son corps transporté au Comitium et brûlé ; le feu se propage, détruisant la curie et la basilique Porcia. Déjà César a jugé le Forum trop exigu et projette de l'étendre. En 44 avant J.-C. il déplace la tribune aux harangues et réoriente la Curie.

De la période républicaine, pratiquement rien ne subsiste au Forum. Les premiers édifices étaient en tuf, en péperin *(voir Introduction : L'Art à Rome)* ou en bois. Les empereurs vont les parer de marbre, en construire de plus grands et de plus beaux. Auguste put se vanter d'avoir laissé une ville en marbre après l'avoir reçue en brique.

Le forum sous l'Empire – Le 16 janvier, en 27 avant J.-C., le Sénat permet à Octave de porter le titre d'Auguste (protégé des dieux dans tous ses actes). Un nouveau régime est ainsi né, placé sous le signe de la grandeur. Reprenant les projets de César, Auguste, puis Vespasien, Domitien et Trajan agrandissent le vieux Forum et construisent les forums impériaux. Dès l'époque d'Auguste, l'ancienne place publique est déchargée de certaines de ses fonctions : les grandes assemblées populaires, les revues de troupes se tiennent au Champ de Mars.

Le forum, centre monumental de la ville, s'encombre d'arcs de triomphe, de basiliques, de temples dédiés aux empereurs divinisés après leur mort. Déjà au 2ᵉ s. avant J.-C., une belle confusion devait y régner si l'on croit Plaute, auteur satirique mort en 184 avant J.-C. ; toutes les catégories de citoyens s'y retrouvaient : «gens vicieux ou sans vice, honnêtes ou malhonnêtes. Voulez-vous rencontrer un faussaire? allez au Comitium. Un hâbleur fanfaron? auprès de la chapelle de Cloacina. Les maris riches et prodigues, cherchez-les vers la basilique ; là se trouveront aussi courtisanes parfumées et faiseurs d'affaires. Les amateurs de pique-nique, au marché aux poissons. Dans le bas du forum se promènent les hommes considérables, les riches ; au milieu, près du canal, la crème des glorieux... Derrière le temple de Castor, ceux à qui vous auriez tort de vous fier à la légère ; dans la rue des Toscans, ceux qui ne cessent de se vendre... »

À partir du 3ᵉ s., on ne construit plus : par manque de place certes, mais aussi depuis qu'une nouvelle religion se répand ; propagée d'abord par une poignée d'inconnus, puis à partir de 60 par un certain Paul, venu de Tarse, elle prône l'adoration d'un Dieu unique. Les empereurs résistent mais Théodose, en 391, ferme définitivement les temples païens.

L'agonie commence en 410 quand les hordes d'Alaric venues de la région du Danube incendient la curie et la basilique Émilienne. Après le séisme de 442, le passage des Vandales de Genséric en 455, des armées de Théodoric en 500, de celles de Bélisaire en 537, le Forum trépasse. Rome désormais ne tira plus son prestige de ses monuments grandioses mais, abritant le tombeau de l'apôtre Pierre, elle rayonna sur le monde chrétien.

Le forum du Moyen Âge à la Renaissance – L'église chrétienne organisée, l'évêque de Rome, le pape, est à la tête de la chrétienté. Peu à peu les édifices impériaux sont transformés en lieux de culte. Certains apparaissent aujourd'hui encore, curieusement imbriqués les uns dans les autres. Beaucoup ont disparu, comme les deux oratoires qui occupaient le portique de la basilique Émilienne, comme l'église des saints Serge et Bacchus qui demeura jusqu'au 16ᵉ s. entre le temple de Saturne et celui de la Concorde, comme S. Maria in Cannapara située dans la basilique Julienne. À partir du 9ᵉ s., les édifices s'écroulent, la terre s'accumule et ensevelit les ruines. Au 12ᵉ s., les familles nobles de Rome s'affrontent, épousant les causes de la querelle du Sacerdoce et de l'Empire : les monuments antiques sont transformés en forteresses. La zone située entre le temple d'Antonin et Faustine et le forum de César se hérisse de tours. Les édifices antiques sont dépouillés de leurs ornements qui vont embellir les églises et les palais ; au forum, des fours engloutissent les statues et les colonnes pour les transformer en chaux.

Le forum, déserté, devint un champ d'épandage. Au début de la Renaissance, autour du temple de Vespasien dont les colonnes sont à demi sous terre, du temple des Dioscures dont le soubassement est entièrement enseveli, s'étendent des prairies. Le forum est devenu la « plaine à vaches » *(campo vaccino)*. Près du temple des Dioscures, une vasque sert d'abreuvoir aux animaux ; en marbre, elle orne aujourd'hui la place du Quirinal. En 1536, quand Charles Quint vient à Rome, le pape Paul III fait tracer une large avenue entre l'arc de Titus et celui de Septime Sévère. Montaigne, en visite à Rome en 1580, écrit dans son Journal de voyage : «Il est souvent advenu qu'après avoir fouillé bien avant en terre, on ne venait qu'à rencontrer la tête d'une fort haute colonne, qui était encore en pied au-dessous. »

Les fouilles – Les noms des plus grands archéologues italiens et étrangers sont attachés à l'histoire des fouilles du Forum romain, depuis Carlo Fea qui commença les investigations en 1803, Antonio Nibby, Bunsen et Canina, Pietro Rosa après

1870, Giuseppe Fiorelli, Rodolfo Lanciani, H. Jordan et Ch. Hülsen, jusqu'à Giacomo Boni qui entreprit, à partir de 1898, des fouilles méthodiques, atteignant les niveaux les plus anciens dont l'étude s'est révélée capitale pour la connaissance de la Rome primitive.

Visite ⊙

On descend sur le Forum et immédiatement à droite on aperçoit les vestiges de la basilique Émilienne.

Basilica Emilia – C'est la deuxième basilique élevée à Rome (en 179 avant J.-C.) après la basilique Porcia construite non loin de là en 185. Comme tous les monuments du forum, elle fut maintes fois restaurée et reconstruite. Les vestiges que l'on voit aujourd'hui appartenaient à l'édifice reconstruit au 1er s.

On l'appelle «Émilienne» car les membres de la «gens Aemilia» prirent toujours soin de l'entretenir.

Comme toutes les basiliques antiques, elle n'avait aucune fonction religieuse. Sous ce grand hall couvert on traitait des affaires, on se rencontrait, à l'abri de la chaleur ou du froid; on y rendit la justice lorsque le vacarme chassa plaideurs et juges des places publiques.

Du côté de la place du forum, une rangée de boutiques s'ouvrait par un portique : on voit encore les murs qui les séparaient (certains sont reconstruits). Des bijoux, des parfums s'y vendaient.

À l'arrière des boutiques, il faut imaginer les nefs séparées par de belles colonnes de marbre coloré. Les entablements étaient de marbre blanc, très finement sculptés : des fragments d'architrave et de colonnes sont exposés le long du côté Nord-Est.

À l'angle Sud-Est de la basilique Émilienne, remarquer l'**inscription** (1) dédiée aux petits-fils d'Auguste morts prématurément, Caius et Lucius, adoptés par l'empereur et princes de la jeunesse.

★**Via Sacra** – Ce fut la voie romaine la plus prestigieuse de l'Antiquité. Bordée dès les premiers temps de l'existence du forum par le temple de Vesta et par la Regia, elle a vu défiler tous les cortèges triomphaux des généraux vainqueurs; parés du costume de Jupiter et juchés sur un char à quatre chevaux, ils se rendaient sur la colline du Capitole pour remercier Jupiter très bon et très grand de sa protection pendant la campagne.

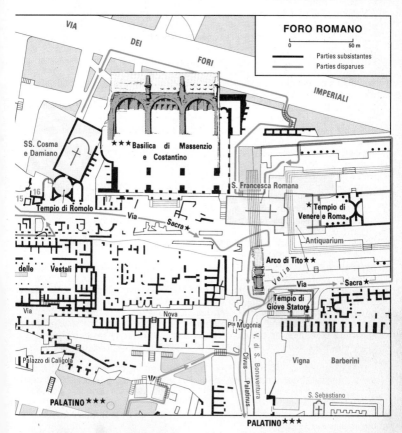

Santuario di Venere Cloacina (2) – Un cercle de travertin sur le sol marque l'emplacement du sanctuaire dédié à la divinité protectrice de l'égout de la Cloaca maxima : Vénus Cloacina. On on distingue encore la trace des escaliers qui y accédaient. C'est là qu'au 5ᵉ s. avant J.-C. Verginius, modeste officier plébéien, tua sa fille Verginie pour la soustraire à la lubricité du décemvir Appius Claudius ; Tite-Live raconte comment le décemvir, abusant de son pouvoir, voulut faire de Verginie son esclave ; il provoqua la révolte de la plèbe et l'abdication des décemvirs.

Argiletum – Cette rue, une des plus fréquentées de Rome, séparait la basilique Émilienne de la curie et conduisait vers Suburre, le quartier des bouges. Il reste de beaux vestiges du dallage de travertin.

On dit qu'au temps des rois, un arc enjambait l'Argiletum, flanqué d'une chapelle qui abritait la statue à deux visages du dieu Janus. Une légende racontait que lors de la guerre contre les Sabins, Janus avait libéré de la terre un jet d'eau chaude qui avait arrêté net les ennemis lancés à l'assaut de la citadelle du Capitole. Aussi laissait-on toujours sa chapelle ouverte en temps de guerre afin qu'il puisse voler au secours des Romains.

★★**Curia** – L'édifice de briques que l'on voit aujourd'hui n'est pas celui qui abrita les séances du Sénat au temps de la République, lorsque celui-ci dirigeait la politique de Rome. La première curie était orientée différemment et approximativement située sur l'emplacement du chœur et du bras gauche de l'église St-Luc. Au 1ᵉʳ s. avant J.-C., César l'avait déplacée et un peu agrandie, puis Dioclétien au 3ᵉ s. l'avait reconstruite.

La curie de Dioclétien a été restituée en 1937, après avoir été débarrassée de l'église St-Adrien qui l'occupait depuis le 7ᵉ s.

Son aspect était moins austère qu'aujourd'hui : sa façade, revêtue de marbres et de stucs, était précédée d'un portique et se terminait en un tympan recouvert de travertin. Sa porte en bronze a été transportée à St-Jean-de-Latran par Alexandre VII au 17ᵉ s.

La curie était un édifice consacré à l'intérieur duquel un augure pouvait communiquer aux hommes la volonté des dieux qui lui était transmise par certains signes : le vol des oiseaux, l'appétit des poulets sacrés, les petits faits inhabituels. Aucune séance du Sénat ne commençait avant que le président n'ait fait connaître les dispositions favorables ou défavorables des dieux.

À l'intérieur, le long de la salle, on voit encore les 3 larges rangées de gradins où étaient disposés les sièges des sénateurs. Ils n'avaient pas de place fixe. Une fois l'ordre du jour lu, chacun d'eux était appelé individuellement, donnait son avis, puis, pour exprimer son vote, allait se joindre au groupe qui représentait son opinion. Longtemps le pouvoir des sénateurs fut immense. Mais dès le début de l'Empire, il leur devint pratiquement impossible de s'opposer aux décisions de l'empereur qui les recrutait. Tout au plus pouvaient-ils, après la mort du prince, condamner sa mémoire et s'opposer ainsi à sa divinisation.

L'affaire de la statue de la Victoire – Au fond de la salle, sur un socle dont il reste quelques traces, trônait la statue de la Victoire : c'était une statue en or placée là en 29 avant J.-C. par Octave vainqueur des armées de Cléopâtre et d'Antoine en 31 à Actium et maître de l'Empire romain.

Pendant plus de trois siècles les empereurs l'ont adorée, brûlant quelques grains d'encens sur son autel. Lors de leurs funérailles, la statue précédait le cortège qui s'achevait par l'apothéose et la divinisation.

Mais déjà Paul avait adressé une épître aux Romains où il affirmait que la loi du Dieu unique des chrétiens devait dominer sur les morts et sur les vivants. Puis, en 380, l'édit de Thessalonique stipula que tous les peuples «doivent se rallier à la foi transmise aux Romains par l'apôtre Pierre». Désormais la statue de la Victoire apparut comme une offense au christianisme, nouvelle religion d'État ; en 382, l'empereur Gratien la fit enlever. Le préfet de la ville, Symmaque, s'insurgea ; rien n'y fit, la statue ne réapparut jamais.

★★ **Bas-reliefs de Trajan** – La curie abrite deux panneaux sculptés de bas-reliefs, trouvés sur le Forum et probablement commandés pour décorer la tribune aux harangues par Trajan ou son successeur Hadrien. Au revers des deux panneaux sont représentés les trois animaux que l'on sacrifiait au cours des cérémonies de purification : le porc, la brebis, le taureau ; en latin : *sus, ovis, taurus*, d'où le nom de **suovétaurilies** donné au sacrifice. On peut admirer la représentation très réaliste de leur anatomie et le soin apporté à l'exécution de chaque détail (la toison de la brebis). Les sculptures des faces opposées illustrent la bienfaisance impériale. Au panneau de droite deux scènes :

– Trajan, debout sur les rostres *(voir page suivante)*, accompagné de ses licteurs, vient d'annoncer que l'intérêt des prêts consentis aux petits propriétaires serait employé à aider les enfants pauvres. C'est l'institution des «alimenta» qu'Hadrien continua d'appliquer.

– Puis, l'empereur, assis, accueille une femme tenant un enfant, symbole de l'Italie. Sur le panneau de gauche :

– L'empereur observe un groupe d'hommes entassant des documents. Il va donner l'ordre de détruire ces registres qui contiennent l'arriéré de sommes dues au fisc, libérant ainsi toute une catégorie de citoyens de leurs dettes.

Le sculpteur a localisé ces actions en donnant comme fond à ces tableaux plusieurs monuments du forum. Aux extrémités des panneaux, sont représentés le figuier sacré *(voir plus loin : Colonna di Foca)* et à côté la statue de Marsyas, son outre sur les épaules.

Derrière la curie *(zone fermée pour travaux)* on voit encore un petit autel en briques (3) pourvu d'une cavité destinée à recevoir des reliques, attestant que le lieu fut réservé au culte chrétien aux 7e et 8e s.

Lapis niger (4) – En 1899, Giacomo Boni qui dirigeait les fouilles du Forum découvrit une surface de dalles noirâtres. Au-dessous, les archéologues allaient trouver, parmi des blocs de tuf amoncelés, une stèle portant une inscription dont le sens reste obscur aujourd'hui encore. Leurs conclusions : il s'agirait d'un monument remontant au 6e s. avant J.-C. César, entreprenant le réaménagement du forum, aurait fait protéger cette aire, car elle revêtait un caractère sacré : les Romains pensaient qu'il s'agissait de la tombe de Romulus, ou de celle de Faustulus (le berger qui vit de ses propres yeux la louve allaiter les jumeaux), ou bien de celle de Tullus Hostilius, troisième roi après Romulus et Numa Pompilius.

Comitium – *Voir plus haut, « Un peu d'histoire » en début de chapitre.* Cette place s'étendait de la curie au Lapis niger. On voit les restes de la base circulaire d'une fontaine qui s'y élevait.

Decennalia Caesarum (5) – En 286, l'empereur Dioclétien décentralise le gouvernement : lui-même gérera les affaires de l'Empire d'Orient et Maximien celles de l'Empire d'Occident. Ils seront les deux augustes. Sept ans plus tard, l'auguste Maximien confie la gestion de la Gaule et de la Bretagne à Constance et l'auguste Dioclétien nomme Galère responsable de la péninsule balkanique. Constance et Galère auront le titre de césars.

Pour fêter les dix années de règne des deux césars et les vingt années de celui des augustes, on leur éleva une colonne dont il reste la base. Les bas-reliefs représentent les animaux des suovétaurilies et certaines phases de cérémonies religieuses. La qualité de la sculpture, comparée à celle de l'époque de Trajan, a décliné : les figures d'arrière-plan sont aplaties et simplement détachées par un trait profond, les draperies des costumes manquent de souplesse.

★**Rostra** – Depuis 338 avant J.-C., tout le monde appelait la **tribune aux harangues**, les rostres. Cette année-là, les Romains avaient attaqué Antium (Anzio actuellement) réputée pour ses actes de piraterie. Ils avaient pris les éperons (ou rostres) des navires ennemis et les avaient accrochés à la tribune des orateurs. La tribune qui, à l'époque républicaine, retentit des discours de toutes les vedettes de l'art oratoire, était située entre le Lapis niger et l'emplacement actuel de la curie. Les vestiges d'aujourd'hui sont ceux de la tribune transférée ici en 44 avant J.-C. par César. Après l'assassinat de celui-ci, Octave, Antoine et Lépide forment le deuxième triumvirat (fin octobre 43 avant J.-C.). L'ère des proscriptions commence ; **Cicéron** en fut une des plus illustres victimes. Ennemi déclaré d'Antoine dont il avait dénoncé les illégalités et les visées impérialistes dans les *Philippiques*, sacrifié à la raison d'État par Octave, il meurt égorgé par les tueurs à gages des triumvirs dans sa maison de Gaète en décembre 43. Ses mains et sa tête furent exposées à la tribune aux harangues.

Celle-ci était une plate-forme surélevée, sur laquelle on montait par un escalier en demi-cercle situé à l'arrière (côté Capitole). Au temps de la toute-puissance de l'empereur, les grandes assemblées de la plèbe, galvanisée par les discours de ses tribuns, n'ont plus le pouvoir de décider. Aussi cette tribune ne servit-elle plus qu'aux calmes cérémonies officielles. À une époque où les colonnes votives et la colonne de Phocas n'étaient pas encore érigées, la foule pouvait s'assembler devant les rostres. Elle devenait houleuse les jours où elle attendait une distribution de ravitaillement : quand César prit le pouvoir, environ 300 000 citoyens étaient inscrits sur les listes des distributions gratuites de blé.

★★**Arco di trionfo di Settimio Severo** – L'arc de triomphe de Septime Sévère fut érigé en 203. Les statues de Septime Sévère, de ses deux fils (Caracalla et Geta) et de la Victoire le surmontaient. L'empereur venait de remporter (de 197 à 202) une série de victoires sur les Parthes et de réorganiser une nouvelle province au-delà de

Arc de Septime Sévère

l'Euphrate, la Mésopotamie *(voir Introduction, carte Le monde romain).* Le nom des héros figurait dans le texte de la dédicace ; celui de Geta fut effacé après que son frère Caracalla l'eut fait tuer afin de succéder seul à son père.

Au 3ᵉ s., l'architecture se complique : quatre colonnes corinthiennes se détachent de la façade, formant un faux portique. La décoration est abondante. Aux bases des colonnes, des prisonniers enchaînés. Les panneaux de façade sont alourdis par la division en registres que séparent d'épais bourrelets et peuplés de personnages trop petits. Cette présentation, géniale pour les colonnes triomphales *(voir colonne Trajane et piazza Colonna),* n'est ici que confusion.

Umbilicus Urbis (6) – Restes d'un édicule circulaire du 3ᵉ s. qui aurait servi à marquer symboliquement le centre de la cité.

Altare di Vulcano (7) – Cet emplacement creusé dans le tuf et servant d'autel est particulièrement vénérable puisqu'il remonte à l'époque des rois. Sous la République, le jour du 23 août était consacré à la fête des Vulcanales : on offrait à Vulcain, dieu du Feu, de petits poissons ou d'autres animaux symbolisant les vies humaines que l'on voulait conserver.

Colonna miliare d'Oro (8) – C'était une colonne de marbre recouverte de bronze doré, élevée par Auguste pour marquer le point de départ théorique des grandes voies de communication d'où son nom de **«Milliaire d'or».** Les distances entre la capitale et les villes de l'Empire y étaient gravées.

Au pied du Capitole s'élevaient des monuments particulièrement remarquables de part et d'autre du **clivus Capitolinus,** voie que suivaient les processions religieuses et les cortèges triomphaux pour se rendre du Forum au temple de Jupiter sur le Capitole.

Tempio di Cesare – Il ne subsiste presque rien de ce monument qui marqua l'institution du culte de l'empereur divinisé. Le soir des ides de mars 44 avant J.-C., le corps de César poignardé fut transporté de la curie de Pompée, où s'était déroulé le drame, au forum et brûlé devant la tribune aux harangues. Non loin du bûcher une colonne et un autel furent érigés mais supprimés presque aussitôt par les adversaires de César. Ils furent remplacés par un temple consacré par Octave en 29 avant J.-C. au «divin» Jules César.

Son podium se prolongeait par une terrasse dans laquelle s'ouvrait un hémicycle abritant un autel rond (on en voit les restes). Au fond de la cella, la statue de César, debout, une étoile sur la tête. Suétone raconte pourquoi il fut toujours représenté ainsi : «... au cours des premiers jeux que célébrait en son honneur, après son apothéose, Auguste, son héritier, une comète, qui apparaissait vers la onzième heure, brilla pendant sept jours consécutifs et l'on crut que c'était l'âme de César admis au ciel...»

Lorsque, le 2 septembre 31, Octave défit les flottes d'Antoine et de Cléopâtre devant le promontoire d'Actium (Grèce), il prit les éperons (ou rostres) des navires ennemis et les fixa à la terrasse du temple de César ; sous le nom de «rostres de César» cette terrasse devint une tribune où les empereurs ont souvent pris la parole.

Arco di trionfo di Augusto – Deux arcs de triomphe furent élevés à Octave-Auguste, entre le temple de César et celui de Castor et Pollux : le premier en 29 avant J.-C., pour honorer sa victoire à Actium ; dix ans plus tard, le précédent menaçant ruine, un autre arc de triomphe fut construit quand Auguste se fit céder par les Parthes les enseignes qu'ils avaient conquises en 53 avant J.-C. lors de la bataille de Carrhes (Mésopotamie).

Des fondations seulement ont été retrouvées (on voit les bases de deux piliers).

Vicus Tuscus – Cette rue longeait le pied du Palatin pour rejoindre le marché aux bœufs, près du Tibre *(voir forum Boarium, p. 105).* De nombreux marchands étrusques y tenaient boutique, d'où son nom (les Romains nommaient «Tusci» les Étrusques).

★★★**Tempio di Castore e Polluce** – Du temple des Dioscures, Castor et Pollux, il ne reste essentiellement que trois colonnes supportant un fragment d'architrave et formant une des images les plus célèbres du Forum romain. Sa fondation remonte au début du 5ᵉ s. avant notre ère. Il a toujours conservé son emplacement primitif. Toute son histoire est entourée de légendes. Au début du 5ᵉ s. avant J.-C., Rome, convoitée par les autres villes latines plus pauvres, prend les devants et attaque ses voisines : l'affrontement a lieu sur les bords du lac Régille vers 496 avant J.-C. Durant la bataille, les Romains ont vu apparaître, combattant à leurs côtés, deux cavaliers divins : Castor et Pollux, les fils de Jupiter et de Léda. Ceux-ci se sont ensuite rendus à Rome pour annoncer la victoire au peuple rassemblé au forum ; leurs chevaux assoiffés ont bu à la source de Juturne. Sur le lieu de cette apparition, le fils du dictateur Postumius, qui avait conduit la guerre contre les Latins, éleva un temple aux Dioscures Castor et Pollux.

Les trois belles colonnes qui furent déblayées en 1811 datent d'une reconstruction entreprise à l'époque d'Auguste et appartenaient au long côté gauche du sanctuaire. Le podium très élevé qui fait se projeter les colonnes très haut vers le ciel, l'ampleur des chapiteaux corinthiens, l'emploi d'un marbre très blanc constituent un ensemble d'une très grande majesté. Les vestiges du temple de Castor et Pollux témoignent de la magnificence dont Auguste voulut parer toute la ville, meurtrie par les guerres civiles.

On raconte que Caligula (37-41), l'empereur qui, en raison de ses extravagances, fut taxé de folie, jeta un pont entre le temple de Castor et Pollux (vestibule de son palais situé sur le Palatin) et le temple de Jupiter sur le Capitole ; ainsi pouvait-il aller s'entretenir avec le dieu dont il s'estimait l'égal et même parfois prendre sa place.

★★**Basilica Giulia** – En 170 avant J.-C., le censeur Sempronius Gracchus, père des tribuns Tiberius et Caius Gracchus, fit construire à cet endroit une basilique que l'on appela «Sempronia». En 55, le consul César la remplaça par une autre basilique, plus grande et plus belle, qui marqua l'avènement du gigantisme monumental au Forum : 109 m de long, 40 m de large, divisée en 5 nefs, elle fut pavée en son milieu de dalles de marbre précieux et de marbre blanc dans les nefs latérales. En observant attentivement ces dalles, on peut encore voir sur quelques-unes d'entre elles des dessins géométriques, traces des jeux auxquels se livraient les flâneurs.

Un portique précédait le côté Nord-Est, tandis que le côté opposé abritait des boutiques.

César, assassiné en 44, ne vit pas son œuvre achevée ; c'est Auguste qui la fit terminer. Mais la basilique Julienne porte tout de même le nom de son promoteur. Vers le 8ᵉ s., l'église S. Maria in Cannapara s'installa à l'angle Ouest de la basilique (vestiges de murs en brique).

Colonne votive – Il y en avait sept, élevées peut-être à l'époque de Dioclétien (284-305) pour commémorer les généraux d'armée. Deux ont été en partie reconstituées.

Lago di Curzio (9) – On nomme **lac de Curtius** l'espace clos d'une barrière avec, au centre, une sorte de margelle protégée par un toit. Au début de la République, il y avait à cet endroit un gouffre rempli d'eau que personne ne parvenait à assécher. L'oracle consulté rendit son verdict : le gouffre se refermerait lorsque Rome y aurait englouti ce qu'elle avait de plus cher. Curtius, jeune et soldat, donc très précieux, s'y précipita à cheval et en armes. Le gouffre se referma et un petit lac subsista. Un bas-relief illustrant cette légende fut sculpté au 1ᵉʳ s. avant J.-C. (conservé au musée du palais des Conservateurs) ; il ne révèle pas si cette légende doit être accréditée plutôt qu'une autre qui fait de Curtius un soldat sabin qui faillit s'enliser dans les marais du Forum au temps légendaire de la guerre de Romulus contre Tatius.

★**Colonna di Foca** – En 608, l'empereur d'Orient Phocas fit don du Panthéon au pape Boniface IV et le temple fut transformé en église. Pour remercier Phocas, on dressa sa statue au Forum au sommet d'une colonne. Il fallut prélever la colonne sur un édifice déjà construit, car en cette période de décadence, aucun artiste ne sculptait plus d'aussi belles pièces. Ce fut le dernier monument élevé sur la vieille place publique.

Le **figuier** sacré, symbole de l'arbre sous lequel a été retrouvé le berceau de Remus et Romulus, la **vigne** et l'**olivier** (10), symboles de la prospérité que Rome devait à l'agriculture, ont été replantés. Là, s'élevait aussi la statue de Marsyas, rapportée de Grèce au 2ᵉ s. avant J.-C. et jouissant d'une grande popularité. Elle représentait un silène qui, comme tous ses semblables, avait les traits d'un vieux satyre, fort laid et souvent ivre, portant une outre sur ses épaules. Comme il était coiffé d'un bonnet phrygien, symbole de la liberté, les esclaves nouvellement affranchis avaient coutume de venir toucher la statue.

La grande **inscription** (11) reconstituée en lettres de bronze, portant le nom de Naevius, commémorait la restauration du pavement effectuée par ce magistrat en 15 avant J.-C.

Vicus Jugarius – Cette rue importante passait entre le temple de Saturne et la basilique Julienne et conduisait au marché aux légumes *(forum Olitarium, voir p. 105)*.

★★★**Tempio di Saturno** – Dès 497 avant J.-C., le Forum comprenait un temple dédié à Saturne, dieu qui passait pour avoir enseigné aux Romains l'art de cultiver la terre, d'où son prestige auprès de ce peuple de paysans.

Restauré plusieurs fois sous la République, le temple fut reconstruit au 4ᵉ s. après un incendie. Les huit colonnes du pronaos qui restent datent de cette époque, alors que le podium en travertin remonte au 1ᵉʳ s. avant J.-C.

Les Saturnales – Ces fêtes célèbres se déroulaient en décembre dans le temple de Saturne. Le déchaînement général dont elles s'accompagnaient avait pour but d'aider le soleil à remonter au ciel. Durant les Saturnales, les distinctions entre maîtres et esclaves s'effaçaient ; ceux-ci, notamment, avaient toute liberté de parole.

Le trésor de l'État – Il était conservé dans le soubassement du temple. Peut-être ce sanctuaire avait-il été choisi parce qu'au culte de Saturne était associé celui d'Ops, déesse de l'Abondance. Le Sénat disposait du trésor, assisté des censeurs et des questeurs. César, à la fin de l'année 49, en pleine guerre civile, n'hésita pas à s'en emparer.

★Portico degli Dei Concenti – *On en a la meilleure vue depuis la colline du Capitolino et depuis la via del Foro Romano.*

Il en reste douze colonnes à chapiteaux corinthiens (restituées en 1858). Ce portique avait été élevé par Domitien pour honorer les douze dieux principaux du panthéon romain qui, réunis en conseil, assistaient Jupiter. Le portique dit « des dieux conseillers » abritait donc leurs statues, disposées deux par deux : Jupiter et Junon, Neptune et Minerve, Mars et Vénus, Apollon et Diane, Vulcain et Vesta, Mercure et Cérès.

En 367, le préfet de la ville Vettius Agorius Praetextatus qui avait été l'ami de l'empereur **Julien l'Apostat** et qui, comme lui, avait gardé une grande sympathie pour le paganisme, le fit restaurer ; sans doute est-ce là le dernier hommage rendu au culte païen dans Rome où régnait déjà le trente-septième pape.

Tabularium – Aujourd'hui le soubassement de cet édifice et les quelques colonnes qui subsistent servent de socle au Palais sénatorial. Le tabularium au moment de sa construction en 78 avant J.-C. combla la dépression qui divisait les deux sommets du Capitole, l'Arx et le Capitolium. Sa façade fermait le Forum à l'Ouest. Cet immeuble avait été conçu pour recevoir les archives de l'État ; parmi celles-ci, de vieilles lois romaines inscrites sur tables de bronze, d'où l'appellation de Tabularium. L'emploi du pépérin, matériau de construction très simple, et de l'ordre dorique, expression architecturale austère, disent encore toute la sévérité de l'architecture républicaine.

★★Tempio di Vespasiano – Il en reste trois colonnes corinthiennes, exhumées par Valadier en 1811 ; elles formaient l'angle droit de la partie antérieure du **temple de Vespasien**. Très élégantes, elles supportent, au-dessus de l'architrave, une frise à la décoration très fournie : une corniche de denticules, d'oves, de palmettes se superpose à un bandeau orné de bucranes et d'instruments de sacrifice. On accédait au temple par un escalier donnant sur le clivus Capitolinus.

Vespasien monta sur le trône impérial en 69, à la suite des luttes qui opposèrent les prétendants à la succession de Néron. Aussi, institua-t-il le principe monarchique héréditaire qu'il fonda sur la primogéniture mâle. Il déclara au Sénat « que ses fils lui succéderaient ou qu'il n'aurait pas de successeur ». Son fils aîné Titus lui succéda donc et commença l'érection d'un temple en l'honneur de son père, divinisé après sa mort : en effet si un empereur s'était avéré bon prince, le Sénat émettait un décret qui l'élevait au rang des dieux ; il suffisait pour cela qu'un témoin affirme avoir vu un aigle emporter l'âme du défunt lors de la cérémonie d'incinération.

Titus mourut avant que le temple ne soit achevé ; c'est Domitien, son frère et successeur au trône, qui fit terminer les travaux et dédia l'édifice à Titus et à Vespasien. Leurs deux statues étaient posées sur un piédestal, au fond de la cella.

Tempio della Concordia – Les Romains attribuèrent toujours un caractère divin à la puissance mystérieuse qui fait se réaliser un acte. Aussi honorèrent-ils comme des dieux certaines notions comme la Concorde, la Justice, la Liberté, l'Abondance. La plupart de ces divinités étaient représentées par une statue de femme : celle de la Concorde avait pour attributs deux mains unies et une colombe.

Dès 367 avant J.-C., le forum reçut son temple dédié à la Concorde. Il célébrait la paix rétablie entre les patriciens et les plébéiens qui s'affrontaient depuis le début du 5e s. avant J.-C. Près de deux siècles et demi plus tard, quand l'assassinat du tribun plébéien Caius Gracchus eut ramené la tranquillité intérieure, la Concorde fut de nouveau à l'honneur et son temple restauré.

Le plan de cet édifice fut tout à fait singulier : la cella se développait transversalement par rapport au pronaos qui s'ouvrait par un escalier sur le clivus Capitolinus.

Cinta sacra di Giuturna (12) – **Juturne** était une nymphe qui régnait sur toutes les sources du Latium et qui reçut l'immortalité de Jupiter pour avoir été aimée de lui. Son sanctuaire (ou enceinte sacrée) comprenait une source qui entra dans la légende de l'apparition des Dioscures. Placé dans le bassin, un autel de marbre datant probablement du 2e s. est sculpté de bas-reliefs qui représentent Castor et Pollux, une femme portant un long flambeau (sur les deux grandes faces), Léda et le cygne, et Jupiter (sur les faces latérales). Non loin de là, un **édicule** (13), en partie reconstruit, un puits rond et un autel appartenaient aussi à l'enceinte sacrée. Sur le puits est gravé le nom de Barbatius Pollio qui, au temps d'Auguste peut-être, a fait inscrire une phrase dédiée à Juturne ; sur l'autel, figures en bas-relief.

S. Maria Antiqua – *Visite réservée aux chercheurs et aux étudiants. Pour plus d'informations, contacter la Sopraintendenza archeologica di Roma,* ☎ *06 69 90 110.*

Oratorio dei Martiri (14) – On ignore la fonction de cette salle avant qu'elle soit décorée de peintures au 7e s. et dédiée aux quarante martyrs de Sébaste en Arménie qui furent enchaînés et jetés sur un étang gelé.

★★★**Tempio e Atrio delle Vestali** – À l'époque où il n'était pas facile pour l'homme de faire jaillir le feu, le village installé sur le Palatin où vivait Romulus devait posséder une cabane, circulaire comme toutes les autres, où était conservé le feu public. Cette fonction s'organisa autour de Vesta, la déesse protectrice du feu.

L'institution de ce culte à Rome remonterait à Romulus ou à Numa Pompilius (715-672 avant J.-C.). Un groupe de quatre prêtresses, porté plus tard à six et sept, les **vestales**, furent chargées d'assurer le culte de Vesta.

Quand le premier temple fut construit, peut-être à la fin du 6e s. avant J.-C., il conserva la forme arrondie de la hutte primitive. Le temple brûla et fut reconstruit plusieurs fois, toujours circulaire, jusqu'à Septime Sévère. N'ont subsisté que le centre du soubassement et quelques éléments en marbre qui ont été réemployés dans la reconstruction de 1930. C'était un sanctuaire clos, entouré d'un portique à vingt colonnes cannelées de style corinthien ; la frise était sculptée de bas-reliefs figurant des instruments de sacrifice. La cella abritait un autel sur lequel le feu brûlait en permanence. Dans un recoin, on conservait jalousement quelques objets qui, disait-on, avaient fait la fortune de Rome ; parmi eux, le fameux Palladion, statuette de bois ou d'os représentant la déesse Pallas, qui avait le pouvoir de préserver l'intégrité de la ville qui la possédait. Elle était tombée du ciel dans la ville de Troie, peut-être

Temple de Vesta

précipitée de l'Olympe par Zeus. Rome croyait la posséder grâce à Énée qui l'avait dérobée à Troie et rapportée en Italie.

Tout près du temple, l'**Atrium Vestae** abritait la communauté des vestales. Les pièces de cette vaste maison à 2 étages se disposaient autour d'une cour rectangulaire, agrémentée de vasques d'eau, de jardins et entourée d'un portique. Les Vestales passaient toute leur vie en ces lieux. Issues des familles patriciennes, elles entraient en fonction vers l'âge de dix ans et devaient rester attachées trente ans à leur culte : dix ans consacrés à leur instruction, dix autres de pratique, dix autres d'enseignement. La règle était rude : enterrées vivantes si elles faillissaient à leur vœu de chasteté, elles étaient très sévèrement punies si elles laissaient s'éteindre le feu, ce qui annonçait de grands malheurs pour Rome.

À partir du 3e s., on prit l'habitude d'ériger des statues de Vestales ; c'était un témoignage de bienveillance à leur égard. Quelques-unes de ces statues, portant une inscription sur leur base, ont été disposées dans la cour de l'Atrium.

Regia – La Regia fut, avec le sanctuaire de Vesta, au centre de toute la religion romaine. On racontait qu'elle avait été la demeure de Numa Pompilius, le roi qui succéda à Romulus et qui passait pour avoir organisé la religion à Rome. Plus tard, elle fut la résidence du grand pontife, le chef des collèges sacerdotaux. À l'époque des rois, c'est lui qui mettait à jour le « bottin » des dieux. Sous la République, il est le chef de la religion nationale. Il est si influent que, sous l'Empire, l'empereur se fera nommer lui-même Grand Pontife.

La légende des « anciles » – Le roi Numa reçut un jour du ciel un bouclier, considéré comme le présage des victoires de Rome. Il en confia la garde aux prêtres voués au culte de Mars. Pour éviter un vol toujours possible, il fit fabriquer onze boucliers semblables, tous conservés à la Regia. L'artisan chargé de ce travail demanda pour toute récompense d'être cité dans les chants qui accompagnaient la procession des « anciles ».

La Regia et la maison des Vestales marquent la limite du Forum de la Rome royale et républicaine. La partie qui s'étend jusqu'à l'arc de Titus fut adjointe plus tard.

★★Tempio di Antonino e Faustina – L'empereur **Antonin le Pieux** qui succéda à Hadrien en 138 appartenait à une riche famille originaire de Nîmes. Il se distingua par sa bonté et régna pendant 23 ans dans le calme et la modération.

À la mort de son épouse, l'impératrice **Faustine**, en 141, il l'éleva au rang des déesses, en dépit d'une conduite scandaleuse. Un temple gigantesque s'éleva au Forum. Quand Antonin mourut à son tour, en 161, le Sénat décida de consacrer le temple aux deux époux.

Sur un haut podium, l'édifice dresse encore les belles colonnes monolithes de son pronaos. La frise qui orne l'entablement de griffons et de candélabres est un chef-d'œuvre de finesse. Lors de la venue de Charles Quint en 1536, la colonnade fut dégagée de l'église S. Lorenzo in Miranda qui l'occupait depuis le 11e s. L'église fut reconstruite en 1602.

À côté du temple d'Antonin et Faustine, fut découverte une **nécropole** (**15**) des 8e et 7e s. avant J.-C., de l'époque de Romulus.

Tempio di Romolo – Le Romulus à qui le temple est attribué n'est pas le fondateur de Rome, mais le fils de l'empereur Maxence, mort en 307.

La construction de ce temple circulaire flanqué de deux salles à abside remonte au début du 4e s.; peut-être a-t-il été élevé à Constantin après sa victoire sur Maxence en 312, peut-être à la ville de Rome divinisée.

Quand, au 6e s., la salle située derrière le temple a été transformée en église (basilique Sts-Cosme-et-Damien), il devint lui-même le vestibule de l'édifice chrétien. Dans sa façade concave s'ouvre, entre deux colonnes de porphyre, la porte qui possède encore ses vantaux de bronze du 4e s.; la serrure fonctionne toujours, paraît-il.

Le clocher roman et les statues du fronton de Ste-Françoise-Romaine que l'on voit des abords du temple côtoient avec harmonie les monuments de l'Antiquité.

Sur la gauche du temple de Romulus, on peut voir les vestiges de dix petites **salles** (**16**) réparties de part et d'autre d'un couloir : elles auraient appartenu à un mauvais lieu de l'époque de la République.

Le long de la voie Sacrée, les restes d'une construction médiévale à arcades (**17**) très surélevée indiquent bien le niveau du sol du Forum au Moyen Âge.

★★★Basilica di Massenzio e Costantino – Maxence se fit proclamer empereur par le peuple après l'abdication de son père Maximien et celle de Dioclétien en 305. Presque aussitôt, il fit commencer l'érection d'une basilique, la dernière qui fut construite à Rome. Bâtie en briques et voûtée d'arêtes, elle fut d'un type différent des basiliques Émilienne ou Julienne. Rectangulaire, elle était disposée ainsi : un long côté, à peu près parallèle à la Voie sacrée, l'autre à l'actuelle via dei Fori Imperiali ; sur un des côtés courts, la façade (tournée à l'Est, côté Colisée), sur le côté opposé, une abside. L'ensemble était divisé en trois nefs soutenues par d'énormes piliers flanqués de colonnes.

Mais Constantin, le fils de l'empereur Constance qui régna avec Maximien et Dioclétien, convoitait le trône. Il battit Maxence au pont Milvius en 312 et acheva la basilique, en la modifiant. Il plaça l'entrée du monument du côté de la Voie sacrée et la marqua d'un portique à quatre colonnes de porphyre que l'on voit encore ; sur le long côté opposé, il fit ouvrir une abside.

Ce monument grandiose abritait des statues colossales : celle de Constantin, dont des fragments sont visibles actuellement dans la cour du palais des Conservateurs, était placée dans l'abside Ouest. Les tuiles de bronze doré servirent au 7e s. à couvrir la basilique St-Pierre.

Antiquarium del Foro – Ce musée, installé dans le couvent attenant à l'église Ste-Françoise-Romaine, renferme essentiellement des objets ayant appartenu à des monuments du Forum romain : vestiges les plus anciens de Rome provenant de tombes datant de 1000 à 600 avant J.-C. et retrouvées au Forum et au Palatin (urnes en forme de cabanes et troncs d'arbres creusés où étaient disposés les cadavres).

★★Arco di Trionfo di Tito – Dressé sur la Velia, la petite colline qui reliait le Palatin à l'Esquilin, l'arc de Titus apparaît sur toutes les vues du forum.

Titus était le fils aîné de l'empereur Vespasien, auquel il succéda. Son règne fut bref : de 79 à 81. En 70, il prit d'assaut Jérusalem, mettant ainsi un terme à la campagne que son père menait en Palestine depuis 66. Après sa mort, on lui éleva un arc de triomphe pour commémorer cet exploit. Dans l'histoire juive, cet événement compte parmi les plus tragiques. La ville fut détruite et le temple, qui unissait spirituellement les juifs dispersés, incendié. À sa place, Hadrien éleva un sanctuaire à Jupiter et la ville fut appelée Aelia Capitolina (le nom de famille d'Hadrien était Aelius). L'arc de triomphe de Titus, à une seule arche, fut restauré par Luigi Valadier en 1821.

À la clef de la voûte, parmi les caissons, un bas-relief représente l'apothéose de Titus : son âme est emportée par un aigle, ce qui lui vaudra d'être divinisé.

La frise (à l'extérieur du monument, côté Colisée, au-dessus de l'arcade) se distingue assez mal : dans une procession de sacrifice, une figure gisante représente le Jourdain, symbole de la défaite de la Palestine.

Les deux bas-reliefs situés sous la voûte sont à mettre au nombre des chefs-d'œuvre de la sculpture romaine : d'un côté, Titus triomphe sur son char, couronné par la Victoire ; en face, la suite du cortège triomphal où l'on montre le butin arraché au temple de Jérusalem : le chandelier d'or à sept branches que Moïse fit exécuter, puis placer dans le tabernacle comme le lui avait demandé l'Éternel sur le Sinaï, la table des douze Pains de proposition qui étaient disposés chaque semaine dans le temple au nom des douze tribus d'Israël, les trompettes d'argent qui annonçaient les fêtes.

Sur la Velia, se situait le vestibule de la Maison dorée de Néron.

Tempio di Giove Statore – Le 8 novembre 63, c'est dans ce temple dédié à Jupiter Stator (qui arrête les fuyards) que Cicéron prononça la première Catilinaire devant le sénat réuni. Une grande émotion régnait dans l'assemblée, impressionnée par les mesures de sécurité qui avaient dû être prises.

Laisser la via Nova à droite et prendre le clivus Palatinus, qui s'élève vers le Palatin.

★★★PALATINO

Des sept collines de Rome, celle du Palatin, berceau de la Ville éternelle, suscite certainement le plus d'émotion chez le visiteur. D'un intérêt archéologique de première importance, elle constitue en outre un lieu de promenade particulièrement agréable, fleuri et ombragé de beaux arbres depuis la Renaissance.

Un peu d'histoire et de légende

Pour des raisons politiques, les jumeaux Remus et Romulus, nés de la vestale Rhea Silvia et du dieu Mars, ne pouvaient pas vivre car ils menaçaient le pouvoir de leur oncle Amulius *(voir Introduction, chapitre : La naissance de Rome)*. Ils furent donc abandonnés sur les bords du Tibre ; mais le fleuve en crue déposa leur berceau sur le Palatin. Là, ils survécurent grâce à une louve qui les allaita dans la grotte du Lupercal. Le berger Faustulus, témoin de ce prodige, recueillit les jumeaux et les éleva.

Puis, vers le milieu du 8e s. avant J.-C., Romulus cerna le Palatin d'un sillon profond, et par trois fois il souleva sa charrue : Rome naquit ainsi, entourée d'une enceinte symbolisée par le sillon et percée de trois portes : la porte de Mugon, la porte Romaine, la porte des Escaliers de Cacus. Légende certes... mais en 1949, sur l'emplacement légendaire de la maison de Romulus, les archéologues mettaient au jour des restes de cabanes qu'ils dataient des 8e et 7e s. avant J.-C.

À l'époque de la République, le Palatin fut un paisible quartier résidentiel. Cicéron y habita, de même que le triumvir Antoine, de même qu'Agrippa, compagnon puis gendre d'Octave. Les étrangers visitaient la cabane du bon berger et la grotte de la

Le forum vu du Palatin

louve, creusée dans le flanc Sud-Ouest de la colline. En 63 avant J.-C., Caius Octavius Thurinus (Octave) y naquit « le neuvième jour avant les calendes d'octobre, un peu avant le lever du soleil ». Le Palatin commença à changer d'aspect quand Octave devint l'empereur Auguste et y édifia sa demeure. Il agrandit sa maison, puis la reconstruisit après qu'un incendie l'eut détruite (en 3 après J.-C.). Tibère, le successeur d'Auguste, Caligula, Claude, Néron, résidèrent sur le Palatin. Mais c'est **Domitien**, le dernier des empereurs Flaviens (81-96) qui bouleversa la colline ; il en fit la résidence impériale et lui donna l'aspect que les archéologues ont retrouvé. La dépression qui la divisait en deux « sommets » (le Germal et le Palatin) fut occupée par de nouvelles constructions dont les ruines occupent la partie centrale de la colline : ce sont la **Domus Flavia**, la **Domus Augustana** et le **stade.**

Après l'incendie de 191 qui endommagea gravement les bâtiments du Palatin, l'empereur Septime Sévère ne se contenta pas de restaurer. Il fit agrandir le palais impérial au Sud et lui donna une façade monumentale, le Septizonium, situé dans l'axe de la via Appia Antica. De cette façon, les voyageurs arrivant à Rome par cette voie saisissaient immédiatement la grandeur de la capitale. Cette construction prestigieuse put être admirée jusqu'à ce que le pape Sixte Quint, à la recherche de matériaux de construction, la fît détruire à la fin du 16e s.

Le Palatin commença à décliner au 3e s. lorsque Dioclétien, Galère, Maximien et Constance désertèrent Rome pour installer la résidence impériale à Nicomédie, à Sirmium, à Milan, à Trèves. Puis l'empereur Constantin, en 330, fit de l'ancienne Byzance la capitale de l'Empire, Constantinople. Le Palatin fut abandonné.

Les édifices chrétiens n'occupèrent généralement pas le plateau du Palatin mais ses pentes : au 4e s., un sanctuaire fut dédié à sainte Anastasie au Sud ; au Nord, l'église St-Sébastien s'éleva là où l'empereur **Élagabal** (218-222), originaire d'Émèse en Syrie et rêvant d'une religion qui regrouperait les divers cultes orientaux, avait élevé un temple au Soleil, le dieu dont il s'était institué grand prêtre.

Aux 11e et 12e s., Rome, enjeu des luttes entre le pape et l'empereur, se couvrit de forteresses et de tours : ce fut la « Roma turrita ». La famille des Frangipani, partisans de l'empereur, fortifia tout le côté Sud-Est de la colline. À la Renaissance, les habitations du Palatin, ou « palais », ne sont plus que ruines. Les riches familles romaines y bâtissent leur maison de campagne, entourée de vignes et de jardins : les Barberini près de St-Sébastien, les Farnèse sur la partie Nord-Ouest de la colline, entre les palais de Tibère et de Caligula. Au 19e s., l'Anglais Charles Mills transforme la villa que les Mattei avait édifiée au 16e s. sur la Domus Augustana, en une espèce de château romantique, d'inspiration gothique. Cette construction extravagante fut détruite à la fin du 19e s. sur l'initiative de l'archéologue P. Rosa qui dirigeait les fouilles.

Les fouilles – Elles débutèrent en 1724, sous l'impulsion de François Ier, duc de Parme, héritier de la villa des Farnèse. La Domus Flavia fut d'abord mise au jour. Puis, quelque cinquante ans plus tard, l'abbé Rancoureuil, un Français, fouillait la Domus Augustana et les constructions qui dominent le Circus Maximus. En 1860, sur l'initiative de Napoléon III, les archéologues découvrirent le palais de Tibère, la maison de Livie et le temple d'Apollon qui fut alors attribué à Jupiter. L'identification des monuments du Palatin a engendré des débats passionnés chez les archéologues et les historiens. Bon nombre d'entre eux n'ont jamais été découverts. Le Palatin continue d'être fouillé, notamment du côté du temple d'Apollon.

Aujourd'hui, le Palatin est extrêmement ruiné et le touriste doit accomplir un effort d'imagination pour évoquer la splendeur de la colline antique.

Visite ⊙

Clivus Palatinus – Cette rue suit approximativement la dépression qui séparait les deux « sommets » du Palatin : à gauche, le Palatium, à droite, le Germal.

Laisser à droite l'escalier qui conduit directement aux jardins Farnèse.

Peu après la fosse rectangulaire (1) marquant l'emplacement de l'arc de Domitien, prendre à gauche le sentier qui monte le long d'un mur.

Sur la droite, les hauts pans de murs en brique appartenaient au portique de la façade de la Domus Flavia. Au sommet du sentier, on se trouve au centre de la colline, sur le plateau établi artificiellement après que le vallonnement qui séparait le Palatium du Germal eut été comblé par Domitien.

★**Domus Flavia** – La vie officielle impériale s'y déroulait. Complètement rasée, on peut toutefois l'imaginer. Trois salles étaient disposées à l'arrière du portique :
– le **lararium** ou sanctuaire des dieux lares était la chapelle privée de l'empereur ;
– la **salle du Trône**, très vaste (plus de 30 m de large sur presque 40 m de long) ; des niches sur les côtés renfermaient des statues colossales ;
– la **basilique**, où l'empereur rendait la justice. C'était une salle à abside, à deux rangées de colonnes sur les longs côtés. Sur la gauche, on peut voir des restes du portique Ouest de la Domus.

À l'arrière de ces trois salles, le **péristyle**, autrefois entouré d'un portique (il en reste des fragments de colonnes). Suétone raconte que Domitien, qui s'était attiré la haine de tous à force d'injustice et de cruauté, avait fait revêtir les murs de ce portique de phengite (une pierre très brillante) afin de « voir par réflexion tout ce qui se passait derrière lui ». Au centre, l'espace octogonal aujourd'hui planté de fleurs était probablement un bassin.

Derrière le péristyle se trouve le **triclinium**, ou salle à manger, qui fut sans doute la plus belle salle du palais ; le parterre, en marbres polychromes, est en partie conservé. Celui-ci, supporté par de petits piliers de briques entre lesquels circulait l'air chaud produit par un foyer souterrain, permettait le chauffage de la pièce.

À droite et à gauche du triclinium, la vue donnait sur deux petites pièces d'agrément ovales, les nymphées. Celui de droite est bien conservé.

Le bâtiment qui domine le nymphée date de l'époque des Farnèse.

Derrière le triclinium, une esplanade où subsistent des restes de colonnes et où se dessinent des murs de salles à absides était peut-être l'emplacement des bibliothèques du palais impérial.

★ **Salles souterraines** ⊘ – Ce sont des restes de maisons de l'époque républicaine et de constructions de Néron, ensevelis lors des travaux de Domitien.

– Au-dessous de la basilique, une salle rectangulaire : les peintures qui l'ornaient ont été déposées dans une salle (2) à gauche de l'Antiquarium. Probablement datent-elles de l'époque d'Auguste et ont-elles trait au culte d'Isis.

– Au-dessous du Lararium : la **maison des Griffons** parfois appelée par erreur la « maison de Catilina ». Elle fut construite au 2e s. avant J.-C. (murs en pierres irrégulières mêlées à du mortier), transformée au 1er s. avant J.-C. (murs en petits blocs réguliers disposés en losanges), puis de nouveau transformée par Néron. Un bon nombre de ses peintures ont été détachées et déposées à l'Antiquarium. Dans une salle, relief en stuc représentant deux griffons affrontés.

– Au-dessous du péristyle se trouve une pièce circulaire, où s'ouvre un puits qui communique par des galeries avec une autre pièce. La découverte de cet ensemble, au début du 20e s., a beaucoup ému les archéologues qui ont cru se trouver en présence du « Mundus ». Lors de la fondation de Rome, le « Mundus » fut le puits qui recueillit la terre que chaque immigrant y jeta, devenant par ce geste symbolique citoyen de la nouvelle cité. Mais probablement ne s'agissait-il que de classiques réservoirs à eau ou à céréales.

Museo Palatino ⊘ – Aménagé dans l'ancien couvent de la Visitation, édifié sur les ruines du palais impérial de Domitien (dont les salles III et IV accueillent certaines parties de sa structure), il abrite des pièces trouvées sur le Palatin. Le rez-de-chaussée est consacré à la période comprise entre les origines (maquette des cabanes du Germal, 8e-7e s. avant J.-C.) et l'époque républicaine.

Le 1er étage est consacré à l'époque impériale. La salle V conserve des plaques en terre cuite à bas-relief appelées en italien *Campana* (le nom provient d'un groupe de la même typologie qui appartint au marquis Campana) et qui remontent à l'époque comprise entre 36 et 28 avant J.-C. Sur les murs, on peut admirer les fragments des fresques de la maison de l'auguste, appartenant au « deuxième style » *(voir Peinture, p. 55)* et présentant des corniches architecturales et des colonnes entre lesquelles se trouvent des festons en forme de fleurs et de feuillage. Remarquer dans la salle de Cacus *(voir ci-dessous)* le beau fragment pariétal représentant Apollon Citharède (époque d'Auguste). La salle VII abrite des portraits d'empereurs et de personnages illustres, ainsi que deux panneaux en marqueterie de marbre qui montrent la finesse du revêtement des parois sous le règne de Néron (54-68 après J.-C.). Parmi les sculptures de la période classique et hellénistique du palais d'Auguste, regroupées dans la salle IX, se distinguent deux Hermès bifronts identiques qui représentent probablement le jeune et le vieux Dionysos, copies romaines d'originaux grecs. À l'extrémité de la salle trône la *Hera Borghese*, copie romaine d'un original grec de la fin du 5e s. avant J.-C.

★★ **Domus Augustana** – Ce n'est pas la maison d'Auguste, mais la résidence privée des empereurs, celle de l'auguste. Les pièces se disposaient autour de deux péristyles (l'un fortement en contrebas). Au centre de la période supérieur (3), ombragé d'un pin parasol, subsistent un bassin et la base d'une construction que l'on gagnait par un pont. Sur les côtés se disposaient diverses pièces d'habitation. Après avoir traversé la partie du palais située à l'arrière de ce premier péristyle, on domine le péristyle inférieur. Le bassin qui en occupe le centre (4), fait de compartiments aux formes compliquées, recueillait les eaux de pluie. Le palais impérial regardait vers le Grand Cirque par une façade concave. La maison de l'auguste, par la complexité de son architecture, par la hauteur de ses murs, par l'audace avec laquelle ont été construites certaines voûtes, sait donner, même ruinée, une impression de grandeur et de faste.

★ **Stadio** – C'est l'un des ouvrages de Domitien. Ce stade se présente comme une vaste fosse, de 145 m de long, autrefois entourée d'un portique à deux étages. Selon certains, il fut un lieu destiné aux spectacles et aux jeux réservés à l'empereur ; selon d'autres, un jardin ou un champ d'exercices sportifs. La petite piste ovale (5) remonte au 6e s. Elle fut aménagée par l'Ostrogoth Théodoric qui occupait le Palatin à cette époque. Au milieu du long côté Est s'ouvre une niche (6) d'assez grandes dimensions, ressemblant à une tribune, peut-être celle réservée à l'empereur.

Si l'on pouvait contourner le stade pour longer son long côté Est, on gagnerait les ruines des thermes attribués à Septime Sévère, mais peut-être construits par Maxence.

Tempio di Apollo – Longtemps, on pensa que cet édifice était consacré à Jupiter. Mais probablement est-ce là l'emplacement dont parle Suétone quand il dit qu'Auguste fit élever un temple à Apollon « dans une partie de sa maison du Palatin qui avait été frappée par la foudre et que ce dieu, d'après la réponse des haruspices, réclamait pour lui ».
Une barrière empêchant de s'en approcher, on en distingue seulement le podium et une colonne du pronaos.

★★**Casa di Livia** ⊙ – Cette habitation qui porte le nom de l'épouse d'Auguste fut probablement la demeure de l'empereur lui-même. L'appareil réticulé des murs et le style des décorations ont permis de dater la construction de la fin de la République. Les peintures (assez détériorées) qui ornent les salles ont été détachées et disposées légèrement en avant de leur paroi d'origine, ce qui permet de les admirer dans leur site.
Les différentes pièces de la maison ont reçu des noms qui ne correspondent sans doute pas à leur fonction. À gauche et à droite du Tablinum (cabinet de travail), les « ailes » étaient deux pièces qui abritaient les images en cire des ancêtres ou, dans les maisons modestes, servaient d'armoires.

Aile gauche – Au-dessus d'un soubassement imitant des plaques de marbre, sont peints des panneaux décorés de personnages affrontés et de griffons.

Tablinum – Sur la paroi droite : un panneau, au centre de décors d'architecture, représente Io, jeune

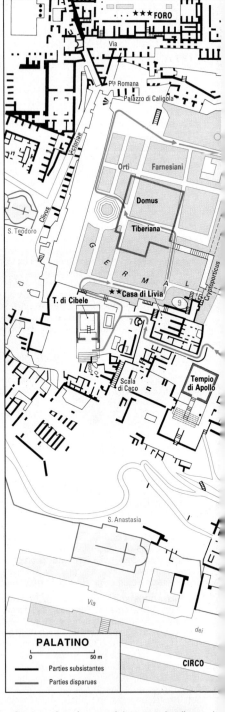

fille d'Argos qui, aimée de Zeus, fut transformée en génisse par le dieu qui redoutait la fureur de son épouse, Héra. Celle-ci, soupçonneuse, fit placer l'animal sous la garde d'Argos aux cent yeux. La peinture représente Hermès envoyé par Zeus pour délivrer Io.
À la paroi gauche : les tuyaux de plomb sur lesquels est gravé le nom IVLIAE AV (Julia Augusta). Les archéologues qui découvrirent cette inscription en 1869 pensèrent qu'elle se rapportait à l'impératrice, épouse d'Auguste, et attribuèrent l'habitation à Livie.
Sur la paroi du fond, était représentée Galatée fuyant Polyphème.

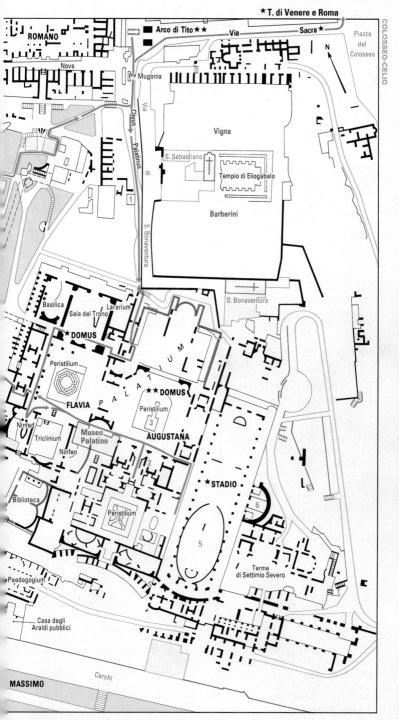

Aile droite – Les décorations de la paroi gauche, bien qu'endommagées par l'ouverture de la porte, sont encore fraîches : entre les colonnes simulées par le peintre court une belle guirlande de feuillages et de fruits où sont accrochés un panier et une canne, une tête d'animal à cornes, une lyre, objets qui évoquent la nature. Au-dessus, sur un fond jaune, une frise représente une série de personnages accomplissant diverses tâches en plein air.

Citernes (7) – Elles datent du 6ᵉ s. avant J.-C. L'une d'elles était en forme de ruche, l'autre était découverte.

Scala di Caco – Cette voie constituait l'un des trois accès d'origine au Palatin. Son nom lui vient d'un héros local, **Cacus**, dont la légende est liée à celle d'Hercule. Ce dernier ramenait en Argolide les bœufs dérobés à Géryon. Il fit une halte au bord du Tibre et Cacus, un malfaiteur à trois têtes qui crachait le feu par ses trois bouches, en profita pour voler quelques animaux ; il les obligea à marcher à reculons pour tromper Hercule. Mais celui-ci ne fut pas dupe et tua Cacus.

Cabanes du village de Romulus (8) – Avec la nécropole du Forum, elles font partie des vestiges les plus anciens de la ville (8ᵉ-7ᵉ s. avant J.-C.). La toiture moderne qui les abrite devient ainsi un véritable reliquaire. Trois cabanes ont été retrouvées, creusées dans le sol et de forme ovale ou rectangulaire. Les trous que l'on distingue ont servi à maintenir les piliers qui soutenaient la toiture et les murs. Vers le Sud (côté Tibre), le périmètre est interrompu par la porte, flanquée de trous plus petits, peut-être destinés à fixer les piliers d'un auvent. Le canal entourant la surface creusée servait probablement à l'écoulement des eaux ruisselant du toit.

Tempio di Cibele – **Cybèle**, grande déesse de Phrygie (appelée aussi Mère des dieux, Grande Mère ou Magna Mater), personnifiait la puissance de la Nature. Son culte fut introduit à Rome à la fin du 3ᵉ s. ou au début du 2ᵉ s. avant J.-C. En 204, alors que la deuxième guerre punique battait son plein, une pluie de pierres s'abattit sur Rome. Les prêtres interrogèrent les dieux et le Sénat dut faire venir de Pessinonte en Asie Mineure la **« pierre noire »** qui symbolisait la déesse Cybèle. Le temple qui lui fut élevé sur le Palatin fut inauguré en 191, puis reconstruit par Auguste après plusieurs incendies. Il en reste aujourd'hui, à l'ombre d'un bosquet de chênes verts, la base des murs de la cella.
Chaque année, du 4 au 10 avril, se déroulaient devant le temple les populaires Jeux mégalésiens. Institués en 204 en l'honneur de Cybèle, ils étaient l'occasion de représentations théâtrales et de jeux de cirque. L'*Andrienne* de Térence y fut jouée pour la première fois en 168 avant J.-C., mais ce jour-là, les spectateurs préférèrent les funambules.

Palazzo di Tiberio – Les arcades que l'on voit derrière le temple de Cybèle appartenaient à la face postérieure du palais de Tibère. De cette vaste demeure rectangulaire, il ne reste que quelques traces, les jardins du cardinal Farnèse en ayant recouvert la plus grande partie.
La façade du palais regardait vers le forum. Caligula agrandit la demeure jusqu'à la via Nova, Trajan et Hadrien ajoutèrent les constructions qui dominent le clivus Victoriae.

Criptoportico – Le cryptoportique est un couloir, à demi sous terre, qui servait probablement à relier les divers édifices impériaux de la colline. Sa construction daterait de l'époque de Néron. Le bras qui rejoint la Domus Flavia de Domitien aurait donc été ajouté postérieurement.
Les stucs qui décoraient la voûte, dans la partie du couloir située à proximité de la maison de Livie, ont été transportés à l'Antiquarium et remplacés par des copies.
Le bassin ovale (9) que l'on peut voir à gauche de l'escalier qui monte aux jardins Farnèse était un vivier, situé à l'angle Sud du palais de Tibère.

Orti Farnesiani – Les **jardins Farnèse** ont été créés au milieu du 16ᵉ s. par le cardinal Alexandre Farnèse, neveu du pape Paul III. L'entrée, au niveau du forum, s'ouvrait par un hémicycle. Une succession de jardins en terrasses s'étageaient sur le flanc du Palatin. Sur le plateau de la colline s'étalait, sur les ruines du palais de Tibère, le magnifique jardin botanique des Farnèse, un des plus riches du monde à cette époque. À l'angle Nord-Ouest des jardins, une **vue★★** s'offre sur le forum, le Tabularium et le palais sénatorial, le monument à Victor-Emmanuel II, les dômes de St-Luc-et-Ste-Martine et les deux églises voisines de la colonne Trajane, la tour des Milices, etc. Au sommet des jardins, deux bâtiments (aujourd'hui reconstitués) abritaient des volières et surmontaient un nymphée. De ces bâtiments, **vue★★** particulièrement agréable au soleil couchant sur la basilique de Maxence, le clocher de Ste-Françoise-Romaine et la partie supérieure du Colisée.
Au pied des volières, un portail monumental marquait l'entrée des jardins. Commencé par Vignole, achevé par Girolamo Rainaldi, il fut démoli en 1882. On peut le voir, reconstitué, sur la via di S. Gregorio.

Quitter le Palatin par le clivus Palatinus, puis sortir par la Voie sacrée, près de l'arc de Titus, pour visiter les monuments appartenan au Forum romain.

★**Tempio di Venere e Roma** – Il fut édifié entre 121 et 136 par Hadrien, terminé par Antonin le Pieux et reconstruit par Maxence, sur l'emplacement du vestibule de la Maison dorée de Néron. Ce fut le plus vaste des temples de Rome (110 m par 53 m), conçu comme un sanctuaire grec, accessible de tous côtés par des escaliers (la plupart des temples romains n'ont eu qu'un seul escalier accédant au pronaos). Entouré de colonnes, il se distinguait par deux cellae à absides adossées. L'une abritait la déesse Rome et regardait vers le forum, l'autre était dédiée à Vénus et était orientée vers le Colisée.

Hadrien, qui se piquait d'architecture, dessina les plans du temple. Il conçut de gigantesques statues, assises, qu'il fit placer dans des niches, proportionnellement trop exiguës. Apollodore de Damas, le génial architecte de Trajan, commenta alors : si elles voulaient se relever, elles se briseraient la tête contre la voûte. Une fois déjà, Apollodore avait raillé le goût un peu particulier qui poussait l'empereur à peindre des citrouilles. C'était trop. Hadrien fit taire définitivement l'architecte.

La partie du temple tournée vers le forum a été emprisonnée dans la construction de l'église Ste-Françoise-Romaine et du couvent des moines olivétains. Le plan du temple est suggéré par quelques colonnes, remises sur pied en 1935 ; les parties manquantes ont été remplacées par des troènes, des lauriers et des buis.

S. Francesca Romana – Au 8e s., le pape Paul Ier fit ériger, dans la partie Ouest du temple de Vénus et de Rome, un oratoire dédié aux saints Pierre et Paul. Puis, au siècle suivant, l'oratoire se substitua à l'église S. Maria Antiqua du Forum et prit le nom de S. Maria Nova. L'église fut dédiée à sainte Françoise Romaine quand la sainte fut canonisée, en 1608.

Le **clocher**★ d'époque romane (2e s.) compte parmi les plus élégants de Rome.

La façade (Carlo Lombardi – 1615) présente les caractéristiques de la Contre-Réforme. Une certaine solennité résulte de l'emploi d'un seul ordre de pilastres plats portant sur un haut soubassement. L'intérieur présente un beau plafond à caissons du 17e s.

Mosaïque de l'abside – Ce programme représente la Vierge et l'Enfant trônant entre les saints Pierre et André, Jacques et Jean. L'œuvre date de 1160 environ, époque pendant laquelle l'art de la mosaïque se caractérise par un certain éclectisme : l'exubérance des couleurs propre à l'art antique côtoie la raideur des personnages de l'art byzantin.

Croisillon droit – Derrière une grille sont conservées deux pierres sur lesquelles sont imprimées les traces des genoux de saint Pierre qui pria longtemps pour demander à Dieu d'arrêter le vol de Simon le Magicien. Simon se serait écrasé près de l'église. Les *Actes* (VIII, 9-25) relatent l'histoire du mage samaritain qui désirait acquérir des pouvoirs supérieurs à celui qu'il détenait. C'est à ce contemporain des apôtres que l'on doit le terme de simonie.

Signalons aussi le monument (16e s.) du pape Grégoire XI, le dernier des papes français, qui ramena le St-Siège d'Avignon à Rome en 1377. Le bas-relief central représente l'entrée du saint-père à Rome. Sur les côtés : les statues de la Foi et de la Prudence.

Crypte – Elle renferme, face à la dépouille de sainte Françoise Romaine, un bas-relief en marbre figurant la sainte et un ange (17e s. ; œuvre d'un élève du Bernin).

Sacristie – *La Vierge à l'Enfant,* beau tableau de S. Maria Nova, est daté du 5e s. ou du 8e s. selon les historiens de l'art.

Prendre la via dei Fori Imperiali.

Basilica dei S.S. Cosma e Damiano – Elle fut dédiée en 526 par le pape Félix IV aux deux saints originaires d'Arabie, Cosme et Damien, deux frères que l'on invoquait pour retrouver la santé. Installée dans le temple de Romulus et dans la salle qui fut la bibliothèque du forum de Vespasien, elle fut la première église chrétienne à occuper un édifice païen au Forum romain. Les papes commencèrent à transformer l'église de Félix IV à la fin du 16e s. quand les reliques des deux saints furent découvertes. Au début du 17e s., Clément VIII réduisit la largeur de la nef en créant des chapelles latérales, mutilant ainsi gravement la mosaïque de l'arc triomphal. Puis le sol fut relevé, une porte ouverte latéralement, une arcade en plâtre ajoutée devant l'abside.

★**Plafond** – Bel ouvrage à caissons, du 17e s. Au centre : le triomphe des saints Cosme et Damien. Aux extrémités : le blason à abeilles du cardinal Francesco Barberini, promoteur d'une grande partie des travaux au 17e s.

★**Mosaïques** – À l'arc triomphal, elles datent de la fin du 7e s. et représentent l'Agneau de Dieu entouré de sept candélabres et de quatre anges. L'ange à gauche et l'aigle à droite, symboles des évangélistes Luc et Jean, ont survécu aux transformations du 17e s. L'agneau et le trône furent refaits en 1936.

À l'abside, la mosaïque a été exécutée au 6e s. Au centre apparaît le Christ sur un fond de ciel couleur du soleil couchant. À ses côtés, les apôtres Pierre et Paul présentent les saints Cosme et Damien, vêtus de brun. À gauche, le pape Félix IV offre le modèle de son église, tandis qu'à droite saint Théodore est drapé dans une belle chlamyde, tel un dignitaire de la cour de Byzance. Au-dessous, en partie masqué par l'autel baroque érigé en 1637, l'Agneau pascal est entouré de douze beaux agneaux figurant les apôtres et l'Église.

Première chapelle droite – *Face à l'entrée.* Au-dessus de l'autel, curieuse fresque représentant le Christ vivant sur la croix, œuvre de type byzantin repeinte au 18e s.

Dans la Rome antique, le Palatium était le nom d'un des trois sommets du Palatin. À partir d'Auguste, le Palatin se couvrit de palais et le terme palatium prit la signification de demeure impériale, et donc de palais.

D'après l'une des plus anciennes légendes de la mythologie romaine, la colline du **Janicule** aurait porté la cité fondée par le dieu Janus, d'où son nom. Janus eut plusieurs enfants dont l'un, Tiber, donna son nom au Tibre.

Le Janicule demeura longtemps en pleine campagne. Ce n'est qu'au 17ᵉ s. qu'Urbain VIII fit construire la muraille à bastions bordée par les actuels viale delle Mura Aurelie et viale delle Mura Gianicolensi.

De Mucius Scaevola à Garibaldi – Le Janicule semble avoir eu la vocation de susciter les actes héroïques qui, légendaires ou historiques, ont façonné l'histoire de Rome. Le plus ancien remonte au temps où la ville, libérée des rois étrusques (6ᵉ s. avant J.-C.), subissait le siège de Porsenna. Un jeune noble romain, Mucius, s'introduisit dans le camp des assiégeants installé sur le Janicule afin d'y tuer leur chef. Malheureusement, il se trompa et tua un aide de celui-ci ; il fut immédiatement arrêté ; pour montrer à Porsenna que la vie a peu de prix pour un Romain désireux de sauver sa patrie, il posa sa main droite sur un brasier allumé. Porsenna, frappé par tant d'héroïsme, le laissa repartir. Désormais, Mucius reçut le surnom de Scaevola, le gaucher. À la suite de Mucius, une jeune fille, Clélie, fit preuve d'un courage « sans précédent chez une femme », écrit Tite-Live. Retenue en otage dans le camp de Porsenna, elle entraîna ses compagnes et leur fit traverser le Tibre à la nage pour regagner Rome. Le Janicule fut enfin le théâtre des luttes pour l'Unité italienne : en 1849, **Garibaldi** y défendit vaillamment la République romaine contre les troupes françaises commandées par le général Oudinot ; le 4 juillet, le gouvernement pontifical était rétabli après un mois de combats meurtriers, notamment à la villa Pamphili.

> **Porta Settimiana** – Ouverte dans l'enceinte d'Aurélien, elle fut refaite sous Alexandre VI (1492-1503) et hérissée de merlons à deux pointes.

PALAZZO CORSINI

Bâti au 15ᵉ s. par les Riario, neveux de Sixte IV, le palais passa au 18ᵉ s. au cardinal Corsini, neveu du pape Clément XII, qui le fit rebâtir par F. Fuga. Il héberge aujourd'hui une galerie de peinture et l'**Accademia dei Lincei**, société de gens de lettres et de savants, ainsi qu'une bibliothèque (18ᵉ s.) ouverte au public.

Intermède français – Le 31 août 1797, l'ambassadeur du Directoire, Joseph Bonaparte, accompagné du jeune général Léonard Duphot, s'installe au palais Corsini. Le 28 décembre, une émeute éclate devant le palais, conduite par quelques

B. Kaufmann

révolutionnaires italiens qui réclament l'intervention des Français contre le gouvernement du pape. Des coups de feu sont échangés et le général Duphot tombe, frappé à mort. Un mois et demi plus tard, le 10 février 1798, le général Berthier investissait Rome, en expulsait Pie VI qui mourut en exil à Valence en France. Jusqu'au 29 septembre 1799, Rome vécut à l'heure de la République française.

Galleria nazionale d'Arte Antica ⊙ – Une partie de la salle II est consacrée aux primitifs de l'école toscane et abrite le remarquable **triptyque de Fra Angelico** *(à gauche en entrant)* représentant le *Jugement dernier,* l'*Ascension* et la *Pentecôte.* Ce peintre qui connut le silence des cloîtres sut exprimer sa foi profonde à travers la sérénité exprimée par les visages des saints (panneau central du *Jugement dernier*) et dans ce Christ qui suscite l'adoration (*Ascension,* panneau de droite). Dans la même salle on remarquera le *Philippe II* de Titien, dont l'attitude rigide et le teint cadavérique ne peuvent laisser indifférent, et, en face, un *Saint Sébastien soigné par des anges* de Rubens.

Dans la salle III, autour du **Saint Jean Baptiste** du Caravage – qui est en fait le portrait d'un tout jeune homme –, ont été rassemblées des œuvres de peintres influencés par le maître du ténébrisme, dont *Judith et Holopherne* du Flamand Gérard Seghers (1591-1651) et l'*Hérodiade* de Simon Vouet (1590-1649).

La salle VI abrite des toiles d'artistes du 17ᵉ s. qui recherchaient la richesse de couleur des maîtres vénitiens du siècle précédent : les plus représentatifs sont *(en entrant à gauche) Le Triomphe d'Ovide* de Nicolas Poussin et le *Portrait d'un gentilhomme* d'Andrea Sacchi *(angle du fond).*

La salle VII est consacrée à l'école émilienne des Carrache. Elle présente en outre quelques tableaux de Guido Reni dont *Salomé et la tête de Jean Baptiste,* et *La Tête de Christ à la couronne d'épines* du Guerchin.

Enfin, la salle VIII abrite des œuvres du mouvement baroque napolitain illustré par des scènes de bataille de Salvatore Rosa (1615-1673), ainsi que par un grand tableau, *Vénus sur le corps d'Adonis mort,* du peintre espagnol Jusepe de Ribera (1591-1652) qui s'installa à Naples en 1616 au service du vice-roi, le duc d'Osuna.

★★VILLA FARNESINA

Cette résidence entourée de jardins fut bâtie de 1508 à 1511 pour le grand banquier **Agostino Chigi** (1465-1520). De somptueuses fêtes s'y déroulèrent, présidées par le pape Léon X. Elle est conçue comme une villa suburbaine, avec deux ailes disposées perpendiculairement à la façade. Pour l'édifier et en décorer les salles, Agostino Chigi, surnommé le Magnifique, fit appel aux meilleurs artistes de

Le Conseil des dieux (détail de la fresque de la voûte villa Farnesina)

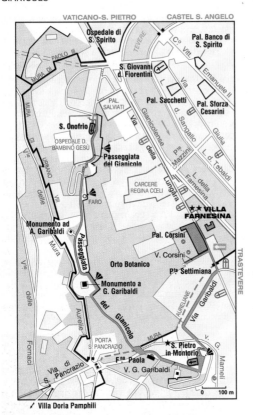

Villa Doria Pamphili

la Renaissance : Baldassare Peruzzi, architecte et peintre, Raphaël entouré de sa cour habituelle : Jules Romain, Francesco Penni, Giovanni da Udine, Sebastiano del Piombo, Sodoma. La Farnesina évoque l'amitié qui lia tous ces hommes : Agostino Chigi fut le protecteur le plus empressé de Raphaël et Léon X éprouva pour lui une sincère affection. Aucun d'eux n'assista au sac de Rome qui mit un terme à la Renaissance romaine. Le Vendredi saint de l'année 1520, Raphaël mourait à 37 ans ; quelques jours plus tard, c'était Agostino Chigi ; l'année suivante, Léon X s'éteignait, saisi d'une « petite fièvre ». Dans le courant du 16ᵉ s., la villa fut vendue au cardinal Alexandre Farnèse et prit le nom de son nouveau propriétaire.

Visite ⊙ – Les peintures qui ornent les salles de cette résidence en font un joyau de la Renaissance. À la voûte de la **galerie** qui s'ouvre sur la façade principale, Raphaël aidé de Jules Romain, Francesco Penni et Giovanni da Udine représenta la légende de Psyché et d'Amour (au centre, *Le Conseil des dieux* et *Les Noces de Psyché et Amour*). Achevées en 1520, ces peintures contiennent les éléments qui deviendront la caractéristique des maniéristes (tableaux centraux présentés comme des tapisseries, divisions par des guirlandes).

À l'extrémité Est de la galerie s'ouvre la salle de **Galatée** (1511) où Raphaël représenta la fille de Nérée naviguant sur un char en forme de coquille tiré par des dauphins *(à droite de la porte d'entrée)*. Sebastiano del Piombo peignit le monstrueux Polyphème, ainsi que des scènes des Métamorphoses d'Ovide (dans les lunettes). Au plafond, les Constellations sont dues à B. Peruzzi. À gauche de la porte d'entrée, la tête d'un jeune homme peinte en grisaille est probablement l'œuvre de S. del Piombo, mais la tradition l'attribue à Michel-Ange désireux de montrer à Raphaël que ses figures étaient trop petites.

Au **premier étage**, B. Peruzzi et ses aides ont décoré le **salon** de beaux paysages en trompe l'œil, laissant apparaître des vues sur Rome entre les colonnes peintes.

Dans la salle suivante, l'ancienne chambre à coucher, le Sodoma (1477-1549) représenta les **Noces d'Alexandre et de Roxane**. Déchargé de ses travaux au Vatican par Jules II au profit de Raphaël *(voir Stanze di Raffaello, p. 294)*, le Sodoma se vit confier par Agostino Chigi la décoration de cette pièce, probablement en 1509. Dans un décor Renaissance, Alexandre tend la couronne à Roxane, tandis que batifolent une nuée d'angelots. La composition équilibrée et harmonieuse, la beauté des personnages font de cette peinture une œuvre de valeur, agréable à contempler. On ne retrouve pas les mêmes qualités dans les autres scènes. Alexandre et la mère de Darius, Vulcain et les trois angelots (de part et d'autre de la cheminée), la scène de bataille. À gauche de l'entrée, Alexandre et Bucéphale (fin 16ᵉ s.).

Gabinetto nazionale delle Stampe ⊙ – Actuellement, la villa Farnesina abrite le cabinet des Estampes de Rome qui, conjointement à la section de chalcographie *(voir p. 158)*, forme l'Institut national d'arts graphiques, fondé en 1975. Le cabinet conserve une vaste collection d'estampes et de dessins compris entre le 15ᵉ s. et le 19ᵉ s., la partie la plus prestigieuse et importante étant celle du baroque romain et florentin. On peut également consulter un riche fonds de documentation photographique et une banque de données informatique.

À côté du palais Corsini, la rue du même nom mène au Jardin botanique.

Orto Botanico ⊙ – D'une superficie d'environ 12 ha, le **Jardin botanique** contient quelque 3 500 espèces cultivées. Les 8 serres couvrent un total de 1 800 m². Ce lieu particulièrement agréable offre un moment de détente au cours duquel on pourra apprécier la végétation luxuriante des pentes du Janicule.

Revenir à la porte Settimiana et prendre, à droite, la via Garibaldi. Après l'embranchement avec la via G. Mameli, prendre le 2ᵉ escalier à droite qui conduit à S. Pietro in Montorio.

★S. PIETRO IN MONTORIO

Cette église qui domine tout Rome fut élevée au temps de Sixte IV, à la fin du 15ᵉ s., par le souverain d'Aragon Ferdinand II le Catholique, et dédié à saint Pierre après qu'une légende née au 15ᵉ s. eut situé là le lieu où l'apôtre fut crucifié.

La simple façade est caractéristique de la Renaissance, de même que l'intérieur conçu sur un plan à une seule nef bordée de chapelles en forme d'absides. Le chœur, endommagé lors des combats de 1849, a été restauré. De la Renaissance, l'église conserve notamment la fresque de Sebastiano del Piombo, *La Flagellation*★ (1ʳᵉ chapelle droite), très influencée par l'art monumental de Michel-Ange.

À la chapelle suivante, Baldassare Peruzzi (1481-1536) peignit la voûte. Puis la Contre-Réforme y ajouta la pâle fresque de la Vierge, due à Pomarancio (1552-1626), et les deux chapelles qui forment le transept. Dans celle de droite, Bartolomeo Ammanati, disciple de Michel-Ange, sculpta les figures allégoriques des tombeaux et les «putti» (enfants) de la balustrade. Sous le maître-autel repose la dépouille de Béatrice Cenci.

La 4ᵉ chapelle gauche, surchargée de stucs, est caractéristique de la Contre-Réforme.

À l'époque baroque, le Bernin conçut l'architecture de la 2ᵉ chapelle gauche; ses élèves sont les auteurs des sculptures.

★**Le «tempietto»** – *Accès, de l'extérieur, par la porte à droite de l'église; ou, de l'intérieur de l'église, par la 4ᵉ chapelle droite.*

Ce charmant temple miniature est l'une des premières œuvres de Bramante à Rome où il arriva en 1499. De proportions parfaites, cette construction circulaire entourée d'un portique à colonnes doriques, coiffée d'un dôme, possède, en dépit de ses petites dimensions, la grandeur et la rigueur d'une œuvre antique.

Derrière l'édifice, on peut voir, dans une petite chapelle, la cavité qui passait pour avoir reçu la croix de saint Pierre.

★★★**Vue sur Rome** – *De l'esplanade qui précède l'église.* Elle s'étend depuis le monte Mario (à gauche) et le château St-Ange sur la ville entière d'où émergent les dômes aux formes variées; à droite du monument à

Le «tempietto» de Bramante

Victor Emmanuel II et du Capitole, on distingue les arcades de la basilique de Maxence au Forum romain, et, à droite de la tache verte formée par le Palatin, le fronton hérissé de statues de St-Jean-de-Latran. *Reprendre la via Garibaldi.*

Sur la gauche, un **monument** a été élevé en 1941 aux patriotes morts pour que Rome prenne place dans l'Italie unifiée.

Fontana Paola – En forme d'arc de triomphe, cette fontaine construite à la demande du pape Paul V témoigne du goût naissant pour la pompe baroque.

Par la porte S. Pancrazio, puis par la via du même nom on peut gagner la villa Doria Pamphili: 1 km; 3/4 h à pied AR. Sinon, prendre à droite la passeggiata del Gianicolo.

Villa Doria Pamphili – Vaste parc public où fut édifiée au 17ᵉ s. une résidence de campagne agrémentée de terrasses et d'une façade avec statues et bas-reliefs.

PASSEGGIATA DEL GIANICOLO

Longue route sur la crête de la colline, la **promenade du Janicule**, bordée de bustes de Garibaldiens, se déroule parmi les pins parasols, procurant quelques-unes des meilleures **vues★★★** sur Rome.

Monument à Giuseppe Garibaldi – Œuvre grandiose d'Emilio Gallori (1895). Le héros est représenté à cheval, le regard tourné vers le Vatican, objet de ses luttes révolutionnaires.

De la place, **vue** sur Rome, de la villa Médicis à la façade de St-Jean-de-Latran ; au loin se profilent les monts Albains. Chaque jour, en contrebas de la place, est tiré le coup de canon annonçant midi.

Monument à Anita Garibaldi – L'épouse de Giuseppe Garibaldi est représentée en amazone, telle qu'elle apparut au côté de son époux. Après la retraite de 1849, les Garibaldi cherchèrent à gagner Venise qui résistait aux Autrichiens. Anita tomba malade et mourut près de Ravenne. Rome lui éleva un monument en 1932.
Un peu plus loin, du phare s'offre une très belle **vue** sur toute la ville.
Prendre ensuite à droite l'escalier qui coupe le virage en épingle à cheveux de la passeggiata.

Là une inscription rappelle que le Tasse *(voir ci-dessous)*, à l'ombre du vieux chêne dont il ne reste que le tronc rabougri, «repensait, silencieux, à toutes ses misères».

Vue sur Rome – *De la place devant l'hôpital de l'Enfant-Jésus.* On découvre à gauche le château St-Ange, circulaire et surmonté de son ange, et le palais de justice, tout blanc ; au pied du Janicule, le dôme de St-Jean-des-Florentins ; dans le fond, parmi la verdure, la villa Médicis avec ses deux tourelles, le dôme de S. Carlo al Corso ; sur la droite, la Trinité-des-Monts à deux clochetons, puis le palais du Quirinal derrière le dôme aplati du Panthéon ; plus à droite, celui très élevé de S. Andrea della Valle et, derrière, le dôme relativement bas du Gesù ; dans le fond, la tour des Milices ; puis le monument à Victor-Emmanuel II et la façade plate de S. Maria d'Aracœli.

S. Onofrio ⊘ – Cette église a conservé l'allure d'ermitage que lui donna en 1434 son fondateur, un religieux de l'ordre des ermites de St-Jérôme. C'est là que vint mourir **le Tasse** (1544-1595), tourmenté jusqu'à la folie par des doutes religieux ; son ouvrage, *La Jérusalem délivrée*, constitue un monument de la poésie italienne de la Renaissance. Là, Chateaubriand aurait aimé finir ses jours. En contournant l'église par la gauche, on peut voir, appliquée au mur, une longue citation de ses *Mémoires d'outre-tombe*. Sous la galerie, à droite de l'entrée, des fresques du Dominiquin illustrent la vie de saint Jérôme (1605). À l'intérieur, l'**abside★** est peinte de jolies fresques probablement par Baldassare Peruzzi aidé du Pinturicchio. Le cloître est une gracieuse construction du 15ᵉ s.

ISOLA TIBERINA – TORRE ARGENTINA★★

Visite : 2 h

De l'île Tibérine à Torre Argentina, le parcours traverse le vieux quartier juif, que l'on identifie à sa synagogue, et rejoint le portique d'Octavie, jadis monumental et aujourd'hui réduit à peu de chose. L'itinéraire se poursuit en direction de Torre Argentina, quartier qui doit son nom à la demeure d'un maître de cérémonies pontifical du 16ᵉ s. *(voir Casa del Burcardo en fin de chapitre).* C'est là que se trouve l'Area Sacra, vaste domaine archéologique remontant à la période républicaine.

★ÎLE TIBÉRINE

Cet endroit paisible fut l'objet de maintes légendes liées au temps des origines de Rome. L'île serait née de l'amoncellement des alluvions qui se déposèrent sur les récoltes des Tarquins jetées au Tibre après que le dernier roi de cette famille, Tarquin le Superbe, eut été expulsé de Rome au 6ᵉ s. avant J.-C.
On dit aussi que sa forme épousait celle du navire qui amena d'Épidaure Esculape, le dieu de la Médecine. Pour souligner la ressemblance, on avait revêtu l'extrémité Sud de l'île de plaques de travertin et placé en son centre un obélisque dressé comme un mât. À ce propos, on pourra remarquer, sur la rive Est de l'île et derrière l'église S. Bartolomeo, les vestiges en travertin qui flanquent la partie antérieure du «navire» *(voir ci-après).*
Esculape serait parvenu à Rome en 293 avant J.-C. après avoir pris l'apparence d'un serpent qui aurait quitté le navire pour se réfugier sur l'île ; les Romains auraient vu en cela la volonté du dieu d'y voir ériger un temple. Le sanctuaire fut élevé sur l'emplacement occupé actuellement par l'église S. Bartolomeo. L'hôpital des Frères de St-Jean-de-Dieu (ou dei Fatebenefratelli) perpétue aujourd'hui la vocation médicale de l'île.

L'île Tibérine

S. Bartolomeo – Sa façade baroque et son clocher roman (12e s.) surgissent de la place centrale de l'île. À l'intérieur, au centre de l'escalier monumental, se trouve le rebord d'un puits profond d'environ 12 m. Il est formé d'une colonne antique et sculpté de personnages de saints du 12e s. Dans la chapelle de la Madone, située au fond de l'église, on peut voir un boulet de canon fiché dans le mur gauche ; il fut tiré lors du siège français de 1849.

Sur la place, emprunter l'escalier qui, à droite, mène à la rive du Tibre.

En aval de l'île, au milieu du fleuve, on distingue les restes du pont Rotto.

Bifurquer à gauche derrière l'église pour voir les restes en travertin du mythique « navire » d'Esculape.

Ponte Rotto – Son origine remonte au pont Aemilius qui fut construit là vers le milieu du 2e s. avant J.-C. Deux fois déjà il s'était écroulé quand le pape Grégoire XIII le fit reconstruire vers 1575. Il s'écroula de nouveau en 1598. Une seule arcade demeure, tel un défi lancé au Tibre ; devant ce spectacle étrange d'un pont coupé de ses attaches, les poètes viennent rêver, loin du tumulte de la circulation.

Au-delà du ponte Rotto et du ponte Palatino, on peut apercevoir la **Cloaca Maxima** qui est toujours en service.

Horatius Coclès et le pont Sublicius – Non loin du ponte Rotto fut jeté le premier pont sur le Tibre, le pont Sublicius, destiné à faciliter les échanges entre les Latins du Palatin et les Étrusques de la rive droite. Chaque année, le 14 mai, des mannequins d'osier à l'image d'êtres humains étaient offerts au fleuve pour l'apaiser. Le pont était en bois et une loi interdisait que le fer fût utilisé pour sa restauration ; il devait pouvoir être facilement démonté au cas où les relations entre les deux peuples se gâteraient. C'est ce qui advint après que le dernier roi étrusque, Tarquin le Superbe, eut été chassé de Rome (6e s. avant J.-C.). Tite-Live raconte admirablement l'histoire : les Étrusques, groupés sous la houlette de Porsenna, marchent sur Rome. Ce jour-là Horatius Coclès a la garde du pont. Pendant que ses soldats s'affairent à détruire le pont, il contient l'ennemi à lui tout seul : « Foudroyant de son regard les chefs étrusques, tantôt il les défie l'un après l'autre, tantôt il les accable d'invectives... » Enfin le pont s'écroule. Horatius Coclès saute alors dans le Tibre et rejoint les siens. Le héros reçut des terres, eut sa statue au Comitium et « chaque citoyen préleva une part sur ses vivres pour la lui donner ».

Ponte Cestio – Il relie l'île Tibérine au quartier du Trastevere. Son origine remonte au 1er s. avant J.-C. Il fut en partie reconstruit au 19e s. À gauche, vue sur la tour-clocher de S. Maria in Cosmedin, et à droite sur la colline du Janicule et son phare.

Gagner le côté opposé de l'île.

Ponte Fabricio – On l'appelle parfois le pont des « Quattro Capi » en raison des Hermès quadrifrons (à 4 têtes) placés à son extrémité. Il est le seul pont antique intégralement conservé à Rome. Une inscription gravée au-dessus des arches rappelle que le consul Fabricius en fut le constructeur en 62 avant J.-C. Il relie la rive gauche à l'île Tibérine.

Traverser le pont.

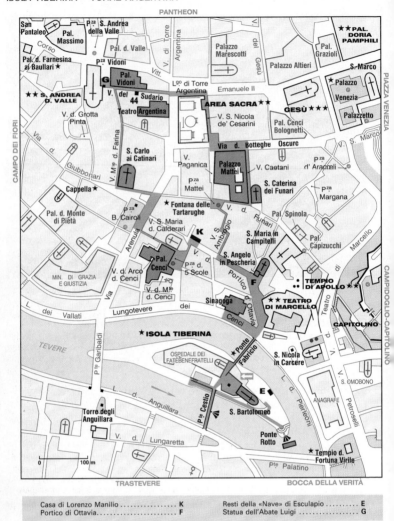

| Casa di Lorenzo Manilio | K | Resti della «Nave» di Esculapio | E |
| Portico di Ottavia | F | Statua dell'Abate Luigi | G |

DE L'ÎLE TIBÉRINE À TORRE ARGENTINA

Le ghetto – Les juifs, d'abord installés dans le quartier du Trastevere, se groupèrent sur la rive gauche du Tibre à partir du 13e s. Le pape Paul IV (1555-1559) ordonna de cerner le quartier d'une muraille, créant ainsi le ghetto romain. Le mur partait du ponte Fabricio, suivait la via del Portico d'Ottavia et la piazza delle Cinque Scole. Les portes s'ouvraient à l'aube et se refermaient le soir sur ses 4 000 habitants (en 1656). Le ghetto disparut en 1848, ses murs démantelés et le quartier démoli en 1888.

Sinagoga – Inaugurée en 1904, elle fut édifiée dans la partie détruite du vieux ghetto. Sa conception et son style assyro-babylonien sont dus aux architectes Costa et Armanni. Où que l'on soit à Rome, on peut apercevoir son grand dôme en pavillon.

Museo di Arte Ebraica ⊙ – Des témoignages historiques de la communauté juive de Rome voisinent une exposition d'objets du culte.

Prendre la via Portico di Ottavia.

Portico di Ottavia – Ce fut un des monuments les plus riches de Rome. Très vaste, ce portique était délimité à l'arrière par l'actuelle piazza di Campitelli et l'église S. Caterina dei Funari. Il ne reste aujourd'hui que quelques vestiges du pavillon d'entrée (propylée) de la façade tournée vers le Tibre. Les colonnes corinthiennes qui demeurent, surmontées d'une partie de l'entablement, appartinrent au portique que reconstruisit Septime Sévère (193-211).

Le portique d'origine avait été élevé au 2e s. avant J.-C. par Cecilius Metellus, vainqueur des Macédoniens, pour entourer deux temples dédiés l'un à Junon, l'autre à Jupiter. Auguste le reconstruisit, le dédia à sa sœur Octavie et fit ouvrir, à l'intérieur, deux bibliothèques publiques, une grecque, l'autre latine, ainsi qu'une salle de réunion où s'assemblait parfois le Sénat.

S. Angelo in Pescheria et le marché aux poissons – Aujourd'hui, le propylée du portique d'Octavie ne constitue plus qu'une entrée monumentale à la petite église S. Angelo in Pescheria (fondée au 8ᵉ s.). Son nom, comme celui des ruelles du quartier, évoque le marché aux poissons qui occupa les ruines antiques au 12ᵉ s. L'animation qui régnait parmi les étalages disposés sur de grandes dalles de pierre devant l'église et dans la via di S. Angelo in Pescheria en fit un des lieux les plus pittoresques de Rome.

À droite du portique, une pierre porte encore une inscription latine rappelant que les poissons qui dépassaient une certaine longueur revenaient aux Conservateurs de Rome. Ce privilège fut aboli en 1798.

Prendre la via S. Ambrogio, à droite, et gagner la piazza Mattei.

★**Fontana delle Tartarughe** – La **fontaine des Tortues**, œuvre de la Renaissance finissante (1581-1584), pleine de grâce et de légèreté, est due à Taddeo Landini qui travailla peut-être d'après les dessins de Giacomo Della Porta.

Une légende romaine raconte que le duc Mattei, propriétaire du palais voisin et joueur invétéré, perdit sa fortune en une nuit. Son futur beau-père l'engagea alors à trouver une autre fiancée. Pour prouver qu'un Mattei, même ruiné, peut créer une merveille, il fit construire cette fontaine en une nuit.

Palazzo Mattei – Les cinq palais construits par les Mattei aux 16ᵉ et 17ᵉ s. occupent aujourd'hui l'espace limité par la piazza Mattei, la via dei Funari, la via Caetani, la via delle Botteghe Oscure et la via Paganica. Celui dont l'entrée est située au n° 31 de la via dei Funari (ou 32 de la via Caetani) fut bâti par Carlo Maderno (1598-1611). La décoration des cours intérieures (statues, bustes, bas-reliefs) témoigne du goût de l'époque pour les antiquités.

S. Caterina dei Funari – *Fermée.* Sa façade, très gracieuse, édifiée de 1500 à 1564, a conservé les pilastres plats de la Renaissance, mais les nombreuses guirlandes attestent une recherche des effets décoratifs caractéristique de la Contre-Réforme. Clocher curieux.

Dans la via Caetani, une plaque de bronze commémore Aldo Moro, à l'endroit même où son corps fut retrouvé le 9 mai 1978, 54 jours après son enlèvement par les Brigades rouges.

Par la via Caetani, gagner la via delle Botteghe Oscure.

Au Moyen Âge, la **via delle Botteghe Oscure** fut célèbre pour ses petites boutiques sombres, probablement installées parmi les ruines du théâtre de Balbus. Son élargissement en 1935 fit partie du programme de rénovation lancé par le gouvernement.

Gagner l'Area Sacra et le largo di Torre Argentina.

★★AREA SACRA DEL LARGO ARGENTINA

On nomme ainsi l'ensemble de ruines fouillées de 1926 à 1929 sur le largo Argentina. Les vestiges, datant de l'époque de la République antique, comptent parmi les plus anciens retrouvés à Rome. Près du Champ de Mars marécageux, cette zone proche du Tibre fut fréquemment inondée. Les travaux d'assèchement et de remblaiement entraînèrent l'exhaussement du sol et la transformation des édifices qui y étaient bâtis. Les archéologues ont retrouvé les traces de cinq niveaux de construction, qui se sont superposés depuis le 5ᵉ s. avant J.-C. jusqu'au début de l'Empire. Dans l'Antiquité, cette enceinte monumentale se trouva au centre d'un quartier animé où s'élevaient, au Sud-Est, le théâtre construit par Balbus à l'époque d'Auguste, à l'Ouest, le théâtre et la curie de Pompée, au Nord, la face postérieure des thermes d'Agrippa et des Saepta *(voir plan de Rome sous l'Empire, p. 36).*

Visite – *Observer le champ de fouilles d'abord de la via S. Nicola de' Cesarini.* L'Area Sacra se compose essentiellement de quatre temples, dont un circulaire, tous orientés vers l'Est, donnant sur une place revêtue de travertin à l'époque impériale. Les divinités auxquelles ces édifices étaient dédiés n'étant pas identifiées avec certitude, on désigne habituellement les temples par les lettres A, B, C, D.

AREA SACRA DEL LARGO ARGENTINA

0   30 m

━━━ Vestiges de l'église St-Nicolas

━━━ Parties subsistantes   Parties disparues

Temple C – C'est le plus ancien. Les fouilles du podium ont révélé la présence de blocs de tuf semblables à ceux employés pour la construction de la muraille de Servius Tullius : un premier édifice aurait donc été fondé au 6ᵉ ou 5ᵉ s. avant J.-C. Son plan était celui des premiers temples romains, construits à la manière étrusque : une triple cella, un podium assez élevé et sans colonnes à sa partie postérieure. À l'époque impériale, la cella fut reconstruite et surélevée, les colonnes et le podium revêtus de stucs, le pavement recouvert de mosaïques.

À l'angle Sud-Est du champ de fouilles, la tour et le portique, reconstitués en 1932, faisaient partie d'un groupe de maisons médiévales construites au 12ᵉ s. à proximité de l'église S. Salvatore érigée devant le temple C.

Temple A – À l'origine, l'édifice fut construit au 4ᵉ ou 3ᵉ s. avant J.-C. Les vestiges actuels (2ᵉ ou 1ᵉʳ s. avant J.-C.) laissent apparaître un temple entouré de colonnes. Vers le 12ᵉ s., les temples étaient sous terre, au moins jusqu'à leur podium. Le temple A fut transformé en église, dédiée à saint Nicolas. On en devine la nef principale bordée au Sud d'une nef plus étroite et toutes deux terminées par une abside.

Temple circulaire B – Sa construction date du 2ᵉ s. avant J.-C. Peut-être fut-il dédié à Junon (une statue, qui pourrait être celle de la déesse, y a été découverte). Le podium de tuf fut recouvert d'un podium de pépérin, lui-même revêtu de stuc. La cella fut agrandie et les colonnes qui en formaient le périmètre furent reliées par des murs en tuf. Le parterre, rehaussé, fut recouvert de mosaïques.

Temple D – Une partie de ses vestiges se trouvent au-dessous de la via Florida.

Les côtés Est et Nord de l'Area étaient limités par un portique (**1**). À l'Ouest, derrière le temple A, le grand mur (**2**) bordant l'enceinte appartint à un ensemble de latrines. On peut encore voir le canal d'écoulement. Vers le Sud, quelques blocs énormes (**3**) ont été identifiés comme des vestiges du podium de la curie de Pompée où, durant les ides de mars, en 44 avant J.-C., fut assassiné Jules César.

DE L'AREA SACRA AU PALAZZO CENCI

Teatro Argentina – En 1816 s'y déroula la première du *Barbier de Séville*, un des échecs les plus retentissants des annales musicales. On a raconté que Pauline Borghese avait été à l'origine de la cabale ; elle aurait ainsi voulu aider son ami le ténor à se venger de Rossini qui avait refusé d'apporter une modification à sa musique.

Gagner la via del Sudario qui présente deux édifices intéressants.

Palazzo Vidoni – *Via del Sudario, 10-16.* Une riche famille romaine, les Caffarelli, décida sa construction en 1500 et en confia le dessin à Raphaël. Un de ses élèves, Lorenzo Lotto, l'exécuta en 1515. Aux 18ᵉ et 19ᵉ s., ce palais, d'une robuste élégance, eut sa façade agrandie, puis reproduite du côté du corso Vittorio Emanuele II, et le dernier étage fut ajouté.

Une tradition veut que Charles Quint y ait logé en 1536. En 1853, l'évêque de Pérouse, le futur Léon XIII, habita le rez-de-chaussée. Enfin, il fut le siège du parti fasciste.

Casa del Burcardo ⊘ – *Via del Sudario, 44.* Une tour existait à l'emplacement où Johannes Burckard, maître de cérémonies pontifical, fit bâtir sa maison en 1503. Il l'appela Torre Argentina en souvenir du nom latin de Strasbourg, Argentoratum, sa ville natale.

La maison de J. Burckard, de style gothique et Renaissance, mais assez restaurée, renferme une bibliothèque, une collection de masques, costumes, affiches, etc., ayant trait à la vie du théâtre.

La via del Sudario débouche sur la piazza Vidoni.

Statue de l'abbé Luigi – Cette « statue parlante » représentant un Romain portant la toge fut l'un des plus fameux interlocuteurs de Pasquin, de Madame Lucrezia et de Marforio (*voir Museo Capitolino, p. 118*).

Prendre la via Monte della Farina jusqu'à la piazza B. Cairoli.

S. Carlo ai Catinari – Œuvre de la Contre-Réforme, sa grandiose façade, un peu lourde, fut élevée de 1635 à 1638. L'**intérieur**★, en croix grecque, est dominé par une belle coupole à caissons. On retrouve ici les peintres de S. Andrea della Valle : aux pendentifs de la coupole, le Dominiquin a représenté les vertus cardinales ; Lanfranco, à l'abside, a réalisé sa dernière œuvre (1647), l'*Apothéose de saint Charles Borromée* ; au maître-autel, la *Procession de saint Charles Borromée pour conjurer la peste de Milan* est due à P. de Cortone (1650). À droite du chœur, la chapelle Ste-Cécile (fin 17ᵉ s.) est proche du rococo par ses effets recherchés de perspective, ses lignes et ses figures de stuc mouvementées.

Traverser la via Arenula et prendre à gauche la via di S. Maria dei Calderari jusqu'à la piazza delle Cinque Scole, qui doit son nom au fait que par le passé s'y trouvaient les synagogues du ghetto.

À gauche, deux colonnes et un arc sont des vestiges d'un édifice du 1ᵉʳ s.

> ### « L'ange du parricide »
>
> Le drame éclata le 9 septembre 1598, à une époque où tout était permis à qui osait. La riche famille des Cenci était dirigée par Francesco Cenci, dont le père avait été trésorier de Pie V. Cruel et perverti, Francesco finit assassiné à l'instigation de sa fille, Béatrice, soutenue par son frère Giacomo et l'épouse de Francesco, Lucrezia. Le pape Clément VIII ordonna leur exécution, malgré l'opinion publique qui admit la légitime défense. Cette tragédie où se mêlèrent l'inceste, l'opium et le crime mit Rome en émoi. Les coupables furent décapités le 11 septembre 1599 sur la piazza di ponte S. Angelo.

Palazzo Cenci – Dans les ruelles qui y donnent accès se transmet comme un murmure le nom de la grande famille qui défraya la chronique scandaleuse du 16e s. (via dell'Arco de' Cenci, vicolo de' Cenci, piazza de' Cenci, via Beatrice Cenci, via del Monte de' Cenci).

Le palais s'élève sur une petite éminence (le monte Cenci) formée de débris de monuments antiques (peut-être du cirque Flaminius).

Tourner à droite dans la via Portico d'Ottavia.

Aux n°s 1, 1b et 2, la **maison de Lorenzo Manilio** fut construite en 1468 avec boutiques au rez-de-chaussée, nom du propriétaire inscrit en latin et en grec et bas-reliefs. L'inscription au-dessus du nom loue ce particulier qui participa à l'embellissement de sa ville.

MONTECITORIO ★★

Visite : une heure

La promenade se déroule dans la partie Nord de l'antique Champ de Mars, plus particulièrement réservée aux tombeaux monumentaux des familles impériales et aux bûchers où l'on brûlait les corps. Alors que dans la zone Sud, plus luxueuse, s'élevaient les établissements sportifs, les théâtres, les amphithéâtres, les portiques.

Comme les autres quartiers fréquentés par les pèlerins se rendant au Vatican, celui-ci sortit de la misère médiévale sous Sixte IV (1471-1484). En 13 ans de pontificat et en partie grâce à l'argent produit par la vente d'indulgences, ce pape changea l'aspect de Rome. Au début du 16e s., Léon X fit ouvrir, de la porte du Peuple, où arrivaient les étrangers, au mausolée d'Auguste, la rectiligne via Leonina (actuellement via di Ripetta).

Quelques ruelles autour de St-Augustin et aux abords de la via della Scrofa ont assez bien conservé leur physionomie de la Renaissance, tandis que les palais autour de la piazza Colonna et de la piazza di Montecitorio sont devenus, depuis 1870, les sièges de banques, de grands journaux et de grands magasins. À cette époque disparut le port de Ripetta construit en 1706 et dont Piranèse a laissé de si jolies gravures ; avec ses quais en gradins au tracé ondulé, il composa une des « vues » romaines les plus célèbres.

VISITE

Piazza di Montecitorio – En 1792, Pie VI y fit dresser l'obélisque égyptien du 6e s. avant J.-C. rapporté d'Héliopolis par Auguste en 10 avant J.-C. Cet obélisque servit d'aiguille à un gigantesque cadran solaire tracé sur le sol, à peu près sur l'emplacement de l'église S. Lorenzo in Lucina. Au sommet, le globe de bronze est marqué aux armes du pape.

Palazzo di Montecitorio ⊙ – Il s'élève là où la famille des Antonins possédait des bûchers destinés à incinérer ses morts. Sa construction fut commencée par le Bernin en 1650, reprise par un de ses élèves et achevée en 1697 par Carlo Fontana. De la fantaisie baroque du Bernin, il ne reste que les bossages grossièrement taillés autour de quelques fenêtres, évoquant des rocailles, l'effet d'ampleur de la façade légèrement convexe et terminée par un clocher à horloge. Le palais abrite depuis 1870 la Chambre des députés. Aussi sur la place ce ne sont que va-et-vient empressés et salutations respectueuses ; les cafés eux-mêmes, peuplés d'habitués, vivent au rythme de Montecitorio. Du côté de la piazza del Parlamento, le palais fut agrandi et pourvu d'une nouvelle façade grandiloquente (1903-1925).

★**Piazza Colonna** – C'est l'un des endroits les plus animés de Rome, à proximité des commerces des via del Corso et via del Tritone.

La **colonne**★ qui se dresse au centre de la place fut élevée probablement de 176 à 193 en l'honneur de **Marc Aurèle** (161-180). Cet empereur, qui préférait la philosophie à la guerre, dut pourtant guerroyer sur les bords du Danube. Il mourut au front, emporté par une épidémie de peste. Ses victoires furent éphémères et ne suffirent pas à contenir la poussée des Barbares. Comme la colonne Trajane construite 80 ans plus tôt raconta les exploits de Trajan contre les Daces, celle de

Marc Aurèle raconte les épisodes marquants de ses guerres en une série de bas-reliefs enroulés en spirale. Elle est l'œuvre d'un groupe de sculpteurs, et les dessins eux-mêmes furent probablement conçus par plusieurs artistes. Afin de rendre les scènes plus visibles, les sujets sont plus grands que ceux de la colonne Trajane, le relief plus accentué, au détriment de la finesse du travail.

L'allure de l'ensemble souffre de l'absence de galbe aux deux tiers de la colonne qui aurait corrigé la déformation apparente de concavité des lignes verticales.

En 1589, le pape Sixte Quint fit placer la statue de saint Paul au sommet de la colonne, là où jadis s'élevait celle de l'empereur. Il fit également restaurer le socle où apparaît l'inscription attribuant par erreur la colonne à Antonin le Pieux prédécesseur de Marc Aurèle.

Palazzo Chigi – Il fut commencé en 1562 sur les dessins de Giacomo Della Porta ; la construction fut poursuivie par Carlo Maderna suivant les conceptions sévères de la Contre-Réforme. Il fut achevé en 1630 à l'époque baroque. En 1659, le pape Alexandre VII Chigi l'acheta pour sa famille. Depuis 1917, date à laquelle il fut acquis par l'État, le palais Chigi a toujours été au centre de la vie politique : siège du ministère des Affaires étrangères après la guerre de 1915-1919, siège du chef du gouvernement à l'époque du fascisme, il abrite aujourd'hui la présidence du Conseil des ministres.

Se rendre piazza del Parlamento et s'engager, à gauche, dans la via di Campo Marzio.

Si l'on remarque aujourd'hui de nombreux magasins de luxe au fil de ces rues, on pouvait y voir à l'époque d'Octave-Auguste l'énorme **cadran solaire** qui occupait un vaste terrain du Champ de Mars et mesurait 160 m × 60 m. Quelques vestiges (des dalles de travertin décorées d'incisions en bronze représentant les signes du zodiaque) se trouvent encore sous la via di Campo Marzio.

Prendre à droite la via della Stelletta, dépasser la via della Scrofa, et s'engager dans la via dei Portoghesi.

Dans ces rues, paisibles et charmantes, de nombreux artisans œuvrent encore.

La Torre della Scimmia – Érigée au 15ᵉ s., la **tour du Singe** est insérée dans le palais situé à l'angle de la via dei Portoghesi et la via dei Pianellari. Un romancier américain du 19ᵉ s. la rendit célèbre en racontant une belle légende : un singe habitait dans le palais avec ses maîtres. Très facétieux, il joua un jour à emporter au sommet de la tour l'enfant qui venait de naître. Épouvanté, son maître ne savait comment intervenir, craignant que l'animal ne laissât choir son précieux fardeau. Après avoir demandé l'intercession de la Vierge, il se résolut à rappeler le singe d'un coup de sifflet. Celui-ci redescendit le long de la gouttière, serrant l'enfant dans ses bras, et tous deux regagnèrent leur domicile sains et saufs. Depuis, au sommet de l'édifice, une petite lampe brille en permanence devant l'image de la Vierge.

S. Antonio dei Portoghesi ⊘ – Cet édifice fut bâti au 17ᵉ s. Derrière sa jolie façade rococo, l'intérieur resplendit d'ors, de stucs, de marbres et de peintures. Dans la première chapelle à droite : monument funéraire dû à Canova (1806-1808). La première chapelle à gauche abrite, au-dessus de l'autel, un beau tableau d'Antoniazzo Romano (15ᵉ s.) représentant la Vierge entre les saints François et Antoine.

S'engager dans la via dei Pianelli.

★S. Agostino – L'église fut construite de 1479 à 1483 grâce à la générosité d'un prélat français, le cardinal d'Estouteville, qui fut archevêque de Rouen. Sa large façade de travertin ajourée de roses fut l'une des premières élevées à Rome suivant les conceptions de la Renaissance. Les volutes latérales largement déployées qui raccordent les deux ordres sont d'un bel effet ornemental et ses moulures puissantes lui donnent du caractère.

L'intérieur, mis au goût du jour en 1760 par Luigi Vanvitelli, fut chargé de décorations au 19ᵉ s., qui lui ôtèrent son allure élancée encore perceptible dans la nef centrale. De la Renaissance, il reste le plan en croix latine avec des chapelles à absides aux extrémités du transept et le long des nefs latérales, la coupole sans tambour posée à la croisée du transept, l'une des premières élevées à Rome. L'église est riche de quelques belles œuvres d'art, dont, à côté de la porte d'entrée centrale, la très vénérée **Madonna del Parto★** (1521), de **Jacopo Sansovino** ; ce sculpteur s'intéressa à la sculpture antique lors de ses séjours romains (draperies légères et port altier) et fut aussi influencé par la vigueur de Michel-Ange.

Dans la chapelle du croisillon droit, sur l'autel, un tableau du Guerchin (1591-1666). De part et d'autre, deux tableaux illustrant des scènes de la vie de saint Augustin, dus à Lanfranco (1582-1647).

Au troisième pilier gauche de la nef centrale, Raphaël réalisa en 1512 la fresque du **Prophète Isaïe★**, fortement imprégnée de l'art de Michel-Ange à la chapelle Sixtine. Dans la première chapelle gauche, la **Madone des pèlerins★★★** du **Caravage** (1605) : les contemporains de l'artiste ne furent pas tous sensibles à la force de cet art, dressé

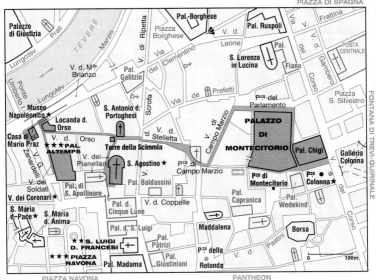

contre le maniérisme et dont l'influence fut capitale dans l'histoire de la peinture. Aussi lui reprochèrent-ils la rudesse des figures des pèlerins directement venus du peuple, la laideur des pieds de l'homme. La Vierge elle-même, pourtant si douce, tient dans ses bras un grand enfant, dans une attitude extrêmement réaliste.

Revenir à l'église S. Antonio dei Portoghesi, et poursuivre à gauche par la via dell'Orso.

Locanda dell'Orso – Montaigne logea dans cette auberge pendant deux jours à son arrivée à Rome le 30 novembre 1580. Du Moyen Âge à la Renaissance, la via dell'Orso et la via Monte Brianzo étaient presque exclusivement peuplées d'auberges. Celle marquée à l'enseigne de l'Ours fut installée dans une belle demeure du 15e s. (restaurée).

Pour rejoindre le Musée napoléonien, monter l'escalier de la via di Monte Brianzo, sinon poursuivre la via dei Soldati.

★**Museo Napoleonico** ⊙ – Fondé en 1927 par Giuseppe Primoli, descendant de Lucien Bonaparte, le **Musée napoléonien** constitue l'un des nombreux témoignages de la présence à Rome de la famille impériale. Lucien s'y établit via dei Condotti, Pauline vécut dans sa villa près de la porte Pia, tandis que la mère de l'Empereur mourut dans son palais de la via del Corso.

Le musée rassemble des portraits de l'Empereur et des membres de sa famille ainsi que des objets, meubles et effets personnels leur ayant appartenu. Les deux premières salles sont consacrées au Premier Empire et abritent notamment un salon en damas rouge provenant du cabinet de travail de Napoléon à Saint-Cloud. Les salles IV et V sont consacrées au fils de Napoléon, roi de Rome dès sa naissance en 1811. Dans la salle VI, dédiée à Pauline, le canapé exposé est semblable à celui où la sœur de l'empereur posa pour Canova.

Casa di Mario Praz ⊙ – *Entrée par la via Zanardelli.* L'angliciste et essayiste italien Mario Praz (1896-1982) habita cette maison. Reconnu internationalement pour sa connaissance de la littérature anglaise du 19e s., il collectionna avec passion un nombre impressionnant d'objets qu'il accumula au cours de son existence : bibelots, tableaux, statues et mobilier néoclassique ont ainsi envahi jusqu'au moindre recoin de sa demeure. L'attention du visiteur est toutefois attirée par une singulière collection de sculptures en cire (portraits, compositions d'inspiration religieuse et mythologique, bustes) d'origines anglaise, allemande, italienne et française, du 17e s. au 19e s. Dans le bureau, il faut remarquer la belle bibliothèque en érable marqueté d'acajou (1re moitié du 19e s.).

PALAZZO ALTEMPS ⊙

Siège du Musée national romain avec le palais Massimo alle Terme et les thermes de Dioclétien. Le palais Altemps fut commencé vers 1480 pour Girolamo Riario, neveu de Sixte IV. En 1568, il fut acquis par le cardinal Marcus Sitticus Altemps, qui le fit reconstruire par Martino Longhi le Vieux. En 1725, le cardinal de Polignac, ambassadeur de France, y résida. Il est aujourd'hui la propriété du St-Siège. Restauré et ouvert de nouveau au public, il abrite aujourd'hui la collection Ludovisi-Boncompagni réunie

195

avec passion par le cardinal Ludovico qui, dans la 1re moitié du 17e s., décida d'embellir sa villa sur le Quirinal (plus tard détruite) d'une énorme quantité de statues antiques, en partie retrouvées pendant les travaux de construction de la villa même et en partie achetées (probablement aussi par les Altemps). Les statues sont restaurées mais selon les critères et les idées du 17e s. Parmi les artistes les plus renommés de cette période, citons l'Algarde et le Bernin, qui ne se limitèrent pas à une intervention conservatrice mais complétèrent les œuvres dans leurs parties manquantes. Ce mariage (aujourd'hui impensable) entre le monument antique et la restauration baroque constitue l'un des aspects originaux de cette collection.

L'intérêt de la visite ne se réduit pas aux seules œuvres antiques. C'est le palais même, résultat d'une remarquable restauration, qui attire l'attention des visiteurs par ses salons riches de fresques, ses restes des 15e et 16e s., ainsi que ses plafonds magnifiques.

Visite – L'harmonieuse cour d'entrée rectangulaire fut conçue au 16e s. par Antonio da Sangallo l'Ancien, Baldassarre Peruzzi et Martino Longhi l'Ancien. Les deux plus petits côtés sont fermés par un portique surmonté d'une loggia, tandis que les côtés longs sont décorés d'arcades. Les fenêtres carrées du troisième et dernier étage sont ornées de corniches en harmonie avec l'ensemble. Sous le portique Nord se détachent quatre statues romaines (copies d'originaux grecs), en place depuis l'origine du palais. La loggia qui le couronne est ornée d'une fresque magnifique *(voir la description ci-dessous)*.

Par l'atrium d'Antonin le Pieux (représenté drapé seulement d'un manteau, le bras gauche levé pendant qu'il harangue la foule), on accède aux salles des marbres Ludovisi. Dans la salle des Hermès, deux statues d'*Apollon Citharède*, très restaurées. L'*Athena Algardi* est un excellent exemple de restauration du 17e s., exécuté par l'artiste dont il prit le nom. À l'origine, la statue représentait probablement Hygie. Algardi modela le casque et l'égide (ornement pectoral présentant au centre la tête de Gorgone), attributs de la déesse de la Guerre. La salle suivante accueille l'*Athena Parthenos*, copie grecque qui remonte au 1er s. avant J.-C., inspirée peut-être de l'imposante statue (12 m de hauteur) que Phidias avait sculptée pour le Parthénon. Un escalier monumental donne accès au 1er étage. Dans la deuxième moitié du 16e s., la **salle des Perspectives peintes** (Prospettive dipinte) fut ornée à fresque de fausses colonnades ; entre chaque groupe de colonnes, des « tapisseries » représentent des scènes de paysage. Dans la salle se détache l'*Hermes Loghios*, copie d'époque romaine (1e-2e s. après J.-C.) d'un original de Phidias (5e s. avant J.-C.). La **salle de la « Piattaia »** doit son nom à la superbe **fresque★** (fin 15e s.) murale représentant un dressoir où s'étalent, entre deux rangs de cartes de vœux, assiettes, brocs et bols offerts en cadeaux de mariage. Le groupe d'*Oreste et Électre★* est l'œuvre du sculpteur grec Menelaos et remonte au 1er s. après J.-C. L'*Arès Ludovisi★★*, identifié récemment comme Apollon, représente le dieu (ou le héros) assis, les mains autour du genou, tenant l'épée et l'écu appuyé sur un côté. Il s'agit d'une copie romaine d'un original d'époque hellénistique.

La **salle de l'Histoire de Moïse** est décorée d'une frise haute figurant des épisodes de l'Exode. Elle accueille le clou de la collection, le *trône Ludovisi★★★*, pièce curieuse qui rappelle un trône de statue de culte et fut trouvée en 1887 dans la villa Ludovisi (il est probable qu'il s'agit, en réalité, d'un élément de décoration rituel provenant d'un lieu sacré). Sculpture grecque du début de l'âge classique (5e s. avant J.-C.), ses bas-reliefs d'une extrême délicatesse en font un véritable chef-d'œuvre de l'art antique. Sur la face principale, une jeune femme dont on ne voit que le buste est entourée de deux autres jeunes femmes qui l'aident à se lever tout en maintenant un voile devant son corps. Les archéologues ont interprété cette scène comme la naissance d'Aphrodite (Vénus), déesse de l'Amour née de la mer, entourée par les Nymphes dont les pieds effleurent les galets de la plage. Les draperies aériennes sont traitées avec une grande légèreté : le mouvement de celle qui masque la partie inférieure du corps de la déesse rappelle les lignes sinueuses que forme la tunique autour de son cou. L'artiste a su donner au visage d'Aphrodite une belle expression de joie. Les côtés du « trône » sont illustrés de scènes ayant trait au culte d'Aphrodite : une femme drapée brûle de

L'Arès Ludovisi

Museo Nazionale Romano

PALAZZO ALTEMPS

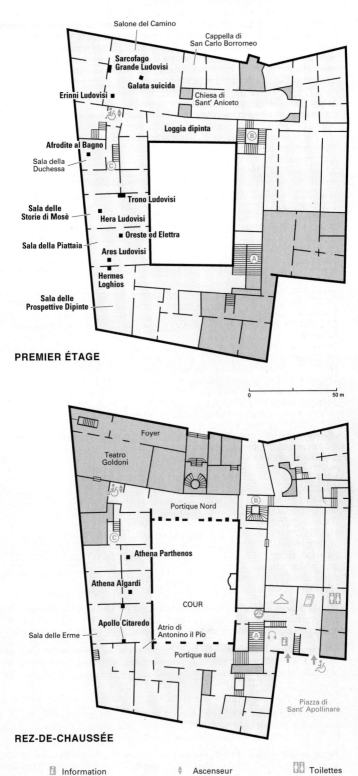

PREMIER ÉTAGE

Salone del Camino

Cappella di
San Carlo Borromeo

Sarcofago
Grande Ludovisi

Galata suicida

Erinni Ludovisi ■

Chiesa di
Sant' Aniceto

Loggia dipinta

Ⓑ

Afrodite al Bagno ■

Sala della
Duchessa

Ⓒ

Trono Ludovisi ■

Sala delle
Storie di Mosè

Hera Ludovisi ■

Oreste ed Elettra ■

Sala della Piattaia

Ares Ludovisi ■

Hermes
Loghios

Ⓐ

Sala delle
Prospettive Dipinte

0   50 m

REZ-DE-CHAUSSÉE

Foyer

Teatro
Goldoni

Portique Nord

Ⓑ

Ⓒ

Athena Parthenos ■

Athena Algardi ■

COUR

Apollo Citaredo ■

Sala delle Erme

Atrio di
Antonino il Pio

Ⓐ

Portique sud

Piazza di
Sant' Apollinare

	Information	⇕	Ascenseur		Toilettes
	Audio guide	Ⓐ	Escalier		Librairie
	Accès handicapés		Vestiaire	Ⓢ	Téléphone

197

l'encens, tandis qu'une autre, nue, joue de la flûte. Ces figures sont souvent interprétées comme l'évocation de la pudeur de l'épouse et de la sensualité de la courtisane. Dans la même salle se trouve la monumentale tête de l'*Hera Ludovisi* qui, en réalité, représente probablement Antonia, fille d'Antoine, épouse de Drusus et mère de l'empereur Claude. Dans la chambre du cardinal, devenue ensuite une petite salle d'audience, on a mis au jour les décorations des différentes époques, celles du 15ᵉ s. (plafond et partie haute des parois) et les scènes de batailles peintes au 17ᵉ s. Au centre de la salle suivante se trouve un socle avec un délicat et fin relief, décoré de minces silhouettes de danseuses ailées.

La décoration de la **loggia peinte**★★ fut commandée à la fin du 16ᵉ s. par Marco Sittico Altemps. La fresque veut créer l'illusion d'un jardin aux berceaux de charme où s'entrelacent, en très grand nombre, des sarments végétaux, des animaux et de petits amours. Les portraits des Césars de la collection Ludovisi sont exposés ici.

Le salon de la Cheminée accueille trois des œuvres les plus intéressantes de la collection. Au centre de la salle trône le *Galate suicidaire*★★★, copie romaine d'un original grec en bronze. Remarquer la puissance du barbare (Galate indique sa provenance : la Gaule), l'étude du mouvement, avec la dramatique torsion du buste, et l'abandon de son épouse, soutenue uniquement par la main de son mari. C'est un très bel exemple d'art hellénistique que l'on retrouve dans cette réplique commandée par Jules César à l'occasion de sa victoire sur les Gaulois. Ce groupe comprenait aussi le *Galate mourant* des musées du Capitole. À l'extrémité de la salle, le sarcophage dit **Grand Ludovisi**★★ datant du 3ᵉ s. après J.-C., montre des scènes de bataille entre les Romains et les Barbares. On distingue trois niveaux disposés horizontalement : en haut les vainqueurs romains, avec Hostilien, fils de l'empereur Decius ; au centre les combattants qui battent les Barbares, représentés dans la partie inférieure. Remarquer la caractérisation différente des deux peuples : les Romains sont fiers et hardis et les Barbares contractés dans une grimace de douleur. Un socle foncé met en évidence le visage délicat et raffiné de l'*Érinye Ludovisi*★.

Dans la salle de la Duchesse, décorée de scènes mythologiques au 17ᵉ s. par Romanelli, se trouve l'*Aphrodite au bain*, œuvre du sculpteur Doidalsas.

MONTE MARIO

Les quartiers modernes situés au Nord et au Nord-Ouest de Rome, n'offrant pas de rues particulièrement agréables à parcourir, nous en décrivons les curiosités par ordre alphabétique. Pour s'y rendre, consulter le plan ci-contre et un plan des transports publics.

Foro Italico – La première pierre de ce grand ensemble sportif, réalisation du gouvernement fasciste, fut posée le 5 février 1928. Il y avait là le siège de l'Académie d'éducation physique, occupé aujourd'hui par le Comité olympique national italien (C.O.N.I.). Outre les courts de tennis, les salles d'armes et la piscine, le stade olympique et le stade des Marbres (stadio dei Marmi) sont les ouvrages les plus importants. Le premier, d'une capacité de 10 000 spectateurs, vit se dérouler la cérémonie d'ouverture des Jeux olympiques de 1960. Le second, qui peut accueillir environ 150 000 spectateurs, est orné de 60 statues d'athlètes et de groupes de lutteurs en bronze (au podium).

De la piazza L. de Bosis, où s'élève un grand obélisque, au piazzale del Foro Italico, une allée est pavée de mosaïques avec inscriptions à la gloire du Duce.

Monte Mario – Cette petite colline verdoyante est un lieu de promenade apprécié des Romains. On y découvre une **vue**★ assez étendue sur Rome et sur le Tibre, intéressante surtout la nuit lorsque les monuments de la ville sont illuminés.

Monumento a Matteotti – Ce beau monument en bronze doré fut élevé en 1974 au bord du Tibre par le sculpteur Iorio Vivarelli. Symbole de la semence jaillissant hors de terre, il commémore le souvenir du député socialiste **Giacomo Matteotti**, assassiné en juin 1924 après avoir dénoncé l'illégalité du régime fasciste.

Palazzetto dello Sport – Cette construction en forme de calotte fut érigée par Annibale Vitellozzi et Pier Luigi Nervi à l'occasion des Jeux olympiques de 1960. Constituée d'éléments préfabriqués et de béton, elle est contrebutée par d'originaux piliers qui en font un édifice plein de légèreté.

Parco di Villa Glori – Cet agréable parc public en terrain accidenté est dédié au souvenir des morts pour la patrie ; l'un des frères Cairoli *(voir p. 218)* trouva la mort à cet endroit.

Ponte Milvio ou Mollo – Ce pont existait déjà au 2ᵉ s. avant J.-C. Il fut maintes fois restauré et remanié, notamment au 15ᵉ s. et au 19ᵉ s. où il fut doté d'une porte fortifiée et élargi.

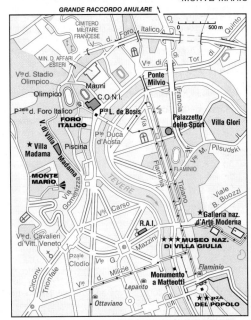

Son site évoque la fameuse bataille du 28 octobre 312 qui opposa Constantin et Maxence, tous deux prétendants au trône impérial. La victoire de Constantin fut consécutive à une vision de l'empereur la veille du combat : le Christ lui apparut et lui ordonna de marquer les boucliers de ses soldats d'un symbole chrétien. Certains historiens ont placé à ce moment la conversion du premier empereur chrétien.

R.A.I. (maison de la Radio et de la Télévision) – Dans le nouveau quartier développé autour de la piazza Mazzini, la maison de la Radio, précédée de la statue de bronze d'un cheval cabré (œuvre de Francesco Messina), est à mettre au nombre des réussites de la Rome moderne.

★**Villa Madama** ⊙ – *Suivre à pied la via di Villa Madama*. Dans le **site**★ enchanteur des pentes du Monte Mario, cette villa Renaissance, restaurée en 1925, accueille aujourd'hui les hôtes étrangers du gouvernement. Elle fut construite vers 1515 pour le cardinal Jules de Médicis, le futur Clément VII, d'après les plans de Raphaël. Sangallo le Jeune la termina. Comme le palais Madama *(voir p. 213)*, elle passa à Madame Marguerite d'Autriche qui lui donna son nom. Le côté opposé à la façade en hémicycle par laquelle on entre s'ouvre sur un beau parc de 9 ha par une loggia décorée de stucs et de grotesques par Giovanni da Udine et Jules Romain, élèves de Raphaël.

PANTHEON ★★★

Visite : 3 h

Cet itinéraire se déroule sur l'antique Champ de Mars, au cœur de la Rome baroque. Les ruelles, étroites et sombres, sont le théâtre de scènes animées qui ont pour protagonistes le touriste pressé, le commerçant de vieille souche qui, du fond de sa petite boutique, a l'impression de vivre avec le monde entier, l'ecclésiastique, affairé, recueilli ou flânant dans la via dei Cestari bordée de magasins spécialisés en habits religieux.

Tous les visiteurs de Rome se retrouvent aux abords du Panthéon : à la recherche d'un peu de calme, lassés par l'agitation de la via del Corso ou du corso Vittorio Emanuele II, ou en quête d'une *trattoria*, qui sont nombreuses dans le quartier.

Un peu d'histoire – Longtemps le **Champ de Mars** ne fut qu'une plaine marécageuse réservée à l'entraînement des soldats, aux opérations de recensement et de classement des citoyens. Mais dès le 2ᵉ s. avant J.-C., les Romains, frappés par les réalisations d'urbanisme qu'ils virent en Grèce, en Macédoine et à Pergame devenues provinces romaines, entreprirent de lotir le Champ de Mars. Dans la partie Est, entre le Panthéon et l'actuelle via del Corso, César éleva les «Saepta», enclos où se réunissaient les assemblées pour élire les tribuns de la plèbe (comices tributes). Cette zone était bordée au Sud par le «Diribitorium» où l'on dépouillait les votes, à l'Est et à l'Ouest par les portiques de Méléagre et des Argonautes. Vers 43 avant J.-C., deux temples égyptiens dédiés à Isis et Sérapis s'élevèrent au flanc des Saepta *(voir plan p. 36)*. Toutes les «dynasties» d'empereurs mirent un point d'honneur à y laisser leur empreinte. Agrippa, le gendre d'Auguste, y éleva le Panthéon et, de 25 à 19 avant J.-C., les premiers thermes publics de Rome. Domitien y érigea un temple à Minerve et un portique aux Flaviens divinisés. Sous les Antonins, on bâtit un temple à Hadrien divinisé. Le dernier des Sévère, Sévère Alexandre, reconstruisit les thermes de Néron.

Au 4ᵉ s., les chrétiens sont dans la ville. L'évêque de Rome, désormais à la tête de la capitale des Césars, éleva des édifices chrétiens, souvent au-dessus des monuments païens.

Durant le Moyen Âge, marqué par des luttes entre les princes et les papes, Rome se hérissa de tours et devint la «Roma Turrita». Non loin du Panthéon se dressa la forteresse des Crescenzi, là où aujourd'hui une ruelle porte le nom de «salita dei Crescenzi». Tout près, les Sinibaldi érigèrent une tour. Puis ce fut la Renaissance, le triomphe de la papauté. Le haut clergé et la riche bourgeoisie achetèrent des îlots entiers de masures et les remplacèrent par de somptueux mais sobres palais.

Le temps semble s'être arrêté dans ce quartier après que l'âge baroque y eut fait passer un souffle d'illusionnisme.

Piazza della Rotonda – C'est l'un des endroits les plus caractéristiques de Rome. Au centre se trouve la fontaine réalisée par **Giacomo Della Porta** en 1578; en 1711, Clément XI la fit couronner d'un obélisque provenant, comme celui de la piazza della Minerva, du temple d'Isis et reposant sur un socle orné de dauphins et du blason pontifical.

Au n° 63 de la place, l'ancien **hôtel du Soleil** (albergo del Sole) date du 15ᵉ s. Il s'agit de l'un des plus anciens hôtels de la cité, qui hébergea, entre autres, le poète l'Arioste (1474-1533) et le musicien Pietro Mascagni (1863-1945).

★★★PANTHEON ⊘

Ce monument est une église à respecter comme telle.

«Le Panthéon est ce qui nous reste de plus parfait de l'architecture romaine» : cet avis fut souvent partagé depuis Stendhal. À l'origine, il fut un temple, construit par le grand urbaniste Agrippa en 27 avant J.-C., dédié à tous les dieux et orienté vers le Sud. En 80, il fut endommagé par un incendie et restauré par l'empereur Domitien. Puis Hadrien (117-138) le reconstruisit et lui donna son orientation actuelle, vers le Nord. Fermé au 4ᵉ s. par les premiers empereurs chrétiens comme

Intérieur du Panthéon

tous les autres lieux de culte païens, saccagé par les Barbares en 410, il fut finalement sauvé de la destruction par le pape Boniface IV qui, en 608, le reçut en cadeau de la part de l'empereur de Byzance Phocas *(voir Colonna di Foca, p. 173)*. Il fut alors transformé en église sous le vocable de Ste-Marie « ad martyres ».

Jusqu'en 756, date de la création des États de l'Église, Rome fut la sujette de Byzance. Le seul empereur romain d'Orient à visiter la capitale de la chrétienté fut Constance II en 356 ; à cette occasion, le Panthéon fut dépouillé de ses tuiles de bronze qui s'en allèrent enrichir les monuments de Constantinople. Il fut restauré au début de la Renaissance ; puis Urbain VII fit enlever les clous et les plaques de bronze qui revêtaient les poutres de la toiture du porche et qui servirent à façonner le magnifique baldaquin de St-Pierre. Jouant avec le nom de famille du pape (Barberini), Pasquin remarqua que les Barberini firent ce que les Barbares n'avaient pas fait (« Quod non fecerunt Barbari, fecerunt Barberini »). Sous Alexandre VII (1655-1667), le fronton du Panthéon fut « paré » de deux clochetons. C'est le Bernin qui commit cette adjonction ; aussitôt la statue de Pasquin parla des « oreilles d'âne du Bernin ». En 1883 ils furent supprimés.

Extérieur – Le Panthéon se présente comme un édifice trapu formé d'une partie circulaire reliée à une partie antérieure (pronaos) à colonnes et fronton. La corniche en façade porte deux inscriptions : l'une mentionne la fondation par Agrippa et au-dessous, à peine visible, l'autre atteste les restaurations de Septime Sévère et de Caracalla.

Dans la via della Rotonda, remarquer les puissants arcs de décharge ménagés dans les murs qui ont 6,20 m d'épaisseur. Au dos du bâtiment on peut voir une abside, des niches creusées et des fragments sculptés : ce sont des restes de la basilique de Neptune qui s'insérait entre le Panthéon et les thermes d'Agrippa *(voir plan Rome sous l'Empire p. 36)*.

★★★**Intérieur** – On y pénètre par le porche aux 16 colonnes de granit, monolithes, antiques à l'exception des trois placées sur le côté gauche qui, défaillantes, furent remplacées au temps d'Urbain VIII et d'Alexandre VII ; les emblèmes pontificaux (abeilles des Barberini et étoile des Chigi) figurent dans les chapiteaux.

Il paraît que les battants de la porte sont antiques, restaurés sous Pie IV (16e s.). Une fois à l'intérieur, l'impression d'harmonie et de grandeur est immédiate. « Deux instants suffisent pour être pénétré de sa beauté », disait Stendhal. La **coupole antique**★★★ est d'une hardiesse inouïe. Son diamètre est égal à la hauteur à laquelle elle s'élève : 43,30 m. Son poids est réparti sur des arcs de décharge ménagés dans l'épaisseur des murs et retombe sur les huit pilastres formés par les avancées qui alternent avec les niches profondes. Revêtue de caissons, elle est percée en son centre d'une énorme ouverture, seule source de lumière.

L'intérieur est rythmé depuis la base par une suite de superbes colonnes monolithes réparties devant les niches alternativement arrondies et rectangulaires. Les avancées entre ces niches sont garnies d'édicules dont les frontons successivement triangulaires et arrondis ont inspiré les artistes de la Renaissance pour les fenêtres des palais.

L'espace compris entre la corniche et la base de la coupole a été doté au 18e s. d'une série de cadres et de fenêtres aveugles. Cette partie du monument a été partiellement reconstituée dans son état original au-dessus de la troisième chapelle droite.

Les niches ont été aménagées en chapelles : dans la première à droite de l'entrée, très jolie Annonciation, attribuée à Melozzo da Forlì. La chapelle suivante abrite le tombeau de Victor Emmanuel II (1820-1878), le premier roi de l'Italie unifiée.

Entre la cinquième et la sixième chapelle, **tombeau de Raphaël** mort à 37 ans en 1520, pour lequel on a utilisé un beau sarcophage antique. Au rebord supérieur du sarcophage, l'inscription de Pietro Bembo, poète, humaniste et cardinal (1470-1547), rend hommage à l'artiste : « Ci-gît Raphaël , à sa vue la nature craignit d'être vaincue ; aujourd'hui qu'il est mort elle craint de mourir. »

LE QUARTIER

Au Nord de la piazza della Rotonda, la via del Pantheon mène à la piazza della Maddalena.

Chiesa della Maddalena ⊙ – Au 15e s., un petit oratoire et un hospice s'élevaient là. Saint Camille de Lellis, fondateur de l'ordre des Camiliens, s'y installa en 1586. L'édifice fut refait au 17e s. par Carlo Fontana, à qui succédèrent des disciples du Bernin. La façade fut érigée plus tard, en 1735, par Giuseppe Sardi. Ses lignes tourmentées et ses décorations abondantes s'inspirent avec outrance de l'art de Borromini.

L'**intérieur**★ constitue l'un des rares exemples de style rococo à Rome. Le plan extravagant, rappelant lui aussi l'influence de Borromini, donne à l'église, pourtant petite, une apparence majestueuse : nef unique en ellipse avec niches à autels disposés en biais et btransept surmonté d'une coupole. Les riches décorations de stucs, d'ors, de marbre, les fresques à la coupole et à la calotte de l'abside baignée d'une belle lumière lui confèrent un « charme de salon ancien ».

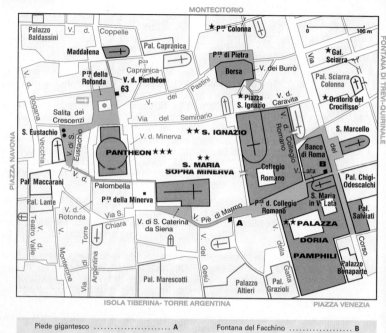

Piede gigantesco .... **A**	Fontana del Facchino .... **B**

Les reliques de saint Camille sont vénérées à l'autel du croisillon droit. Dans le passage à droite du chœur, statue en bois de sainte Madeleine (15ᵉ s.). Remarquer aussi l'orgue fastueux du 18ᵉ s. La sacristie est très jolie dans son ameublement du 18ᵉ s.

Revenir sur la piazza della Rotonda.

Sur la droite, la salita dei Crescenzi et la via di S. Eustachio mènent là où s'élevait, au Moyen Âge, la forteresse des Crescentius. Tout près, la famille Sinibaldi ériga une tour. À l'angle de la salita dei Crescenzi et de la via di S. Eustachio, deux colonnes antiques provenant des thermes d'Alexandre Sévère ont été relevées.

S'engager dans la via della Palombella et gagner la piazza della Minerva.

Piazza della Minerva – Le Bernin eut l'idée d'orner cette charmante place d'un petit obélisque, bizarrement posé sur le dos d'un éléphant. L'obélisque est égyptien et date du 6ᵉ s. avant J.-C.; il faisait partie du temple voisin d'Isis. L'éléphant de marbre, plein de fantaisie, fut exécuté par un élève du Bernin, Ercole Ferrata (1667).

★★S. MARIA SOPRA MINERVA

Fondée au 8ᵉ s. à proximité des vestiges du temple de Minerve que construisit Domitien, elle subit maintes transformations. En 1280, elle fut reconstruite dans le style gothique, puis modifiée vers le milieu du 15ᵉ s. Au 17ᵉ s., on éleva la façade : rectangulaire, d'une extrême simplicité, elle a conservé les portails du 15ᵉ s. À droite, des plaques rappellent les niveaux atteints par le Tibre en crue, de 1598 à 1870. À l'intérieur, la construction des chapelles latérales commença au 15ᵉ s.; le chœur a été refait au 17ᵉ s.; les piliers ont été revêtus de marbre gris au 19ᵉ s. Trois larges nefs, lourdement voûtées sur croisées d'ogives, peuvent donner l'illusion d'une église gothique.

Les **œuvres d'art**★ que renferme S. Maria Sopra Minerva la font figurer aux premiers rangs des « églises-musées » de Rome.

Revers de la façade – Beau tombeau Renaissance (1) de Diotisalvi Neroni qui mourut en 1482 après avoir été exilé de Florence pour complot contre Pierre de Médicis. Remarquer aussi la beauté du buste féminin qui orne le tombeau de Virginia Pucci-Ridolfi (2). Les deux bénitiers (3) sont des œuvres de 1588.

Bas-côté droit – Dans la 5ᵉ chapelle (4), un tableau d'Antoniazzo Romano, dont le sujet principal est l'Annonciation, rappelle la bienfaisance du cardinal Juan de Torquemada qui aida les jeunes filles pauvres. Sur fond doré, cette œuvre est caractéristique du style de ce peintre de la fin du 15ᵉ s., empreint d'un certain hiératisme.

La 6ᵉ chapelle (5) fut conçue à la fin du 16ᵉ s. par Giacomo Della Porta et Carlo Maderno. Selon l'esprit de la Contre-Réforme, la somptuosité des marbres s'allie à une certaine sévérité. Les tombeaux des parents de Clément VIII sont dus à Giacomo Della Porta et Nicolas Cordier (sculpteur français qui passa presque toute sa vie à Rome).

La 7ᵉ chapelle (6) abrite à droite une des œuvres les plus célèbres d'Andrea Bregno : le tombeau du cardinal de Coca (mort en 1477) à la décoration harmonieuse et très raffinée.

La 8ᵉ chapelle (7) renferme un beau Christ en bois du 15ᵉ s.

Croisillon droit – La chapelle Carafa (8), précédée d'une balustrade finement sculptée, fut construite et décorée de 1489 à 1493 de **fresques**★ par **Filippino Lippi** : au-dessus de l'autel, dans un encadrement caractéristique de la Renaissance finissante, *L'Annonciation* où saint Thomas d'Aquin présente à la Vierge le cardinal Oliviero Carafa. Les visages expressifs, les silhouettes élancées et les draperies aux plis profonds caractérisent l'art de Filippino Lippi. Le reste de la

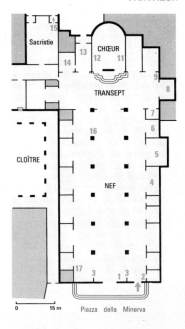

paroi est occupé par une Assomption aux beaux coloris. Sur la paroi de droite, scènes de la vie de saint Thomas d'Aquin.

À gauche de la chapelle Carafa, le tombeau de Guillaume Durand (9), évêque de Mende (mort en 1296), est de style gothique italien.

Chœur – La statue du Christ (10), lourde et inexpressive, fut commandée à Michel-Ange par un noble romain. L'artiste, rentré à Florence en 1520, l'ébaucha puis l'expédia à Rome où elle fut achevée par ses élèves. Le voile de bronze doré fut ajouté postérieurement.

Les monuments funéraires des papes Médicis, Clément VII (11) et Léon X (12), en forme d'arc de triomphe, sont dus à Antonio da Sangallo le Jeune (1483-1546) ; à cette époque, on préféra l'architecture aux décorations dans l'art funéraire.

Croisillon gauche – La chapelle (13) est riche de nombreux **tombeaux**★ : de l'époque gothique (à l'entrée à droite) ; du 15ᵉ s. (de part et d'autre de la porte du fond) ; de l'époque baroque (au-dessus de la porte et à la paroi droite) ; à la paroi gauche, le tombeau avec défunt accoudé est l'œuvre de Giacomo Della Porta (fin du 16ᵉ s.).

Au sol, tombe de Fra Angelico, le peintre dominicain mort en 1455.

Chapelle (14), tombeau du 15ᵉ s. avec sarcophage antique *(Hercule et le lion)*.

Chapelle Ste-Catherine-de-Sienne (15) – Elle fut construite au 17ᵉ s. avec les murs de la chapelle où mourut la sainte en 1380, qui furent transportés du couvent voisin des dominicaines.

Bas-côté gauche – Monument de la vénérable sœur Maria Raggi (16) : une draperie mouvante, une expression d'extase, des angelots pleins de vie témoignent de l'art du Bernin (1643). Le tombeau de Francesco Tornabuoni (17) mort en 1480, aux décors très raffinés, est une œuvre de la Renaissance, parmi les plus réussies de Mino da Fiesole (1429-1484).

Prendre la via Piè di Marmo.

La via Piè di Marmo doit son nom à un **pied** gigantesque, qui appartint probablement à une statue romaine et qui se trouve là on ne sait trop comment.

Sur la piazza del Collegio Romano, le **Collège romain,** ancien établissement d'études des jésuites, fut créé en 1583 par Grégoire XIII qui œuvra après le concile de Trente pour que renaisse la primauté de Rome.

À l'angle de la piazza del Collegio Romano et de la via della Gatta, remarquer la jolie Madone sous un dais, caractéristique image de Rome *(voir la description de celle qui se trouve piazza dell'Orologio, p. 134).*

★★PALAZZO E GALLERIA DORIA PAMPHILI

★**Le palais** – Il accueille l'une des plus riches collections de peintures et sculptures de Rome, dont il est aussi l'un des plus vastes palais. L'imposante façade sur la via del Corso fut élevée au 18ᵉ s. dans le style baroque, alors que celle de la via del Plebiscito date de 1643. Il borde tout un côté de la via della Gatta (façade du 19ᵉ s.) et de la piazza del Collegio Romano.

Élevé au 15e s., il fut agrandi par les familles nobles qui en furent successivement propriétaires. D'abord acquis par les Della Rovere, il passa au neveu du pape Jules II, le duc d'Urbino. Puis Clément VIII, de la famille des Aldobrandini, l'acheta pour son neveu. Ensuite, Donna Olimpia, nièce et héritière de Clément VIII, épousa Camillo Pamphili dont la famille s'allia plus tard aux Doria.

★★La galerie ⊘ – La visite commence avec les **salles de réception** parmi lesquelles se trouve la **salle des Velours** qui conserve le plancher originel du 17e s. Dans le décor, on reconnaîtra l'aigle, symbole de la famille Doria, d'origine ligure, et la fleur de lys, symbole des Pamphili. La **salle de bal** abrite, dans l'angle réservé aux musiciens, une harpe du 17e s. en bois et ivoire. Sur la droite s'ouvre le **salon jaune**, de style rococo, dont les parois sont ornées de tapisseries représentant les allégories des douze mois, exécutées à la manufacture française des Gobelins sous Louis XV.

La **galerie** proprement dite adopte la forme d'un quadrilatère. Jadis loggia ouvrant sur la cour intérieure du 16e s., elle fut fermée par Camillo Pamphili (18e s.) afin d'accueillir la collection de peintures et de sculptures.

La découverte d'un manuscrit de 1767 a permis rétablir la disposition d'origine des tableaux. *Nous signalons quelques-unes des œuvres les plus intéressantes. Les numéros correspondent à ceux que l'on trouve sur place.*

Première galerie – On peut admirer des peintures d'**Annibal Carrache**, notamment la série de lunettes illustrant les Histoires de la Vierge (**i5**, **i9**, **i14**, **i27**, **i29**, et **i33**). Dans *La Fuite en Égypte*★★ (**i5**), la scène religieuse semble tenir un rôle marginal, tandis que l'harmonieux paysage occupe presque entièrement l'espace et prélude au goût qui se développa durant tout le 17e s. Dans *Herminie retrouvant Tancrède blessé* (**i28**) du **Guerchin**, le tragique est souligné et rythmé par des contrastes d'ombre et de lumière. *Les Usuriers*★ (**i47**) de **Quentin Metsys**, peinture significative du maître flamand, met en évidence les traits caricaturaux très accentués des personnages (en particulier les deux usuriers, sur la gauche).

À l'extrémité de la galerie, un petit cabinet abrite le *Portrait d'Innocent X Pamphili*★★★, un des chefs-d'œuvre de Velasquez, peint en 1650 lors de son deuxième voyage à Rome. L'artiste réussit à donner à ce portrait officiel une expression réaliste et dépourvue de toute idéalisation (remarquer l'air assombri). Dans ce même cabinet, le buste d'Innocent X par le Bernin est une interprétation très expressive de l'autorité du personnage.

Galerie des glaces – Il s'agit de la deuxième aile de la galerie. Les décors remontent au 18e s. Les fresques du **plafond** montrent des scènes représentant les travaux d'Hercule, œuvre d'Aurèle Milani.

Quatre **petites salles** s'ouvrent à l'extrémité de la galerie, chacune dédiée à un siècle différent (du 18e au 15e s). Dans la deuxième salle, consacrée au 17e s., le magnifique *Repos après la fuite en Égypte*★★★ du **Caravage** attire l'attention. La scène est imprégnée d'une incroyable spontanéité : la Vierge, lasse, qui dort la tête légèrement inclinée sur l'Enfant, la main abandonnée sur son giron ; Joseph qui semble

Détail du *Repos après la fuite en Égypte*, par le Caravage

être ravi par la musique de l'ange ; un jeune garçon, le dos tourné (position peu « orthodoxe ») portant de grandes ailes foncées. Derrière Joseph apparaît la tête d'un âne donnant l'impression de vouloir participer. Le tableau est savamment associé à la *Madeleine pénitente* pour lequel le Caravage utilisa le même modèle que pour la Vierge. On retrouve dans les deux tableaux la même attitude, mais l'abandon de la Vierge qui s'endort à cause de sa lassitude, ne peut se comparer à celui de la Madeleine car il s'agit du désespoir d'une jeune femme qui est représentée au milieu d'objets terrestres (remarquer la bouteille de parfum et les bijoux déposés à côté d'elle). Dans la même salle on peut aussi admirer le **Saint Sébastien** de Ludovic Carrache et **Endymion** du Guerchin. Dans la salle consacrée au 16ᵉ s. se distingue la belle *Salomé*★★ de Titien. Remarquer le furtif jeu des regards : l'esclave, dans un mélange de pitié et de reproche, observe Salomé, qui, seulement en passant (et presque frémissante d'horreur), regarde la tête de saint Jean-Baptiste, dont les cheveux semblent caresser le bras de celle qui l'a tué. La même salle recèle le *Portrait d'un jeune homme* du Tintoret, le *Double portrait* de Raphaël, ainsi qu'un délicat *Paysage d'hiver* de Pieter Bruegel l'Ancien. Dans la salle consacrée au 15ᵉ s. se trouve un des chefs-d'œuvre de Hans Memling : la *Douleur sur le Christ mort*★★ où le tragique est mis en évidence par les traits endurcis et par la position du Christ, courbé sur lui-même.

Troisième galerie – Ici, on présente un tableau insolite de Bruegel l'Ancien, la *Bataille du Golfe de Naples* (**q21**). À l'extrémité, à gauche, on peut remarquer la **salle Aldobrandini** qui réunit des statues datant de l'époque archaïque jusqu'à la fin de l'époque impériale.

Quatrième galerie – Elle présente d'abord le **buste d'Olimpia Maidalchini Pamphili**★★ sculpté par l'Algarde. On raconte que cette femme au caractère vigoureux ne laissa pas de répit à son beau-frère, Giovanni Battista Pamphili, jusqu'à ce qu'il fût élu pape sous le nom d'Innocent X. L'Algarde, portraitiste des plus talentueux, a su rendre avec précision l'énergie et l'ambition de Donna Olimpia, (les Romains l'appelaient ainsi), dont la coiffure était unique en son genre. Parmi les peintures, on peut admirer une copie du 17ᵉ s. du *Saint Jean Baptiste adolescent* (**s57**) du Caravage, conservée à la pinacothèque du palais des Conservateurs, ainsi que la *Vierge à l'Enfant* (**s71**) du Parmesan. Deux autres salles de réception s'ouvrent le long de la galerie. Dans la salle rouge se trouve un berceau doré de 1761.

★ **Appartements privés** – Ce sont les appartements habités du 16ᵉ s. au 18ᵉ s. par les familles propriétaires. Dans la salle du Jardin d'hiver sont conservés un petit traîneau utilisé au 18ᵉ s. et une belle chaise à porteurs, peinte et dorée (18ᵉ s.). La salle **Andrea Doria** porte le nom du plus célèbre des membres de la famille génoise des Doria ; condottiere, il commanda la flotte de François Iᵉʳ, puis passa au service de Charles Quint.
Dans le fumoir, richement meublé dans le style anglais victorien du 19ᵉ s., beau polyptyque (école toscane du 15ᵉ s.).
Dans la salle à manger, frise illustrant les propriétés des Doria Pamphili (19ᵉ s.).
Dans le salon vert est exposée entre autres tableaux une très gracieuse *Annonciation* du Florentin Filippo Lippi (1406-1469), le maître de Botticelli. La grande tapisserie de Tournai illustre des épisodes de la légende médiévale d'Alexandre le Grand (15ᵉ s.).

VERS S. IGNAZIO

Prendre la via Lata, entre l'église S. Maria in Via Lata et le palais de la Banco di Roma.

Fontana del Facchino – Très remaniée, cette petite fontaine représente un porte-faix (facchino) soutenant une barrique d'où l'eau s'échappe dans une vasque. Une légende raconte que le sculpteur a immortalisé un portefaix réputé sous la Renaissance pour être en permanence en état d'ébriété. Il aurait été ainsi condamné pour l'éternité à se contenter d'eau.

Tourner dans la via del Corso.

S. Maria in Via Lata – Sa façade retient l'attention. Élevée de 1658 à 1662 par Pierre de Cortone, elle marque le moment de l'art baroque où la colonne se désengage des murs pour jouer un rôle essentiel. L'ensemble des colonnes disposées sur deux étages semble supporter l'édifice tout entier et crée d'admirables effets de lumière.

Palazzo Salviati – Construit au 17ᵉ s. par le duc de Nevers, neveu du cardinal Mazarin, il abrita l'Académie de France (*voir p. 221*).

S. Marcello – Elle fut fondée au 4ᵉ s. sur l'emplacement d'un « titre », c'est-à-dire l'habitation d'un particulier ouverte au culte chrétien.
L'église, incendiée en 1519, fut entièrement reconstruite aux 16ᵉ et 17ᵉ s. En 1683 Carlo Fontana érigea la façade baroque, légèrement concave. Les palmes qui servent à raccorder les deux étages sont caractéristiques de l'art baroque qui aima donner aux objets une fonction inhabituelle. Au fronton de la porte d'entrée, un cadre attend toujours son bas-relief.
Jacopo Sansovino (1486-1570) dessina le plan à nef unique flanquée de chapelles, caractéristique de la Renaissance. Le plafond à larges caissons (fin du 16ᵉ s.), resplendissant d'ors et de couleurs, enrichit l'ensemble.
Les œuvres d'art illustrent la période de la Renaissance au baroque.

À gauche de la porte d'entrée, le tombeau du cardinal Giovanni Michiel, empoisonné sur l'ordre d'Alexandre VI (1503), surmonte celui de son neveu l'évêque Antonio Orso (mort en 1511). Andrea Sansovino commença cette œuvre en 1520, puis son élève Jacopo Sansovino la termina en 1527. Le tombeau d'Antonio Orso repose sur des livres, car l'évêque légua au couvent de St-Marcel de nombreux ouvrages.

La quatrième chapelle droite renferme un beau Christ en bois du 15e s. Le Christ en agonie, représenté avec beaucoup de réalisme, donna naissance à une légende lugubre : le sculpteur, obsédé par le souci de représenter la souffrance le plus fidèlement possible, aurait assassiné un pauvre hère qui passait par là et aurait traduit dans le bois la douleur qui précéda sa mort. Quand l'édifice brûla en 1519, il paraît que le Christ fut retrouvé intact dans les décombres. La voûte est décorée de fresques de Perin del Vaga, un élève de Raphaël. À la base de l'autel, remarquer une stèle romaine du 3e s. décorée au 12e s. d'incrustations de marbre quand elle servit à recueillir des reliques de martyrs.

Dans la quatrième chapelle gauche, bustes de la noble famille des Frangipani : les trois bustes placés à droite ont été sculptés par l'Algarde en 1625.

Revenir sur ses pas.

Palazzo del Banco di Roma – C'est l'ancien **palais de Carolis**, construit de 1714 à 1722 et transformé au début du 20e s. Il fut « l'auberge de France dans le carrefour de l'Europe », selon le cardinal de Bernis qui l'occupa comme ambassadeur de 1769 à 1794 et y donna des réceptions éblouissantes. Chateaubriand, ambassadeur de Charles X, y habita aussi.

Gagner la piazza S. Ignazio par la via del Collegio Romano et, à gauche, la via del Caravita.

★**Piazza S. Ignazio** – Il est conseillé de l'observer depuis le perron de l'église. Conçue comme un décor de théâtre, en ocre et bistre, cette place au charme désuet, bordée d'immeubles aux façades qui ondulent, se présente comme une scène où les ruelles ne serviraient qu'aux entrées et aux sorties des personnages.

★★**S. Ignazio** – Dédiée au fondateur (saint Ignace de Loyola) de l'ordre des Jésuites et du Collège romain, premier établissement scolaire gratuit, cette église caractéristique de la Contre-Réforme fut commencée en 1626 d'après les plans du jésuite Orazio Grassi. Elle fut longtemps la chapelle du Collège romain dans l'enceinte duquel elle s'élève.

Sa haute façade, œuvre du frère jésuite Orazio Grassi, à deux ordres superposés raccordés par des volutes, est à la fois solennelle et sévère.

★★**Fresque de la voûte centrale** – *Pour en apprécier tous les effets, se placer sur le cercle tracé au centre de la nef.* La fresque est due à **Andrea Pozzo** (1684). Ce jésuite a choisi un sujet cher à la Contre-Réforme qui s'efforça, contre le protestantisme, de magnifier les saints : ici saint Ignace est illuminé par la lumière divine qui va se réfléchir sur les quatre parties du monde représentées allégoriquement. Théoricien de la perspective tridimensionnelle, A. Pozzo a mis son talent au service du trompe-l'œil. Sur une architecture fictive, il a peint sur des plans différents une foule de personnages en mouvement.

Fresque de l'abside – Due également à Andrea Pozzo, elle célèbre les miracles advenus grâce à l'intercession de saint Ignace.

Transept – À la croisée s'élève une « coupole », peinte en trompe l'œil par Andrea Pozzo. De 1696 à 1702, il écrivit un traité intitulé *Perspectiva pictorum et architectorum* qui eut une influence considérable sur les peintres et architectes du 18e s.

Le croisillon droit est occupé par l'autel de saint Louis de Gonzague. Entre de belles colonnes torsadées de marbre vert où s'enroulent des rameaux en bronze et au-dessus de l'urne en lapis-lazuli qui renferme les reliques du saint, le « tableau de marbre », d'une composition admirable, est dû au ciseau du Français **Pierre Legros**, pensionnaire de l'Académie de France (1629-1714). Lié au frère Pozzo, il participa à la plupart de ses œuvres. Mais le directeur de l'Académie n'apprécia guère qu'un de ses pensionnaires travaillât à la gloire des jésuites de Rome plutôt qu'à celle du roi de France. Aussi Pierre Legros dut-il quitter l'Académie.

L'extrémité du croisillon gauche est occupée par un autel semblable à celui du croisillon droit, élevé en l'honneur de saint Jean Berchmans. Le haut-relief de l'Annonciation est dû à Filippo Valle. Ces deux autels permettent d'apprécier l'interprétation audacieuse des frontons, chers à Borromini, par le frère Pozzo.

Prendre la via dei Burrò.

Elle doit son nom à Napoléon Ier qui installa plusieurs de ses bureaux administratifs dans les immeubles du quartier.

Piazza di Pietra – Tout un côté de cette place aux belles couleurs est occupé par un bâtiment qui abrite aujourd'hui la Bourse et qui fut au 18e s. le siège de la douane. Tout étranger arrivant à Rome devait s'y présenter et, si l'on en croit Stendhal, on prenait là « de l'humeur pendant trois heures »'.

Dans l'Antiquité s'élevait sur cet emplacement le **temple** dédié à **Hadrien** divinisé, construit par son fils adoptif Antonin le Pieux et consacré en 145. Il en reste onze belles colonnes corinthiennes de marbre, prisonnières du bâtiment de la Bourse. Elles créent une impression de grandeur, en contraste avec l'intimité de la place.

PIAZZA NAVONA ★★★

Visite : 2 h 1/2

Le quartier délimité par les artères du corso Vittorio Emanuele II (ouvert à la fin du 19e s.), du corso del Rinascimento (1936-1939) et de la via Zanardelli (vers 1906) fut dans l'Antiquité une partie du **Champ de Mars** dont l'aspect verdoyant fit l'admiration du géographe grec Strabon en visite à Rome vers l'an 7 avant J.-C. *(voir l'introduction du chapitre Panthéon).* Domitien (81-96) y fit construire un grand stade et un Odéon où se donnaient des spectacles poétiques et musicaux (approximativement sur l'emplacement du palais Massimo et de la piazza de S. Pantaleo).

Seule la forme allongée de la piazza Navona, qui occupe l'emplacement du stade de Domitien, est évocatrice ici de la Rome antique.

En parcourant le pittoresque lacis de ruelles qui s'enchevêtrent de la piazza Navona au Tibre, le visiteur sera transporté au temps de la splendeur des papes, au cœur de la Rome de la Renaissance.

Dès le début du 16e s., cardinaux, ambassadeurs, fonctionnaires pontificaux, riches banquiers et courtisanes distinguées y établirent leur résidence, attirant autour d'eux des libraires, des graveurs et des enlumineurs qui s'installèrent près de la piazza Navona et de la piazza di Pasquino. Aujourd'hui encore, le quartier compte de nombreux artisans.

Jalonné de palais des 15e et 16e s., l'itinéraire proposé offre de belles surprises au visiteur curieux qui pénétrera les cours intérieures : derrière des façades à bossages austèrement percées de fenêtres rectangulaires à frontons rigoureux, la Renaissance a souvent laissé de charmantes loggias à colonnes, des corniches à motifs antiques, des portes à blasons, des parois décorées de grisailles, de frises et de médaillons.

★★★ LA PLACE

Voici le lieu où le touriste pourra probablement toucher au plus près l'esprit de la Ville éternelle et percevoir en une seule image ses multiples visages.

À l'écart de la circulation automobile, la piazza Navona offre le spectacle d'une fête permanente : le marchand de ballons voisine avec le caricaturiste qui immortalise son client en un tour de fusain ; la bonne âme nourrit amoureusement la colonie de pigeons à côté du syndicaliste qui harangue ses camarades.

Sa forme étroite et allongée lui fut donnée par **Domitien** : en 86, l'empereur fit construire un **stade** à cet emplacement ; immédiatement, il y instaura un cycle de jeux à la grecque. Contrairement aux jeux de l'amphithéâtre où les gladiateurs s'affrontaient avec violence, ceux-ci mêlaient les jeux de l'esprit à de sains exercices physiques ; les concours d'éloquence, de poésie et de musique se déroulaient à l'Odéon, tandis que la course à pied, le pugilat, le lancer du disque et du javelot avaient lieu ici.

Dépouillé de ses marbres en 356 par Constance II en visite à Rome, le stade de Domitien n'était plus que ruine au 5e s.

Il retrouva vie sous la Renaissance, lorsqu'il devint une des plus belles places de la Rome papale. En 1477, le marché de la colline du Capitole y fut transféré. Théâtre de distractions populaires, depuis la « Cuccagna » où les forts à bras se hissaient au sommet du célèbre mât enduit de savon, jusqu'aux spectacles de marionnettes, sa vocation de lieu de rassemblement n'a cessé de croître. Depuis 1869, le marché se tient au Campo dei Fiori, les baraques foraines ne s'installent sur la piazza Navona qu'à l'époque de Noël et de l'Épiphanie pour la fête de la « Befana » (une vieille fée qui offre des jouets aux enfants).

Les fontaines – Au centre de la place, la **fontaine des Fleuves** ★★★ (fontana dei Fiumi) fut commandée au Bernin par le pape Innocent X, désireux de donner au palais familial des Pamphili un environnement prestigieux. Le génial architecte de l'art baroque réussit à poser sur un amoncellement de roches évidé à l'extrême un obélisque dont la raideur et l'équilibre contrastent avec l'apparence mouvante du socle ; le vent semble tordre les arbres, et les statues de marbre gesticulent. Celles-ci, exécutées

Une fontaine de la piazza Navona

d'après les dessins du maître par un groupe d'élèves, représentent les quatre fleuves, symboles des quatre parties du monde. Le Danube symbolise l'Europe, le Nil, l'Afrique (sa tête est voilée car on ignorait l'emplacement de sa source), le Gange, l'Asie et le Rio de la Plata, l'Amérique. L'obélisque, pièce romaine exécutée à l'époque de Domitien, fut ramené de la via Appia où il gisait, par Innocent X. L'œuvre fut achevée en 1651. Une légende romaine voulant illustrer la rivalité entre le Bernin et Borromini, auteur de la façade de l'église Ste-Agnès, raconta que les statues du Nil et du Rio de la Plata, le bras levé dans un geste de défense, voulurent se protéger de la façade près de s'écrouler. Mais la façade fut construite plusieurs années après la fontaine.

La **fontaine du Maure** (fontana del Moro) fut placée à la fin du 16e s. En 1653, Innocent X demanda au Bernin de la rénover : l'architecte dessina la figure centrale du « Maure » et un de ses élèves en donna une réalisation vigoureuse. Les statues des tritons et celles du pourtour de la vasque sont du 19e s.

La **fontaine de Neptune** (fontana del Nettuno) fut également installée à la fin du 16e s. La statue de Neptune, au centre, ainsi que celles qui l'entourent datent du 19e s.

★★S. Agnese in Agone ⊙ – Selon la tradition, un petit oratoire s'éleva dès le 8ᵉ s. sur ce lieu où sainte Agnès aurait été martyrisée. En 1652, le pape Innocent X chargea Girolamo Rainaldi et son fils Carlo de reconstruire l'édifice pour en faire la chapelle familiale, attenante à son palais. En 1653, Borromini reprit les travaux jusqu'en 1657. Un groupe d'architectes acheva l'édifice à la fin du siècle. Borromini est l'auteur d'une partie du dôme et de la façade où l'on reconnaît son goût pour le mouvement concave et pour les lignes courbes en opposition (aux campaniles).

L'**intérieur★**, sur un plan en croix grecque, est séduisant : les niches ouvertes dans les piliers de la coupole le transforment en octogone. Aux autels, beaux « tableaux de marbre », œuvres d'élèves du Bernin. Les décorations de stucs, de dorures et de peintures, très éloignées de la sobriété des intérieurs de Borromini, ont été exécutées à la fin du 17ᵉ s.

Palazzo Pamphili – Ce fut la demeure des Pamphili, agrandie de 1644 à 1650 par Girolamo Rainaldi, lorsque Giovanni Battista Pamphili accéda au trône pontifical sous le nom d'Innocent X.

LES ENVIRONS DE LA PLACE

À hauteur de la fontaine de Neptune, s'engager dans la via Agonale.

Via di Tor Sanguigna, sur le côté qui suit le contour de la place, sont encore visibles des vestiges du **stade de Domitien**.

S. Maria dell'Anima – *L'entrée principale étant généralement fermée, entrer par la via della Pace et commencer par visiter l'intérieur.*
C'est l'église des catholiques de langue allemande. L'édifice actuel fut commencé en 1500 là où s'élevait depuis 1386 un établissement pour pèlerins. Il fut restauré au 19ᵉ s.

La **façade** sur la via dell'Anima fut élevée d'après le dessin de Giuliano da Sangallo et exécutée en 1511. Très plate et dressée comme un écran, elle s'apparente aux œuvres de la Renaissance.

B. Kaufmann

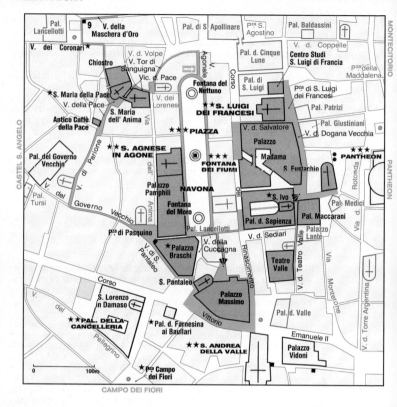

Au tympan du portail central, la Vierge sculptée entre deux personnages figurant des âmes est la copie d'une peinture qui donna son nom à l'église. L'original se trouve dans la sacristie *(s'adresser au sacristain).* À droite de la façade, vue sur le campanile terminé par un cône élancé revêtu de faïences multicolores (1516-1518).

Intérieur – Élevé comme une église-halle (trois nefs d'égale hauteur), l'édifice présente un plan assez surprenant pour une ville comme Rome où l'architecture gothique est quasiment absente. Le décor date du 19e s.

L'église abrite des œuvres de disciples ou d'imitateurs de grands maîtres. Dans la première chapelle, côté droit, on trouve un tableau de Carlo Saraceni (1618), disciple du Caravage ; dans la quatrième chapelle, une *Pietà* due à Nanni di Baccio Bigio (1532), imitation maladroite de celle de Michel-Ange ; au-dessus du maître-autel, *La Sainte Famille* de Jules Romain, collaborateur de Raphaël ; dans la nef centrale, à la hauteur du troisième pilier gauche, le tombeau de Ferdinand Van den Eynde, dû à Duquesnoy (1594-1643) qui travailla auprès du Bernin.

★S. Maria della Pace ⏱ – En 1480, Sixte IV entreprit de rebâtir la petite église du 12e s. qui occupait cet emplacement. Puis l'édifice changea d'aspect à l'époque baroque lorsque Alexandre VII (1655-1667) confia à Pierre de Cortone le soin d'ériger une nouvelle **façade**. Précédée d'un porche semi-circulaire, parée de colonnes, surmontée d'un tympan triangulaire associé à un tympan arrondi et encadrée d'ailes concaves qui lui servent de fond, elle offre une combinaison harmonieuse de mouvements divers. Pour insérer son œuvre dans le réseau des venelles, l'architecte composa une place ravissante où les «palais» présentent leurs façades colorées.

Cloître – *Entrée par le 5, vicolo Arco della Pace.* Construit en 1504, il fut l'une des premières œuvres de Bramante à Rome. Ses belles proportions lui donnent une apparence d'une grande simplicité. Aux piliers du rez-de-chaussée correspondent ceux de l'étage supérieur entre lesquels s'intercalent des colonnettes disposées au-dessus des arcades inférieures.

Intérieur – Il date du 15e s. Son plan est très original, formé d'une courte nef rectangulaire et d'une partie octogonale à coupole. Dans la nef, à l'arcade de la première chapelle droite, Raphaël, en 1514, peignit les quatre **Sibylles★★** inspirées par les anges, certainement après avoir vu celles de Michel-Ange à la chapelle Sixtine. On peut admirer l'habileté avec laquelle il sut tirer parti d'une surface ingrate. Les

Prophètes sont l'œuvre d'un élève. La première chapelle gauche est décorée d'élégantes fresques par Baldassare Peruzzi (1481-1536), un des peintres de la Farnesina. À la deuxième chapelle droite, la richesse des décorations sculptées sur l'arcade extérieure est caractéristique de la Renaissance. Dans la partie octogonale, au-dessus du maître-autel, a été placée l'image de la Vierge pour laquelle Sixte IV fit reconstruire l'église : en 1480 du sang s'en écoula après qu'une pierre l'eut frappée.

Dans la chapelle à gauche du chœur, Christ en bois du 15e s. et, dans la suivante, beau tableau de Sermoneta, un parmi les premiers maniéristes qui imitèrent Raphaël.

L'**Antico Caffè della Pace** sis dans la via della Pace depuis 1800 présente toujours son décor 1900. De cet endroit agréable on jouit d'une belle perspective sur l'église S. Maria della Pace.

Rejoindre la via dei Coronari. Tourner à droite piazza Lancellotti, puis via della Maschera d'Oro.

Via della Maschera d'Oro – Au n° 9, un petit palais, à l'angle du vicolo di S. Simeone, atteste l'épanouissement que connut l'architecture civile au 16e s., à la suite des travaux d'urbanisme de Sixte IV. Les rues de Rome se parèrent alors de charmantes façades gravées et peintes de fresques en camaïeu. **Polidoro da Caravaggio** et **Maturino da Firenze** furent les maîtres de cette technique. Les murs étaient d'abord enduits d'un crépi noirci à la fumée, puis recouverts d'une couche de plâtre. L'artiste gravait ensuite des scènes mythologiques ou des motifs empruntés à l'art antique de façon à faire apparaître la couche sombre. Extrêmement fragiles, ces décorations ont presque toutes disparu.

Revenir via della Pace et poursuivre dans la via di Parione jusqu'à la via del Governo Vecchio ; tourner à gauche pour gagner la piazza di Pasquino.

Piazza di Pasquino – La statue de «**Pasquin**» fut trouvée au 15e s. sur la piazza Navona dans un état si piteux qu'aucun collectionneur n'en voulut. C'est ainsi que la statue, qui fit peut-être partie d'un groupe sculpté au 3e s. avant J.-C., fut placée à l'angle du palais qui précéda le palais Braschi et y demeura. Le peuple lui donna le nom d'un tailleur du quartier, réputé pour sa causticité, et en fit son porte-parole. La nuit tombée, satires et revendications, souvent rédigées en dialecte romain, étaient furtivement accrochées à Pasquin, fustigeant les mœurs, critiquant la politique, calomniant parfois. Le lendemain, les «**Pasquinades**» se répandaient dans Rome jusqu'aux portes des ministères pontificaux ; certaines, colportées auprès des souverains étrangers, furent à l'origine de plus d'un incident diplomatique. Les lois draconiennes qui punissaient de mort les auteurs des libelles étaient rarement appliquées ; ou alors le condamné était aussitôt gracié.

Pasquin fut la «statue parlante» la plus bavarde de Rome.

Gagner la piazza di S. Pantaleo.

★**Palazzo Braschi** – Il porte le nom de famille du pape Pie VI, qui le fit élever à la fin du 18e s. pour loger ses neveux. Ce fut le dernier palais érigé à Rome pour les familles pontificales. Les pesantes façades sur la piazza di S. Pantaleo, sur la via della Cuccagna, la via di Pasquino et la via di S. Pantaleo sont caractéristiques du goût néoclassique de l'époque.

★**Museo di Roma** ⊙ – Installé dans le palais Braschi, il évoque Rome depuis le Moyen Âge.

L'escalier monumental qui conduit au premier étage, avec ses colonnes antiques de granit et ses stucs, est une réussite de Cosimo Morelli, architecte du palais. Dans la troisième salle, trois tableaux anonymes racontent les fêtes qui se déroulaient aux 16e et 17e s. dans la cour du Belvédère au Vatican, piazza Navona et au Testaccio. Plus loin sont exposées des **fresques**★ provenant d'édifices disparus : dans la sixième salle, décorations en clair-obscur de Polidoro da Caravaggio et de Maturino da Firenze (16e s.) ; dans la pièce suivante, les fresques au style délicat représentant Apollon et les 9 muses dues à l'école ombrienne du 16e s. proviennent d'une résidence pontificale. Après le témoignage intéressant de peintures anonymes évoquant l'animation du marché de la place du Capitole au 17e s. et la pompe des processions du Corpus Domini place St-Pierre, on rencontre une belle salle tendue de tapisseries des Gobelins du 18e s. Les sujets, des enfants au jardin, sont extraits de peintures de Charles le Brun (1619-1690) exécutées pour le pavillon de l'Aurore du parc de Sceaux près de Paris. Par une fenêtre s'offre une belle vue sur la piazza Navona.

Le deuxième étage abrite les fameuses **aquarelles**★ de la série «Roma sparita» (Rome disparue) ; remarquer aussi les fragments de mosaïques provenant de l'ancienne basilique St-Pierre (fin 12e s.-début 13e s.).

Au rez-de-chaussée *(entrée à l'angle Nord-Est de la cour)* est exposé le train construit en 1858 à Clichy pour le pape Pie IX. Il comporte trois voitures : l'une, capitonnée de damas, contient deux canapés et un trône ; elle est reliée à une voiture fermée par une plate-forme d'où le pape pouvait bénir la foule. La troisième voiture est aménagée en chapelle.

Palazzo Massimo – Il est constitué d'un ensemble de trois édifices appartenant à l'une des plus anciennes familles de Rome, les Massimo. Celui situé à droite de l'**église S. Pantaleo** (façade de Valadier, 1806) est nommé palais « de Pyrrhus » pour une statue qui y était conservée. Sur le corso Vittorio Emanuele II, le palais Massimo « aux colonnes » s'ouvre par un beau portique à colonnes doriques formant un arc de cercle. Baldassarre Peruzzi en fut l'auteur (1532-1536). Au sommet de la façade, la fantaisie des fenêtres annonce le maniérisme. La partie la plus ancienne de l'ensemble donne sur la petite piazza dei Massimi *(accès par le corso del Rinascimento et la première ruelle à gauche)* où se dresse une colonne qui faisait peut-être partie de l'**Odéon** de Domitien. On l'appelle le « palais historié » pour sa façade décorée de grisailles vers 1523 par des élèves de Daniele da Volterra.

De la piazza dei Massimi, vue sur la fontaine des Fleuves et la piazza Navona.

Traverser le corso del Rinascimento.

Palazzo della Sapienza – Jusqu'en 1935, il fut le siège de l'université de Rome. Aujourd'hui, il est le siège des Archives d'État de Rome et abrite également les archives de l'État pontifical du 9ᵉ au 19ᵉ s. La simplicité de sa façade, commencée en 1575 d'après les dessins de Giacomo Della Porta, parée d'une belle couleur rougeâtre, ne laisse deviner ni l'élégance de la cour intérieure, ni les audaces de Borromini à l'**église S. Ivo alla Sapienza★** ☉. Bordée par un portique élevé sur deux étages, la cour intérieure est fermée au fond par la façade concave de l'église. Autant le Bernin chercha l'étendue, autant Borromini s'efforça d'insérer ses œuvres dans un espace réduit, incurvant les lignes à tel point que les critiques parlèrent d'architecture « à rebours » ; remarquer l'infinie variété des lignes courbes : tambour du dôme polylobé, courbe de la calotte contrebutée par des contreforts incurvés en sens inverse, lanternon terminé en spirale. L'intérieur, lumineux, très élancé et mouvementé, laisse prévoir l'avènement du rococo ; il reproduit la forme d'une abeille, blason des Barberini.

Sortir par la porte secondaire (au fond des arcades de droite) qui ouvre sur la via del Teatro Valle.

Dans cette rue où travaillent encore plusieurs vanniers se trouve le **théâtre Valle** dont la décoration intérieure remonte au siècle dernier.

Gagner la piazza S. Eustachio.

De cet endroit se révèle une vue splendide sur le dôme à spirale de l'église St-Yves. On peut y voir également le **palais Maccarini** (1521), édifice austère de style Renaissance, œuvre de Jules Romain. Ce palais abrite également un autre café très fréquenté de Rome, le Caffè S. Eustachio. La tête de cerf portant une croix entre ses bois sur l'**église S. Eustachio** évoque la vision que le saint eut, alors qu'il était encore général romain, lors d'une battue de chasse et qui fut à l'origine de sa conversion. La façade de l'église, précédée d'un portique, date du début du 18ᵉ s.

Prendre la via della Dogana Veccia jusqu'à la piazza S. Luigi dei Francesi.

★★S. Luigi dei Francesi ☉ – En 1518, le cardinal Jules de Médicis, le futur pape Clément VII, posa la première pierre de cet édifice. Après un ralentissement des travaux de 1524 à 1580, il fut terminé en 1589, grâce en partie aux subventions de Henri II, Henri III, Catherine de Médicis et consacré la même année comme l'église nationale des Français à Rome, d'où son nom de **St-Louis-des-Français**.

L'élégante façade, marquée par la salamandre de François Iᵉʳ, fut construite par Giacomo Della Porta de 1580 à 1584. Elle s'insère bien dans l'espace de la piazza di S. Luigi dei Francesi. Élevée comme une paroi, elle annonce toutefois le prochain art baroque par la présence de colonnes saillantes.

L'intérieur, à trois nefs et chapelles latérales, fut enrichi à l'époque baroque et au 18ᵉ s. de marbres, de tableaux, de dorures et de stucs. Sous la voûte, décorée en 1754 par Natoire *(Mort et gloire de saint Louis)*, reposent de nombreux Français :

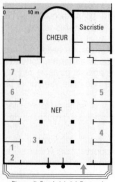

Piazza di San Luigi dei Francesi

le cardinal de Bernis (1), qui vécut si bien au palais de Carolis *(voir p. 206)*, Pauline de Beaumont (2), la romantique amie de Chateaubriand. Le pape ferma les yeux sur l'illégitimité de leur liaison et Chateaubriand, alors secrétaire d'ambassade, fit ériger son mausolée. Claude Gellée dit **le Lorrain**, qui traduisit merveilleusement la lumière romaine, fut inhumé à la Trinité-des-Monts et a ici un monument commémoratif (3).

De nombreuses plaques, apposées dans la nef de droite et dans les premières chapelles, rappellent le souvenir des soldats français tombés lors des combats de 1849 et de 1943-1944.

Dans la chapelle St-Rémi (5) le retable et les fresques évoquent des épisodes de la vie de Clovis, roi des Francs : baptême et sacre à gauche, passage de la Vienne à droite. La voûte, ornée de fresques par Pellegrino Tibaldi, illustre la bataille de Tolbiac et la prise de Soissons. Au centre, on évoque l'épisode du vase de Soissons : Clovis avait demandé à Syagrius, «roi» des Romains, de restituer un vase faisant partie du butin à l'église de Reims. Le vase fut brisé par un soldat en signe de mépris. Dans la chapelle de la Vierge (6), remarquer la merveilleuse table du 16ᵉ s. représentant la Naissance du Christ. Le retable du maître-autel illustrant l'*Assomption de la Vierge*, est attribué au Bassan.

★ **Fresques du Dominiquin** – *Dans la chapelle Ste-Cécile* (4). Exécutées en 1614, elles illustrent la légende de sainte Cécile. Arrivé à Rome en 1602, le Dominiquin résista aux débordements du baroque ; équilibre et clarté furent les principes qui guidèrent son œuvre. À droite, *Sainte Cécile distribue ses richesses* ; à gauche, *La Mort de Cécile* ; à la voûte, un ange couronne la sainte et son époux Valérien, Cécile refuse de sacrifier aux dieux païens, et sainte Cécile en gloire.

★★★ **Œuvres du Caravage** – *Dans la chapelle St-Matthieu* (7). Elles consistent en trois tableaux qui illustrent la vie de saint Matthieu, réalisés par le Caravage entre 1599 et 1600. La voûte est décorée par le Cavalier d'Arpin, dont l'art maniériste a tant exaspéré le Caravage. Au-dessus de l'autel, *Saint Matthieu et l'Ange* : remarquer la position insolite de ce vieillard, le genou appuyé sur le tabouret qui est en équilibre instable sur le plan d'appui, le visage tourné vers l'ange occupé à lui dicter l'Évangile.

À gauche, *La Vocation de saint Matthieu* : dans une pièce sombre, cinq hommes en habits d'époque et assis autour d'une table, sont distraits de leurs occupations par le Christ entrant, accompagné de saint Pierre ; du doigt, il désigne Matthieu, représenté au côté d'un vieillard à bésicles occupé à compter la recette. Le rayon de lumière braqué sur le mur et révélant brutalement les visages est caractéristique de l'art du Caravage et symbolise la révélation pour le futur disciple de sa vocation. Le jeune garçon coiffé d'un chapeau à plume et regardant le Christ entrer, non sans affection un peu méprisante, est souvent présent dans les tableaux du Caravage.

À droite, *Le Martyre de saint Matthieu* : le saint est au centre de la scène, à terre. Au-dessus de lui se trouve son persécuteur, le soldat envoyé par le roi éthiopien et vêtu seulement d'un drap ceignant ses hanches. À droite, un enfant de chœur s'enfuit, terrorisé. En haut (élément innovant), un ange se penche presque à tomber d'un nuage pour donner au saint la palme du martyre. Le spectateur se trouve impliqué dans le déroulement même de l'action, comme s'il s'agissait d'une photographie instantanée. La violence et le tragique dominent. À l'arrière-plan, à gauche, un visage sort de l'obscurité : c'est l'autoportrait de l'artiste qui observe la scène avec un air contrit. À côté de l'église, Jacques Maritain a fondé un Centre d'études françaises (Centro Studi S. Luigi di Francia – cours, conférences, bibliothèque).

Prendre la via Salvatore jusqu'au corso del Rinascimento.

Détail du *Martyre de saint Matthieu*

DAGLI ORTI, Paris

Palazzo Madama – *Il est occupé par le Sénat. On ne visite pas.* Les Médicis le construisirent au 16ᵉ s. Au temps du cardinal Jean de Médicis, le futur Léon X, festins et réunions littéraires s'y succédèrent. Plus tard, Catherine de Médicis y fut logée par son grand-oncle, le pape Clément VII. Devenue reine de France, elle renonça aux biens des Médicis et le palais passa à Alexandre de Médicis. C'est l'épouse de celui-ci, Madame Marguerite d'Autriche (1522-1586), qui donna son nom au palais. La façade principale sur le corso del Rinascimento, baroque, fut bâtie vers 1642.

Au fond du corso del Rinascimento, on aperçoit S. Andrea della Valle (voir p. 125).

PIAZZA DEL POPOLO★★

Visite : 2 h

Cet itinéraire, qui serpente à travers quelques-unes des rues les plus connues de Rome (via del Corso, via Margutta et via del Babuino), fait surgir de nombreux souvenirs français des 18e et 19e s. En 1798, le général Berthier marcha sur Rome et déposa le pape Pie VI. Les Français instaurèrent la République à Rome. « La République pour rire », raillèrent les Romains. Le pape Pie VII, élu en 1800 par le conclave de Venise, reprit possession des États de l'Église. En 1801, la paix religieuse avait été rétablie en France par le Concordat, et le 2 décembre 1804 Pie VII couronnait l'empereur Napoléon Ier en la cathédrale Notre-Dame à Paris. Mais celui-ci décida du blocus continental. Tous les souverains d'Europe obéirent, sauf Pie VII : le 2 février 1808, le général Miollis, à la tête de 8 000 hommes, força les murailles de Rome à la porte du Peuple. Enfin, le soir du 17 mai 1809, l'Empereur fit rédiger : « ... Les États du pape sont réunis à l'Empire français. » Ce fut la rupture, l'excommunication et le début de cinq années de présence française à Rome, fertiles en camouflets lancés à l'adresse des complices de celui que l'on nomma en Italie « l'Antéchrist ».

Après cette page d'histoire que ranimeront les rues qui séparent la piazza del Popolo de la piazza di Spagna, on aboutira au Pincio, luxuriant espace vert au sommet duquel on jouit d'une spendide vue sur la capitale.

La suite idéale de cet itinéraire est proposé au chapitre Piazza di Spagna, où est décrit la deuxième partie du « Trident » de la piazza del Popolo, avec le mausolée d'Auguste et l'Ara Pacis.

★★LA PLACE

Son aménagement fut l'œuvre de **Giuseppe Valadier** (1762-1839), architecte et urbaniste préféré des papes Pie VI et Pie VII. Voulant aérer Rome, il a donné à la piazza del Popolo une ampleur qui en fait l'une des plus vastes de la ville. Tout en conservant la porta del Popolo, l'obélisque central et les deux églises à l'entrée de la via del Corso, il ourla la place de deux hémicycles, ornés de fontaines et de statues allégoriques néoclassiques. Le côté Est est raccordé à la terrasse du Pincio par une composition monumentale de terrasses et d'arcades mêlées à la végétation.

Le 18 décembre 1813, le gouvernement français, débordé par les bandes de malfaiteurs qui infestaient la ville, dressa en représailles sur la place la première guillotine qui se vit à Rome. Les Romains ironisèrent en la surnommant « Il nuovo edificio ».

★Porta del Popolo
– Cette porte est percée dans l'enceinte élevée par l'empereur Aurélien au 3e s. et correspond à peu près à l'antique porta Flaminia. Pie IV, de 1562 à 1565, fit ériger la façade extérieure. Il la voulut digne d'annoncer la splendeur de sa capitale aux visiteurs arrivant du Nord. Le blason de sa famille, les Médicis, domine l'ensemble.

En 1655, à l'occasion de la venue à Rome de la reine Christine de Suède convertie au catholicisme, le Bernin décora la façade intérieure où deux volutes soutenant une guirlande laissent apparaître les monts et l'étoile du blason du pape régnant, Alexandre VII Chigi.

La porte du Peuple vit passer d'innombrables célébrités. Montaigne s'y présenta en 1580 « sur les vingt heures, le dernier jour de novembre... » et en 1739 ce fut le président de Brosses. Le 24 mai 1814, Pie VII, libéré par Napoléon, y reçut un accueil délirant.

Obélisque
– À l'époque d'Auguste, il fut transporté d'Héliopolis en Basse-Égypte à Rome et érigé dans le Grand Cirque. En 1589, Sixte Quint et son architecte Domenico Fontana le dressèrent au centre de la piazza del Popolo.

En 1823, Léon XII demanda à Valadier d'orner son socle de vasques et de lions de marbre.

Églises « jumelles »
– On en a une bonne vue de l'obélisque. S. Maria di Montesanto et **S. Maria dei Miracoli**, qui encadrent l'entrée du Corso, constituent une belle réalisation d'urbanisme de l'architecte **Carlo Rainaldi**. Conçues comme un fond pour l'obélisque et comme un décor de théâtre pour l'entrée de la via del Corso, ces deux églises ne sont semblables qu'apparemment. En effet, l'espace où devait s'insérer S. Maria di Montesanto étant plus étroit que celui destiné à S. Maria dei Miracoli, Rainaldi éleva la première église sur un plan elliptique avec dôme dodécagonal et la seconde sur plan circulaire avec dôme octogonal. Chaque dôme repose sur des tambours dont les faces tournées vers la place sont de même dimension afin de donner l'illusion de la similitude.

S. Maria di Montesanto fut construite la première : de 1662 à 1667 par Carlo Rainaldi, puis, de 1671 à 1675, par le Bernin.

La construction de S. Maria dei Miracoli fut dirigée par Carlo Rainaldi jusqu'en 1677 et achevée en 1679 par Carlo Fontana.

En 1825, Léon XII fit recouvrir les dômes d'ardoises.

★★S. Maria del Popolo
– D'apparence extérieure assez simple, elle recèle des **œuvres d'art★** qui pourraient constituer un musée.

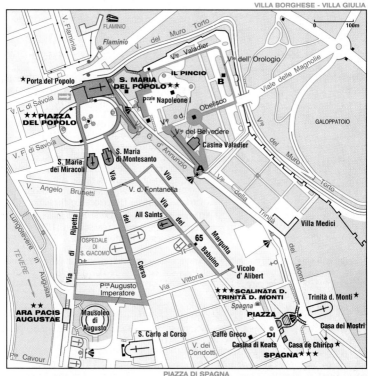

PIAZZA DI SPAGNA

Monumento ai fratelli Enrico e Giovanni Cairoli .... A	Orologio ad acqua .... B

L'édifice actuel fut construit de 1472 à 1477 à l'initiative de Sixte IV. Sa façade, une des premières manifestations de la Renaissance à Rome, s'élève sobrement et se termine par un tympan triangulaire. De grands espaces nus, des pilastres faiblement saillants, des raccords entre les parties inférieures et supérieures par de simples ailerons (les deux éléments courbes sont des adjonctions baroques) sont caractéristiques de la Renaissance.

À l'**intérieur**, la Renaissance est partout présente : le plan basilical est abandonné pour celui en croix latine. La nef principale, voûtée d'arêtes, est flanquée de collatéraux où s'ouvrent des chapelles. De gros piliers carrés à colonnes engagées ont remplacé la série de colonnes et les murs des édifices basilicaux.

À l'époque baroque, le Bernin disposa des statues de stuc sur les arcades de la nef.

Chapelle Della Rovere (1) – La balustrade porte les armes de la famille Della Rovere d'où était issu le pape Sixte IV. Au-dessus de l'autel : **fresques★** de l'*Adoration de l'Enfant* du **Pinturicchio** (1454-1513). La douceur de l'art de cet artiste ombrien qui collabora avec le Pérugin s'exprime merveilleusement dans le visage de la Vierge. Le talent narratif de ce décorateur aimable, qui connut un vif succès de son vivant, s'exprime dans la multiplicité et le pittoresque des détails : remarquer la chèvre broutant, l'agneau tétant sa mère, l'expression du bœuf.

À gauche, le tombeau des deux personnages de la famille Della Rovere ; Andrea Bregno, à la fin du 15e s., en sculpta tous les éléments décoratifs ; Mino da Fiesole, qui travailla à la cour pontificale de 1473 à 1480, sculpta le médaillon de la Vierge, aux lignes simplifiées, où s'harmonisent vigueur et douceur.

Chapelle Cybo (2) – Cette œuvre baroque, au plan en croix grecque surmontée d'une coupole, est due à Carlo Fontana (1682-1687).

Chapelle Basso della Rovere (3) – À la paroi droite, un élève d'A. Bregno sculpta le tombeau de Giovanni Basso della Rovere (15e s.) et l'école du Pinturicchio réalisa les fresques au-dessus de l'autel et à la paroi gauche.

Transept – Ses extrémités arrondies et les chapelles absidales qui s'ouvrent dans les croisillons sont caractéristiques de la Renaissance. L'art baroque introduisit les angelots soutenant les cadres des tableaux placés aux autels des croisillons.

La coupole fut peut-être la première que la Renaissance édifia à Rome.

L'arc par lequel s'ouvre le chœur est décoré de bas-reliefs de stuc doré parmi lesquels on distingue, à droite, le pape Pascal II (1099-1118) occupé à abattre un noyer. Une légende raconte qu'à l'origine, l'emplacement de l'église était occupé par

215

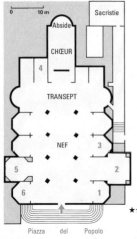

Piazza   del   Popolo

la tombe du terrible Néron, marquée d'un noyer. La population du quartier, terrorisée par les agissements du fantôme de l'empereur, fit appel à Pascal II qui abattit le noyer, jeta les restes de Néron au Tibre et érigea une chapelle devenue S. Maria del Popolo sous Sixte IV.

Abside et chœur – *Passer derrière le maître-autel.* Jules II (1503-1513) demanda à Bramante de prolonger l'abside. Au plafond, fresque du Pinturicchio.

Les vitraux aux tons neutres rehaussés d'éclats sont les seuls vitraux anciens de Rome. Ils sont dus au peintre-verrier français Guillaume de Marcillat (vers 1470-1529). Les deux **tombeaux**★, sculptés vers 1505 par **Andrea Sansovino**, sont d'élégantes œuvres où se mêlent l'influence de l'architecture antique (arcs de triomphe) et l'art décoratif du Quattrocento florentin.

★★★**Œuvres du Caravage** – *Dans la chapelle Cerasi* (**4**). Les deux tableaux, réalisés en 1601, traitent deux scènes de l'histoire sainte.

Dans *La Conversion de saint Paul*, comme dans toutes les œuvres du Caravage, la lumière joue un rôle primordial. Ici, s'agissant de la lumière divine qui illumina saint Paul sur la route de Damas, elle aurait dû être sublime ; or, elle éclaire surtout le cheval, démesuré, avant d'atteindre le saint, traité en raccourci.

Dans *La Crucifixion de saint Pierre*, le goût du Caravage pour les compositions en diagonale est ici évident. La scène traitée sans référence au sublime pourrait être la relation d'un fait divers. Trois hommes, sans visage, aux fortes musculatures, soulèvent un homme en croix au visage noble et rude.

Au-dessus de l'autel : *L'Assomption de la Vierge* d'**Annibal Carrache**.

★**Chapelle Chigi** (**5**) – Le plan, très harmonieux, fut confié en 1513 à Raphaël par son protecteur Agostino Chigi *(voir index)*, familier des princes et des papes. De la Renaissance datent également les décorations de la coupole traduites en mosaïques d'après un dessin de Raphaël, les sculptures de Jonas (d'après un dessin de Raphaël) et du prophète Élie placées dans les niches, le retable où Sebastiano del Piombo peignit la Nativité, aux couleurs subtiles.

À l'époque baroque, le Bernin, appelé par Fabio Chigi, le futur Alexandre VII, recouvrit de marbre vert la base des tombeaux en pyramide d'Agostino et de Sigismondo Chigi, sculpta Daniel et le lion et Abacuc et l'ange qui semblent vouloir s'échapper de leurs niches ; au parterre, il inséra un squelette ailé avec le blason des Chigi.

La chapelle suivante (**6**) abrite le gisant de l'évêque Girolamo Foscari, œuvre de Vecchietta (vers 1412-1480) en bronze sculpté.

IL TRIDENTE

Les Romains appellent « le Trident » l'ensemble des trois rues (via di Ripetta, via del Corso et via del Babuino) qui, partant de la piazza del Popolo, adoptent effectivement la forme de ce type de fourche.

Via di Ripetta – Elle suit le tracé d'une ancienne rue romaine qui longeait le Tibre. À l'origine, cette rue s'appelait via Leonina, parce qu'elle fut aménagée par Léon X, en 1515. Certaines sources relatent à ce propos que le coût des travaux aurait été financé par une taxe sur les lupanars. Cette rue, très différente des deux autres rues du « trident », accueille une multitude de magasins et de boutiques.

Le Pincio

De la piazza Augusto Imperatore, rejoindre la via del Corso et descendre en direction de la piazza del Popolo.

Via del Corso – En 1 500 m, elle relie en ligne droite la piazza del Popolo à la piazza Venezia, et emprunte le parcours urbain de l'antique via Flaminia. Au Moyen Âge, elle porta le nom de « via Lata » puis, au 15e s., le pape Paul II y organisa de fameuses courses de chevaux qui lui donnèrent son nom actuel. De très beaux palais la bordèrent dès la Renaissance. Aujourd'hui, le « Corso » est l'artère principale du centre de Rome. Des magasins de mode, des cafés y attirent la foule.

Au cœur des réjouissances – De tout temps le Corso fut le lieu de rendez-vous des Romains qui voulaient paraître. Au 18e s., il était de bon ton pour une dame de s'y montrer accompagnée de son « sigisbée » ou chevalier servant. La mode du sigisbée s'ancra si profondément dans les mœurs que l'Église la toléra et que les contrats de mariage stipulaient l'autorisation pour l'épouse d'avoir un ou plusieurs sigisbées.

Durant le carnaval, en février, cortèges et mascarades défilaient sur le Corso. L'apogée des festivités était atteint quand commençaient les courses de chevaux libres. Chaque soir de la semaine qui précédait le mercredi des Cendres, les palefreniers et leurs chevaux venaient reconnaître le parcours. Plusieurs peintres français ont été vivement impressionnés par ces scènes où la lutte entre l'homme et le cheval fougueux atteignait au grandiose : Géricault a donné à son tableau un caractère de grandeur antique, tandis que Carle Vernet et son fils Horace ont peint la foule installée dans les tribunes de la piazza del Popolo.

Le dernier soir du carnaval déambulaient les « Moccoli » : chacun, une chandelle allumée à la main, s'ingéniait à éteindre celle du voisin.

Seul le carnaval de 1809 fut boudé par les Romains en signe de protestation contre le gouvernement français. Pasquin *(voir p. 211)*, la célèbre « statue parlante », ricana : « L'ours danse sous le bâton mais pas l'homme. »

Le poète allemand Goethe, qui séjourna pendant deux ans à Rome au n° 18 de la via del Corso, évoquait ainsi le carnaval dans un de ses écrits du 9 février 1788 : « Les fous ont encore fait un beau tapage lundi et mardi, surtout mardi soir, où la folie des "Moccoli" était en pleine floraison. »

Ce quartier est traditionnellement celui des étrangers. En effet, avant que le chemin de fer n'atteigne Rome, beaucoup d'entre eux arrivaient par le ponte Molle (ou ponte Milvio) et la porte del Popolo, puis s'installaient dans les rues voisines.

P. Somelet/DIAF

Le 16 décembre 1827, Stendhal notait : « La rue du Corso, envers laquelle l'odeur de choux pourris, et les haillons aperçus dans les appartements par les fenêtres, m'a rendu injuste pendant deux ans, est peut-être la plus belle de l'univers... Les palais qui bordent cette rue ont beaucoup de style. Ce style est sublime... »

Tourner à droite à hauteur de la via della Fontanella, dépasser la via del Babuino et prendre la via Margutta.

Via Margutta – Au cœur de la vie artistique de Rome, elle doit son nom à un petit théâtre célèbre au 15e s. ; on y parodiait les chansons de geste, en jouant *Morgante*, comédie de Luigi Pulci dont les héros étaient Morgante et Margutte.

Les maisons de la via Margutta, souvent agrémentées de jardins intérieurs ou de terrasses suspendues, s'ouvrent au rez-de-chaussée par des galeries d'art. Ce lieu paisible s'anime en juin et en octobre à l'occasion de la « Fiera di via Margutta » où de nombreux artistes exposent leurs œuvres dans les rues.

La via Margutta aboutit dans le **vicolo d'Alibert** où se tenait, au 18e s., le « théâtre des dames » ; pour la première fois dans les États du pape, il accueillit des chanteuses sur sa scène. Auparavant, les rôles féminins dans les opéras étaient tenus par les castrats, « à qui de diaboliques chaudronniers ont trouvé le secret de rendre la voix flûtée », constatait le président de Brosses.

La via Margutta doit son nom à un barbier, un certain Margutta ou Margutti, jadis connu pour être un joyeux drille. Ce personnage fut symboliquement choisi par les artistes de rue parce qu'il illustrait à merveille leur conception de l'existence, caractérisée par des farces tantôt bon enfant, tantôt rustres.

Tourner dans la via del Babuino en direction de la piazza del Popolo.

Via del Babuino – Elle fut ouverte à l'occasion de l'année sainte 1525 par Clément VII. L'esprit populaire lui donna son nom actuel quand on y découvrit la statue d'un Silène, en si piteux état que les Romains comparèrent sa laideur à celle d'un babouin. Elle orne aujourd'hui la fontaine placée près de l'église S. Atanasio.

À partir d'octobre 1823, Mme Récamier, entourée de gens d'esprit, tint salon au n° 65. La via del Babuino est aujourd'hui renommée pour ses boutiques d'antiquaires souvent installées dans des palais des 17e et 18e s.

Chiesa anglicana di All Saints – L'église anglicane, en briques, fut construite vers 1880 par l'architecte G. E. Street dans le style néogothique prisé alors en Angleterre. Sa flèche en travertin date de 1937. L'intérieur est décoré de marbres de toutes couleurs, provenant de différentes régions d'Italie.

Gravir le Pincio en empruntant l'escalier qui mène au piazzale Napoleone I.

LE PINCIO

Les jardins de la famille Pinci qui s'étendaient ici au 4e s. ont laissé leur nom à la petite colline occupée aujourd'hui par un des jardins les plus agréables de Rome. Le Pincio fut aménagé au temps de l'occupation napoléonienne (1809-1814), d'après les dessins de **Giuseppe Valadier.** De magnifiques pins parasols, des palmiers, des chênes verts ombragent les allées bien tracées. Giuseppe Mazzini (1805-1872) désira qu'elles soient bordées des statues de patriotes italiens.

De la terrasse du piazzale Napoleone I, on découvre une **vue★★★** particulièrement somptueuse lorsque le crépuscule met en valeur la lumière dorée si caractéristique de Rome. Au pied des jardins, la piazza del Popolo et les dômes des deux églises marquant l'entrée du Corso ; face à soi, le Vatican et ses palais, le dôme de la basilique St-Pierre et le verdoyant Janicule ; puis le château St-Ange et le palais de justice, tout blanc. Le long de la via del Corso, le dôme de l'église S. Carlo et à l'arrière, ceux de St-Jean-des-Florentins, de S. Andrea della Valle, du Panthéon (aplati) ; puis celui du Gesù (relativement bas). La vue se termine sur le monument à Victor-Emmanuel II.

Au centre du viale dell'Obelisco qui conduit au parc de la villa Borghèse, Pie VII fit dresser en 1822 l'obélisque trouvé au 16e s. près de la porta Maggiore ; l'empereur Hadrien l'avait fait élever à la mémoire de son jeune ami Antinoüs.

Dans le viale dell'Orologio a été placée une originale horloge à eau construite en 1867 par le père dominicain Giovan Battista Embriago et présentée à l'Exposition universelle de Paris.

Dans le viale del Belvedere se trouve la Casina Valadier d'où l'on jouit d'une vue magnifique sur les toits de la ville.

Sur une placette d'où l'on découvre une vue étendue sur la ville, Rome a élevé un **monument aux frères Enrico et Giovanni Cairoli,** patriotes italiens qui luttèrent aux côtés de Garibaldi contre les soldats du pape. Ils tombèrent en 1867 lors des combats qui meurtrirent la longue marche vers l'Unité italienne.

Une légende médiévale raconte que le noyer du Pincio, né des os de Néron, était infesté de démons qui prenaient l'apparence de corbeaux noirs. L'existence de ses cendres devint un véritable cauchemar pour les Romains qui croyaient voir errer le fantôme de l'empereur en proie aux tourments de l'au-delà.

PIAZZA DI SPAGNA ★★★

L'itinéraire proposé, au Sud de la piazza del Popolo, peut constituer la suite idéale de l'itinéraire précédent. Ce parcours englobe en effet la zone dite du Trident, dont l'une des branches, la via del Babuino, aboutit à la piazza di Spagna. Sur cette place animée donne le fameux escalier de la Trinité-des-Monts, égayé par les étals des fleuristes et leurs grands parasols colorés. À certaines périodes de l'année, l'escalier est entièrement recouvert de fleurs (en avril, par exemple, ce sont des azalées), offrant aux regards des passants un délicieux spectacle floral. La via del Corso, au centre, parée de ses élégantes vitrines de magasins, est l'une des rues les plus prisées de Rome. La via di Ripetta, enfin, qui mène à l'un des monuments les plus célèbres de Rome : l'Ara Pacis Augustæ, un immense autel érigé par le Sénat pour célébrer la paix qu'Auguste imposa à l'ensemble du monde romain. Les trois rues sont reliées entre elles par la via dei Condotti, une des artères des plus élégantes de la ville, qui offre une vue panoramique splendide sur la Trinité-des-Monts.

★★★ LA PLACE

Ce site est célèbre dans le monde entier. Son fameux escalier constitue un lieu de rencontre privilégié par les jeunes Romains.

Formée de deux triangles, la **piazza di Spagna** prit son nom au 17ᵉ s. quand l'ambassade d'Espagne auprès du St-Siège s'installa au **palazzo di Spagna**. Aussitôt, le quartier cerné par la via dei Condotti, la via del Corso et la via della Mercede, devint territoire espagnol. Qu'un étranger traversât ces parages la nuit et souvent il disparaissait, enrôlé dans l'armée espagnole. Or, les Français, possédant le terrain autour du couvent de la Trinité-des-Monts, prétendaient passer par la piazza di Spagna. Ils nommèrent une partie de la place «piazza di Francia» et rivalisèrent avec les Espagnols en donnant des fêtes toujours plus somptueuses. En 1681, les Espagnols fêtèrent l'anniversaire de leur reine en transformant la place par des décors en carton-pâte. En 1685, les Français ripostèrent : pour fêter la révocation de l'édit de Nantes, la colline se couvrit de candélabres et, de la Trinité, parée comme un reposoir, fusèrent des feux d'artifice qui embrasèrent toute la ville.

★ Fontana della Barcaccia – *Au pied de l'escalier.*

Pietro Bernini, le père du Bernin, en serait l'auteur (1627-1629), le pape Urbain VIII, le promoteur. Il a représenté une barque, ornée à ses extrémités des soleils et des abeilles du blason des Barberini et qui semble faire naufrage dans son bassin. On dit que cette idée vint au sculpteur un jour où une crue du Tibre charria une barque jusque sur la piazza di Spagna.

Casina di Keats ⓥ – *Piazza di Spagna, 26.*

Le poète romantique anglais **Keats** mourut dans cette maison en 1821. Les pièces qu'il occupa renferment des lettres, des manuscrits et des documents le concernant, ainsi que d'autres, relatifs à Shelley et à Byron. Dans le hall d'entrée, portraits de Keats et de ses contemporains par des artistes de leur temps.

★ Casa-Museo di Giorgio De Chirico ⓥ – *Piazza di Spagna, 31.*

L'artiste habita, de 1947 à sa mort en 1978, les trois derniers étages d'un hôtel particulier du 17ᵉ s. L'appartement, aujourd'hui transformé en musée grâce à la fondation créée par la veuve du maître, Isabella Far, dans les années 1980, rend à la perfection l'ambiance de l'époque. On pénètre d'abord dans le petit salon d'entrée, où se détachent deux tableaux ovales et *L'Esprit méditatif*, écrasé dans ses propres pensées. Le salon, qui donne sur la place, regroupe les auto-portraits (l'artiste y apparaît toujours avec la même expression), les portraits de son épouse et quelques sculptures. À la place que De Chirico préférait occuper se trouve le fauteuil d'où il regardait la télévision, dont il coupait auparavant le son. La salle à manger, décorée d'argenterie et d'un lustre en cristal de Murano, a reçu plusieurs natures mortes que l'artiste appelait «les vies silencieuses». Le deuxième salon, aménagé vers 1970, se distingue du reste de l'appartement par son ameublement, ainsi que par les œuvres qui y sont réunies, les fameuses «néométaphysiques» peintes au cours de ses dernières années, tels *Place d'Italie* et *Hector et Andromaque★*.

À l'étage supérieur, on visite sa minuscule chambre, où une console unique servait à poser des livres, et celle de son épouse, plus luxueuse et disposant d'une vue splendide sur la Trinité-des-Monts. Au fond du couloir s'ouvre l'atelier, éclairé par une unique lucarne, où sont restées les toiles sur lesquelles il travaillait avant sa mort. Le premier chevalet supporte le profil à peine ébauché d'une baigneuse (Isabella Far), tandis que le deuxième présente une copie inachevée du *Tondo Doni*, célèbre peinture ronde de Michel-Ange représentant la sainte Famille (galerie des Offices à Florence). Le regard du visiteur est immanquablement attiré par les outils du peintre, les moulages, les quelques livres, et surtout les nombreuses amulettes qui envahissent la pièce.

★★★**Scala della Trinità dei Monti** – Construit de 1723 à 1726 par de Sanctis, d'après les dessins de Specchi (un élève de C. Fontana), l'**escalier de la Trinité-des-Monts** a hérité de l'art baroque le goût des perspectives et du trompe-l'œil.

À l'entrée, les aigles du blason d'Innocent XIII Conti voisinant avec les lys de France rappellent que sa construction fut précédée de luttes diplomatiques acharnées entre le St-Siège et la France. Depuis le 17ᵉ s., on projetait de bâtir un escalier qui relierait la piazza di Spagna à l'église de la Trinité-des-Monts. L'ambassadeur de France donna même 10 000 écus pour que le projet fût réalisé. En même temps, le cardinal Mazarin se mit en tête de faire de cet escalier le symbole de la gloire de la monarchie française à Rome. On élabora un projet grandiose, dominé par la statue à cheval de Louis XIV. Un roi dont l'effigie trônerait dans la capitale où régnait le pape! Alexandre VII s'y opposa. Ni la mort du cardinal, survenue en 1661, ni celle du souverain pontife en 1669 ne mirent fin aux querelles. En définitive, le problème ne fut résolu que par Innocent XIII (1721-1724) qui accepta l'architecte des Français, de Sanctis, tandis que ceux-ci abandonnaient l'idée de la statue équestre... De Sanctis réalisa une succession de rampes qui s'élargissent, se rétrécissent et se divisent maintes fois, exagérant l'effet de hauteur, créant un décor tour à tour gracieux et majestueux. De la terrasse au sommet : belle vue sur la ville.

Sur la piazza della Trinità dei Monti, un obélisque a été dressé en 1789 à l'initiative du pape Pie VI. Il provient des antiques jardins de Salluste et imite les obélisques égyptiens.

★**Chiesa della Trinità dei Monti** – Le roi de France Charles VIII la fonda en 1495 à la demande de François de Paule pour les minimes du couvent voisin. Elle s'édifia lentement durant le 16ᵉ s. Très endommagée par les révolutionnaires français, elle fut entièrement restaurée en 1816 par l'architecte Mazois aidé des pensionnaires de la villa Médicis. Aujourd'hui, elle est une propriété française et le couvent abrite les dames du Sacré-Cœur.

Façade – Précédée d'un élégant escalier construit en 1587 par Domenico Fontana, elle est couronnée de deux clochetons. Le duc de Joyeuse les fit élever en 1588, sur le modèle de ceux érigés par Giacomo Della Porta à l'église S. Atanasio, via del Babuino. En 1613, une horloge fut ajoutée, pour sonner l'heure « à la française ».

Intérieur – Le plan à nef unique bordée de chapelles communicantes rappelle celui des églises gothiques du Midi de la France. Il n'est pas impossible qu'un architecte venu du Sud-Ouest l'ait conçu (le cardinal Briçonnet avait fait venir de Narbonne les vitraux qui ornaient autrefois le chœur). La voûte du transept, la partie la plus ancienne de l'édifice, est décorée de nervures en résille, caractéristiques de la fin de l'art gothique. Les chapelles latérales sont décorées de peintures maniéristes. La troisième à droite abrite la fresque de l'Assomption de Daniele da Volterra. La figure à droite de la scène (vêtue de rouge) est le portrait de Michel-Ange ; ses collaborateurs ont peint aux parois latérales *Le Massacre des innocents* et, à droite, *La Présentation au temple*.

La Trinité-des-Monts

★ **Déposition de Croix** – *Deuxième chapelle à gauche*. Cette fresque (1541), très restaurée, est le chef-d'œuvre de **Daniele Ricciarelli** (Daniele da Volterra), qui fut un grand admirateur de Michel-Ange. On remarque avec quel talent il a su maîtriser l'espace, où domine le corps blême du Christ.

Prendre le viale della Trinità dei Monti.

À droite s'élève le **buste de Chateaubriand,** hommage rendu à l'auteur du *Génie du christianisme* qui séjourna à Rome comme ambassadeur de France. Non loin de là, dans la villa Médicis, il donna le 29 avril 1829 la fête la plus réussie de sa carrière. « J'avais donné des bals et des soirées à Londres et à Paris... mais je ne m'étais pas douté de ce que pouvaient être des fêtes à Rome : elles ont quelque chose de la poésie antique qui place la mort à côté des plaisirs », écrivit-il.

La villa Médicis

Villa Medici – *Siège de l'Académie de France (ouverte au public seulement pendant les expositions)*. Bâtie vers 1570 pour le cardinal Ricci di Montepulciano là où s'étendaient au 1er s. avant J.-C. les jardins de Lucullus, la **villa Médicis** passa au cardinal Ferdinand de Médicis en 1576. Devant l'entrée, une terrasse offre une vue sur Rome. En 1587, le cardinal Fèrdinand de Médicis y fit placer la fontaine qui fut le sujet d'un tableau de Corot *La Vasque de la villa Médicis*. Une légende raconte que la boule placée au centre de la vasque est un boulet de canon tiré du château St-Ange sur la villa par la reine Christine de Suède qui adorait les plaisanteries. Elle voulait ainsi réveiller le maître de maison pour le convier à une partie de chasse...

L'Académie de France – En 1666, Louis XIV chargea Colbert de fonder cet établissement afin que les jeunes talents français pussent s'enrichir des traditions de l'Antiquité et de la Renaissance tout en vivant au contact des audaces de l'art baroque. Un concours, le grand prix de Rome, désigna les artistes qui devraient partir à Rome. Six peintres, quatre sculpteurs et deux architectes furent les premiers élèves. Avec leur recteur, Charles Errard, ils s'installèrent d'abord près du monastère de St-Onuphre sur le Janicule. L'Académie dut ensuite déménager à plusieurs reprises. Du palais Caffarelli (via del Sudario), elle passa au palais Capranica (près de l'église S. Andrea della Valle), puis au palais Mancini sur le Corso (devenu palais de Nevers, puis palais Salviati). Sous la Révolution, elle ferma ses portes, et le palais fut pillé et incendié. Ce n'est qu'en 1803 que l'Académie fut de nouveau ouverte et que le palais Salviati fut échangé avec la villa Médicis. Aux peintres, sculpteurs et architectes se joignirent des graveurs et des musiciens. Nombreux sont les pensionnaires illustres qui s'y succédèrent. En 1829, le peintre Horace Vernet fut nommé directeur. Berlioz, élève original, passait souvent la nuit assis sur un banc du Pincio ou errant dans la villa Borghèse. Ingres, directeur à la suite d'Horace Vernet, s'attacha à faire respecter les convenances.

Lors des combats pour l'unité italienne et lors de la Seconde Guerre mondiale, l'Académie de France fut transférée à Florence, puis à Nice et à Fontainebleau. Elle retrouva la villa Médicis en 1946. En 1961, la direction de l'Académie entreprit une restauration complète de l'édifice, et en 1971, son organisation fut modifiée. Elle accueille à présent environ vingt-cinq pensionnaires pour un ou deux ans, recrutés annuellement par le secrétaire d'État à la Culture après avis d'une commission de spécialistes. Outre les disciplines traditionnelles, la littérature, le cinéma, la restauration et l'histoire de l'art ont été introduits.

DE LA TRINITÉ-DES-MONTS À L'ARA PACIS

Casa dei Mostri – *Au début de la via Gregoriana (n° 30).* Construite par Federico Zuccari, cette maison, à la porte et aux deux fenêtres en forme de monstres à la gueule béante, constitue la curiosité de la **via Gregoriana**, qui fut la rue résidentielle par excellence aux 17e et 18e s.

Poursuivre le long de via Gregoriana, jusqu'au croisement avec via Crispi.

Galleria comunale d'Arte moderna e contemporanea ⊙ – *Provisoirement installée dans le couvent des Carmélites, via Crispi, 24. En principe, les œuvres exposées doivent être transférées fin 1999 dans les locaux des anciens Établissements Peroni, via Cagliari, 29.*
Ce musée réunit une sélection de tableaux et de sculptures datant principalement de la 1re moitié du 20e s. Parmi les sculptures, il faut remarquer le buste de femme signé de Rodin. Parmi les tableaux, on retient surtout une œuvre de Balla, *Le Doute,* superbe portrait de la femme de l'artiste, et, au 2e étage, la grande toile d'Amedeo Bocchi, *Dans le parc,* dont les coloris vifs sont presque violents. On admirera en outre plusieurs œuvres de Sartorio, Trombadori, Casorati, Morandi et Guttuso *(Autoportrait).*

Prendre la via Capo le Case et traverser la via Due Macelli.

Palazzo di Propaganda Fide – Cet imposant édifice, propriété du St-Siège, abrite la congrégation pour l'Évangélisation des peuples, dont l'origine remonte à Grégoire XV qui créa en 1622 la congrégation de la Propagation de la foi. Urbain VIII (1623-1644) commença la construction du palais. Protecteur du Bernin, il lui confia l'érection de la façade sur la piazza di Spagna. De façon inattendue, le brillant architecte baroque s'en tint à des formes assez sobres. Puis il tomba en disgrâce lorsque Innocent X succéda à Urbain VIII. Innocent X, désireux de placer son règne sous le signe de la nouveauté, s'adressa au seul architecte capable de rivaliser avec le Bernin : Borromini. En 1644, il le chargea d'édifier la façade sur la via di Propaganda. Avec lui, la fantaisie s'installa, aux fenêtres surmontées de frontons compliqués, aux corniches.
À l'intérieur du palais *(à droite de la porte ouvrant sur la via di Propaganda – n° 1/c),* la petite **église des Rois mages** (chiesa dei Re Magi ⊙), bâtie en 1666, est également l'œuvre de Borromini.

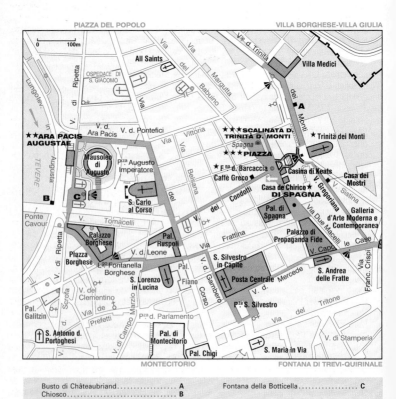

Busto di Châteaubriand	A	Fontana della Botticella	C
Chiosco	B		

S. Andrea delle Fratte – Elle s'élève dans la via di Capo Le Case, dont le nom évoque la limite Nord-Est de la ville au Moyen Âge (au bout des maisons). De même, le nom de l'église, qui existait déjà au 12ᵉ s., fait allusion aux fourrés (fratte) qui devaient s'étendre dans les parages. Au début du 17ᵉ s., la reconstruction de l'édifice fut entreprise. Borromini l'acheva.

De la via di Capo Le Case s'offre une vue sur le **campanile**★ et la **tour-lanterne**★ qu'il traita comme des objets précieux, abandonnant les formes traditionnelles, exprimant toutes les bizarreries dont son esprit fécond fourmillait, emprisonnant le dôme, en règle générale élancé vers le ciel, dans un espace à côtés concaves et convexes.

La façade date du 19ᵉ s. L'intérieur renferme, à l'entrée du chœur, deux statues d'**anges**★ présentent les instruments de la Passion, lorsque le Bernin les sculpta en 1669, son art n'était plus très loin de l'extrême raffinement qui caractérise le rococo. Ces deux anges devaient prendre place parmi les dix statues commandées par Clément IX pour orner le pont St-Ange. Mais le pape les trouva si beaux qu'il ne voulut pas les exposer aux intempéries. Ils restèrent chez la famille du Bernin jusqu'en 1729, puis furent placés ici.

Prendre la via della Mercede.

La **piazza S. Silvestro** est dominée par la façade de la poste centrale installée au 19ᵉ s. dans un monastère attenant à S. Silvestro in Capite. Cette place, où semblent mener tous les chemins suivis par les autobus et les taxis, avec son église, son café, sa poste et son marchand de journaux, est un excellent endroit pour observer la vie romaine.

Prendre la via del Gambero, puis tourner à gauche dans la via Frattina pour gagner la piazza S. Lorenzo in Lucina.

S. Lorenzo in Lucina – Elle fut construite au 12ᵉ s. sur l'emplacement d'un «titre» du 4ᵉ s., la maison d'une dame «Lucina». Du Moyen Âge, il reste le clocher, le porche et les deux lions qui encadrent la porte.

À l'intérieur, Chateaubriand, ambassadeur de France, fit élever un petit monument à Nicolas Poussin, qui passa de nombreuses années de sa vie à Rome *(au pilier entre la 2ᵉ et la 3ᵉ chapelle, à droite)*. La quatrième chapelle à droite abrite le buste du médecin Gabriele Fonseca, œuvre tardive du Bernin (1668) un peu théâtrale *(au fond de la chapelle, à gauche)*.

Prendre la via del Leone jusqu'au largo Fontanella Borghese.

Cette place offre une vue intéressante sur l'église de la Trinité-des-Monts.

Palazzo Borghese – Érigée à la fin du 16ᵉ s., sa façade sur la piazza Borghese porte encore la noblesse et la sévérité imposées par la Contre-Réforme. L'édifice fut acquis par le cardinal Camillo Borghese, qui devint pape en 1605 sous le nom de Paul V. La cour intérieure *(entrée sur le largo della Fontanella Borghese)*, avec ses loggias, ses statues, ses fontaines et ses rocailles, est une belle évocation de la vie fastueuse des grandes familles du 17ᵉ s.

Le pape Paul V fit don de son palais à ses frères, qui chargèrent aussitôt l'architecte Flaminio Ponzio (1560-1613) de l'agrandir en direction du Tibre. F. Ponzio est l'auteur de la façade pittoresque sur la via di Ripetta qui donnait autrefois sur le port de Ripetta.

La piazza Borghese accueille un marché d'estampes et de livres anciens, le très sympathique **Mercato dell'Antiquariato**. En flânant d'un étal à l'autre, on peut y découvrir des estampes du 17ᵉ s. Le marché est ouvert toute l'année et peut offrir un excellent et agréable prétexte pour marquer une pause lors de la visite de la ville.

De la via di Ripetta, rejoindre la piazza Augusto Imperatore.

À droite de l'entrée du pont Cavour se trouve un petit kiosque où l'on peut goûter les fameuses *grattachecche* : de la glace pilée avec du sirop de fruit.

Fontana della Botticella – Elle fut construite en 1774 aux frais de l'association des bateliers de Ripetta. Belle vue sur le chevet et le dôme de S. Carlo al Corso.

Mausolée d'Auguste – Ses vestiges se dressent sur la piazza Augusto Imperatore, aménagée en 1940 et bordée d'édifices modernes.

Le mausolée d'Auguste fut l'un des monuments les plus prestigieux de l'Antiquité. Élevé de 28 à 23 avant J.-C., son architecture, comme celle du mausolée d'Hadrien (château St-Ange), reprenait celle des tombes étrusques à tumulus : une base cylindrique était surmontée d'un tumulus planté de cyprès, dont le sommet était couronné d'une statue en bronze de l'empereur. Deux obélisques, imitations romaines d'obélisques égyptiens, flanquaient l'entrée au Sud. Ils ornent aujourd'hui la piazza dell'Esquilino et la piazza del Quirinale. Au centre du mausolée, une chambre funéraire était réservée à l'empereur ; tout autour, des pièces étaient destinées aux membres de la dynastie des Julio-Claudiens.

Le mausolée fut transformé en forteresse au Moyen Âge par les Colonna, puis démantelé par Grégoire IX (1227-1241) et dépouillé de ses blocs de travertin ; en 1936, on ferma la salle de spectacle qui y avait été installée et on restaura ce qu'il en restait.

★★ARA PACIS AUGUSTAE ⊙

Installé dans un bâtiment moderne, entre le mausolée d'Auguste et le Lungotevere in Augusta.

Cet autel monumental fut érigé par le Sénat et inauguré en 9 avant J.-C. en l'honneur de la paix ramenée par Auguste dans le monde romain et à Rome, où l'instauration du pouvoir personnel mit fin à vingt années de guerre civile. L'Ara Pacis s'élevait au Champ de Mars, sur la via Flaminia (actuelle via del Corso), à peu près sur l'emplacement du palais Fiano. En 1970, à l'occasion du centenaire de Rome en tant que capitale, le monument fut exposé aux visites après avoir été reconstitué à l'aide de fragments retrouvés au cours des fouilles et dispersés dans divers musées. Certaines parties disparues ont été remplacées par des moulages. L'Ara Pacis constitue l'œuvre majeure du « siècle d'or » d'Auguste et se situe à l'apogée de la création romaine. Elle se compose d'un autel entouré d'une enceinte de marbre ornée de bas-reliefs. Deux côtés de l'enceinte sont percés de portes : celle tournée vers le Champ de Mars était la principale par où entrait le Pontifex Maximus suivi des autres prêtres et des Vestales pour gagner l'autel ; la porte postérieure était réservée aux « camilles », les jeunes assistants des prêtres, aux sacrificateurs et aux victimes.

Détail de l'autel de la Paix

La décoration extérieure de l'enceinte – Tout autour de l'enceinte, le soubassement est orné de feuilles d'acanthe en rinceaux où se mêlent des cygnes, admirables de délicatesse, de diversité et de vérité. Sur le côté où s'ouvre la porte principale : deux panneaux encadrent l'ouverture et représentent à droite le sacrifice d'Énée, à gauche le berger Faustulus découvrant Romulus et Rémus (quelques fragments). Ces deux scènes se réfèrent à la fondation légendaire de Rome et glorifient Auguste qui affirmait être le descendant d'Énée.
Sur le côté tourné vers la via di Ripetta : un cortège où défilent l'empereur et sa famille. Certains participants ont pu être identifiés : en tête Auguste (figure incomplète) ; Agrippa, son gendre, est probablement le grand personnage suivant les quatre Flamines et un sacrificateur (la hache symbolique sur l'épaule) ; plus loin, vers la droite, Antonia se retourne pour parler à son époux Drusus, beau-fils d'Auguste. L'anecdote n'est pas absente : les jeunes époux sont invités à respecter le silence par une femme plus âgée placée entre eux, le doigt posé sur ses lèvres. Observer aussi la bonhomie avec laquelle sont représentés les deux enfants derrière Drusus.
Sur le côté où s'ouvre la porte postérieure : à droite un panneau (en grande partie disparu) personnifiait Rome triomphante, assise sur des armes amoncelées, dominant le monde ; à gauche, le panneau représente la personnification de la Terre féconde entourée de deux figures symbolisant le vent et les eaux. Cette scène est empreinte du réalisme caractéristique de l'art romain : une brebis broute aux pieds de la déesse, tandis que des enfants jouent sur ses genoux. Les deux scènes sont à la gloire d'Auguste, instigateur de la paix romaine, gage de la fertilité du sol. Sur le côté tourné vers le Tibre, le cortège serait formé des membres des divers collèges sacerdotaux.
L'Ara Pacis représenterait le cortège qui se déroula le jour de son inauguration.

La décoration intérieure – Le soubassement est formé de larges rainures verticales évoquant la palissade en bois dressée provisoirement autour de l'autel le jour de l'inauguration ; la partie supérieure est ornée des guirlandes de fleurs et de fruits et des têtes de bœufs immolés ce jour-là, et accrochées à la palissade ; entre les guirlandes ont été placés des récipients qui servaient à répandre un liquide sur l'autel.

L'autel, encadré de lions ailés, est pourvu de frises à petites figures nettement sculptées.

À l'extérieur du bâtiment moderne, sur le flanc qui borde la via di Ripetta, on peut voir la reproduction des « Res Gestæ », le texte où Auguste résuma les actes de son règne et où figurait son testament. L'original avait été gravé sur des plaques de bronze placées à l'entrée de son mausolée. La copie de ce texte a été retrouvée au temple d'Auguste à Ankara (l'antique Ancyre en Asie Mineure).

Gagner la via del Corso.

VERS LA VIA DEI CONDOTTI

S. Carlo al Corso – En 1471, les Lombards de Rome reçurent du pape Sixte IV une petite église. Ils la reconstruisirent et la dédièrent à saint Ambroise qui fut évêque de Milan au 4ᵉ s. En 1610, ils voulurent agrandir leur édifice en l'honneur de Charles Borromée, archevêque de Milan, qui venait d'être canonisé. Aussi le nom complet de l'église est-il S. Ambrogio e S. Carlo al Corso. En 1612, la construction commença. La réalisation ne s'acheva qu'à la fin du 17ᵉ s. L'intérieur est doté d'un déambulatoire, exceptionnel à Rome, évoquant le plan des édifices du Nord. Une chapelle située derrière le maître-autel abrite le cœur de saint Charles Borromée. La **coupole**★ est l'œuvre de Pierre de Cortone (1668). Au maître-autel, *L'Apothéose des saints Ambroise et Charles*, restaurée au 19ᵉ s., est l'une des meilleures œuvres de Carlo Maratta (1685-1690). Au pilier qui flanque le maître-autel à gauche, le tabernacle (15ᵉ s.) provient peut-être du sanctuaire de St-Ambroise.

Palazzo Ruspoli – Ce palais du 16ᵉ s. est le siège d'une banque. Après la chute de Napoléon Iᵉʳ, **Hortense de Beauharnais**, ex-reine de Hollande, y trouva refuge en 1825 sous le nom de duchesse de Saint-Leu. « Coquette, potinière, sentimentale et romanesque, Hortense était une jolie femme aux yeux de pervenche. » (M. Andrieux). Son salon devint le pôle d'attraction de tout ce que la société comptait d'amateurs de plaisirs. C'est le fils de la duchesse, le prince Charles Louis Napoléon, futur Napoléon III, qui mit fin à cette vie fastueuse. Impliqué dans une machination qui visait à proclamer la République à Rome, il fut expulsé des États pontificaux, ainsi que la duchesse.

Au n° 418/A de la via del Corso, le palais abrite durant toute l'année des expositions temporaires.

Prendre la via dei Condotti.

Via dei Condotti – Cette rue, l'une des plus connues de Rome, s'appelait jadis la via Trinitatis. Son nom actuel est dû au fait qu'en 19 avant J.-C. les canalisations (condotti) qui amenaient l'eau aux thermes d'Agrippa y passaient.

Le « Caffè Greco » – En 1760, un Grec fonda dans cette rue un café, rendez-vous des artistes et des gens de lettres. Goethe, Berlioz, Wagner, Leopardi, D'Annunzio ont fait partie des hôtes. Andersen le fréquentait assidûment puisqu'il habitait la maison même, Stendhal y venait depuis le n° 48, son dernier domicile romain. La salle au fond du café, appelée « l'omnibus » pour son étroitesse, conserve encore des portraits de célébrités. On peut imaginer l'élégance de ce lieu et l'impopularité du pape Léon XII qui, le 24 mars 1824, interdit à ses sujets, sous peine de trois mois de galères, de se rendre au café. La porte devait rester fermée et le tavernier ne pouvait servir ses clients qu'à travers une fente pratiquée dans la devanture.

PIAZZA VENEZIA★★

Visite : 1 h 1/4

Les principales artères de la ville convergent sur la piazza Venezia ; aussi les encombrements qui s'y observent prennent-ils rang parmi les plus fameux. De plus, la piazza Venezia, à proximité des sièges des grands partis politiques, voit défiler d'imposants cortèges ; c'est elle que les chauffeurs de taxis en grève choisissent pour y immobiliser leurs véhicules, la transformant en une immense nappe jaune.

Peut-être Juvénal apportera-t-il une consolation au piéton moderne qui s'obstine à vouloir gagner l'autre côté de la place, en lui révélant qu'au 1ᵉʳ s. les embarras de Rome furent bien pires : « Nous, nous avons beau nous hâter : le flot qui précède nous arrête, l'immense colonne qui suit nous enfonce les reins ; l'un nous heurte le coude, l'autre d'un ais bien dur [...] la boue enduit mes jambes ; soudain une semelle énorme m'écrase tout le pied, et le clou d'une botte de soldat s'enfonce dans mon orteil [...] Que reste-t-il des corps ? Qui peut trouver un membre, un os ? Laminés tous les cadavres, évaporés comme un souffle. »

De nombreux guides conseillent aux touristes de s'y donner rendez-vous, certains que quiconque, même nouvellement arrivé, peut toujours retrouver la piazza Venezia et son monument à Victor-Emmanuel II, le Vittoriano.

★LA PLACE

Jadis, la piazza Venezia était nettement plus étroite qu'elle ne l'est aujourd'hui. Le côté Sud était clos par le petit palais Venezia qui faisait pendant à la tour du célèbre palais Venezia. En 1911, à l'occasion des travaux du monument à Victor-Emmanuel II, le petit palais fut littéralement déplacé au fond de la place S. Marco. Cette opération a dégagé la perspective du Vittoriano, mais au détriment de l'équilibre d'une place conçue à la Renaissance.

Derrière le palais Venezia se trouve l'admirable église du Jésus, principal lieu de culte jésuite de la capitale.

Se rendre au pied du monument à Victor-Emmanuel II.

Ce point de vue offre une perspective typiquement romaine qui englobe les dômes des églises S. Maria di Loreto et S.S. Nome di Maria, ainsi qu'un groupe de pins parasols d'où émerge la colonne Trajane.

VITTORIANO

Commencé en 1885 par **G. Sacconi**, inauguré en 1911, ce monument gigantesque fut élevé en l'honneur du roi Victor-Emmanuel II qui, en 1870, fit de l'Italie un royaume unifié, avec Rome pour capitale.

La pierre calcaire trop blanche jure avec les teintes mordorées de Rome, et le style grandiloquent de ce monument ne parvient pas à s'insérer dans cette ville où la grandeur émane parfois d'une simple colonne. Aussi le « Vittoriano » a-t-il subi maintes comparaisons désobligeantes. Un escalier très large, flanqué de deux groupes allégoriques en bronze doré figurant la Pensée et l'Action, conduit à l'autel de la Patrie ; puis, se divisant en deux rampes, il gagne la statue équestre de Victor-Emmanuel II et enfin le portique concave surmonté de deux quadriges en bronze portant les statues de la Victoire ailée. De part et d'autre du grand escalier, deux fontaines représentent, à droite, la mer Tyrrhénienne et, à gauche, l'Adriatique.

Tomba di Bibulo – Le modeste pan de mur en travertin et en brique, qui subsiste du tombeau de l'édile plébéien Caius Publicius Bibulus enseveli il y a deux mille ans, présente un intérêt archéologique majeur : comme il n'était pas permis d'inhumer à l'intérieur de la cité, l'emplacement de cette tombe signifie que l'enceinte de Rome, au 1er s. avant J.-C., passait au pied du Capitole et qu'ici commençait la via Flaminia, la grande voie du Nord *(actuelle via del Corso ; voir plan Rome sous l'Empire p. 36).*

Autel de la Patrie – Au pied de la statue de Rome, la tombe du soldat inconnu abrite, depuis 1921, les restes d'un soldat mort pendant la guerre de 1915-1918.

Statue équestre de Victor-Emmanuel II – Cette œuvre de **E. Chiaradia** fut dévoilée le 4 juin 1911 devant une foule réunie piazza Venezia, en présence du roi et des vétérans des troupes garibaldiennes. Un chroniqueur de l'époque raconta que le monument, exécuté dans une fonderie du Trastevere, avait dévoré 50 t de bronze et que les moustaches de Sa Majesté mesuraient 1 m de longueur.

Portique – *Accès provisoirement interdit.* Il offre une **vue**★★ unique sur la ville. De la terrasse droite, au premier plan, S. Maria d'Aracœli et le Capitole. Au-delà du Tibre, le Janicule, le dôme de St-Pierre, les palais du Vatican et le château St-Ange. Puis, de nouveau sur la rive gauche du fleuve, les dômes qui font la célébrité de Rome : église S. Andrea della Valle, église du Gesù, et Panthéon.

Monument à Victor-Emmanuel II

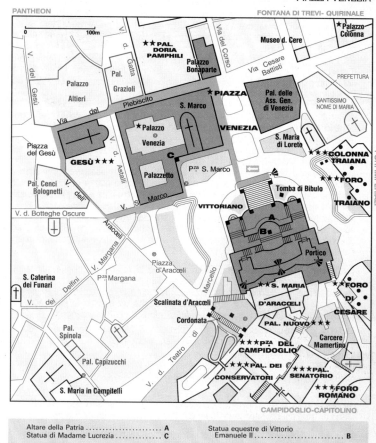

CAMPIDOGLIO-CAPITOLINO

Altare della Patria .... **A**	Statua equestre di Vittorio	
Statua di Madame Lucrezia .... **C**	Emanuele II .... **B**	

Du centre : en face, la piazza Venezia et, en ligne droite jusqu'à la piazza del Popolo, la via del Corso. À l'entrée de la rue, à gauche, le **palais Bonaparte** ; construit en 1660, il revint à la mère de Napoléon I er ; elle y vécut après la chute de l'Empire, prenant plaisir, dit-on, à contempler l'animation de la rue, à l'abri des regards derrière les persiennes de la loggia du premier étage. Elle y mourut en 1836.

De la terrasse gauche : vue sur l'ensemble des forums impériaux (forums de César, de Trajan et d'Auguste). Assez loin, légèrement à gauche du Colisée, les statues de la basilique St-Jean-de-Latran. À droite du Colisée, la basilique de Maxence, le clocher et la façade de Ste-Françoise-Romaine ; au premier plan, le dôme de St-Luc-et-Ste-Martine.

★PALAZZO VENEZIA

Avec cet édifice qui s'étend de la piazza Venezia à la via del Plebiscito et à la via degli Astalli, la Renaissance fit une apparition timide en architecture civile.

Un peu d'histoire – Lorsque Pietro Barbo reçut la pourpre des mains de son oncle Eugène IV, il vint s'installer à Rome dans une petite maison voisine du Capitole. En 1455, le cardinal qui « se piquait de faire toutes choses avec grand éclat » commença la construction d'un palais digne de son rang. Devenu pape en 1464 sous le nom de **Paul II**, il fit poursuivre les travaux sur un plan plus vaste. Comme la plupart des papes de la Renaissance, Paul II fut en même temps un chef militaire bâtisseur de forteresses et un ami des arts ; mais il n'aima pas beaucoup les humanistes. Ses démêlés avec Platina, rédacteur de la chancellerie vaticane, sont restés dans les annales pontificales : licencié pour esprit séditieux, Platina menaça le saint-père d'inciter les princes à réunir un concile contre lui et groupa ses amis en une académie dont les réunions dans les catacombes firent grand bruit. Paul II fit emprisonner l'insolent, parla de lui trancher la tête ; finalement, Platina s'en tira avec quelques châtiments corporels et la dissolution de son académie.

En 1471, le pape mourut avant l'achèvement de sa demeure. Son neveu la termina. L'édifice subit ensuite diverses transformations : sous Sixte IV (1471-1484) un petit palais (palazzetto) lui fut adjoint, ouvert sur un jardin intérieur

227

entouré d'un portique. Plusieurs papes séjournèrent dans cette résidence agréable, depuis Alexandre VI jusqu'à Clément VIII au début du 17ᵉ s. Le roi de France Charles VIII, parti à la conquête du royaume de Naples, y fit une halte en 1494 et en 1495.

Sous Paul III (1534-1549), une galerie couverte relia le palais pontifical au couvent d'Aracœli sur le Capitole, où les papes passaient volontiers l'été. C'est Pie IV qui donna au palais son nom actuel en affectant en 1564 une partie de la résidence à la République de Venise qui y logea ses ambassadeurs. À la suite du traité de Campoformio en 1797 entre l'Autriche et Bonaparte, la République de Venise disparut, et la quasi-totalité de son territoire (dont le palais de Venise) revint à l'Autriche. Après avoir logé l'administration française en 1806 sur ordre de Napoléon, le palais se trouva de nouveau au centre de l'histoire de Rome lorsque le gouvernement italien décida en 1910 d'aménager une vaste place devant le monument au roi Victor Emmanuel II : la galerie couverte de Paul III fut démolie ; le palazzetto bâti au pied de la tour à l'angle Sud-Est fut abattu et immédiatement reconstruit là où il se dresse aujourd'hui, à l'angle de la piazza di S. Marco et de la via degli Astalli. À la même époque, on éleva, de l'autre côté de la piazza Venezia, le **palazzo delle Assicurazioni Generali di Venezia**, pastiche du palais de Venise.

Mussolini établit son cabinet de travail au premier étage du palais. Aujourd'hui, le palais de Venise, siège d'un musée et de la bibliothèque de l'Institut d'art et d'archéologie, est l'un des édifices prestigieux de la capitale. Il fut restauré plusieurs fois, au 18ᵉ s., au 19ᵉ s. et de 1924 à 1936.

Extérieur – Le couronnement en créneaux de la façade qui donne sur la piazza Venezia et la présence d'une tour massive à l'angle Sud-Est attestent la persistance de la sévérité des demeures forteresses du Moyen Âge. Les fenêtres à meneaux, les portes sur la piazza Venezia et la via del Plebiscito, et surtout la jolie façade de la basilique St-Marc sont d'heureuses manifestations de la Renaissance.

Statue de Madama Lucrezia – Placée sur la piazza di S. Marco, à l'angle où se réunissent le palais de Venise et le Palazzetto, elle appartient peut-être au temple d'Isis qui s'élevait sur le Champ de Mars.

Avec Pasquin, Marforio et l'Abate Luigi *(voir index)* qui fut son interlocuteur préféré, elle fit partie du groupe des statues parlantes.

Intérieur – *Accéder au palais par la piazza di S. Marco ; entrée à côté de la statue de Madame Lucrezia.* Souvent, l'aspect rude des palais romains de la Renaissance ne laisse en rien soupçonner le raffinement des aménagements intérieurs.

La cour – Très verdoyante, elle est bordée sur deux côtés d'un élégant portique inachevé de Giuliano da Maiano (1432-1490). Sur le côté Est, la basilique St-Marc, enfermée dans le palais, est surmontée de son clocher médiéval. La jolie fontaine est une œuvre du 18ᵉ s. : Venise, le lion de saint Marc à ses pieds, est représentée jetant son anneau à la mer, symbole des noces de la Sérénissime et de la mer.

Museo di palazzo Venezia ⊙ – *Au 1ᵉʳ étage.* Les premières salles sont consacrées à l'art médiéval avec de très beaux objets provenant en partie de la collection réunie au 17ᵉ s. par le jésuite Athanasius Kircher. Citons de remarquables céramiques anciennes parmi lesquelles celles d'Orvieto, du 14ᵉ s. *(salle IV).* Dans la **salle V**, un admirable **Christ pantocrator**★★ en émaux byzantins de la 2ᵉ moitié du 13ᵉ s., le **triptyque en ivoire byzantin**★ du 10ᵉ s. finement ciselé, et une petite tête de femme en bronze réalisée en 1248 par Nicola Pisano ; dans la **salle VI**, quelques peintures sur bois de primitifs florentins et siennois provenant de la **collection Sterbini**★★ ; dans la **salle VII**, la croix Orsini, en argent repoussé, exécutée dans les Abruzzes au 14ᵉ s. ; dans cette même salle a été installé le plafond du palais Altoviti (1553) qui représente, en son centre, un hommage à Cérès entouré de médaillons décrivant les activités agricoles des 12 mois de l'année. Les autres ailes du musée abritent des faïences, des porcelaines, une collection importante de petits bronzes (du 15ᵉ au 17ᵉ s.), et une collection de terres cuites. La galerie de tableaux mérite un passage. Les **salles de l'appartement de Paul II** (donnant sur la piazza Venezia et la via del Plebiscito) comprennent la salle Royale, où les ambassadeurs attendaient d'être reçus par le pape, la salle des Batailles (du nom des batailles de la Première Guerre mondiale), ancienne salle du Consistoire, où le pape convoquait l'assemblée des cardinaux, et la salle de la Mappemonde, qui doit son nom à la mappemonde qui y était exposée au 15ᵉ s. (les fausses architectures peintes aux murs, restaurées au 20ᵉ s., sont l'œuvre de Mantegna). Du balcon, Mussolini haranguait la foule massée sur la piazza Venezia.

Basilica di S. Marco – Fondée par le pape Marc en 336 et dédiée à saint Marc évangéliste, cette basilique fut rebâtie par Grégoire IV au 9ᵉ s. Au-dessous de la basilique, des fouilles ont révélé des vestiges de l'édifice primitif du 4ᵉ s., et la crypte du 9ᵉ s. dans laquelle Grégoire IV fit placer les reliques des martyrs persans Abdon et Sennen. Dotée d'un clocher au 12ᵉ s., l'église fut incluse par le cardinal Pietro Barbo dans le palais de Venise (1455) et reconstruite. Elle subit restaurations et transformations aux 17ᵉ et 18ᵉ s. La **façade**★ sur la piazza S. Marco est une heureuse réalisation de la Renaissance, attribuée à Giuliano da Maiano ou à Leon-Battista Alberti : ses arcades, plus largement ouvertes à l'étage supérieur, lui donnent beaucoup d'élégance. Sous le porche, parmi divers fragments, ont été déposées la margelle d'un puits du Moyen Âge et la dalle funéraire de Vanozza Caetani, la mère des enfants du pape Alexandre VI, César et Lucrèce Borgia.

L'**intérieur★**, luxueux, constitue un exemple bien romain de superposition des styles. Le plan basilical à trois nefs du Moyen Âge a été conservé. Au 15e s., on construisit l'élégant plafond à caissons où figurent les armes de Paul II, et on ouvrit les fenêtres hautes qui voisinent avec les décorations de stuc et les peintures du 18e s. de la nef centrale ; celles-ci racontent la légende des martyrs Abdon et Sennen.

À l'abside, la mosaïque que fit exécuter Grégoire IV au 9e s. a été conservée. À la droite du Christ, avec d'autres saints, le pape offre son église, la tête cernée d'un nimbe carré signifiant qu'il était encore en vie. Au-dessous, les douze brebis symbolisant les apôtres, dirigées vers l'agneau, symbole du Christ, avancent sur une prairie fleurie.

À l'arc triomphal figurent le buste du Sauveur, les évangélistes, saint Pierre et saint Paul. La sacristie *(accessible sur demande)* renferme un joli tabernacle (15e s.) sculpté par Mino da Fiesole, en collaboration avec Giovanni Dalmata ; il ornait autrefois le maître-autel et fut recomposé ici au 18e s.

S'engager dans la via S. Marco, puis tourner à droite dans la via dell'Aracœli pour gagner la piazza del Gesù.

★★★ CHIESA DEL GESÙ

Elle domine la piazza del Gesù souvent battue par le vent. Selon une légende romaine, il en est ainsi depuis le jour où le Diable demanda au Vent de l'attendre pendant qu'il entrait dans l'église. Mais il n'en ressortit jamais et, depuis, le Vent attend toujours.

Cet édifice est l'église principale des jésuites à Rome. La Compagnie de Jésus fut fondée en 1540 par l'Espagnol Ignace de Loyola. Après le concile de Trente, elle devint le principal animateur du mouvement de la Contre-Réforme, dont le but essentiel fut de combattre les thèses de la Réforme soutenues par Martin Luther et par Calvin. En 1568, la construction d'une église au centre de Rome fut décidée : le cardinal Alexandre Farnèse (le Grand Cardinal) s'engagea à financer l'entreprise et imposa son architecte : Vignole. De son côté, le général de la Compagnie engagea un architecte jésuite, le père Giovanni Tristano, pour veiller à l'application des exigences de la règle.

Façade – Le projet retenu fut celui de **Giacomo Della Porta** (1575). Très solennelle et sévère, elle constitue le modèle du style qui assura la transition entre l'art de la Renaissance et l'art baroque, longtemps appelé « style jésuite ». Les historiens d'art d'aujourd'hui n'utilisent plus ce terme, les jésuites n'ayant pas déterminé un type nouveau d'architecture ni imposé sa diffusion ; tout au plus Rome donna-t-elle des conseils pratiques pour la construction d'édifices de la Compagnie à l'étranger. Même s'il arriva que le Gesù de Rome fût imité, comme à l'église St-Paul-St-Louis à Paris.

Élevée sur deux ordres dont l'unité est assurée par de puissantes volutes et un double tympan, courbe et triangulaire, cette façade contient les éléments de mouvement qui plus tard caractériseront l'art baroque : quelques colonnes engagées tendent à remplacer les pilastres plats de la Renaissance, les décrochements et les effets d'ombre et de lumière s'affirment. Haute et très large, elle masque en partie le dôme qui n'acquiert toute sa force qu'observé d'un point panoramique.

Intérieur ⏱ – Sa richesse stupéfie, par contraste avec la pureté des édifices gothiques ou l'austérité des églises romanes. Il convient ici de distinguer l'architecture de l'édifice, assez simplifiée, œuvre de la Contre-Réforme, et la décoration exubérante, exécutée presque un siècle plus tard au temps de l'art baroque, lors du triomphe de la Papauté.

Le **plan** en croix latine, très majestueux, répond aux préoccupations de la Compagnie : la prédication devait permettre au peuple de comprendre les cérémonies auxquelles il participait. La nef fut donc large et unique, dégagée et bien éclairée afin que les fidèles puissent concentrer leur attention sur les gestes de l'officiant et lire les prières avec lui. Enfin l'acoustique fut spécialement étudiée pour que résonnent les cantiques, indispensables à la célébration de la gloire de Dieu et des saints.

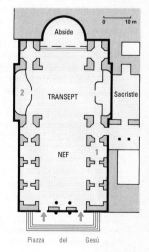

Piazza del Gesù

Autel de saint Ignace de Loyola

La décoration, quand elle fut l'œuvre de la Contre-Réforme, eut pour but d'affirmer les conclusions du concile de Trente : par exemple la troisième chapelle droite (1), décorée d'anges et d'une scène de l'intercession de la Vierge en faveur des âmes du Purgatoire, illustre des thèmes particulièrement contestés par la Réforme. La décoration baroque du 17ᵉ s. traduit la victoire de l'Église romaine (contre les Turcs à Lépante en 1571 ; contre le protestantisme, abjuré par le roi de France Henri IV en 1593).

Le luxe des marbres polychromes, des peintures, des sculptures, des bronzes, des stucs et des ors qui ne laissent pas un seul espace inoccupé est éblouissant.

★★**Fresques du Baciccia** – Grâce au Bernin, Giovanni Battista Gaulli, dit le Baciccia, obtint en 1672 la commande des peintures du Gesù. *Le Triomphe du nom de Jésus* qu'il réalisa à la voûte de la nef fut certainement son chef-d'œuvre et lui valut d'être considéré comme le principal représentant de la décoration baroque. Achevée en 1679, cette œuvre allie la science de la composition à l'exubérance du trompe-l'œil ; le regard passe sans heurt des décors en relief exécutés par Antonio Raggi aux surfaces peintes. Débordant le cadre, les damnés aux corps entraînés dans un mouvement tumultueux ne rompent nullement l'unité de l'ensemble donnée par le rayonnement de la lumière divine.

Il décora l'abside d'une *Adoration de l'Agneau* et dota la coupole d'une *Assomption*.

★★★**Autel de saint Ignace de Loyola** (2) – Le 31 décembre 1816 Stendhal notait : « Mauvais goût du président de Brosses, qui s'extasie sur l'autel de saint Ignace. L'ignoble et le ridicule de cette sculpture sont incroyables... »

De 1696 à 1700, le frère jésuite **Andrea Pozzo** créa cette chapelle qui abrite dans une belle urne les restes de saint Ignace. Fermée par une balustrade de bronze ornée d'enfants portant des torchères, elle renferme à l'autel une statue du saint en marbre et en argent. L'original de cette œuvre était entièrement en argent et dû au Français Pierre Legros ; il fut fondu par Pie VI pour payer les sommes imposées par Bonaparte lors du traité de Tolentino (1797).

Andrea Pozzo utilisa des matières précieuses et sut en harmoniser les couleurs : quatre colonnes revêtues de lapis-lazuli reposent sur des bases en marbre vert ornées de bas-reliefs en bronze doré. Au sommet domine le groupe de la Trinité où un enfant soutient le globe terrestre en lapis-lazuli.

De part et d'autre de l'autel, deux groupes de statues allégoriques illustrent l'action de la Compagnie de Jésus : à gauche, *La Foi triomphant de l'idolâtrie* est une œuvre de Giovanni Théodon ; à droite, *La Religion écrasant l'hérésie* est de la main de Pierre Legros (1666-1719), élève de l'Académie de France à Rome et fidèle au frère Pozzo.

Par une entrée située à droite de l'église, on peut aller visiter le **logement** ⊘ où vécut et mourut saint Ignace *(Piazza del Gesù, 45)*. La voûte et les parois du corridor sont entièrement décorées de peintures en trompe l'œil exécutées par A. Pozzo.

Prendre la via del Plebiscito jusqu'à la piazza Venezia.

Palazzo Bonaparte – Ce palais du 17ᵉ s., de modeste apparence, fut acquis par la mère de Napoléon Iᵉʳ qui s'y installa en 1815 quand disparut l'Empire. Sans rancune, Pie VII donna asile à tous les membres de la famille impériale exilés. Lucien, Jérôme, Louis, l'ex-roi de Hollande, ont entouré Madame Mère dans ce palais. De la loggia couverte du 1ᵉʳ étage, la mère de l'Empereur aimait à observer la rue. Le 8 février 1836, son fils Jérôme et le cardinal Fesch auprès d'elle, elle s'éteignit. On l'ensevelit, discrètement et dans le tohu-bohu du Carnaval, dans l'église de S. Maria in via Lata.

PIRAMIDE CESTIA – TESTACCIO ★

Visite : 1 h 1/2

L'itinéraire débute par la grande silhouette blanche de la pyramide de Caius Cestius et se poursuit par une promenade au Nord du monument avant de s'enfoncer dans le quartier populaire du Testaccio dont l'éminence du même nom occupe le centre.

DE LA PYRAMIDE CESTIA À S. SABA

★**Piramide di Caio Cestio** – Le magistrat Caius Cestius, mort en 12 avant J.-C., ne pouvait imaginer un mausolée plus original à Rome. Cette pyramide couverte de marbre est le témoignage d'une ère de grandeur qui débuta sous Auguste, où un simple particulier pouvait se faire construire un tombeau digne d'un pharaon. Aujourd'hui la blanche silhouette de la pyramide fait partie des vues les plus célèbres de Rome.

La pyramide Cestia

B. Kaufmann

★**Porta S. Paolo** – Ouverte dans le mur d'Aurélien (270-275), elle constitue un exemple intéressant des transformations que subit cette enceinte : au temps d'Aurélien, elle présentait, vers l'extérieur, deux arcades flanquées de deux tours semi-circulaires. L'empereur Maxence (306-312) suréleva les tours, les prolongea vers l'intérieur et les relia par des murailles à une contre-porte à deux arcades elle aussi. Puis Honorius, empereur d'Occident (395-423), remplaça les deux arcades extérieures par l'ouverture unique actuelle et ajouta l'étage crénelé des tours. La porte a été restaurée, notamment au 15e s. et au 18e s. De cette porte, nommée sous l'Antiquité porta Ostiensis, part la via Ostiense qui conduit à la basilique St-Paul, d'où le nom donné à la porte au Moyen Âge.

Via Ostiense – Son origine remonte au 4e s. avant J.-C. Elle fut l'une des voies de commerce les plus importantes de l'Antiquité. Partant du forum Boarium, elle suivait le tracé de l'actuel lungotevere Aventino et de la via della Marmorata, franchissait la muraille d'Aurélien par une porte située à l'Ouest de la porta Ostiensis. Puis, à peu près comme l'actuelle via Ostiense, elle gagnait Ostie, mettant en communication les salines de l'embouchure du Tibre et Rome.
Conduisait à la basilique St-Paul, au tombeau de l'apôtre et au lieu de son martyre (Les Trois Fontaines), elle continua d'être fréquentée à l'époque chrétienne.

Prendre le viale della Piramide Cestia et monter l'escalier, à droite, de la via Baccio Pontelli, puis s'engager à gauche dans la via Annia Faustina jusqu'à l'église S. Saba.

Le quartier S. Saba couvre les pentes d'un des «sommets» de l'Aventin ; loti au début du siècle de maisons confortables et agrémenté de nombreux espaces de verdure, il fut longtemps un modèle d'urbanisme.

★**S. Saba** – Lorsque les moines de la grande Laure de Palestine, communauté religieuse fondée au 5e s. par saint Saba, furent dispersés au 7e s. par les Perses, puis par les Arabes, plusieurs se réfugièrent à Rome dans un bâtiment où, un siècle auparavant, aurait vécu sainte Sylvie, mère de saint Grégoire le Grand. À la fin du 10e s., les moines orientaux élevèrent l'église actuelle au-dessus de leur petit oratoire du 7e s. Modifiée au cours des siècles, elle fut restaurée à partir de 1911. Des fouilles effectuées dans son sous-sol ont mis au jour des vestiges de l'oratoire primitif et d'une construction d'époque impériale qui, peut-être, fut le siège d'une cohorte de vigiles (milice de pompiers) créée par Auguste.

Au sommet de l'escalier d'accès, on passe sous le porche, puis dans la cour intérieure.

Façade – Elle est précédée d'un portique contemporain de l'église, mais dont les colonnes ont été remplacées par de gros piliers. Au 15e s., le cardinal Piccolomini, neveu de Pie II, ajouta au-dessus du portique un bâtiment surmonté d'une loggia ; plus tard, le pavement de la loggia fut rabaissé, les fenêtres murées et remplacées par les cinq ouvertures actuelles. À gauche, campanile du 11e s. La porte centrale fut joliment décorée par un Cosmate en 1205, appelé par les moines de Cluny qui avaient succédé aux moines orientaux.

Intérieur – Il a conservé son plan basilical à trois nefs et trois absides. La disparité des colonnes (de leurs fûts, de leurs bases et de leurs chapiteaux) est une caractéristique des édifices du Moyen Âge ; en ce temps de pauvreté on réutilisa des matériaux de provenance diverse. L'originalité de cette église réside dans l'existence d'une «quatrième nef», parallèle à la nef gauche : probablement ce lieu servit-il de transition entre l'église et le monastère des moines orientaux. Ce sont les moines de Cluny qui, au 13e s., changèrent l'emplacement du monastère et condamnèrent ce lieu vers l'extérieur, lui donnant la fonction d'une quatrième nef. On y voit encore des restes de peintures du 13e s.
Des travaux d'embellissement effectués par les Cosmates, il reste le pavement et une partie de la clôture du chœur, replacée le long de la paroi de la nef droite ; les amateurs de détails piquants chercheront, dans la frise au-dessus de la colonnette centrale de droite, une petite tête sculptée, aux yeux incrustés de pierres noires : sa signification, de même que celle de l'inscription du dessus, reste une énigme.
Au temps de la Contre-Réforme, Grégoire XIII fit décorer l'abside (16e s.), mais conserva la peinture du 14e s. qui surmonte le trône épiscopal.
Au-dessus de l'abside, Annonciation du 15e s.

Descendre par la via di S. Saba jusqu'à la piazza Albania.

Au débouché de la via S. Anselmo sur la piazza Albania subsistent d'importants restes de l'**enceinte de Servius Tullius** (Mura Serviane), qui entoura Rome dès le 6e s. avant J.-C. ; cette portion de la muraille fut probablement reconstruite au 1er s. avant J.-C.

Prendre la via M. Gelsomini et poursuivre par la via Galvani jusqu'à la piazza Giustiniani.

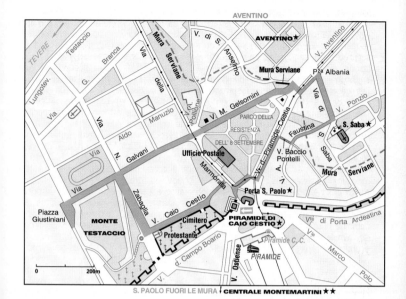

S. PAOLO FUORI LE MURA / **CENTRALE MONTEMARTINI** ★★

TESTACCIO

Ce quartier à l'atmosphère populaire, édifié sur un secteur inoccupé durant 1 500 ans, fut intégré dans les plans d'urbanisme de 1873 et de 1883 comme quartier ouvrier.

Curiosité locale, le **mont Testaccio** est une butte artificielle haute d'environ 35 m, qui doit son nom aux débris d'amphores (du latin *testæ*) provenant d'entrepôts voisins ou du port de Ripa Grande (dont il reste très peu de témoignages), dont on se débarassait ici et qui la constituent. On le connaît également sous le nom de « monte dei cocci », littéralement : mont des tessons. Un grand nombre de « grottes » y ont été taillées ; quelques-unes d'entre elles ont été transformées en boîtes de nuit ou en restaurants à la cuisine typiquement romaine.

Retourner sur ses pas et prendre à droite la via N. Zabaglia, puis, à gauche, la via Caio Cestio.

Cimitero Protestante – Sous les cyprès et les pins du cimetière protestant reposent de nombreuses célébrités. Dans la partie située à droite de l'entrée, à mi-pente et entre deux hauts cyprès, on peut voir une stèle au médaillon en bronze marquant la tombe du fils de Goethe, décédé à Rome en 1830 (le propre nom du défunt n'est pas indiqué). À gauche, au pied de la dernière des tours de l'enceinte d'Aurélien, une dalle recouvre la tombe du poète anglais Shelley ; son ami Byron y fit graver quelques vers de Shakespeare. À l'extrême gauche se trouve la tombe de Keats.

Gagner la via Marmorata.

À gauche, de l'autre côté de la rue, se trouve le **bureau de poste** (ufficio postale) du quartier de l'Aventin, œuvre (1933) des architectes A. Libera et M. De Renzi. Il s'agit d'un exemple marquant de l'architecture rationaliste italienne ; les auteurs y ont appliqué et interprété les canons du mouvement moderniste qui conditionna les débats sur l'architecture durant l'entre-deux-guerres.

ET AUSSI

Non loin de la pyramide, le long de via Ostiense, à hauteur des marchés généraux, la centrale Montemartini a été réhabilitée et transformée en un centre d'exposition très intéressant, qui accueille actuellement une partie des collections des musées du Capitole, en cours de réaménagement.

★★**Centrale Montemartini** ⊘ – Il s'agit de la première centrale hydroélectrique publique, inaugurée en 1912. Elle était alimentée par des turbines à vapeur et par d'imposants moteurs Diesel encore visibles. En service jusqu'aux années 1950, elle a été supplantée par des établissements offrant une technologie plus compétitive. Au début des années 1990, on entreprit de la restaurer. La structure originelle, ainsi que les machines (en particulier les deux diesels et une chaudière) ont été maintenues dans ce qui est devenu un centre multimédia accueillant des expositions, des congrès et des spectacles. L'exposition de sculptures provenant des musées du Capitole constitue une audacieuse association d'art antique et d'archéologie industrielle.

Les collections des musées du Capitole – Elles sont réparties dans trois salles. La première, au rez-de-chaussée, dite salle des Colonnes, accueille des pièces de l'époque la plus ancienne (de l'ère archaïque à la fin de l'époque républicaine). Remarquer le groupe d'Héraclès et Athéna (6e s. avant J.-C.) qui ornait les acrotères du sanctuaire de la Fortune et de l'Aurore (area sacra de S. Omobono), ainsi que deux lits funéraires (1er s. avant J.-C.), l'un décoré de feuilles en bronze finement ornées d'argent et de cuivre, l'autre de revêtements en os. Les décors des deux lits s'inspirent du culte dionysiaque. Au mur, un fragment de mosaïque (faisant probablement partie d'une piscine) représentant des poissons témoigne de la finesse expressive et du réalisme atteint dans la reproduction naturaliste. À l'extrémité de la galerie qui abrite des portraits sculptés de personnages de la Rome républicaine tardive, le **«togato»** (celui qui a reçu la toge virile) **Barberini** (la tête a été restaurée au 17e s.), dont on a aussi représenté les ancêtres, se distingue par le riche drapé du vêtement ; la recherche de réalisme et la finesse d'exécution sont à ce point poussées que l'on voit les marques transversales laissées par le pliage du drap.

Au premier étage, la salle des Machines, avec à l'arrière-plan les deux imposants diesels, est en soi une véritable galerie de statues. Placées aux extrémités de la salle, deux statues d'Athéna se font face : la première, colossale, est une copie romaine d'un original grec du 5e s., la deuxième fait partie du **décor★★** du fronton du **temple d'Apollon Sosien**, décor dont le sujet est un combat d'Amazones par probable référence à l'un des travaux d'Hercule (expédition du héros pour récupérer la ceinture d'Hippolyte, reine des Amazones). Les sculptures – des originaux grecs provenant d'un édifice sacré et transférés à Rome sous Auguste – remontent à la deuxième moitié du 5e s. avant J.-C. Derrière le fronton se trouve la reconstitution partielle de la cella du temple. Avant d'accéder à la troisième salle, remarquer à gauche la belle **statue d'Agrippine en prière**, en basalte ; la tête est une réplique de l'original, conservé à Copenhague.

La salle des Chaudières accueille des pièces très décorées trouvées dans des *horti* (maisons ou petites fermes entourées de verdure et situées aux limites de la ville). La raffinée *Victoire ailée*, un original grec du 5e s. avant J.-C., provient de la maison de Salluste (dans la zone de l'actuel quartier Ludovisi) ; la magnifique **Vénus de l'Esquilin**, copie romaine d'époque impériale, a été retrouvée dans une galerie souterraine de la maison de Lamia, tandis qu'une jolie jeune fille assise et deux austères magistrats donnant le départ des courses proviennent de celle de Licinianus. La splendide **Muse Polymnie** frappe par son air absorbé. Au centre de la salle, une grande mosaïque illustre la capture d'animaux sauvages, probablement destinés au cirque, rappelant par son style et par son sujet la grande mosaïque de la villa del Casale, située près de Piazza Armerina en Sicile.

PORTA PIA★

Visite : 1 h

Avant de débuter le parcours, on peut flâner via dei Villini.

Le nom de la **via dei Villini** évoque l'urbanisme au début du 20e s. En 1909, un nouveau plan d'urbanisme définit deux types d'habitation : le *palazzino*, petit immeuble de rapport de 4 ou 5 étages, et le *villino*, coquet pavillon entouré d'un jardin.

Le sous-sol du quartier est creusé des galeries des catacombes de St-Nicomède.

La rue débouche sur la piazza Galeno où s'élève le **villino Ximenès**. Le sculpteur, peintre et illustrateur Ettore Ximenès (1855-1926) éleva à son usage ce curieux petit palais, après avoir été l'auteur de maints monuments officiels à Rome et à l'étranger.

DE LA PORTA PIA À LA PIAZZA DELLA REPUBBLICA

Porta Pia – La face externe de la porte, vers la via Nomentana, est due à Benedetto Vespignani (1808-1882) qui fut, avec Giuseppe Valadier, extrêmement actif au 19e s. Spectaculaire, la **face interne★**, vers la via XX Settembre, est la dernière œuvre d'architecture dessinée par **Michel-Ange**. Elle fut érigée de 1561 à 1564 à la demande du pape Pie IV. Le blason à boules de la famille des Médicis figure au centre de l'ensemble. On peut noter la répétition d'un curieux motif, tout blanc : une légende raconte qu'il s'agit d'un plat à barbe entouré d'une serviette aux extrémités frangées. Le sculpteur aurait ainsi voulu rappeler à Pie IV qu'il comptait un barbier parmi ses ancêtres.

Un peu d'histoire : le 20 septembre 1870 – Ce jour-là s'acheva l'histoire du Risorgimento. Le royaume unifié d'Italie existait depuis 1861, et Cavour avait déclaré au Parlement : « ... j'affirme encore que Rome, Rome seule, doit être la capitale de l'Italie. »

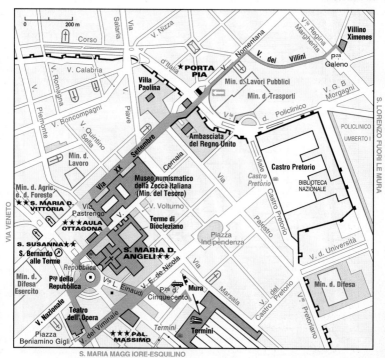

S. MARIA MAGGIORE-ESQUILINO

Le 20 septembre 1870, les troupes italiennes pénétrèrent dans Rome par une brèche pratiquée dans la muraille d'Aurélien.

L'emplacement de la brèche, à gauche en sortant de la porta Pia, sur le corso d'Italia, est marqué d'une colonne surmontée d'une Victoire.

Via XX Settembre – Son nom évoque la date d'entrée des troupes italiennes dans la capitale pontificale. Elle remplaça l'ancienne strada Pia et fut la première grande artère aménagée après 1870, destinée à réunir tous les ministères et exprimer la grandeur officielle. Aussi fut-elle bordée d'immeubles pompeux imitant les styles de la Renaissance et du baroque.

À peine après avoir dépassé la porta Pia, on peut voir à gauche l'immeuble très moderne occupé par l'**ambassade du Royaume-Uni,** œuvre de Basil Spence.

Villa Paolina ⊙ – *Siège de l'ambassade de France auprès du St-Siège.*
La villa porte le nom de la sœur de Napoléon Ier, Pauline Bonaparte, qui épousa en 1803 le prince Camille Borghèse, arrière-neveu du pape Paul V. Elle s'y installa après la chute de l'Empire, alors que son époux, qu'elle avait abandonné quelques années auparavant, menant une vie libre et indépendante, lui refusait l'accès des palais familiaux. Elle y fit de longs séjours jusqu'à sa mort en 1825.

Museo numismatico della Zecca italiana ⊙ – *Installé au rez-de-chaussée de l'immeuble du ministère du Trésor.*
Le grand immeuble du ministère du Trésor date de 1877. Au rez-de-chaussée, dans la cour intérieure, est installé un **musée de la Monnaie** présentant les monnaies de tous les pays du monde, ainsi que celles émises par les papes depuis le 15e s. Belle collection de médaillons de cire (près de 400 pièces) par Benedetto Pistrucci (1784-1855).

Prendre à gauche la via Pastrengo, puis tourner à droite vers la piazza della Repubblica.

Piazza della Repubblica – Elle constitue, en dépit de la circulation qui y règne, une des meilleures réalisations d'après 1870.

On l'appelle parfois place de l'Exèdre en raison de la forme demi-circulaire des deux palais qui la bordent, construits en 1896 par Gaetano Koch. Dotés de portiques, leur conception n'est pas étrangère à l'architecture turinoise : rappelons que le royaume unifié d'Italie, avec Rome pour capitale, avait à sa tête Victor-Emmanuel II, chef de la Maison de Savoie, résidant à Turin. Au centre de la place se trouve la fontaine des Naïades (1885).

Ici s'amorce la **via Nazionale** qui relie la gare centrale à la piazza Venezia. C'est dans cette artère commerçante, dont les magasins attirent autant les touristes que les Romains, que se trouvent le **théâtre Eliseo** et le **palais des Expositions**, qui abrite des manifestations artistiques de notoriété internationale.

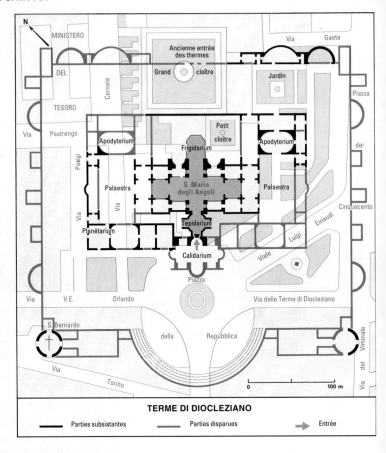

TERME DI DIOCLEZIANO

Parties subsistantes   Parties disparues   ➡ Entrée

LES THERMES DE DIOCLÉTIEN

Occupées aujourd'hui en partie par l'église Ste-Marie-des-Anges, les quelques salles qui subsistent des thermes de Dioclétien et leurs voûtes audacieuses permettent d'imaginer ce que fut cet édifice au temps de sa splendeur. Parmi les quelque 900 établissements de bains qui s'élevaient à Rome au 4e s., les thermes de l'empereur Dioclétien, qui couvraient plus de 13 ha, furent les plus grands et les plus beaux. Les travaux commencés en 295 et achevés en 305 furent conduits par Maximilien au nom de Dioclétien, car celui-ci, résidant à Nicomédie en Asie Mineure, puis à Split après son abdication en 305, ne vint jamais à Rome.

Outre les salles réservées aux différents bains, qui pouvaient accueillir jusqu'à 3 000 personnes simultanément, ils comprenaient des bibliothèques, des salles de concerts, des jardins agrémentés de fontaines, des salles d'exposition de sculptures et de peintures, des salles d'exercices.

Délaissés après que les Ostrogoths de Vitigès eurent dévasté les aqueducs (538), ils furent adaptés en église par Michel-Ange à la demande de Pie IV (1559-1565) et amputés par Sixte Quint (1585-1590) qui en retira des matériaux pour ses multiples constructions.

Visite

Les thermes sont actuellement en cours de restauration, ce qui peut compliquer la visite de l'intérieur. Il était prévu, au moment de la rédaction de ce guide, qu'une réouverture partielle soit effectuée fin 1999, accompagnée de l'installation d'un musée d'Épigraphie et de la présentation de la partie la plus ancienne (œuvres d'art de la fin de l'époque républicaine) des collections du Musée national romain.

Jardin – Déjà à l'époque de Dioclétien, il existait un jardin à cet endroit. Parmi les cyprès et les lauriers roses et blancs ont été déposés une multitude de vestiges archéologiques. L'énorme vase central ornait autrefois la villa d'un riche particulier romain (une pièce identique se trouve dans la cour de l'église Ste-Cécile au Trastevere). Le côté Nord-Est du jardin *(fermé)* est occupé par une salle où, face au mur incurvé, décoré de colonnes, s'élevait une paroi percée de niches qui abritaient des statues. Revêtu de marbre et pavé de mosaïques, ce dut être un lieu luxueux.

Chiostro Maggiore – La construction du Grand Cloître est parfois attribuée à Michel-Ange, mais celui-ci mourut en 1564 à 89 ans, alors que le cloître fut achevé en 1565 si l'on en croit la date inscrite sur le pilier à l'angle Sud près de l'entrée.

★★S. Maria degli Angeli

Cet édifice prestigieux sert souvent de cadre aux cérémonies religieuses officielles du gouvernement.

Dans les thermes de Dioclétien, construits, selon la tradition, par 40 000 chrétiens condamnés aux travaux forcés, Pie IV, en 1561, ordonna la construction d'une église et d'un couvent pour les chartreux.

Michel-Ange, alors âgé de 86 ans, fut chargé de l'entreprise. Son projet, strictement respectueux de l'architecture antique, ne cessa de s'altérer après sa mort (1564), suivie de celle de Pie IV (1565). Si bien qu'en 1749, l'édifice ayant pris une allure assez informe, le Napolitain Luigi Vanvitelli (1700-1773) fut chargé de lui redonner une unité.

La façade qu'il conçut fut détruite au début du 20e s. À sa place apparaît, insolite, la paroi incurvée et nue du caldarium des thermes antiques.

L'intérieur, sur un plan en croix grecque, fut très remanié par Vanvitelli.

Vestibule – Cette salle correspond au tepidarium (salle à température modérée). À gauche s'élève le **tombeau** (**1**) du peintre et poète napolitain **Salvator Rosa**, mort en 1673. À droite, celui (**2**) de **Carlo Maratta** (1625-1713) qui en fit lui-même le dessin.

Dans le passage vers le transept, à droite, la **statue de saint Bruno** (**3**), fondateur de l'ordre des Chartreux, est l'œuvre de Houdon (1741-1827). Le sculpteur français séjourna à Rome, d'abord comme pensionnaire de l'Académie de France, de 1764 à 1778. La niche en face abritait une statue en plâtre du même auteur, représentant saint Jean-Baptiste. Malencontreusement brisée par le sacristain, elle fut refaite, plus petite, et déposée au musée Borghese.

De chaque côté de la sortie du passage se trouvent deux **bénitiers** : celui de droite (**4**), exécuté au 18e s., est de goût baroque, l'autre (**5**) est une copie moderne.

★Transept – C'est la seule partie de l'église qui permette d'imaginer l'ampleur solennelle des salles antiques. Installé dans la salle centrale des thermes, il a conservé 8 colonnes antiques, monolithes en granit rouge. Pour donner plus d'homogénéité à l'édifice, Vanvitelli fit ajouter des colonnes en simple maçonnerie peinte dans les deux passages qui séparent le transept du chœur et du vestibule. Outre l'entrée actuelle, Michel-Ange avait prévu deux entrées aux extrémités du transept. Elles furent plus tard transformées en chapelles et dotées d'architectures peintes.

Ce transept est une vraie galerie de tableaux, surtout du 18e s. La plupart proviennent de la basilique St-Pierre où ils ont été remplacés par des œuvres en mosaïque. Pour les loger à Ste-Marie-des-Anges, Vanvitelli a dû aménager les espaces entre les colonnes.

On peut remarquer :

– *La Messe de saint Basile en présence de l'empereur Valens* (**6**) du peintre français Pierre Subleyras (1699-1749), qui s'établit à Rome en 1728. L'empereur, ému par la dignité de la cérémonie, s'évanouit. Son costume militaire et le fond du tableau sont traités à la manière classique.

– *La Chute de Simon le Magicien* (**7**) de Pompeo Batoni (1708-1786) présente une magnifique palette de couleurs et des contrastes d'ombre et de lumière caractéristiques de l'art de Batoni.

– *L'Apparition de la Vierge à saint Bruno* (**8**) est une œuvre légère et lumineuse de Giovanni Odazzi (1663-1731), élève du Baciccia et continuateur de la manière baroque.

Le bras droit du transept abrite les **tombeaux** de personnages qui s'illustrèrent durant la Première Guerre mondiale : le maréchal Armando Diaz (**9**), vainqueur à Vittorio Veneto en 1918; l'amiral Paolo Thaon di Revel (**10**), chef des forces alliées dans l'Adriatique de 1917 à 1918; le ministre Vittorio Emanuele Orlando (**11**).

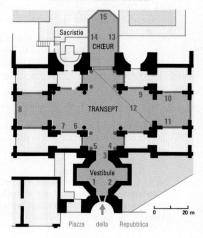

S. MARIA DEGLI ANGELI

Sur le parterre est tracée une méridienne (12). De 1702 à 1846, elle servit à régler les horloges de Rome. Aujourd'hui, midi est annoncé du Janicule par un coup de canon.

Chœur – À l'instar du transept, il est abondamment décoré. Remarquer *Le Martyre de saint Sébastien* (13), fresque du Dominiquin (1581-1641), et *Le Baptême de Jésus* (14), de Carlo Maratta ; observer l'affectation des figures du Christ et de saint Jean-Baptiste.
Derrière le maître-autel est placé un tableau (15), très vénéré, représentant la Vierge adorée par les anges et commandé en 1543 à un Vénitien par Antonio del Duca, prêtre sicilien. Celui-ci, au cours d'une vision, vit une nuée d'anges s'échapper des thermes de Dioclétien. Dès lors il ne cessa de demander la construction d'une église à cet endroit. C'est finalement Pie IV qui répondit à sa demande.

★★★ Aula Ottagona ⊙ (ou Planétarium des Thermes de Dioclétien)

Évoquant un planétarium, cette splendide salle octogonale coiffée d'une coupole accueille quelques-uns des **chefs-d'œuvre ★★★** de la statuaire antique :
– *Pugiliste au repos* : cette œuvre magistrale en bronze est un original de la période hellénistique. Le réalisme qui caractérisa les œuvres grecques à partir du 3e s. avant J.-C. est ici très manifeste. Le combattant n'est plus envisagé comme le héros à la beauté idéale qu'ont représenté les artistes classiques, mais comme un homme harassé de fatigue. La statue a été retrouvée en 1884, en même temps que celle du *Prince hellénistique (à côté)* qui représente un jeune homme appuyé sur une lance. Ces deux œuvres constituent des exemples fort rares de statues en bronze aussi remarquablement conservées.

Museo Nazionale Romano

Le Pugiliste au repos

– *Vénus de Cyrène* : cette statue a été réalisée dans un beau marbre de Paros dont la consistance rappelle celle de l'ivoire. Elle a été découverte au début du siècle, lors des fouilles effectuées dans les thermes de Cyrène, en Libye. Il s'agit d'une copie, malheureusement acéphale, exécutée à partir d'un original grec du type des divinités sculptées par Praxitèle. Pour la soutenir, le sculpteur a imaginé une draperie qui prend appui sur un dauphin tenant un poisson dans sa gueule.
– *Vénus Anadyomène :* cette version représente la déesse sortant de l'eau en train de tordre ses cheveux.
– *Héraklès :* bel exemple de statue du type doryphore.
– *Apollon lycéen,* ainsi qu'une tête d'Esculape.
Au centre de cette salle, une dalle de verre posée au sol permet d'admirer les anciennes fondations de l'édifice.

Sur la piazza Beniamino Gigli, proche de la piazza della Repubblica, se trouve le **théâtre de l'Opéra** conçu par A. Sfondrini et achevé en 1880. La façade actuelle est l'œuvre de M. Piacentini, qui restaura et agrandit une partie de l'édifice en 1926.

Le Musée national romain

Installé à l'origine dans les thermes de Dioclétien et dans le couvent des chartreux bâti au 16e s. avec l'église Ste-Marie-des-Anges, ce musée fut inauguré en 1889. Sans cesse enrichi, notamment en 1901 par la collection Ludovisi, il devint un musée d'antiquités grecques et romaines de première importance. L'acquisition de l'ensemble des peintures de la villa Farnesina et des fresques de la villa de Livie à Prima Porta le plaça, avec le Musée archéologique national de Naples, aux tout premiers rangs pour la peinture antique.
Les collections du musée sont aujourd'hui réparties dans différents édifices. Les pièces les plus anciennes (époque républicaine) seront exposées à nouveau aux **thermes de Dioclétien** (l'Aula Ottagona est déjà ouverte au public) ; les œuvres de la fin de l'époque républicaine et et de l'époque impériale sont conservées au **palais Massimo alle Terme** ; la collection Ludovisi est présentée au **palais Altemps** *(voir p. 195).*

★★★ PALAZZO MASSIMO ALLE TERME ⊙

Entrepris en 1883 selon la volonté d'un jésuite, le prince Massimiliano Massimo, et destiné à devenir un collège (il le restera jusqu'en 1960), il accueille actuellement la partie la plus importante du Musée national romain.

Les collections, exposées dans quelques salles entourant une cour intérieure fermée par de grandes baies vitrées, occupent quatre étages ; le rez-de-chaussée et le 1er étage sont consacrés à la statuaire antique, le 2e étage aux fresques et aux mosaïques ; au sous-sol se trouvent quelques salles présentant des objets en or et dédiées à la numismatique.

Rez-de-chaussée

Le hall accueille une imposante statue datant du 1er s. avant J.-C. et représentant Minerve assise (**1**). Vraisemblablement destinée au culte, cette sculpture a été réalisée en albâtre rose, en basalte et en marbre de Luni. Le visage est un moulage moderne en plâtre d'une autre statue représentant la déesse.

La **galerie I** abrite une série de portraits d'époque républicaine dont l'expression du visage souligne l'appartenance à la même *gens*.

Salle I – Les deux fragments exposés (**2**) sont le véritable calendrier et la succession de consuls et de censeurs en fonction entre 67 avant J.-C. et 173 après J.-C. La reconstitution placée à côté fait apparaître les colonnes indiquant les mois et la succession des jours, divisés en jours fastes (suivis de la lettre F, ce sont les jours où l'on pouvait vaquer aux affaires publiques), en jours néfastes (lettre N), en jours *endotercisi* (lettres EN, ce sont des jours qui ne sont fastes qu'en milieu de journée) et en jours comitiaux (lettre C, jours où l'on convoquait les assemblées).

Le premier calendrier romain connu est attribué traditionnellement à Romulus et compte 304 jours regroupés en dix mois (le premier mois était mars). Numa Pompilius aurait ensuite ajouté les mois de janvier et février, constituant le calendrier de 355 jours auxquels, tous les trois ans, était rajouté un jour (le 23 février) afin de faire correspondre le cycle solaire au cycle lunaire. Mais il faut attendre Jules César pour avoir une réforme radicale : on passe à 365 jours avec un jour ajouté tous les quatre ans, toujours au mois de février, d'où dérive l'expression bissextile. En effet, les jours étaient représentés par des numéros selon un système qui se référait à la tombée des calendes (le 1er de chaque mois), des nones (le 5 ou le 7 de chaque mois) et des ides (le 13 ou le 15). Le jour ajouté était inséré entre le 24 et le 25 février, appelés le sixième et le septième jour (avant les calendes de mars) et il était un bis du *sextilis*. Le nom des mois, lui, provient des divinités (mars de Mars, mai de Maïa, divinité romaine incarnant le printemps, juin de Junon et avril peut-être de Vénus), des empereurs (août de Auguste et juillet de Jules César) ou de leur position à l'intérieur du calendrier (septembre est ainsi le septième mois, octobre le huitième...). Le nom de février est une exception car il dérive du verbe februare, qui signifie purifier, étant donné qu'il était le mois des cérémonies de purification.

Le **général de Tivoli** (**3**) – la cuirasse à ses pieds nous indique son appartenance au corps militaire – est un très bel exemple d'union de l'idéal de beauté propre à l'art grec et de réalisme typiquement italique. L'homme est représenté en héros, drapé uniquement d'un manteau pour mettre en évidence le physique puissant, d'une beauté classique contrastant avec le réalisme du visage où les marques du temps sont bien visibles.

À l'extrémité de la galerie, on peut admirer une belle mosaïque de pavement (**4**) (fin 2e s.-début 1er s. avant J.-C.), possédant au centre un emblème (encadré) illustrant l'enlèvement de Hylas par les nymphes. Le mythe raconte que le jeune homme, compagnon d'Hercule dans l'expédition des Argonautes, s'éloigna pour chercher de l'eau. Arrivé près d'une source, il fut enlevé par une nymphe. Hercule accourut à ses cris, mais ne trouva aucune trace du jeune homme. Dans la mosaïque, le jeune homme, le manteau gonflé par le vent, est entraîné dans l'eau par la nymphe.

Salle IV – Au centre de la salle, remarquer la jeune fille du type Artémis (**5**) habillée d'une tunique richement drapée. Noter la recherche des détails, particulièrement marquée par la gravure de têtes de panthère sur les souliers.

PALAZZO MASSIMO ALLE TERME

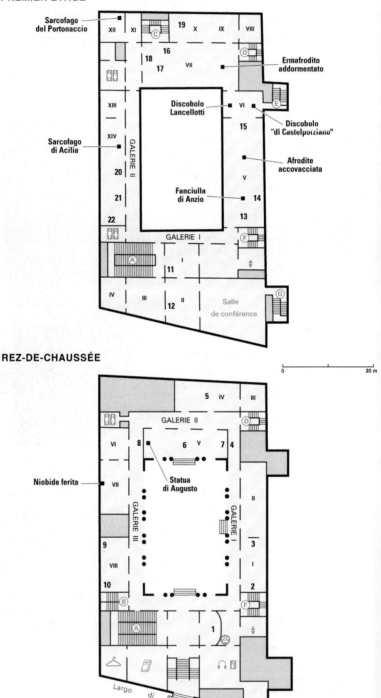

PREMIER ÉTAGE

Sarcofago del Portonaccio

XII · XI · 19 · X · IX · VIII

16
18
17 · VII

Ermafrodito addormentato

Discobolo Lancellotti

Discobolo "di Castelporziano"

XIII

XIV

Sarcofago di Acilia

15

GALERIE II

20

Afrodite accovacciata

21

V

Fanciulla di Anzio · 14

22

13

GALERIE I

I
11

IV · III · 12 · II

Salle de conférence

REZ-DE-CHAUSSÉE

0 — 20 m

5 · IV · III

GALERIE II

VI · 8 · 6 · V · 7 · 4

Niobide ferita · VII

Statua di Augusto

II

GALERIE III

GALERIE I

9

3

VIII

I

10

2

1

Largo di Villa Peretti

	Information		Ascenseur		Toilettes
	Audioguide	(A)	Escalier		Librairie
	Accès handicapés		Vestiaire		Téléphone

240

Salle V – Le salon dit « des trois arcades » est la seule pièce qui donne sur la cour intérieure, donc la plus lumineuse. Elle accueille la **statue d'Auguste**★★★. Drapé dans la toge de grand pontife, la tête voilée selon l'usage pour les prêtres occupés à célébrer un sacrifice, l'empereur est représenté aux alentours de la cinquantaine. Le visage est traité avec un réalisme simple, où perce peut-être une légère flatterie. Il présente une coiffure à deux mèches (dite en queue d'aronde), caractéristique des portraits de l'empereur. Les effets du temps semblent l'avoir épargné depuis qu'il fut représenté à l'occasion de la bataille d'Actium, alors qu'il avait 32 ans. Cette dernière œuvre, conservée au musée du Capitole, et celle abritée dans cette salle expriment toute la grave majesté et l'autorité du personnage : ces deux portraits sont de véritables documents psychologiques.

Dans la même salle, l'**autel de Mars et Vénus** (**6**) présente sur la face postérieure le soi-disant *Lupercal*, qui retrace la légende de Romulus et Rémus, nourris par la louve. En haut, à gauche, la personnification du Palatin avec, au-dessous, l'aigle symbole de Jupiter et sur le côté les deux bergers Faustulus et Numitor, pères adoptifs des jumeaux. En bas, à droite la personnification du Tibre.

Le thème de la fondation légendaire de Rome est repris par la **fresque du Colombarium Esquilin** (**7**). On voit, de droite à gauche, la fondation d'une ville, les luttes entre Rutules et Troyens, jusqu'à la rencontre de Mars et Rhea Silvia, père et mère de Romulus et Remus, et la louve allaitant les jumeaux.

Dans la **galerie III**, on peut admirer une mosaïque (**8**) riche de couleurs et de réalisme : un chat avec les poils hérissés attrape un oiseau, des canards sont parfaitement caractérisés.

Auguste en toge de grand pontife

Salle VII – Elle accueille des originaux grecs parmi lesquels se distingue la **Niobide blessée**★★★ de 440 avant J.-C. provenant des jardins de Salluste (la plupart des œuvres provenant de cette zone se trouvent au palais Altemps). La légende veut que Niobé, fière de ses 14 enfants, se moquait de Léto qui n'en avait que deux. La déesse, en colère, demanda à ses enfants Artémis et Apollon de la venger en tuant tous les fils de Niobé. Le sculpteur saisit le moment où la Niobide est blessée par la flèche, les yeux vers le haut et les bras tendus derrière le dos en essayant de l'extraire. Cette œuvre est un des premiers nus féminins en Grèce si l'on excepte des statuettes de l'art cycladique du 3e millénaire avant J.-C.

Salle VIII – Cette salle présente une série d'œuvres appartenant au courant néo-attique, dont la production prenait pour modèle l'art figuratif hellénistique. La statue représentant la **Muse Melpomène** (**9**) qui date du 1er s. avant J.-C est intéressante. En outre, il faut remarquer plusieurs éléments de décoration pour jardin parmi lesquels un socle orné de Ménades dansantes (**10**).

Premier étage

Les œuvres exposées, d'époque impériale, étaient utilisées à cette période comme images de propagande du pouvoir.

Salle I – Elle abrite les portraits de la dynastie des Flaviens. Noter, en particulier, le portrait de **Vespasien** (**11**). Cette représentation très réaliste montre un homme âgé, le visage large et alourdi, les yeux petits et le front ridé.

Salle II – Le portrait de **Sabine** (**12**), épouse de Trajan, nous montre une femme d'âge mur, ayant gardé des traits idéalisés.

Salle V-VI – Cette grande salle, qui était autrefois le théâtre du collège, abrite les œuvres provenant de trois grandes villas impériales : celles de Néron à Subiaco et à Antium, et celle de la villa Adriana à Tivoli *(voir p. 339).*

L'**Éphèbe de Subiaco** (**13**) pourrait probablement être l'un des fils de Niobé, blessé par les flèches d'Apollon *(voir salle VII)*. Le drapé de la tunique de la **Jeune fille d'Antium**★★, représentée avec une légère torsion du buste et le regard baissé sur le plateau d'offrandes (on reconnaît un bandeau sacré et un rameau d'olivier ou de laurier), élément qui sert à l'identifier à une probable prêtresse, est magnifique. La statue a été réalisée à partir de deux différents blocs de marbre ; pour la partie découverte du buste, on a utilisé le marbre à grain fin. Provenant aussi de la villa d'Antium, l'**Apollon** (**14**) est une copie romaine du 1er s. après J.-C. La pose naturelle et déhanchée, les épaules à hauteur différente et la tête légèrement baissée le rapprochent des œuvres de la période hellénistique (4e s. avant J.-C.). La comparaison avec l'**Apollon du Tibre** (**15**) met en évidence les différences : la pose statuaire, les épaules à la même hauteur, le corps vigoureux et d'une beauté idéalisée, le rapprochent de la période classique, probablement à un original de Phidias. L'**Aphrodite accroupie**★★★ est l'une des répliques les plus belles d'un original grec du 3e s. avant J.-C. représentant la déesse à sa toilette, thème particulièrement cher aux Romains qui la reproduisirent maintes fois.

À l'extrémité de la salle, on peut admirer deux copies romaines (2e s.) de l'original grec en bronze du *Discobole* de Myron (5e s.). Le **Discobole Lancellotti**★★★, du nom de son ancien propriétaire, est considéré comme une excellente réplique. L'artiste a rendu le moment de l'action où l'athlète a déjà saisi le disque de sa main droite et, dans un mouvement de flexion de tout son corps, s'apprête à le lancer. L'impassibilité du visage, malgré l'effort, est caractéristique des œuvres grecques de l'époque classique. Remarquer le travail détaillé des cheveux et des veines apparentes sur les bras, ainsi que la minutieuse reproduction des muscles. Les deux petits renflements présents sur la tête sont tout ce qui reste des deux points de référence utilisés par le copiste.

L'autre copie est celle « **de Castelporziano**★ », d'après le nom du domaine où elle fut trouvée en 1906. Moins complète, elle est aussi d'une facture moins minutieuse.

Salle VII – L'**Hermaphrodite endormi**★★ est une belle copie d'un original grec qui date probablement du 4e s. avant J.-C. Cette statue montre une certaine grâce, les lignes pures et la torsion du buste mettent en évidence l'ambiguïté (de profil, les attributs sexuels ne sont pas visibles). Le mythe raconte qu'un jour, le bel Hermaphrodite (fils d'Hermès et d'Aphrodite, d'où dérive le nom) se trouvait au bord d'un lac. La nymphe du lac, Salmacis, s'éprit du jeune homme, mais repoussée, demanda aux dieux d'unir à jamais leurs corps en un seul. Sa demande fut exaucée et c'est ainsi qu'un nouvel être, à la fois mâle et femelle, sortit du lac. La statue acéphale d'**Apollon Citharède** (**16**) est drapée d'un ample chiton qui souligne les formes du corps. Dans la salle on peut aussi admirer deux statues représentant Dionysos, mais très différentes l'une de l'autre. La première, en bronze, montre **Dionysos jeune** (**17**), avec les attributs typiques, le thyrse dans la main gauche et le ténia (ruban) orné de pampres de vigne dans les cheveux. À noter les éléments insérés en cuivre (mamelons, lèvres) et les yeux en pâte de verre. Le deuxième, une copie en marbre d'un original, probablement de Praxitèle, représente **Dionysos** (**18**) très âgé, la barbe longue, drapé d'un long chiton couvert d'un himation jeté sur l'épaule gauche. Il s'agit d'un autre aspect iconographique du dieu, appelé **Sardanapale**, du nom que le propriétaire d'une de ces statues avait fait graver sur le côté postérieur de celle-ci, peut-être pour associer le dieu au riche roi assyrien Sardanapal, célèbre pour sa débauche et pour son habitude de s'habiller avec des vêtements de femme (le chiton).

Salle X – Elle contient des objets en bronze provenant des navires du lac de Nemi (remarquer la balustrade ornée d'Hermès, **19**).

Fresque de la chambre C de la villa Farnesina (détail)

Salle XII – Le grand **sarcophage de Portonaccio★** est décoré d'une scène très riche qui évoque la bataille entre les Romains et les Barbares. Les personnages s'entassent et se superposent afin de souligner le désordre du combat. Sur les côtés, les deux vainqueurs montrent leurs mains (non attachées) pour symboliser la *pietas* romaine. Au centre de la composition se détache le condottiere, sans visage, probablement parce qu'il aurait dû être fini dans la dernière phase du travail ; en haut, légèrement à gauche, un serpent symbolise le mal ; la partie située au-dessus illustre quelques épisodes de la vie du condottiere depuis son enfance.

Salle XIV – Le **sarcophage d'Acilia★★** (3ᵉ s. après J.-C.), de forme ovale, présente un magnifique bas-relief illustrant une procession consulaire. Le personnage le plus jeune, peut-être le fils du consul *(derrière lui à droite)*, porte la bague de consul. Le personnage peint avec la toge et le diadème est l'allégorie du sénat romain. L'exécution est extrêmement raffinée et élégante. Remontant à une époque antérieure, le **sarcophage aux Muses** (**20** – les muses sont placées dans des niches) et le **sarcophage de l'Annone** (**21**), au centre duquel on remarquera le couple de jeunes mariés pendant la *dextrarum iunctio*, l'union des mains droites qui correspond de nos jours à l'échange des alliances. Le **sarcophage de Marcus Claudianus** (**22**), réalisé après l'édit de Constantin, montre des scènes chrétiennes (issues de l'Ancien et du Nouveau Testament). Au centre, le commettant est représenté en Christ en prière.

Deuxième étage

Il est consacré à l'art des mosaïques et aux fresques. Les galeries I et III abritent une grande partie des mosaïques de pavement.

★★★Triclinium della Villa di Livia (salle II) – C'est la reconstitution d'un espace situé presque au sous-sol de la villa que Livie, épouse d'Auguste, possédait à Prima Porta. Il s'agit très probablement d'un triclinium d'été. La décoration très raffinée, réalisée entre 20 et 10 avant J.-C., court le long des quatre murs et montre un jardin en pleine floraison. Remarquer la grande variété de plantes (sapins, cyprès, chênes, pins, grenadiers, oléandres, palmiers...) et les nombreux oiseaux. Le jardin est délimité par une double clôture (la première est constituée de roseaux entrelacés, la deuxième est en marbre). Les effets de perspective et de relief, obtenus grâce à l'utilisation de grisaille et à la différence de hauteur des plantes, ainsi que les tons des couleurs en font un chef-d'œuvre de la peinture antique.

★★★Villa della Farnesina – Ici, on a reconstitué les stucs et les peintures de quelques lieux de la villa suburbaine de l'époque d'Auguste, édifiée au bord du Tibre. Elle possédait un grand hémicycle à arcades ouvrant sur le fleuve. Les stucs qui ornaient les voûtes des pièces sont d'une facture très raffinée. Les peintures, caractéristiques du « second » et du « troisième » styles *(voir p. 55)*, ont probablement été réalisées à l'occasion du mariage de Julie, fille d'Auguste, et d'Agrippa. Le long des parois de la galerie II on peut admirer les fresques qui décoraient le cryptoportique, couloir souterrain éclairé par d'étroites lucarnes. La décoration reproduit une élégante colonnade présentant, entre les colonnes, des panneaux qui illustrent des scènes bacchiques et dionysiaques, réalisées sur fond blanc. À l'extrémité du couloir, on a reconstitué le **triclinium d'hiver** *(salle III)*. Sur le fond noir se distinguent de petites colonnes très délicates d'où se détachent des festons végétaux. Leurs panneaux illustrent des sujets égyptiens (sphinx, scènes de jugement). À l'extérieur, on retrouve le couloir mixtiligne dont les panneaux proposent des scènes de la vie

Museo Nazionale Romano

DEUXIÈME ÉTAGE

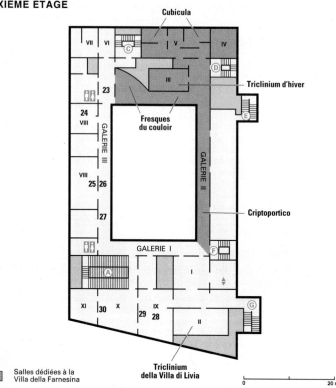

Cubicula

Triclinium d'hiver

Fresques
du couloir

Criptoportico

GALERIE III

GALERIE II

GALERIE I

VII VI

V

IV

III

23

24
VIII

25 26

27

XI 30 X

29 28

I

II

Salles dédiées à la
Villa della Farnesina

Triclinium
della Villa di Livia

0   20 m

quotidienne, ainsi que des masques de la tragédie et de la comédie. Les fresques magnifiques des trois chambres à coucher *(cubicula)* de la villa, dont deux présentent un fond rouge pompéien (la couleur de la passion) et la troisième un fond clair, sont également parfaitement préservées *(salle V)*. Les voûtes conservent encore une partie des stucs de facture très raffinée.

Galerie III – La mosaïque représentant une Niké *(au centre)* entourée de masques dionysiaques (**23**) remonte à la fin du 1er s. avant J.-C. Le long de la galerie s'ouvrent des pièces *(salle VIII)* qui accueillent le **nymphée d'Antium** (**24**) avec, dans la niche centrale, l'image d'Hercule se reposant (facilement reconnaissable grâce à sa massue) et des **fresques** (**25** – 2e s. après J.-C.) illustrant la faune sous-marine, trouvées près d'un port fluvial sur le Tibre. À l'extrémité de la galerie, on peut admirer une belle **mosaïque avec une tête de satyre et Pan** (**26**) et une grande **mosaïque avec un paysage du Nil** (**27**) du 2e s. après J.-C. caractérisée par la présence de crocodiles et d'hippopotames *(comparer avec celle du musée de Palestrina, p. 338)*.

Salle IX – Elle contient des pavements en mosaïque de la villa de Baccano (sur la via Cassia), du 3e s. après J.-C. La grande **mosaïque à sujet marin** (**28**), au centre de laquelle on retrouve la personnification de Neptune, dieu de la Mer, provient des thermes, tandis que les quatre panneaux avec des figures d'auriges (**29** – les couleurs des tuniques correspondent aux quatre factions en compétition) décoraient un cubiculum.

Salle X – Consacrée aux « mégalographies », c'est-à-dire aux images de grandes dimensions, cette salle accueille une fresque (**30**) qui représente une déesse identifiée à Vénus, mais reconnue au 17e s. comme Rome à cause du casque.

Sous-sol

Il abrite une vaste section de numismatique et une autre d'orfèvrerie.

★★Section numismatique – Dans cette grande salle, les pièces de monnaie guident le visiteur au fil des siècles, du 4e s. avant J.-C. jusqu'aux ébauches de l'euro. Dans les vitrines, on peut admirer des matériaux, des poids et des mesures qui font référence à l'exigence et à l'art nécessaires à la frappe des monnaies.

Les prix et le luxe à Rome – En 301 après J.-C., Dioclétien promulgua un édit imposant un plafond aux prix et aux mesures. La première vitrine abrite des objets de calcul, dont un abaque (n° 14), tandis que dans la deuxième on peut remarquer une singulière statuette représentant un squelette. Il s'agit de ce qu'on appelait le spectre de table : pendant les banquets, elle était placée au centre de la table pour rappeler la vanité de la condition humaine (mange, mais souviens-toi que tu dois mourir). Les autres vitrines accueillent de beaux exemples d'art de l'orfèvrerie romaine. Au centre de la salle, une châsse contient la momie d'une petite fille de huit ans, parfaitement conservée et remontant probablement au 2ᵉ s. après J.-C.

À L'EST DE LA PIAZZA DELLA REPUBBLICA

Sur le côté opposé du viale Einaudi, on peut voir le monument aux 500 victimes de Dogali, morts pendant la guerre coloniale en Erythrée en 1887. L'obélisque qui le surmonte provient du temple d'Isis situé au Champ de Mars.

Plus à l'Est, on peut découvrir un quartier aménagé après 1870 pour permettre à Rome d'assumer son rôle, alors nouveau, de capitale.

Le Castro Pretorio, où les empereurs logeaient leur garde personnelle (la garde prétorienne instituée par Auguste), accueillit à nouveau des troupes, celles de l'Italie unifiée.

Sur la piazza dei Cinquecento, le bâtiment actuel de la **Stazione Termini** (gare centrale) fut commencé peu avant la Seconde Guerre mondiale pour remplacer la vieille gare qui datait de l'arrivée du chemin de fer à Rome sous le pontificat de Pie X (1846-1878). Interrompue par le conflit, la construction de la nouvelle gare reprit en 1942 et fut achevée en 1950 pour l'année sainte. La toiture du hall aux lignes ondulées est considérée comme l'une des grandes réussites architecturales de cette époque.

À proximité de la gare, on peut voir des vestiges importants des murailles qui entourèrent Rome après l'invasion des Gaulois au 4ᵉ s. avant J.-C.

S. GIOVANNI IN LATERANO★★★
ST-JEAN-DE-LATRAN
Visite : 3 h

Le quartier du Latran a hérité son nom d'une famille, les Laterani, qui possédait là une riche propriété ; spoliée par Néron, elle retrouva ses biens grâce à Septime Sévère. Des fouilles, effectuées dans la via dell'Amba Aradam (sous l'immeuble de l'INPS), ont révélé les vestiges d'une maison identifiée avec celle des Laterani. Celle-ci, réunie au 4ᵉ s. à une maison voisine, a peut-être constitué la maison de **Fausta**, sœur de Maxence et femme de Constantin. C'est cette Fausta qui prêta sa maison au pape Melchiade pour qu'il y réunisse les évêques en concile. Cela, se passant en 313, fut l'une des toutes premières manifestations officielles du christianisme.

Sous l'hôpital St-Jean-de-Latran, des vestiges d'un édifice ont été identifiés avec la maison des Annii, la famille de Marc Aurèle ; dans un péristyle ont été retrouvés les restes du socle qui, peut-être, a porté la statue de l'empereur, aujourd'hui sur la place du Capitole.

L'itinéraire part de la **porte S. Giovanni**, ouverte au 16ᵉ s. dans la muraille d'Aurélien bâtie autour de Rome au 3ᵉ s. et très bien conservée à cet endroit.

Au-delà de la porte, dans la via Sannio, se tient chaque matin un marché aux vêtements très animé.

Le **monument à saint François d'Assise** rappelle qu'un jour de 1210 le saint et ses compagnons se dirigèrent vers le Latran pour faire approuver leur règle par Innocent III.

De la piazza di Porta S. Giovanni, prendre à gauche dans le petit square.

Le contraste est grand entre le brouhaha de la place, nœud urbain de première importance, et la calme solennité que diffuse la façade de la basilique.

★★★BASILICA DI S. GIOVANNI IN LATERANO ⊘

La **basilique St-Jean-de-Latran**, premier sanctuaire dédié au Saint Sauveur, symbolisa le triomphe du christianisme sur le paganisme. Pour cela, elle mérita le nom de « Mère et tête de toutes les églises de la ville et du monde ».

Elle est la cathédrale de Rome, et le président de la République française appartient de droit à son chapitre en mémoire des bienfaits que la France apporta au Latran (*le 13 décembre, une messe est célébrée pour la France*).

Basilique de Constantin – Le 28 octobre 312, Constantin, vainqueur de Maxence, entra triomphalement à Rome. Immédiatement, il ordonna que cessent les persécutions envers les chrétiens. Dès 314, le pape Sylvestre Iᵉʳ résida au Latran, ensemble d'édifices composé d'un palais, d'une basilique et d'un baptistère, qui fut la résidence pontificale officielle à partir du 5ᵉ s. jusqu'au départ de la papauté à Avignon.

Avant d'édifier St-Pierre, Constantin éleva la basilique du Latran sur l'emplacement de la caserne des gardes du corps de Maxence. Ainsi, l'empereur victorieux détruisit un témoignage de la grandeur de son adversaire et réaffirma sa volonté de donner au christianisme ses lettres de noblesse.

Dévastée par les barbares au 5ᵉ s., ruinée par un tremblement de terre en 896, détruite par un incendie en 1308, la basilique fut reconstruite à l'époque baroque et au 18ᵉ s. Au total, plus de vingt papes ont travaillé à la rebâtir, à la restaurer, à l'embellir, depuis saint Léon le Grand (440-461) jusqu'à Léon XIII (1878-1903).

Un étrange procès – Il se déroula en 896 et eut le Latran pour théâtre. L'accusé fut le cadavre du pape Formose, revêtu des vêtements pontificaux ; ses adversaires ne lui avaient pas pardonné d'avoir sacré empereur ce « barbare » d'Arnoul, dernier représentant des Carolingiens. Installé face à son juge (le pape Étienne VI), déclaré indigne et parjure, il fut finalement jeté au Tibre. Étienne VI fut châtié à son tour, emprisonné et étranglé.

Les grands conciles du Latran – Quelques-uns des conciles les plus déterminants de l'histoire de l'Église se déroulèrent dans le palais ou dans la basilique du Latran. Celui de 1123 confirma le concordat de Worms qui mit fin à la querelle des Investitures. Le concile de 1139 condamna **Arnaud de Brescia** ; ce chanoine, révolté contre l'autorité épiscopale, prônait le retour de l'Église à la pauvreté des origines ; il fonda une commune libre à Rome et en expulsa Eugène III. En 1179, Alexandre II appela à la croisade contre l'hérésie cathare. À la suite du concile de 1215 qui réunit plus de quatre cents évêques, huit cents abbés, où toutes les cours d'Europe furent représentées, chaque fidèle fut obligé de se confesser une fois par an et de communier à Pâques. Innocent III, décidé à venir à bout de l'hérésie albigeoise (ou cathare), lança une armée de croisés en Languedoc. Jules II en 1512 ouvrit le cinquième concile de Latran en réaffirmant la suprématie de l'Église de Rome.

Extérieur

La **façade** du 18ᵉ s., très équilibrée, est la principale réalisation d'Alessandro Galilei (1691-1736), un des architectes qui achevèrent la Rome baroque. Il sut opposer avec beaucoup de maîtrise les espaces vides et obscurs aux colonnes claires. Au sommet, un peuple gigantesque de saints semble prêcher dans les cieux autour du Christ et des saints Jean Baptiste et Jean l'Évangéliste. Sous le porche, la **grande statue de Constantin** (1), le premier empereur chrétien, provient des thermes impériaux du Quirinal. Depuis 1656, la **porte centrale** (2) est pourvue des battants de la porte de la curie du Forum romain : en 1660, ils furent élargis d'une bordure marquée des étoiles du blason du pape régnant, Alexandre VII.

Couronnement de la façade de St-Jean-de-Latran

Intérieur

Il est difficile d'imaginer le plan basilical que présentait l'édifice de Constantin. À cinq nefs avec un transept, l'intérieur offre aujourd'hui l'aspect d'une église baroque, parfois jugée froide et solennelle pour ses dimensions grandioses et la pâleur de ses stucs. C'est qu'il s'agit d'un édifice très ancien « rhabillé » au goût du 17e s.

Nefs – Leur agencement est l'œuvre du grand architecte baroque **Borromini** qui avait prévu une voûte. De même qu'Urbain VIII avait confié l'achèvement de la basilique St-Pierre au Bernin, son successeur, Innocent X, désireux de laisser une empreinte prestigieuse de son pontificat, confia vers 1650 la rénovation de St-Jean-de-Latran à Borromini. Mais, alors que le Bernin sut parfaitement adapter le style baroque aux étapes antérieures de construction, Borromini fut contrarié dans ses projets par Innocent X qui lui imposa de conserver le plafond de la basilique. Aussi, les piliers de la nef principale qui remplacèrent les colonnes antiques et qui avaient été conçus pour soutenir la voûte paraissent-ils écrasés par ce plafond ; les niches proéminentes et toutes de marbre sombre détruisent l'effet des bas-reliefs et des médaillons ovales qui les surmontent.

★★**Plafond** – Pie IV le fit commencer en 1562. Son blason figure au centre. Pie V, dont le blason a été placé vers le chœur, l'acheva en 1567. Au 18e s., Pie VI le restaura et y plaça son blason, vers l'entrée principale. Les auteurs sont un groupe d'élèves de Michel-Ange.

★**Statues des apôtres** (3) – Ce sont des œuvres du baroque finissant exécutées par des disciples du Bernin. Borromini conçut douze grandes niches devant les pilastres de la nef centrale pour les abriter. Il réemploya, après les avoir raccourcies, les colonnettes de marbre vert tacheté qui séparaient les nefs latérales de la basilique antique. Au fronton de chaque niche, il disposa la colombe du blason d'Innocent X.

Au-dessus, les bas-reliefs sculptés sous la direction de l'Algarde illustrent des histoires de l'Ancien et du Nouveau Testament. Au sommet de la nef, les prophètes furent peints au 18e s. dans les médaillons ovales. Cet ensemble remplaça les fresques que Martin V et Eugène IV firent peindre au 15e s. par Pisanello et Gentile da Fabriano.

★**Chapelle Corsini** (4) – En croix grecque surmontée d'une coupole, elle est l'œuvre raffinée d'Alessan-

L'apôtre Philippe

dro Galilei, l'auteur de la façade. À gauche, au-dessous du tombeau de Clément XII, l'urne en porphyre provient du Panthéon. Belles statues allégoriques du 18e s.

Un fragment de **fresque** attribué à Giotto (5), très retouché, représente Boniface VIII annonçant l'année sainte de 1300.

Transept – Autant la nef principale est dépouillée d'ornements, autant le transept resplendit de fresques, de marbres et de dorures. Il fut rénové vers 1595 par Clément VIII qui en confia la conception architecturale à Giacomo Della Porta. Il constitue un bon exemple de décoration maniériste : les grandes fresques des parois offrent l'aspect affecté d'un décor de théâtre ; elles sont dues en particulier à Cesare Nebbia, Pomarancio et au Cavalier d'Arpin qui, dans l'*Ascension* (au fond du croisillon gauche), imita la *Transfiguration* de Raphaël (pinacothèque du Vatican).

Parmi les marbres au découpage compliqué, les anges sculptés en haut relief et placés dans de petites niches n'ont pas encore la liberté de mouvement qui caractérisa l'art baroque. Le **plafond**★★ fastueux, marqué aux armes de Clément VIII, riche en couleurs et foisonnant de dorures, est l'œuvre de Taddeo Landini (fin 16e s.).

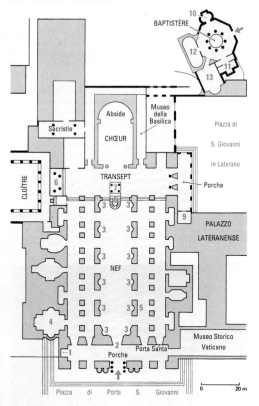

Dans la **chapelle du St-Sacrement** (**6**), quatre belles **colonnes**★ antiques en bronze doré, les seules de ce genre à Rome, soutiennent le fronton. Selon la légende, au 1er s. avant J.-C., elles appartenaient au temple de Jupiter sur le Capitole. Le **baldaquin** (**7**) date du 14e s. et fut repeint à la Renaissance. Il abrite en son sommet les reliques des chefs de saint Pierre et de saint Paul, placées dans les reliquaires d'argent en partie exécutés aux frais du roi de France Charles V (refaits au 18e s.). Au 19e s., Pie IX fit revêtir le maître-autel de marbre. Au cours de ces travaux, il apparut que l'autel de bois précédent renfermait d'autres planches beaucoup plus anciennes dont l'une appartint très probablement à l'autel où officia le pape Sylvestre Ier (314-335).

Dans la confession (**8** – *voir glossaire d'art*) créée au 9e s. fut placé le tombeau de Martin V, le premier pape qui régna après le Grand Schisme. Le tombeau serait l'œuvre du frère de Donatello.

Abside – L'abside de la basilique de Constantin, refaite au 5e s. puis au 13e s., ne changea de plan qu'au 19e s. lorsque Léon XIII la fit reculer pour doter la basilique d'un vaste chœur. On recopia alors les baies ogivales et surtout la **mosaïque** de la cuvette. Celle-ci avait déjà été refaite au 13e s. par **Jacopo Torriti** sur le modèle de l'antique. Il avait repris notamment la représentation de la croix, de la Jérusalem céleste avec le palmier et le phénix, symboles de la résurrection (au-dessous de la croix), du Jourdain peuplé de poissons, d'oiseaux et de barques, formant la base de la composition. Mais il a ajouté la Vierge et Nicolas IV agenouillé, les saints Pierre et Paul *(à gauche)*, André et les deux saints Jean, le Baptiste et l'Évangéliste *(à droite)*. Jacopo Torriti, qui était moine franciscain, a fait figurer en outre, en plus petit, saint François d'Assise *(à gauche)* et saint Antoine de Padoue *(à droite)*.

La mosaïque est dominée par le buste du Christ : la première représentation du Christ en cette abside remonte au 4e s. Peu de temps auparavant, le paganisme triomphait encore. Aussi, lorsque le pape Sylvestre consacra la basilique, l'apparition d'une telle image fut-elle jugée miraculeuse par les fidèles. Jacopo Torriti, soucieux de respecter ce «miracle», réussit à détacher la figure antique et à l'insérer dans sa composition. Au cours des travaux du 19e s., cet original fut brisé et remplacé par une copie.

Museo della Basilica ☑ – *À droite du presbiterio.* Les trésors de la basilique y sont conservés : ostensoirs, calices et reliquaires en or. Intéressante, la **croix de station** *(vitrine V)* est en argent doré du 12e s.

★**Cloître** – Cette charmante construction du 13e s. est l'une des œuvres les plus remarquables des Vassalletto (père et fils). Leur art, comme celui des Cosmates, consista à découper finement et assembler des fragments de marbres antiques. Les colonnettes torsadées aux chapiteaux variés, la frise en mosaïque, la corniche sculptée avec une extrême minutie font de cet endroit plein de poésie un lieu où l'on aime s'attarder. Au centre du jardin, un beau puits du 9e s. a été placé.

Sortir de la basilique par le bras droit du transept.

Sous le **porche**, la statue en bronze d'Henri IV (**9**), œuvre de Nicolas Cordier (1567-1612), rend hommage au roi de France qui fit don au chapitre de Latran de l'abbaye de Clairac en Agenais. La **façade du bras droit du transept** *(actuellement en restauration)* pourrait être celle de l'église elle-même tant elle est majestueuse. Domenico Fontana la reconstruisit en 1586.

BAPTISTÈRE

Comme la basilique, il fut fondé par Constantin. Au 4e s., étaient baptisés ; aujourd'hui, il sert de cadre aux cérémon Sixte III le rebâtit au 5e s. ; il fit élever au centre les huit colon inscrire sur l'entablement octogonal des vers relatifs au ba supérieure et le lanternon sont des adjonctions du 16e s. Div baptistère et Urbain VIII lui donna son aspect actuel au 17e s. ; les fresques des parois datent de cette époque.

Chapelles – *Pour visiter, s'adresser au gardien.*
Les **chapelles des deux saints Jean Baptiste** (10) et **Jean l'Évangéliste** (11) ont été élevées par le pape Hilaire (461-468) : alors qu'Hilaire était le légat du pape Léon le Grand, il fut envoyé au concile d'Éphèse pour y plaider contre une hérésie. Des désordres ayant éclaté durant le procès, Hilaire dut se réfugier sur la tombe de saint Jean l'Évangéliste ; là, il fit le vœu d'élever une chapelle aux deux saints Jean. Celle de saint Jean Baptiste a conservé sa porte antique, très lourde et composée d'un alliage d'or, de bronze et d'argent ; elle émet des sons très spéciaux lorsqu'elle tourne sur ses gonds.
La porte de bronze de la chapelle de saint Jean l'Évangéliste fut refaite au 12e s. La voûte est ornée d'une belle mosaïque du 5e s. (délicatesse des couleurs sur fond doré).
Chapelle des saintes Rufine et Seconde (12) – Depuis le 12e s. elle occupe le narthex antique par où l'on pénétrait dans le baptistère. C'est un vestibule allongé pourvu de deux absides ; l'une est décorée d'une belle mosaïque du 5e s.
Chapelle de saint Venance (13) – Construite au 7e s. par Jean IV, elle est ornée de mosaïques de style byzantin (personnages aux longues silhouettes un peu raides). Beau plafond de cèdre.

LA PLACE

Sur la **piazza di S. Giovanni in Laterano** s'élève un bel obélisque égyptien de granit, le plus haut de Rome, du 15e s. avant J.-C. Transporté à Rome au 4e s. par Constance II, il orna longtemps le Grand Cirque au pied du Palatin. C'est là qu'il fut trouvé en 1587. Sixte Quint le fit réparer et transporter par Domenico Fontana.

Palazzo Lateranense – Lorsque Grégoire XI rentra à Rome en 1377 après le séjour des papes à Avignon, il trouva un **palais du Latran** dévasté par l'incendie et dut se transporter au Vatican. L'édifice actuel fut rebâti en 1586 par Domenico Fontana sous le pontificat de Sixte Quint. Les accords du Latran *(voir p. 275)* y furent signés en 1929. Aujourd'hui, le palais abrite le gouvernement du diocèse de Rome ou Vicariat, dont le pape est le chef en tant qu'évêque de Rome.

Museo Storico Vaticano ⊙ – *Accès par le portique de la façade principale de la basilique.* Le musée se compose de deux parties : l'**appartement papal** et le **Musée historique**. L'appartement comprend 10 salles, chacune décorée de fresques à la fin du 16e s. C'est dans le dernier salon, dit de la Conciliation, que furent signés les accords du Latran (1929) par le cardinal P. Gaspari et Mussolini. Le musée historique comprend quant à lui trois sections consacrées à l'histoire de la papauté, au cérémonial pontifical et aux corps d'armée pontificaux.

Vestiges du palais médiéval – Au Moyen Âge, le palais pontifical s'étendait de son emplacement actuel à la via Domenico Fontana. Le triclinium de Léon III et l'Escalier saint en sont deux vestiges, reconstitués sur le côté Est de la piazza di S. Giovanni.

Triclinio di Leone III – Le pape Léon III (795-816) fit construire deux salles au palais. Du triclinium ou salle à manger, il reste une abside ornée d'une mosaïque, refaite au 18e s. Elle rappelle l'alliance de Léon III et de Charlemagne : l'empereur remit le pape sur son trône, puis celui-ci couronna l'empereur à St-Pierre.

Scala Sancta ⊙ – Sixte Quint (1585-1590) fit démolir ce qui restait du palais médiéval. Cependant, il conserva, à peu près à son emplacement primitif, la chapelle privée des papes, qu'il fit incorporer à un édifice élevé par Domenico Fontana. Pour y accéder, il fit placer l'escalier principal de l'ancien palais, traditionnellement identifié avec celui du palais de Ponce Pilate que le Christ aurait emprunté. Les fidèles gravissent à genoux les degrés de l'Escalier saint, que flanquent des marches empruntées par les simples piétons. Au sommet, la chapelle des papes, qui renferme de précieuses reliques, est appelée **« Sancta Sanctorum »** ★★ par analogie avec le « Saint des Saints » du temple de Jérusalem. Toujours fermée, on ne peut apercevoir sa belle décoration cosmate qu'à travers des grilles. Les peintures ayant été endommagées par l'eau de pluie au fil des siècles, elles ont subi de minutieuses restaurations terminées en 1995, qui ont permis de mettre au jour les fresques réalisées au 13e s. Les spécialistes du Moyen Âge estiment qu'il s'agit là de l'une des plus importantes découvertes du siècle. La chapelle abrite, au-dessus de l'autel, la fameuse icône du Christ dite *archeropita*, car elle ne fut pas faite par une main humaine : saint Luc aurait commencé à la peindre, un ange l'aurait terminée ; elle serait miraculeusement arrivée de Constantinople à Rome au 8e s. Dans la chapelle St-Laurent qui flanque à droite la chapelle pontificale, on peut voir la porte de bronze antique aux serrures impressionnantes donnant accès au « Sancta Sanctorum ».

AUTOUR DE LA PORTA MAGGIORE

Parcourir tout le viale Carlo Felice jusqu'à la piazza S. Croce in Gerusalemme.

Dans l'Antiquité, la partie de la ville qui s'étend à l'Est de l'Esquilin était un faubourg de Rome, riche en bosquets et en tombeaux ; ceux-ci se succédaient sur des kilomètres, le long des voies Prenestina et Labicana (aujourd'hui Casilina).

À partir du règne d'Auguste (31 avant J.-C.-14 après J.-C.), les cimetières peu à peu firent place à de vastes jardins aménagés par de riches Romains.

Sous l'Empire, ces luxueuses propriétés, où d'habiles paysagistes avaient disposé des nymphées et tracé des allées agrémentées d'œuvres d'art, passèrent au domaine impérial, par confiscation ou par héritage (souvent les membres de la haute société léguaient leurs biens à l'empereur). Cela, empêchant le développement vers l'Est, aggrava le problème posé par le manque de place au centre de plus en plus occupé par les grands édifices de prestige. Au 3ᵉ s. le secteur proche de la porta Maggiore fut cerné par l'enceinte d'Aurélien (Mura Aureliane). Resté à l'écart des grands travaux d'urbanisme réalisés par les papes à la Renaissance et à l'époque baroque, il fut bâti à la fin du 19ᵉ s. après que Rome fut devenue la capitale de l'Italie.

★**Museo degli Strumenti musicali** ⓥ – Ce charmant musée regroupe les instruments de musique les plus variés, de l'Antiquité au 19ᵉ s. Aux sifflets, cornes et clochettes antiques succèdent des instruments exotiques, tandis que de belles mandolines marquetées, des tambourins et des ocarinas évoquent la musique populaire. Tous les genres sont représentés : instruments mécaniques, portatifs, militaires, religieux et domestiques, ornés de délicates peintures, de fines incrustations de nacre ou d'ivoire. Parmi les pièces somptueuses du musée, remarquer : le pianoforte réalisé en 1722 par Bartolomeo Cristofori, l'un des inventeurs de cet instrument *(salle 5)* ; la harpe Barberini, du 17ᵉ s. *(salle 13)*, du nom de la prestigieuse famille à qui elle a appartenu, décorée de luxueuses sculptures dorées ; un rare exemplaire de clavecin vertical du 17ᵉ s. *(salle 15)* au couvercle joliment peint.

★**S. Croce in Gerusalemme** ⓥ – Dans cette église, qui à l'origine s'appela simplement Jérusalem, la légende de la sainte croix se mêla étroitement à l'histoire. Là se dressait le **palais Sessorien**, demeure privée de l'impératrice **Hélène**, mère de Constantin ; il fut construit au 3ᵉ s. et demeura propriété impériale jusqu'au 6ᵉ s. Au 4ᵉ s., Hélène, comme de nombreux Romains de son temps, partit en pèlerinage à

Jérusalem. Elle en revint en 329 riche d'un fragment de la vraie croix qu'elle déposa dans son palais. La même année, elle mourut. À cela s'ajoute la légende selon laquelle sainte Hélène aurait elle-même retrouvé la vraie croix. Le culte de la croix ne fut introduit à Rome qu'au 7e s.

La naissance de l'église et ses transformations – En souvenir de sa mère, l'empereur Constantin (ou ses fils) transforma une partie du palais Sessorien en église destinée à abriter la précieuse relique. L'ensemble se composait à l'origine d'un grand vaisseau pourvu d'une abside et réservé à la pratique du culte et d'une salle, plus petite (l'actuelle chapelle Ste-Hélène), où fut enfermée la relique. Au 12e s., le pape Lucius II (1144-1145) divisa la grande salle en trois nefs et fit dresser un campanile, sans modifier les murs extérieurs. Il rehaussa le niveau de l'édifice, mais ne toucha pas à celui de la petite chapelle, peut-être parce que la tradition voulait que son sol fût composé de terre rapportée du Calvaire. À la Renaissance, la chapelle Ste-Hélène, jusqu'alors isolée et accessible seulement de l'extérieur, fut reliée à la grande salle par deux escaliers ménagés de part et d'autre de l'abside. Enfin le 18e s. donna à l'église son aspect d'aujourd'hui.

Visite – À côté du campanile du 12e s. s'élèvent la façade mouvementée et le vestibule ovale, réalisations du 18e s. où ont été appliqués les principes chers à Borromini. À l'intérieur, le plafond de la nef centrale fut refait au 18e s. De cette même époque date l'emphatique baldaquin. L'abside conserve l'empreinte de la Renaissance : elle est ornée d'une jolie fresque d'Antoniazzo Romano (fin 15e s.) illustrant la légende de la découverte de la croix par sainte Hélène.

La **chapelle Ste-Hélène** *(en restauration ; accès par l'un des escaliers au sommet des nefs latérales)* est parée de belles **mosaïques★**, dessinées par Baldassarre Peruzzi, peut-être par Melozzo da Forlì. La statue au-dessus de l'autel est une œuvre romaine représentant Junon et transformée en sainte Hélène.

Les **chapelles de la Croix et des Reliques** *(accès par un escalier s'ouvrant à gauche de la nef latérale gauche)* abritent les reliques de la Passion, aussi sont-elles visitées par des milliers de pèlerins. Dans la première chapelle, on remarque le bras de la croix du bon larron crucifié au côté de Jésus *(au bas de l'escalier, face à la porte d'entrée)*. La chapelle des Reliques abrite *(vitrine derrière l'autel)* des fragments de la vraie croix, le « titre » de la croix – c'est-à-dire l'inscription qu'elle portait –, deux épines de la couronne, le doigt de saint Thomas, quelques fragments de la colonne de la flagellation, de la grotte de Bethléem et du St-Sépulcre, ainsi qu'un clou de la Passion.

En sortant de l'église, prendre à gauche ; après être passé sous l'enceinte d'Aurélien (Mura Aureliane), les vestiges de l'amphithéâtre Castrense s'élèvent sur la gauche.

Anfiteatro Castrense – Son nom lui vient du mot latin *castrum* qui, au 4e s., eut la signification de résidence impériale. Sans doute cet amphithéâtre, comme le palais Sessorien *(voir plus haut)*, faisait-il partie de la propriété impériale qui s'étendait dans ce secteur. Celle-ci devait avoir une grande importance, car il semble que l'on ait dévié l'enceinte d'Aurélien uniquement pour l'y inclure. L'amphithéâtre presque entièrement construit en brique date de la fin de la dynastie des Sévères (3e s.) ; des trois étages qu'il comportait, seul le premier est bien conservé.

Rejoindre la porta Maggiore par la via Eleniana.

★**Porta Maggiore** – Cet édifice, érigé au 1er s., était destiné à donner un aspect monumental à l'endroit où l'aqueduc de Claude arrivait à Rome en franchissant la via Prenestina et la via Labicana. L'emploi de gros blocs de travertin grossièrement taillés (même pour les colonnes) constitua une innovation caractéristique de l'époque de l'empereur Claude. La partie supérieure, à l'intérieur de laquelle passaient les conduites de l'aqueduc, porte les inscriptions relatives aux travaux de Claude, à ceux de Vespasien (71) et de Titus (81) qui firent restaurer le monument. Au 3e s., celui-ci fut inséré dans l'enceinte d'Aurélien. Lorsque Honorius (395-423) restaura les fortifications, un bastion fut ajouté à l'extérieur ; sa démolition au 19e s. révéla la présence du tombeau de Marcus Vergilius Eurysaces.

★**Sepolcro di Marco Virgilio Eurisace** – Marcus Vergilius Eurysaces, fabricant industriel de pain, vécut à la fin de la République. Fournisseur de l'armée, sans doute s'enrichit-il pendant les guerres civiles qui marquèrent cette époque, au point de se faire construire un énorme tombeau en travertin (daté de 30 avant J.-C. environ). Il voulut que celui-ci perpétuât le souvenir de son métier : sur un socle, il fit élever deux parties constituées de cylindres, les uns disposés verticalement, les autres horizontalement, évoquant les récipients où l'on conservait la farine. L'inscription qui sépare les deux parties se rapporte à l'identité du personnage. Au sommet du monument, une frise est sculptée de bas-reliefs illustrant les différentes phases de la fabrication du pain.

Prendre la via Statilia.

Sur la gauche, remarquer les belles arches de l'aqueduc de Claude, parmi les pins parasols et les acacias.

Acqua Claudia – Les aqueducs furent sans doute les ouvrages publics les plus remarquables de l'architecture romaine. Commencé par Caligula en 38, l'**aqueduc de Claude**, terminé en 52, en constitue l'exemple le plus grandiose. Parti des montagnes de Subiaco, il atteignait la ville après un parcours de plus de 68 km dont 15 à l'air libre. De la porta Maggiore se détachait une ramification construite par Néron (54-68), dont il reste des vestiges visibles dans les jardins de la villa Wolkonsky, sur la piazza della Navicella et à l'arc de Dolabella. Domitien (81-96) prolongea cet aqueduc jusque sur le Palatin pour alimenter son palais en eau.

Emprunter la via G. Giolitti.

Tempio di Minerva Medica – Cette belle salle circulaire, autrefois couverte d'un dôme, date du 4e s. Peut-être fut-elle le nymphée d'un riche jardin.

S. LORENZO FUORI LE MURA ★
ST-LAURENT-HORS-LES-MURS
Visite : une heure

L'intérêt majeur de cet itinéraire est sans conteste la **basilique St-Laurent-hors-les-Murs**, destination de nombreux pèlerinages depuis l'Antiquité. Remanié à plusieurs reprises au cours des siècles, l'édifice offre la particularité de comporter deux églises distinctes séparées par 700 ans et correspondant aux transformations apportées par les règnes de deux papes.
Par ailleurs, on découvrira la Cité universitaire, remarquable complexe architectural datant des années 1930.

★★BASILICA DI S. LORENZO FUORI LE MURA

On l'appelle parfois aussi S. Lorenzo al Verano, car elle est située sur le domaine qui appartint dans l'Antiquité à un certain Lucius Verus.
Non loin de là passait la via Tiburtina, bordée comme les autres voies autour de Rome de tombeaux, puis de cimetières chrétiens souterrains ou catacombes. Dans l'un d'eux fut enseveli **saint Laurent**, diacre né en Aragon et martyrisé en 258 sous l'empereur Valérien, peu après le martyre du pape Sixte II. Selon la légende, il aurait été supplicié sur le gril. Il fut l'un des martyrs les plus vénérés du haut Moyen Âge.
Les pèlerins venant de plus en plus nombreux se recueillir sur la tombe de saint Laurent, l'empereur Constantin fit élever sur son emplacement un sanctuaire (330). Au 6e s., celui-ci menaçant ruine, le pape **Pélage II** (579-590) le fit reconstruire. Très probablement agrandi au 8e s., il subit les transformations les plus importantes au 13e s. sous le pontificat d'**Honorius III** (1216-1227) : l'abside de l'église de Pélage fut démolie, l'édifice fut prolongé vers l'Ouest et son orientation inversée. La nef primitive fut comblée et servit de chœur à la nouvelle église. Celle-ci reçut à l'époque baroque diverses adjonctions que Pie IX fit détruire en 1855. Il fit dégager la nef primitive tout en conservant le chœur de l'église d'Honorius.
Le 19 juillet 1943, une bombe s'écrasa sur St-Laurent ; le toit, les parties hautes des murs et le portique furent détruits. Les travaux de restauration, immédiatement entrepris, ont visé à rendre à l'édifice son aspect du 13e s.

Façade

Le portique, extrêmement élégant, fut reconstruit après 1943 à l'aide des éléments anciens. Sa construction remonte au temps d'Honorius (13e s.). Des colonnes, aux lignes très pures, portent, au-dessus de l'architrave, une belle frise ornée de mosaïques aux couleurs vives. Au-dessus court une corniche finement sculptée de feuilles d'acanthes, de fleurs et de fruits où s'insèrent des gargouilles en tête de lion. Ce bel exemple de sculpture décorative médiévale est attribué aux Vassalletto, famille de marbriers qui travailla parmi les Cosmates du début du 12e s. à la fin du 13e s.
À droite, le clocher fut élevé au 12e s., probablement en même temps que le cloître. Il fut restauré au 14e s., peut-être à la suite d'un tremblement de terre ou d'un incendie. Sous le portique, un rare exemple de sarcophage (1) à couverture à double pente a dû servir à marquer l'emplacement d'une tombe sur le parterre d'une église. Il daterait du 11e s. À côté, un sarcophage du 4e s. (2) où figure l'effigie de la défunte dans un médaillon. D'exécution sommaire, il relate des scènes de l'Ancien et du Nouveau Testament, disposées les unes à la suite des autres.

À gauche, le **sarcophage «des vendanges»** ★ (3) est remarquable. En forme de lit funéraire, il est décoré de pampres, de grappes cueillies par des Amours, d'animaux, d'oiseaux très divers et pleins de vie. Il a été sculpté au 5e ou 6e s. L'exécution, au relief nettement creusé, aux larges surfaces plates, est caractéristique du haut Moyen Âge.

Deux œuvres modernes rendent un hommage au pape Pie XII (4) et à Alcide De Gasperi (5), président du Conseil de 1945 à 1953, pour l'aide qu'ils apportèrent aux travaux de réfection entrepris au lendemain du terrible bombardement.

De part et d'autre de la porte centrale, les deux lions (6) sont romans.

Intérieur

On distingue d'emblée les deux parties de l'église disposées sur deux axes différents, séparées par l'arc triomphal actuel et correspondant aux églises d'Honorius III (13e s.) et de Pélage II (6e s.).

Église d'Honorius III – Près de l'entrée, le monument funéraire (7) du cardinal Guglielmo Fieschi (mort en 1256), neveu du pape Innocent V, a été reconstitué en 1943. Sous un édicule ressemblant à un ciborium du 13e s. a été déposé un sarcophage du 3e s. décoré d'une scène de mariage.

L'église d'Honorius est divisée en trois nefs séparées par de belles colonnes antiques de granit de divers diamètres. Les chapiteaux ioniques, semblables à ceux du portique, datent du Moyen Âge et sont attribués aux Vassalletto. On remarque avec quel bonheur les marbriers médiévaux ont su adapter leur œuvre aux colonnes antiques.

Le système d'éclairage de la nef est semblable à celui du 13e s. Le plafond a été refait après 1943 tel qu'il était au 19e s.; à cette époque, Vespignani, qui travaillait pour Pie IX, avait substitué la charpente apparente au plafond de bois à caissons.

Le parterre endommagé par la bombe présente les belles couleurs que lui donnèrent les Cosmates au 13e s.

Les deux **ambons** ★ (ou chaires) ne sont pas identiques. Ils sont l'œuvre des Cosmates qui ont harmonisé le marbre blanc, le porphyre et le marbre serpentin, rehaussés d'incrustations multicolores où scintillent des fragments dorés. Celui de droite (8) était réservé à la lecture de l'Évangile et fut traité plus somptueusement (1re moitié du 13e s.). Celui de gauche (9), utilisé pour la lecture des Épîtres, a la simplicité élégante de l'art cosmatesque antérieur au 13e s.

Église de Pélage II – Elle apparaît surélevée et porte le maître-autel. Elle était orientée en sens inverse de l'édifice actuel. Son abside occupait l'emplacement de l'arc triomphal.

Deux escaliers montent à l'église du 6e s. Composée d'une nef principale et de deux latérales, elle servit de chœur à l'église d'Honorius III, de même qu'à l'édifice d'aujourd'hui. De la nef principale, on ne voit que le sommet des colonnes antiques, cannelées. Elles soutiennent une magnifique architrave sculptée et faite de fragments disparates ayant appartenu à une frise, au linteau d'une porte, etc. Au-dessus, les arcades des matronées (tribunes réservées aux femmes) tombent sur de belles colonnettes à chapiteaux décorés de feuillages (6e s.).

L'arc triomphal, au-dessous duquel s'ouvrait l'abside de l'église de Pélage II, est orné d'une mosaïque de la fin du 6e s. Au centre, le Christ bénissant. À sa droite, les saints Pierre et Laurent et le pape Pélage II offrant son église au Seigneur. À sa gauche, les saints Paul, Étienne et Hippolyte.

Au fond du chœur, la **chaire pontificale** ★ (10) est l'œuvre des marbriers cosmates (1254). Les couleurs vives et la blancheur du marbre, les incrustations d'ors sont du plus bel effet décoratif. L'élégance du trône est encore soulignée par la clôture du fond du chœur, d'une extrême finesse.

Le maître-autel est placé sous un **ciborium** ou baldaquin (11) à quatre colonnes de porphyre. Les deux derniers étages de colonnettes sont un remaniement de 1862. Ce travail des Cosmates (1148) porte la signature de quatre marbriers qui seraient les fils de Paolo, le plus ancien de la corporation. Il constitue un des premiers exemples de ce type d'édicule à colonnettes soutenant une architrave.

Au-dessous du maître-autel, la **crypte** abrite les restes des saints Laurent, Étienne et Justin.

Plan légende : Église de Pélage II (6e s.)
Église d'Honorius III (13e s.)

La base de l'édifice du 6ᵉ s. fut remise au jour au 19ᵉ s. lors des travaux effectués par Pie IX, de même que le narthex. On accède à celui-ci *(s'adresser à la sacristie si les grilles sont fermées)* par deux escaliers ménagés au sommet des nefs latérales de l'édifice d'Honorius III.

Décoré de mosaïques modernes par les mosaïstes de l'école de Venise, le narthex abrite la **chapelle funéraire de Pie IX** (1846-1878).

Cloître – *Accès par la nef droite et la sacristie ou par l'extérieur, à droite du campanile.* D'un charme archaïque, ce cloître du 12ᵉ s. fit partie du couvent fortifié comme une citadelle au Moyen Âge. La basilique St-Laurent, hors de l'enceinte de Rome, était une proie facile pour les pillards. Sous les galeries, ont été déposées diverses inscriptions, provenant surtout des catacombes qui se développent alentour.

CITÉ UNIVERSITAIRE

En 1935, l'université de Rome, solennellement installée dans le palazzo della Sapienza *(voir index)*, fut transférée dans la nouvelle Cité universitaire. Ce complexe comprend de nombreux bâtiments conçus par les principaux architectes du moment actifs à Rome et qui eurent l'occasion de confronter ici leurs visions de l'architecture moderne.

Le projet général fut confié à **Marcello Piacentini**, qui était devenu le représentant majeur de l'architecture colossale du régime fasciste (il assura également la fonction de commissaire général pour l'architecture de l'EUR) et en appliqua les canons, particulièrement sensibles au rectorat et à l'entrée monumentale. Malgré la diversité des architectes, l'ensemble est équilibré et ne souffre pas des excès de ce style. Certains de ces architectes appartenaient au mouvement rationaliste qui divergeait nettement de l'académisme. Parmi ces derniers se détache Giuseppe Pagano (Institut de physique). Citons aussi P. Aschieri (Institut de chimie), G. Ponti (Institut de mathématique), G. Michelucci (Instituts de minéralogie et de physiologie), et G. Capponi (Institut de botanique).

La Cité universitaire ne regroupe pas toutes les facultés. Certaines sont disséminées dans la ville, et une autre université a été créée ces dernières années à Tor Vergata.

Pour organiser vous-même votre voyage
vous trouverez, au début de ce guide,
la carte des principales curiosités.

S. PAOLO FUORI LE MURA★★
ST-PAUL-HORS-LES-MURS – Plan Michelin nº 38 (W 11)
Visite : prévoir une heure pour l'église et trois quarts d'heure pour Tre Fontane ;
ces temps ne prennent pas en compte celui qu'il faut pour circuler

Accès : *en métro ou autobus ; consulter un plan de transports. En voiture, voir plan Michelin nº 38.*

Cette promenade décrit deux lieux situés à l'extérieur de l'enceinte d'Aurélien (Mura Aureliane) et liés par l'histoire de saint Paul. En effet, la basilique St-Paul-hors-les-Murs abrite son tombeau, le domaine delle Tre Fontane, à quelques kilomètres, fut le cadre de son martyre.

Saint Paul – Paul était un juif nommé Saül, né au tout début de notre ère à Tarse en Cilicie en Asie Mineure (Turquie du Sud-Est, non loin d'Adana). Il aurait d'abord été un adversaire des disciples du Christ ; puis, un jour qu'il allait de Jérusalem à Damas, il fut ébloui par un éclair, tomba de cheval et entendit la voix du Christ lui dire : « Saül, Saül, pourquoi me persécutes-tu ? » Cet événement fut à l'origine de sa conversion : il changea son nom de Saül en Paul et devint le principal artisan de la diffusion du christianisme chez les païens ; il fut surnommé de ce fait « l'apôtre des gentils ». Le terme latin « gentiles » désignait, à l'époque de saint Paul, les étrangers, ou « Barbares » n'ayant pas la qualité de citoyens romains. Ce mot fut aussi utilisé par les juifs et les premiers chrétiens pour désigner les païens.

Son apostolat fut marqué par une grande activité qui contrastait avec son apparence physique. D'après un récit apocryphe du milieu du 2ᵉ s., il était petit, chauve et barbu, pâle, le nez busqué et les jambes cagneuses ; il accomplit de grands voyages missionnaires, parcourant la Syrie, Chypre, l'Asie Mineure, la Macédoine, la Grèce.

Mis en accusation à Césarée en Palestine par la communauté juive, il demanda à être déféré devant le tribunal de l'empereur Néron (Paul avait la citoyenneté romaine). C'est pour cette raison qu'il partit à Rome vers l'année 60. Il débarqua à Pouzzoles et de là il gagna Rome où il fut accueilli par les chrétiens. Deux ans après son arrivée, il comparut devant le tribunal impérial et fut acquitté.

La date à laquelle Paul subit le martyre n'est pas fixée avec certitude. Peut-être fut-il victime, comme saint Pierre, de la répression organisée par Néron contre les chrétiens à la suite du terrible incendie de 64 qui détruisit la plus grande partie de Rome. Lorsque le bruit courut que Néron avait lui-même ordonné le sinistre dans le but de dégager l'espace où serait construite sa Maison dorée, l'empereur se hâta de produire des coupables. D'innombrables chrétiens périrent, soumis à toutes sortes de supplices. Tacite raconte : « On ajouta les moqueries aux tourments ; des hommes enveloppés de peaux de bête moururent déchirés par les chiens, ou furent attachés à des croix, ou furent destinés à être enflammés et, quand le jour tombait, allumés en guise de luminaire nocturne. Néron avait prêté ses jardins pour ce spectacle... »

Saint Paul, en qualité de citoyen romain, fut condamné à avoir la tête tranchée.

★★ BASILICA DI S. PAOLO FUORI LE MURA

Avec St-Pierre, St-Jean-de-Latran et Ste-Marie-Majeure, St-Paul-hors-les-Murs est l'une des basiliques majeures de Rome. Son histoire prestigieuse lui vaut la visite des touristes du monde entier. La présence de la tombe de l'« apôtre des gentils » réunit les pèlerins dans une même vénération.

Le corps de saint Paul fut déposé le long de la via Ostiense bordée de sépultures comme les autres voies qui sortaient de Rome. Sur sa tombe fut érigé un petit édicule ou *memoria*. Comme pour saint Pierre, l'empereur Constantin au 4e s. entreprit de faire construire une basilique pour abriter la tombe. C'est le pape Sylvestre Ier qui aurait consacré ce premier édifice en 324. De proportions plus modestes que celle dédiée à saint Pierre, la basilique constantinienne avait sa façade tournée vers la via Ostiense et l'abside cernait le tombeau de l'apôtre, à hauteur du maître-autel actuel. En 386, les empereurs Valentinien II, Théodose et son fils Arcadius, en raison de la sainteté du lieu et de l'afflux des pèlerins, voulurent agrandir l'édifice. Celui-ci ne pouvant s'étendre au-delà de la via Ostiense (car une petite colline s'élevait là), et le tombeau du saint devant absolument être respecté, l'orientation fut inversée : l'abside longea la via Ostiense, la façade fut tournée vers le Tibre et le tombeau se trouva ainsi placé au sommet et au centre de la nef principale.

La nouvelle basilique fut somptueuse, dépassant les dimensions de la basilique primitive de St-Pierre. Les travaux, gigantesques, ne furent achevés qu'en 395 sous le règne de l'empereur Honorius. Durant plus de quatorze siècles, la basilique ne cessa d'être l'objet des plus grands soins.

Lorsque les Lombards la saccagèrent au 8e s., puis les Sarrasins au 9e s., elle fut aussitôt remise en état. Jean VIII (872-882) la fit entourer, de même que la bourgade qui s'élevait alentour, d'une enceinte fortifiée ; l'ensemble prit le nom du pape : « Johannipolis ».

Les plus grands artistes l'avaient embellie, depuis Pietro Cavallini et Arnolfo di Cambio jusqu'à Carlo Maderno.

Aussi, lorsque dans la nuit du 15 au 16 juillet 1823 le feu se déclara dans la charpente et détruisit presque entièrement la basilique, la consternation fut générale. La reconstruction fut immédiatement entreprise et le parti fut pris de tout rebâtir sans conserver les parties qui avaient échappé aux flammes : ainsi la totalité des nefs fut reconstruite (alors que le côté droit de l'édifice n'avait pas été atteint par le feu), le transept et l'abside subirent des restaurations radicales. Aujourd'hui, la basilique St-Paul, bien que parée de marbres reluisants et de couleurs vives, a conservé néanmoins son plan original et la grandeur des premiers édifices chrétiens élevés à Rome.

Visite ⊘

Entrer par la porte principale du côté du viale di S. Paolo, afin d'apprécier les dimensions de l'édifice.

La façade est précédée d'un vaste atrium entouré de galeries à colonnades, achevé au début du 20e s.

Les statues de saint Paul (1) et de saint Luc (2) datent du 19e s.

Au fronton, la mosaïque actuelle a remplacé celle du 14e s. qu'avait exécutée Pietro Cavallini.

La porte principale (3), flanquée des statues des saints Pierre et Paul, est dotée de deux battants de bronze et d'argent illustrant des scènes de la vie des deux saints. Cette porte remplaça celle du 11e s.

★★★ Intérieur

★★★ **Intérieur** – Les visiteurs ne peuvent manquer de ressentir un moment de saisissement devant le spectacle des cinq nefs de St-Paul séparées par quatre-vingts colonnes monolithes de granit.

Au **plafond** à caissons blanc et or figure le blason du pape Pie IX (1846-1878) qui inaugura la nouvelle basilique. La porte de bronze de la Porte sainte fut exécutée au 11e s. à Constantinople à la demande de Grégoire VII (1073-1085).

Dans la **nef centrale** une fenêtre sur deux fut supprimée lors de la reconstruction ; la lumière filtrant à travers l'albâtre est d'un bel effet. Les portraits des papes, de saint Pierre à Jean-Paul II, dans des médaillons de mosaïques, ont remplacé les anciens médaillons peints à partir du 5e s.

Le long des **murs latéraux**, les niches alternent avec les fenêtres et renferment les statues des apôtres dues à plusieurs artistes de la fin du 19e s. et du début du 20e s.

Au-dessus de l'**arc triomphal** supporté par deux gigantesques colonnes de granit, deux inscriptions rappellent la construction de la basilique par Théodose et Honorius, et l'embellissement qu'y apporta Galla Placidia, la fille de Théodose, en faisant exécuter une mosaïque au 5e s. Celle-ci, très endommagée par l'incendie, a été refaite. Elle représente le Christ bénissant entouré de deux anges et des 24 vieillards de l'Apocalypse ; au-dessus, les symboles des évangélistes ; au-dessous, les saints Pierre et Paul. Au revers de l'arc, des fragments de la mosaïque primitive de la façade ont été réemployés.

Le **ciborium**★★★ (4) est une œuvre gothique d'Arnolfo di Cambio (1285). Disposé sur quatre fines colonnes de porphyre aux chapiteaux dorés, il offre un bel exemple de finesse et d'harmonie ; les multiples sujets sont représentés avec une extrême délicatesse, depuis les couples d'anges soutenant les roses percées au fronton des quatre faces jusqu'aux animaux à la voûte intérieure. Sur la face tournée vers la nef, est représenté l'abbé Bartolomeo qui commanda le ciborium, offrant celui-ci à saint Paul.

Le ciborium abrite le maître-autel : la table d'autel est à 1,37 m au-dessus d'une plaque de marbre gravée au nom de Paul, apôtre et martyr, et datée du 4e s. La position de cette plaque qui marquait la tombe de l'apôtre ne fut jamais changée.

L'**abside** est ornée d'une mosaïque exécutée au 13e s. par des artistes vénitiens à la demande du pape Honorius III ; on y dénote le style des mosaïstes de Venise qui, encore à cette époque, restaient fidèles aux modèles byzantins ; aux pieds du Christ, remarquer la petite figure pleine d'humilité du pape Honorius. Toute l'œuvre a été retouchée pendant la reconstruction au 19e s.

Le **transept**, très ample, est couvert d'un riche plafond où figurent l'emblème de saint Paul (le bras et l'épée) et les blasons des papes qui se succédèrent de 1800 à 1846 (Pie VII qui mourut quelques jours après l'incendie de 1823, Léon XII, Pie VIII, Grégoire XVI). L'extrémité du bras gauche est enrichie d'un autel orné de lapis-lazuli et de malachite (symétrique à celui du bras droit).

À gauche de l'abside, la **chapelle du St-Sacrement**★ (5), élevée par Carlo Maderno en 1629, abrite un Christ de bois du 14e s., une statue de sainte Brigitte agenouillée due à Stefano Maderno (vers 1576-1636) et une statue en bois de saint Paul du 14e s.

Le **candélabre**★★ (6) pour le cierge pascal, œuvre de Nicolà di Angelo et Pietro Vassalletto (12e s.), est une remarquable pièce d'art roman. Sur un socle orné de monstres, le fût est sculpté de motifs décoratifs, de scènes de la vie de Jésus (remarquer les expressions des personnages aux formes trapues), de rinceaux et de monstres qui soutiennent la partie du candélabre destinée à recevoir le cierge.

Le **bénitier** (7) est une œuvre charmante du sculpteur Pietro Galli (1804-1877) où l'on voit un démon apeuré devant un enfant le menaçant de l'eau bénite.

Le **baptistère** (8), refait en 1930, est une salle élégante en forme de croix grecque où ont été réemployées quatre colonnes antiques.

★Cloître – Probablement est-il en partie l'œuvre d'un des Vassalletto (13ᵉ s.) qui, comme les Cosmates, s'illustrèrent dans le travail d'incrustations de marbre. Remarquer surtout l'élégance du côté qui flanque la basilique.

La diversité des colonnettes décorées de fragments de marbre rehaussés d'or, la finesse de la frise en mosaïque au-dessus des arcades font de ce cloître une œuvre délicieuse.

Sous les galeries ont été déposés de nombreux vestiges archéologiques dont certains proviennent de l'ancienne basilique.

Pinacothèque (9) – Elle renferme, outre les tableaux du 13ᵉ s. au 19ᵉ s., une série de gravures illustrant la basilique, notamment dans l'état où la réduisit l'incendie de 1823 ; la « Bible de saint Paul », précieux manuscrit illustré du 9ᵉ s. ; la reproduction de la dalle qui ferme la tombe de saint Paul ; quelques portraits de papes appartenant à la série que saint

Cloître de St-Paul-hors-les-Murs

B. Kaufmann

Léon le Grand avait fait peindre dans la nef centrale au 5ᵉ s.

Chapelle des reliques (10) – Elle abrite des objets très précieux parmi lesquels une belle croix reliquaire en argent doré du 15ᵉ s.

★ABBAZIA DELLE TRE FONTANE *Plan Michelin nº 38 (T 5)*

De la via Laurentina, un chemin conduit au domaine des Trois Fontaines.

C'est au domaine des Trois Fontaines, nommé dans l'Antiquité « ad Aquas Salvias », que saint Paul eut la tête tranchée. À ce fait, la légende ajouta un épilogue : la tête de l'apôtre rebondit trois fois et des trois bonds naquirent trois fontaines.

En ce lieu de pèlerinage, fréquenté depuis le plus haut Moyen Âge, existaient de nombreux oratoires ; l'un d'eux, encore décoré de restes de peintures du 9ᵉ s., sert aujourd'hui de porche d'entrée au domaine. Celui-ci, étendu dans un paysage de collines verdoyantes parfumé d'eucalyptus, abrite une abbaye de trappistes, un établissement des Petites Sœurs de Jésus et trois églises.

S. Maria « Scala Cœli » – Des moines cisterciens y furent installés à partir de 1140. L'histoire de l'église est liée au souvenir d'une extase de saint Bernard ; tandis qu'il célébrait la messe dans la crypte, il eut la vision de l'ascension au ciel des âmes du Purgatoire délivrées grâce à son intercession.

L'édifice actuel, restauré en 1925, fut construit en 1583 par Giacomo della Porta sur un plan octogonal surmonté d'un dôme bas. Dans la chapelle gauche, au-dessus d'un tableau illustrant la vision de saint Bernard, jolie mosaïque du 16ᵉ siècle.

On peut descendre à la crypte où une salle, située derrière l'autel, est considérée comme le lieu où saint Paul attendit sa décapitation.

S.S. Vincenzo e Anastasio – Elle est l'église abbatiale des trappistes installés dans le monastère voisin depuis 1868. L'origine de cette église remonte au 7ᵉ s., à l'époque où le pape Honorius Iᵉʳ (625-638) fit construire un édifice pour abriter des moines orientaux (comme à S. Saba).

Refaite au 13ᵉ s., l'église, toute de brique, offre un aspect austère avec son élévation inhabituelle et ses lourds piliers où figurent encore des traces des peintures d'apôtres qu'y peignirent des élèves de Raphaël.

S. Paolo alle Tre Fontane – L'architecte Giacomo Della Porta la construisit au 16ᵉ s. en remplacement de deux chapelles élevées sur le lieu où la légende fixait la naissance des trois fontaines. Des fouilles effectuées sous l'édifice au 19ᵉ s. révélèrent les vestiges d'une petite construction qui, au 7ᵉ s., marquait déjà le lieu du martyre ; de même, des tombes furent découvertes, qui appartinrent à un cimetière chrétien antérieur au 4ᵉ s.

Précédé d'une façade où s'élèvent les statues des saints Pierre et Paul dues au Lorrain Nicolas Cordier (1567-1612), l'intérieur renferme deux mosaïques antiques provenant d'Ostie et insérées au sol et trois édicules disposés à des niveaux différents, marquant l'emplacement des trois fontaines.

S. MARIA MAGGIORE – ESQUILINO ★★★
STE-MARIE-MAJEURE – ESQUILIN
Visite : 3 h

L'**Esquilin**, une des sept collines de Rome, sans doute peuplée dès le 8ᵉ s. avant J.-C., se présentait comme un plateau ondulé où les Romains distinguaient trois « sommets » : l'**Oppius**, actuellement occupé par le Parco Oppio ; le **Fagutal** qui formait une pointe vers les forums impériaux ; le **Cispius**, en retrait du Fagutal.

L'Esquilin, longtemps occupé par le cimetière des pauvres, fut un des lieux les plus sinistres de Rome. Auguste lui donna un nouveau visage. Divisant la ville en quatorze régions, il en fit la région Esquiline et obtint qu'une partie en soit attribuée à son ami Mécène. Celui-ci y construisit une villa magnifique entourée de jardins. Le quartier finit par être envié des empereurs eux-mêmes et après une série de confiscations passa au domaine impérial.

L'incendie de 64 ayant fait place nette, Néron y bâtit sa Maison dorée.

Piazza di S. Maria Maggiore – La colonne cannelée qui s'élève en son centre est l'unique rescapée des huit colonnes qui ornaient la basilique de Maxence au Forum. Elle fut transportée en 1614 sur l'initiative du pape Paul V, dressée sur un socle par l'architecte Carlo Maderno et surmontée d'une statue de la Vierge.

★★★BASILICA DI S. MARIA MAGGIORE ⊙

Ste-Marie-Majeure fait partie des quatre basiliques de Rome qui reçurent le titre de « majeure » (avec St-Jean-de-Latran, St-Paul-hors-les-Murs, St-Pierre) et jouit du privilège d'extra-territorialité conféré par les accords du Latran en 1929 *(voir p. 275)*. Elle fut élevée par Sixte III (432-440) en l'honneur de Marie, un an après le concile d'Éphèse au cours duquel le patriarche de Constantinople Nestorius nia à la Vierge le titre de Mère de Dieu. Elle porte l'empreinte des papes qui se succédèrent et qui, voulant contribuer à la gloire de la Vierge, apportèrent de nombreuses modifications : à l'extérieur, le portique fut refait au 12ᵉ s. par Eugène III, puis au 16ᵉ s. par Grégoire XIII, enfin, au 18ᵉ s. par Benoît XIV. En 1377, Grégoire XI fit ériger le campanile, le plus haut de Rome. Aux 17ᵉ et 18ᵉ s., le chevet fut refait sous les pontificats de Clément X et de Clément XI. Au 18ᵉ s., Benoît XIV confia à Ferdinando Fuga l'érection de la façade (1743-1750).

Façade

Elle se présente enserrée entre deux palais identiques, bien que plus d'un siècle se soit écoulé entre la construction de celui de droite (1605) et celui de gauche (1721-1743). **Ferdinando Fuga**, comme la plupart des architectes de la première moitié du 18ᵉ s., eut un certain goût pour les formes classiques, mais emprunta néanmoins de nombreux éléments à l'art baroque de Borromini. Les lignes brisées, les sculptures et le jeu des espaces vides créés par les ouvertures du portique et les arcades de la loggia animent cette façade.

Sous le portique, la statue de Philippe IV d'Espagne (1), bienfaiteur de la basilique, est l'œuvre d'un disciple de l'Algarde (1692). La loggia, d'où le pape donnait sa bénédiction *urbi et orbi,* fut appliquée contre la façade originale de l'église qui a conservé sa belle décoration de mosaïque du début du 14ᵉ s. qui fut restaurée au 19ᵉ s.

★**Mosaïque de la loggia** ⊙ – *Accès par l'escalier situé à gauche du portique.* La partie supérieure, composée d'un Christ, d'anges, des symboles des évangélistes, de la Vierge et de saints, est l'œuvre de **Filippo Rusuti** (fin 13ᵉ s.), continuateur de P. Cavallini.

Au-dessous, quatre scènes illustrent la **légende de la basilique** du pape Libère qui aurait occupé dès la fin du 4ᵉ s. l'emplacement de Ste-Marie-Majeure : la Vierge apparut en songe au riche Giovanni Patrizio et au pape Libère pour les inviter à construire un édifice en son honneur ; l'endroit où devait s'élever le sanctuaire leur serait indiqué le lendemain par une chute de neige. Le pape et Giovanni Patrizio se concertèrent et, stupéfaits, constatèrent qu'en dépit de la saison (5 août 356), la neige était tombée sur l'Esquilin. L'un dessina le plan de l'église, l'autre en finança la construction. Le style de ces scènes au dessin gracieux et aux belles perspectives en profondeur se rattache à l'art des Florentins Cimabue et Giotto.

★★★Intérieur

Comme l'extérieur, il subit maintes transformations : à la fin du 13ᵉ s., Nicolas IV (1288-1292) fit reculer l'abside et, vers la moitié du 15ᵉ s., le cardinal Guillaume d'Estouteville, archiprêtre de la basilique, mit les nefs latérales au goût de la Renaissance en les faisant couvrir de voûtes. Malgré cela, l'intérieur de cette basilique, de proportions presque parfaites, divisé par une double rangée de colonnes ioniques, reste un exemple admirable d'architecture chrétienne primitive ; resplendissant de couleurs, il offre un spectacle stupéfiant principalement les dimanches et les jours de fête.

★★★ Mosaïques – Dans la nef centrale, à l'arc triomphal et à l'abside, elles sont incomparables.

Mosaïques de la nef centrale – Exécutées au 5ᵉ s., elles se déroulent en une suite de panneaux au-dessus de l'entablement où court une belle frise à entrelacs. Avec celles de Ste-Pudentienne, de Ste-Constance et du Baptistère du Latran, elles composent les exemples les plus anciens de mosaïques chrétiennes à Rome. Ces œuvres témoignent d'un art qui a retrouvé le goût de la narration vivante, après avoir fléchi vers la rigidité à la fin du Bas-Empire.

Les scènes traitées sont extraites de l'Ancien Testament. Sur le côté gauche de la nef, en partant du chœur, sont représentés des passages de la Genèse :

2) Melchisédech vient à la rencontre d'Abraham.

3) La vision d'Abraham près du chêne de Mamré.

4) La séparation d'Abraham et de Loth.

Suit l'arc ouvert au 17ᵉ s. lors de la construction de la chapelle Pauline qui entraîna la destruction des mosaïques de cet endroit. Puis :

5) Isaac bénit Jacob. Esaü revient de la chasse.

Le panneau suivant est une peinture.

6) Rachel annonce à Laban l'arrivée de Jacob, son neveu. Laban et Jacob s'embrassent.

7) Jacob s'engage à servir Laban pendant 7 ans pour recevoir Rachel comme épouse.

8) Jacob reproche à Laban d'avoir voulu lui donner en mariage Léa, sa fille aînée. Jacob épouse Rachel.

9) Jacob demande à Laban les agneaux tachetés. Le partage du troupeau.

10) L'Éternel dit à Jacob de partir. Jacob annonce son départ aux femmes.

Puis, entre deux panneaux peints :

11) La rencontre des deux frères, Jacob et Esaü.

12) Hémor et son fils Sichem demandent à Jacob la main de sa fille Dina. Les frères de Dina se mettent en colère.

13) Les frères de Dina demandent que les hommes du peuple d'Hémor soient circoncis. Hémor et Sichem expliquent la situation à leur peuple.

Les trois panneaux qui terminent ce côté sont peints.

Sur le côté droit de la nef, en partant du chœur, il y a d'abord un panneau peint, puis :

14) La fille du Pharaon reçoit Moïse. Il discute avec les docteurs égyptiens.

15) Moïse épouse Séphora. L'appel de Dieu dans le buisson ardent.

Suit l'arc ouvert devant la chapelle de Sixte Quint qui remplaça les mosaïques (1741-1750).

16) Le passage de la mer Rouge.

17) Moïse et le peuple d'Israël. La pluie de cailles.

18) L'eau amère de Mara. Reproches du peuple d'Israël à Moïse qui, après s'être adressé à Dieu, rend l'eau douce en la touchant du bâton lancé par l'Éternel. La rencontre de Moïse et d'Amalech.

19) Le combat contre le peuple d'Amalech et Moïse en prière sur la colline.

20) Le retour des chefs des tribus qui sont allés explorer la Terre promise. La lapidation de Moïse, Josué et Caleb.

21) La remise des Tables de la Loi. La mort de Moïse. Le transport de l'Arche.

22) Le passage du Jourdain. Josué envoie des explorateurs à Jéricho.

23) L'ange (le chef de l'armée de l'Éternel) apparaît à Josué. La courtisane Rahab aide les explorateurs à redescendre les murailles de Jéricho. Le retour des explorateurs.

24) L'encerclement de Jéricho. La procession de l'Arche au son des trompettes.

25) La prise d'Aï. Josué devant Dieu et au milieu des soldats.

26) Josué combat les Amoréens. Pluie de pierres sur les ennemis d'Israël.

27) Le soleil et la lune s'arrêtent sur Gabaon.

28) Josué punit les rois rebelles. Les trois derniers panneaux sont des peintures.

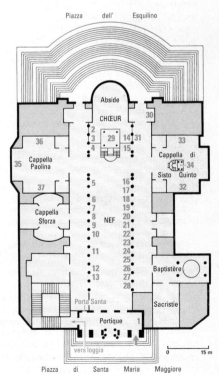

Ste-Marie-Majeure

Mosaïque de l'arc triomphal – Composée de quatre registres horizontaux, elle date du 5ᵉ s. et conserve la vivacité des premières mosaïques chrétiennes. Probablement exécutée après celles de la nef, elle est déjà marquée par l'influence byzantine :
– Dans la scène de l'Annonciation (1ᵉʳ registre gauche en haut) où la Vierge est vêtue comme l'impératrice d'Orient.
– Dans la scène de l'Épiphanie (2ᵉ registre gauche), traitée somptueusement telle une cérémonie de cour, où l'Enfant Jésus apparaît sur un trône orné de pierres précieuses. Les villes de Jérusalem et de Bethléem, aux deux derniers registres, avec les brebis représentant les apôtres, figureront désormais dans toutes les mosaïques.

Mosaïque de l'abside – Éblouissante, elle est composée d'éléments décoratifs ayant appartenu à une mosaïque du 5ᵉ s., transformée à la fin du 13ᵉ s. par **Jacopo Torriti**, quand Nicolas IV fit rebâtir l'abside. Tous les personnages sont l'œuvre de Torriti, la décoration primitive ne comportant que des rinceaux, des oiseaux, des feuillages. Le motif essentiel de la composition est le Couronnement de la Vierge, entouré de groupes d'anges et d'un cortège de saints. Agenouillés devant eux : Nicolas IV et le cardinal Colonna.
Au bas de l'abside, les quatre bas-reliefs (15ᵉ s) ornaient l'autel de Sixte IV.

Baldaquin (29) – Imposante avec ses colonnes de porphyre où s'enroulent des rameaux en bronze, cette œuvre de Fuga masque malheureusement en partie la mosaïque.
Au-dessous du baldaquin, la *Confession* où le pape Pie IX est représenté en prière resplendit de bronze doré, de marbre et de fresques (19ᵉ s) ; des fragments du berceau du Christ y sont vénérés.

★**Plafond** – Ses caissons auraient été dorés avec le premier or venu du Pérou et offert par les souverains espagnols Ferdinand et Isabelle au pape Alexandre VI (1492-1503). Celui-ci, poursuivant l'œuvre entreprise par Callixte III (1455-1458), fit construire ce plafond, orné des armoiries de la famille Borgia dont étaient issus les deux souverains pontifes. Les roses, à l'intérieur des caissons, ont 1 m de diamètre. Vasari, historien d'art du 16ᵉ s. et auteur d'une *Vie des artistes*, attribue cette œuvre à Giuliano da Sangallo (1445-1516).

Parterre – Radicalement restauré par Ferdinando Fuga au 18ᵉ s., il était l'œuvre des marbriers Cosmates (12ᵉ s.).

Nef droite – La tombe du cardinal Gonzalvo Rodriguez (30) (fin du 13ᵉ s.) est caractéristique des tombes gothiques (gisant sous un arc trilobé et entouré d'anges, mosaïque de la Vierge). Au parterre, on peut voir la modeste pierre tombale (31) de la famille du Bernin.

Chapelle de Sixte Quint – Elle porte le nom de Sixte Quint qui, en cinq ans de règne (1585-1590), fit de Rome un gigantesque chantier, tant il construisit, restaura ou transforma de monuments. Son architecte préféré était Domenico Fontana ; c'est donc à lui qu'il confia l'érection de cette chapelle qui pourrait constituer une église. Sur un plan en croix grecque, dominée par une coupole, elle resplendit de dorures, de stucs et de marbres. Dans les bras droit et gauche de la croix s'élèvent les tombeaux monumentaux des papes Sixte Quint (**32**) et Pie V (**33**), avec des bas-reliefs illustrant leurs règnes.

Au-dessous du maître-autel (**34**), Domenico Fontana aménagea en 1590 l'oratoire de la Crèche, qui abritait, depuis le 7ᵉ s., des reliques de la grotte de Bethléem.

Baptistère – Construit par l'architecte baroque Flaminio Ponzio. La belle vasque baptismale, en porphyre, a été décorée au 19ᵉ s. par Giuseppe Valadier. Pietro Bernini, le père de Gian Lorenzo, est l'auteur du haut-relief de l'Assomption qui orne l'autel.

Nef gauche – Elle renferme, notamment, deux belles chapelles.

Chapelle Sforza – Son architecture est originale. Elle fut réalisée par Giacomo Della Porta, peut-être d'après les dessins de Michel-Ange.

Chapelle Pauline – On l'appelle aussi « chapelle Borghèse » du nom de la famille du pape Paul V qui la fit ériger en 1611 par Flaminio Ponzio. Son plan est identique à celui de la chapelle de Sixte Quint. Mais sa décoration est encore plus fastueuse. En 1612, Cigoli peignit la coupole sans la diviser par des nervures. Il fut le premier à procéder de cette manière, aussi le résultat n'est-il pas parfait. Mais lorsque, dix ans plus tard, Lanfranco (qui travailla aussi à la chapelle Pauline) peignit la coupole de S. Andrea della Valle suivant le même procédé, il réalisa un chef-d'œuvre. L'autel principal (**35**) est d'une richesse incomparable, paré omme un joyau, de jaspes, de lapis-lazuli, d'agates et d'améthystes. Au retable, une *Vierge à l'Enfant*, de style byzantin. Elle aurait été réalisée au 12ᵉ s. d'après un original byzantin du 9ᵉ s. Très vénérée par les fidèles, elle fut légendairement attribuée à saint Luc. Elle est entourée d'une « gloire » d'anges en bronze doré, motif particulièrement cher aux artistes baroques. Au-dessus du retable, un relief sculpté par Stefano Maderno illustre la légende du tracé du plan de la basilique. Les tombeaux des papes Clément VIII (**36**) et Paul V (**37**) sont placés, comme dans la chapelle de Sixte Quint, dans les bras droit et gauche de la croix.

Sortir de l'église par la porte au fond de la nef droite.

LE QUARTIER

Piazza dell'Esquilino – Elle offre une **vue**★★ sur le chevet de Ste-Marie-Majeure. Quand les chapelles de Sixte Quint et Pauline eurent été ajoutées, surmontées de leur dôme, elles firent l'effet de deux édifices étrangers à l'ensemble. Aussi Clément IX (1667-1669) chargea-t-il le Bernin de les intégrer à l'architecture de la basilique en rectifiant son chevet. Le pape suivant, Clément X, confia alors les travaux à Carlo Rainaldi.

Au centre de la place, s'élève l'obélisque égyptien qui ornait le mausolée d'Auguste.

Gagner la via Urbana.

S. Pudenziana – Elle est une des plus anciennes églises de Rome. Une légende raconte que le propriétaire de la maison qui occupait cet emplacement, le sénateur Pudens, reçut Pierre sous son toit. Au 2ᵉ s., des thermes recouvrirent la maison de Pudens. Vers la fin du 4ᵉ s., une église (ecclesia pudentiana – église de Pudens) s'installa dans l'établissement thermal. Une légende, s'appuyant sur la ressemblance entre le nom de Pudentienne et l'adjectif, fit de Pudentienne la fille de Pudens. Pudentienne, comme sa sœur Praxède, ne fut pas martyrisée ; mais toutes deux s'illustrèrent auprès des martyrs dont elles épongeaient le sang avant de les ensevelir.

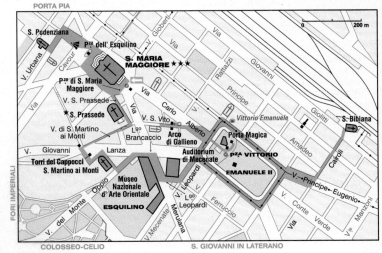

La façade fut refaite au 19ᵉ s. Le campanile a été construit au 12ᵉ s. de même que l'élégant portail, avec ses colonnes cannelées, sa frise sculptée où s'insèrent des médaillons. L'intérieur porte la marque de multiples transformations : au 8ᵉ s., les nefs latérales furent ajoutées. En 1589, la coupole fut construite et le chœur transformé, ce qui entraîna la disparition de plusieurs figures de la belle **mosaïque** ★ qui remonte à la fin du 4ᵉ s. Elle est un des plus anciens exemples de mosaïque chrétienne à Rome avec celles de Ste-Constance, de la nef de Ste-Marie-Majeure et du baptistère du Latran. La représentation du Christ, le goût pour les couleurs vives et le mouvement témoignent de la permanence des qualités romaines dans l'art chrétien de la mosaïque pas encore influencé par l'Orient et son hiératisme. Dans la nef gauche, la chapelle Caetani, riche de marbres et de stucs, fut érigée à l'époque de la Contre-Réforme par Francesco da Volterra (fin du 16ᵉ s.) et terminée par Carlo Maderno au début du 17ᵉ s.

Fouilles sous l'église – *Temporairement fermées.* Les fouilles ont mis au jour les vestiges de la maison de Pudens, les mosaïques et les thermes l'ayant en partie recouverte à la fin du 2ᵉ s., ainsi que la voie romaine construite au 3ᵉ s. Une fresque du 6ᵉ s. représente saint Pierre avec les sœurs sainte Pudentienne et sainte Praxède.

Regagner la piazza S. Maria Maggiore et s'engager dans la via S. Prassede.

★**S. Prassede** – *On y pénètre par le flanc droit.* On pourra apercevoir la façade de brique de l'église par le portail *(fermé)* à deux colonnes qui donne sur la via di S. Martino ai Monti.

Cette église est un ancien **titre** *(titulus)*, c'est-à-dire la maison d'un particulier qui, dans l'Antiquité, accueillit le culte chrétien. L'édifice actuel a été créé en 822 par Pascal Iᵉʳ.

À l'origine, l'intérieur était de plan basilical, divisé en trois nefs par des colonnes soutenant directement l'architrave. Il fut altéré au 13ᵉ s. par l'adjonction de trois arcades transversales, doté de fresques à la fin du 16ᵉ s. et au 17ᵉ s. et d'un plafond à caissons au 19ᵉ s.

★**Mosaïque du chœur** – Elle date du 9ᵉ s., du temps de Pascal Iᵉʳ. Le hiératisme byzantin, puis l'art carolingien ont marqué l'art de la mosaïque. La couleur triomphe mais n'est plus exprimée en nuances. À cet égard, il est intéressant de comparer la mosaïque de l'abside à celle de l'église Sts-Cosme-et-Damien, antérieure de 3 s., dont elle imite l'iconographie : le Christ, sur un fond de ciel qui ici a perdu toute profondeur, est entouré des saints Pierre et Paul qui présentent Praxède et Pudentienne. Aux extrémités, saint Zénone et le pape Pascal Iᵉʳ offrant son église (son nimbe carré indique qu'il était vivant quand il a été représenté). Les deux palmiers symbolisent les deux Testaments et le Phénix sur l'un d'eux (à gauche), la Résurrection du Christ.

L'arc triomphal est orné au registre supérieur de la Jérusalem céleste où arrivent les élus et, au registre inférieur, des groupes de bienheureux (abîmés au 16ᵉ s. par l'adjonction des petites tribunes).

★★**Cappella di S. Zenone** – *Au milieu de la nef droite.* Cette chapelle fut érigée de 817 à 824 par le pape Pascal Iᵉʳ. La façade est percée d'une porte composée d'éléments antiques réemployés : deux colonnes de granit noir, l'entablement qu'elles supportent, les piédroits à entrelacs, l'urne de marbre placée devant l'ouverture en plein cintre. Au-dessus, disposées en arcs de cercle, deux rangées de portraits en médaillons, centrées l'une sur le Christ (entouré des apôtres), l'autre sur la Vierge à l'Enfant (entourée de saints). Les deux portraits disposés au bas de la composition dans des panneaux rectangulaires ont été exécutés bien après le 9ᵉ s.

L'intérieur, tout décoré de mosaïques sur un fond d'or, est fascinant. Sont particulièrement admirables : les deux apôtres, de part et d'autre de l'ouverture en plein cintre, animés d'un mouvement très léger ; à la voûte centrale, le Christ, de style très byzantin, soutenu par quatre anges ; à la paroi à gauche de l'autel, la Vierge est entourée de deux saintes et de la mère de Pascal Iᵉʳ, Theodora Episcopa, nimbée de bleu. La paroi à droite de l'autel a été mutilée au 13ᵉ s. quand on a édifié l'oratoire qui abrite un fragment de la colonne de la flagellation. Cette relique est très vénérée des pèlerins, pendant la semaine sainte.

Prendre la via di S. Martino ai Monti.

Cette rue débouche sur une place où s'élèvent les **tours des Cappocci**, qui, bien que grandement restaurées, évoquent encore la puissance des familles nobles du Moyen Âge. Le chevet de l'église S. Martino ai Monti remonte au 9ᵉ s.

S. Martino ai Monti ⊘ – Ce vénérable édifice dédié à saint Martin fut fondé au 5ᵉ s. par le pape Symmaque (498-514) juste à côté d'un «titre» existant au 3ᵉ s. dans la maison d'Equitius *(pour visiter les vestiges souterrains, s'adresser à la sacristie)*. Le pape Sylvestre (314-335) fut honoré dans le «titulus Equitii». Aussi, lorsque au 9ᵉ s. le pape Serge II rebâtit l'édifice, il le dédia aux deux saints Sylvestre et Martin.

L'église fut entièrement transformée au 17ᵉ s. L'intérieur est divisé en trois nefs par des colonnes de marbre à chapiteaux qui datent de l'époque de Symmaque (posées sur des socles au 17ᵉ s.). Dans les nefs latérales, Gaspard Dughet, beau-frère de Poussin, peignit à fresque des paysages romains et l'histoire du prophète Élie ; Filippo Gagliardi (17ᵉ s.) représenta, aux extrémités de la nef gauche, l'intérieur de l'ancienne basilique St-Pierre et de St-Jean-de-Latran (avant l'intervention de Borromini).

Sortir de l'église et gagner, à gauche, le largo Brancaccio, puis tourner à droite dans la via Merulana.

Museo Nazionale d'Arte orientale ⊘ – Les collections nationales d'art oriental sont installées au 1ᵉʳ étage du **palais Brancaccio**. Avant de monter le grand escalier, on voit sur la droite le nymphée conçu par Francesco Gai, l'auteur de la décoration intérieure du palais.

Le musée propose un parcours didactique consacré à l'histoire de l'Orient, commençant par le Proche et le Moyen-Orient (notamment l'Iran). La 1ʳᵉ section, très intéressante, prend prétexte des vestiges de Shahr-i-Sokhta pour illustrer plusieurs aspects de la vie quotidienne d'une cité remontant aux 3ᵉ et 2ᵉ millénaires avant J.-C. : administration, production de céramique, outillage, travail des pierres dures. Les salles suivantes concernent les régions de l'Iran occidental : remarquer les belles figures zoomorphes (bronzes du Luristan). Enfin, les deux autres sections du musée sont consacrées à l'Extrême-Orient, plus précisément aux œuvres provenant du Tibet et du Népal (statuettes votives, peintures et encadrements de fenêtre en bois richement ouvragés), à l'art du Gandhâra et à la Chine (vases, statuettes en bronze, céramique, miroirs, masques, porcelaine émaillée).

Auditorium di Mecenate ⊘ – Ce bâtiment, découvert en 1874, faisait partie de la somptueuse villa de Mécène (début du 1ᵉʳ s.) qu'entouraient de vastes jardins. Un escalier mène dans le vestibule et dans une grande salle dotée d'une exèdre à gradins. À l'origine c'était un nymphée, d'où sa construction souterraine, la présence de canalisations, et sa décoration de fresques représentant jardins et paysages ; mais Mécène lui donna sa nouvelle fonction d'auditorium en y réunissant ses amis intellectuels, écrivains et philosophes.

La via Leopardi mène directement à la piazza Vittorio Emanuele II.

Piazza « Vittorio » – Connue sous ce « raccourci », la **piazza Vittorio Emanuele II** est une place très populaire, animée par un grand marché. Elle fut aménagée à la fin du 19ᵉ s. par Gaetano Koch et d'autres architectes qui l'entourèrent d'immeubles à portiques, comme à Turin.

Dans le jardin, les vestiges antiques que l'on voit encore faisaient partie d'une fontaine monumentale du 3ᵉ s. ornée des « trophées de Marius ». À proximité, la **« porte magique »** continue d'alimenter les légendes : la signification des signes inscrits sur l'encadrement de la porte n'a jamais été déchiffrée.

Prendre la via Carlo Alberto, puis, à gauche, la via di S. Vito.

Arco di Gallieno – Cet arc fut élevé en 262 en l'honneur de l'empereur Gallien, qui régna de 253 à 268 et fut assassiné par les officiers Illyriens. L'arc occupe l'emplacement de la porte Esquiline, ouverte dans l'enceinte de Servius Tullius *(voir plan de Rome sous l'Empire p. 36)*. Des vestiges de cette enceinte, probablement établie dès le 6ᵉ s. avant J.-C. et plusieurs fois refaite, sont encore visibles dans la via Carlo Alberto (à côté de St-Vit-St-Modeste).

Revenir piazza Vittorio Emanuele II et rejoindre via Cairoli.

S. Bibiana – Refaite au 17ᵉ s., elle fut l'une des premières réalisations architecturales du Bernin. La **statue★** de sainte Bibiane est une œuvre de jeunesse de cet artiste ; remarquer l'effet pictural de la main gauche parmi les draperies.

Attention, il y a étoile et étoile !
Sachez donc ne pas confondre les étoiles :
– des grands monuments (architecture) et celles des musées (collections) ;
– des ensembles et celles qui valorisent un détail…

TERME DI CARACALLA★★

THERMES DE CARACALLA

Parcours : 2,5 km – 3 h incluant la visite des thermes (1 h)

Cet itinéraire se déroule aux abords de l'antique via Appia qui, de la porta Capena à la porta S. Sebastiano, a pris les noms de via delle Terme di Caracalla et via di Porta S. Sebastiano.

La **Porta Capena** s'ouvrait dans l'enceinte de Servius Tullius qui cerna Rome dès le 6ᵉ s. avant J.-C. et qui fut rebâtie à la fin du 4ᵉ s. avant J.-C., après que l'invasion gauloise en eut démontré la faiblesse. Là, sous le règne de Tullus Hostilius (672-640 avant J.-C.), selon la tradition rapportée par Tite-Live, le dernier survivant des Horaces vainqueur des Curiaces d'Albe transperça de son glaive sa sœur qui osait pleurer son fiancé Curiace : « Périsse ainsi toute Romaine qui pleurera un ennemi. » L'entrée de la via delle Terme di Caracalla, ombragée de pins parasols et fleurie de lauriers, est marquée par un **obélisque** rapporté en 1937 d'Aksoum, ville religieuse d'Éthiopie. Le monument est en passe d'être rendu à son pays d'origine.

Prendre la via delle Terme di Caracalla, puis à droite la via Guido Baccelli.

Sur la droite s'élève le grand bâtiment de la FAO (Food and Agriculture Organization – Organisation pour l'alimentation et l'agriculture) institution de l'ONU, qui occupe plus de 3 000 personnes de toutes nationalités.

S. Balbina – *Entrée généralement permise par le flanc droit, dans la cour de la maison de repos S. Margherita.* La restauration radicale dont cette église fut l'objet en 1927 lui a restitué son dépouillement du Moyen Âge. Probablement s'agit-il d'une maison privée du 4ᵉ s. adaptée en lieu de culte. Sur un vaisseau unique, couvert d'un toit à charpente, s'ouvrent des chapelles en forme de niches ; la lumière arrive à travers de hautes fenêtres à grilles.

À droite de la porte d'entrée, le **tombeau★** du cardinal Stefano Surdi, au beau gisant gothique, est paré d'incrustations de marbres polychromes dans le style des Cosmates (1295).

Dans la quatrième chapelle droite, le bas-relief où figure le Crucifix entre la Vierge et saint Jean-Baptiste, très fin, fut sculpté par Mino del Reame (15ᵉ s.) ; il provient de la basilique médiévale de St-Pierre.

La troisième chapelle gauche renferme encore des restes de fresques du 13ᵉ s.

Devant le maître-autel, la *schola cantorum* où se tenaient les chantres a été reconstituée.

Derrière le maître-autel, le **trône épiscopal★** est une belle œuvre cosmatesque du 13ᵉ s. À l'abside, fresque du 17ᵉ s.

Prendre la via Antonina, puis à droite.

★★★TERME DI CARACALLA ⊙

Après les établissements de bains construits par Agrippa, puis par Néron au Champ de Mars, après ceux de Titus élevés près de la Maison dorée et de Trajan sur l'Esquilin, l'empereur Caracalla fit bâtir en 212 les plus grands thermes que Rome ait connus jusque-là ; leur superficie, plus de 11 ha, ne sera surpassée que par celle des thermes de Dioclétien. Les deux derniers empereurs de la dynastie des Sévères, Élagabal et Alexandre Sévère (222-235), achevèrent l'édifice.

Contrastant avec un extérieur sobre, l'intérieur était richement décoré, les parterres pavés de marbre ou de mosaïques, les parois couvertes de mosaïques et ornées de stucs dorés ; au marbre blanc des chapiteaux et des corniches se mêlaient les marbres polychromes, le porphyre et le granit des colonnes. Cette construction gigantesque, aux murailles puissantes et aux voûtes hardies qui s'élevèrent jusqu'à 30 m, connut l'animation la plus intense. Sa capacité était de 1 600 baigneurs.

Mosaïques intérieures des thermes

PICTOR

Les Romains s'y succédaient chaque jour dès le début de l'après-midi, une fois la journée de travail terminée. Le plus pauvre y avait accès ; l'absence de nombreux esclaves pour le seconder dans ses ablutions le différenciait du baigneur riche. Les thermes représentèrent un trait de la civilisation romaine ; à la possibilité de garder un corps sain, grâce aux bains et à l'exercice physique, s'ajoutait celle de se cultiver, offerte par les bibliothèques ; mais ce fut aussi un lieu de débauche et à l'époque de Caracalla on en dénonçait déjà les abords mal famés.

Les thermes de Caracalla cessèrent de fonctionner en 538 lorsque les Goths de Vitigès saccagèrent les aqueducs qui alimentaient Rome.

Lors des fouilles entreprises au 16ᵉ s. et au 19ᵉ s., de magnifiques statues, des vasques, des mosaïques y furent découvertes. Au début du 20ᵉ s., des fouilles effectuées dans les salles souterraines révélèrent la présence d'un temple de Mithra (mitreo), près de l'angle Nord-Ouest de l'édifice.

Le plan – Les thermes comprenaient un corps central entouré d'une enceinte à portiques et s'ouvraient (comme aujourd'hui) sur la via Nova qui longeait le pied du Caelius parallèlement à la via Appia. Le côté Sud-Ouest de l'enceinte était presque entièrement occupé par les réservoirs d'eau, masqués par un hémicycle à gradins. De part et d'autre, deux salles étaient le siège des bibliothèques. Les deux hémicycles qui renflaient les côtés Nord-Est et Nord-Ouest abritaient peut-être des gymnases.

Les salles principales (le *caldarium*, le *tepidarium*, le *frigidarium*) occupaient la partie médiane du corps central ; les vestiaires, les vastes gymnases, les étuves sèches ou laconicum étaient disposés de part et d'autre, symétriquement. Si bien que les baigneurs, une fois entrés, s'égaillaient d'un côté et de l'autre, puis se retrouvaient dans les salles principales, communes.

Visite – Après avoir longé sur la droite d'anciennes salles, sans doute destinées aux réunions, le visiteur entre *(sur la gauche)* dans le bâtiment central des thermes. Tout de suite à droite on aperçoit une pièce ovale, le *laconicum*, dont la température était maintenue à très haute température. On accède ensuite au gymnase où l'on admire encore des fragments de mosaïque au sol et sur les murs, puis à l'*apodyterium*, ou vestiaire, d'où l'on gagne la *natatio*, autrement dit la piscine. Par une échappée sur la droite, on peut remarquer une fresque à sujet religieux ajoutée au Moyen Âge. Ensuite, la visite se poursuit de façon symétrique à la première partie :

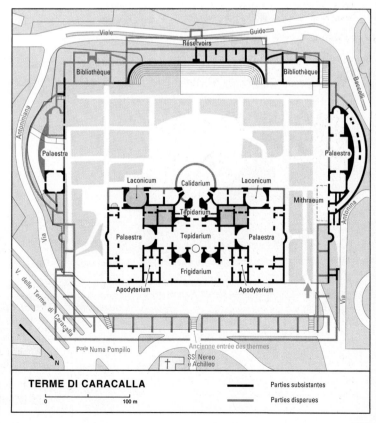

TERME DI CARACALLA

0   100 m

——— Parties subsistantes

——— Parties disparues

on gagne le second vestiaire et le gymnase du côté Nord-Est dont il subsiste de belles mosaïques. Selon l'itinéraire des baigneurs de l'Antiquité, prescrit par le corps médical, on passait dans le vestiaire (beaux restes de mosaïques au parterre), puis on gagnait le gymnase pour y pratiquer des exercices très variés ; Pétrone, dans le *Satyricon*, situe, dans un endroit semblable, la rencontre d'Encolpe et ses amis avec le riche Trimalcion, ce « vieillard chauve... qui jouait à la balle au milieu de ses esclaves ». Échauffé par le sport, le baigneur passait ensuite dans une salle ovale où régnait une température très élevée : le *laconicum*, bain sec destiné à activer la transpiration. Le système de chauffage était très perfectionné ; à partir de grands fours souterrains, la chaleur se propageait sous le pavement surélevé par de petits piliers de brique et montait dans des conduits ménagés dans les murs.

Le baigneur gagnait ensuite le *caldarium* pour prendre un bain très chaud ; là, après s'être aspergé d'eau brûlante, il raclait sa peau pour la débarrasser de toute impureté, le *caldarium* était une grande salle circulaire de 34 m de diamètre, couverte d'une coupole dont on voit encore quelques piliers de soutènement. *(Dans les vestiges du caldarium, l'été, sont données des représentations d'opéra ; raison pour laquelle le caldarium et le tepidarium sont fermés au public.)*

Les baigneurs qui avaient suivi le parcours dans les salles du côté opposé retrouvaient les autres au *caldarium*. Puis ils gagnaient le *tepidarium* pour un bain tiède, avant d'aller se jeter dans la tonifiante piscine découverte d'eau froide ou *frigidarium*.

À la fin des bains, Trimalcion qui était un homme riche et célèbre se fit déposer sur sa litière pour aller festoyer. Les Romains moins riches ou plus sages s'attardaient à converser entre amis, se promenaient dans les jardins ou allaient aux bibliothèques jusqu'à ce que l'établissement ferme ses portes. Le lendemain, ils revenaient.

Vers la Porta S. Sebastiano

Cette seconde partie de la promenade débute par l'église Sts-Nérée-et-Achillée et se poursuit le long de la via di Porta S. Sebastiano, toute baignée de verdure et bordée d'édifices d'intérêt historique et architectural.

S.S. Nereo e Achilleo ⊙ – Il y eut à cet endroit dès le 4e s. une petite église appelée « Titulus Fasciolae ». La légende veut que saint Pierre, fuyant Rome effrayé par le sort qui l'y attendait, ait perdu ici la bande *(fasciola)* qui pansait sa jambe

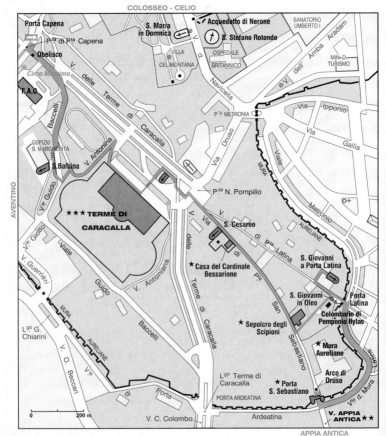

blessée par les chaînes qui le retenaient dans la prison Mamertine; c'est pourquoi un lieu de culte fut élevé à cet endroit. Sur la via Appia, il aurait rencontré le Christ à qui il demanda : «Domine, quo vadis?» *(voir p. 96).*

L'église fut entièrement reconstruite par Léon III (795-816), puis restaurée par Sixte IV (1471-1484). En 1596, le cardinal Baronio, confesseur de Clément VIII, en devint titulaire. Vouant une grande dévotion aux saints Nérée et Achillée, il fit solennellement transporter leurs reliques depuis le cimetière de Domitille *(voir p. 98)* et décora leur sanctuaire. Il conserva le plan basilical, fit couvrir l'église d'une charpente et la divisa en trois vaisseaux par des piliers octogonaux. Il fit apporter de la crypte de St-Paul-hors-les-Murs le maître-autel orné d'un motif cosmatesque et le fit coiffer d'un joli ciborium.

L'ambon à gauche est posé sur une base de porphyre qui provient des thermes de Caracalla. Il fit peindre les parois par Pomarancio, et conserva la mosaïque de l'arc triomphal; datant de l'époque de Léon III, l'influence byzantine s'y fait encore sentir. Très restaurée, cette mosaïque est éclipsée par la peinture de l'abside. Au dossier du trône épiscopal, orné de beaux lions médiévaux, le cardinal Baronio fit graver un passage du sermon que prononça saint Grégoire sur la tombe des deux martyrs.

Traverser la piazza Numa Pompilio, et prendre la via di Porta S. Sebastiano.

S. Cesareo – *Pour visiter, s'adresser au gardien de l'immeuble nº 4, via di Porta S. Sebastiano; laisser un pourboire.* Son histoire est assez obscure jusqu'en 1600, lorsque Clément VIII confia sa réfection au cardinal Baronio. Celui-ci concéda au goût de son époque le plafond à caissons marqué aux armes de Clément VIII et les peintures aux parties hautes de la nef dues au Cavalier d'Arpin. Mais pour le reste, il voulut reconstituer la décoration des églises médiévales : le mobilier de marbre (la clôture du chœur, la chaire, le devant d'autel, le trône épiscopal) fut recomposé à l'aide de riches fragments cosmatesques; dans l'abside et à l'arc triomphal, il fit exécuter des mosaïques d'après des dessins du Cavalier d'Arpin. Quelques éléments datent de la Renaissance : les deux anges ouvrant des tentures devant la Confession *(voir en Introduction le glossaire d'art)* et la jolie petite fresque de la *Madone à l'Enfant* au-dessus de la cathèdre.

Au-dessous de l'église, on peut visiter *(s'adresser au même gardien)* un établissement de bains du 2e s. encore amplement pavé de mosaïques à motifs marins blanc et noir.

★**Casa del cardinale Bessarione** ⊙ – Cette jolie maison, entourée de jardins, décorée de beaux meubles et d'objets Renaissance, fut celle du cardinal **Jean Bessarion**, humaniste grec (vers 1402-1472). En 1439, il participa au concile de Florence et fut l'un des artisans de l'union des Églises grecque et romaine. Le pape Nicolas V, promoteur de la Bibliothèque vaticane, lui confia la traduction d'Aristote.

★**Sepolcro degli Scipioni** ⊙ – *Via di Porta S. Sebastiano, 9.* Avant la construction du mur d'Aurélien (Mura Aureliane), le site se trouvait à l'extérieur de la ville et, selon l'usage antique, il était permis d'y ensevelir. Les **Scipions** appartenaient à l'une des plus grandes familles patriciennes, qui s'éteignit à la fin de la République. Étant issus de la gens Cornelia, les hommes portèrent tous le nom de Cornelius Scipio, précédé du prénom (souvent abrégé en une initiale) et parfois suivi d'un surnom.

Le **tombeau des Scipions**, découvert en 1614 et restauré en 1926, renfermait des inscriptions funéraires qui constituent à la fois un remarquable document du temps de la République et les balbutiements de la littérature latine. En mettant l'accent sur le dévouement à l'État du défunt, sur sa rigueur morale, elles témoignent de la mentalité de l'époque où se forgea la civilisation romaine.

Le tombeau, creusé dans un talus, présente à l'intérieur une partie carrée percée de galeries; les sarcophages, taillés dans un bloc de pierre ou constitués de plaques assemblées, étaient disposés le long des galeries ou dans des niches ouvertes dans les parois. Probablement ce tombeau fut-il entièrement occupé vers la moitié du 2e s. avant J.-C.; ce qui nécessita l'ouverture d'une galerie supplémentaire (sur la droite de la partie carrée). À cette époque, le côté Nord-Ouest, où se situe l'entrée, fut doté d'une façade monumentale.

Visite – Le premier personnage enseveli en ce tombeau fut L. Cornelius Scipio Barbatus; consul en 298 avant J.-C.; il combattit les Étrusques. Son sarcophage (1), dont l'original se trouve au musée du Vatican, mentionne ses exploits.

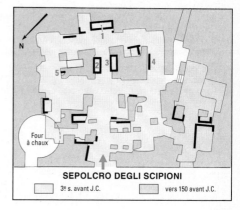

SEPOLCRO DEGLI SCIPIONI

Four à chaux

N

☐ 3e s. avant J.C.   ☐ vers 150 avant J.C.

Du sarcophage de son fils (2), il reste des fragments et la copie d'une inscription. En face, une belle inscription (3) est dédiée à un jeune homme de la famille des Scipions, mort à 20 ans et à qui manquèrent les années mais non la valeur.

Dans la galerie voisine reposa le fils de Scipion l'Africain, P. Cornelius Scipio (4) ; en 180 avant J.-C. il interpréta les signes célestes, car il fut augure ; il fut aussi flamine de Jupiter (*flamen dialis,* une des plus hautes fonctions religieuses). Au total, une trentaine de personnages reposèrent là.

L'inscription (5) placée dans une petite niche appartenait à une sépulture de la partie la plus récente du tombeau : elle concerne la famille des Cornelii Lentuli qui, sous l'Empire, hérita du tombeau et y fit déposer les cendres de quelques-uns de ses membres.

Dans un angle du tombeau subsiste l'emplacement d'un four qui servit, au Moyen Âge, à transformer les fragments antiques en chaux.

Colombarium – *À côté du tombeau des Scipions.* Cette forme populaire de sépulture apparut au début de l'Empire. Dans une salle, une multitude de petites niches recevaient les urnes cinéraires. Les familles aisées en firent construire pour recevoir les cendres des esclaves et des affranchis.

Remarquer les restes d'une maison antique à trois étages qui fut édifiée au 3ᵉ s. au-dessus du tombeau des Scipions, sans grand égard pour ce lieu vénérable.

Colombarium de Pomponius Hylas ⊙ – En descendant l'escalier antique qui y conduit, on se trouve face à une niche décorée de mosaïques qui abrita les urnes cinéraires d'un certain C. Pomponius Hylas et de son épouse. Le colombarium proprement dit, joliment décoré de stucs et de fines peintures, date probablement de l'époque des Julio-Claudiens (31-68).

Tempietto di S. Giovanni in Oleo – Ce petit édifice Renaissance, octogonal, fut bâti en 1509 par un Français, Benoît Adam, membre du tribunal ecclésiastique de la Rote ; au-dessus de la porte, il fit placer son blason et inscrire sa devise «Au plaisir de Dieu». Cet oratoire rappelle un épisode du martyre de saint Jean l'Évangéliste qui, là, à l'époque de Domitien, aurait été plongé dans l'huile bouillante sans être atteint par les brûlures.

S. Giovanni a Porta Latina – Dans un **site** ★ charmant, cette église offre le calme de sa place ombragée d'un gros cèdre et ornée d'un vieux puits ; à côté s'élance un beau campanile (tour-clocher). L'intérieur, d'une belle simplicité, abrite des fresques du 12ᵉ s. ; bien que très endommagées, elles constituent un exemple rare de peinture romane.

★**Porta Latina** – Ouverte dans l'enceinte d'Aurélien, elle fut restaurée par Honorius (5ᵉ s.) et par Bélisaire (6ᵉ s.). Elle porte, à la clé de l'arc intérieur, une croix grecque et, à l'extérieur, le monogramme du Christ.

À l'extérieur de l'enceinte, prendre à droite le viale delle Mura Latine.

★**Mura Aureliane** – Commencée au 3ᵉ s. sous l'empereur Aurélien, cette enceinte en remplaça une précédente devenue trop petite pour contenir l'expansion de la ville. Doté de tours dont il reste encore un bon nombre de vestiges, le long mur présente une section intéressante entre la porte Latine et la porte St-Sébastien *(la partie qui va à l'opposé jusqu'à la Porta Metronia, tout aussi intéressante, est visible depuis l'autobus n° 218).* La visite de l'enceinte peut se conclure par une promenade sur les murs eux-mêmes, accessibles depuis la porta St-Sébastien.

★**Porta S. Sebastiano** – Sans doute est-ce la plus spectaculaire de Rome, avec ses hauts soubassements de marbre blanc et ses tours crénelées. C'est l'ancienne porta Appia qu'Aurélien (271-275) ouvrit dans l'enceinte dont il entoura la ville ; elle fut plusieurs fois remaniée, notamment par l'empereur Honorius qui, en 401-402, redoutant l'invasion des Goths, fit effectuer de grands travaux tout au long de l'enceinte.

Cette porte abrite le **musée de l'Enceinte** (Museo delle Mura ⊙). Ce musée qui compte 5 salles didactiques présente des documents et des maquettes qui illustrent le développement de l'enceinte depuis l'Antiquité jusqu'à nos jours. Il est possible d'emprunter une partie de l'enceinte jusqu'à hauteur de la via Cristoforo Colombo.

Arc de Drusus – Ce petit arc n'a pas été élevé à Drusus (38-9 avant J.-C.), frère cadet de l'empereur Tibère, mais date du 2ᵉ s. Caracalla (211-217) l'utilisa comme support de l'aqueduc qui conduisait l'eau à ses thermes.

Pour trouver la description d'un quartier,
le plan d'un monument,
consultez le sommaire au début du volume.

TRASTEVERE ★★
Quartier du TRANSTÉVÈRE

À l'origine, le Transtévère (« au-delà du Tibre ») ne faisait pas partie du territoire de Rome et marquait le début du pays étrusque.

Peuplé dès l'époque de la République, surtout de juifs et de Syriens, il fut incorporé à Rome par Auguste qui en fit la quatorzième région administrative. Non loin de l'actuel hospice St-Cosme, Auguste fit creuser une naumachie, bassin où se donnaient des spectacles de combat naval ; divers temples s'élevèrent çà et là, mais le Transtévère fut surtout un quartier populaire peuplé d'artisans et de petits commerçants attirés par la proximité des ports situés au Sud de l'île du Tibre.

Peu d'édifices publics y furent construits, mais plutôt des bâtiments utilitaires comme cette caserne de pompiers installée à la fin du 2ᵉ s. à proximité de la via dei Genovesi et dont on retrouva les vestiges au 19ᵉ s. Parmi les édifices religieux, il faut signaler un sanctuaire syrien dont les vestiges furent découverts au pied de la villa Sciarra, près de l'actuelle via Emilio Dandolo.

Le **mur d'Aurélien**, construit au 3ᵉ s., cerna l'ensemble du Transtévère qui s'ouvrait au Nord par la porta Settimiana, à l'Ouest par la porta Aurelia (actuellement porta S. Pancrazio), au Sud par la porta Portuensis (au Sud de l'actuelle porta Portese).

Le caractère populaire du Transtévère s'est perpétué au cours des siècles. De tout temps, les Transtévérins eurent la réputation de robustes gaillards toujours prêts à mettre leurs poings et leur courage au service de causes révolutionnaires. Ce quartier que l'on a parfois dit mauvais, Stendhal le trouvait superbe car « il y a de l'énergie », disait-il.

Là, les poètes qui ont raconté Rome en dialecte romain ont toujours trouvé un large écho. Les démêlés des Transtévérins, qui défiaient à la fronde les habitants du quartier de Ste-Marie-Majeure, fournirent de nombreux sonnets au folklore romain. Aujourd'hui encore des tavernes du Transtévère font revivre les exploits burlesques de Meo Patacca acharné à défendre l'honneur de son quartier contre Marco Pepe.

De part et d'autre du bruyant viale di Trastevere, des échoppes d'artisans, des marchands de quatre-saisons peuplent les ruelles où veillent les madones illuminées d'une petite lanterne. Les soirs d'été, sur les places paisibles, de joyeuses compagnies s'attablent sous les tonnelles pour de grands repas familiaux qui sont une des caractéristiques du bien-vivre romain.

Chaque dimanche, les abords de la **porta Portese** se transforment en immense marché dont une partie est un **marché aux Puces** dans une confusion

Image du quartier

D. Hee/MICHELIN

très favorable aux pickpockets ; même si l'on n'y déniche pas l'affaire du siècle, le spectacle vaut la peine d'être vécu et observé.

VISITE *3 h ; partir de la porta Settimiana*

Torre degli Anguillara – Cette tour du 13ᵉ s. flanquant le petit palais du même nom évoque le souvenir d'une des plus puissantes familles de Rome. Tantôt guerriers, tantôt magistrats, hors-la-loi, faussaires ou ecclésiastiques, les Anguillara tinrent le haut du pavé du Moyen Âge à la Renaissance.

Construit au 15ᵉ s., le palais a été très restauré au 19ᵉ s. et abrite aujourd'hui des locaux réservés aux études sur Dante.

S. Crisogono – Cette église, dont l'origine remonte au 5ᵉ s., porte les marques multiples de ceux qui, au cours des siècles, prirent soin d'elle.

Le **clocher**, élevé lorsque l'église fut entièrement reconstruite au 12ᵉ s., fut modifié au 16ᵉ s. par l'adjonction d'une flèche.

La **façade** est l'œuvre de Giovanni Battista Soria (1581-1651) qui fut chargé par le neveu du pape, le cardinal Scipione Borghese, alors titulaire de l'église, de transformer cet édifice médiéval.

★**Intérieur** – Du 12ᵉ s., il n'a conservé que son beau plan basilical divisé en trois nefs; le pavement est l'œuvre des marbriers romains (13ᵉ s.). Mais, dans son ensemble, il offre l'aspect mi-maniériste, mi-baroque que lui donna G. B. Soria au 17ᵉ s. Celui-ci conserva les colonnes antiques qui séparaient les nefs, mais refit leurs chapiteaux en stuc, donna de la lumière à la nef centrale en y ouvrant de grandes fenêtres et la fit couvrir d'un beau plafond à caissons de formes complexes et marqué aux armes du cardinal Borghese. À l'arc triomphal, remarquer les deux colonnes monolithes de porphyre. Le baldaquin qui surmonte le maître-autel est aussi l'œuvre de Soria.

La parure du chœur, en bois finement sculpté, date de 1863.

À l'abside, la mosaïque représentant la Vierge et l'Enfant entourés des saints Jacques et Chrysogone est sortie de l'école de Cavallini (fin 13ᵉ s.).

Église paléochrétienne ⊙ – *Accès depuis la sacristie par un escalier métallique assez malcommode.* À 6 m sous le pavement de l'église actuelle, les archéologues ont mis au jour les vestiges de l'édifice du 5ᵉ s., modifié au 8ᵉ s. par Grégoire III, puis abandonné au 12ᵉ s. lorsqu'on éleva l'édifice actuel.

On y voit le bas de l'abside (probablement en partie du 5ᵉ s.) au-dessous de laquelle Grégoire III au 8ᵉ s. fit creuser la confession *(voir en Introduction le glossaire d'art)* : suivant le plan déjà adopté au 6ᵉ s. à St-Pierre, celle-ci épouse l'arrondi de l'abside, puis se resserre en fer à cheval, formant un couloir semi-circulaire; elle est divisée par une allée rectiligne au fond de laquelle (côté nef) était placée la salle des reliques. L'abside porte encore des vestiges de peintures du 8ᵉ s., de même que le couloir rectiligne de la confession. Aux parois du couloir semi-circulaire, restes de peintures du 10ᵉ s. Du côté gauche, le baptistère (partagé en deux par un mur) fut utilisé lors des baptêmes des premiers chrétiens.

Piazza Sonnino, prendre la via della Lungaretta jusqu'à la piazza in Piscinula; puis, par la via dei Salumi, la via dei Vascellari, gagner la piazza S. Cecilia.

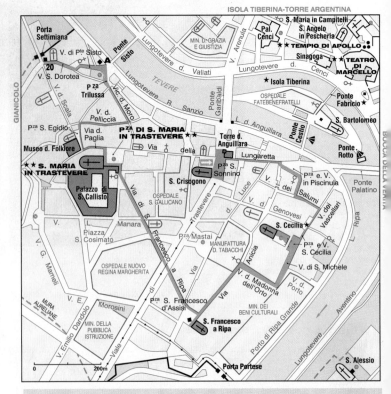

Monumento a Trilussa.................... **A**

★S. Cecilia 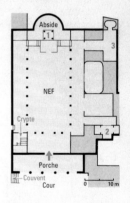 – Un sanctuaire dédié à sainte Cécile et installé dans une maison privée existait là au 5ᵉ s. Le pape Pascal Iᵉʳ (817-824) bâtit sur cet emplacement une église, très remaniée aux 16ᵉ s., 18ᵉ s. et 19ᵉ s.

On entre d'abord dans une cour fleurie au centre de laquelle a été placé un grand vase antique. Sur la droite de l'église, beau campanile du 12ᵉ s. La façade fut refaite au 18ᵉ s., mais le porche du 12ᵉ s. avec ses colonnes antiques et sa frise en mosaïque fut conservé.

L'intérieur, privé de son aspect d'ensemble du Moyen Âge, a cependant conservé la **mosaïque** que Pascal Iᵉʳ fit placer à l'abside au 9ᵉ s. : l'influence byzantine qui imprégna les mosaïstes romains aux siècles précédents y est encore sensible dans la façon de présenter les personnages (à la droite du Christ : saint Paul, sainte Agathe et Pascal Iᵉʳ nimbé d'un carré bleu, car il était encore vivant ; à sa gauche : saint Pierre, saint Valérien et sainte Cécile) ; on y dénote aussi le goût très romain pour la vivacité des attitudes et les belles couleurs.

Le **ciborium** (1) surmontant le maître-autel est l'œuvre d'Arnolfo di Cambio (1293). De huit ans postérieur au ciborium que ce même artiste exécuta pour St-Paul-hors-les-Murs, il dénote un alourdissement de son art et l'influence des œuvres antiques (à l'angle postérieur gauche, statue équestre d'un saint évoquant celle de Marc Aurèle placée sur la place du Capitole).

★Statue de sainte Cécile – *Au-dessous de l'autel*. Cette belle sculpture de Stefano Maderno (1599) évoque l'histoire et la légende de sainte Cécile : Pascal Iᵉʳ (817-824) fouillait désespérément les cimetières chrétiens pour y trouver la dépouille de sainte Cécile lorsqu'un rêve le guida. Il trouva le corps de la sainte reposant au côté de son époux saint Valérien dans une catacombe de la via Appia Antica. Il les fit aussitôt transférer et placer sous l'autel. Sept siècles plus tard, sous le pontificat de Clément VIII, le cardinal Sfondrati entreprit de modifier le chœur de l'église ; au cours des travaux, les sarcophages apparurent et le corps de la sainte fut découvert dans la position où Maderno l'a représenté.

Le cardinal voulut aussi restaurer la petite salle (2) vénérée comme le lieu du martyre de Cécile : les travaux révélèrent l'existence de plusieurs tuyaux contre la paroi, identifiés comme ceux qui servirent à surchauffer l'étuve où Cécile fut condamnée à suffoquer ; sauvée par une rosée miraculeuse, elle eut ensuite la tête tranchée et agonisa pendant trois jours.

Le cardinal chargea Guido Reni de représenter la décapitation de la sainte sur un tableau placé sur l'autel.

Tombeau du cardinal Rampolla (3) – Cette composition théâtrale de 1929 met en sène le cardinal dont la libéralité permit la construction de la crypte.

Crypte 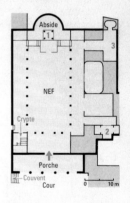 – Elle fut aménagée de 1899 à 1901 dans le style byzantin. Derrière la fenêtre de la confession ont été placés plusieurs sarcophages dont ceux de sainte Cécile et de saint Valérien.

Cette crypte a été installée parmi les vestiges de maisons antiques dont dut faire partie le premier sanctuaire dédié à sainte Cécile.

On y voit une salle creusée de sept silos à blé ; plus loin, après une salle où sont exposés des sarcophages et des inscriptions, un bas-relief représentant Minerve, daté du 2ᵉ s. avant J.-C., placé dans une petite niche, et une colonne, également de l'époque de la République.

★★Le Jugement dernier de Pietro Cavallini 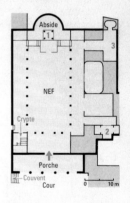 – Ce chef-d'œuvre de la peinture romaine du Moyen Âge, autrefois placé au revers de la façade de l'église, fut mutilé au 16ᵉ s. De cette œuvre de Pietro Cavallini (vers 1293) il reste le Christ juge entouré d'anges aux ailes magnifiquement déployées, entre la Vierge et saint Jean-Baptiste aux gestes implorants, les apôtres et des anges sonnant de la trompette au bas de la composition.

Remarquer la parfaite distribution des ombres et des lumières, l'expression nuancée de chaque figure et l'harmonieux raffinement des couleurs.

Prendre la via di S. Michele.

S. Francesco a Ripa – Rebâtie en 1682, elle a remplacé l'église des religieux de l'ordre de saint François d'Assise.

La quatrième chapelle de la nef gauche abrite la **statue de la Bienheureuse Ludovica Albertoni★★** du Bernin ; cette religieuse du tiers-ordre régulier de saint François d'Assise (1474-1533) repose au-dessous de l'autel. Le Bernin représenta son agonie et, dans cette œuvre tardive (1674), le sculpteur sut parfaitement exprimer dans le marbre les derniers sursauts d'une vie de sainteté.

Par la via di S. Francesco a Ripa, gagner la piazza S. Maria in Trastevere.

La **piazza S. Maria in Trastevere**★, probablement l'endroit le plus charmant du Transtévère, est animée de la vie du quartier. Au centre s'élève une fontaine remaniée par le Bernin en 1659.

Sur le côté gauche, le **palais de S. Callisto** présente une belle façade du 17e s.

★★**Basilica di S. Maria in Trastevere** – À cet emplacement surgit, en 38 avant J.-C., une source d'huile, la **fons olei**, qui s'écoula durant une journée. Plus tard, les chrétiens virent dans ce prodige l'annonce de la grâce que le Christ allait répandre sur le monde. Le pape Calliste (217-222) aurait érigé un premier lieu de culte, mais ce fut l'énergique Jules Ier (337-352), pape bâtisseur, qui y édifia une véritable basilique. Au 9e s., Grégoire V transforma l'édifice pour le doter d'une crypte où il fit déposer les reliques de saints personnages : Callixte, le pape Corneille, Calépode. La basilique actuelle date du 12e s. Sa construction, vers 1140, constitua un bimoment de répit dans le règne très troublé d'Innocent II qui dut lutter contre les antipapes Anaclet II et Victor. En dépit de l'aide de saint Bernard, il acheva de régner dans une Rome aux mains de révolutionnaires qui avaient proclamé la République. Ses successeurs, jusqu'au 19e s., ont embelli et restauré la basilique à maintes reprises.

Façade – Le clocher remonte au 12e s. ; en son sommet il porte une petite niche ornée d'une mosaïque où figurent la Vierge et l'Enfant, à qui est dédiée la basilique. La Vierge et l'Enfant sont aussi célébrés sur la mosaïque de la façade (12e-13e s.) ; de part et d'autre une suite de personnages féminins se dirigent vers eux.

Les statues de saints, sur la balustrade du porche, ont été placées aux 17e et 18e s. Sous Pie IX, au 19e s., on rouvrit les baies de la façade et on ajouta les peintures.

Sous le porche, refait au début du 18e s., de nombreux fragments ont été disposés : certains proviennent des édifices antérieurs à la basilique actuelle. Deux fresques (1) du 15e s. (une assez détériorée) représentent *L'Annonciation*. L'encadrement des portes est constitué de frises antiques du temps de l'Empire.

Intérieur – Le beau plan basilical que lui donna le pape Innocent II au 12e s. apparaît encore. Comme dans tous les édifices romains du Moyen Âge, les colonnes qui divisent les nefs furent récupérées sur des monuments antiques ; toutes sont pourvues de leurs chapiteaux antiques : au 19e s. Pie IX fit ôter les figures des divinités égyptiennes qui les ornaient.

Remarquer à l'entablement la corniche faite de fragments antiques disparates.

Du 17e s., le plafond est une belle œuvre du Dominiquin. À nouveau la Vierge y est à l'honneur, dans une splendide *Assomption (demander au sacristain d'éclairer)*.

★★★**Mosaïques du chœur** – Celles qui décorent l'arc triomphal (les prophètes Isaïe et Jérémie et les symboles des évangélistes) datent du 12e s. De la même époque, celles de la calotte de l'abside : à la droite du Christ et de la Vierge, les saints Calliste, Laurent et le pape Innocent II offrant son église à Marie ; à leur gauche, les saints Pierre, Corneille, Jules et Calépode ; en cette période romane, l'influence byzantine marque encore l'art de la mosaïque : la Vierge est parée d'or comme une impératrice, l'ensemble des figures conservent une certaine raideur orientale, et perdent de leur force d'expression par la multitude des détails (le costume de la Vierge). Au sommet, la figuration du Paradis (en parasol) avec, au-dessus de la tête du Christ, la main de Dieu posant une couronne ; au bas de la composition, les agneaux symbolisant les apôtres tournés vers l'Agneau de Dieu, et sortant des cités de Jérusalem et de Bethléem.

Au-dessous, entre les fenêtres et à la base de l'arc triomphal, les mosaïques sont de **Pietro Cavallini** (fin 13e s.) qui réalisa là un chef-d'œuvre de finesse ; il représenta des scènes de la vie de la Vierge (sa naissance, l'Annonciation, la Nativité, l'Épiphanie, la Présentation au temple et la Dormition).

Au-dessous de la fenêtre centrale, Cavallini représenta dans un médaillon la Vierge et l'Enfant entre les saints Pierre et Paul et le cardinal Stefaneschi qui commanda l'œuvre (représenté plus petit).

On aperçoit le siège épiscopal (2) au fond de l'abside (12e s.).

Devant le chœur, une inscription (3) indique l'emplacement de la « fons olei ».

Chapelle Altemps (4) – Avec ses stucs et ses fresques, elle illustre l'art de la Contre-Réforme qui se développa après le concile de Trente (fin 16e s.).

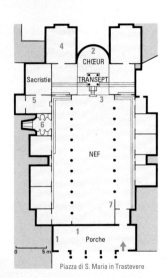

Piazza di S. Maria in Trastevere

Transept – Son beau plafond à caissons est une œuvre de la fin du 16ᵉ s. Au centre, un bas-relief en bois doré et peint illustre l'Assomption.

Dans le vestibule de la **sacristie**, on peut voir deux très fines mosaïques antiques (5).

La **chapelle Avila** (6), couronnée d'une coupole, est l'œuvre exubérante d'Antonio Gherardi (fin 17ᵉ s.), avec effets baroques de trompe-l'œil.

Parmi les richesses de cette église, remarquer encore le joli tabernacle (7) de Mino da Fiesole de la fin du 15ᵉ s.

Se rendre piazza S. Egidio.

Museo del Folklore ⊙ – Ce musée logé dans l'ancien couvent S. Egidio in Trastevere présente de nombreuses œuvres (aquarelles, gravures, céramiques) retraçant les us et coutumes populaires de la Rome des 18ᵉ et 19ᵉ s. Aux diverses vitrines consacrées aux scènes de la vie quotidienne s'ajoute la reconstitution du bureau du poète Trilussa *(voir ci-dessous)*.

Gagner la piazza Trilussa.

Les charmantes ruelles qui y conduisent transportent le visiteur dans un monde étranger à l'agitation d'une capitale.

La piazza Trilussa mérite un arrêt, le temps d'évoquer le souvenir de Carlo Alberto Salustri qui, sous le pseudonyme de **Trilussa** (1871-1950), écrivit en dialecte romain de savoureux poèmes qui mettent en relief l'esprit populaire ; sous sa plume gentiment satirique, la vie à Rome se déroule comme une longue fable colorée. Non loin du monument qui lui a été élevé (1954) se dresse la fontaine monumentale construite par Paul V en 1612 au début de la via Giulia et transportée ici au 19ᵉ s. lorsqu'on aménagea les bords du Tibre.

En face, le **ponte Sisto** porte le nom du pape Sixte IV (1471-1484) qui le fit bâtir (transformé au 19ᵉ s.).

Prendre la via di Ponte Sisto, puis la via S. Dorotea.

Au nᵒ 20 de cette rue, la tradition locale voulut voir, dans la maison qui porte une fenêtre joliment sculptée, l'**habitation de la Fornarina**, jeune fille aimée de Raphaël et immortalisée dans un tableau célèbre conservé à la galerie du palais Barberini.

*Dans la collection des guides Verts Michelin,
utilisez les guides des grandes métropoles :
Amsterdam, Berlin, Bruxelles, Londres, New York
Paris, Rome, San Francisco, Vienne.*

L'ÉTAT DU VATICAN

Via della Conciliazione – Son ouverture fut décidée en 1936 et réalisée en 1950 à l'occasion de l'année sainte.

L'entrée est marquée par deux édifices monumentaux portant à droite le blason de Pie XII, à gauche celui de la ville de Rome. Bordée de deux rangées de réverbères en forme d'obélisques, cette grande artère rectiligne conduit à la basilique St-Pierre.

Une fois sur la place St-Pierre, le visiteur a quitté l'Italie et se trouve dans l'État du Vatican. Au Nord de la colline du Janicule, la cité du Vatican, limitée par l'enceinte qui domine le viale Vaticano et à l'Est par la colonnade de la place St-Pierre, constitue la plus grande partie de l'État pontifical. Elle comprend la basilique St-Pierre, les palais du Vatican et de beaux jardins où sont disséminés les bâtiments qui abritent la vie de l'État.

Un peu d'histoire

Hors de l'enceinte de la Rome antique, l'**Ager Vaticanus** n'en était pas moins connu. Sous l'Empire, Caligula y bâtit un cirque. Néron l'embellit et y organisa le massacre des premiers martyrs romains dont fit peut-être partie saint Pierre. Dans les jardins de la famille des Domitii, Hadrien fit élever son mausolée, l'actuel château St-Ange.

L'histoire du Vatican prit une signification nouvelle lorsque l'empereur Constantin y fit édifier une basilique, devenue la basilique St-Pierre.

L'évêque de Rome – Aux premiers temps du christianisme, le représentant du Christ sur la terre fut l'évêque. L'évêque de Rome, siégeant dans la capitale traditionnelle de l'Empire, et se réclamant d'une fondation par les apôtres Pierre et Paul, revendiqua le premier rang dans la hiérarchie ecclésiastique. L'expression «siège apostolique» apparut pour la première fois au 4e s. à l'époque de saint Damase. Peu à peu, le nom de pape, dérivé du grec *pápas*, père, attribué à l'origine aux patriarches et évêques d'Orient, fut réservé à l'évêque de Rome.

La donation de Quiersy-sur-Oise – En 752, les Lombards occupèrent Ravenne et les territoires impériaux compris entre le Pô, les Apennins et l'Adriatique. À Rome, le roi des Lombards Astolphe réclama un tribut d'un sou d'or par habitant.

La place St-Pierre vue du haut de la basilique

L'entremise de l'empereur byzantin Constantin V (dont Rome était en principe la sujette) s'étant avérée inefficace, le pape Étienne II se rapprocha de la dynastie carolingienne. En 756, à Quiersy-sur-Oise, Pépin le Bref, roi des Francs, s'engagea à restituer les États occupés non pas à l'empereur byzantin mais à la « République de la Sainte Église de Dieu », c'est-à-dire au pape. Ainsi naquirent les États pontificaux et le pouvoir temporel du pape.

La « cité léonine » – Le 23 août 846, les Sarrasins envahirent Rome, pillant les basiliques St-Pierre et St-Paul. L'année suivante, l'énergique Léon IV fit entourer tout le quartier de St-Pierre (le Borgo) d'une enceinte fortifiée, restaurée au 15e s. par Nicolas V, renforcée de bastions par le spécialiste Sangallo le Jeune sous Paul III au 16e s. Les travaux furent poursuivis par Pie IV en 1564, aux abords de la porta S. Spirito.

Les accords du Latran – L'unité italienne (1820-1870) ne pouvait s'achever sans la réunion des États de l'Église au royaume d'Italie. Le 20 septembre 1870 les troupes du roi Victor-Emmanuel II pénétrèrent dans Rome, proclamant la ville capitale du royaume. Pour montrer qu'il ne s'agissait pas d'asservir la papauté, le Parlement italien, le 2 mai 1871, vota la **loi des Garanties.** Le souverain pontife conserverait la cité du Vatican et recevrait une rente annuelle. Pie IX excommunia les auteurs de cet acte, s'enferma au Vatican et s'y déclara prisonnier. Ses successeurs se maintinrent dans cette attitude et la Question romaine ne fut résolue qu'en 1929 par les **accords du Latran.** Ils furent passés le 11 février entre le Saint-Siège représenté par le cardinal Gaspari et le chef du gouvernement italien Mussolini. Ils comportaient : un accord politique reconnaissant le pape souverain sur l'État du Vatican composé de la Cité du Vatican et d'un certain nombre de propriétés immobilières qui jouissent d'un privilège d'extra-territorialité (les 4 basiliques majeures de St-Jean-de-Latran, St-Pierre, St-Paul-hors-les-Murs, Ste-Marie-Majeure ; les édifices de la curie romaine, des collèges et séminaires, la villa de Castel Gandolfo) ; au total, 44 ha et moins d'un millier d'habitants. Les accords comportaient aussi un dédommagement financier et un accord religieux donnant à l'Église en Italie une position privilégiée en matière scolaire et matrimoniale. En 1947, la Constitution républicaine établit les rapports de l'État italien et de l'Église catholique sur la base des accords du Latran. Le 18 février 1984, un accord signé par le président du Conseil italien et par le secrétaire d'État du Vatican a modifié les accords du Latran de 1929.

Du plus petit État par ses dimensions s'exerce partout dans le monde le rayonnement spirituel de l'Église catholique à travers la personne du souverain pontife.

E. Baret

Le pape, chef suprême de l'Église universelle

Le pape est aussi appelé pontife romain, souverain pontife, vicaire de Jésus-Christ, saint-père, Sa Sainteté. Lui-même se nomme parfois «Servus servorum Dei», Serviteur des serviteurs de Dieu. Dans sa mission de pasteur de l'Église fondée par Jésus-Christ, il est assisté par les cardinaux, formant le Sacré Collège, et par la curie romaine.

Le collège des cardinaux – Sixte Quint fixa leur nombre à 70 en 1586. Ce n'est qu'en 1960 que Jean XXIII le porta à 85. En 1970, il y avait 145 cardinaux, ils étaient 128 en 1984. À leur titre traditionnel d'Éminence, on préfère depuis 1969 celui de Monsieur le Cardinal. Le vêtement du cardinal se compose du camail écarlate (petite pèlerine à capuchon) qu'il porte sur le rochet de lin (surplis à manches étroites). Les cardinaux sont les conseillers les plus proches du saint-père. Ce sont eux qui, réunis en «conclave», élisent le pape.

Le conclave – On nomme ainsi la réunion à huis clos au cours de laquelle est élu le nouveau pontife. Ce mode d'élection fut décidé par **Grégoire X** (1271-1276), dont l'élection dura près de trois ans. Il fit adopter une réglementation très sévère impliquant claustration et secret, et prévoyant que l'élection devrait se faire dans un délai de dix jours suivant le décès du prédécesseur, dans un palais d'où les cardinaux ne sortiraient pas avant d'avoir désigné un nouveau pape. Il ajouta que, si au bout de trois jours l'élection n'était pas prononcée, les cardinaux ne recevraient plus qu'un plat de nourriture par jour pendant cinq jours, puis ils seraient réduits au pain et à l'eau. Aujourd'hui, les cardinaux se réunissent en conclave dans la chapelle Sixtine. Le secret le plus absolu est exigé. Ils votent deux fois par jour et les bulletins sont brûlés après chaque vote, de manière à produire une fumée sombre. Lorsque la majorité de deux tiers plus une voix est atteinte, l'élection est acquise : une fumée claire s'échappe alors au-dessus du Vatican. Le premier des cardinaux-diacres se rend ensuite à la loggia des bénédictions de la façade de St-Pierre et annonce l'élection par la formule latine «Annuntio vobis gaudium magnum : habemus papam ...» (Je vous annonce une grande joie : nous avons un pape...) Le pontife donne ensuite sa première bénédiction au monde.

La curie romaine – Elle est constituée par un ensemble d'organismes, les «dicastères», qui assurent, aux côtés du souverain pontife, le fonctionnement du Saint-Siège. Tous ont à leur tête un cardinal. Réformée en 1967 par le pape Paul VI, la curie comprend deux organes suprêmes, présidés par le cardinal secrétaire d'État : la **secrétairerie d'État** qui exécute les dispositions prises par le pape ; dans l'entourage le plus immédiat du souverain pontife, le secrétaire d'État réunit périodiquement sous sa présidence les cardinaux chefs des dicastères en une sorte de conseil de cabinet. Le **conseil pour les Affaires publiques de l'État** s'occupe des relations diplomatiques avec les gouvernements de nombreux pays et des relations extérieures à l'Église.
Des congrégations (équivalant à nos ministères), des secrétariats et des conseils, des commissions et des comités, des bureaux s'occupent de questions de doctrine, organisent la vie des églises et l'ordre de la résidence pontificale.
En outre, trois tribunaux font partie de la curie. Le tribunal de la Signature apostolique, cour d'appel et de cassation pour les controverses en milieu ecclésiastique et tribunal administratif chargé de protéger la loi. La Rote romaine, tribunal d'appel et de première instance ; il s'occupe plus particulièrement des annulations de mariage. La pénitencerie apostolique juge les affaires de conscience.

Les conciles – Des deux rites (oriental et latin) que l'on distingue dans l'Église catholique relèvent l'ensemble des églises locales groupées en diocèses conduits par les **évêques**. Leur autorité spirituelle est symbolisée par la crosse, l'anneau, la croix pectorale, la mitre. Leur costume ne se distingue de celui du cardinal que par la couleur (violet). Le collège épiscopal, composé d'environ 4 000 évêques répartis dans le monde, est présidé par le pape qui les réunit en **concile œcuménique** pour traiter de questions concernant la vie de l'Église. En 20 siècles, il y eut vingt et un conciles œcuméniques, le dernier étant le deuxième concile du Vatican (le premier qui se déroula dans la basilique St-Pierre eut lieu en 1869-70). Convoqué en 1962 par Jean XXIII, il fut clos 3 ans plus tard par Paul VI.

L'année sainte – D'après la loi de Moïse, on doit consacrer une année tous les 50 ans à Dieu et au repos. Reprenant cette tradition, Boniface VIII en 1300 proclama la première année jubilaire ou année sainte. Clément VI (1342-1352) fixa la fréquence des jubilés à 50 ans ; Paul II (1464-1471) à 25 ans. Les dernières années saintes furent 1950, 1975 et, exceptionnellement, 1983. Le début est solennellement marqué par l'ouverture de la Porte sainte dans chacune des quatre basiliques majeures. L'année sainte, les pèlerins se rendant à Rome pour y prier dans certains sanctuaires bénéficient de grâces exceptionnelles.

Les audiences – Les audiences se déroulent, en été, sur la place St-Pierre et, en hiver, soit dans la basilique St-Pierre, soit dans l'immense salle moderne construite par Pier Luigi Nervi sous le pontificat de Paul VI. Au cours de la cérémonie, le saint-père donne sa bénédiction et prononce un discours traitant des grands problèmes de l'humanité et de l'Église. *Voir les conditions d'accès en début de chapitre.*

Le pape, chef d'État

Le pape est le souverain de l'État du Vatican, et à ce titre il dispose de la plénitude des pouvoirs législatif, exécutif et judiciaire. Dans l'administration intérieure du Vatican, le cardinal secrétaire d'État a la charge de représenter l'autorité du pape et d'en assurer les fonctions ; il est assisté d'une **Commission pontificale** composée de cardinaux et d'un laïc. De cette commission dépend le « **Gouvernatorat** » aidé, depuis 1969, d'une **Consulte d'État** et composé de bureaux et de directions générales employant un personnel laïc. L'État du Vatican a son drapeau, blanc et jaune, où figurent la tiare et les clefs entrecroisées. Il a son hymne, la *Marche pontificale*, composée par Gounod. Les corps armés ont été dissous par Paul VI en 1970. Seul le corps des Gardes suisses a été conservé, habillé d'un uniforme pittoresque dessiné, dit-on, par Michel-Ange. Le Vatican émet ses propres timbres, frappe sa monnaie qui a libre cours en Italie, possède un bureau de poste et une gare de chemin de fer reliée au réseau italien.

Activité culturelle, scientifique, artistique – La **Bibliothèque apostolique vaticane,** fondée par bulle pontificale en 1475, riche de plus de 60 000 volumes manuscrits, 100 000 autographes, 800 000 imprimés, 100 000 gravures et cartes géographiques, d'un cabinet numismatique où est conservée notamment une importante collection de monnaies romaines de l'époque républicaine, est du plus haut intérêt culturel.

Les **Archives secrètes**, composées de documents remontant au 13e s., sont ouvertes à la consultation publique depuis 1881 et constituent un centre mondial de recherche historique.

L'**Académie pontificale des Sciences**, fondée en 1936 par Pie XI se compose de 70 académiciens choisis par le Pape parmi les savants du monde entier.

La **Fabrique de St-Pierre** est l'administration composée d'architectes et de techniciens, chargée de la conservation de la basilique St-Pierre. L'atelier de mosaïque lui est annexé.

Outre une imprimerie qui imprime en presque toutes les langues, le Vatican possède un journal quotidien, l'*Osservatore Romano,* et un hebdomadaire diffusé en plusieurs langues. Radio-Vatican transmet des émissions en quarante langues différentes. Les conférences de presse ont lieu dans la salle de presse du St-Siège.

Le grand nombre de chefs-d'œuvre que renferme le Vatican a déterminé une sélection rigoureuse des pièces les plus remarquables ; pour plus de détails, consulter le guide de la Cité du Vatican et le guide des musées du Vatican édités par les Monumenti, Musei e Gallerie Pontificie.

Pour une visite agréable...

Il est nécessaire de prévoir au moins une journée complète à la visite du Vatican. Certains départements des musées du Vatican sont ouverts au public par rotation et ne suivent pas tous les mêmes horaires, aussi conseillons-nous d'organiser la visite (en fonction des goûts et du temps disponible) après avoir contacté le musée au ☎ 06 69 88 33 33.

Attention : une tenue inappropriée, tout particulièrement pour pénétrer dans la basilique, peut conduire à une interdiction d'entrée. Éviter par conséquent les shorts, les jupes trop courtes et les épaules nues.

Service d'autobus du Vatican – Ce service relie la piazza S. Pietro aux musées. Départ chaque demi-heure, de 8 h 45 à 12 h 45, devant l'Ufficio Informazioni Pellegrini e Turisti, piazza S. Pietro. Service actif de février à décembre. 2 000 L. ☎ 06 69 88 44 66.

Pour voir le pape – Lorsqu'il séjourne à Rome, le saint-père accorde une **audience publique hebdomadaire** le mercredi (heure et lieu à vérifier chaque semaine). Pour y être admis, adresser une demande écrite une à deux semaines à l'avance à la Prefettura della Casa Pontifica – Città del Vaticano 00120 Roma (☎ 06 69 88 32 73). Les groupes devront préciser le nombre de personnes souhaitant y assister, ainsi que leur lieu d'origine. Les tentatives de dernière heure, toutefois, sont acceptées la plupart du temps sur simple appel téléphonique jusqu'à la veille de l'audience. Il est conseillé, mais non indispensable, d'être muni d'une recommandation écrite par le curé de sa paroisse.

Autre rendez-vous du pape avec les fidèles : tout simplement le dimanche pour l'**Angélus**, c'est-à-dire à midi, place St-Pierre.

★★★ BASILICA DI S. PIETRO ⊘

Cette basilique, le plus vaste des sanctuaires chrétiens, est le témoin de l'histoire du christianisme depuis les premiers temps.

Un peu d'histoire

L'édification de la basilique St-Pierre est liée au martyre de Pierre, advenu vers 64. L'empereur Néron, après avoir rendu les chrétiens responsables du gigantesque incendie qui détruisit la quasi-totalité de Rome, ordonna l'exécution d'un grand nombre d'entre eux. Parmi les victimes se trouva probablement Simon, symboliquement nommé Pierre par le Christ. Au regard de la loi, Pierre n'était qu'un simple pêcheur juif, originaire de Capharnaüm en Galilée ; aussi lui réserva-t-on le supplice infamant de la crucifixion dans le cirque de l'empereur au Vatican. Pour différencier sa mort de celle de Jésus, Pierre demanda humblement à mourir la tête en bas.

La basilique de Constantin – Constantin, converti au christianisme, fit ériger en 324 un sanctuaire là où avait été déposé Pierre, choisi par le Christ pour être le chef des apôtres et la base de l'Église. Le pape Sylvestre Ier consacra l'édifice en 326. Vers le milieu du siècle, il fut achevé. C'était une basilique à cinq nefs, munie d'un transept étroit et d'une abside dont le mur était situé juste à l'arrière de l'autel papal actuel. Elle était précédée d'un atrium au centre duquel s'élevait une fontaine décorée de la belle pomme de pin (la Pigna) que l'on peut voir aujourd'hui dans une cour des palais du Vatican. La façade resplendissait de mosaïques. La « confession » (crypte qui abrite le tombeau d'un martyr) n'était pas entièrement souterraine ; la baie, ouverte au niveau du pavement, permettait aux fidèles de s'approcher de la tombe. À la fin du 6e s., le pape saint Grégoire le Grand fit rehausser le chœur ; au-dessous, il logea la confession en forme de couloir épousant la courbe de l'abside et où s'insérait une chapelle dite « ad caput ».

Pendant plus d'un siècle, la basilique fut pillée par les Barbares ; depuis Alaric qui pénétra dans Rome en 410 jusqu'à Totila en 546. En 846 ce furent les Sarrasins. Son prestige demeura intact. Les couronnements impériaux les plus solennels s'y sont déroulés. En l'an 800, le jour de Noël, Léon III couronna Charlemagne empereur d'Occident. Soixante-quinze ans plus tard, ce fut le tour de son petit-fils Charles le Chauve. Cela se passait sous le pontificat de Jean VIII, le premier pape militaire et aussi le premier pape assassiné. Arnoul, le dernier des Carolingiens, fut sacré par le pape Formose le 22 février 896.

Jean XII qui vécut comme un prince musulman, entouré d'esclaves et d'eunuques, couronna, le 2 février 962, Othon Ier. Puis il intrigua contre lui. Ses machinations placèrent la papauté sous la tutelle de l'empereur germanique pour plus d'un siècle. En dépit de multiples restaurations et embellissements, la basilique St-Pierre, après mille ans d'existence, menaçait ruine.

1452, Nicolas V intervient – Il confia la réfection de la basilique à B. Rossellino. Ce dernier, respectant la superficie de l'édifice de Constantin, conçut un plan en croix latine, avec coupole et un nouveau chœur. En 1455, le pape mourut et le projet fut abandonné. Ses successeurs, pendant une cinquantaine d'années, se contentèrent de consolider la basilique.

1503, Jules II, le « pape-ouragan » – Avec lui, le renouvellement fut radical. Autour de lui, deux architectes : Giuliano da Sangallo et Bramante, arrivé à Rome en 1499. Le projet élaboré par Bramante fut retenu : un plan en croix grecque, avec absides saillantes et petites coupoles ; au centre de la croix, une coupole du type de celle du Panthéon. Le 18 avril 1506, la première pierre de la base d'un pilier fut posée. Une grande partie du transept et de l'abside avait été abattue, un chœur provisoire prévu. Ce qui valut à Bramante le surnom de « Maestro ruinante ». Parfois, un jeune homme venait regarder les travaux. Il s'appelait Michel-Ange. Jules II lui avait confié la construction de son tombeau qui devait prendre place au centre de la nouvelle basilique. Michel-Ange admirait le plan de Bramante, mais ne se privait pas de critiquer sa gestion. Considéré d'abord comme un intrus, il fut ensuite haï par Bramante. Finalement, se croyant menacé, il regagna Florence. Il revint à Rome après avoir fortement vitupéré le pape et Rome où, écrivit-il, « on fait des casques et des épées avec les calices ».

En 1513, Jules II mourut, puis Bramante en 1514. Pendant les trente années qui suivirent, le plan de l'édifice ne cessa d'être remis en question. Raphaël et Giuliano da Sangallo proposèrent de revenir à un plan en croix latine. Baldassarre Peruzzi en définit un autre, calqué sur celui de Bramante. Antonio da Sangallo, le neveu de Giuliano, voulait conserver la croix grecque mais en lui adjoignant une travée en guise de portique, en flanquant la façade de deux tours et en modifiant la coupole. Sangallo mourut en 1546.

De Michel-Ange au Bernin – En 1547, le pape **Paul III** nomma Michel-Ange, âgé de 72 ans, architecte en chef de tous les travaux au Vatican et le chargea de remédier aux hésitations. « S'éloigner du projet de Bramante, c'est s'éloigner

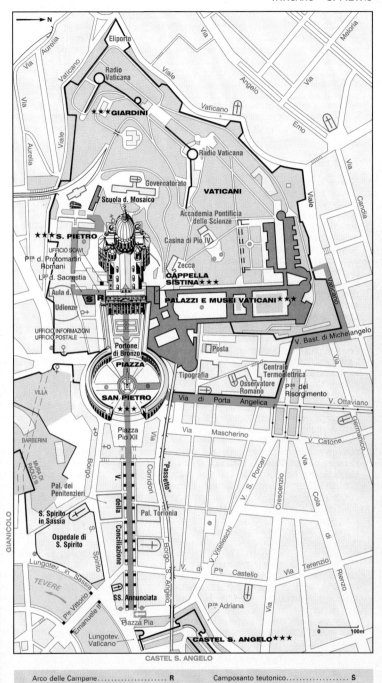

Arco delle Campane..................... R   Camposanto teutonico.................. S

de la vérité », déclara le maître. Il revint donc à une croix grecque, simplifiée de façon à insister sur le plan circulaire : le cercle, symbole de l'infini, glorifiera la Résurrection. La coupole ne fut plus conçue aplatie comme celle du Panthéon mais s'élevant haut dans le ciel. L'intransigeance avec laquelle il conduisit ses travaux exaspéra ses détracteurs. Il travailla à St-Pierre parmi les intrigues, refusant tout argent pour son labeur, désirant rendre gloire à Dieu et honneur à saint Pierre. Michel-Ange mourut en 1564. L'abside et les deux bras transversaux étaient achevés. La coupole s'élevait jusqu'au sommet du tambour. Giacomo Della Porta aidé de Domenico Fontana l'achevèrent en 1593, lui donnant davantage d'élan et s'inspirant peut-être d'une variante dessinée par le maître.

En 1606, **Paul V** (1605-1621) opta définitivement pour le plan en croix latine : plus apte aux grandes cérémonies et aux prédications, ce plan, d'une part, répondait aux préoccupations de la Contre-Réforme ; d'autre part, il couvrait entièrement l'espace occupé par la basilique primitive en partie abandonnée vers l'Est par Michel-Ange. L'ensemble serait précédé d'une façade dont il confia la construction à Carlo Maderna. Ce qui restait de l'édifice ancien fut détruit à cette époque. Urbain VIII consacra la nouvelle basilique.

La dernière phase de l'histoire artistique de St-Pierre fut réalisée par le Bernin, arrivé à la tête des travaux après la mort de Maderna en 1629. De cet édifice qui aurait pu exprimer la Renaissance, il fit un somptueux monument baroque.

Au total, des travaux de Bramante à ceux du Bernin, plus de 120 années se sont écoulées, 20 papes ont régné, 10 architectes ont œuvré.

Extérieur

★★★**Piazza S. Pietro** – Destinée à isoler la basilique sans toutefois dresser une barrière devant elle, la place St-Pierre en est en quelque sorte le vestibule. Le mouvement des deux arcs de cercle encadrant l'espace rectangulaire de la place devient ici le geste d'accueil adressé aux chrétiens du monde.

Commencée en 1656 par **le Bernin** sous le pontificat d'Alexandre VII, la place fut achevée en 1667. En déployant de part et d'autre de la façade un ensemble plus large et moins élevé qu'elle, l'architecte voulut atténuer la largeur de l'édifice et augmenter sa hauteur. Soucieux de ménager les effets de surprise chers aux artistes baroques, il avait prévu que la colonnade envelopperait la place de façon que la basilique, en partie masquée, se révélât au visiteur au moment seulement où il pénétrerait entre les colonnes. L'idée du Bernin n'a pas été suivie jusqu'au bout : l'arc de triomphe prévu à l'interruption des deux bras de la colonnade n'a pas été construit et la via della Conciliazione permet de voir de loin la basilique. De même, deux clochers devaient s'élever aux extrémités de la façade. Faute d'assises suffisamment robustes, ils ne furent pas édifiés.

Dans sa plus grande largeur, la place mesure 196 m. Les deux bras de la **colonnade**, composés chacun de quatre rangées de colonnes, surmontées de statues de saints et des blasons d'Alexandre VII, forment un ensemble remarquable de sobriété et de solennité.

Au centre de la place, l'**obélisque**. Ce monolithe de granit fut taillé au 1er s. avant J.-C. à Héliopolis pour Caius Cornelius Gallus, préfet romain en Égypte. Il fut apporté à Rome en 37 sur l'ordre de Caligula qui le fit dresser dans son cirque (sur le flanc gauche de la basilique actuelle). C'est là qu'il se trouvait quand **Sixte Quint** entreprit de le faire ériger sur la place St-Pierre. Ce fut le premier obélisque déplacé par ce pape qui en fit transporter bien d'autres. Son architecte attitré fut **Domenico Fontana**. Les travaux durèrent 4 mois et donnèrent naissance à une belle légende : le 10 septembre 1585, l'obélisque devait être mis sur pied. Ses 25,5 m de hauteur et ses 350 tonnes nécessitèrent l'action de 800 hommes et de 75 chevaux. Le pape, après avoir donné sa bénédiction, ordonna le silence le plus total. Le moindre éternuement serait puni de mort. Pour que son ordre fût parfaitement entendu, il fit dresser une potence sur la place. La délicate opération commença. Mais les cordes, frottant sur le bloc de granit, menacèrent de se rompre sous l'action de la chaleur. Alors, de la foule des ouvriers, jaillit un cri « Acqua alle funi. » (Mouillez les cordes.) Le pape félicita cet homme d'avoir transgressé son ordre.

Au sommet de l'obélisque est conservée une relique de la sainte croix. Les deux fontaines sont attribuées à Carlo Maderna (à droite) et au Bernin. Entre les fontaines et l'obélisque, deux disques sont insérés au sol : ils marquent les foyers de l'ellipse que forme la place ; de ces deux emplacements, la colonnade apparaît composée d'une seule rangée de colonnes. Le Bernin a réussi cette perspective en maintenant égaux les espaces entre les colonnes dont le diamètre augmente au fur et à mesure que l'on va vers l'extérieur.

Façade – De la place, en légère déclivité, un escalier majestueux y conduit. Conçu par le Bernin, il est flanqué des deux statues des saints Pierre et Paul (19e s.). Cette façade, commencée par **Carlo Maderna** en 1607, achevée en 1614, fut l'objet de vives critiques. Avec 45 m de hauteur et 115 m de largeur, elle masque le dôme. C'est de la loggia située au-dessous du fronton que le pape donne sa bénédiction urbi et orbi.

L'entablement porte la dédicace du pape Paul V. Un fronton horizontal couronne l'ensemble avec les statues de 11 apôtres (saint Pierre est absent), du Christ et de saint Jean-Baptiste. Aux extrémités les deux horloges sont l'œuvre de Giuseppe Valadier (19e s.).

Porche – Il est l'œuvre de **Carlo Maderno**. À gauche, visible à travers une grille, la statue équestre de Charlemagne (1) (18e s.). La porte de la Mort (2), à battants de bronze sulptés dans un style sobre, est l'œuvre de **Giacomo Manzù** (1964). Dans la partie gauche en bas à droite, un bas-relief figure le pape Jean XXIII. La porte de bronze (3) fut sculptée en 1445 par Antonio Averulino, dit **le Filarète**. L'esprit

BASILICA DI SAN PIETRO

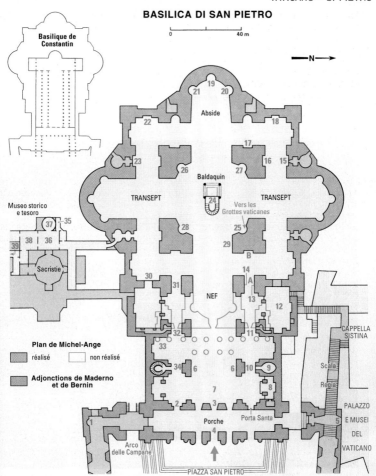

Basilique de Constantin

0   40 m

N→

Abside

TRANSEPT   Baldaquin   TRANSEPT

Vers les Grottes vaticanes

Museo storico e tesoro

Sacristie

NEF

CAPPELLA SISTINA

Scala Regia

Plan de Michel-Ange

☐ réalisé   ☐ non réalisé

Adjonctions de Maderno et de Bernin

PALAZZO E MUSEI DEL VATICANO

Arco delle Campane

Porche

Porta Santa

PIAZZA SAN PIETRO

propre à l'art de la Renaissance se manifeste dans le fait d'assembler des scènes religieuses (dans les six panneaux), des épisodes de la vie d'Eugène IV (dans les espaces séparant les panneaux) et des figures de la mythologie, des animaux, des portraits de personnages de l'époque (dans la frise encadrant les panneaux). Remarquer aux deux panneaux centraux les curieuses inscriptions en caractères arabes placées autour des personnages de Pierre et de Paul et dans leurs nimbes. À droite, la Porte sainte : seul le pape a le droit de l'ouvrir et de la fermer pour marquer le début et la fin d'une année sainte.

La mosaïque de la « Navicella » (4) fut maintes fois déplacée et restaurée avant de prendre sa place définitive, malheureusement trop haut pour être pleinement appréciée. Exécutée en 1300 par Giotto, elle ornait l'atrium de la basilique primitive.

À droite du porche, dans le vestibule de la Scala Regia *(accès interdit)*, la statue de Constantin (5), le premier empereur chrétien, est l'œuvre du Bernin (1670).

Intérieur

Ici les « proportions sont si justes que la démesure reste mesure ». Il suffit de s'approcher des bénitiers (6), et les anges qui les soutiennent, dont la taille semblait normale, s'avèrent gigantesques. Peuplée d'environ 450 statues, 500 colonnes et 50 autels, pouvant, dit-on, abriter 60 000 personnes, la basilique St-Pierre permettrait de retracer toute l'histoire de la chrétienté et de l'art à Rome.

Nef principale – La longueur totale de la basilique, y compris le porche, est d'environ 211 m. On peut la comparer aux longueurs des autres grandes églises du monde grâce à des repères placés au sol de la nef. Le disque de porphyre (7) inséré dans le pavement est celui sur lequel s'agenouilla Charlemagne le jour de Noël 800 pour recevoir la couronne des mains du pape. Dans la basilique primitive, il était placé devant le maître-autel.

Chapelle de la Pietà (8) – Elle renferme la **Pietà**★★★, chef-d'œuvre de **Michel-Ange**. L'artiste sculpta ce groupe admirable en 1499-1500, alors qu'il n'avait pas 25 ans. D'une exécution parfaite, d'un profond contenu humain, cette œuvre exhale une puissance créatrice stupéfiante.

Commandée par un cardinal français en 1498, elle fut saluée comme la révélation d'un génie. Cependant, Michel-Ange avait déjà des adversaires. Certains répandirent le bruit qu'il n'était pas l'auteur de ce chef-d'œuvre. Alors il appliqua sa signature sur la bandelette barrant la poitrine de la Vierge. C'est la seule œuvre signée qu'il ait laissée.

La Pietà de Michel-Ange

Chapelle du Crucifix (ou des Reliques) (9) – Sur un plan elliptique conçu par le Bernin, elle abrite un beau crucifix de bois attribué à Pietro Cavallini (début du 14ᵉ s.).

Monument funéraire de Christine de Suède (10) – Cette reine abdiqua, se convertit au catholicisme et vint à Rome en 1655. Elle est ensevelie dans les «grottes» vaticanes. Son monument fut exécuté au 18ᵉ s. par G. Theodon selon le projet de Carlo Fontana.

Monument funéraire de la comtesse Mathilde de Toscane (11) – Elle fut la première femme ensevelie dans la basilique. Lors de la querelle des Investitures, c'est elle qui reçut l'empereur Henri V venu s'humilier à Canossa devant Grégoire VII (1077). Le bas-relief sur le sarcophage illustre ce fait. Le monument fut conçu par le Bernin, aidé de plusieurs élèves (1635).

Chapelle du St-Sacrement (12) – Elle est précédée d'une grille en fer forgé dessinée par Borromini. Au retable du maître-autel, le grand tableau dû à Pierre de Cortone figurant la Trinité est une des rares peintures de St-Pierre (la plupart des tableaux sont en mosaïque). Sur l'autel, le tabernacle semblable au *tempietto* de S. Pietro in Montorio et les anges agenouillés sont une réussite du Bernin (1675) (l'ange à droite est l'œuvre d'un élève).

Le Bernin crée l'unité dans la basilique – Le passage qui suit (A) marque l'endroit où la partie ajoutée par Maderna se raccorde à l'édifice de Michel-Ange. Le Bernin eut pour tâche d'assurer la réunion sans heurt. Le premier obstacle était la jonction de la nef latérale avec le mur Est du plan carré de Michel-Ange. Ce mur, devant recevoir les poussées obliques du poids de la coupole, ne pouvait être largement percé de manière à former une porte monumentale identique à celles ouvertes le long de la nef latérale. Le Bernin résolut le problème en disposant à l'endroit du passage deux colonnes semblables à celles qui flanquent les portes monumentales de la nef et en comblant l'espace entre l'arcade et le fronton par un blason soutenu par deux anges. Cela au prix d'un léger resserrement du passage, que l'on remarque à peine. Le deuxième obstacle était le pilier (B) qui, soutenant la coupole, ne pouvait être percé. Il y plaça deux colonnes et une arcade de dimensions identiques à celles du passage resserré. Cet agencement donne au visiteur arrivant au fond de la nef droite une impression de profondeur, accusée par les deux arcades rétrécies.

★**Monument funéraire de Grégoire XIII** (13) – Tout de marbre blanc, il fut achevé en 1723. Le bas-relief du sarcophage évoque la réforme du calendrier que le pape entreprit en 1582. L'usage du calendrier grégorien a largement débordé aujourd'hui le cadre du monde catholique.

Monument funéraire de Grégoire XIV (14) – Son dépouillement, raconte la légende, est la conséquence des dépenses énormes que nécessita la santé déficiente du pape qui dut être soigné par une mixture d'or et de pierres précieuses. Son sarcophage, d'abord en stuc, fut transformé en marbre en 1842 seulement.

★★★**Monument funéraire de Clément XIII** (15) – Inauguré en 1792, il constitue une belle réalisation néoclassique due à **Canova**. La froideur souvent reprochée à l'art de Canova contribue ici à la pureté des lignes ; l'équilibre de l'ensemble souffre cependant de la présence de la statue à gauche, symbolisant le triomphe de la Religion.

Tableaux de mosaïque – Des tableaux célèbres commencèrent à être traduits en mosaïque dès le 16ᵉ s. Suivant l'esprit de la Contre-Réforme, l'Église pensa ainsi se rapprocher des fidèles en matérialisant les images significatives de sa grandeur. Cette technique se développa encore quand Benoît XIII créa une école de mosaïque (1727). Aussi, ces tableaux ont-ils une signification religieuse immense. Ils illustrent le pouvoir de Pierre : *Saint Pierre marchant sur les eaux* (16) ; *La Résurrection de Tabitha* (17). Ces œuvres glorifient les martyrs, célèbrent les papes, les saints et les anges que contesta la Réforme.

Chapelle St-Michel ou Ste-Pétronille – *Le 31 mai une messe y est célébrée, plus spécialement réservée aux Français de Rome.* Un tableau de mosaïque (18) reproduit le martyre de sainte Pétronille d'après une toile du Guerchin. Sainte Pétronille, dont les reliques sont déposées sous l'autel, fut vénérée à St-Pierre dès le 8ᵉ s. Pépin le Bref lui fit élever une chapelle où devait prendre place la *Pietà* commandée à Michel-Ange.

Abside – Elle est dominée par l'extraordinaire **chaire de saint Pierre**★★★ (19) réalisée par **le Bernin** pour abriter les restes d'un siège épiscopal symboliquement attribué à saint Pierre ; ces restes, datés du 4ᵉ s., étaient enfermés dans un trône orné d'ivoire, offert par Charles le Chauve à Jean VIII à l'occasion de son couronnement en 875.
La « chaire » du Bernin est un grand trône de bronze sculpté, accompagné des quatre docteurs de l'Église qui sont censés le supporter (ils mesurent de 4,50 m à 5,50 m environ). Au-dessus règne une « gloire » en stuc doré, noyée dans des nuages et une foule d'angelots. Au centre, comme un soleil, une ouverture laisse arriver la lumière et porte la colombe du Saint-Esprit (ses ailes se déploient sur 1,75 m). Cette œuvre, achevée en 1666, alors que le Bernin était presque septuagénaire, constitue le couronnement de son art étourdissant de mouvement et de lumière.

★★**Monument funéraire d'Urbain VIII** (20) – Commandé au **Bernin** en 1628, achevé en 1647, il fut considéré comme le chef-d'œuvre de l'art funéraire du 17ᵉ s. Le pape, dans un geste impérieux de bénédiction, trône au-dessus du sarcophage, entouré des statues de la Justice et de la Charité, tandis que la mort inscrit son nom.

★★**Monument funéraire de Paul III** (21) – Son auteur, **Guglielmo Della Porta** (v. 1500-1577), disciple de Michel-Ange, avait imaginé un projet grandiose : entouré de huit statues allégoriques, le monument devait être placé au centre du chœur. Michel-Ange s'y opposa et demanda de réduire le nombre des statues à quatre. Lorsque le Bernin réaménagea l'abside en 1628, il ramena le nombre des statues à deux (les deux autres sont au palais Farnèse).

Autel de saint Léon le Grand (22) – Le **retable**★ est un « tableau de marbre » dû à l'**Algarde** représentant le pape arrêtant d'un geste Attila aux portes de Rome. Ce type de sculpture, proche d'une peinture par les effets de « couleur » qu'il produit, est caractéristique de l'art baroque.

★★**Monument funéraire d'Alexandre VII** (23) – Le Bernin mourut deux ans après l'achèvement de ce monument en 1678. Il tint à sculpter lui-même la tête du pape qui fut son protecteur. Celui-ci, agenouillé, est entouré de statues allégoriques, œuvres d'élèves qui, dans leur souci d'imiter le maître, ont quelque peu exagéré les effets de mouvement. L'art du Bernin lui-même aboutit ici à l'excès (la Mort est représentée par un squelette invitant le pape et surgissant d'une draperie en marbre jaspé).

Le baldaquin du Bernin

★★★**Baldaquin** – **Le Bernin** commença cette œuvre en 1624. Urbain VIII l'inaugura en 1633. Malgré son poids de bronze et sa hauteur de 29 m égale à celle du palais Farnèse, cet édicule a gardé l'aspect léger d'un baldaquin, ordinairement fait de bois et déplacé dans les processions. Le regard, attiré par le mouvement des colonnes torses, semble voir flotter les lambrequins. Les abeilles (aux colonnes et aux lambrequins) sont celles du blason de la famille Barberini dont était issu Urbain VIII.

Cette œuvre fut très critiquée, d'abord parce qu'elle est faite avec le bronze arraché au Panthéon ; elle fut aussi taxée de procédé théâtral de mauvais goût.

Au-dessous du baldaquin, le maître-autel, où seul le pape célèbre la messe, surmonte la confession (24) aménagée par Maderno et renfermant la tombe de saint Pierre.

Piliers de la croisée du transept – Ils soutiennent la coupole. Commencés par Bramante, terminés par Michel-Ange, leur dépouillement ne satisfaisait pas le goût baroque. En 1629, le Bernin les revêtit de marbre et évida leur base en de grandes niches où il logea quatre statues de près de 5 m de hauteur. Au-dessus, il imagina des loges d'où l'on pourrait montrer les reliques et réemploya les colonnes torses (dont il s'était inspiré pour son baldaquin) qui provenaient du ciborium de la basilique du 4ᵉ s. Chaque statue rappelle les reliques gardées à la basilique : un fragment de la Sainte Lance (œuvre du Bernin, saint Longin – 25 –, devenu le symbole de la miséricorde, est le centurion qui perça de sa lance le flanc du Christ) ; le voile de la sainte face (sainte Véronique – 26 – essuya le visage de Jésus sur le chemin du calvaire) ; un fragment de la vraie croix (sainte Hélène – 27 – rapporta à Rome des restes de la croix) ; le chef de saint André (saint André – 28). Les trois dernières statues sont des œuvres de collaborateurs du Bernin (F. Mochi ; A. Bolgi ; F. Duquesnoy).

★★★**Coupole** – Bramante l'avait conçue semblable à celle du Panthéon, **Michel-Ange** l'éleva et l'amplifia. L'œuvre, conduite par lui-même jusqu'au pied du lanternon, fut achevée en 1593 par **Giacomo Della Porta** et **Domenico Fontana**. C'est la plus grande coupole de Rome. L'édifice entier semble avoir été conçu pour la recevoir, symbole de la perfection de Dieu. Aux pendentifs, quatre médaillons de 8 m de diamètre où sont représentés, en mosaïque, les évangélistes. Au-dessus se déroule l'inscription latine par laquelle le Christ institua l'Église : « Tu es Pierre et sur cette pierre je bâtirai mon Église. Je te donnerai les clefs du royaume des cieux. » Dans les compartiments de la calotte figurent les papes, les docteurs de l'Église, puis, assis, le Christ, la Vierge, saint Joseph, saint Jean-Baptiste et les apôtres ; plus haut, des anges. À la voûte du lanternon, Dieu le Père.

★★**Statue de saint Pierre** (29) – Cette statue en bronze du 13e s., attribuée à Arnolfo di Cambio, est l'objet de la plus grande vénération. D'innombrables pèlerins sont venus baiser son pied. Une légende veut qu'elle ait été façonnée avec le bronze de la statue de Jupiter du temple du Capitole.

Tombeau de Pie VII (30) – Pie VII mourut en 1823 après avoir essuyé la tempête napoléonienne. La construction de son tombeau est due au Danois Thorwaldsen.

Monument funéraire de Léon XI (31) – Cette œuvre de marbre blanc est due à l'**Algarde** (1642-1644). Le bas-relief du sarcophage illustre la conversion au catholicisme du roi Henri IV, reçue par le futur pape, alors légat de Clément VIII.

★★★**Monument funéraire d'Innocent VIII** (32) – Du Florentin Antonio Pollaiolo (vers 1431-1498), cette œuvre de la Renaissance (1498) est un des rares monuments de la basilique précédente à avoir été conservés. La conception du tombeau placé contre une paroi est caractéristique du 15e s. Lorsque le monument fut recomposé en 1621, les deux statues furent inversées : à l'origine, le gisant figurait au-dessus du pontife bénissant, signifiant ainsi le pouvoir suprême de la mort. Une erreur se glissa dans l'épigraphe où l'on lit que le pape « vécut » (vixit) au lieu de « régna » 8 ans, 10 mois et 25 jours.

Monument funéraire de Jean XXIII (33) – À la paroi droite de la chapelle de la Présentation, ce bas-relief est dû au sculpteur contemporain Emilio Greco.

Monument funéraire des derniers Stuarts (34) – Œuvre (1817-1819) de **Canova** à la gloire des derniers représentants de la famille royale d'Écosse *(voir p. 157)* : Jacques Édouard, Charles Édouard et Henri Benedict, inhumés dans les « Grottes ». Les **anges**★ en bas relief firent l'admiration de Stendhal : « La beauté tendre et naïve de ces jeunes habitants du ciel apparaît au voyageur longtemps avant qu'il puisse comprendre celle de l'Apollon du Belvédère... »

Museo storico e tesoro ⊙ – Maintes fois amoindri par les Sarrasins en 846, lors du sac de Rome en 1527, lors du traité de Tolentino par Bonaparte en 1797, le trésor de St-Pierre fut toujours reconstitué et apparaît aujourd'hui enrichi des dons de divers pays.

Dans la **salle I** (35) la « sainte colonne », identique à celles que le Bernin réemploya aux loggias des piliers qui soutiennent la coupole de la basilique, provient de l'édifice du 4e s. Le coq en métal doré avait été placé au sommet de cette même basilique par Léon IV (9e s.). Dans la **salle II** (36), belle dalmatique dite de Charlemagne ; il s'agit en fait d'un vêtement liturgique de style byzantin, postérieur au 10e s. ; cette salle abrite aussi une copie du trône de bois et d'ivoire que contient la chaire du Bernin et une croix vaticane du 6e s. Dans la **chapelle des Bénéficiers** (37), le beau tabernacle est attribué à Donatello, maître florentin de la Renaissance. Le moulage en plâtre de la *Pietà* de Michel-Ange fut précieux quand il fallut restaurer l'original, détérioré en 1972. La **salle III** (38) renferme le **tombeau de Sixte IV**★★★

Détail du tombeau de Sixte IV par Antonio del Pollaiolo

d'Antonio Pollaiolo (1493), chef-d'œuvre de la sculpture en bronze (précision du portrait et finesse du travail). Après diverses salles où étincellent les objets d'orfèvrerie et de culte, et après avoir rencontré l'ange que le Bernin façonna en terre cuite avant qu'il ne soit fondu en bronze pour la chapelle du St-Sacrement, on arrive dans la **galerie** (**39**) où est conservée la tiare en or, argent et pierres précieuses dont on revêt la statue de saint Pierre les jours de cérémonie. Le **sarcophage de Junius Bassus ★★★**, daté du 4e s., fut découvert au-dessous de la basilique St-Pierre et constitue un remarquable exemple de sculpture funéraire chrétienne, richement décoré de scènes de la Bible ; sur les côtés, enfants vendangeant et moissonnant, symboles des âmes sauvées par l'Eucharistie.

Grottes vaticanes ⊘ – *Accès par un des piliers qui soutiennent la coupole. Une partie des grottes est fermée au public.* On nomme ainsi la surface qui s'étend sous la basilique et qui renferme les tombeaux des papes, ainsi que divers objets de l'ancienne basilique. L'ensemble est composé d'une partie semi-circulaire épousant la forme de l'abside constantinienne, où se loge vers l'Est la chapelle « ad caput » *(voir chapelle Clémentine, page suivante)* et prolongée à l'Est par 3 nefs.

Dans les nefs, nombreux tombeaux, parmi lesquels ceux de Jean XXIII, de Christine de Suède, de Benoît XV.

★Montée à la coupole ⊘ – *Accès à l'extérieur à droite de la basilique.* On accède d'abord à une galerie intérieure à la base de la coupole. L'effet est saisissant, de là on mesure réellement l'immensité de la basilique St-Pierre, la hauteur vertigineuse de la coupole dont on peut mieux apprécier la décoration. Sur la galerie deux personnes diamétralement opposées et la face tournée vers la paroi peuvent converser à voix basse. Un escalier à l'intérieur de la coupole mène vers la terrasse qui entoure le lanternon, à 120 m au-dessus de la place St-Pierre : la **vue ★★★** est extraordinaire : d'un côté, sur la géométrie de la place, modèle d'urbanisme architectural, sur la cité du Vatican et sur toute la ville, du Janicule au Monte Mario ; de l'autre sur les jardins du Vatican, les palais, les musées et la chapelle Sixtine bâtie comme une forteresse.

En redescendant on s'arrête sur une grande terrasse au pied de la coupole : **vue** sur les dômes du transept et des nefs. De la balustrade où se dressent les statues gigantesques des apôtres (saint Pierre est absent), du Christ et de saint Jean-Baptiste, vue ample sur la ville.

★★Necropoli Vaticana ⊘ – *Visite guidée uniquement.* Des fouilles réalisées entre 1939 et 1950 à l'initiative de Pie XII ont permis de mettre au jour une nécropole païenne que l'empereur Constantin fit combler pour construire la basilique primitive, où fut retrouvée la tombe de saint Pierre. Après avoir traversé un des murs qui soutenaient la basilique de Constantin, on gagne la nécropole : deux rangées de tombeaux (datés du 1er au 4e s.) séparées par une allée sont disposées le long d'une pente qui s'incline en direction du Tibre, à peu près parallèlement à la nef centrale actuelle. Au-dessus de l'entrée d'un tombeau, une inscription signifie la volonté du défunt d'être enseveli « in Vaticano ad circum » ; sa découverte confirma la proximité du cirque de Néron où périt peut-être saint Pierre. Un autre tombeau renferme des mosaïques chrétiennes qui comptent parmi les plus anciennes que l'on connaisse (antérieures au 4e s.). Le Christ y est représenté parmi des branches de vigne, auréolé de rayons de soleil et conduisant un char tiré par des chevaux ; on peut également y voir une scène figurant Jonas et une scène de pêcheur.

En remontant en direction de l'abside de l'actuelle basilique, on croise (à l'aplomb du baldaquin du Bernin) un mur dit « mur rouge », au revers duquel se situe un édicule du 2e s. appelé Trophée de Gaius. C'est sous ce dernier que l'on découvrit la **tombe de saint Pierre**. La présence du trophée et le fait que l'apôtre ait eu cet endroit pour sépulture incitèrent Constantin à bâtir une basilique sur la nécropole et à mettre au même niveau le dallage et le trophée.

La tombe de saint Pierre a suscité les plus vifs débats parmi les historiens, les archéologues et les théologiens. Avant les fouilles faites au Vatican, la sépulture de saint Pierre était attestée aux catacombes de St-Sébastien. Selon M. Carcopino, les reliques du saint auraient subi quelques vicissitudes. En 258, les chrétiens, traqués par la politique de l'empereur Valérien et craignant une profanation, auraient transféré les restes de Pierre à St-Sébastien, qui n'était pas encore propriété de l'Église et donc à l'abri des soupçons. Ce n'est que vers 336, alors que la liberté de culte était de nouveau assurée aux chrétiens, que les reliques auraient été rapportées sur leur lieu d'origine, au Vatican.

Chapelle Clémentine – C'est la chapelle « ad caput » (à la tête de saint Pierre). Située au dos de l'édicule à niches, elle est très proche de la tombe de l'apôtre. Le guide montre les ossements retrouvés dans un des murs qui, au 3e s., borda l'édicule au Nord ; ils auraient appartenu à saint Pierre.

★★MUSEI VATICANI

Entrée par le viale Vaticano. De la piazza Risorgimento et de la via Bastioni di Michelangelo, prendre à gauche.

Les **musées du Vatican** occupent une partie des palais construits par les papes à partir du 13ᵉ s.

Les palais – Probablement à l'époque du pape Symmaque (498-514), des bâtiments furent construits au Nord de la basilique St-Pierre. Nicolas III (1277-1280) voulut les remplacer par une forteresse garnie de tours, mais ne réalisa que partiellement son projet. À leur retour d'Avignon, en 1377, les papes abandonnèrent leur résidence du palais du Latran, détruite par un incendie, et s'installèrent au Vatican.

Pour agrandir l'édifice, **Nicolas V** (1447-1455) fit ériger autour de la cour des Perroquets (cortile dei Pappagalli) un palais qui engloba les bâtiments du 13ᵉ s. Il conserva à l'extérieur l'aspect de forteresse, mais para l'intérieur de décorations somptueuses. On peut encore voir la chapelle qu'il fit peindre par Fra Angelico. Presque tous les papes ont transformé ou agrandi le palais de Nicolas V.

Plus tard, **Sixte IV** (1471-1484) fit installer au rez-de-chaussée de l'aile Nord une bibliothèque (aujourd'hui salle de conférences réservée au pape) et, à l'Ouest, il bâtit la chapelle Sixtine. À 300 m environ au Nord du palais de Nicolas V, **Innocent VIII** (1484-1492) édifia une résidence estivale, le palais du Belvédère. De 1493 à 1494, **Alexandre VI** fit ajouter à l'édifice de Nicolas V une tour (la tour Borgia) et installa ses appartements au-dessus de la bibliothèque de Sixte IV.

Le pape **Jules II** (1503-1513) commanda à son architecte Bramante de relier le palais de Nicolas V et celui d'Innocent VIII par deux longues galeries étroites. Ainsi fut constituée la grande cour rectangulaire dite du Belvédère, théâtre de spectacles grandioses, qui n'avait pas encore été divisée pour former les actuelles cours de la Bibliothèque et de la Pigne. Il habita au-dessus des appartements d'Alexandre VI, dans ceux que Nicolas V avait fait décorer par Piero della Francesca, Benedetto Bonfigli et Andrea del Castagno, et fit repeindre ces «chambres» par Raphaël. La façade du palais lui semblant trop austère, il en fit élever une autre composée de loggias superposées. Celle du deuxième étage fut décorée par Raphaël.

Paul III (1534-1549) fit consolider les fondations et restaura l'aile Sud-Ouest du palais primitif.

À la demande de **Pie IV** (1559-1565), Pirro Ligorio transforma la cour du Belvédère : au Nord (du côté du palais du Belvédère), l'architecte bâtit une grande niche semi-circulaire devant laquelle fut déposée la «Pigna», la pomme de pin gigantesque qui ornait la fontaine de l'atrium de la basilique de Constantin. Il s'inspira de l'architecture antique, notamment de la tribune du stade de Domitien au Palatin. Au Sud, adossé au palais de Nicolas V, il éleva un édifice semi-circulaire d'un étage avec niche centrale. Par la suite, la cour vit s'élever deux galeries transversales : au temps de **Sixte Quint**, Domenico Fontana, de 1587 à 1588, construisit la bibliothèque d'un étage (grande salle Sixtine) ; plus tard, de 1806 à 1823, **Pie VII** fit construire le «Braccio Nuovo». C'est ainsi que furent constituées les trois cours actuelles.

À l'époque baroque, les palais du Vatican ne reçurent que la Scala Regia *(on ne visite pas)*, escalier monumental réalisé par le Bernin de 1633 à 1666. On y accède par un corridor qui longe le côté Nord de la place St-Pierre et qui est précédé de la Grande Porte de bronze (Portone di bronzo), entrée principale des palais.

La cour pontificale – Sixte IV (1471-1484), en commençant à pourvoir ses neveux de dignités ecclésiastiques et de bénéfices, en s'entourant de riches cardinaux, de lettrés et d'artistes, donna naissance à une véritable cour, comparable aux cours princières.

L'actuelle résidence pontificale – Elle se situe dans les bâtiments du 16ᵉ s. qui entourent le cortile di Sisto V. Les personnages importants, chefs d'État et diplomates pénètrent dans la cité du Vatican par l'arc des Cloches (arco delle Campane). Le saint-père les reçoit dans sa bibliothèque privée, grande salle disposée entre le cortile di Sisto V et le cortile del Maggiordomo.

Durant l'été, le souverain pontife réside dans sa propriété de Castel Gandolfo, aux environs de Rome.

Les musées – Leur origine remonte à Jules II qui, en 1503, déposa quelques œuvres d'art antique dans la cour du palais du Belvédère. Ses successeurs continuèrent de réunir les antiquités grecques et romaines, paléochrétiennes et chrétiennes. Clément XIV, ayant acquis un bon nombre d'œuvres antiques grâce aux revenus des loteries, créa un nouveau musée ; agrandi par son successeur Pie VI, il prit le nom des deux papes, Pio-Clementino. L'architecte Simonetti, chargé de l'agrandissement, construisit les salles qui relient le palais du Belvédère à la galerie Ouest, occupée par la Bibliothèque apostolique.

En 1797, suite au traité de Tolentino, de nombreuses œuvres durent être expédiées à Paris. Canova, nommé inspecteur général des Antiquités et des Beaux-Arts de l'État de l'Église par le pape Pie VII, aménagea un musée avec les œuvres restantes,

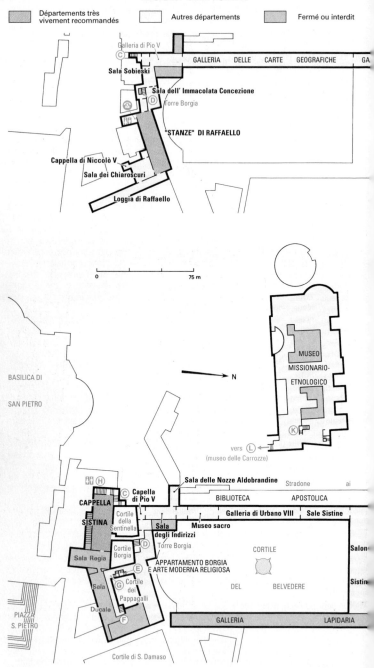

MUSEI VATICANI

Départements très vivement recommandés   Autres départements   Fermé ou interdit

le musée Chiaramonti (du nom de famille du pape). Lorsque les œuvres revinrent de Paris en 1816, Pie VII fit construire le Braccio Nuovo pour les abriter. En 1837, Grégoire XVI inaugura un musée étrusque qui réunit les produits de fouilles effectuées dans les nécropoles d'Étrurie; en 1839 il créa le Musée égyptien. En 1932, Pie XI inaugura la Pinacothèque. En 1970, un bâtiment très moderne fut ouvert, renfermant les collections d'art antique et d'art chrétien autrefois au palais du Latran. En 1973, les collections d'objets rapportés par les missions furent transférées du palais du Latran. Cette même année étaient ouverts un musée historique et un musée d'art religieux moderne. Les musées du Vatican, par leur diversité et l'intérêt de leurs richesses, comptent parmi les plus grands musées du monde.

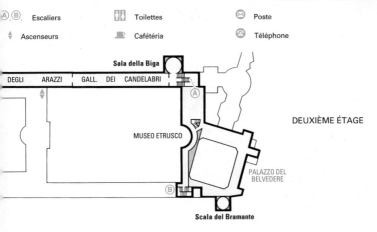

A, B. Escaliers — Toilettes — Poste

Ascenseurs — Cafétéria — Téléphone

DEUXIÈME ÉTAGE

Sala della Biga

DEGLI ARAZZI GALL. DEI CANDELABRI

MUSEO ETRUSCO

PALAZZO DEL BELVEDERE

Scala del Bramante

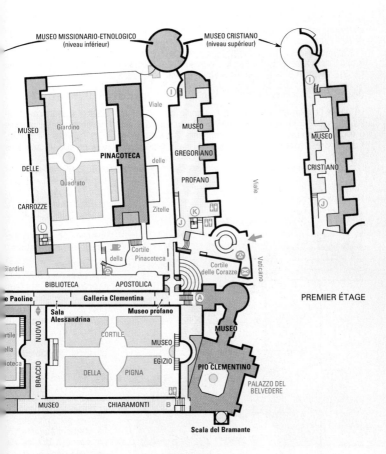

MUSEO MISSIONARIO-ETNOLOGICO (niveau inférieur)

MUSEO CRISTIANO (niveau supérieur)

Viale

MUSEO — Giardino — **PINACOTECA** — delle

MUSEO GREGORIANO

MUSEO CRISTIANO

DELLE — Quadrato — Zitelle

PROFANO

CARROZZE

Cortile Pinacoteca

Cortile delle Corazze

Vaticano

PREMIER ÉTAGE

Giardini

BIBLIOTECA APOSTOLICA

Galleria Clementina

e Paoline

Sala Alessandrina — Museo profano

MUSEO

NUOVO — CORTILE — MUSEO

MUSEO

BRACCIO — DELLA PIGNA — EGIZIO

PIO CLEMENTINO

MUSEO CHIARAMONTI — B

PALAZZO DEL BELVEDERE

Scala del Bramante

VISITE ⊙ Entrée : viale Vaticano

Compter 3 h pour une visite limitée aux sections « très vivement recommandées » ; compter une journée entière pour une visite de l'ensemble.

L'entrée actuelle des musées fut ouverte en 1932. Du hall, on accède aux guichets des billets par une rampe hélicoïdale ornée d'une balustrade en bronze sculpté. Des guichets, on gagne les musées soit par le cortile delle Corazze, soit par l'atrio dei Quattro Cancelli, puis par l'escalier construit par Simonetti au 18ᵉ s. (Ⓐ *sur les plans*).

La visite s'effectue selon un sens rigoureusement obligatoire, à partir du Musée égyptien et du musée Chiaramonti. Toutefois, l'itinéraire déterminé peut être modifié. La consultation du plan ci-dessus vous aidera à vous orienter.

L'entrée du musée Pio-Clementino se situe près de l'escalier de Bramante.

Museo egizio

Fondé par le pape Grégoire XVI, le Musée égyptien fut aménagé en 1839 par le père Ungarelli, un des premiers égyptologues italiens à s'être intéressé aux travaux de Champollion.

Les objets constituant la collection proviennent de plusieurs sources : antiquités achetées par les papes au 18e s., mais surtout statues retrouvées dans Rome et ses environs, qui avaient été amenées d'Égypte sous l'Empire, et copies d'originaux égyptiens des 1er et 2e s. exécutées par les Romains.

Dans la **salle I** sont regroupées les inscriptions antiques : documents allant de l'Ancien Empire (vers 2650 avant J.-C.) au 6e s. Trône de la statue sans buste du pharaon Ramsès II (19e dynastie ; vers 1250 avant J.-C.). La **salle II** est consacrée à l'art funéraire de l'ancienne Égypte : momie de femme (vers 1000 avant J.-C.) avec des cheveux teints au henné ; sarcophage en bois peint et en pierre ; vases canopes (qui contenaient les entrailles de la momie) ; amulettes.

La **salle III** présente une reconstitution de la décoration du Canope de la villa Adriana à Tivoli *(voir index)* qui avait pour thème principal la représentation de la cérémonie de l'éveil d'Osiris-Apis, c'est-à-dire Sérapis (double buste sur une fleur de lotus), dieu qui était apparu au 4e s. sous l'influence de Ptolémée. Un buste colossal d'Isis-Sothis-Déméter (protectrice des sources du Nil) était placé au fond du corridor, d'où jaillissait une cascade évoquant l'arrivée de la crue du Nil. Des statues d'Antinoüs, divinisé sous le nom d'Osirantinoos, complètent la décoration.

Dans l'**hémicycle (V)** sont exposées les statues égyptiennes provenant de Rome et de ses environs : la tête de pharaon de la 11e dynastie (vers 2100 avant J.-C.) est un exemple de l'art du Moyen Empire. La statue colossale de la reine Touya (1), mère de Ramsès II (19e dynastie, vers 1250 avant J.-C.), représente le Nouvel Empire. Les statues en granit rose représentent en style égyptien le roi grec d'Égypte Ptolémée Philadelphe (283-246 avant J.-C.), sa sœur Arsinoé et leur sœur Philotéra.

Museo Chiaramonti – Galleria lapidaria *(à droite)*

Le **musée Chiaramonti**, du nom de la famille de Pie VII qui le fit aménager, a gardé l'aspect que lui donna Canova en 1807. Il renferme des copies romaines d'œuvres grecques, des portraits, des monuments funèbres : celui d'un meunier *(à droite, travée X)* est reconnaissable à ses bas-reliefs représentant une meule, un âne, des corbeilles, etc.

La **Galerie lapidaire** *(visite réservée aux spécialistes)* abrite plus de 3 000 inscriptions chrétiennes et païennes.

Par le musée Chiaramonti, on accède au Braccio Nuovo.

Braccio Nuovo (antiquités romaines)

Le *Doryphore (3e niche à gauche de l'entrée)* représente un porteur de lance (du grec Doryphoros). Il s'agit d'une copie originale d'un bronze de Polyclète (440 avant J.-C.) ; l'original fut probablement le modèle (« le canon ») qui appliquait et traduisait en trois dimensions les théories sur les proportions en sculpture établies par Polyclète.

La **statue d'Auguste** ★★ (4e niche à droite de l'entrée), dite « de Prima Porta » (du nom de la localité où elle fut mise au jour), est un bel exemple de l'art officiel romain. La décoration de la cuirasse de l'empereur, extraordinaire de précision, illustre la restitution par le roi des Parthes des enseignes perdues par Crassus en 53 avant J.-C.

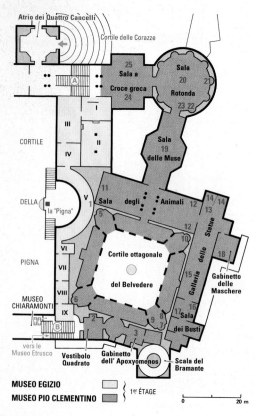

MUSEO EGIZIO

MUSEO PIO CLEMENTINO

1er ÉTAGE

0   20 m

Le Nil (dans l'hémicycle central), œuvre romaine du 1er s., peut-être inspirée d'une œuvre grecque de la période hellénistique, représente le dieu-fleuve entouré de 16 enfants qui correspondraient aux 16 coudées que doit atteindre le fleuve pour fertiliser la plaine. Les paons en bronze doré proviendraient du mausolée d'Hadrien (château St-Ange).

La **statue de Démosthène** *(dernière niche à gauche de l'entrée)* est une copie romaine d'un bronze grec du 3e s. avant J.-C.

Retourner à l'entrée du musée Chiaramonti et gagner le musée Pio-Clementino (par l'escalier Ⓑ).

★★Museo Pio-Clementino (antiquités grecques et romaines)

Le musée Pio-Clementino occupe le palais du Belvédère et les salles ajoutées par Simonetti au 18e s.

Vestibule Carré – C'est l'atrium de l'ancien musée Clementino. Il abrite le **sarcophage de Scipion Barbatus** (2) : taillé dans le tuf gris au 3e s. avant J.-C., celui-ci témoigne de la sobriété du premier art romain. La forme est inspirée des modèles grecs que les Romains découvrirent après la prise de Rhégion en 270 avant J.-C.

Cabinet de l'Apoxyomène – L'*Apoxyomène*★★★ (3) est le nom donné à une statue d'athlète nettoyant sa peau avec une étrille au retour du gymnase. Un artiste romain sculpta cette œuvre au 1er s. d'après un original du Grec Lysippe (4e s. avant J.-C.). Ce corps qui exprime la fatigue traduit la volonté de l'artiste de représenter l'homme dans sa réalité vivante plutôt que d'en donner, comme au temps du classicisme, une image idéale.

Escalier de Bramante – Cet escalier en spirale, de noble ordonnance, réservé aux cavaliers, fut construit au début du 16e s. par Bramante lors des travaux de transformation du palais commandés par Jules II.

★**Cour octogonale du Belvédère** – Elle est octogonale depuis qu'au 18e s. Simonetti l'entoura d'un portique. Elle formait la cour intérieure du palais du Belvédère, à l'origine carrée et plantée d'orangers.

B. Kaufmann

Le groupe de Laocoon

★★★**Groupe de Laocoon** (5) – Un matin de janvier 1506, l'architecte Giuliano da Sangallo courut chez Michel-Ange pour l'inviter à venir voir une sculpture extraordinaire que des paysans s'apprêtaient à sortir de terre près de la Maison dorée de Néron. Ce jour-là fut découverte l'œuvre d'un groupe d'artistes de Rhodes, du 1er s. avant J.-C., qui représente la mort de Laocoon, le prêtre d'Apollon ; s'étant attiré la colère du dieu, il mourut étouffé par des serpents avec ses deux fils. L'art hellénistique atteint ici une extrême intensité ; voulant montrer la souffrance à son paroxysme, il aboutit à l'emphase qui le fit nommer « baroque grec ».

★★★**Apollon** (6) – Jules II en 1503 le plaça dans la cour du Belvédère. Sans doute le dieu tenait-il un arc dans sa main gauche et dans la droite une flèche. Le sculpteur romain auteur de cette statue (2e s.), inspirée probablement d'un original grec en bronze du 4e s. avant J.-C., œuvre de Léocare, sut bien rendre la sérénité des dieux grecs.

Œuvres de Canova (1757-1822) – Le pape Pie VII acheta ces trois statues néoclassiques à Canova après que le traité de Tolentino eut dépouillé le musée d'un certain nombre d'œuvres : *Persée*★★ (7), vainqueur de la Méduse, et les pugilistes Creugante (8) et Damoxène (9) qui se livrèrent un combat farouche à Némée en Argolide.

★★★**Hermès** (10) – Cette œuvre romaine du 2e s., dérivée d'un original grec en bronze, représente le fils de Zeus qui fut souvent le messager des dieux.

Ara Casali – Sous le porche Nord. Offert par la famille Casali à Pie VI, cet autel du 3e s. illustre la légende de Mars et Vénus et, sur la face postérieure, celle de Remus et Romulus.

Salle des Animaux – Nombreuses œuvres figurant des animaux, très restaurées, du 18e s. La statue de **Méléagre**★ (11) est une œuvre romaine du 2e s. d'après une sculpture en bronze du Grec Scopas (4e s. avant J.-C.). À côté du chasseur Méléagre se trouve la dépouille du sanglier qui provoqua sa mort, à l'instigation de Diane. Les mosaïques romaines, insérées dans le pavement, sont d'une grande finesse. Dans une vitrine (12) est exposé un crabe en porphyre vert, pierre rare.

Galerie des Statues – Loggia du palais du Belvédère d'Innocent VIII transformée en galerie de sculpture au 18e s.

★**Ariane endormie** (13) – Copie romaine d'un original grec de la période hellénistique (2e s. avant J.-C.), dont on reconnaît le goût pour les poses recherchées et le drapé élaboré. À son réveil, Ariane trouvera Dionysos qui l'épousera et l'emmènera sur l'Olympe.

Candélabres (14) – Ils ornaient la villa Adriana à Tivoli *(voir les Environs de Rome)*. Beaux exemples de l'art décoratif romain du 2e s.

★**Apollon « Sauroctone »** (15) – Il s'agit d'une statue d'Apollon sur le point de tuer un lézard, copie romaine d'un original grec en bronze de Praxitèle de 350 avant J.-C. environ. Celui-ci, spécialiste des formes féminines, donna au jeune dieu beaucoup de grâce.

Salle des Bustes – Elle est constituée par trois petites salles divisées par de belles colonnes de marbre. Les **bustes de Caton et Portia**★ (16) provenant d'une tombe (1er s. avant J.-C.), représentent deux époux, sont caractéristiques de l'époque républicaine. Parmi les nombreux portraits impériaux, celui de Jules César (17) est très expressif.

Cabinet des Masques – Son nom lui vient d'une mosaïque du 2e s. ornée de masques, rapportée de la villa Adriana et insérée dans le pavement. La *Vénus de Cnide*★★ (18) est une copie romaine de la Vénus sculptée par Praxitèle pour le sanctuaire de Cnide en Asie Mineure (4e s. avant J.-C.). La sculpture grecque fut très célèbre tant pour ses qualités artistiques que pour le fait qu'une déesse était représentée nue pour la première fois. Les Grecs, qui racontaient la légende d'Actéon, tué pour avoir vu une déesse au bain, furent scandalisés.

Salle des Muses – Son nom lui vient des statues de muses qu'elle abrite, disposées autour de la salle, avec celles des philosophes grecs.

★★**Le torse du Belvédère** (19) – Comme la statue du Pugiliste *(au Musée national romain)*, celle-ci est signée par l'Athénien Apollonius, fils de Nestor, art néo-attique du 1er s. avant J.-C. Œuvre magistrale, ce torse très expressif suscita l'admiration de Michel-Ange. Traditionnellement considéré comme représentant Hercule, il fut récemment reconnu comme représentation d'Ajax, héros grec fils de Télamon, qui montra tout son courage pendant la guerre de Troie et sauva les dépouilles de son ami Achille, aidé par Ulysse. Ce fut ce dernier qui obtint les armes du héros mort. Fou de rage, Ajax commit un massacre, tuant même des moutons qu'il avait pris pour ses ennemis. Honteux, il se suicida. La statue (dont il ne reste que ce torse) représente- rait le héros accablé par le déshonneur.

★**Salle ronde** – Elle est une belle réussite de Simonetti (1780) qui s'inspira de l'architecture du Panthéon. La **vasque** de porphyre (20), d'un seul bloc, provient peut-être de la Maison dorée de Néron. La **statue d'Hercule** (21) est en bronze doré (fin 2e s.). La statue d'**Antinoüs** (22) le représente avec les attributs de Dionysos et du dieu égyptien Osiris (sur sa tête : l'Uraeus, serpent qui ornait la coiffure des pharaons). Ce jeune homme favori d'Hadrien, après sa mort tragique dans le Nil, avait été divinisé par l'empereur sous le nom de Osirantinoos. Le **buste de Jupiter d'Otricolia** (23) est une copie romaine d'après un original grec du 4e s. avant J.-C.

Salle en croix grecque – Deux grands **sarcophages★** en porphyre dominent la salle. Celui de sainte Hélène (**24**), la mère de l'empereur Constantin, date du début du 4ᵉ s. ; la sculpture en est lourde. Le sujet (cavaliers romains vainqueurs et barbares prisonniers), étranger à la vie d'une sainte femme, fait supposer que le sarcophage était destiné au mari d'Hélène, Constance Chlore, ou à son fils Constantin qui l'aurait commandé avant de transférer sa cour à Constantinople. En face, le sarcophage de Constance (**25**), fille de Constantin, est une œuvre du milieu du 4ᵉ s. *Prendre l'escalier Simonetti Ⓐ vers le 2ᵉ étage.*

★Museo etrusco

Fondé en 1837 par Grégoire XVI, le Musée étrusque rassemble des objets provenant de fouilles en Étrurie méridionale. La salle I rassemble les pièces les plus anciennes (9ᵉ-8ᵉ s. avant J.-C.) : urnes en forme de cabanes ou de vases biconiques servant à recueillir les cendres du défunt. Dans la salle II, on peut admirer des biges, montures à deux chevaux caractéristiques des personnages de haut rang, qui reflètent l'évolution de la société au 8ᵉ s. Dans certaines sépultures ont été retrouvés de nombreux vases à figures noires et rouges, importés de Grèce et de remarquable qualité, preuve de l'aisance des défunts. Le matériel trouvé dans la **tombe Regolini-Galassi** (du nom de l'archevêque et du général qui la découvrirent en 1836) au Sud de Cerveteri est particulièrement remarquable. Deux personnages de haut rang, un homme et une femme, y étaient inhumés. Les objets qui les accompagnaient ont été regroupés dans les vitrines le long du mur à droite de l'entrée. À la femme appartenaient les restes du trône en bronze et les bijoux, parmi lesquels l'incomparable **fibule★★** en or ornée de lions et de canetons en ronde bosse ; cette œuvre du 7ᵉ s. avant J.-C. témoigne de la perfection à laquelle étaient parvenus les Étrusques en orfèvrerie ; la plaque pectorale ciselée était placée au centre de la poitrine de la défunte et entourée de feuilles d'or (en fragments) cousues à son vêtement. L'homme reposait sur le lit de bronze exposé ; le bige lui aurait également appartenu.

Remarquer encore le petit encrier en «Bucchero» portant un alphabet et un syllabaire *(côté opposé aux fenêtres, avant-dernière vitrine en avancée avant la porte vers salle III)*. La **salle des Bronzes (III)** abrite le *Mars★★* trouvé à Todi, rare exemplaire de grande statue en bronze de la fin du 5ᵉ s. avant J.-C. ; le style de cette œuvre rejoint la rigueur des œuvres grecques classiques. La ciste ovale *(dernière vitrine à droite du Mars)* ou coffret de toilette est joliment décorée d'un combat d'amazones et, à l'anse, de figures pleines de fantaisie.

L'hémicycle et les salles adjacentes renferment une belle collection de vases grecs, étrusques et de Grande Grèce du 6ᵉ s. au 3ᵉ s. avant J.-C.

Dans l'hémicycle, on remarque tout particulièrement la grande **amphore★★** à figures noires, située dans la seconde vitrine centrale à gauche de l'entrée. Cette œuvre du peintre Exekias, en parfait état de conservation et d'une grande finesse d'exécution, représente une partie de dame opposant Achille à Ajax.

Sala della Biga

Le **char à deux chevaux★★** (bige) qui y est exposé lui donne son nom. C'est une œuvre romaine du 1ᵉʳ s., reconstituée au 18ᵉ s. après qu'eut été récupérée la caisse du char qui faisait office de chaire épiscopale à la basilique St-Marc.

Galleria dei Candelabri

Loggia transformée en galerie en 1785 par Pie VI, divisée par des arcades à colonnes, flanquée de candélabres de marbre du 12ᵉ s., et peuplée d'œuvres de l'Antiquité.

Galleria degli Arazzi

Parée de tapisseries *(arazzi)* que fit exposer Grégoire XVI en 1838. Face aux fenêtres : la série de la Nouvelle École commandée au temps de Léon X à la manufacture de Pieter Van Aelst à Bruxelles et exécutée d'après des cartons d'élèves de Raphaël. Du côté des fenêtres : vie du cardinal Maffeo Barberini, le futur pape Urbain VIII (manufacture Barberini, Rome, 17ᵉ s.).

★Galleria delle Carte geografiche

Sa voûte est décorée de stucs et de peintures dues à un groupe de maniéristes (16ᵉ s.) : 80 épisodes de la vie des saints étroitement liés aux cartes en dessous. Les cartes de géographie peintes aux parois sont une œuvre extraordinaire réalisée en 3 ans (1580-1583) d'après les cartons du père Ignazio Danti. L'auteur a divisé l'Italie en deux parties à partir des Apennins : d'un côté l'Italie baignée par les mers Tyrrhénienne et Ligure, de l'autre celle que délimitent l'Adriatique et les Alpes. Aux 40 cartes, il ajouta des plans de ville, une carte de la région d'Avignon, possession du St-Siège, et deux cartes de Corfou et de Malte. À la science cartographique s'ajoute la fantaisie (inscriptions, mer agitée, navires).

Sala Sobieski – Sala dell'Immacolata Concezione

Dans la première : tableau du 19ᵉ s. de Jan Mateiko où le roi de Pologne, Jean III Sobieski, repousse les Turcs qui assiégeaient Vienne (1683). Dans la seconde : fresques du 19ᵉ s. illustrant la proclamation du dogme de l'Immaculée Conception en 1854 par Pie IX ; dans une vitrine : livres richement décorés publiés sur ce dogme.

***Stanze di Raffaello

Pendant une partie de l'année, afin d'éviter l'affluence, les visiteurs sont guidés suivant un parcours à sens unique depuis la salle de l'Immaculée Conception vers un balcon extérieur. La visite commence alors par la salle de Constantin. Durant les autres mois, il faut suivre l'itinéraire à l'envers.

Ces pièces, dites **Chambres de Raphaël**, existaient déjà du temps de Nicolas V (1447-1455), décorées de fresques par Piero della Francesca notamment, sauf la salle de Constantin qui fait partie de l'aile du 13ᵉ s. du palais pontifical. Jules II, élu au trône pontifical en 1503, en fit ses appartements et chargea un groupe d'artistes de refaire la décoration existante : parmi eux travaillaient le Sodoma et le Pérugin. En 1508, sur la recommandation de Bramante, il fit venir un jeune peintre d'Urbino, Raphaël. Ébloui par le talent du jeune homme, il lui confia la décoration de ses appartements qui prirent le nom de « chambres de Raphaël ». Les autres peintres furent licenciés, leurs travaux effacés. Les fresques des « chambres » font partie des chefs-d'œuvre de la Renaissance. Détériorées par les troupes de Charles Quint lors de la mise à sac de Rome, en 1527, elles ont été restaurées.

Salle de L'Incendie du Borgo (1514-1517) – Ce fut la dernière pièce décorée par Raphaël. Le succès foudroyant de ses œuvres et le grand nombre de commandes qui suivit conduisirent Raphaël à accélérer sa production. À partir de 1515, il travailla entouré de nombreux aides. Pour cette salle, Raphaël réalisa les dessins et une partie des cartons, laissant à son atelier l'exécution des travaux. À la voûte, les fresques du Pérugin ont été conservées.

Pour glorifier le règne de Léon X qui, ayant succédé à Jules II, avait confirmé l'artiste dans sa tâche, on peignit des scènes de sa vie et de celle des papes qui portèrent le même nom que lui : Léon III et Léon V. La scène du **Couronnement de Charlemagne** (1) montre l'empereur sous les traits de François Iᵉʳ, couronné par Léon III qui a les traits de Léon X (celui-ci signa avec François Iᵉʳ le concordat de Bologne en 1516).

L'Incendie du Borgo (2) – Selon le *Liber Pontificalis*, en 847, le pape Léon IV aurait maîtrisé par un signe de croix l'incendie qui ravageait le quartier entourant la basilique St-Pierre (le Borgo). Raphaël, passionné d'antiquité comme tous les artistes de la Renaissance, peignit à gauche la colonnade du temple de Mars Ultor ; le groupe du jeune homme portant un vieillard rappelle le récit de Virgile (Énée fuyant Troie en portant son vieux père Anchise, le petit Ascagne à ses côtés et suivi de son épouse Creüse).

Remarquer l'élégance de la jeune femme à droite portant une jarre. Au fond, la loge des Bénédictions de la basilique constantinienne apparaît telle qu'elle était au temps de Raphaël.

La Bataille d'Ostie (3) – La scène évoque la victoire remportée par Léon IV à Ostie en 849 sur les Sarrasins. Sous la figure de Léon IV on reconnaît Léon X.

"STANZE" DI RAFFAELLO
2ᵉ ÉTAGE
0   15 m

Sala Sobieski

(D) (vers l'Appartement Borgia)

(vers la ©) Cappella Sistina)

Cortile Borgia

Sala dell'Immacolata Concezione

CORTILE

Cappella di Urbano VIII

Torre Borgia

1

Sala dell'Incendio DEL

4

2

3

Sala della Segnatura

5   8

7   6

Cortile dei Pappagalli

12   11

10

BELVEDERE

9

Sala di Eliodoro

15

Sala di 16

Cappella di Niccolò V

14

Cortile del Maresciallo

21 22 23

Sala dei Chiaroscuri

Sala dei Costantino

13

17

Raffaello

18

di

19   Loggia

20

Cortile di S. Damaso

La Justification de Léon III (4) – D'après une chronique médiévale, Léon III calomnié décida de se justifier dans l'église St-Pierre. Alors, une voix retentit : « C'est à Dieu, non aux hommes, de juger des évêques... » *(inscription en latin, à droite de la fenêtre)*. Le visage de Léon III est celui de Léon X.

Salle de la Signature (1508-1511) – Siège du tribunal de la Signature, c'était la bibliothèque et le cabinet de travail du pape. C'est la première chambre peinte par Raphaël. Le thème décoratif, probablement établi par un lettré de la cour nourri de philosophie néo-platonicienne, illustre les trois grands principes de l'esprit humain : le Vrai, le Bien, le Beau.

Le *Parnasse* vu par Raphaël

La signification des peintures de la voûte (médaillons) et des parois est étroitement liée : au-dessus de la fresque du *Triomphe de la Religion (Dispute du saint sacrement)* figure l'allégorie de la Théologie et, au-dessus de *L'École d'Athènes,* celle de la Philosophie ; elles représentent les deux aspects de la Vérité, l'un surnaturel, l'autre rationnel. Surmontant la fresque qui illustre le droit canon et le droit civil, de même que les Vertus cardinales, figure l'allégorie de la Justice. Ce cycle représente le Bien.

Au *Parnasse* correspond l'allégorie de la Poésie, représentation du Beau. Aux angles, de petits tableaux soulignent la signification des allégories : *Adam et Ève,* l'allégorie du premier moteur du monde (une femme imprime le mouvement à l'univers), *Le Jugement de Salomon, Apollon et Marsyas.* Une partie de la décoration de la voûte est attribuée à Sodoma et la partie octogonale au centre à Bramantino (vers 1465-1530).

La Dispute du saint sacrement (5) – On donna par erreur ce nom à une fresque qui illustre le triomphe de la Religion : au sommet, entourant la Trinité, l'Église glorieuse avec Marie, Jean-Baptiste, les patriarches, les prophètes, les apôtres, des martyrs et des anges.

Sur la terre, autour de l'autel, les docteurs de l'Église, les papes et les croyants parmi lesquels on reconnaît Dante (à droite, couronné de lauriers), Savonarole, Sixte IV, Fra Angelico, Grégoire le Grand sous les traits de Jules II. Les lignes convergent vers l'hostie où s'incarne le Christ, trait d'union entre l'Église céleste et l'Église terrestre.

L'École d'Athènes (6) – Sous les voûtes d'un édifice antique dessiné par Bramante s'agite l'assemblée des représentants de la connaissance humaine. Au centre, les philosophes grecs, Platon et Aristote, illustrent les deux principaux courants de la pensée classique, l'idéalisme et le matérialisme. Platon indique du doigt le monde des idées : Aristote, la main tournée vers le sol, signifie que l'idée n'a d'existence que dans la chose matérielle. Raphaël a donné à Platon les traits de Léonard de Vinci.

Socrate, à gauche, en tunique, s'entretient avec son élève le général Alcibiade. Diogène le Cynique, plein de mépris, est à demi étendu sur l'escalier, provoquant la réprobation d'un disciple. Épicure, couronné de feuilles de vigne, disserte sur le plaisir. Euclide trace des figures de géométrie sur une ardoise ; il apparaît sous les traits de Bramante. Non loin de lui, dans l'angle droit de la fresque, Raphaël s'est représenté lui-même, coiffé d'un béret noir, à côté d'un autre peintre, Sodoma, à la tunique et au béret blancs.

Au premier plan et solitaire, on distingue Héraclite, la tête appuyée contre sa main gauche. Il est représenté sous les traits de Michel-Ange qui, à cette époque, décorait la chapelle Sixtine ; Raphaël ajouta cette figure alors que la fresque était achevée, signant là un noble hommage à son rival.

Les Vertus cardinales et théologales (7) – Au-dessus de la fenêtre : la Force (branche de chêne, emblème de la famille della Rovere d'où était issu Jules II), la Prudence et la Tempérance, la Foi, l'Espérance, la Charité (représentées par des amours). À droite : Raimond de Peñafort remet à Grégoire IX (1234) l'ensemble des règles qui constituent le droit ecclésiastique (Décrétales) ; à gauche, l'empereur Justinien approuve les « Pandectes », recueil de jurisprudence romaine, constituant le droit civil. Aux côtés de Grégoire IX, auquel l'artiste a donné les traits de Jules II, figurent les cardinaux Jean de Médicis (le futur Léon X) et Alexandre Farnèse (le futur Paul III).

Le Parnasse (8) – Autour d'Apollon et des neuf Muses sont représentés les grands poètes depuis Homère et Virgile.

Salle d'Héliodore (1512-1514) – C'était l'antichambre privée de l'appartement. Elle fut décorée par Raphaël aussitôt après la salle de la Signature. Les scènes illustrent la protection miraculeuse accordée par Dieu à l'Église.

Héliodore chassé du temple (9) – Le sujet biblique, tiré du livre des Maccabées (Héliodore, venu dérober le trésor du temple de Jérusalem, est chassé par les anges), fut probablement choisi par Jules II lui-même dont la politique consistait à expulser les usurpateurs hors des terres pontificales. Il se fit représenter à gauche, sur la chaire pontificale. Le portrait de Jules II est excellent, laissant transparaître l'autorité de ce pape qui combattit au côté de ses troupes et qui, un jour, brisa sa canne sur le dos de Michel-Ange. Cette fresque constitue un aspect exceptionnel de l'art de Raphaël par le mouvement dont elle est animée (Héliodore, les trois anges, le personnage qui s'enroule autour d'un pilier).

Le Miracle de la messe de Bolsena (10) – Ce sujet commémore le miracle qui donna naissance à la Fête-Dieu. En 1263, un prêtre célébrait la messe à Bolsena. En lui-même, il doutait de la présence réelle du Christ dans l'Eucharistie. Alors, au moment de la consécration, l'hostie saigna. Jules II est représenté agenouillé face au prêtre. Le pape, sa suite et les gardes suisses font partie des chefs-d'œuvre de Raphaël.
La composition de l'ensemble est admirable. Raphaël résolut magistralement la difficulté posée par la lunette arrondie, percée d'une fenêtre décentrée, en disposant asymétriquement les escaliers de part et d'autre de l'autel, en animant la foule à gauche d'un mouvement qui corrige l'étroitesse de cette partie du tableau.

La Délivrance de saint Pierre (11) – Les *Actes des apôtres* racontent comment Pierre, prisonnier à Jérusalem, vit en songe un ange qui le délivrait. Quand il se réveilla il se retrouva libre. La lumière joue un rôle essentiel, très variée suivant la source dont elle provient : de la lune, de la torche du garde ou de l'ange. Cette peinture est un chef-d'œuvre de luminosité, anticipant de plus d'un siècle les recherches de Caravage et de Rembrandt.

Saint Léon le Grand arrête Attila (12) – Léon Ier, à la nouvelle de l'arrivée des Huns, se porta au-devant d'eux et, aidé par l'apparition des apôtres Pierre et Paul armés, arrêta Attila. Raphaël a situé la scène aux portes de Rome, caractérisée par la présence du Colisée, d'une basilique et d'un aqueduc. La calme assurance du pape et de sa suite contraste avec le désordre des Barbares. La fresque était en cours de réalisation lorsque, en 1513, Jules II mourut. Raphaël, alors, peignit le portrait de Léon X. Or celui-ci figurait déjà sur le tableau, sous l'apparence du cardinal Jean de Médicis (à gauche) paré de la « cappa magna ».
Une grande partie de l'œuvre (à droite) fut exécutée par les élèves de Raphaël.

Salle de Constantin (1517-1524) – En 1520, Raphaël mourut. Cette salle, destinée aux réceptions, fut commencée sous le pontificat de Léon X et achevée sous celui de Clément VII par l'école de Raphaël, dirigée par Jules Romain et Francesco Penni. Ce fut le début du courant appelé « maniérisme » durant lequel les artistes, écrasés par l'héritage de Raphaël et Michel-Ange, tentèrent de les imiter en mêlant leurs manières.

L'Apparition de la croix (13) et **La Bataille du pont Milvius** (14) – Œuvres de Jules Romain. La scène de la victoire de Constantin sur Maxence au pont Milvius en 312 souffre de surcharge.

Le Baptême de Constantin (15) – Francesco Penni en est l'auteur. Le pape Sylvestre qui donna le baptême à Constantin apparaît sous les traits de Clément V représenté dans le baptistère de St-Jean-de-Latran.

La Donation de Constantin (16) – Cette scène est le résultat de la collaboration de Jules Romain et de Francesco Penni. Elle se déroule à l'intérieur de l'ancienne basilique St-Pierre et évoque la donation de Rome que l'empereur Constantin (306-337) aurait faite au pape, fondant ainsi son pouvoir temporel. Dante, dans *La Divine Comédie*, s'éleva avec véhémence contre cette donation : « Ah ! Constantin, que de maux enfanta, non la conversion, mais cette dot que reçut de toi le premier pape enrichi. »

La voûte – À la fin du 16e s., elle remplaça l'ancien plafond à poutres.

★★Loggia di Raffaello

Visite réservée aux spécialistes. On y accède par la salle de Constantin. Elle occupe le second étage de l'édifice à trois rangées de loges superposées.

Voulue par Jules II, cette loggia habille la façade monumentale du Palazzo Apostolico tournée vers la ville de Rome.

Au début du 16e s., le cortile di S. Damaso et les bâtiments qui le bordent au Sud, à l'Est et au Nord n'existant pas, le côté du palais du 13e s. où l'on se trouve était une façade tournée vers Rome. Jules II (1503-1513) entreprit de lui donner un nouvel aspect. Il confia à Bramante le soin d'ériger des loggias superposées. La construction commença vers 1508 et, à la mort de Bramante en 1514, seule la première rangée de loges était terminée. Léon X désigna Raphaël pour poursuivre l'œuvre.

La loggia est un corridor voûté, richement décoré (de 1517 à 1519). Aux parois et aux arcades, des stucs et des «grotesques» ont été exécutés d'après les modèles antiques que Raphaël et ses amis découvrirent dans la Maison dorée. De nombreux artistes ont travaillé aux côtés de Raphaël : Francesco Penni et Jules Romain, Giovanni da Udine et Perin del Vaga. Leur travail plein de fantaisie mêle aux guirlandes de fleurs et de fruits des animaux, des statues célèbres, des personnages, des scènes de la vie contemporaine.

La loggia est divisée en treize travées ornées chacune de quatre tableaux à la voûte. Ils représentent des scènes de l'Ancien Testament, à l'exception de la première voûte (17) qui illustre le Nouveau Testament. Ces thèmes font parfois nommer la loggia «la bible de Raphaël». Parmi ces œuvres pleines de fraîcheur, on remarque : *Moïse sauvé des eaux* (18), *La Construction de l'arche de Noé* (19), *La Création des animaux* (20).

★★Sala dei Chiaroscuri – Cappella di Niccolò V

La **salle des Grisailles** doit son nom aux peintures en clair-obscur, représentant apôtres et saints, réalisées par l'école de Raphaël d'après ses dessins en 1517; elles furent ensuite refaites et restaurées à la fin du 16e s.

★★**Chapelle de Nicolas V** – Cette chapelle constitue un des vestiges les plus anciens des palais du Vatican. Sans doute cette petite pièce fit-elle partie d'une tour incluse au 13e s. dans le premier palais pontifical. Nicolas V en fit une chapelle et en confia la décoration à **Fra Angelico** (1447-1451), moine florentin. Il fut aidé par Benozzo Gozzoli, un autre Florentin.

Aux angles figurent les docteurs de l'Église et à la voûte les évangélistes. Aux parois, les peintures, disposées en deux registres superposés, illustrent à la rangée supérieure la vie des saints Étienne et Laurent. Ces peintures subirent d'importantes restaurations aux 18e et 19e s.

Histoire de saint Étienne – *Au registre supérieur.* À droite (21), deux épisodes légendaires de la vie du saint : saint Pierre l'ordonne diacre (la figure de Pierre est d'une extrême noblesse) et saint Étienne distribue l'aumône. Au-dessus de la porte d'entrée (22) : la prédication de saint Étienne située sur une place florentine et saint Étienne discute devant les Anciens. À gauche (23) : saint Étienne est conduit au supplice et lapidé.

Histoire de saint Laurent – *Au registre inférieur.* Sixte II confère le diaconat à saint Laurent (21) : le pape a les traits de Nicolas V et la figure de Laurent a la pureté que Fra Angelico seul savait donner aux saints. Au-dessus de la porte (22) : saint Laurent reçoit de Sixte II le trésor de l'église et fait l'aumône aux pauvres. La représentation d'un aveugle (à droite) constitue une exception dans l'art idéalisé de la Renaissance. À gauche (23) : l'empereur Dèce désigne les instruments du supplice; le martyre du saint.

De la chapelle de Nicolas V, retourner dans la salle de L'Incendie du Borgo. Traverser la chapelle d'Urbain VIII, puis descendre à droite vers l'appartement Borgia.

★Appartamento Borgia

Ces salles qui servirent d'appartement au pape espagnol Alexandre VI Borja abritent aujourd'hui des œuvres d'art moderne. **Le Pinturicchio** décora les chambres privées entre la fin de 1492 et 1494. La première **salle**, dite **des Sibylles,** est décorée de figures de sibylles et de prophètes. Dans la **salle du Credo,** les prophètes et les apôtres portent des cartouches où sont inscrits les articles du Credo. La salle suivante est celle des **Arts libéraux.** Probablement fut-elle le bureau d'Alexandre VI. Elle est décorée des représentations allégoriques des arts libéraux (ou sciences), comme on disait au Moyen Âge. Le plafond est marqué aux armes des Borgia. Dans la **salle XIII,** Alexandre VI mourut subitement le 18 août 1503. On crut au poison. Aujourd'hui, il semble établi qu'il s'agissait de malaria. La **salle des Saints** fut probablement décorée par le Pinturicchio lui-même, alors que dans les autres salles de

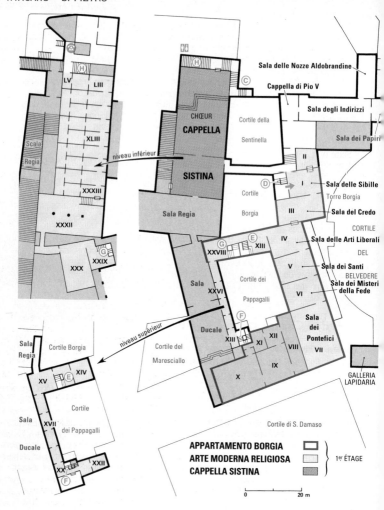

APPARTAMENTO BORGIA
ARTE MODERNA RELIGIOSA
CAPPELLA SISTINA } 1er ÉTAGE

0   20 m

nombreux élèves l'aidèrent. Les sujets mêlent les récits légendaires de la vie des saints à des scènes mythologiques, comme cela se fit souvent à la Renaissance. Face à la fenêtre, *La Dispute de sainte Catherine d'Alexandrie* est l'une des meilleures œuvres du Pinturicchio. On y retrouve son habituel paysage d'arbres fragiles, de rochers et de collines. Au centre, on reconnaît l'arc de Constantin. Devant l'empereur, sainte Catherine énumère ses arguments pour défendre la foi chrétienne. À la voûte, scènes de la mythologie.

La **salle des Mystères de la foi** illustre les principaux mystères de la vie de Jésus et de la Vierge. Sur la paroi où s'ouvre la porte d'entrée : la Résurrection et, à gauche, très beau portrait d'Alexandre VI. Le pape, en adoration, montre un visage impassible.

La **salle des Pontifes** servait aux réunions officielles. La voûte, s'étant écroulée en 1500 au risque d'écraser Alexandre VI, fut refaite sous le pontificat de Léon X, ornée de stucs et de «grotesques», par Perin del Vaga et Giovanni da Udine. Des portraits de papes auraient décoré autrefois cette salle, d'où son nom. Aujourd'hui, il ne reste que des inscriptions consacrées aux souverains pontifes. *(Les salles VIII à XII sont fermées.)*

★★**Collezione d'Arte moderna religiosa** – Cette collection d'une très grande richesse rassemble plus de 500 peintures et sculptures, dons d'artistes et de collectionneurs. Les plus grands artistes du monde entier sont représentés. À l'étage supérieur, de la chapelle de la Paix de Giacomo Manzù *(salle XIV)*, on passe à une salle consacrée à Rouault *(salle XV)*. De là, une suite de petites salles où restent des traces du palais du 13ᵉ s. renferme des œuvres de Chagall, Gauguin, Utrillo, Odilon Redon, Braque, Klee, Kandinsky, Moore, Morandi, De Pisis, etc. *Tourner vers l'escalier* Ⓔ.

On descend *(escalier* ⑥*)* ensuite dans les salles **XXIX-LV** situées partiellement sous la chapelle Sixtine. Magnifiques vitraux de Fernand Léger, Jacques Villon, Georg Meistermann. Se succèdent de nombreuses toiles de Ben Shahn, Levine, Bernard Buffet, de naïfs yougoslaves, des sculptures de Marini, Lipchitz, Mirko, des céramiques de Picasso, des tapisseries de Bazaine.

« Il existe encore, dans notre aride monde sécularisé, une capacité prodigieuse d'exprimer, au-delà d'un humain véritable, le religieux, le divin, le chrétien », a dit Paul VI, le 23 juin 1973, en inaugurant cette collection.

★★★ Cappella Sistina *(monter par l'escalier* ⑭*)*

Cette **chapelle** est dite **Sixtine**, car elle fut construite de 1477 à 1480, sur l'ordre du pape Sixte IV. Conçue comme chapelle du palais pontifical, elle devait aussi à l'origine assumer un rôle défensif, attesté par la subsistance de créneaux à l'extérieur.

Elle se présente comme une longue salle couverte d'une voûte en berceau rabaissée par de petites voûtes latérales et ajourée par douze fenêtres. **Sixte IV** fit venir des peintres ombriens et florentins qui ornèrent les parois latérales. **Jules II**, son neveu (1503-1513), confia à Michel-Ange le soin de modifier la décoration de la voûte (un ciel étoilé). Vingt ans plus tard, **Clément VII** et **Paul III** s'adressèrent de nouveau à lui pour peindre la paroi au-dessus de l'autel. Lieu de réunion du conclave *(voir p. 275)*, théâtre des cérémonies les plus solennelles du Saint-Siège, la chapelle Sixtine est aussi un chef-d'œuvre de l'art de la Renaissance ; ses dimensions (40,23 m de long, 13,41 m de large, 20,70 m de haut) correspondent exactement à celles du temple de Salomon fixées par la Bible, et ses décorations sont chargées d'une haute signification spirituelle.

Restauration de la chapelle Sixtine – Vaste entreprise qui aura duré en tout 18 ans, dont 14 (1980 à 1994) pour les fresques de Michel-Ange, elle a été exécutée par les Italiens mais financée par un sponsor japonais (Nippon Television). Cette restauration, y compris celle du *Jugement dernier* achevée en avril 1994, a consisté essentiellement à nettoyer, avec un mélange de bicarbonate de soude et d'ammonium, les fresques, noircies par la fumée des cierges et la poussière, pour les faire réapparaître telles qu'elles furent peintes par Michel-Ange. C'est ainsi que, presque 500 ans plus tard, on découvre enfin l'extraordinaire palette du grand peintre, composée de couleurs claires, acidulées et vives : orange, roses, verts tendres côtoient les jaunes éclatants et les turquoises.

Parois latérales – Leur décoration (1481-1483) témoigne du désir de Sixte IV de poursuivre la tradition décorative des premières basiliques chrétiennes. Au soubassement sont peintes des draperies semblables à celles que l'on tendait entre les colonnes des anciennes basiliques. Entre les fenêtres figurent les portraits des premiers papes, depuis saint Pierre jusqu'à Marcel Ier (308-309). Les figures du Christ et des trois premiers papes ont été supprimées lorsque fut peint le *Jugement dernier* au-dessus de l'autel. À mi-hauteur, une série de tableaux représentent d'une part la vie de Moïse, d'autre part des scènes de la vie du Christ, ou l'histoire de l'humanité avant et après la venue du Messie.

Vie de Moïse – *À la paroi Sud, à partir du Jugement dernier.* La première fresque *(Moïse sauvé des eaux)* fut détruite pour laisser place au *Jugement dernier. Moïse en Égypte* est l'œuvre du **Pérugin** (I). Au panneau suivant, **Botticelli** a illustré la jeunesse de Moïse (II) : les deux figures féminines des filles de Jethro sont particulièrement représentatives du lyrisme de cet artiste. Les tableaux suivants, *Le Passage de la mer Rouge* (III) et **La Remise des Tables de la Loi sur le mont Sinaï** (IV), sont dus à **Cosimo Rosselli** (1439-1507). Dans *La Punition de Coré, Dathan et Abiron*, qui nièrent l'autorité de Moïse et Aaron sur le peuple juif (V), Botticelli a situé l'action sur un fond de monuments romains (l'arc de Constantin et le Septizonium du Palatin). *Le Testament et la mort de Moïse* (VI) est l'œuvre de **Luca Signorelli** (vers 1445-1523).

Vie du Christ – *À la paroi Nord, à partir du Jugement dernier.* La première scène *(La Nativité)* a disparu lorsque fut réalisé *Le Jugement dernier* de **Michel-Ange**. La série commence par *Le Baptême de Jésus* (VII) du **Pérugin** et du **Pinturicchio**, où figure une foule de portraits de personnages de la cour de Sixte IV. Le panneau suivant, *Les Tentations du Christ* et *La Purification du lépreux* (VIII), est situé juste en face du trône pontifical, aussi **Botticelli** attribua-t-il une importance capitale à la scène de la purification, rendant ainsi hommage à Sixte IV qui avait écrit une œuvre de théologie sur ce sujet. De même, il donna au temple de Jérusalem la façade de l'hôpital S. Spirito que le pape avait fait reconstruire. Trois petites scènes de l'arrière-plan illustrent les tentations du Christ : à gauche, dans un bosquet, sur le fronton du temple, et, à droite, sur un rocher. L'œuvre suivante, *La Vocation des saints Pierre et André* (IX), est de la main de **Ghirlandaio**. Puis, dans *Le Sermon sur la montagne* et *La Guérison du lépreux* (X), réalisés par **Cosimo Rosselli** aidé de **Piero di Cosimo**, on note l'un des premiers couchers de soleil de l'histoire de la peinture. *La Remise des clefs à saint Pierre* (XI) est un chef-d'œuvre du **Pérugin**. De part et d'autre du temple de Jérusalem, à l'architecture fantaisiste, se dresse l'arc de Constantin, si admiré à la Renaissance. La série s'achève avec *La Cène* (XII) de Cosimo Rosselli, où Judas est représenté face au Christ, séparé des autres apôtres.

ERITHRAEA

La voûte – **Michel-Ange**, malheureux et blessé par la décision du pape Jules II d'abandonner la sculpture de son tombeau, était reparti à Florence. En 1508, le pape le rappela à Rome et lui demanda de peindre les douze apôtres à la voûte de la chapelle Sixtine.

À peine commença-t-il à peindre, écrivit-il plus tard, que le résultat lui sembla une bien pauvre chose. Alors le pape lui laissa toute liberté. De cette surface de 520 m² environ, simplement peinte en bleu et parsemée d'étoiles, Michel-Ange fit un chef-d'œuvre. Dans un puissant mouvement qui anime tout l'espace, les figures, telles des statues vivantes, racontent comme une épopée la création du monde et l'histoire du genre humain.

Jules II, régulièrement, venait demander à Michel-Ange quand il aurait fini. Régulièrement, il s'entendait répondre du haut de l'échafaudage : « Quand je pourrai. »

Le 14 août 1511, au comble de l'impatience, le pape exigea de voir la fresque ; il fut bouleversé. Un peu plus d'un an après elle était achevée.

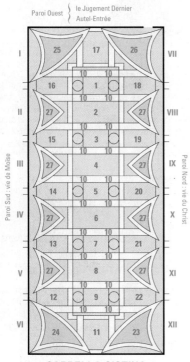

CAPPELLA SISTINA

De la Création du monde au Déluge – *À partir du côté de l'autel, c'est-à-dire du côté du Jugement dernier.*

1) Dieu sépare la lumière et les ténèbres.

2) Création du soleil, de la lune et des végétaux.

3) Dieu sépare les eaux de la terre et crée la vie dans les mers.

4) Création d'Adam – **5)** Création d'Ève.

6) Péché originel et expulsion du Paradis terrestre.

7) Le Sacrifice de Noé : contrairement à la chronologie de la Bible, cette scène précède le Déluge. Peut-être Michel-Ange a-t-il voulu réserver l'espace plus grand à la scène du Déluge ; à moins qu'il n'ait voulu signifier la fidélité de Noé à Dieu et justifier ainsi son sauvetage dans l'arche.

8) Le Déluge : ce tableau fut peint le premier par Michel-Ange. On peut remarquer la petite taille de certaines figures, inadaptée à la hauteur où elles sont situées.

9) L'Ivresse de Noé : l'ensemble de la décoration aurait pu s'arrêter au Déluge ; avec cette dernière scène où Noé est tourné en dérision par son fils, Michel-Ange, pessimiste, voulut souligner que la vie recommence sur terre sous le signe du mal.

Les « Ignudi » (**10**) – On nomme ainsi les personnages que Michel-Ange plaça aux angles des tableaux centraux. Le modèle de ces figures, hymnes extraordinaires au corps humain, rappelle les sculptures antiques. D'innombrables artistes de la Renaissance et de l'époque maniériste en ont été influencés.

Prophètes et sibylles – Aucune monotonie dans ces douze portraits : Zaccharie, le vieillard à grande barbe (**11**) ; Joël (**12**), le critique ; la sibylle d'Érythrée (**13**), ne sachant par où commencer l'étude ; Ézéchiel (**14**), passionné de discussion ; la sibylle de Perse (**15**), vieille, bossue et myope ; Jérémie (**16**), le mélancolique ; Jonas (**17**), symbole de la résurrection du Christ, éjecté de la baleine dans un mouvement dont les artistes baroques se souvinrent ; la sibylle de Libye (**18**), l'étude achevée, descend de son trône avec une grâce qui plaira aux maniéristes ; Daniel (**19**), inspiré par une idée nouvelle ; la sibylle de Cumes (**20**), géante très musclée, semble lire quelque chose qu'elle ne comprend pas ; Isaïe (**21**), dérangé par un ange ; la jeune sibylle de Delphes (**22**).

Histoires de la Bible – Au centre de ces quatre scènes figurent les héros du peuple d'Israël (David, Judith, Esther, Moïse) en qui le Christ réaffirma la promesse de sa venue proclamée par les prophètes : Judith et Holopherne (**23**), David et Goliath (**24**), le Supplice d'Haman (**25**), le Serpent d'airain (**26**).

Les ancêtres du Christ (**27**) – Leurs noms (au-dessus des fenêtres) correspondent aux scènes placées dans les espaces triangulaires. Là, les familles d'Israël attendent la délivrance.

Le Jugement dernier – Plus de vingt ans après avoir décoré la voûte, Michel-Ange fut appelé en 1534 par Clément VII pour achever la décoration de la chapelle. Ce pape, qui vit les troupes de Charles Quint mettre Rome à sac en 1527, voulut que le Jugement dernier figurât bien en évidence au-dessus de l'autel, tel un avertissement aux impies. Paul III reprit son idée. Au cours des travaux qui commencèrent en 1535, les fresques du 15ᵉ s. furent supprimées, ainsi que deux tableaux de la série des ancêtres du Christ. Lorsque la fresque fut découverte, le 31 octobre 1541, l'émerveillement et la stupeur s'emparèrent des spectateurs. Placée sous le signe de la colère et de la violence, cette œuvre où s'entassent une multitude de corps dénudés et bousculés dans une lumière sinistre est l'expression du malheur : Rome avait été outragée en 1527, la doctrine de Luther divisait la chrétienté. La fresque fut retouchée au 16ᵉ s. et au 18ᵉ s. Pie IV, mû par le souci d'austérité qui caractérisa la Contre-Réforme, ordonna à Daniele da Volterra de vêtir les nudités. Au total, une trentaine de figures auraient été voilées.

Cette fresque annonça un nouveau style qui aboutit au baroque.

La composition est construite selon un schéma rigoureux : à l'appel des anges, les élus s'élèvent (à gauche), tandis que les damnés sont précipités en Enfer (à droite). En bas, à gauche, les morts s'éveillent lentement ; en vain, les démons s'efforcent de les retenir. Au-dessus, les élus semblent attirés par le mouvement du bras droit du Christ. Au côté de la figure du Christ juge, terrifiante, la Vierge semble détourner son regard de l'horrible spectacle. Autour d'eux, les prophètes et les saints portant les instruments de leur supplice : saint André et sa croix, à côté de la Vierge, au-dessous saint Laurent et son gril, saint Barthélemy et sa peau ; dans les plis de celle-ci, Michel-Ange s'est représenté, le visage déformé. Les damnés sont attendus par Caron qui, de sa barque, les rejette dans le fleuve de l'Enfer. Michel-Ange donna à Minos, le juge des Enfers sur le corps duquel s'enroule un serpent (dans l'angle droit), les traits de Biagio de Cesena, maître des cérémonies de la cour pontificale. Celui-ci, scandalisé qu'une telle œuvre puisse figurer dans un lieu aussi vénérable, se plaignit au pape Paul III qui lui répondit qu'il n'avait pas le pouvoir de tirer quelqu'un de l'Enfer. L'ensemble de la fresque est dominé par les anges portant la croix, la couronne d'épines, la colonne et les autres instruments de la Passion.

Pavement et clôture du chœur – La chapelle fut pavée au 15ᵉ s. dans un style semblable à celui des Cosmates. La clôture du chœur et la tribune où se tenaient les chantres, d'une grande finesse, sont l'œuvre de Mino da Fiesole (15ᵉ s.).

★Biblioteca Apostolica (objets précieux)

Cappella di S. Pio V – La chapelle de saint Pie V renferme les trésors provenant de la chapelle du Sancta Sanctorum, ancienne chapelle privée des papes.

Sala degli Indirizzi – Y sont essentiellement exposés des objets de culte datant du Moyen Âge à nos jours.

Sala delle Nozze Aldobrandine – Elle renferme des fresques antiques dont une de l'époque d'Auguste qui représente les préparatifs d'un mariage, à laquelle on donna le nom de son premier possesseur, le cardinal Pierre Aldobrandini.

Museo sacro – Il fut créé par Benoît XIV en 1756. Antiquités paléochrétiennes.

Sale Sistine – Les salles Sixtines font suite à la **Galleria di Urbano VIII** qui renferme des instruments d'astronomie et des mappemondes. Sixte Quint (1585-1590) les créa pour y conserver des archives.

★Salone Sistino
Cette grande salle fut construite en 1587 par Sixte Quint qui la fit aménager en salle de lecture de la Bibliothèque du Vatican. Sa décoration, œuvre de maniéristes dirigés par C. Nebbia, illustre le pontificat de Sixte Quint, l'histoire du livre, les conciles, les inventeurs de l'écriture (aux piliers). Armoires du 17ᵉ s. décorées au 19ᵉ s.

La bibliothèque apostolique se poursuit par les deux salles créées par Paul V (1605-1621), dites salles Paulines. Suivent encore la salle Alexandrine, due à Alexandre VIII (1690), et la **Galleria Clementina** que créa Clément XII. Puis on arrive au **Museo profano** fondé en 1767 par Clément XIII (objets étrusques, romains et médiévaux).

★★★Pinacoteca

Salles des Primitifs (I) – Le *Jugement dernier* (1), peinture sur bois du 12ᵉ s., est proche de l'art byzantin.

Giotto et son école (II) – Giotto, certainement aidé de plusieurs élèves, réalisa vers 1315 le **triptyque Stefaneschi** (2), du nom du cardinal qui commanda l'œuvre.

Les Florentins : Fra Angelico et son disciple Benozzo Gozzoli, Filippo Lippi (III) – Ils comptent parmi les plus grands peintres du 15ᵉ s. Fra Angelico (1400-1455), que sa manière un peu archaïque rattache parfois au Moyen Âge, a toujours su exprimer son profond sentiment religieux ; le petit tableau de la *Vierge en gloire* (3) en témoigne ; les *Histoires de saint Nicolas de Bari* sont deux tableaux (4) qui appartenaient à la prédelle d'un retable. Filippo Lippi (1406-1469) est l'auteur du *Couronnement de la Vierge* (5) et Benozzo Gozzoli (1420-1497) a réalisé la *Vierge présentant la ceinture à saint Thomas* (6).

PINACOTECA

0   20 m

Cortile della Pinacoteca

Melozzo da Forli (1438-1494) – Les gracieux **anges musiciens** (7) frappent par les couleurs éclatantes, la grâce de leurs chevelures bouclées auréolant de délicats visages. Ils sont des fragments de la fresque qui décorait la voûte de l'abside de la basilique des Sts-Apôtres ; elle avait pour thème l'Ascension du Christ. La fresque (reportée sur toile) représentant *Sixte IV et Platina le bibliothécaire* (8) décorait la bibliothèque du Pape. Le cardinal a les traits du neveu de Sixte V, Giuliano della Rovere, le futur Jules II.

Salle des polyptyques (**VI**) – Remarquer *La Vierge à l'Enfant* (9) du Vénitien **Carlo Crivelli** (1430-1493). Si les artistes florentins consacraient leurs recherches au dessin, les Vénitiens s'intéressaient à la couleur. À la tête d'un atelier important installé dans les Marches, Crivelli se caractérise par l'originalité de ses motifs décoratifs et son goût marqué par les décors d'orfèvrerie (très beaux tissus peints).

L'école ombrienne du 15e s. (**VII**) – *La Vierge à l'Enfant en compagnie de quatre saints* (10) du **Pérugin** et le *Couronnement de la Vierge* (11) du **Pinturicchio** témoignent de l'art poétique et suave des artistes d'Ombrie.

★★★**Salle VIII : Raphaël** (1483-1520) – Trois tableaux illustrent l'évolution de l'art du peintre des «Stanze» *(voir p. 294)*. Le *Couronnement de la Vierge* (12), réalisé en 1503, est une œuvre de jeunesse, toute en fraîcheur et encore influencée par l'art du Pérugin. La *Madone de Foligno* (13) date de 1511-1512, alors que Raphaël était à Rome, à l'apogée de sa gloire ; l'excellent portrait de Sigismondo dei Conti agenouillé, qui commanda le tableau, la pose exquise de la Vierge et la luminosité qui l'entoure sont l'œuvre d'un virtuose. La *Transfiguration* (14) était destinée à la cathédrale de Narbonne. Le tableau fut terminé par l'artiste peu avant sa mort (1520).

Salle IX – Le *Saint Jérôme*★★ (15) de Léonard de Vinci (1452-1519) témoigne de la maîtrise de cet artiste dans le traitement de la lumière, de l'anatomie et de l'expression. Le tableau fut recomposé après avoir été retrouvé en partie chez un antiquaire, en partie chez un cordonnier.

Dans la *Pietà* (16), le Vénitien Giovanni Bellini (v. 1429-1516) apporta aux belles tonalités la précision du dessin et une inspiration profonde.

Salle X – La *Madone de San Nicola dei Frari* (17) de Titien offre les couleurs merveilleuses des peintres vénitiens. Le *Couronnement de la Vierge* (18) réalisé par Jules Romain (partie supérieure) et Francesco Penni (partie inférieure), deux artistes qui terminèrent souvent les œuvres de Raphaël, annonce l'affectation maniériste. Dans le tableau de Véronèse, *Sainte Hélène* (19), la sainte est portraitisée dans une position insolite, le visage appuyé sur la main.

Les maniéristes (**XI**) – Remarquer le *Repos de la sainte Famille* (20) de Federico Barocci (1528-1612), lumineux et léger comme un pastel.

Autour du Caravage (**XII**) – La *Descente de croix*★★ (21) du Caravage (1573-1610) exprime à merveille la réaction de ce peintre au sentimentalisme maniériste. Ses personnages, même dans les scènes les plus religieuses, sont des hommes et des femmes du peuple. La composition est rigoureuse et la lumière est utilisée pour accentuer le réalisme des formes (remarquer la manière dont Nicodème et saint Jean tiennent le corps du Christ mort). Le Français **Jean Valentin** (1591-1632) fut vivement influencé par le Caravage : *Le Martyre des saints Procès et Martinien* (22). **Guido Reni** (1575-1642), dans *La Crucifixion de saint Pierre* (23), s'inspira aussi du Caravage.

Salles XIII-XIV – Elles abritent des œuvres des 17e et 18e s., notamment de **Pierre de Cortone,** le grand décorateur baroque. Remarquer le portrait de Clément IX (24) de Carlo Maratta (1625-1713) et une maquette du dôme de St-Pierre.

★**Musei Gregoriano Profano e Cristiano**

Installés dans un beau bâtiment moderne construit à partir de 1963, les Musées profane et chrétien furent ouverts au public en 1970. Ils renferment les collections du musée d'Art antique réunies par Grégoire XVI (1831-1846) et du musée d'Art chrétien fondé en 1854 par Pie IX, autrefois conservés au palais du Latran.

Visite du Musée grégorien profane

Il est présenté suivant quatre sections : copies de l'époque impériale (1er s. avant J.-C.-3e s.) ; sculpture romaine des 1er et 2e s. ; sarcophages ; sculpture romaine des 2e et 3e s. Une disposition moderne à l'aide d'éléments de métal, de béton et de bois met parfaitement les œuvres en valeur, permettant de les admirer sous toutes leurs faces.

Copies de l'époque impériale – Remarquer la **Tête en basalte** (1), belle copie d'une œuvre grecque qui se rattache à l'art de Polyclète (5e s. avant J.-C.). **Sophocle** (2), grande statue représentant le poète tragique d'Athènes. Belle **mosaïque** posée au sol (3), décorée avec fantaisie. Nombreux **« hermès »** (4), statues aux épaules et à la poitrine taillées verticalement. Le **relief de Médée et des Péliades** (5), œuvre romaine du 1er s. avant J.-C., copie d'un original grec de la fin du 5e s. ; détérioré mais d'une grande élégance, il illustre l'histoire des filles de Pélias trompées par Médée. La section renferme encore une **statuette sans tête** (6), inspirée probablement d'un original du 5e s., et la **Niobide « Chiaramonti »** (7), copie d'une statue qui faisait partie d'un groupe représentant la mort de Niobé et de ses filles.

Sculpture romaine (1er s.-début du 2e s.) – Le bas-relief de l'**autel des Vicomagistres** sculpté au 1er s. (8) est particulièrement remarquable. Il ornait probablement la base d'un autel et montre une procession de personnages conduisant les animaux au temple pour le sacrifice. Suivent les 4 vicomagistres ou « magistrats des rues » et les assistants portant les statuettes des dieux lares, protecteurs des foyers et des rues. Le style narratif qui caractérise ce relief et son naturalisme en font une œuvre vraiment romaine.

Belle collection d'**urnes et d'autels funéraires** (9) du 1er s. provenant surtout de la via Appia. On peut voir aussi la **base d'une colonne** de la basilique Julienne du Forum romain (10), bel exemple de l'art décoratif romain.

Parmi les pièces maîtresses de la section, il faut remarquer les **reliefs de la Chancellerie**★, ainsi nommés car ils furent trouvés au-dessous du palais de la Chancellerie. De facture encore classique, ils représentent deux événements de la vie d'un empereur, ici Vespasien et son fils Domitien. Un relief (11) illustre l'arrivée de Vespasien à Rome après son élection au trône impérial ; l'empereur est représenté à droite, noblement drapé dans sa toge. Son fils Domitien l'accueille. Entre eux, le génie du Peuple romain, avec la corne d'abondance, a le pied posé sur une borne, signifiant par là que la rencontre a lieu à la limite du « pomerium » (limite sacrée de Rome). L'autre relief (12) illustre le départ de Domitien pour une campagne. Après que le souvenir de Domitien eut été condamné par le Sénat, sa tête fut remplacée par celle de son successeur, Nerva.

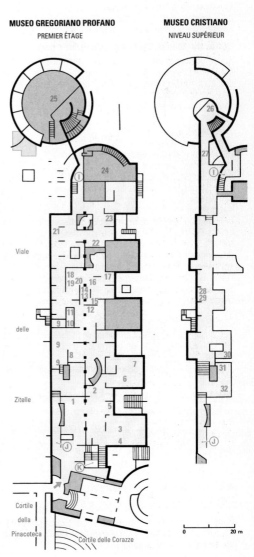

MUSEO GREGORIANO PROFANO
PREMIER ÉTAGE

MUSEO CRISTIANO
NIVEAU SUPÉRIEUR

0   20 m

Les **pièces du tombeau des Haterii** sont les restes du tombeau d'une famille de la fin du 1ᵉʳ s. Dans l'art romain, ils sont caractéristiques du courant populaire qui se développa parallèlement au courant officiel (réalisme et souci du détail au détriment de l'effet d'ensemble). La famille fut peut-être celle de Haterius Tychicus, entrepreneur de constructions publiques ; deux bas-reliefs notamment font allusion à la profession : l'un (13) représente des monuments antiques de Rome où l'on reconnaît aisément le Colisée inachevé ; sur l'autre (14) apparaît un monument funéraire en forme de temple ; au-dessus de l'édifice figurent les scènes se déroulant à l'intérieur de la tombe, traitées avec minutie, mais sans souci des proportions ; à gauche de ces scènes, le sculpteur a placé une machine élévatoire. Le réalisme est particulièrement évident dans les portraits : celui d'une femme dans une niche, à la belle chevelure qui ondule (15), témoigne de la plus grande habileté ; de même, la petite colonne où s'enroulent des roses (16) richement modelées est d'une finesse exquise. On pourra encore admirer de belles **sculptures décoratives** : deux colonnes ornées de rinceaux (17) et des fragments de frises du 2ᵉ s. (18, 19, 20).

Sarcophages – Beaucoup sont illustrés de sujets mythiques. Remarquer le fragment du sarcophage « du philosophe » (21 – environ 270) où est sculptée une assemblée savante. Les physionomies sont représentées avec tant de réalisme qu'elles semblent des portraits.

Sculpture romaine (2ᵉ et 3ᵉ s.) – Le **torse en porphyre** (22) a probablement appartenu à une statue impériale (2ᵉ s.). La statue d'une **jeune femme parée en Omphale** (23) (reine de Lydie qui prit à Hercule ses attributs) est caractéristique d'une mode du 3ᵉ s. qui voulait que l'on se fît immortaliser dans ces déguisements.

★**Mosaïques des thermes de Caracalla** (24) et (25) – *Visibles du Musée chrétien*. Du 3ᵉ s., elles représentent des figures d'athlètes, de gladiateurs et de leurs entraîneurs dont la brutalité atteste le goût des Romains pour les spectacles violents.

Visite du Musée grégorien chrétien *(monter par l'escalier ①)*

Statue du Bon Pasteur (26) – Très restaurée, elle date peut-être du 3ᵉ s. L'artiste chrétien a repris l'image païenne du pasteur offrant son plus bel animal à une divinité, ou d'Hermès conduisant les âmes dans l'au-delà. Mais la figure se trouve ici chargée du sens de la religion nouvelle et illustre la parabole de la brebis égarée et sauvée du loup par le bon berger : « Lorsqu'il l'a trouvée, il la met avec joie sur ses épaules… »

Sarcophages – Dans leur composition, les sarcophages chrétiens sont semblables aux sarcophages païens (figures en relief se succédant en une bande continue ; paroi divisée en panneaux séparés par des arcades ; strigiles et médaillon central).

Les premiers artistes chrétiens décorèrent les sarcophages de guirlandes, de corbeilles et d'enfants, reprenant les motifs de la production païenne ; à ces éléments ils mêlèrent les thèmes symboliques des brebis, troupeau du Christ, des pampres de vigne, symbole de l'union à Dieu par l'Eucharistie, etc. Dès le milieu du 3ᵉ s., des épisodes et des personnages s'ajoutèrent aux symboles. Un exemple est fourni par la **paroi d'un sarcophage provenant de St-Laurent-hors-les-Murs** (27) où figurent, outre les brebis symbolisant le troupeau chrétien, le Christ et les apôtres.

Au 4ᵉ s., des sujets nouveaux apparaissent : sur un **sarcophage à couvercle trouvé aux catacombes de St-Callixte** (28) de même que sur un **sarcophage à deux registres** (29), on voit deux scènes souvent rapprochées : l'arrestation de Pierre et Moïse faisant jaillir l'eau du rocher *(à la partie droite du premier ; au registre inférieur du second)*.

Sur le **sarcophage provenant de St-Laurent-hors-les-Murs** (30), du 4ᵉ s., on peut voir, parmi d'autres scènes : Adam et Ève recevant de Dieu une gerbe de blé et une brebis *(au registre supérieur, à gauche du médaillon central)*, symboles du travail auquel ils sont astreints à la suite de la faute originelle.

Sur un autre **sarcophage provenant de St-Paul-hors-les-Murs** (31), du 4ᵉ s., la croix figure au centre, comme un emblème de triomphe, avec une couronne de laurier entourant le monogramme du Christ.

Remarquer aussi le **moulage du sarcophage de Junius Bassus** (32).

Museo Missionario-Etnologico

Descendre par l'escalier Ⓚ (voir plan p. 288).

Il fut inauguré par Pie XI en 1927. D'abord installé au palais du Latran, il reçut un aménagement très moderne au Vatican sous le pontificat de Paul VI. Il renferme une multitude de pièces, témoins des grandes religions (bouddhisme, hindouisme, islamisme) et des objets d'art chrétien produits dans les pays de missions.

Museo delle Carrozze Ⓥ

Descendre par l'escalier Ⓛ (voir plan p. 289).

Il a été aménagé dans un bâtiment souterrain ouvert en 1973 sous le pontificat du pape Paul VI. Là ont été rassemblées des voitures de papes et de cardinaux, dont les premières « papamobiles ».

★CITÉ ET JARDINS DU VATICAN ⏱

Reprendre le plan général de la cité du Vatican.

Par l'arc des Cloches, l'itinéraire gagne la piazza dei Protomartiri Romani, approximativement située au centre du cirque de Caligula et de Néron, où de nombreux chrétiens furent martyrisés ; au sol, une pierre noire cernée de blanc indique l'emplacement de l'obélisque *(voir piazza S. Pietro)*. À gauche, le cimetière teutonique serait constitué, selon une pieuse tradition, par de la terre rapportée de Jérusalem. On laisse à gauche la petite église dédiée au premier martyr, saint Étienne, où Charlemagne aurait passé la nuit précédant son couronnement (en l'an 800). On passe ensuite devant l'**école de mosaïque** (Scuola del Mosaico) et visite les divers bâtiments où se déroule la vie de l'État. De belles vues s'offrent sur l'enceinte Léonine.

La visite se poursuit à travers les magnifiques **jardins★★★** où le dôme de la basilique, dessiné par Michel-Ange, apparaît dans toute sa majesté. Des fontaines, des monuments s'élèvent, dons de divers pays. La « Casina » de Pie IV est un aimable édifice du 16ᵉ s. orné de stucs et de peintures.

Les jardins du Vatican

Les églises ne se visitent pas pendant les offices.

Via VENETO★

Visite : 2 h 1/2

Centre de la « dolce vita » dans les années 1950 et 1960 et lieu de rencontre des célébrités italiennes et des étrangers, la via Veneto demeure bordée d'hôtels de luxe, de boutiques et de cafés fréquentés par les riches touristes. Le soir, elle est très animée du fait de la présence de nombreuses boîtes de nuit réservées aux inconditionnels des plaisirs mondains.

Porta Pinciana – Ouverte dans la muraille dont Aurélien fit entourer Rome au 3ᵉ s., elle fut fortifiée au 6ᵉ s. par Bélisaire, général de Justinien qui visait au rétablissement de l'Empire romain. Bélisaire prit Rome en 537, en expulsa les Barbares et le pape Silvère.

Via Vittorio Veneto – Ouverte après 1879, cette rue porte le nom d'une commune de Vénétie qui adopta en 1866 le nom du roi Victor-Emmanuel II et qui fut le théâtre en 1918 d'une victoire des troupes italiennes sur les Austro-Hongrois. La via Veneto se déroule dans le beau **quartier Ludovisi**, loti à partir de 1883, après que le prince Ludovisi eut vendu sa magnifique propriété du 17ᵉ s. Bordée de luxueux hôtels, de boutiques et de grands cafés, elle est un lieu de rendez-vous prestigieux fréquenté des riches touristes et des amateurs de plaisirs mondains. Le quartier est le siège de ministères et de grandes compagnies aériennes.

Prendre à droite la via Lazio, puis la via Aurora et la via Lombardia.

★**Casino dell'Aurora** ⊘ – Le casino de l'Aurore est l'unique édifice subsistant de la propriété des Ludovisi. De même que le cardinal Scipione Borghese, neveu de Paul V, fit décorer le casino de son palais par Guido Reni, le cardinal Ludovico Ludovisi, neveu de Grégoire XV, demanda au Guerchin de décorer le sien. Les deux artistes, élèves des Carrache, ont représenté l'Aurore.

Retourner via Veneto.

S. Grandadam/EXPLORER

La fontaine du Triton

Palazzo Margherita – Construit en 1886 par G. Koch, il fut la résidence de Marguerite de Savoie, épouse du roi Humbert Ier, avant d'être le siège de l'ambassade des États-Unis.

S. Maria della Concezione – Elle fut construite en 1624 dans le style austère imposé par la Contre-Réforme. Devant le chœur a été placée la dalle funéraire du cardinal Antonio Barberini, fondateur de l'église, portant l'inscription « Hic jacet pulvis, cinis et nihil. » (Ici gît de la poussière, des cendres, rien.)

Au-dessous de l'église *(accès à droite de l'escalier extérieur – offrande)*, une galerie est curieusement « décorée » de crânes et d'ossements de frères capucins.

Fontana delle Api – La fontaine des Abeilles, œuvre du Bernin (1644), doit son nom aux abeilles figurant dans le blason des Barberini.

De là, on gagne la **piazza Barberini** où se trouve la fontaine du Triton.

★**Fontana del Tritone** – Ce triton qui s'époumone dans une conque, juché sur une coquille ouverte que portent quatre dauphins, traduit bien l'art puissant et plein de mouvement du Bernin. Le blason aux abeilles des Barberini rappelle qu'Urbain VIII régnait alors.

★★PALAZZO BARBERINI

Entrée au n° 13 de la via delle Quattro Fontane

Le cardinal Maffeo Barberini, qui accéda au trône pontifical en 1623 sous le nom d'**Urbain VIII**, décida la construction de ce palais baroque pour y loger sa famille. Les travaux débutèrent en 1627, sous la conduite de Carlo Maderno. De 1629 à 1633, Borromini et le Bernin achevèrent l'édifice. Le Bernin est notamment l'auteur de la façade encastrée entre les deux ailes, suivant le plan que l'on donnait aux villas de la campagne romaine. En évidant le porche au rez-de-chaussée, en élevant au-dessus deux étages où s'ouvrent de larges fenêtres (légèrement ébrasées à l'étage supérieur), où se superposent colonnes engagées et pilastres plats, il a su créer l'ampleur et la solennité qui convenaient aux Barberini. Borromini a laissé son empreinte aux deux petites fenêtres supérieures, à frontons curieux, des parties qui raccordent le corps central aux ailes. La façade postérieure porte des fenêtres décorées par Borromini. Celui-ci est également l'auteur de l'escalier en colimaçon, bâti sur plan ovale et s'ouvrant sur le porche à droite.

★★**Galleria nazionale d'Arte Antica** ⊘ – On accède à la galerie de peinture par un escalier monumental *(à gauche sous le porche)*, élevé par le Bernin.

Parmi les œuvres picturales du 12e au 15e s., il faut remarquer le **Crucifix** exécuté par Simone et Machilone, artistes actifs en Ombrie au 13e s., ainsi que la *Vierge à l'Enfant* du **maître du palais de Venise**, dont le dessin élégant a subi l'influence de Simone Martini, grand peintre siennois du 14e s. La *Vierge à l'Enfant* et l'*Annonciation* de **Filippo Lippi** (1406-1469) illustrent certains aspects de la technique de l'artiste, particulièrement attentif à la perspective (ce qui constituait une nouveauté par rapport à l'art des Primitifs), bien rendue par des éléments

Travaux en cours

Au moment de la rédaction de ce guide, le palais Barberini fait l'objet d'une importante rénovation qui prévoit un complet réaménagement des lieux et des œuvres. C'est pourquoi le texte ci-dessous se limite à une simple présentation chronologique des œuvres. Le projet pour ce nouvel aménagement est le suivant :

Rez-de-chaussée (côté via Barberini) : destiné aux services d'accueil, vestiaire, librairie, salles didactiques, salles audiovisuelles...

Aile Nord – Rez-de-Chaussée : œuvres picturales (du 12e au 15e s.) ; **étage noble** : œuvres du 17e s., la partie la plus remarquable et la plus considérable de toute la collection.

Aile Sud – Étage noble *(où se trouvent actuellement le Cercle des officiers et le grand salon décoré de fresques par Pierre de Cortone)* : cette partie du palais, la mieux préservée dans son aspect originel, permettra d'admirer l'ameublement des salles et leur décoration la plus caractéristique (avec ce qu'il reste de la collection de sculptures Barberini et avec la collection d'art figuratif du 17e s.).

Deuxième étage : collection de peintures non italiennes et peintures du 18e s. Certaines salles accueilleront des œuvres moins importantes ou étrangères à l'esprit de la présentation et qui seraient sinon reléguées dans des dépôts. En fin de visite, on peut déjà admirer l'appartement décoré (18e s.) et la collection d'arts décoratifs du 18e s. Le grand escalier hélicoïdal permet de redescendre au rez-de-chaussée.

Troisième étage : les pièces occupées à l'origine par la bibliothèque du cardinal Francesco Barberini (17e s.) abriteront les cartons de l'école de Pierre de Cortone (notamment les quatre cartons illustrant la vie de Constantin attribués à Pierre de Cortone et les cartons représentant des scènes de la vie du Christ, exécutés par Ramonelli, son élève) et les tapisseries de la manufacture qui appartint à la famille Borromini.

d'architecture (tribunes, colonnes), et mettant en valeur des détails (démarche acquise au contact des milieux flamands). De plus, il faut admirer une délicate *Madeleine* de **Piero di Cosimo** et *Saint Nicolas de Tolentino*, un travail du Pérugin. Principal représentant de la peinture tout en fermeté du Latium de la fin du 15e s, **Antoniazzo Romano** est représenté par trois œuvres parmi lesquelles se distingue *La Nativité avec saint Laurent et saint André*.

Peintures du 16e s. – Parmi les œuvres se distinguent *La Sainte Famille* d'**Andrea del Sarto** et une délicate *Vierge à l'Enfant et le petit saint Jean* de Domenico Beccafumi, aux beaux contrastes de lumière et aux *sfumatos* inspirés de Léonard de Vinci. *Le Mariage mystique de sainte Catherine* et *Les Trois Parques* sont du **Sodoma** (1477-1549), ami et collaborateur à Rome de **Raphaël**, dont il aimait l'aisance des courbes. La collection recèle un chef-d'œuvre de Raphaël : *La Fornarina*★★★, réalisé par l'artiste l'année de sa mort. La paternité de cette œuvre fut longtemps contestée ; elle fut d'abord attribuée à un élève de Raphaël, puis à **Sebastiano del Piombo**. Ce tableau représente la belle maîtresse du peintre, Margherita, dite La Fornarina car fille d'un boulanger. Cette femme qui apparut souvent dans les œuvres de Raphaël (*La Vierge à la chaise* et *La Femme au voile*

La Fornarina par Raphaël

au palais Pitti de Florence, ou *Sainte Cécile* à la pinacothèque de Bologne) fait preuve ici d'une insolite sensualité et montre une pointe de malice dans le regard. Dans *L'Ascension* de Tisi dit **Garofalo**, peintre né à Ferrare, il faut remarquer l'évidente influence de Raphaël et particulièrement du tableau homonyme du peintre d'Urbin conservé dans la pinacothèque du Vatican à Rome.

La galerie possède aussi des œuvres de Titien, du Tintoret et une belle *Sainte conversation* de Lorenzo Lotto, tableau raffiné où l'artiste s'est attaché aux détails des habits et des bijoux. Le magnifique *Portrait de Stefano Colonna* (1546) est l'œuvre de **Bronzino**, peintre raffiné et admirable portraitiste qui tenta de présenter ses personnages dans une attitude noble, digne de leur classe sociale, plus que dans l'expression qui les caractérisait

Le 17ᵉ s. et le Caravage – Le *Narcisse*★ témoigne de la nouveauté de l'art du **Caravage** (1573-1610), contemporain de Giulio Reni et du Guerchin. Bannissant le paysage qu'il remplaça par un fond sombre, l'artiste représente Narcisse penché sur un miroir d'eau et totalement épris de sa propre image, les mains effleurant presque celles de son reflet. Comme dans tous les chefs-d'œuvre du Caravage, la lumière est primordiale ; dans ce tableau, elle atteint le visage du personnage et met en évidence son air absorbé (elle cache le regard avec un angle d'ombre), son vêtement immaculé et son genou. *Judith et Holopherne*★ au contraire met l'accent sur la violence et la cruauté : le sang qui goutte, le corps tendu et contracté d'Holopherne dont les yeux revulsés expriment déjà la mort, le regard de la vieille femme, ses mains qui serrent le tissu, et même le drap de couleur rouge foncé à l'arrière plan, tout souligne le tragique de l'acte. Seule Judith, plongeant fermement l'épée, semble contrôler ses émotions dans une expression courroucée, comme si elle réalisait uniquement un effort physique.

Bien que la vie désordonnée du Caravage ne lui ait pas permis d'avoir des élèves, son art puissant influença considérablement les peintres de son époque, tels **Saraceni**, dont on peut voir un *Saint Grégoire* à la splendide cape rouge, et **Valentin de Boulogne**, présent avec un *Christ chassant les marchands du temple*.

Parmi les artistes étrangers influencés par le Caravage, il faut remarquer le Flamand **Van Honthorst**.

Guido Reni (1575-1642) est représenté par le délicat *Portrait de Béatrice Cenci*★ et un magnifique petit *Amour endormi*★★, petite fresque en raccourci.

Le *Portrait du Bernin*★ du **Baciccia** (1639-1709) est un rare exemple de cet artiste, surtout connu pour son talent de décorateur. De deux des grands représentants du style baroque, on peut contempler *L'Ange gardien* par **Pierre de Cortone**, *David avec la tête de Goliath* et *Portrait d'Urbain VIII* par le **Bernin**.

Parmi les œuvres des artistes étrangers, on notera le *Portrait d'Henri VIII*★★★ (1540), exécuté par **Hans Holbein le Jeune**, peintre officiel de la cour d'Angleterre qui représenta les puissants avec impartialité et une profonde analyse psychologique et le très expressif *Portrait d'Érasme*★★★ (1517), de **Quentin Metsys**, qui témoigne d'un souci d'observation psychologique remarquable. Noter, en outre, les quelques anamorphoses ou images déformées qui, vues sous un certain angle ou dans un miroir courbe, reprennent leur aspect ; il s'agit d'œuvres réalisées par des artistes français du 17ᵉ s.

★★★**Le salon** – La voûte est l'œuvre capitale de Pierre de Cortone qui donna ici la mesure de son talent. Décorée entre 1633 et 1639, elle illustre le triomphe de la famille Barberini, dont le blason à abeilles (dans une couronne de lauriers) est porté par les figures allégoriques des Vertus. À gauche, la Divine Providence trône sur des nuages, sceptre en main. On peut admirer l'habileté avec laquelle le peintre a su séparer les scènes par des parties en grisaille.

Aux murs sont exposés des cartons exécutés par des peintres baroques (Andrea Sacchi, Lanfranco, le Bernin) pour les mosaïques d'une des petites coupoles de St-Pierre et pour des tapisseries de la manufacture Barberini (17ᵉ s.).

Appartements décorés – *Au deuxième étage de l'aile Sud*. Décorés dans le style rococo, probablement entre 1750 et 1770, ces appartements furent destinés à accueillir Cornelia Costanza Barberini qui épousa Giulio Cesare Colonna en 1728.

Revenir piazza Barberini pour prendre à droite la via Barberini.

★★S. SUSANNA ☉

Un sanctuaire chrétien fut probablement établi dès le 4ᵉ s. dans la maison du pape Caius où sainte Suzanne aurait été martyrisée. Rebâtie par Léon III au 9ᵉ s., restaurée à la fin du 15ᵉ s. par Sixte IV, l'église prit son aspect actuel à la fin du 16ᵉ s.

★★**Façade** – Chef-d'œuvre d'équilibre réalisé par Carlo Maderno et achevé en 1603. Dérivée des œuvres de la Contre-Réforme dont le type est la façade du Gesù, elle s'en distingue cependant par la volonté de rompre l'austérité au moyen de colonnes à demi engagées et d'effets de lumière créés par les niches et les frontons. On peut admirer l'harmonie qui règne entre les deux étages où se répètent, en s'amplifiant, les deux frontons superposés et l'élégance des volutes latérales.

Intérieur – Il présente une décoration caractéristique du maniérisme romain : les parois de la nef unique sont couvertes de peintures présentées comme des tapisseries et dues à Baldassare Croce (1558-1628) ; elles illustrent l'histoire de la Suzanne biblique.

Dans le chœur, les scènes, peintes par Cesare Nebbia (1536-1614) et Paris Nogari (1558-1628), se réfèrent à l'histoire de sainte Suzanne et d'autres martyrs dont l'église renferme les reliques. Les colonnes torses encadrant les peintures de la nef furent probablement ajoutées au 17ᵉ s. après que le Bernin eut exécuté le baldaquin de la basilique St-Pierre (1624).

★★S. MARIA DELLA VITTORIA

Sa contruction fut confiée en 1608 à Carlo Maderno. Elle fut d'abord dédiée à saint Paul puis, à partir de 1622, à sainte Marie-de-la-Victoire après qu'y eut été transportée en grande pompe une image de la Vierge dont l'intervention miraculeuse permit la victoire catholique de la Montagne Blanche près de Prague (1620).

Façade – Bien qu'élevée de 1624 à 1626, une vingtaine d'années après celle de l'église Ste-Suzanne, elle n'en possède pas l'audace ; dépourvue de toute colonne au profit des pilastres plats, elle se rapproche davantage des œuvres de la Contre-Réforme. Giovanni Battista Soria en fut l'auteur et le cardinal Scipione Borghese, le promoteur.

VILLA BORGHESE-VILLA GIULIA

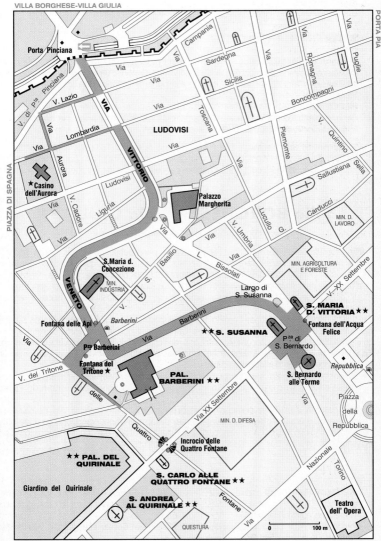

FONTANA DI TREVI-QUIRINALE

***Intérieur** – Carlo Maderno conçut un plan dérivé de celui de l'église du Gesù : nef unique, transept large et peu saillant avec coupole à la croisée. Les lignes simples de l'architecture mettent en valeur la corniche élégamment découpée ; dans le courant du 17ᵉ s., l'ensemble fut paré de la plus fastueuse décoration baroque ; la voûte, à l'origine toute blanche et à caissons, et la coupole furent peintes de fresques en trompe l'œil illustrant *Le Triomphe de la Vierge* sur les hérésies et son assomption ; les parois furent revêtues de marbres polychromes dont les couleurs chaudes se mêlent aux dorures des stucs, à la blancheur des angelots. La décoration des orgues est l'œuvre d'un élève du Bernin.

L'abside, détruite par un incendie en 1833, dans lequel disparut l'image sacrée de la Vierge, fut entièrement refaite.

Le baroque culmine dans la **chapelle Cornaro** *(croisillon gauche)* aménagée par **le Bernin** entre 1646 et 1652. Face à l'entrée de cette chapelle entièrement tapissée d'un marbre sombre se trouve le groupe sculpté de l'***Extase de sainte Thérèse d'Avila***★★★ : rarement le marbre fut si souplement traité (vêtements de la carmélite et de l'ange, nuages). Derrière les balustrades des niches, les donateurs, la famille Cornaro, s'associent au visiteur, pour admirer la scène miraculeuse où un séraphin envoyé par Dieu transperce d'une flèche le cœur de la sainte : « La douleur était si vive qu'elle m'arrachait des gémissements, mais accompagnée d'une telle volupté que j'aurais voulu qu'elle ne cessât jamais. » Le visiteur se trouve ici dans un théâtre résolument baroque au sens où cet art escamote la frontière qui sépare notre réalité et le monde d'illusion créé par l'artiste.

La chapelle du croisillon droit fut aménagée à la fin du 17ᵉ s. dans un souci de symétrie avec la chapelle Cornaro.

Parmi les peintures des chapelles, remarquer *Les Histoires de saint François* du Dominiquin *(2ᵉ chapelle droite)* et la *Trinité* du Guerchin *(3ᵉ chapelle gauche)*.

AUTRES CURIOSITÉS

Fontana dell'Acqua Felice – Cette fontaine monumentale fut érigée en 1587 par Domenico Fontana. Alimentée par l'aqueduc que fit construire Sixte Quint depuis les environs de Colonna sur la via Casilina, elle porte le prénom du pape, qui s'appelait Felice Peretti.

Elle est dominée par la statue gigantesque de Moïse ; son auteur, Prospero Bresciano, pensait sans doute en la sculptant au *Moïse* de Michel-Ange ; sa déception fut si grande lorsqu'il la vit achevée qu'il en mourut.

S. Bernardo alle Terme – Elle fut installée à la fin du 16ᵉ s. dans la rotonde qui formait l'angle Sud-Ouest des thermes de Dioclétien. L'intérieur ne manque pas de noblesse avec sa belle coupole à caissons rappelant celle du Panthéon.

Villa BORGHESE – Villa GIULIA★★

Une demi-journée, visite des musées comprise

Cette promenade se déroule dans le plus vaste parc public de Rome, cerné par les beaux quartiers de Parioli, agrémenté de lacs, de pelouses et de sous-bois, parsemé de musées et d'académies d'art, notamment l'**École britannique** (Scuola Britannica d'Arte), où des étudiants et universitaires du Royaume-Uni viennent approfondir leurs connaissances dans tous les domaines de l'art, ainsi qu'en histoire et en lettres classiques.

En 1605, lorsque le cardinal Camillo Borghese devint pape, il fit bénéficier sa famille de dons généreux. À son neveu, Scipione Caffarelli, il donna son nom. Devenu à son tour cardinal, Scipione Borghese entreprit de construire un hôtel particulier et de l'entourer de magnifiques jardins. Il en confia les plans à l'architecte Flaminio Ponzio et au paysagiste Savino da Montepulciano.

De la porta del Popolo à la porta Pinciana, la muraille d'Aurélien qui limite la villa Borghese adopte un tracé si anguleux que les Romains lui donnèrent le nom de **« Muro torto »**, objet de maintes légendes. Au 6ᵉ s., lors du siège de Rome, les Goths de Vitigès n'ayant pas mis à profit la présence d'une brèche dans le Muro torto, les Romains en conclurent qu'il était protégé par saint Pierre. Les imaginations vagabondèrent de plus belle lorsque, au Moyen Âge, les parages furent occupés par un cimetière où l'on ensevelissait les individus jugés indignes d'une sépulture chrétienne.

VISITE

Via Flaminia – Cette artère moderne a conservé le tracé de l'antique via Flaminia. Le consul Flaminius qui la construisit en 200 avant J.-C. périt dans la bataille du lac Trasimène contre Hannibal.

Partie du centre de la ville, suivant l'actuelle via del Corso, elle gagnait Rimini sur l'Adriatique en une ligne presque droite de 314 km.

Palazzina de Pie IV – Le pape Pie IV (1559-1565) fit construire ce petit palais et l'offrit à son neveu le cardinal Charles Borromée. La façade légèrement concave offre l'aspect précieux des œuvres qui prolongèrent la Renaissance. Depuis 1929, l'édifice abrite l'ambassade du gouvernement italien auprès du St-Siège.

S. Andrea – Au 16ᵉ s., Vignole édifia cette petite église à la demande de Jules III. Ses profils nettement découpés, soulignés par de robustes corniches, son dôme elliptique emboîté sur un corps massif, ses murs de brique dépouillés en font un curieux édifice.

En Italie, les principaux musées d'art étrusque sont le Museo Archeologico de Florence, celui de la Villa Giulia à Rome et le Museo Gregoriano du Vatican.

★★★MUSEO NAZIONALE DI VILLA GIULIA ⊘

Ce musée est entièrement consacré à la **civilisation étrusque**. À l'intérêt exceptionnel de ses collections s'ajoute l'agrément de son installation dans la demeure champêtre du pape Jules III.

Les Étrusques

Les origines du peuple étrusque demeurent encore un mystère. On sait que vers l'an 1000 avant J.-C., dans le centre de l'Italie, s'installèrent des populations venant du Nord et d'origine indo-européenne, qui connaissaient l'utilisation du fer et pratiquaient l'incinération. Leur civilisation, qui s'était répandue du centre de l'Italie vers les régions septentrionales, fut appelée Villanovienne. On suppose que la civilisation étrusque s'est développée à partir de celle-ci.

Cette civilisation plus avancée permit aux Étrusques de gouverner Rome dès la fin du 7ᵉ s. avant J.-C. et de fonder un véritable « empire » de la Corse au rivage adriatique et de Capoue à Bologne. Leur déclin s'amorça à la fin du 6ᵉ s. avant J.-C. Rome, libérée de leur domination, commença son expansion et attaqua leurs cités; au 1ᵉʳ s. avant J.-C., les Étrusques devinrent des citoyens romains.

Effacée, la civilisation étrusque a survécu grâce à ses tombes qui, renfermant les objets ayant appartenu aux vivants, ont permis de dégager les caractères de leur société. Jusqu'au 18ᵉ s., l'art étrusque ne fut considéré que comme un dérivé de l'art grec, sans grande valeur esthétique. La mise en question de la supériorité des canons de celui-ci, la stylisation élégante des œuvres étrusques et leur recherche de l'expression font aujourd'hui que cet art, étrangement proche des formes modernes, suscite le plus vif intérêt.

★**Villa Giulia** – Le règne du pape Jules III (1550-1555) se déroula en plein concile de Trente. Mais le souverain pontife n'avait pas pour cela perdu le goût de la vie raffinée de la Renaissance. Pour édifier sa villa d'été, il s'adressa à Vignole en 1551. La façade est tout à fait dans le style sobre et dépouillé de cet architecte qui fut aussi un théoricien de l'architecture. Une première cour intérieure est dotée d'un portique en hémicycle, dont la **voûte décorée à fresque**★ imite une tonnelle garnie de sarments de vigne, de rosiers grimpants et de jasmin.

Au-delà, Bartolomeo Ammannati, qui collabora à la villa Giulia à partir de 1552, éleva un délicieux ensemble maniériste : devant une petite loggia flanquée d'un escalier en fer à cheval, modèle d'élégance équilibrée, il ouvrit un nymphée avec rocailles, fausses grottes et cariatides. Diverses sculptures romaines y sont exposées.

De part et d'autre de la villa s'étendent d'agréables jardins limités par les ailes élevées au début du 20ᵉ s. pour accueillir les salles du musée. Dans le jardin de droite a été reconstitué le temple étrusque d'Alatri.

Autrefois, le peuple était invité à goûter la paix de la villa, à y cueillir librement des fleurs et des fruits. Le poète Joachim du Bellay, alors à Rome comme secrétaire de son cousin l'ambassadeur Jean du Bellay, critiqua vertement la vie de plaisirs que menait le pape au détriment des affaires de l'État. Lorsque Jules III éleva à la dignité de cardinal un jeune homme de 17 ans, montreur de singes de son métier, du Bellay ne manqua pas de railler le nouveau Jupiter et son Ganymède.

Rez-de-chaussée

Vulci – *Salles 1 à 4*. Ce grand centre étrusque situé dans la zone actuelle de la Maremme, était spécialisé dans le travail du bronze. On peut admirer en particulier l'urne cinéraire de bronze laminé *(salle 2)*.

La tombe Maroi – *Au sous-sol de la salle 5*. On a reconstitué cette tombe du 6ᵉ s. avant J.-C., à deux chambres funéraires, retrouvée dans la nécropole de la Banditaccia à Cerveteri (au Nord-Ouest de Rome).

Tombes de Bisenzio – *Salle 6*. Parmi les objets trouvés dans les tombes de cette cité, remarquer deux magnifiques **pièces de bronze★** qui illustrent l'art étrusque à ses débuts (fin 8ᵉ-début 7ᵉ s. avant J.-C.) : un **char miniature** orné de figures en ronde bosse qui montrent les différents aspects de la vie quotidienne (labourage, chasse, duels), et un **vase** à couvercle décoré de guerriers (toujours en ronde bosse) participant à une danse rituelle autour d'un animal placé en hauteur.

★★★Sculptures de Véies – *Salle 7*. Le groupe d'**Apollon et Héraclès** se disputant la possession d'une biche (sous les pieds du héros) fut sculpté à la fin du 6ᵉ s. avant J.-C., à l'apogée de l'art étrusque. On peut aisément imaginer, si l'on pense que ce groupe se trouvait au faîte d'un temple, l'étrangeté de ces silhouettes dressées dans le ciel. Elles sont en terre cuite et frappent par leur réalisme et le mouvement qui les anime. Remarquer également la statue de déesse avec un enfant, représentant probablement Apollon enfant et sa mère Latone ; la belle tête d'Hermès ; les antéfixes en forme de tête de Gorgone, Ménade, Silène et Achéloos qui masquaient l'extrémité des poutres ; les restes de frontons peints. Toutes ces sculptures ont appartenu à un même temple et sont peut-être l'œuvre de **Vulca**, le seul sculpteur étrusque dont le nom soit connu : sa réputation fut telle que, dit-on, le roi de Rome le fit appeler en 509 pour exécuter les statues du temple de Jupiter Capitolin *(voir le chapitre Campidoglio-Capitolino)*

★★★Le sarcophage des époux – *Salle 9*. Cette œuvre de la fin du 6ᵉ s. avant J.-C. est une des pièces maîtresses de la sculpture étrusque en terre cuite. Elle provient de Cerveteri et rend compte de la croyance étrusque en la survie. Ces deux époux, durant un banquet, semblent poursuivre leur vie dans l'au-delà. Les corps, presque stylisés dans la partie inférieure, gardent en revanche toute vérité charnelle dans la partie supérieure. Le but consiste à mettre en évidence le lien qui unit les deux époux : remarquer le geste amoureux de l'homme qui, le buste légèrement tourné vers la femme, lui entoure les épaules d'un bras.

L'Apollon de Véies

DAGLI ORTI, Paris

Premier étage

La **section Antiquités** *(salles 11 à 17)* du musée est surtout consacrée à de petits **objets de bronze★** utilitaires ou décoratifs. Non seulement le bronze alimenta largement les exportations des Étrusques et fut ainsi une des principales sources de leur richesse, mais les objets qu'ils façonnèrent témoignent de la plus grande habileté : qu'il s'agisse de **fibules** rudimentaires confectionnées du 8ᵉ au 6ᵉ s. avant J.-C., de **miroirs** aux revers très finement gravés au burin, de scènes raffinées évoquant la vie familière et des scènes de la mythologie, ou de **statuettes** aux silhouettes étonnamment modernes.

Ce goût des Étrusques pour le bronze s'explique par la richesse en cuivre du sous-sol de l'Étrurie et de l'île d'Elbe qui leur appartenait. L'étain était peut-être importé de Grande-Bretagne et des îles environnantes.

Parmi les pièces les plus célèbres de la collection, l'**olpe Chigi★★** *(salle 15)*, trouvée à Véiès : cette cruche qui servait à verser le vin constitue une des plus belles pièces de l'art grec du milieu du 7e s. avant J.-C., dit proto-corinthien. À cette époque, Corinthe, située sur la voie maritime venue d'Orient, décora ses céramiques de sujets traités comme des miniatures, de silhouettes fines disposées en bandes. Dans la zone supérieure on peut encore distinguer deux groupes de guerriers marchant au combat, l'un contre l'autre. Chaque détail est représenté avec une extrême finesse au moyen d'incisions. Dans les zones inférieures, divers personnages et scènes de chasse.

Dans la même vitrine, sont exposés deux **vases★** en *bucchero* datant du 6e s. avant J.-C. : ce type particulier de céramique étrusque de couleur noire fut réalisé suivant une technique mal connue. L'un porte un alphabet étrusque, l'autre une longue inscription. L'alphabet des Étrusques est déchiffré, mais le sens de leur langue demeure inconnu.

Bige de Castro – *Salle 18*. La reconstitution de ce char avec les squelettes des deux chevaux qui avaient été sacrifiés sur le lieu de la sépulture est particulièrement intéressante.

★**Collection Castellani** – *Hémicycle (salle 19)*. Elle permet de suivre l'évolution de la céra-

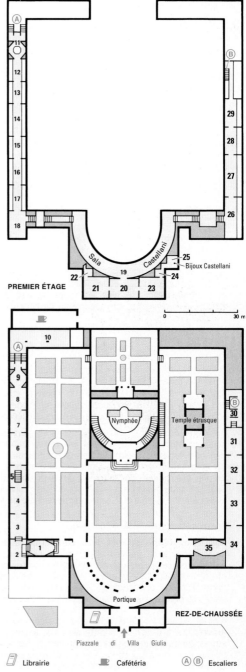

PREMIER ÉTAGE

REZ-DE-CHAUSSÉE

Piazzale di Villa Giulia

Librairie   Cafétéria   Ⓐ Ⓑ Escaliers

mique grecque et étrusque du 8e s. avant J.-C. à l'époque romaine. Les Étrusques importèrent de Grèce un nombre considérable de pièces de céramique, si bien que l'on a pu dire que les plus beaux vases grecs ont été trouvés dans les tombes étrusques.

Au moment de la rédaction de ce guide, la collection était en cours d'aménagement. On citera donc ci-dessous quelques-unes des œuvres les plus importantes.

Parmi les différents objets exposés, on peut admirer en particulier :
– les **vases** de forme allongée (7e-6e s. avant J.-C.) provenant de Grèce orientale. Créés à l'imitation de vases égyptiens en albâtre, ils étaient utilisés par les athlètes qui les remplissaient d'huile parfumée dont ils pouvaient enduire facilement leurs corps grâce à l'embouchure plate de ces vases. On peut également voir de la poterie dite *bucchero*, du nom de l'argile, des 7e et 6e s. avant J.-C.

– le très beau **cratère** fabriqué à Sparte vers 570 (stile laconico) et décoré de fleurs de lotus, motif oriental.

– deux vases à eau qui font partie des « Hydries de Caere » (daté entre 530 et 520 avant J.-C., ce type de vase fut trouvé dans une nécropole de Cerveteri, l'antique Caere). Les scènes mythologiques qui les décorent, très pittoresques, représentent sur l'un l'enlèvement d'Europe par Zeus et sur l'autre, Hercule revêtu de sa peau de lion et conduisant Cerbère contre Eurysthée qui, terrifié, se cache dans une jarre.

– des vases attiques à motifs rouges. Les objets exposés permettent d'apprécier la grande nouveauté qui bouleversa l'art de la céramique attique : le passage de la technique à figures noires à la technique à figures rouges, qui s'effectua vers 540-530 avant J.-C. L'artiste signe désormais son œuvre, tel ce Nicosthénès dont sont exposées deux amphores. Noter en particulier les deux vases du potier Cléophradès ; sur l'un le peintre représenta avec beaucoup de naturel Hercule et le lion de Némée.

Au début du 5ᵉ s. avant J.-C. jusque vers 480, la technique à figures rouges fit d'Athènes la capitale de la céramique attique. À cette époque, la production se distingue par le dessin de l'œil que les artistes continuent de présenter de face dans un visage de profil. La qualité du dessin et la forme des vases et des coupes sont remarquables ; à l'intérieur des draperies et sur les corps, le pinceau fin remplace l'incision. La production hellénistique de la fin du 4ᵉ s. avant J.-C. provoque un net changement de style. Elle entreprend en effet de nouvelles techniques, que ce soit à Athènes ou en Grande Grèce (Italie du Sud et les Pouilles) : sur le vernis noir des vases, l'artiste peint en blanc, en jaune, en rouge sombre des fleurs, des rinceaux, des décors foisonnants. La « céramique de Gnathia » pratiquée en Italie illustre cette période.

Les pièces à décors en relief veulent imiter à bon marché la vaisselle en métal.

★**Bijoux de la collection Castellani** – *Salle 20*. Magnifique collection de plus de 2 500 pièces réunies par les Castellani, famille de joailliers, et consistant en bijoux antiques du 8ᵉ s. avant J.-C. aux époques romaine et médiévale, en copies du 19ᵉ s. ou en arrangements de bijoux antiques *(en cours d'aménagement)*.

Antiquité de Pyrgi – *Salles 21-22*. L'ancien port de Cerveteri était surtout célèbre pour son sanctuaire. Les fouilles ont mis à jour les fondations de deux temples. Dans ces salles, on peut admirer le fronton du temple A (460 avant J.-C.). La décoration du fronton postérieur (470-460 avant J.-C.) présente deux des épisodes les plus dramatiques de la légende des Sept Chefs contre Thèbes : dans le premier, Zeus affronte Capané, un des sept rebelles ; dans le deuxième, Tydée est à terre, blessé à mort et s'apprête à dévorer le cerveau de Mélanippe.

Revenir dans l'hémicycle et emprunter, au fond à droite, les escaliers descendant au premier étage de l'aile Sud du musée.

Salles des « Capenati » et de la campagne falisque – *Salles 26 à 31*. Au Nord de Rome, dans la partie méridionale de l'Étrurie, deux cités, Capène et Faléries (peuplée par les Falisques), occupaient les territoires situés à l'Est du Tibre. Elles se distinguèrent dès le 7ᵉ s. avant J.-C. par le raffinement de leurs céramiques à pâte dure. D'époque plus récente (3ᵉ s. avant J.-C.), un **plat** en céramique à peinture noire est décoré d'un éléphant accompagné de son petit, conduit par un indien et portant des archers. Trouvé à Capène, il s'inspire probablement d'une parade réalisée à l'occasion de la victoire remportée par Curius Dentatus sur Pyrrhus (275 avant J.-C.) à Bénévent. À cette occasion, Pyrrhus perdit huit éléphants et quatre autres furent emmenés triomphalement à Rome. Une très belle parure en or (collier avec des décorations à granulation) provient de la tombe des Objets en or de Narce.

Parmi les objets provenant des nécropoles de Falerii Veteres, dont le site est occupé aujourd'hui par Civita Castellana, remarquer le beau **cratère de l'Aurore** (milieu du 4ᵉ s. avant J.-C. – *salle 29*) représentant la déesse et Céphale sur leur char et Pelée enlevant Thétis ; sur le col, un cerf et un taureau sont assaillis par des griffons.

Rez-de-chaussée

★**Temples de Falerii Veteres** – *Salles 30-31*. L'architecture de ces édifices est connue grâce aux plans qu'en laissa le Romain Vitruve (1ᵉʳ s. avant J.-C.). La salle présente d'intéressantes reconstitutions partielles de frontons, des exemples d'antéfixes et d'acrotères (éléments décoratifs, souvent en terre cuite, placés, à partir du 4ᵉ s., aux extrémités ou au sommet des frontons). Parmi celles-ci, remarquer le **buste d'Apollon**★ *(salle 30)* influencé par le classicisme grec tardif.

Préneste : tombes «Barberini» et «Bernardini» – *Salle 34*. Ces très riches tombes, découvertes près de Palestrina (l'antique Préneste), étaient garnies d'œuvres façonnées vers le milieu du 7ᵉ s. avant J.-C. Les relations commerciales des Étrusques avec les Phéniciens nous permettent aujourd'hui d'admirer de magnifiques **objets d'ivoire** sculptés.

Orfèvres incomparables, les Étrusques travaillèrent l'or dès le 7ᵉ s. avant J.-C. suivant la technique du filigrane (travail à partir de fils d'or) ; ils perfectionnèrent la technique de la granulation, fragmentant l'or en granules dont le diamètre ne dépassait pas quelques dixièmes de millimètre. Parmi les **bijoux**★ exposés, remarquer tout particulièrement les belles broches et les **plaques rectangulaires**★★ ornées de figurines d'animaux (chimères, lions, sirènes, chevaux), riches en granulations, et utilisées comme pectoraux.

★★★**Ciste Ficoroni** – Les cistes servaient de coffrets de mariage ; on y conservait parfois aussi des objets de toilette ou de culte. Du 4ᵉ au 2ᵉ s. avant J.-C., les Étrusques en façonnèrent de magnifiques. Préneste avait la spécialité de cette production. C'est là que fut trouvée au 18ᵉ s. la plus grande ciste connue, dite Ficoroni, du nom de son propriétaire. Reposant sur des pattes félines rattachées au coffret par des plaques sculptées, elle est ornée de fines gravures représentant l'arrivée des Argonautes chez les Bébryces, avec Pollux liant le roi Amycos à un arbre. Sur le couvercle, gravé de scènes de chasse, trois statuettes en ronde bosse ; celle du centre est une représentation de Dionysos.

Reprendre le viale delle Belle Arti.

★GALLERIA NAZIONALE DI ARTE MODERNA ⊘

Installée dans un édifice construit en 1911, cette galerie est essentiellement consacrée à la peinture et la sculpture italiennes des 19ᵉ et 20ᵉ s. Plusieurs salles sont réservées à des expositions temporaires, à des conférences ou à des projections de diapositives. Une bibliothèque permet de consulter des ouvrages consacrés à l'art moderne et contemporain.

Après la barrière du hall d'entrée, se diriger vers la droite.

Corridor d'entrée et salle Spadini – Y sont exposées des œuvres de Galileo Chini, représentant italien du style Liberty. Réalisées en technique mixte, elles ont pour thème le printemps.

Le musée est en cours de restructuration. Certaines œuvres sont présentées à titre provisoire, tandis que d'autres ne sont pas encore exposées.

Salle I – Elle accueille la donation **Balla**. On remarquera tout particulièrement trois des quatre toiles qui composent le polyptyque des *Vivants : Le Mendiant* et *Les Malades*, qui sont des œuvres presque monochromes, et *La Folle*, aux coloris exubérants. Ces toiles témoignent des études sur la lumière effectuées par le peintre.

Salle II – Lumière, couleur et suggestion du mouvement et de la vitesse fondent l'esthétique du futurisme. En 1910, un an après la publication du *Manifeste* de Marinetti, ce mouvement d'avant-garde se développe avec les adhésions de plusieurs artistes, dont Balla *(Exposition dynamique + vitesse)* et **Boccioni** *(Cheval + cavalier + immeuble)*.

Salle III – L'œuvre de **De Chirico** y est résumée : tableaux de jeunesse *(La Mère)*, toiles du retour à la tradition (les années 1920) et œuvres de la période métaphysique *(Hector et Andromaque)*. On y verra également des œuvres de **Morandi**, ainsi qu'une composition de Duchamp, témoignant de la désacralisation de l'art opérée par le groupe Dada.

Salon vitré – Il regroupe des sculptures des années 1920 et 1930, des œuvres d'Arturo Martini et de Marino Marini.

Salon central – Ce salon est consacré à la peinture italienne des années 1920 et 1930, caractérisée par un retour à la tradition italienne, et plus particulièrement par une reprise de l'esthétique des primitifs et des peintres du Quattrocento. Les principales personnalités de cette période sont **Carrà** *(Chevaux)*, **De Chirico**, **Mario Sironi** *(Solitude)* – artiste lié au régime fasciste –, **Guidi** *(En tramway)*, **Trombadori** *(Femme nue)*, **Felice Casorati**, dont les *Pommes* se caractérisent par des tons extrêmement froids, **Rosai** et Morandi, illustrés surtout par une série de paysages. Les peintres de l'école romaine se sont opposés à ce formalisme archaïsant trop optimiste à leurs yeux : la **Scuola Romana** (Mafai, Scipione, Pirandello) a produit une peinture plus expressionniste et davantage inquiète, qui influença des sculpteurs tels que Mazzacurati, Mirko Basaldella et Leoncillo.

Salle IV – **Filippo De Pisis** a eu recours à la technique impressionniste pour servir son interprétation de la réalité, tout imprégnée de magie et de mystère. Dans son *Quai de Tournelles* les personnages sont traduits par des taches de couleur se confondant presque avec les maisons, les arbres et la rue.

Salle V – La peinture à Rome pendant les années 1930 et 1940.

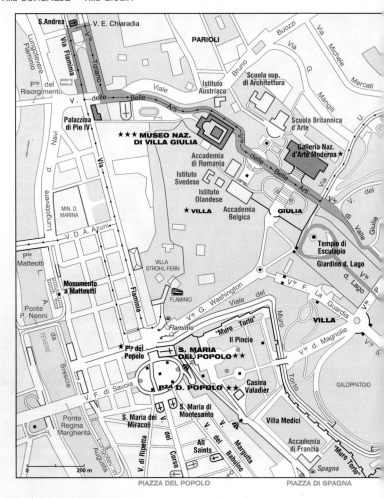

PIAZZA DEL POPOLO   PIAZZA DI SPAGNA

Salle VI – Parmi les toiles abstraites, remarquer *Ligne angulaire* de **Kandinsky**. Les «**Six de Turin**» aspiraient à une culture européenne ; ils furent fortement influencés par les impressionnistes, ainsi que par Cézanne et Matisse.

Monter l'escalier.

Salle haute – Elle abrite la donation **Guttuso** *(Crucifixion)*, ainsi que des œuvres italiennes postérieures à 1945, caractérisées par les nouvelles expériences figuratives menées par les avant-gardes internationales. Une tendance est représentée par Dorazio, Perilli, Accardi et Consagra (dont on peut voir certaines sculptures dans le jardin) qui remirent en valeur le processus créatif et la position centrale de l'artiste ; une autre par Vedova, Birolli, Corpora, Leoncillo et Franchina qui recherchaient des voies nouvelles et évoluèrent vers le réalisme figuratif ou l'abstraction. Vers les années 1950, le groupe *Origine* (Capogrossi, Colla) délaissa les techniques traditionnelles en utilisant divers matériaux. Après 1960, la rupture avec la tradition fut consommée, ce dont témoigne un artiste comme **Fontana** qui entreprit de trouer la toile et de soumettre les matériaux à sa création.

La section située à la gauche de l'entrée principale est principalement consacrée à la peinture du 19ᵉ s. et du début du 20ᵉ s.

Après les œuvres néoclassiques (comme *Hercule et Lycos* de Canova), on accède aux salles réservées aux **romantiques,** au nombre desquels il convient de citer **Francisco Hayez** *(Les Vêpres siciliennes)*. Les œuvres des peintres de l'**école de Naples** (Toma avec *Luisa Sanfelice en prison,* Mancini, Morelli) présentent une certaine affinité avec celles des paysagistes français de l'école de Barbizon.

À l'étage supérieur sont réunies des œuvres de la fin du 19ᵉ s. et des précurseurs du 20ᵉ s. La production italienne y côtoie plusieurs artistes étrangers illustrant les nouvelles tendances de l'époque : *Les Trois Âges* de **Klimt**, le *Portrait* de **Boldini**, très proche de Manet et de Cézanne, *Les Nymphéas* de **Monet**, *Le Jardinier* et *L'Arlésienne* de **Van Gogh** ainsi que *L'Âge d'airain* de **Rodin**.

La technique des **divisionnistes** s'appuie sur une juxtaposition de touches de couleurs pures et de couleurs complémentaires de façon à obtenir une lumière plus intense. Le chef de file italien de ce mouvement est **Giovanni Segantini** (Chalets sous la neige).

★★ PROMENADE DANS LA VILLA BORGHESE

Cette promenade se déroule dans un cadre romantique de bosquets, de lacs et de jardins parsemés de statues imitées de l'antique.

Prendre dans le prolongement du viale delle Belle Arti le viale di Valle Giulia, puis le premier chemin à droite qui débouche dans le viale Pietro Canonica ; là, tourner à gauche.

Le petit **château**, imitation d'une construction du Moyen Âge, fut la demeure et l'atelier du sculpteur Pietro Canonica (1869-1959). Il est aujourd'hui aménagé en musée.

Le **temple d'Antonin et Faustine** fut construit à la fin du 18ᵉ s.

Gagner le viale dell'Uccelliera.

L'édifice surmonté d'une cage en fer forgé est une volière du 17ᵉ s. Le viale dell'Uccelliera conduit à la galerie Borghèse.

★★★ GALLERIA BORGHESE ⊘

Le cardinal Scipione Borghese fit élever en 1613 par Flaminio Ponzio, que remplaça à sa mort le Hollandais Jan van Santen (Vasanzio en italien), une résidence d'été, ou **palazzina**, ravissant exemple de demeure de riche prélat. À la fin du 18ᵉ s., lors des travaux de rénovation des jardins entrepris par le prince Marcantonio Borghese, la façade fut privée d'une partie de ses décorations, jugées trop exubérantes, et l'escalier d'accès transformé.

De 1801 à 1809, la collection Borghèse fut notablement amoindrie, le prince Camille, époux de Pauline Bonaparte, ayant dû vendre plus de deux cents sculptures qui s'en allèrent enrichir le musée du Louvre à Paris. En 1891, la collection de peintures, longtemps conservée au palais Borghèse, fut transférée à la *palazzina*. Le cadre champêtre du parc de la villa Borghèse, le raffinement fin 18ᵉ s. des décorations de l'intérieur, la richesse des collections font de ce musée l'un des plus agréables de Rome.

La collection – Passionné par l'art antique, la Renaissance et le néoclassicisme (il dédaignait l'art médiéval), le cardinal Scipione réunit un grand nombre d'œuvres et fit appel aux sculpteurs les plus célèbres de son époque (le Bernin, Cordier), autant pour la restauration de pièces antiques que pour la création de nouvelles œuvres. Malheureusement, une partie de la collection (exposée actuellement au Louvre à Paris) fut vendue à Napoléon. Le cardinal ne s'intéressait pas uniquement à la sculpture, mais aussi et plus particulièrement à la peinture : il achetait et commandait des tableaux aux peintres les plus importants de son époque (le Caravage, Rubens, Reni, le Guerchin).

À l'origine, les œuvres étaient disposées sans tenir compte du sujet ni du format, même si elles étaient parfois regroupées par thèmes, ce qui permettait la comparaison. Au 18ᵉ s., on effectua une division assez claire entre les œuvres sculptées, exposées au rez-de-chaussée, et les œuvres peintes, présentées au premier étage. Aujourd'hui, (pour des exigences techniques, le premier étage ne pouvant accueillir qu'un nombre restreint de visiteurs), quelques peintures ont été déplacées au rez-de-chaussée. Ici, les tableaux exposés dans les salles ont été sélectionnés pour constituer avec les œuvres sculptées un ensemble thématique. Les peintures exposées au premier étage sont pour la plupart présentées chronologiquement.

La résidence – De forme carrée et massive, elle présente deux avant-corps à tourelles qui s'harmonisent avec un portique surmonté d'une terrasse. À l'arrière-plan, on peut apercevoir la façade ornée de niches et d'oves abritant des statues. Le grand escalier à double volée de l'entrée a été restauré récemment, ainsi que la couleur blanche d'origine qui montre des finitions légèrement plus foncées. Par le portique, on accède au **salon d'honneur**, belle illustration du goût néoclassique avec ses statues antiques et ses copies, ses peintures et ses reliefs. Des fragments de mosaïques du 4e s. ont été insérés dans le pavement ; ils furent découverts dans une propriété de la famille Borghèse, près de Tusculum, et représentent des scènes de chasse et de lutte entre gladiateurs et bêtes féroces. Au plafond, on peut admirer une fresque de Mariano Rossi réalisée entre 1775 et 1778, illustrant l'Apothéose de Romulus accueilli sur l'Olympe par Jupiter *(au centre)*. Le salon abrite aussi une sculpture du Bernin, *La Vérité dévoilée par le Temps* (inachevée parce qu'il manque la statue du Temps), personnifiée par une femme tenant le soleil de la main droite. C'est une œuvre plutôt emphatique commencée par le sculpteur en 1645.

Rez-de-chaussée

Salle I – Ici trône la **statue de Pauline Bonaparte**★★★, chef-d'œuvre néoclassique de Canova. La femme, allongée avec indolence, à moitié nue et aux formes lisses et translucides, est représentée en Vénus victorieuse qui tient de la main gauche « la pomme de discorde ». Le mythe raconte que Pâris fut appelé pour choisir la plus belle entre Vénus, Junon et Minerve. Vénus, promettant de lui accorder la main de la belle Hélène, fut la gagnante. L'épisode serait à l'origine de la guerre de Troie. À l'engouement pour le sculpteur s'ajouta la célébrité du modèle, « idole de la bonne société », et la sculpture fut immédiatement accueillie comme un chef-d'œuvre. Le thème est repris dans la fresque du plafond, travail de Domenico De Angelis. Aux angles de la pièce, les curieuses statuettes en marbre encapuchonnées représentent les « précurseurs » romains des gnomes, porteurs de bonheur ou de disgrâce.

★★★**Œuvres du Bernin** – Le *David (salle II)* fut sculpté par l'artiste à l'âge de 21 ans. Tandis que Michel-Ange, à la Renaissance, avait choisi de présenter le héros, calme et vainqueur, le Bernin montre l'instant le plus intense de l'effort : exagéré par la torsion du corps et par l'expression du visage, les sourcils froncés, les lèvres serrées comme en signe d'une concentration de plus en plus intense. C'est un chef-d'œuvre de la sculpture baroque.

L'*Enlèvement de Proserpine*, par le Bernin

Avec *Apollon et Daphné (salle III)*, le Bernin fixa l'instant où la nymphe Daphné se métamorphose en laurier au moment où Apollon va la rejoindre et traduisit ainsi toutes les intentions de l'art baroque : remarquer, par exemple, le mouvement des cheveux qui se mélangent et se confondent presque avec les rameaux de laurier. La grâce de ce groupe est incomparable. Derrière, la peinture de **Dosso Dossi** (vers 1489-1542) traite le même sujet en le développant différemment. Au centre du tableau, Apollon chante la bien-aimée perdue, qui apparaît, minuscule, sur la gauche. Le thème des Métamorphoses est repris aussi dans un autre chef-d'œuvre de l'artiste de Ferrare, *L'Enchanteresse Circé*.

L'*Enlèvement de Proserpine (salle IV)* est une œuvre de jeunesse du Bernin probablement exécutée en collaboration avec son père, Pietro Bernini. Si la statue du dieu des Enfers, Pluton, n'est pas dégagée de tout académisme, Proserpine, souplement modelée, annonce les géniales créations de l'artiste. La salle somptueuse qui abrite le groupe est appelée salle des Empereurs pour les dix-huit bustes sculptés au 17e s. dans le porphyre et l'albâtre.

Le groupe d'**Énée et Anchise** (salle VI), aux expressions figées, fut longtemps attribué au Bernin lui-même ; aujourd'hui la collaboration de son père est reconnue.

Salle V – L'attention du visiteur est attirée par la belle copie romaine d'un original grec du 2ᵉ s. avant J.-C. de **L'Hermaphrodite endormi**★, le corps féminin vu de dos, la tête tournée et appuyée sur un bras. Le sujet fut très apprécié par les Romains, ainsi qu'en témoigne la présence d'une autre copie au palais Massimo alle Terme (voir p. 242).

★★**Le Caravage (salle VIII)** – La salle réunit six chefs-d'œuvre du **Caravage** (1573-1610), artiste qui mena une vie aventureuse et souvent à la limite de la légalité. Il amorça une véritable révolution dans la peinture, puisant son inspiration dans la nature, utilisa avec audace la lumière pour révéler les formes et choisit un réalisme extrême qui entraîna souvent le refus de ses œuvres par ses commanditaires. C'est ce qui se vérifia pour le retable de **La Madone des palefreniers** : destiné à la basilique St-Pierre, il n'y resta que deux jours, pour être ensuite placé dans l'église S. Maria dei Palafrenieri et être enfin acheté par le cardinal Borghese. Les trois personnages sont empreints d'un réalisme extrême : remarquer sainte Anne en vieille femme ridée. L'iconographie classique (qui voyait la Vierge sur les genoux de sa mère) est complètement bouleversée : ici, sainte Anne, debout et à l'écart, les mains croisées sur le ventre, observe la scène dominée par la Vierge tenant Jésus qui l'aide à écraser la tête du serpent. L'acte est en fait une interprétation théologique : un nouveau débat opposait catholiques et protestants, ceux-ci niant l'Immaculée Conception (et donc la possibilité pour la Vierge de vaincre le Mal). La médiation fut établie par la bulle du Rosaire, publiée par Pie V (1569), dont le contenu semble se refléter dans le geste du tableau : la Vierge peut vaincre le Mal si elle est aidée par le Christ. **Le Jeune Homme au panier de fruits** met au premier plan une splendide nature morte dont les fruits sont représentés dans les moindres détails. Le personnage de Bacchus, l'air émacié et souffreteux, a valu au tableau l'appellation de *Petit Bacchus malade*. Les traits du visage du dieu sont ceux du Caravage qui se représente blême et grêle, probablement parce qu'il venait de sortir de l'hôpital à la suite d'un accident où il avait failli perdre une jambe. Le tableau est empreint de l'idée de la mort, exprimée par les tons choisis, ainsi que par la représentation de feuilles jaunies et par la plaque grise nue qui rappelle une plaque tombale. On retrouve la même atmosphère lugubre dans **David avec la tête de Goliath**. Le petit garçon qui tient la tête coupée du géant n'a absolument pas l'aspect d'un triomphateur. L'expression du visage semble faite à la fois de tristesse, de pitié et d'horreur. C'est la représentation de la conscience d'un être qui sait avoir accompli un acte juste et qui comprend la gravité et le poids de son geste. Pour mieux comprendre cette œuvre, il faut connaître les vicissitudes de la vie du peintre. Caravage exécuta ce tableau à Naples, où il s'était réfugié après avoir tué un des ses compagnons d'aventures lors d'une bagarre. Une grave menace pesait sur l'artiste : tous ceux qui feraient sa rencontre étaient autorisés à lui couper la tête. Ce ne fut pas par hasard qu'il décida de se représenter lui-même dans le visage de Goliath et probablement aussi dans le personnage du jeune homme qui ressemble vaguement au petit Bacchus malade. L'œuvre était donc presque une requête d'intervention adressée au cardinal Scipione afin qu'il plaidât sa cause pour le faire rentrer à Rome. Le Caravage réalisa expressément **La Pénitence de saint Jérôme** pour le cardinal. Le saint est représenté maigre et musclé, absorbé par son œuvre de traduction des textes sacrés. Le dernier tableau de l'artiste est un mélancolique **Saint Jean Baptiste**.

Premier étage Accès par l'étage d'accueil (sous-sol) ou par la salle I.

La **petite salle d'entrée** contient deux fines mosaïques (1) à minuscules tessels de Marcello Provenzale (1577-1639) illustrant *Orphée* et faisant aussi allusion à Scipione Borghese (par l'aigle et le dragon à gauche du chanteur) et à Paul V Borghese.

Salle IX – Le Crucifié entre les saints Jérôme et Christophe (2) du **Pinturicchio** (1454-1513) atteste de l'attachement de cet artiste à l'art de la miniature qui caractérisa l'art des primitifs du 15ᵉ s. Dans La Vierge à l'Enfant et saint Jean Baptiste (3) de **Lorenzo di Credi** (1459-1537) et L'Adoration de l'Enfant (4) de **Fra Bartolomeo** (1475-1527), on discerne la grande influence exercée par Léonard de Vinci et la Renaissance : chez l'un dans la délicate expression de la Vierge, chez l'autre, à l'arrière-plan, dans le paysage aux contours estompés. La salle présente aussi trois œuvres★★★ remarquables de **Raphaël** (1483-1520). **La Mise au tombeau** (5) fut commandée par Atalanta Baglioni, qui venait de perdre son fils (reconnaissable dans le personnage de droite) pendant les luttes pour le pouvoir à Pérouse. Donc, le groupe de droite dominé par le personnage de la Vierge accablée par la perte de son fils, devient très important. Ce tableau révèle des traits typiques de Michel-Ange (le personnage du Christ rappelle la *Pietà* qui se trouve à la basilique St-Pierre) et de Léonard de Vinci (le paysage à l'arrière-plan). La *Femme à la licorne* (6), transformée un temps en sainte Catherine, puis restaurée en 1935, est un bel exemple de la noblesse de l'art de Raphaël (observer la finesse du collier et du pendentif).

PREMIER ÉTAGE

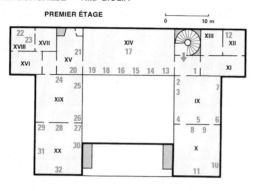

La présence de la licorne fait probablement allusion à la chasteté de la jeune fille. La tradition veut que seule une vierge puisse apprivoiser l'impétueux animal. Le *Portrait d'homme* (**7**), admirable de vigueur, relève encore de l'art du 15ᵉ s. avec une présentation frontale et un fond presque inexistant.

Salle X – La salle expose l'une à coté de l'autre (selon leur disposition originale) l'élégante et raffinée *Vénus* (**8**) de **Lucas Cranach** (1472-1553), une des rares œuvres nordiques dans la collection du cardinal Borghese, et la *Vénus* (**9**) la plus sensuelle du **Brescianino**. Dans *La Vierge à l'Enfant avec saint Jean Baptiste* (**10**), **Andrea del Sarto** (1486-1531) fut influencé par le dessin de Michel-Ange et par le *sfumato* de Léonard de Vinci. Au fond de la salle domine la ***Danaé*★★★** (**11**) du **Corrège** (vers 1489-1534), qui illustre le mythe de Zeus s'unissant à Danaé sous la forme d'un nuage doré. La technique de la peinture à l'huile lui permit de donner à ses couleurs les nuances les plus subtiles.

Salle XII – Elle est dédiée aux œuvres provenant de la zone lombarde-vénitienne et siennoise (Sodome). Dans le *Portrait d'homme* (**12**) du vénitien **Lorenzo Lotto** (vers 1480-1556), on reconnaît le veuf Mercurio Bua.

Salle XIV – Cette salle abrite quelques œuvres peintes et sculptées du **Bernin**. Les trois tableaux représentent un jeune garçon (**14**), peut-être le cousin de l'artiste, un autoportrait de l'artiste jeune (**16**) et un autre autoportrait du peintre âgé (**15**). Des deux magnifiques bustes du cardinal Scipione Borghese, le deuxième (**13**) fut exécuté parce qu'une veine du marbre marquait le front du cardinal dans le premier (**18**). Le groupe du *Jeune Jupiter avec la chèvre Amalthée* (**19**) fut probablement la première œuvre de l'artiste (1615 environ). Au centre de la salle se trouve le petit bronze *Le Sommeil* (**17**), réalisé par l'Algarde.

Salle XV – Elle renferme essentiellement des œuvres de Dosso Dossi et de **Jacopo Bassano** (1516-1592). L'artiste vénitien, dont les œuvres sont caractérisées par des couleurs recherchées, aimait la campagne et les scènes intimistes, qu'il intégrait même à ses tableaux religieux, comme *La Cène* (**20**). Très animée et riche en couleurs, la scène se présente comme une réunion d'humbles gens, paysans et pêcheurs qui s'entassent autour d'une table, occupés à discuter, à gesticuler ou absorbés dans leurs pensées et presque sur le point de s'endormir. Au centre, parmi tous les autres personnages, domine le Christ, la seule image mesurée et modeste.
Tobie et l'ange (**21**), de **Girolamo Savoldo** (1480-1548), annonce la peinture baroque par la hardiesse des effets lumineux et la puissance de l'expression des personnages.

Salle XVIII – *La Déposition* (**22**) de Rubens est une œuvre exécutée au début du 17ᵉ s. lors d'un séjour à Rome. Le *Portrait de monseigneur Merlini* (**23**) d'**Andrea Sacchi** (1599-1661) révèle un goût très sobre et inhabituel en cette période baroque.

La *Sibylle de Cumes*, par le Dominiquin

Salle XIX – Après la période maniériste très discutée, deux courants assurèrent la transition vers la peinture baroque : à Bologne, un art théorique naquit autour des Carrache. **Le Dominiquin** (1581-1641) contribua à le propager ; la *Chasse de Diane*★★★ (24) illustre bien les théories de l'école bolonaise (remarquer la précision des arbres, l'oiseau atteint par les flèches). On peut admirer la *Sibylle de Cumes*★ (25), du même artiste, caractérisée par un magnifique chromatisme. Dans *Le Jeune Garçon riant*★ (26), Annibal Carrache parvient à saisir la fraîcheur du rire avec très peu de traits.

Salle XX – Le *Portrait d'homme*★★★ (27) d'**Antonello de Messine** (1430-1479) dont le regard puissamment expressif force l'attention : la précision (plis du vêtement), le modelé délicat du visage en font un chef-d'œuvre. La *Sainte conversation* (28) de **Palma le Vieux** (1480-1528) capte l'attention du visiteur par ses couleurs ; très beau portrait de la dévote *(à la droite du tableau)*. Du Vénitien **Giovanni Bellini** (v. 1429-1516), *La Vierge à l'Enfant* (29) allie à une belle luminosité la fermeté des figures. *L'Amour sacré et l'Amour profane*★★★ (30) de **Titien** (v. 1490-1576) traduit l'idéal de beauté que rechercha Titien dans sa jeunesse. Lorsqu'il réalisa *Les Trois Grâces* (ou *L'Éducation d'Amour* – 31), à 75 ans, son art s'était complètement renouvelé.

Outre Titien, le 16ᵉ s. vénitien connut **Véronèse** : *La Prédication de saint Jean-Baptiste* (32) atteste l'attrait de Véronèse pour la narration.

Prendre le viale dei Pupazzi.

La **fontaine des Chevaux marins** fut commandée en 1791 par le prince Marcantonio Borghese qui fit rénover les jardins. Plus loin, la **piazza di Siena** rappelle par son nom la ville d'origine des Borghese. Ombragée de pins parasols, elle sert de cadre aux concours hippiques internationaux. Sur la droite de la place s'élève la **Casina dell'Orologio**, bâtie à la fin du 18ᵉ s. Le viale dei Pupazzi s'achève au petit **temple de Diane**, imitation d'un édifice antique. De là, sur la droite, une allée gagne le **jardin du lac**, un des endroits les plus fréquentés du parc ; cet ensemble de jardins est l'œuvre de l'architecte Asprucci qui travailla à l'agrandissement de la villa Borghese à la fin du 18ᵉ s. ; un petit temple à Esculape, imitant un temple antique, reflète ses colonnes dans les eaux du lac.

Lago di BRACCIANO★★

Carte Michelin n° 430, P 18 – 39 km au Nord-Ouest de Rome
En autobus (A.CO.TRA.L.) : au départ de la via Lepanto ; en chemin de fer (F.S.) :
au départ des gares Ostiense, Termini ou Tiburtina

En voiture : prendre la nationale S.2, via Cassia, en direction de Viterbo ; après avoir dépassé le Gran Raccordo Anulare (périphérique de Rome) et Giustiniana, prendre à gauche à la bifurcation suivante, en direction de Bracciano-Anguillara. Après environ 7,5 km, prendre à droite la via Anguillarese vers Anguillara-Sabazia.

Situé à 164 m au-dessus du niveau de la mer, le **lac de Bracciano**, d'origine volcanique comme tous les lacs de la région des « Castelli Romani », occupe une série de cratères des monts Sabatini qui le bordent au Nord-Est. Sa superficie est de $57,5 km^2$, ce qui en fait, par sa taille, le huitième lac d'Italie. Sa profondeur maximale est de 160 m et sa forme est à peu près circulaire. Le lac possède une faune aquatique assez riche, on y trouve des brochets, des anguilles, des carpes et autre blanchaille. Le « Lacus Sabatini », comme l'appelaient les Romains, a de tout temps joué un rôle important dans l'approvisionnement en eau potable de Rome. En 109, Trajan fit construire un **aqueduc** pour amener l'eau dans le quartier de Trastevere. L'ouvrage, long de 30 km environ, aboutissait au Janicule. Détruit à plusieurs reprises, l'aqueduc fut restauré en 1609 par Paul V qui lui donna son nom. Le même pape fit ériger, sur le Janicule, la fontaine Pauline *(voir Gianicolo)*, permettant ainsi aux eaux du Bracciano de jaillir à Rome dans un cadre grandiose. Rome était jadis reliée au Bracciano par la via Claudia qui poursuivait ensuite vers la Basse Étrurie. Aujourd'hui, la via Braccianese, à proximité du lac, suit approximativement le tracé de l'ancienne route.

LE TOUR DU LAC *36 km*

★**Anguillara-Sabazia** – Ce petit bourg médiéval est situé à 185 m au-dessus du niveau de la mer et juché sur un petit promontoire rocheux. On y accède par une imposante porte surmontée d'une horloge du 16e s. Dans le prolongement de celle-ci, la via Umberto I mène jusqu'au sommet du petit village. Après avoir franchi la porte, on remarque à gauche un belvédère décoré d'anguilles. Au bout de la via Umberto I, sur la gauche, une rue en pente mène à la collégiale de l'Assomption (18e s.). De la placette, très belle vue sur le lac. Redescendre ensuite par les ravissantes ruelles jusqu'au lac, d'où l'on pourra mieux apprécier le profil caractéristique de cet ancien bourg.

Sortir du bourg et prendre immédiatement à gauche, après le jardin public, la via Trevignanese.

Trevignano Romano – Petit village caractéristique sur les bords du lac, qui s'est développé autour d'un rocher de basalte. Le bourg médiéval, avec ses maisons de pêcheurs, disposées en épi près des rives du lac, est accroché tout autour du petit rocher, dominé par les ruines de l'ancienne forteresse des Orsini. En suivant la via Umberto I sur la droite, on monte vers l'église de l'Assomption qui abrite d'intéressantes fresques inspirées de l'école de Raphaël. Au-delà de la tour de l'Horloge, s'ouvre la piazza Vittorio Emanuele III, bordée, sur la droite, par l'hôtel de ville enjolivé d'un portique du 16e s.

Prendre la via IV Novembre en direction de Bracciano.

★**Bracciano** – Piazza 1° Maggio, aboutissent toutes les rues principales ; sur la droite, la piazzetta IV Novembre avec la mairie. À gauche, la via Umberto I mène à la piazza Mazzini, d'où l'on pourra admirer la masse imposante du **château Orsini-Odescalchi**, flanqué de ses tours cylindriques.

★★★**Castello Orsini-Odescalchi** ⊘ – Le noyau primitif du château était constitué à l'origine de la forteresse médiévale des Prefetti di Vico, qui en furent les seigneurs jusqu'au 13e s. Passée aux mains des Orsini en 1419, l'ancienne forteresse des Prefetti, qui, par son aspect et ses fonctions, ressemblait de plus en plus à un palais, ne fut agrandie qu'en 1470 par Napoleone Orsini. En 1696, le château fut racheté par les Odescalchi, puis passa aux Torlonia (1803) et revint aux Odescalchi (1848) qui, aujourd'hui encore, en sont les propriétaires. Le château, aux contours irréguliers, construit presque entièrement en pierre de lave sur un promontoire de tuf volcanique, est délimité par six tours imposantes de forme cylindrique. Deux murs d'enceinte entourent ce monument ainsi que l'ancien bourg médiéval. Après le guichet, on aboutit à une esplanade où, sur la gauche, on peut voir l'ancien dépôt d'armes ; sur la droite, on franchit la porte décorée de roses, le blason de la famille Orsini.

La visite de l'**intérieur**★ commence par la deuxième tour Nord donnant accès à un vestibule comprenant un puits et des arcades en pierre taillée. On emprunte ensuite un escalier en colimaçon menant à l'étage noble avec les premières salles. **Salle I** (bibliothèque) : appelée également « sala papalina », après que Sixte IV y eut séjourné après avoir quitté Rome en 1481 pour fuir la peste. Les fresques du plafond ont été exécutées par Taddeo Zuccari (1529-1566). Le mobilier, comme celui des autres salles, est d'époque plus tardive. **Salle II** *(fermée)* : petite étude attenant à la bibliothèque. **Salle III** : plafonds intéressants, d'origine, avec poutres et

Château Orsini-Odescalchi – Salle d'armes

caissons décorés datant du 15ᵉ s. (tous les plafonds de l'étage noble sont d'origine). **Salle IV** : grand triptyque de l'école ombrienne du 15ᵉ s. représentant *L'Annonciation* (le panneau central est manquant). Dans la **salle VI** sont exposés de nombreux trophées de chasse ; sur la gauche, on peut admirer la grande fresque qui décorait auparavant le porche donnant accès à la cour centrale, et attribuée à Antoniazzo Romano. Un petit balcon donne sur lac. **Salle VII** : deux bustes représentant Paolo Giordano II Orsini, œuvre du Bernin, et Isabelle de Médicis, de l'école du Bernin. **Salle IX** : dernière salle du premier niveau, par laquelle, en empruntant un escalier en colimaçon, on gagne le deuxième étage. La **salle XIII**, appelée aussi la salle d'armes, présente une collection d'armures et d'armes du 15ᵉ au 17ᵉ s. La **salle XV** montre un très beau lit sicilien du 16ᵉ s. en fer battu. La dernière salle **(XVII)** permet d'accéder à une loggia de laquelle on peut voir l'ancienne forteresse. La visite se poursuit par le **chemin de ronde** qui relie entre elles les très belles tours du château. De cet endroit, on jouit d'une vue splendide sur le bourg et sur le lac. On descend ensuite vers la **cour centrale★** du château où l'on se surprend à revivre, comme par enchantement, les émotions d'un temps révolu, quand les gestes chevaleresques n'appartenaient pas encore à la légende, mais à la réalité. Une double rangée d'arcades croise un escalier externe très élégant, exécuté en pierre de lave. Après une brève visite aux cuisines, on regagne le vestibule où s'achève la visite guidée.

Regagner la piazza Mazzini et prendre à gauche via della Collegiata.

Passé un arc, on arrive à une place où s'élève l'**église S. Stefano**, intégrée jadis à la rocca dei Prefetti. La promenade se poursuit par les petites ruelles étroites et pittoresques du vieux bourg.

Retour à Rome par la via Agostino Fausti, et ensuite la via Braccianese.

CASTELLI ROMANI★★

Carte Michelin n° 430, Q 19-20

Castelli Romani, « Châteaux romains », tel est le nom que prit au Moyen Âge la région au Sud-Est de Rome. À cette époque 13 villages furent aménagés en castelli, ou places fortes, par des familles nobles qui trouvèrent là un refuge pendant que l'anarchie régnait à Rome. Ce furent Frascati, Grottaferrata, Marino, Castel Gandolfo, Albano, Ariccia, Genzano, Nemi, Rocca di Papa, Rocca Priora, Monte Compatri, Monte Porzio Catone, Colonna.

Aujourd'hui, les Romains abandonnent volontiers leur capitale pour les castelli où ils retrouvent le climat frais, les vues étendues, l'exceptionnelle qualité de la lumière et les petites auberges de campagne aux tonnelles rafraîchissantes.

Un peu de géographie et d'histoire – Les castelli occupent la région des **monts Albains** (colli Albani) d'origine volcanique. Ils dessinent un cercle dont le périmètre constitue l'ancien bord d'un immense cratère, lui-même criblé de cratères secondaires au fond desquels se sont installés des lacs.

Des pâturages et des châtaigneraies s'étendent en altitude, alors que, plus bas, poussent essentiellement des oliviers et des vignes qui produisent le fameux « vin des Castelli ». Dans les bassins, la terre volcanique donne naissance à des primeurs appréciés.

L'histoire des monts Albains fut liée à celle de Rome. Cicéron, les empereurs Tibère, Néron, Galba y avaient une résidence de campagne et, près de Camaldoli, naquit Caton le Censeur en 234 avant J.-C.

★★CIRCUIT AU DÉPART DE ROME

122 km – compter une journée de visite

Sortir par la via Tuscolana. De la piazza Re di Roma, s'engager dans la via Aosta, puis la première à droite : la via Tuscolana. Après le Gran Raccordo Anulare (périphérique de Rome), prendre la direction de Frascati.

La route passe devant **Cinecittà**, le « Hollywood » italien.

★**Frascati** – Elle fut le lieu de rendez-vous de la jeunesse dorée de la Rome antique. De la place centrale, vue étendue jusqu'à Rome et belle perspective sur la villa Aldobrandini.

La réputation de Frascati vient de son vin blanc et de ses villas des 16ᵉ et 17ᵉ s., notamment la **villa Aldobrandini**★ ⊙ ornée de terrasses, d'allées, de fontaines et de rocailles.

De la piazza G. Marconi, prendre la route qui mène à Tuscolo et au Monte Porzio Catone.

La route procure d'agréables vues sur **Monte Porzio Catone** et **Monte Compatri** et atteint **Rocca Priora,** accrochée sur le rebord Nord du grand cratère des monts Albains (768 m).

Descendre jusqu'à la via Latina ; à environ 4 km, tourner à droite vers Turscolo (absence de signalisation). Une montée en lacet mène aux ruines.

Tuscolo – Dans une villa de l'antique Tusculum, Cicéron donna une série de conférences transcrites sous le nom de *Tusculanes*.

La cité fut le fief des comtes de Tusculum ; du 10ᵉ au 12ᵉ s. cette puissante famille tint la plupart des castelli et étendit sa domination jusqu'à Rome à qui elle donna de nombreux papes. Totalement détruite en 1191 au cours d'un affrontement avec les Romains, Tusculum ne fut jamais reconstruite. Il en reste quelques vestiges antiques : en se dirigeant vers le sommet où dominait la citadelle (une croix, en partie masquée par la végétation, y a été dressée), on rencontre les ruines d'un petit théâtre et, derrière lui, celles d'une citerne.

Retourner à la via Latina, puis prendre à droite. À Grottaferrata, s'engager dans le corso del Popolo (rue principale).

Grottaferrata – En 1004, des moines grecs venus de Calabre y fondèrent un monastère à l'emplacement des ruines d'une villa romaine qui aurait appartenu à Cicéron.

★**Abbazia** – Située à l'extrémité de la rue principale de ce village, cette abbaye se présente comme une forteresse ceinte de remparts et de fossés ajoutés au 15ᵉ s. sur ordre du cardinal Giuliano della Rovere (futur Jules II). Des moines catholiques de rite oriental l'occupent.

Dans la cour du château se trouvent une statue en bronze de saint Nil et, à gauche, l'entrée du monastère et du musée de l'abbaye.

Museo ⊙ – Après la grande porte, on débouche sur une belle cour dominée par le côté de l'église S. Maria di Grottaferrata et le portique de Sangallo. Le musée est aménagé dans les salles qu'occupaient jadis les cardinaux commendataires. On y trouve des pièces archéologiques romaines et grecques, ainsi que des fresques, illustrant des scènes de l'Ancien Testament, qui décoraient jadis la nef centrale de l'église. Une des salles a été peinte *a fresca* par Francesco da Siena en 1547.

★**S. Maria di Grottaferrata** – *2ᵉ terrasse du château.* Le narthex abrite *(à gauche)* de jolis fonts baptismaux en marbre (10ᵉ s.). Un beau portail byzantin enrichi de représentations d'animaux et de feuillages, de portes du 11ᵉ s. en bois sculpté, est surmonté d'une mosaïque du 11ᵉ s. À l'intérieur (refait au 18ᵉ s.), l'arc triomphal est décoré d'une grande mosaïque (fin 12ᵉ s.) représentant les apôtres à la Pentecôte. À droite, la chapelle St-Nil est coiffée d'un plafond à caissons du 17ᵉ s. et revêtue de fresques (1608-1610) exécutées par le Dominiquin. La nef droite abrite aussi la « crypta-ferrata », salle de la villa romaine aménagée en lieu de culte chrétien dès le 5ᵉ s., qui a donné son nom à l'église, de même qu'au petit village de Grottaferrata.

Au sortir de l'abbaye, prendre à gauche le viale S. Nilo. Après les feux, prendre à droite la via Roma en direction de Rocca di Papa.

Rocca di Papa – Dans un **site**★ pittoresque, face aux lacs et aux monts Albains, Rocca di Papa se déploie en éventail sur les pentes du mont Cavo.

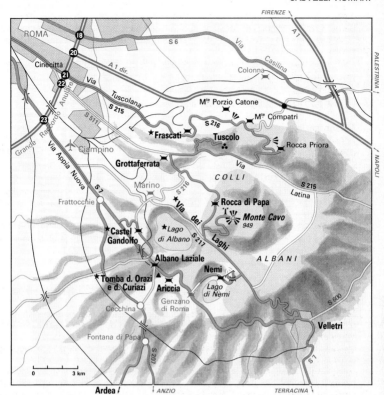

Au cœur d'une région riche en gibier, Rocca di Papa est appréciée des amateurs de civets et de lapin chasseur (coniglio alla cacciatora).

Avant d'arriver à la via dei Laghi, prendre à gauche vers le mont Cavo sur lequel se dressent de nombreux relais de télévision.

Monte Cavo ⊙ – Alt. 949 m. Le long de la route en montée apparaissent les grandes dalles du pavement de l'antique Voie sacrée conduisant au temple de Jupiter qui couronnait le mont Cavo. C'est là qu'au 5ᵉ s. avant J.-C. se réunissaient les représentants des cités de la Ligue latine. Rome fit partie du groupement puis, au 4ᵉ s. avant J.-C., elle vainquit et soumit les autres cités de la Ligue. Ce fut le début de son expansion dans la péninsule et la naissance du Latium.

Un couvent remplaça le temple de Jupiter, lui-même transformé aujourd'hui en hôtel-restaurant. De l'esplanade voisine, on découvre une **vue**★ sur les Apennins, les Castelli Romani, les lacs d'Albano et de Nemi, Rome et la campagne romaine.

Gagner la via dei Laghi et tourner à gauche en direction de Velletri.

★**Via dei Laghi** – Belle route traversant les bois de châtaigniers et de chênes.

À 3,5 km prendre à droite vers Nemi.

Nemi – Nemi, dans un **site**★★ charmant, est bâtie en amphithéâtre sur les pentes abruptes d'un cratère coupé par le lac de Nemi. Une tour subsiste du château Ruspoli, vestige du «Castello» du Moyen Âge. En juin, on savoure à Nemi de délicieuses fraises des bois.

Traverser le bourg en direction du lac.

Lac de Nemi – La route qui y descend se déroule dans un paysage champêtre. Le lac est appelé «miroir de Diane» parce que le bois sacré, proche du temple dédié à cette déesse, s'y réfléchissait. En 1929, on abaissa le niveau de ses eaux de 9 m pour récupérer deux bateaux de l'époque de Caligula (37-41). Incendiés pendant la guerre, il n'en reste que des vestiges conservés dans le **musée** ⊙ voisin.

Prendre la via dei Laghi vers Velletri.

Velletri – Elle vécut tous les événements de l'histoire italienne, résistant à Joachim Murat, conquise par Fra Diavolo, le chef des brigands calabrais, théâtre des luttes entre garibaldiens et troupes napolitaines, endommagée par les bombardements de la Seconde Guerre mondiale. Elle offre aujourd'hui l'aspect d'une agglomération prospère, située sur le versant méridional du cratère des monts Albains et au centre d'une région de vignobles.

Piazza Cairoli, s'élève l'imposante **tour du Trivio** du 14ᵉ s.

Quitter Velletri et se diriger vers Ariccia.

Ariccia – L'aménagement de la place centrale ornée de deux fontaines est dû au Bernin (1664) : à gauche, palais de la famille de banquiers Chigi, devenue propriétaire des lieux au 17ᵉ s. ; à droite, **église S. Maria dell'Assunzione**, cernée par deux élégants portiques (l'intérieur, sur plan circulaire et à coupole, mérite une visite).

Quitter Ariccia et s'arrêter peu après la signalisation marquant les limites du bourg.

★**Tomba degli Orazi e dei Curiazi** – *Peu avant d'entrer à Albano, à gauche, de l'autre côté du mur en contrebas de la route.*

La **tombe des Horaces et des Curiaces** en gros blocs de pépérin, pourvue de cônes tronqués à ses angles, ne date en réalité que des derniers temps de la République.

Albano Laziale – Son nom lui viendrait de celui de la villa de Domitien, villa Albana.

Prendre d'abord la via Cavour, puis à droite la via A. Saffi ; tourner dans la première à gauche, via della Rotonda.

★**S. Maria della Rotonda** – Elle fut installée dans un nymphée de la villa de Domitien. Une restauration lui a restitué son appareil antique de brique. Robuste tour-clocher de style roman (13ᵉ s.).

Retourner dans la via Cavour, puis s'engager dans la via A. De Gasperi.

Porta Pretoria – *Au bas de la via A. Saffi dans la via Alcide De Gasperi.* Ces vestiges furent la porte d'entrée à une forteresse construite par Septime Sévère (193-211).

★**Villa communale** – *Piazza Mazzini.* Ce vaste jardin public renferme çà et là quelques vestiges d'une villa ayant appartenu à Pompée (106-48 avant J.-C.).

Poursuivre en direction de Castel Gandolfo.

★**Castel Gandolfo** – Sur le rebord du cratère dont le fond est occupé par le lac d'Albano, Castel Gandolfo est connue dans le monde comme la résidence d'été du souverain pontife.

Alba Longa (Albe-la-Longue) – Le site de l'antique Albe-la-Longue a été identifié avec celui de Castel Gandolfo. Ce fut la plus ancienne ville du Latium, fondée, selon la légende, vers 1150 avant J.-C. Sa rivalité avec Rome s'incarna dans le fameux combat des Horaces et des Curiaces. Les deux cités, lassées de se faire une guerre coûteuse, décident de régler leur différend en confiant leur cause à trois héros : les trois Horaces pour Rome, les trois Curiaces pour Albe. Au premier choc, deux des Horaces périssent, les trois Curiaces sont blessés ; le dernier Horace feint alors de prendre la fuite pour séparer ses adversaires, puis se retourne et les abat un à un. Rentré à Rome, Horace rencontre à la porte Capena *(voir Terme di Caracalla)* sa sœur Camille qui pleure son fiancé Curiace et injurie Rome, « unique objet de son ressentiment ». L'ayant tuée, il est jugé et acquitté.

Palais papal – *On ne visite pas.* L'entrée se trouve sur la place centrale. Le Saint-Siège devint propriétaire du « castello » Gandolfo à la fin du 16ᵉ s. En 1628, Urbain VIII fit édifier une villa par Maderno sur l'emplacement de la villa de Domitien (81-96) qui s'étendait jusqu'à l'actuelle Albano Laziale. La résidence abrite, depuis le pontificat de Pie XI, l'observatoire astronomique (Specola Vaticana).

★**Lac d'Albano** – De Castel Gandolfo une route permet d'atteindre son site encaissé. On en a une jolie **vue** ★ depuis une terrasse à la sortie du village.

Lac d'Albano

On rentre à Rome par la via Appia Nuova d'où s'offre une vue sur la campagne romaine : vestiges d'aqueducs et de la villa dei Quintili sur la via Appia Antica.

*L'excursion peut se poursuivre par la visite d'***Ardea** *(30 km) et du musée de la Collection Manzù. Prendre la SS.7 (Appia Nuova) en direction de Rome. À l'embranchement de la via Nettunense, tourner à gauche en direction d'Anzio. Tout de suite après le village de Cecchina, prendre à droite la route qui mène à Ardea (de Rome : prendre la via Laurentina jusqu'au km 31,8).*

Ardea – Ardea est située dans ce qui fut autrefois le territoire des Rutules, dont elle était la capitale. Ainsi que le veut la légende, la mort de Turnus, roi des Rutules vaincu par Énée, et la fondation de Lavinium par ce dernier marquèrent le déclin d'Ardea et la naissance du mythe de Rome. La ville est accrochée à un rocher de tuf. En certains endroits, on peut encore observer les vestiges du mur d'enceinte exécuté en blocs de tuf équarris.

Le musée est situé peu après le croisement (100 m) avec la via Laurentina en direction de Rome, sur la gauche.

★★**Museo della Raccolta Manzù** ⊘ – C'est à l'épouse de Manzù et à un groupe d'amis de l'artiste que l'on doit l'idée de ce musée. Il fut inauguré en 1969, puis cédé à l'État en 1979 et ouvert au public en 1981. La grande majorité des œuvres date de la période de maturité (1950-1970), lorsque l'artiste redéveloppa certains thèmes de sa première période. Le musée n'expose que quelques-unes des œuvres magistrales de cette première période. Au total, le musée compte 462 œuvres parmi lesquelles des sculptures, des dessins, des gravures et des bijoux. Cet espace accueille également des expositions temporaires.

La région des Castelli Romani foisonne d'excellents crus. Il faut se laisser tenter par un Frascati, un Marino, un vin des Colli Albani ou un Velletri, pour ne citer que les plus célèbres.

OSTIA ANTICA★★

Carte Michelin n° 430, Q 18 – 24 km au Sud-Ouest de Rome

Accès : *en voiture, par la via del Mare (voir plan Michelin n° 38 – T 1). En métro (ligne B), direction Laurentina ; descendre à la station Magliana, puis en train de Magliana à la gare d'Ostia Antica. Pour le bateau-bus, voir les Renseignements pratiques, en fin de guide.*

La vaste plage grise du **Lido di Ostia** est la plus proche de Rome et la plus fréquentée.

LA CITÉ ANTIQUE

Du vieux village d'Ostie, il ne reste que la **forteresse** du 15ᵉ s. érigée par le cardinal Giuliano della Rovere (le futur Jules II) et destinée à protéger Rome contre d'éventuels ennemis venus de la mer. L'intérêt essentiel de la visite à Ostia Antica réside dans le vaste champ de ruines de la ville antique qui fut le principal port de Rome.

Un peu d'histoire

Ostie, à l'embouchure du Tibre, doit son nom au mot latin *ostium* (embouchure). La légende de Virgile en fait le lieu où aurait débarqué Énée. Selon Tite-Live, c'est le quatrième roi de Rome après Romulus, Ancus Martius (640-616 avant J.-C.), qui «étendit sa domination jusqu'à la mer, fonda Ostie à l'embouchure du Tibre et fit établir des salins tout autour». Les archéologues font remonter l'origine d'Ostie au 4ᵉ s. avant J.-C., sans exclure l'existence antérieure d'un petit village de sauniers. Le développement d'Ostie fut toujours le reflet de celui de Rome : port militaire lorsque Rome se lança à la conquête de la Méditerranée, port de commerce lorsque, victorieuse, elle organisa son économie.

Port militaire – La mainmise de Rome sur l'embouchure du Tibre, datée de 335 avant J.-C. environ, correspond à son expansion en Méditerranée ; quelques années auparavant (en 338) Rome remportait à Antium sa première victoire navale. Lors de la guerre contre Pyrrhus (278 avant J.-C.), la flotte envoyée par Carthage au secours des Romains arriva à Ostie. Pendant les guerres puniques (264-241 et 218-201), Ostie servit d'arsenal ; c'est de là que partit l'armée des Scipions vers l'Espagne (217) pour empêcher les renforts de rejoindre Hannibal qui avait déjà passé les Alpes et battu Flaminius au lac Trasimène ; deux ans plus tard, une trentaine de navires quittèrent Ostie et cinglèrent vers Tarente qui fomentait une alliance avec Hannibal ; en 211, Scipion l'Africain s'embarqua pour l'Espagne, décidé à remédier à la défaite des généraux de sa famille ; à peine âgé de 25 ans, exceptionnellement pourvu du pouvoir de proconsul, il se couvrit de gloire. De ses nouvelles possessions, Rome importait des vivres : dès 212, on débarquait un chargement de blé de Sardaigne.

Ostie, port de commerce – D'abord simplement dotée d'une forteresse *(castrum)* pour protéger les activités du port contre les pirates, Ostie, au 1ᵉʳ s. avant J.-C., est devenue une vraie ville. En 79 avant J.-C., Sylla la fit entourer d'un rempart dont l'un des côtés était le

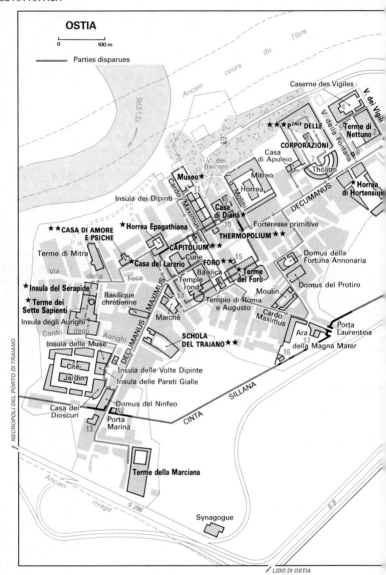

OSTIA

0   100 m

—— Parties disparues

Tibre (son dernier méandre était alors situé à l'Est de l'actuel, ce qui fait que le parcours du fleuve était rectiligne le long du côté Nord de la ville *(voir plan p. 36)*. À cette époque, Rome importait ses vivres de nombreuses provinces d'outre-mer. Les transports devaient absolument être protégés. Pompée, en 67 avant J.-C., puis Agrippa (63-12 avant J.-C.) avaient nettoyé les mers des pirates. Restaient les difficultés d'accès au port dues au site même d'Ostie : les coups de vent fréquents obligeaient les cargos à n'aborder qu'à la belle saison et le littoral voisin était fait de dunes, de lagunes et de hauts-fonds. Si bien que les marchandises arrivaient la plupart du temps dans les ports de la côte napolitaine et devaient ensuite être acheminées vers la capitale.

Le port de Claude – Il faut imaginer le littoral tel qu'il se présentait dans l'Antiquité, longeant le côté Ouest du champ de fouilles *(voir plan)*. Pour installer le port, les ingénieurs de Claude évitèrent l'embouchure elle-même du Tibre qui présentait la difficulté d'une « barre » sablonneuse due aux courants. Ils choisirent un emplacement sur la rive droite du fleuve, au Nord de l'agglomération d'Ostie et du bras du Tibre appelé Fiumicino (correspondant approximativement à l'emplacement de l'aéroport international Leonardo da Vinci).

Le port était formé d'un bassin de 70 ha qui s'ouvrait vers le large par deux jetées incurvées dont les extrémités étaient séparées par un îlot artificiel. Ouvert vers le Nord-Ouest, il était à l'abri des vents violents tels le *libeccio* (du Sud-Ouest) ou le sirocco (du Sud-Est).

LE DELTA DU TIBRE AU 2ᵉ SIÈCLE ET DE NOS JOURS

– – – – Le littoral au début du 2ᵉ siècle

Le port de Trajan – Le port de Claude étant devenu trop étroit, Trajan (98-117) fit construire, à l'arrière, un second bassin *(Porto di Traiano)*. Hexagonal, d'une superficie de 30 ha, il était relié au port de Claude par une large passe et bordé de docks et d'entrepôts. Un canal, nommé Fossa Trajana, le mettait en communication avec le Tibre; la Fossa Trajana serait l'actuel bras du Tibre (le Fiumicino) qui relie le fleuve à la mer.

Le déclin, les fouilles d'Ostia Antica et de l'Isola Sacra – Comme Rome, Ostie commença à décliner au 4ᵉ s. Le port s'ensabla, les alluvions déposées par le Tibre firent avancer la terre ferme, la malaria dépeupla l'agglomération. Comme toutes les autres ruines romaines, Ostie fut dépouillée de ses matériaux. Des fouilles systématiques furent entreprises à partir de 1909; les quartiers Ouest furent mis au jour de 1938 à 1942. Des fouilles se poursuivent actuellement, notamment dans la zone du port de Claude.

Entre l'agglomération d'Ostie et le port fut découverte la **nécropole du port de Trajan** sur l'Isola Sacra, île isolée par le Tibre et le Fiumicino; depuis l'Antiquité la mer a reculé de plusieurs kilomètres.

La vie à Ostie – Ville commerçante très active, sa population, sous l'Empire, atteignit 100 000 habitants. Une multitude de boutiques s'alignèrent le long des rues principales, les locaux administratifs se groupèrent à proximité du forum, les entrepôts et les édifices industriels s'installèrent au bord du Tibre; les quartiers résidentiels s'étendirent vers la mer.

Ville cosmopolite, Ostie accueillit une foule de cultes étrangers dont les sanctuaires ont été retrouvés : cultes orientaux de la Magna Mater, d'Isis et de Sérapis, de Jupiter Dolichenus et surtout de Mithra. Le christianisme aussi s'introduisit à Ostie : c'est aux bains de mer d'Ostie, pendant les vacances de l'époque des vendanges, que l'écrivain chrétien Minucius Felix situe sa conversation avec Octavius Januarius, chrétien comme lui, et le païen Caecilius qu'ils essaient de convertir. En 387, sainte Monique, la mère de saint Augustin, mourut dans une maison d'Ostie où elle était venue s'embarquer pour son Afrique natale.

L'importance de la communauté juive est attestée par la présence d'une vaste synagogue construite au 1ᵉʳ s.

Les maisons d'habitation – Leur découverte a enrichi nos connaissances sur les maisons bourgeoises et populaires du monde antique. L'habitation la plus fréquente dans cette ville très peuplée fut l'**insula** ou immeuble de rapport à plusieurs étages; les plus riches habitaient une **domus** ou maison particulière à atrium et jardin. Toutes étaient construites en brique et probablement non crépies. L'entrée est souvent élégante, formée de deux colonnes soutenant un fronton triangulaire. Les façades donnent sur les rues par un portique ou par un petit balcon en encorbellement. Le revêtement des murs, très décoratif, ne manque pas de retenir l'attention du visiteur; fréquemment on rencontre l'**appareil réticulé** *(opus reticulatum)* : de petits blocs de tuf sombre et de calcaire clair sont disposés en losange, formant un réseau; ce procédé fut employé du 1ᵉʳ s. avant J.-C. jusqu'au 2ᵉ s. ; à partir du 1ᵉʳ s., on renforça parfois les angles de rangées de briques. Un autre procédé courant à Ostie est l'**opus testaceum**, employé surtout au 2ᵉ s. ; des briques plates triangulaires étaient disposées très régulièrement, sommet vers l'intérieur; pour renforcer la solidité on intercalait, après quelques rangées de briques triangulaires, de grandes briques rectangulaires et plates.

Visite des fouilles ⊘

La visite de ce vaste champ de ruines sous un ciel souvent très pur constitue une promenade très agréable parmi les pins parasols et les cyprès.

Après l'entrée, sur la gauche, la **via delle Tombe**, à l'extérieur de l'enceinte de la ville, était réservée aux sépultures dont divers types ont été retrouvés : sarcophages, colombarium ou chapelle.

Porta Romana – La Porte romaine était l'entrée principale de la ville et donne sur le **Decumanus Maximus**, axe Est-Ouest dans toutes les villes romaines ; le Decumanus, principale voie d'Ostie, pavé de larges dalles, était bordé de maisons à portiques et de magasins.

De la porte partait (ou plutôt aboutissait en venant de Rome) la via Ostiense, la grande voie du trafic vers Rome.

Piazzale della Vittoria Elle doit son nom à une **statue de Minerve victorieuse** (1ᵉʳ s. – 1) exécutée d'après un original grec. Probablement décorait-elle la porte d'entrée.

Terme di Nettuno – Construction du 2ᵉ s. D'une terrasse *(accès par l'escalier sur le Decumanus Maximus)*, vue sur le bel ensemble de **mosaïques**★★ figurant les noces de Neptune et Amphitrite (2).

Via dei Vigili – La construction de cette rue au 2ᵉ s. exigea la démolition d'édifices antérieurs dont fit partie la **mosaïque**★ (3) à têtes de personnages symbolisant les Vents et 4 provinces romaines (Sicile, Égypte, Afrique, Espagne). La rue passe au-dessus de la mosaïque. Au fond de la rue, la **caserne des Vigiles** fut construite au 2ᵉ s. pour y loger un détachement de pompiers ; au fond de la cour, l'Augusteum (4 – sanctuaire où l'on célébrait le culte des empereurs) ; pavement de mosaïques représentant le sacrifice d'un taureau.

Prendre la via della Palestra qui débouche sur la via della Fontana.

Via della Fontana – Bien conservée, elle renferme encore sa fontaine publique (5). Remarquer la taverne de Fortunatus (6) dont le pavement en mosaïque porte l'inscription : « Dicit Fortunatus : Vinum cratera quot sitis Bibe. » (Bois à ta soif le vin au cratère.)

★**Horrea di Hortensius** – Entrepôt grandiose du 1ᵉʳ s. avec cour à colonnes bordée de boutiques. Remarquable exemple d'appareil réticulé. À droite de l'entrée, petit sanctuaire dédié par Hortensius (mosaïque au parterre).

Théâtre – Probablement édifié sous Auguste mais très restauré, c'est un des lieux les plus évocateurs de la vie de la cité. Les trois beaux masques (7) proviennent de la scène.

★★★**Piazzale delle Corporazioni** – La place des Corporations était entourée d'un portique sous lequel se tenaient les 70 bureaux commerciaux, représentants du commerce mondial ; sur le pavement de mosaïques subsistent leurs devises et leurs emblèmes, indiquant le métier exercé et la région d'origine des marchands : mesureurs de grains, calfats, cordiers, armateurs, d'Alexandrie, Arles, Narbonne, Carthage, etc. Au centre, le **temple** (8), dont il reste le podium et deux colonnes, est parfois attribué à Cérès, parfois à l'« Annone Auguste » ou Ravitaillement impérial, élevé au rang de divinité (Ostie était un des sièges de l'annone, service chargé d'organiser le ravitaillement de Rome).

Casa di Apuleio – Domus avec atrium à colonnes et pièces pavées de mosaïques.

Mitreo delle sette Sfere – C'est un des mieux conservés parmi les nombreux sanctuaires de Mithra retrouvés à Ostie. On voit encore les deux bancs latéraux réservés aux initiés et, au fond, un relief représentant le sacrifice du taureau.

Reprendre le Decumanus Maximus, puis, à droite, la via dei Molini.

Via dei Molini – Sur la droite, restes de grands entrepôts *(horrea)* de marchandises. Le nom de la rue vient de l'un des bâtiments où furent retrouvées des meules à blé (9).

Retourner sur ses pas et prendre à droite la via di Diana.

Piazza dei Lari (10) – Sur cette place, il reste un autel dédié aux dieux lares. Remarquer aussi les vestiges de la **forteresse primitive** *(castrum)* en gros blos de tuf.

★**Casa di Diana** – Remarquable exemple d'*insula* avec pièces et couloirs disposés autour d'une cour et portant encore un bel encorbellement sur la via dei Balconi.

★★**Thermopolium** – Cette construction fut un bar avec comptoir de marbre, étagères et peintures de fruits et de légumes en vente dans la boutique. Son nom, d'origine grecque, signifie « vente de boissons chaudes ».

Prendre à droite la via dei Dipinti.

Insula dei Dipinti – Immeuble composé de plusieurs maisons d'habitation, agrémenté d'un jardin intérieur. Belle mosaïque murale.

Au fond de la via dei Dipinti, sur la droite, une réserve d'huile (11) a été retrouvée avec d'énormes jarres à demi enfoncées dans le sol.

*Museo – Agréable à visiter pour sa clarté et sa présentation, ce musée conserve des œuvres trouvées à Ostie même. Les **salles I** à **IV** sont consacrées aux métiers (bas-reliefs) et aux cultes orientaux, florissants dans cette cité d'échanges ; le groupe de Mithra **(salle III)** sur le point d'immoler le taureau est un témoignage de la vivacité de ce culte qui compta à Ostie une quinzaine de sanctuaires. Outre la belle statue dédiée à Hercule représentant un homme au repos (Cartiius Poplicola) et datant du 1er s. avant J.-C., la **salle VIII** renferme une série de **portraits***, notamment des Antonin ; leur qualité expressive et la finesse des détails attestent le niveau élevé des portraitistes romains du 2e s. La **salle IX** abrite des sarcophages des 2e et 3e s. trouvés dans la nécropole de la ville, et la **salle X** des portraits impériaux d'époque tardive. Les **salles XI** et **XII** permettent d'apprécier la richesse des intérieurs d'Ostie : parois revêtues de mosaïques, peintures et fresques du 1er au 4e s.

Prendre la via del Capitolium qui débouche sur le **cardo maximus**, voie importante de la ville, perpendiculaire au Decumanus. Dans la perspective, on aperçoit la façade arrière du temple massif appelé capitole (Capitolium).

Dépasser le capitole et gagner le forum.

Capitolium et Foro – Le **capitole fut le plus grand temple d'Ostie, construit au 2e s. et dédié à la « Triade capitoline » Jupiter, Junon, Minerve. Dépouillé du marbre qui revêtait ses murs, il présente encore d'imposants vestiges de brique et l'escalier qui conduisait à son pronaos ; devant l'escalier, reconstitution partielle de l'autel. Le **forum**, agrandi au 2e s., a conservé quelques colonnes du portique qui l'entourait. Au fond de la place, le **temple de Rome et Auguste** (1er s.), édifice grandiose et autrefois paré de marbre, témoigne de la fidélité d'Ostie, première colonie romaine, au gouvernement de Rome. Comme dans toutes les cités romaines, le forum avait sa **basilique**, bâtiment couvert permettant aux citoyens de s'abriter, et sa **curie**, où siégeait l'administration municipale.

Reprendre le Decumanus Maximus.

Ostia Antica – Le forum et le capitole

Temple rond – Il était probablement consacré au culte des empereurs du 3e s.

*Casa del Larario – La maison du Lararium fut occupée par des boutiques disposées autour de la cour intérieure. La jolie niche en briques ocre et rouges abritait les statuettes des dieux lares.

Poursuivre sur le Decumanus, puis à droite dans la via Epagathiana.

*Horrea Epagathiana – Ces vastes entrepôts du 2e s. présentent un beau portail à colonnes et fronton. Ils appartinrent à deux riches affranchis Epagathus et Epa-phroditus.

**Casa di Amore e Psiche – Demeure du 4e s., résidentielle, comme la plupart des habitations construites en direction de la mer. Beaux restes de parterres de mosaïques et de marbres et d'un nymphée orné de niches, d'arcades et de colonnes.

Prendre à gauche la via del Tempio d'Ercole, puis à droite la via della Foce. Ensuite, tourner à droite dans la via delle Terme di Mitra.

Terme di Mitra – 2e s. Les thermes de Mithra s'ouvraient par une façade à arcades. On voit encore l'escalier descendant aux hypocaustes (appareils de chauffage souterrains) et des vestiges du frigidarium (piscine et colonnes à chapiteaux corinthiens). Restes de mosaïques.

Retourner dans la via della Foce et traverser l'insula del Serapide.

★**Insula del Serapide** – Construction du 2e s. formée de deux immeubles avec cours à portique et séparés par un établissement thermal. Restes de stucs d'un portail.

★**Terme dei Sette Sapienti** – Ils font partie d'un groupe d'immeubles. La grande salle ronde porte encore son beau pavement de mosaïques. Dans une des salles disposées autour d'elle, coupole ornée de mosaïques sur fond blanc.

Insula degli Aurighi – Au centre de cet ensemble formé de plusieurs appartements s'ouvre une jolie cour avec portique ; quelques pièces renferment des restes de peintures.

Prendre le cardo degli Aurighi, puis la via delle Volte Dipinte.

Insula delle Volte Dipinte ; insula delle Muse ; insula delle Pareti Gialle – *Visite réservée aux spécialistes ; demander l'autorisation à la Soprintendenza (direction) di Ostia.*
Maisons du 2e s. avec vestiges de mosaïques et de peintures.

Cité-Jardin – Exemple d'ensemble résidentiel du 2e s. où les immeubles d'habitation étaient disposés dans un vaste jardin agrémenté de fontaines (il reste les emplacements de celles-ci avec mosaïque dans l'une d'elles).

Casa dei Dioscuri – La maison des Dioscures a pris place au 4e s. dans un immeuble de la cité-jardin. Salles à beaux pavements de mosaïques polychromes dont l'une représente les Dioscures.

Domus del Ninfeo – Installée au 4e s. dans une construction du 2e s. Salle s'ouvrant par trois jolies arcades soutenues par des colonnettes à fins chapiteaux.

Retourner au Decumanus Maximus et prendre à droite.

Porta Marina – Elle s'ouvrait vers la mer dans l'enceinte de Sylla. Il en reste de gros blocs de tuf. Sur la gauche, une taverne (12), et sur la droite, à l'extérieur, restes d'un tombeau (13). Au-delà de la porte, le Decumanus s'achevait par une grande place à colonnade.

Prendre, à gauche, la via Cartilio Poplicola, et poursuivre jusqu'au bout.

Terme della Marciana – Derrière les puissants pilastres de l'abside du frigidarium, une superbe **mosaïque**★ représente des athlètes dans les attitudes des différentes disciplines sportives de l'époque, et au centre une table sur laquelle reposent des trophées et des agrès.
De là, on remarque au loin les colonnes et chapiteaux de la synagogue construite au 1er s.

Retourner à la Porte Marine et prendre le Decumanus Maximus.

★★**Schola del Traiano** – *Sur la droite.* Ce bâtiment imposant des 2e et 3e s. fut le siège d'une corporation de commerçants. Après être entré, à gauche, copie en plâtre d'une statue de Trajan trouvée dans l'édifice. Puis on passe dans une cour bordée de colonnes de briques et dotée d'un bassin rectangulaire central. Celui-ci fut modifié lorsque furent construites, au 3e s., les salles au fond de la cour. Dans la salle centrale précédée de deux colonnes, beau parterre de mosaïques. Sur le côté Est du bassin, les fouilles ont mis au jour une maison du 1er s. pourvue de son nymphée (peintures et mosaïques) et de son péristyle.

Basilique chrétienne – *Sur la gauche.* Dans cet édifice chrétien du 4e s., on distingue les colonnes séparant les nefs, l'abside et une inscription sur l'architrave d'une colonnade fermant une pièce identifiée comme le baptistère.

Marché – Les deux boutiques de poissonniers (14) faisaient partie de ce marché. Une allée entre les deux boutiques conduit à la place du marché pourvue sur son côté Ouest d'un podium à colonnes. Sur la troisième colonne, en partant de la gauche, est inscrit en latin : « Lis et sache qu'on bavarde beaucoup au marché. »

Prendre la via del Pomerio, puis à gauche la via del Tempio rotondo. Dépasser le temple de Rome et Auguste (sur la gauche) et le cardo maximus (sur la droite).

★**Terme del Foro** – Les thermes du forum furent les plus grands établissements de bains d'Ostie ; le long des parois subsistent les tuyaux de chauffage.
Tout près, ensemble de latrines publiques (15).

Prendre le cardo maximus et continuer à gauche.

Moulin – Sur la gauche du cardo maximus, meules à grains sous une tonnelle, vestiges de l'antique moulin.

Ara della Magna Mater – Dans cet enclos triangulaire s'élèvent des restes du temple de Cybèle (ou Magna Mater – 16). À l'Est, le petit sanctuaire d'Attis (17) est pourvu de son abside avec statue de la déesse, et de son entrée flanquée des statues de deux faunes.

À l'extrémité du cardo maximus, la **porta Laurentina** s'ouvrait dans l'enceinte de Sylla.

Prendre à gauche la via Semita dei Cippi.

On passe devant la **domus del Protiro**, dont le portail à fronton en marbre constitue une exception à Ostie *(fermée pour restauration).*

Domus della Fortuna Annonaria – Maison du 3ᵉ ou 4ᵉ s. avec jardin orné d'un puits, salles pavées de mosaïques ; une des salles s'ouvre sur le jardin par trois arcades.

Regagner le Decumanus Maximus par la via del Mitreo dei Serpenti.

★ NECROPOLI DEL PORTO DI TRAIANO ⊙

À 5 km du champ de fouilles. Accès en voiture par la route S 296 (vers l'aéroport Leonardo da Vinci de Fiumicino), puis tourner à droite dans la via Cima Cristallo. Entrée de la nécropole sur la gauche de la route d'accès. Le bus nᵒ 02 qui s'arrête sur la via panoramica Guido Calza devant la gare d'Ostia Antica passe toutes les 15 mn. Descendre à l'angle de la via Cima Cristallo. Au retour prendre la direction Ostia Lido.

Située parmi les pins parasols, les cyprès et les lauriers, isolée et silencieuse, cette nécropole est impressionnante. Les habitants de l'agglomération du port y ensevelirent leurs morts du 2ᵉ au 4ᵉ s. Ceux d'Ostie avaient leurs tombes hors de l'enceinte de leur cité.

On rencontre toutes les sortes de sépultures. Celles des plus pauvres sont simplement marquées d'une amphore fichée en terre ou d'un groupe d'amphores disposées en ovale ou de tuiles formant un petit toit. D'autres, en briques, comportaient une ou plusieurs chambres funéraires où prenaient place les sarcophages. Parfois une cour précédait la chambre, réservée au colombarium (avec cavités pour les urnes cinéraires) que le propriétaire mettait à la disposition de son personnel. La plupart des tombeaux s'ouvraient par une porte basse à linteau posé directement sur les montants ; au-dessus, une inscription rappelait le nom du défunt et parfois un bas-relief renseignait sur son métier.

MUSEO DELLE NAVI ⊙ **Fiumicino**

Accès : d'Ostia Antica prendre le bus nᵒ 02 en direction de Fiumicino Paese. De Rome, prendre à la station Roma Ostiense le métro pour l'aéroport Leonardo da Vinci, puis une navette.

Le **musée des Navires** est installé à l'emplacement du port de Claude. Lors de la construction de l'aéroport international à la fin des années 1950, la découverte des restes d'un vaisseau romain suscita de plus amples recherches, qui permirent de dégager d'autres embarcations. On peut voir les quilles, les carènes, ou parfois toute la coque de cinq bateaux : trois chalands ou « navires de charge », à faible tirant d'eau, tirés par des bœufs, qui remontaient le Tibre pour apporter les marchandises jusqu'à Rome ; un bateau de haute mer, à voile ; un bateau de pêche, à rames, bien conservé et pourvu d'un vivier central. Au mur du fond, des vitrines présentent des pièces de gréement et d'autres objets trouvés dans les flancs des bateaux : flotteurs de filets de pêche, cordages, clous, chevilles de bois, aiguilles, pièces de monnaie. Deux panneaux muraux évoquent les importations de marchandises dans l'Empire romain, du 1ᵉʳ au 4ᵉ s., et indiquent l'emplacement de tous les navires romains trouvés en Europe. Un bas-relief montre le bateau qui servit à transporter l'obélisque de Caligula, actuellement place St-Pierre.

On voit encore, au Nord-Ouest du musée, le môle où se dressait le phare. On a également mis au jour, au Nord-Est, les bâtiments des douanes et au Sud-Est d'autres bâtiments.

PALESTRINA

Carte Michelin nᵒ 430 Q 20 – 42 km au Sud-Est de Rome
En voiture, quitter Rome par la via Prenestina (plan Michelin nᵒ 38 – M 26)

Ancienne Préneste, Palestrina fut construite sur le versant méridional du mont Ginestro, qui fait partie de la chaîne montagneuse des Prenestini. Son panorama, son caractère médiéval et les vestiges du célèbre temple de la Fortune (Fortuna Primigenia) constituent les principaux centres d'intérêt de cette petite ville.

Préneste connut sa période de gloire lors des 8ᵉ et 7ᵉ s. avant J.-C., et fut souvent assiégée au cours des siècles en raison de sa position stratégique. Dominée par Rome au 4ᵉ s. avant J.-C., la cité devint un lieu de villégiature impérial attirant également les patriciens romains. Le culte de la déesse Fortune s'y perpétua jusqu'au 4ᵉ s. de notre ère, puis le temple fut abandonné et fit place à la cité médiévale.

Les célèbres nécropoles du 8ᵉ s. et les tombeaux des familles Barberini et Bernardini, à l'intérieur desquels ont été découverts de splendides ornements funéraires (aujourd'hui conservés au Museo nazionale di Villa Giulia), témoignent du passé illustre de Palestrina, site archéologique par excellence.

★Tempio della Fortuna Primigenia – Ce temple est un sanctuaire grandiose dédié à la déesse Fortune. Il remonte aux 2e et 1er s. avant J.-C. et constitue l'un des plus importants exemples de l'architecture d'influence hellénistique découverts en Italie. L'ensemble occupait la presque totalité de la superficie de la ville actuelle et présentait une succession de terrasses reliées entre elles par des rampes et des escaliers, chacune étant située en surplomb et en retrait par rapport à la précédente. Du sanctuaire inférieur qui s'élevait sur l'ancien forum (seconde terrasse du temple) subsistent une salle basilicale, deux édifices latéraux, une grotte naturelle et une abside dont le sol était recouvert de la célèbre mosaïque du Nil *(conservée au Museo archeologico prenestino)*. Le sanctuaire supérieur se dressait à hauteur du 4e et dernier niveau du temple, à l'emplacement de l'actuelle piazza della Cortina. C'est sur cette esplanade, dont le centre était occupé par des gradins disposés en forme d'hémicycle, que fut construit au 11e s. le palais Colonna, devenu le palais Barberini en 1640. La façade de ce superbe édifice, qui abrite aujourd'hui le Museo archeologico prenestino, porte l'emblème aux trois abeilles des Barberini.

Garer la voiture au pied de l'escalier monumental. La billetterie se situe sur le côté droit du bâtiment ; l'entrée du musée se trouve en haut de l'escalier, sur la Terrazza degli Emicicli.

Museo archeologico prenestino ⊘ – Le Musée archéologique de Préneste abrite des vestiges mis au jour dans les nécropoles des alentours, ainsi que divers objets provenant des collections de la famille Barberini. La salle située à droite de l'entrée renferme des cistes, des miroirs en bronze, des objets de toilette en bois, ivoire et céramique que l'on déposait à côté du corps des défunts dans les sarcophages et les urnes en tuf. Dans la salle de gauche, on peut voir plusieurs sculptures parmi lesquelles on remarquera particulièrement une grande tête en marbre, œuvre hellénistique datant du 2e s. avant J.-C. ; il s'agit vraisemblablement d'un fragment de la statue de la déesse Fortune. Au rez-de-chaussée on admire également une collection lapidaire.

Détail de la mosaïque du Nil

DAGLI ORTI, Paris

Les deux pièces les plus intéressantes du musée se trouvent au dernier étage. La **mosaïque du Nil★★**, qui représente l'Égypte lors d'une crue du Nil, est la plus grande mosaïque de la période hellénistique qui soit parvenue jusqu'à nous. En face, une grande maquette reproduit dans ses moindres détails le sanctuaire de la Fortune. La superposition de colonnes aux chapiteaux doriques, ioniques et corinthiens illustre l'évolution architecturale de l'ensemble.

En quittant le musée, traverser la rue et descendre l'imposante volée de marches jusqu'à la succession de terrasses dont la disposition illustre à merveille la structure élaborée du sanctuaire. Se diriger ensuite en voiture vers le centre de la ville *(à circulation réglementée)*, en empruntant la via Anicia.

Le centre – De nombreux édifices du centre historique de Palestrina englobent des vestiges des anciennes murailles. La place principale, la piazza Regina Margherita, occupe l'ancien emplacement du forum. Le dôme, reconstruit au 11e s. à la place d'un temple romain de plan rectangulaire (des ruines sont encore visibles à l'intérieur), est dédié à saint Agapito, patron de la ville, et est doté d'un beau campanile roman. Au centre de la place se dresse la statue de **Giovanni Pierluigi da Palestrina** (1524-1594), compositeur de musique polyphonique religieuse.

Vous prendrez plus d'intérêt à la visite des monuments si vous avez lu en introduction le chapitre sur l'art.

TIVOLI ★★★

Carte Michelin n° 430, Q 20 – Plan dans le guide Rouge Michelin Italia
31 km à l'Est de Rome
Accès par autocar partant de Rebibbia (tête de ligne métro B) ; en voiture, sortir de Rome
par la via Tiburtina (plan Michelin n° 38 – E 26)

Tivoli est une petite ville perchée là où l'Aniene, au sortir des dernières pentes calcaires des Apennins (monti Simbruini), se précipite en cascades dans la campagne romaine avant de rejoindre le Tibre. Des carrières, des centrales hydroélectriques, des papeteries, des industries chimiques sont ses activités principales.

D'un devin grec à la sibylle de Tibur – Tivoli, l'antique Tibur, aurait été fondée, avant Rome, par Tiburtus, petit-fils du devin grec Amphiaraos, englouti devant Thèbes par le tonnerre de Zeus.

Soumise par Rome au 4e s. avant J.-C., Tibur fut sous l'Empire un lieu de villégiature. Bien des siècles plus tard, une sibylle aurait prononcé, dit une légende du Moyen Âge, deux grandes prophéties : sur le Capitole à Rome, elle montra l'apparition de la Vierge et de l'Enfant à Auguste qui lui demandait s'il y aurait un homme plus grand que lui. Elle ajouta que le jour de la naissance de cet enfant une source d'huile jaillirait ; c'est ce qui advint au Transtévère.

La rébellion de Tivoli ou la chute d'un empereur et d'un pape – En l'an 1001, Tivoli se révolta contre l'empereur germanique **Otton III**, présent en Italie au côté du pape **Sylvestre II**. Les Romains, qui détestaient leurs voisins Tiburtins, firent cause commune avec l'empereur. Le pape s'entremit et l'empereur épargna la ville et les rebelles. Mais lorsque le pape et l'empereur regagnèrent Rome, les Romains leur reprochèrent leur clémence. Tous deux durent fuir devant l'émeute. Otton mourut l'année suivante et Sylvestre en 1003. Tivoli fut une ville indépendante jusqu'en 1816, date de son rattachement aux États pontificaux.

★★VILLA ADRIANA ⊘

4,5 km avant d'arriver à Tivoli, descendre de l'autocar à l'arrêt (fermata, en italien) « Bivio Villa Adriana ». De l'embranchement à l'entrée du champ de fouilles : 1,5 km. En voiture, suivre les indications.

D'environ 5 km de périmètre, pourvue d'un palais impérial, de thermes, de bibliothèques, de théâtres, de vastes jardins peuplés d'œuvres d'art, elle fut sans doute l'ensemble monumental le plus riche de l'Antiquité, né de l'imagination d'**Hadrien** qui visita tout l'Empire. À son retour des provinces d'Orient en 126, il fit commencer les travaux de sa villa. Féru d'art et d'architecture, il voulut qu'y soient évoqués les ouvrages et les sites qu'il vit au cours de ses voyages. En 134, sa villa était pratiquement terminée. Hadrien avait 58 ans. Malade, affecté par la disparition de son jeune favori Antinoüs,

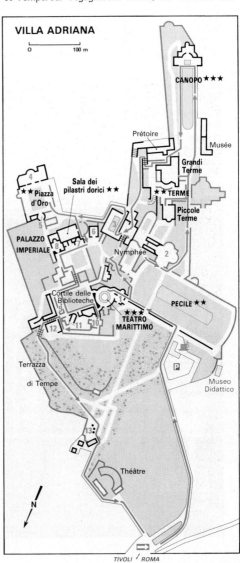

VILLA ADRIANA

0   100 m

CANOPO ★★★

Prétoire

Musée

Grandi Terme

Sala dei pilastri dorici ★★

★★ Piazza d'Oro

★★ TERME

Piccole Terme

PALAZZO IMPERIALE

Nymphée

Cortile delle Biblioteche

PECILE ★★

★★★ TEATRO MARITTIMO

Terrazza di Tempe

Museo Didattico

Théâtre

N

TIVOLI / ROMA

il mourut à Baïes en 138. Sa dépouille fut déposée dans son gigantesque mausolée des bords du Tibre à Rome. Probablement les empereurs qui lui succédèrent continuèrent-ils de venir à Tivoli. C'est là notamment que Zénobie, la reine de Palmyre, finit ses jours, prisonnière d'Aurélien.

Puis ce fut la ruine. Du 15e au 19e s. la villa d'Hadrien fut explorée. Au total, plus de 300 œuvres y furent découvertes et allèrent enrichir les collections privées, les musées de Rome, de Londres, de Berlin, de Dresde, de Stockholm, de St-Pétersbourg. À partir de 1870, le domaine passa au Gouvernement italien qui y fit entreprendre des fouilles. Peu à peu, des voûtes stupéfiantes, des pans de murs, des colonnes, parfois même des stucs et des mosaïques apparurent, délivrés de la végétation qui les masquaient.

L'entrée actuelle n'est probablement pas celle que l'on utilisait au temps d'Hadrien. Cette villa étant une réalisation tout à fait originale, les archéologues n'ont pas identifié avec certitude les bâtiments ni déterminé leur fonction.

Avant de commencer la visite, se rendre dans une salle voisine du bar où est exposée une maquette de l'ensemble. Le musée didactique suggère quant à lui des parcours thématiques.

★★Pecile – C'est le nom d'un portique d'Athènes (le Poecile) qu'Hadrien a voulu évoquer. Il en reste essentiellement le mur Nord par où l'on pénètre dans le champ de fouilles proprement dit. Remarquer son appareil réticulé (petits blocs de tuf disposés en losanges comme un réseau) ; la villa d'Hadrien constitue un des derniers exemples de ce procédé qui tombait en désuétude au 2e s. Les rainures le long du mur étaient comblées par des briques, disparues à l'époque où la villa fut pillée de ses matériaux au profit notamment de la villa d'Este à Tivoli.

Le Poecile avait la forme d'un grand rectangle aux petits côtés arrondis, bordé de portiques dont la disposition était calculée pour qu'il y ait toujours un côté à l'ombre.

La salle à abside appelée **« salle des philosophes »** (1) fut peut-être une salle de lecture.

★★★Teatro marittimo – Cette construction circulaire formée d'un portique et d'un édifice central séparés par un canal fut sans doute un lieu idéal pour l'isolement que dut rechercher le misanthrope Hadrien. L'île était accessible par de petits ponts mobiles.

Se diriger vers le Sud en direction du nymphée.

En haut de l'escalier se trouvent des ruines que surplombe le nymphée. On peut y voir un des **cryptoportiques** de la villa qui, à droite, conduit au nymphée même. On dit que ces galeries à demi enterrées étaient si nombreuses que l'on pouvait circuler d'un bout à l'autre du domaine sans jamais en sortir.

Passer à droite par le cryptoportique.

Le Canope

Nymphée – Cette esplanade bordée de hauts murs fut d'abord prise pour un stade ; désormais, elle est identifiée comme un nymphée. Les grandes colonnes que l'on aperçoit appartenaient à un même ensemble formé de trois salles semi-circulaires, trois exèdres (2), s'ouvrant sur une cour.

★★Terme – On distingue les Grands Thermes des Petits Thermes. Leur architecture illustre le raffinement que dut atteindre la villa : salles sur plan rectangulaire à parois concaves, sur plan octogonal aux murs alternativement concaves et convexes, sur plan circulaire où les niches alternent avec les portes. Une des salles les plus impressionnantes est celle des Grands Thermes, pourvue d'une abside et partiellement couverte d'un superbe vestige de voûte. La construction en hauteur appelée **prétoire** abrita probablement des entrepôts.

J. P. Lescourret/PIX

Musée – *Fermé pour restauration*. Il renferme les œuvres les plus récemment trouvées dans la villa d'Hadrien. Remarquer : les copies romaines de l'Amazone de Phidias et de Polyclète ; les cariatides, copies des statues de l'Erechtéion d'Athènes sur l'Acropole. Ces œuvres ornaient les bords du Canope.

À l'Ouest du musée s'étend une vaste oliveraie qui renferme des vestiges ayant appartenu à la villa, inclus aujourd'hui dans une propriété privée.

★★★**Canopo** – C'est en visitant l'Égypte qu'Hadrien eut l'idée de conserver le souvenir de la ville de Canope, connue pour son temple à Sérapis. Canope était accessible depuis Alexandrie par un canal bordé de temples et de jardins. Hadrien fit modifier le terrain de cette partie de sa propriété pour lui donner une physionomie rappelant le site égyptien et creuser un canal. À l'extrémité Sud, il fit bâtir un édifice évoquant le temple à Sérapis ; au culte de Sérapis, Hadrien joignit celui de son jeune ami Antinoüs noyé dans le Nil.

Revenir au prétoire et aux grands thermes et poursuivre jusqu'aux vestiges qui dominent le nymphée. De là, obliquer vers la droite.

On longe un grand **vivier** entouré d'un portique (3).

Palazzo imperiale – Le palais impérial s'étendait de la piazza d'Oro aux bibliothèques.

★★**Piazza d'Oro** – C'était une place rectangulaire entourée d'un double portique. Dénuée de toute utilité, la piazza d'Oro fut un caprice d'esthète. Au fond de la place, il reste des vestiges d'une salle octogonale (4) : les huit côtés, alternativement convexes et concaves, étaient précédés d'un petit portique (l'un d'eux a été reconstitué). Sur le côté opposé de la place, une salle (5) couverte d'une coupole était flanquée de deux autres salles plus petites : celle de gauche renferme quelques vestiges et son beau pavement en mosaïques.

★★**Sala dei pilastri dorici** – On appelle cette salle ainsi car elle était bordée d'un portique à pilastres aux chapiteaux et bases doriques supportant une architrave dorique (reconstruction partielle dans un angle).

À gauche, la **caserne des pompiers** (6).

Contigu à la salle des pilastres doriques, le grand pan de mur semi-circulaire a peut-être fait partie d'une **salle à manger** d'été (7) ; restes des bassins ovales d'un **nymphée** (8). Ces constructions donnaient sur une cour séparée de la **cour des bibliothèques** (cortile delle Biblioteche) par un cryptoportique ; un côté de celle-ci est occupé par dix salles disposées face à face et qui ont constitué une infirmerie (9) ; chacune des petites chambres est conçue pour recevoir trois lits ; le **parterre**★ est fait de fines mosaïques.

Des abords de la cour des bibliothèques, une **vue**★ agréable s'offre sur la campagne où ruines, cyprès et pins parasols forment un harmonieux tableau.

Biblioteche – Leurs vestiges se dressent sur le côté Nord-Ouest de la place ; selon l'usage, il y avait là une bibliothèque grecque (10) et une bibliothèque latine (11).

En direction de la terrasse de Tempé, on traverse un groupe de salles à pavements de mosaïques qui font partie d'une **salle à manger** (triclinium impérial – 12).

Terrazza di Tempe – Ce frais bosquet domine la vallée à laquelle l'empereur donna le nom d'un site de Thessalie, Tempé. De la terrasse, on rejoint le chemin d'arrivée à la villa. Le **temple circulaire** (13), reconstitué, est attribué à Vénus parce qu'on y retrouva une statue de la déesse. Continuant en descente, on devine sur la gauche l'emplacement d'un **théâtre**.

Gagner Tivoli.

De la place Garibaldi, vue sur la **Rocca Pia**, forteresse bâtie par Pie II (1458-1464).

★★★ VILLA D'ESTE ⊙

En 1550, le cardinal **Hippolyte II d'Este**, élevé à de grands honneurs par François Ier, mais tombé en disgrâce auprès de son fils Henri II, décida de se retirer à Tivoli. Aussitôt, il entreprit de se faire construire une villa d'agrément, là où s'élevait un couvent de bénédictins. L'architecte napolitain Pirro Ligorio fut chargé d'en dessiner les plans. D'aspect extérieur simple, la villa fut dotée de jardins somptueux où les jets d'eau, les fontaines et les statues composèrent un décor caractéristique de la grâce du maniérisme. Le cardinal choisit les pentes occidentales de la ville, étageant les jardins sur plus de 3 ha. Les plus grands personnages y vinrent en visite, les papes Pie IV et Grégoire XIII et après la mort du cardinal, Paul IV, Paul V, Pie IX, des écrivains et des artistes, Benvenuto Cellini, Titien, le Tasse. Le lundi 3 avril 1581, Montaigne y vint en excursion, reçu par le cardinal Louis d'Este qui avait succédé à son oncle. En 1759, alors que les ronces avaient envahi les allées et que les fontaines s'étaient tues, Fragonard et Hubert Robert, pensionnaires à l'Académie de France à Rome, vinrent y camper durant tout l'été ; dans les recoins des jardins qui n'ont pas porté leur chevalet, les perspectives qui ont échappé à leur pinceau.

Endommagée par un bombardement en 1944 qui toucha la cour du palais, quelques arbres des jardins et les canalisations, la villa fut remise en état.

S. Maria Maggiore – C'est l'ancienne église du couvent des bénédictins. Jolie façade gothique et clocher du 17e s. À l'intérieur, deux triptyques du 15e s. *(dans le chœur)* ; au-dessus de celui de gauche, le tableau de la Vierge est une œuvre de Jacopo Torriti, peintre et surtout mosaïste de la fin du 13e s.

★★★**Palais et jardins** – *On entre par l'ancien cloître du couvent.* Les **anciens appartements** au premier étage de la villa abritent des expositions temporaires.

Descendre à l'étage inférieur.

Sala grande – Décorée de peintures maniéristes dues à des élèves de Girolamo Muziano et de Federico Zuccari. Aux murs, représentation des jardins au 16ᵉ s. et, en face, fontaine en mosaïques et rocailles ; au plafond, *Le Banquet des dieux*. De la loggia du salon, belle **vue★** sur les jardins et Tivoli.

Les peintures à sujets mythologiques qui ornent la première salle sont attribuées à Muziano et à Luigi Karcher : *Le Synode des dieux* (au plafond) est entouré des *Travaux d'Hercule*. F. Zuccari et son école ont peint les fresques de la pièce suivante, appelée salon des Philosophes, ainsi que celles de la troisième salle, dite la Gloire d'Este. Dans le salon de la Chasse, Tempesta a peint des trophées et des scènes de chasse dans la région de Tivoli.

Par l'escalier à double rampe, gagner l'allée supérieure des jardins.

Fontana del Bicchierone – Le dessin de cette fontaine en forme de coquille portant un grand vase couvert de mousse et d'où l'eau se déverse est parfois attribué au Bernin.

La «Rometta» – Le cardinal voulut reproduire quelques monuments caractéristiques de la Rome antique : dans un bassin surgit une barque (île du Tibre) surmontée d'un obélisque. Plus haut, à côté d'un décor de ruines, la statue allégorique de Rome et la louve.

★★★**Viale delle Cento fontane** – Le long de la rectiligne **allée aux Cent Fontaines**, des jets d'eau s'échappent de petites barques, d'obélisques, de têtes d'animaux, d'aigles et de lys qui rappellent le blason des Este. C'est l'un des endroits les plus charmants des jardins.

★★★**Fontana dell'Ovato** – La statue de la sibylle y domine ; de part et d'autre, statues allégoriques de fleuves. Sur le pourtour du bassin, dans un décor de balustrades et de rocailles à demi recouvertes de mousse, des statues de naïades déversent les eaux de l'Aniene. Remarquer le joli décor de céramiques sur le devant du bassin ovale.

★★★**Fontana dell'Organo** – La **fontaine de l'Orgue** émettait des sons musicaux produits grâce à un orgue dissimulé dans la partie supérieure de la fontaine et mû par la force de l'eau. Le Français Claude Venard (16ᵉ s.) fut l'auteur de l'ingénieux mécanisme. Montaigne, qui vit cette fontaine, écrivit dans son Journal de voyage en Italie : «La musique des orgues... se fait par le moyen de l'eau qui tombe avec grande violence dans une cave ronde, voûtée, et agite l'air qui y est, et le contraint de gagner pour sortir les tuyaux des orgues et lui fournir du vent. Une autre eau, poussant une roue avec certaines dents, fait battre par certain ordre le clavier des orgues ; on y oyt aussi le son des trompettes contrefait. »

Spianata delle Peschiere – L'**esplanade** doit son nom aux **viviers** où on élevait les poissons destinés, les jours maigres, à la table du cardinal. De là, belle **vue★★** sur la fontaine de l'Orgue.

Fontana della Madre Natura – La **fontaine de la Mère Nature** est ornée d'une statue de Diane d'Éphèse, déesse de la Fertilité.

Sur la droite s'ouvrait l'entrée principale de la villa, à pic sur la vallée.

Fontana dei Draghi – La **fontaine des Dragons** fut créée en l'honneur de Grégoire XIII reçu à la villa en 1572 ; les dragons évoquent le blason de la famille du pape, Buoncompagni.

Fontaine de l'Ovato

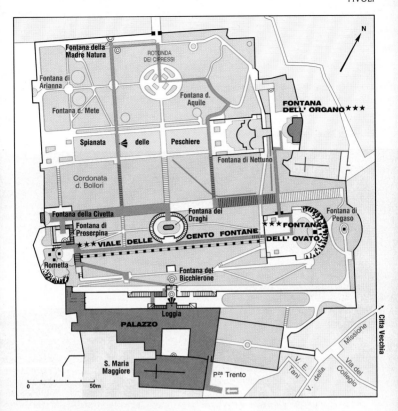

Fontana della Civetta – La **fontaine de la Chouette** doit son nom à un mécanisme hydraulique qui émettait des chants d'oiseaux. Par intervalles, une chouette apparaissait, laissant entendre son cri.

Sur la gauche, la **fontaine de Proserpine** enlevée par Pluton a été modernisée.

On peut gagner la villa Gregoriana par les ruelles de la vieille ville.

Il règne dans la vieille ville une animation plaisante et les vestiges du passé n'ont pas tous disparu. La **cathédrale** (duomo), reconstruite au 17e s. et flanquée d'un campanile roman du 12e s., abrite un beau groupe de statues en bois illustrant la **Descente de croix**★ (13e s.).

★VILLA GREGORIANA ⊙

Dans un site accidenté, ce vaste parc boisé, sillonné d'une multitude de sentiers, permet de franchir l'Aniene qui coule ici dans un étroit ravin et tombe en cascades. Après l'escalier d'accès en descente, prendre à droite vers la **grande cascade**★★.

On atteint d'abord une terrasse qui domine la cascade puis, d'un belvédère, on la découvre se précipitant dans le ravin, presque à la fin de sa course.

Revenir sur ses pas et au panneau « Grotte di Nettuno e Sirena, cascata Bernini », prendre le petit escalier en descente et poursuivre jusqu'au fond du ravin.

On arrive ainsi à la **grotte de la Sirène** où les eaux de l'Aniene s'engouffrent dans une grotte avec grand fracas.

Retourner au panneau « Grotte di Nettuno e tempio di Vesta », puis prendre le sentier qui remonte sur le versant opposé du ravin. À l'embranchement, laisser à droite la direction vers « Tempio di Vesta e Sibilla » et prendre à gauche vers la « Grotta di Nettuno ». On passe successivement sous deux tunnels et, à la sortie, prendre à gauche le sentier en descente. À la **grotte de Neptune**, une puissante cascade jaillit dans un décor irréel de rochers.

Retourner sur ses pas et, à la sortie des tunnels, prendre à gauche la montée qui domine le ravin et quelques cascatelles. On sort de la villa à côté du temple de la Sibylle.

Temple de la Sibylle – *Accès par le restaurant Sibilla.*

On l'appelle aussi temple de Vesta, les édifices dédiés à cette déesse étant généralement circulaires. Cette élégante construction corinthienne date de la fin de la République. À côté, un autre temple contemporain, ionique, est parfois également attribué à la sibylle. Tous deux sont en travertin.

Escalier d'entrée des musées du Vatican

B. Kaufmann

Renseignements
pratiques

Avant le départ

Adresses utiles

Offices de tourisme – Pour organiser son voyage, rassembler la documentation nécessaire, vérifier certaines informations, s'adresser en premier lieu à l'**ENIT (Ente Nazionale Italiano per il Turismo) :**
– en France, 23, rue de la Paix, 75002 PARIS, ☎ 01 42 66 66 68 ou 24 h/24 : 08 36 68 26 28.
– en Belgique, 176, avenue Louise, 1050 BRUXELLES, ☎ (02) 647 11 54.
– en Suisse, Uraniastrasse 32, 8001 ZÜRICH ☎ (01) 211 30 31.
On peut également s'adresser à la **Compagnie Italienne de Tourisme (CIT)** qui possède plusieurs bureaux dans un certain nombre de grandes villes (Bordeaux, Cannes, Lille, Lyon, Marseille et Nice) :
– à Paris, 3, boulevard des Capucines (75002), ☎ 01 44 51 39 00.

Formalités d'entrée

Papiers d'identité – Pour un voyage de moins de 3 mois, les ressortissants des pays membres de l'Union européenne doivent être en possession d'une carte d'identité en cours de validité ou d'un passeport (éventuellement périmé depuis moins de cinq ans).

Conducteurs – Permis de conduire français à 3 volets ou permis international.

Documents pour la voiture – Papiers du véhicule (carte grise) et carte verte internationale d'assurance.

Santé – Afin de bénéficier d'une assistance médicale en Italie au même coût que dans leur pays d'origine, les citoyens de l'UE doivent se procurer le formulaire E 111 avant leur départ (il en est de même pour les citoyens de la Principauté de Monaco). Les Français doivent s'adresser auprès de leur centre de Sécurité sociale. Pour les accidents d'auto, les Suisses jouissent de la Convention prévue par le formulaire ICH.

Animaux domestiques – Se munir d'un certificat vétérinaire de moins de dix jours prouvant que son animal de compagnie a été vacciné contre la rage depuis plus d'un mois et moins de onze.
Attention, les Italiens ont beaucoup moins d'animaux domestiques que les Français. Nombre d'établissements hôteliers et de terrains de camping ne les admettent pas : consulter le **guide Rouge hôtelier Michelin Italia** de l'année pour choisir un hôtel acceptant les chiens.

Le voyage

À quelle saison ? – À 28 km de la mer, Rome offre un climat relativement doux toute l'année mais particulièrement agréable en mai, juin, septembre et octobre.

En voiture – Pour choisir l'itinéraire entre votre point de départ en France et Rome, utilisez :

– le Minitel **3615 Michelin :** ce service définit un itinéraire et donne le coût des péages sur le parcours français, le kilométrage total ainsi que la sélection **Michelin** des hôtels, restaurants et terrains de camping.

– les **cartes Michelin :** n° 970 Europe au 1/3 000 000, nos 989 et 988 France et Italie au 1/1 000 000, n° 430 Italie Centre au 1/400 000, ainsi que le **guide Vert Michelin Italie**.

Le **péage sur les autoroutes italiennes** peut être effectué en espèces ou avec la carte **Viacard**. Cette carte magnétique d'une valeur de 50 000 ou 90 000 lires est en vente dans les bureaux régionaux de l'Automobile Club français et, en Italie, à l'entrée des autoroutes, dans les restaurants Autogrill ou dans les bureaux de l'ACI (Automobile Club Italiano).
L'**accès à la ville** s'effectue principalement grâce à deux anneaux routiers. Le plus extérieur, le Grande Raccordo Anulare (ou G.R.A.), se situe en dehors de l'agglomération ; les autoroutes A 1, A 2, A 18 et A 24, ainsi que les routes nationales *(strade statali)* y convergent. Le second, la Tangenziale Est, est un boulevard périphérique qui relie directement le stade olympique à la piazza S. Giovanni in Laterano en traversant les quartiers Est (Nomentano, Tiburtino, Prenestino...).
Lorsqu'on arrive à Rome par l'autoroute A 1 (Florence-Rome) et que l'on doit se rendre dans les quartiers situés au Nord (Cassia, Flaminia, Salaria) ou à l'Ouest (Aurelia), il est préférable de quitter l'autoroute au péage de Roma Nord et d'emprunter le G.R.A. Si l'on souhaite en revanche se rendre dans les quartiers situés à l'Est et au Sud, poursuivre en direction de Roma Est-Napoli, sortir au péage de Roma Est et emprunter le G.R.A.
En arrivant par l'A 2 (Naples-Rome) et si l'on doit se rendre dans les quartiers Sud (Pontina, Appia, Tuscolana, Casilina...) ou Ouest (Aurelia), quitter l'autoroute au péage de Roma Sud et emprunter le G.R.A. Pour atteindre les quartiers situés à l'Est et au Nord, poursuivre en direction de Roma Est-Firenze et emprunter le G.R.A. après le péage de Roma Est.
En arrivant par les autoroutes A 16 et A 24, gagner le G.R.A. et suivre la direction désirée.

Parking – *Voir également la rubrique : Comment se déplacer ?, au chapitre Visiter Rome (pages suivantes).* À l'aéroport de Fiumicino fonctionne un nouveau parking longue durée *(lunga sosta)* offrant 3 300 places de stationnement pour les voitures. Situé dans le district Est de l'aéroport, il est relié directement à l'autoroute Rome-Fiumicino et offre un service de navettes gratuites assurant la liaison avec les terminaux nationaux et internationaux toutes les 10 mn pendant la journée et toutes les 20 mn pendant la nuit. De là, il est possible de gagner Rome par le train ou le bus *(voir plus bas la rubrique : En avion).*

Les tarifs sont de 16 000 L par jour pour les 4 premiers, 10 000 pour les 4 jours suivants et 6 000 pour toute journée supplémentaire.

En autocar – De Paris, deux liaisons hebdomadaires sont assurées par la compagnie Eurolines ; se renseigner au 28, avenue du Général-de-Gaulle, BP 313, 93541 Bagnolet Cedex, ☎ 01 49 72 51 51.

En train – De Paris (gare de Lyon), deux trains de nuit fort pratiques assurent la liaison avec la capitale italienne : le Palatino et le Napoli Express qui relie Paris à Naples via Gênes et Rome. Les grandes villes de province (comme Lyon, Nice, Bordeaux, Strasbourg...) ainsi que celles de Belgique et de Suisse sont également reliées à Rome. De Bruxelles, l'Italia Express (via Luxembourg) dessert les villes de Milan, Bologne, Florence et Rome.

Pour obtenir les prix et des réductions éventuelles, se renseigner auprès des différentes sociétés de chemin de fer : SNCF en France, SNCB en Belgique, CFF en Suisse. Les lignes internationales arrivent à la gare *(stazione)* Termini (EX) d'où l'on accède facilement au métro : les deux lignes A et B s'y arrêtent. Juste devant Termini, la gare routière rassemble également presque la totalité des bus de Rome.

Numéros utiles – **Chemins de fer nationaux** : informations ☎ 14 78 88 088. **Stazione Termini,** Piazza dei Cinquecento, ☎ 06 48 84 466 ; **Ostiense,** piazza Partigiani, ☎ 06 57 50 732 ; **S. Pietro,** via Stazione S. Pietro, ☎ 06 63 13 91 ; **Tiburtina,** circonvallazione Nomentana, ☎ 06 44 04 856 ; **Trastevere,** piazzale Biondo, ☎ 06 58 16 076 ; **Club Euro Star Italia,** ☎ 06 47 42 155.

En avion – Des vols quotidiens sont assurés à partir de Paris (aéroport Charles-de-Gaulle), Bruxelles, Genève. Se renseigner auprès des compagnies aériennes Air France, Sabena, Swissair, Alitalia. Des vols charters peuvent également être proposés, se renseigner dans les agences de voyages.

L'atterrissage se fait à l'aéroport Leonardo da Vinci à Fiumicino, à 26 km au Sud-Ouest de Rome. Il est relié à la capitale par deux lignes de chemin de fer :

– le train direct **Fiumicino-Roma Termini** assure la navette toutes les heures (toutes les 30 min aux heures de pointe). Le prix du billet est de 15 000 L et le trajet dure environ 30 min. De l'aéroport, départs de 7 h 40 à 22 h 05 ; de la gare Termini, départs de 7 h à 21 h 15 ;

– le train de la ligne FM1 **Fiumicino-Fara Sabina** circule toutes les 20 min et s'arrête notamment aux gares de Roma Trastevere, Roma Ostiense, Roma Tuscolana et Roma Tiburtina. Le prix du billet est de 7 000 L et la durée du trajet total est de 1 h 15 (40 mn entre l'aéroport et Roma Tiburtina). De l'aéroport, départs de 6 h 30 à 23 h 30 (à partir de 20 h 15, les navettes s'arrêtent à Roma Tiburtina) ; de Roma Tiburtina, départs de 5 h à 22 h 30. Les jours fériés, compter une heure d'intervalle entre chaque navette.

Il existe un service nocturne d'autobus au départ de la gare Tiburtina pour l'aéroport (à 0 h 30, 1 h 15, 2 h 30 et 3 h 45) et dans le sens inverse (à 1 h 15, 2 h 15, 3 h 30 et 5 h). Durée du voyage : 3/4 h. Coût du billet : 7 000 L.

De nombreux vols charters atterrissent à l'aéroport de Ciampino (15 km au Sud-Est), d'où partent des autobus pour la station de métro « Anagnina » (ligne A).

Numéros utiles – **Aéroport Leonardo da Vinci, Fiumicino,** ☎ 06 65 951, Air France : ☎ 65 01 09 46, et Alitalia : ☎ 65 01 00 23 ; **Ciampino,** ☎ 06 79 49 41.
Réservations vols nationaux : ☎ 06 65 641 ; **réservations vols internationaux** : ☎ 06 65 642 ; **renseignements sur les vols** : ☎ 06 65 95 36 40 et 06 65 95 44 55.

Tourisme-informations sur Minitel :
consulter 3615 Michelin (2,23F/mn).
Ce service vous aide à préparer
ou décider du meilleur itinéraire à emprunter
en vous communiquant d'utiles informations routières.

Vie pratique

Quelques adresses utiles

Informations touristiques – L'Office de tourisme ou EPT (Ente Provinciale per il Turismo) qui se trouve via Parigi, 5, a des **bureaux d'informations** où sont distribués des brochures (dont « Ici Rome ») et plans gratuits de Rome :
– à l'aéroport de Fiumicino, ☎ 06 65 95 60 74 ;
– à la gare Termini, quai n° 4, ☎ 06 48 71 270 ;
– via Parigi, 5 (**DV**), ☎ 06 48 89 92 53.

Ambassades et consulats
– Ambassade de France : palais Farnèse, piazza Farnese, ☎ 06 68 60 11 ; consulat, via Giulia, 251 ☎ 06 68 80 21 52 ou 06 68 80 64 37 ;
– Ambassade de Belgique : via Monti Parioli 19, ☎ 32124441 ;
– Ambassade de Suisse : via Barnaba Oriani, 61 ☎ 808364.

Librairie française – La Procure, Piazza San Luigi dei Francesi 23. ☎ 06/68 30 75 98.

Académie de France – Villa Médicis, viale Trinità dei Monti, 1/a ☎ 67611.

Monnaie – La lire (L). Billets de 100 000, 50 000, 20 000, 10 000, 5 000, 2 000 et 1 000 lires. Pièces de 500, 200, 100, 50, 20, 10 et 5 lires.

Change – Les **banques** sont généralement ouvertes du lundi au vendredi de 8 h 30 à 13 h 30 et de 15 h à 16 h. Elles sont fermées les samedis, dimanches et jours fériés. On peut également changer de l'argent dans les bureaux de poste (sauf les chèques de voyage) et dans les agences de change. Une commission est souvent perçue.

Heure – L'Italie est à la même heure que la France, la Belgique et la Suisse, et applique les heures d'été et d'hiver aux mêmes dates. Les Italiens appellent l'heure d'été « heure légale », l'heure d'hiver « heure solaire ».

Jours fériés – Un jour férié se dit *giorno festivo*, un jour ouvrable *giorno feriale*. Sont fériés les 1er et 6 janvier, dimanche et lundi de Pâques, 21 avril (anniversaire de la fondation de Rome), 25 avril (anniversaire de la libération de 1945), 1er mai, 15 août (Ferragosto), 1er novembre, 8, 25 et 26 décembre. De plus en Italie chaque ville fête son saint patron. Pour Rome la fête des saints patrons Pierre et Paul est le 29 juin. Rome fête également son anniversaire, le 21 avril.

Cartes de crédit – Le paiement par carte de crédit se développe de plus en plus chez les commerçants, dans les hôtels et les restaurants. Les **guides Rouges Michelin Italia** et **Main cities Europe** signalent les établissements qui acceptent le paiement par carte de crédit ainsi que les différents types de cartes.
Attention, en Italie deux systèmes cohabitent : le « Bancomat » et la « carte de crédit » (ce qui explique que les Italiens ont pour la plupart deux cartes distinctes). Le **Bancomat** exige de taper son code personnel et retient une commission de 3 000 L par opération. En revanche, le système **carte de crédit** ne prend pas de frais et se distingue par la simple apposition de la signature sur le ticket de paiement. Il est donc conseillé de réclamer le paiement dit par *Carta di credito* lorsque quelqu'un vous réclame votre code, que ce soit à l'hôtel, au restaurant ou pour un achat, afin d'éviter la commission *Bancomat*.
En revanche la délivrance de billets dans les distributeurs automatiques (nombreux dans toutes les grandes villes) n'est possible que par Bancomat. Cela dit, la commission de 3 000 L pour un retrait bancaire en lires est souvent inférieure à celle d'une commission de change, et le taux du Bancomat toujours plus intéressant.

Poste – Les postes en Italie sont indépendantes du service des télécommunications gérées par la Compagnie Telecom Italia. Les bureaux sont ouverts de 8 h 30 à 14 h (12 h le samedi et le dernier jour du mois).
Le courrier en **poste restante** peut être retiré à la poste centrale : piazza San Silvestro (**CV**).

Téléphone – Les services téléphoniques sont gérés par Telecom Italia (ex-SIP). Chaque agence est équipée de **cabines publiques** permettant de régler sa communication à la caisse. Par ailleurs, et parallèlement aux cabines à pièces (ou encore pour certaines à jetons), se généralisent les **cabines à carte**. On peut se procurer des cartes dans les agences Telecom Italia ainsi que dans les bureaux de tabac (signalés par un panonceau à T blanc sur fond noir).
Pour téléphoner ou télégraphier à l'étranger, s'adresser à la poste centrale : piazza San Silvestro (*24 h/24*) (**CV**), ou à Telecom Italia (ex-SIP), via Santa Maria in Via (bureaux ouverts jusqu'à 22 h) (**CX**).
Le prix des communications diminue à partir de 18 h 30 puis encore de 22 h à 8 h du matin.

Appels internationaux – Italie vers la France : 00 + 33 + le numéro du correspondant sans le 0 initial. Vers la Belgique : 00 + 32 + numéro de la zone sans le 0 + numéro du correspondant. Vers le Luxembourg : 00 + 352 + numéro de la zone sans le 0 + numéro du correspondant. Vers la Suisse : 00 + 41 + numéro de la zone sans le 0 + numéro du correspondant.
De France, Belgique, Luxembourg et Suisse vers Rome : 00 + 39 + 6 + numéro du correspondant.

Appels à l'intérieur du pays – Dans Rome même, composer simplement le numéro du correspondant. Vers une autre ville, composer l'indicatif de la ville commençant toujours par 0 + le numéro du correspondant.

Quelques numéros utiles

180172 (sans indicatif) : informations en français sur l'utilisation du téléphone en Italie

12 : renseignements

15 : appels en PCV

116 : secours routier de l'ACI (gratuit pour les touristes étrangers jusqu'au 31 décembre 1995).

Pharmacies – Elles se reconnaissent à leur croix rouge et blanc. La **Farmacia della Stazione** près de la gare Termini est ouverte jour et nuit. Sont également ouvertes 24 h sur 24 h, les pharmacies situées : piazza Risorgimento 44, piazza Barberini 49, via Arenula 73.

Appareils électriques – Le voltage est le même qu'en France (220 V), mais l'écartement des prises de branchement varie parfois quelque peu par rapport aux normes françaises : il est recommandé en conséquence de se munir d'un adaptateur.

Bureaux de tabac – Certains sont ouverts la nuit, comme celui de la via del Corso 11 et celui du viale Trastevere 275.

Stations-service – Celles qui se trouvent le long du G.R.A. ainsi que plusieurs stations service situées sur le Lungotevere Ripa, le piazzale della Radio et au n° 504 de la via Salaria restent ouvertes la nuit.

Visiter Rome

COMMENT SE DÉPLACER ?

En taxi – Pour appeler un taxi, composer l'un des numéros suivants : 06 35 70, 06 49 94, 06 66 45, 06 41 57. La prise en charge est de 4 500 L, somme à laquelle il faut ajouter 200 L toutes les 50 secondes environ. Le supplément de nuit (de 22 h à 7 h) est de 5 000 L ; les jours fériés, le supplément est de 2 000 L (de 7 h à 22 h). Il faut compter 2 000 L par bagage. Pour effectuer le trajet de Rome à Fiumicino, prévoir une majoration de 14 000 L environ et de 10 000 L pour l'aéroport de Ciampino.

En autobus, tramway et métro – Se procurer un plan des transports publics, en vente dans les librairies ou les kiosques, ou le plan, édité par l'ATAC. (Azienda Tramvie e Autobus del Comune di Roma, ☎ 06 46 951), en vente (1 000 L) dans le kiosque information de la piazza dei Cinquecento (DX). Les arrêts d'autobus et de tramways sont indiqués par le panneau *Fermata*. Acheter le billet avant de monter dans l'autobus.

Titre de transport – L'inscription **Metrebus** indique que les tickets qui portent cette mention peuvent être utilisés indifféremment dans tous les moyens de transport en commun de la capitale : autobus, tramways, métro et trains des F.S. *(Ferrovie Statali)*, en 2e classe uniquement, dans une seule direction et à l'exclusion de la liaison directe Roma Termini-Fiumicino aeroporto et Ponte Galleria-Fiumicino aeroporto.

– Le billet BIT est valable 75 mn et coûte 1 500 L.

– Le billet BIG est valable pendant 24 h à partir de son compostage et coûte 6 000 L.

– La carte d'abonnement hebdomadaire CIS coûte 24 000 L.

– Il existe également une formule d'abonnement mensuel qui coûte 50 000 L.

Les titres de transport sont en vente dans les bureaux de tabac et les kiosques à journaux, ainsi qu'aux distributeurs automatiques des stations de métro et des terminus des lignes d'autobus. La plupart des lignes circulent de 5 h 30 à minuit.

Bus – Le parcours de certaines lignes de bus présente un intérêt plus particulier pour le touriste :
– Le n° **64** Termini-Vaticano passe par la via Nazionale, la piazza Venezia, près de l'église du Gesù, le largo di Torre Argentina et le corso Vittorio Emanuele II (une ligne réputée pour ses pickpockets ; bien surveiller ses effets personnels, surtout aux heures d'affluence).
– Le n° **319** relie la gare Termini au parc de villa Ada (catacombes de Priscilla), au Nord.
– Le n° **118** parcourt presque toute la via Appia Antica et passe par la via delle Terme di Caracalla, près du Colisée et de l'église Saint-Jean-de-Latran.
– Le n° **218** relie la piazza San Giovanni in Laterano à la via Ardeatina (qui permet d'accéder au début de la via Appia Antica).
– Les n°s **116** et **117** (seulement les jours ouvrables) sont des minibus électriques qui traversent le centre historique, la première partie du trajet s'effectuant par la via Veneto et la via Giulia, la seconde partie par la piazza San Giovanni in Laterano et la piazza del Popolo.
– Le n° **85** passe par le Colisée, les forums impériaux, la piazza Venezia et la via del Corso.
La plupart des autobus qui traversent la ville partent de la piazza dei Cinquecento. Il est conseillé d'acheter le plan des lignes de l'ATAC en vente au guichet d'informations qui se trouve sur cette place.

Tramway – Il subsiste à Rome 8 lignes de tramway, dont quelques-unes sont plus intéressantes pour les touristes :
– Le n° **13** relie la piazza Preneste à la piazza San Giovanni di Dio ; il suit un trajet semblable à celui du n° 30 b, mais dessert le quartier du Transtévère.
– Le n° **14** part des quartiers situés à l'Est de la ville et se dirige vers la gare Termini.
– Le n° **19** relie la piazza dei Gerani à la piazza del Risorgimento en traversant Rome d'Ouest en Est ; il passe en contrebas de la villa Borghese et descend ensuite vers la piazza di Porta Maggiore avant de continuer vers l'Est.
– Le n° **30 b** part du piazzale Ostiense (pyramide de Caius Cestius) pour rejoindre la piazza Thorvaldsen (non loin de la Galleria Nazionale d'Arte Moderna, viale delle Belle Arti, près de la villa Borghese) ; il passe par les quartiers du centre, le Colisée, la basilique Saint-Jean-de-Latran et la piazza di Porta Maggiore.

Métro – Il comprend deux lignes : la **ligne A**, qui relie la via Ottaviano (AV) à la via Anagnina, et la **ligne B**, qui part de Rebibbia pour rejoindre la via Laurentina *(en passant par le quartier de l'EUR)*. Le métro fonctionne de 5 h 30 à 23 h 30. La portion Termini-Rebibbia fonctionne de 5 h 30 à 21 h les jours ouvrables et jusqu'à 23 h les jours fériés. Voici les stations principales :
– **Ligne A Ottaviano-Anagnina :** Flaminio (piazza del Popolo), Spagna (piazza di Spagna), Barberini (piazza Barberini), Termini (gare Termini), San Giovanni (église Saint-Jean-de-Latran) et Cinecittà.
– **Ligne B Laurentina-Rebibbia :** EUR Fermi (quartier de l'EUR), San Paolo (basilique Saint-Paul-hors-les-Murs), Piramide (pyramide de Caius Cestius), Circo Massimo (Grand Cirque et thermes de Caracalla), Colosseo (Colisée), Cavour (piazza Cavour) et Termini (gare Termini).

En voiture – À déconseiller. L'accès au centre de la ville est difficile : de nombreuses rues sont réservées aux piétons, taxis, autobus et riverains. Le centre historique s'inscrit dans la *fascia blu* (zone bleue) où la circulation est interdite aux voitures particulières de 6 h à 19 h 30 (et en outre de 22 h à 2 h du matin, les vendredis et samedis). Il existe deux vastes parkings souterrains au centre même de Rome : l'un sous la villa Borghese (CV), près de la porta Pinciana ; l'autre le parking Ludovisi (CV), via Ludovisi au n° 60. L'ACI possède des parkings un peu partout dans la ville.

En moto – Il est possible d'en louer : au 3e niveau du parking souterrain villa Borghese (de 9 h à 19 h), aux abords de la basilique Saint-Pierre (via di Porta Castello), près de la gare Termini (via Filippo Turati) et aux alentours de piazza Barberini (via della Purificazione).

À bicyclette – Il est possible de louer des bicyclettes en divers endroits du centre-ville, notamment : piazza di Spagna, à la sortie du métro (CV) ; piazza del Popolo, à l'angle de la rue où se trouve le café Rosati (BV), en été de 18 h à 1 h, le reste de l'année le dimanche matin seulement ; piazza San Lorenzo in Lucina (via del Corso, CV), de mars à octobre, de 10 h à 18 h (de 10 h à 2 h du matin en été) ; dans le parking souterrain de la villa Borghese (CV), secteur III.

En calèche – Les **carrozzelle** (ou **botticelle** en dialecte romain) font partie du folklore et du paysage de la ville. Ces calèches stationnent aux alentours de la basilique Saint-Pierre, devant le Colisée, piazza Venezia, piazza di Spagna, près de la fontaine de Trevi, via Veneto, villa Borghese et piazza Navona.

En acquabus – Des bateaux parcourent le Tibre du pont Umberto I (point de départ) jusqu'au pont Duca d'Aosta, de mai à octobre à 10 h 30 et 12 h 45. Le circuit s'effectue en une heure et demie environ. Renseignements à Tourvisa (☎ 06 44 63 481).

P. Le Floc'h/EXPLORER

En avion – Pour admirer Rome depuis le ciel, l'aéroport dell'Urbe (via Salaria 825) organise des vols touristiques à bord d'appareils de type Cessna 182 et Highlander. Les vols peuvent avoir lieu tous les jours sur inscription préalable (possible par téléphone). Ils durent 20 mn et coûtent environ 95 000 L par personne (deux participants minimum). Pour plus de détails, contacter Umbria Fly, ☎ 06 88 64 14 41 (site Internet : http://www.umbriafly.com).

LES VISITES

La municipalité de Rome a installé dans le centre historique de la capitale trois kiosques d'informations renseignant sur toutes les activités touristiques, artistiques et culturelles de la ville. On les trouvera : via Nazionale, en face du Palazzo delle Esposizioni (palais des Expositions) ; sur le largo Corrado Ricci, devant les forums impériaux ; sur le largo Goldoni, entre la via del Corso et la via dei Condotti. Ils sont ouverts du mardi au samedi de 10 h à 18 h et le dimanche de 10 h à 13 h. Les informations fournies sont actualisées quotidiennement et sont proposées au touriste en italien et en anglais.
Les adeptes du système **Internet** trouveront un service d'informations à l'adresse suivante : http://www.comune.roma.it/

Bus touristiques – De nouvelles lignes de transports en commun permettent de découvrir les sites historiques de la capitale en étant commodément assis.
Le **bus no 110** part de la gare Termini à 14 h 30 et parcourt la ville durant trois bonnes heures. Le billet coûte 15 000 L et s'achète piazza dei Cinquecento, face à la gare, une demi-heure avant le départ.
Le **bus 100 «Trastevere by night»** effectue un circuit touristique de nuit dans le quartier de Trastevere. Le service fonctionne entre 20 h et 1 h 30 avec des départs toutes les 15 mn. Têtes de lignes : Piazza Ugo La Malfa et S. Pietro in Montorio.

Socius Urbis Week-Itinere Card – Cette carte valable une semaine est vendue 25 000 L (une partie de ce prix est destinée à la restauration de monuments). Elle permet d'entrer librement dans 14 musées municipaux et dans d'autres sites conventionnés, d'y recevoir des dépliants en 6 langues, ainsi que de participer à des visites guidées de sites ordinairement fermés au public (sur inscription préalable toutefois). Elle offre en outre quelques autres avantages, notamment dans certains restaurants ou des remises sur la location de voiture.

Visites pour handicapés – Toutes précisions concernant l'accessibilité aux handicapés des sites et monuments peuvent être obtenues auprès du Consorzio Cooperative Integrate, via Enrico Giglioli, 54/a, ☎/fax : 06 23 26 75 04/5 (bureaux ouverts du lundi au vendredi de 9 h à 17 h).

Visites guidées – Les agences de voyages ou l'administration des transports en commun (ATAC), piazza dei Cinquecento (DX), donnent tous les renseignements utiles. On peut également contacter le Sindicato Nazionale CISL, Centro Guide Turistiche, via S. Maria alle Fornaci, 8, ☎ 06 63 90 40.

Musées – Ils sont généralement fermés le lundi. Les autres jours, la plupart des musées ferment leur billetterie une demi-heure ou une heure avant leur fermeture même. Cette règle, rigoureusement appliquée, rend pratiquement impossible de pénétrer dans un musée à quelques minutes de sa fermeture.

Les monuments antiques, les sites archéologiques et les parcs publics (Forum romain, Colisée, etc.) ferment environ une heure avant le coucher du soleil, selon l'horaire suivant :
– du 1er novembre au 15 janvier : de 9 h à 15 h,
– du 16 janvier au 15 février : de 9 h à 15 h 30,
– du 16 février au 15 mars : de 9 h à 16 h,
– du 16 mars au dernier jour à l'heure d'hiver : de 9 h à 16 h 30,
– du premier jour à l'heure d'été au 15 avril : de 9 h à 17 h 30,
– du 16 avril au 1er septembre : de 9 h à 18 h,
– du 2 septembre au dernier jour à l'heure d'été : de 9 h à 17 h 30,
– du premier jour à l'heure d'hiver au 30 septembre : de 9 h à 16 h 30,
– du 1er au 31 octobre : de 9 h à 16 h.
Dans de nombreux musées, les sacs doivent être déposés au vestiaire à l'entrée. En outre, l'usage du flash est généralement interdit.

Églises – En règle générale, elles sont fermées de 12 h à 16 h. Lorsque leur ouverture est soumise à un horaire différent, celui-ci est précisé dans les conditions de visite. Les basiliques majeures (St-Pierre, St-Jean-de-Latran, St-Paul-hors-les-Murs, Ste-Marie-Majeure) sont ouvertes de 7 h à 18 h.
Une tenue appropriée est de mise (pantalons pour les hommes, jupes d'une longueur correcte et épaules couvertes pour les femmes). Le personnel responsable est habilité à refuser l'entrée aux visiteurs ne respectant pas cette règle.
Il est conseillé de se munir de jumelles afin de pouvoir admirer dans les meilleures conditions les œuvres d'art situées en hauteur. Il est également utile d'avoir de la monnaie pour l'éclairage de certaines œuvres.

Culte – Offices et confessions en français dans les églises S. Luigi dei Francesi (samedi à 18 h 30, dimanche à 10 h 30), S. Ivo dei Bretoni (8, vicolo della Campana), S. Giuliano dei Fiamminghi.

PROGRAMMES DE VISITE

Les richesses de Rome étant très nombreuses, il est préférable pour un premier voyage d'établir un programme de visite en fonction du temps dont on dispose et de ses centres d'intérêt.
Pour situer les monuments sélectionnés dans les itinéraires proposés ci-dessous, consulter les cartes des pages 11 à 15 ; pour retrouver dans le guide les curiosités citées, consulter l'index en fin de volume.

La Rome monumentale

Premier jour
Matin : Forums impériaux★★★ – Forum Romain★★★ et Palatin★★★ : en raison de l'étendue du complexe des forums, il est conseillé de se limiter aux curiosités dotées d'étoiles. Finir l'itinéraire par le temple de Vénus et Rome – la Maison dorée.
Après-midi : Colisée★★★ – Arc de Constantin★★★ – Basilique St-Jean-de-Latran★★★ – Basilique Ste-Marie-Majeure★★★ – St-Pierre-aux-Liens★.

Photographes amateurs devant la fontaine de Trevi

Deuxième jour

Matin : Piazza Venezia★ – Monument à Victor-Emmanuel II – S. Maria d'Aracoeli★★ – Place du Capitole★★★ et musées : se cantonner aux curiosités les plus importantes – Église du Gesù ★★★.

Après-midi : Pantheon★★★ – St-Louis-des-Français★★ – Piazza Navona★★★ – S. Maria della Pace★ – S. Ivo alla Sapienza★ – S. Andrea della Valle★★ – Campo dei Fiori★ (place) – Palais Farnèse★★.

Troisième jour

Matin : Château St-Ange★★★ – Le Vatican : musées du Vatican★★★ (il est conseillé de se limiter aux chefs d'œuvre les plus importants) – Place St-Pierre★★★ – Basilique St-Pierre★★★.

Après-midi : Piazza del Popolo★★ – S. Maria del Popolo★★ – Pincio : vue★★★ sur la ville – Via dei Condotti – Piazza di Spagna★★★ – Fontaine de Trevi★★★.

La Rome antique

Premier jour

Matin : Forum romain★★★ et Palatin★★★ : il est conseillé de se limiter aux curiosités dotées d'étoiles et de terminer l'itinéraire par le temple de Vénus et Rome – la Maison dorée – Musée de la Civilisation romaine★★ *(prendre le métro, ligne B, en direcion de l'EUR)*.

Après-midi : Forums impériaux★★★ – Colisée★★★ – Arc de Constantin★★★ – Thermes de Caracalla★★★ – Cirque de Maxence – Pyramide de Caïus Cestius★ – Mont Testaccio.

Deuxième jour

Matin : Château St-Ange★★★ – Ara Pacis★★ – Musée national romain ★★★ *(prendre le metro à Piazza di Spagna pour gagner la piazza della Repubblica)*.

Après-midi : S. Maria degli Angeli★★ (Thermes de Dioclétien) – Porta Maggiore★.

Troisième jour

Matin : Thermes de Caracalla★★★ – Appia Antica★★ : Sépulcre de Romulus et Tombe de Cecilia Metella★. *Revenir par les autobus 118 et 85.*

Après-midi : Colonne de Marc Aurèle★ – Pantheon★★★ – Area Sacra del Largo Argentina★★ – Pont Fabricio★ (Isola Tiberina) – Théâtre de Marcellus★★ – Temple de la Fortune Virile★ – Temple de Vesta★.

Rome aux premiers temps de la Chrétienté

Premier jour

Matin : S. Maria d'Aracoeli★★ – S. Nicola in Carcere – S. Giorgio in Velabro★ – S. Maria in Cosmedin★★ – S. Sabina★★.

Après-midi : S. Cecilia★ – S. Crisogono : église souterraine – S. Maria in Trastevere★★.

Deuxième jour

Matin: Ste-Marie Majeure★★★ : intérieur – S. Prassede★ – S. Pudenziana.

Après-midi : S. Clemente★★ – S.S. Quattro Coronati – St-Jean-de-Latran : cloître et baptistère – S. Maria in Domnica.

Troisième jour

Matin : Catacombes de la Via Appia Antica★★★ : St-Calixte, St-Sébastien et Domitilla.

Après-midi : Ste-Agnès-hors-les-Murs ★ – S. Costanza★★ – Catacombes de Priscilla★★.

Rome de la Renaissance et du maniérisme

Premier jour

Matin : Musées du Vatican★★★ : Cour du Belvédère, Escalier de Bramante, Chambres de Raphaël, Chapelle Sixtine – Basilique de St-Pierre★★★.

Après-midi : Cloître de S. Maria della Pace – Palais de Maxence – Palais de la Chancellerie★★ – Palais Farnese★★ – Palais Spada★.

Deuxième jour

Matin : Villa Farnesina★★ – Pont Sixte – Palais Vidoni – Église du Gesù★★★ – Palais de Venise★.

Après-midi : Place du Capitole★★★ – S. Maria di Loreto – Palais du Quirinal★★ – Oratoire du Crucifix★.

Troisième jour

Matin : Villa Giulia★★★ – S. Andrea in via Flaminia – S. Maria del Popolo★★.

Après-midi : St-Louis-des-Français★★ – Palais Maccarani – Collège romain.

Rome baroque

Premier jour

Matin: Piace★★★ et basilique★★★ St-Pierre (baldaquin) – Piazza del Popolo★★ – Églises jumelles.

Après-midi : Piazza di Spagna★★★ – Palazzo di Propaganda Fide – S. Andrea delle Fratte : tour-lanterne★ – Fontaine de Trevi★★★.

Deuxième jour

Matin : S. Susanna★★ – S. Maria della Vittoria : intérieur★★ – Palais Barberini★★ – S. Carlo alle Quattro Fontane★★ – S. Andrea al Quirinale★★.

Après-midi : Ste-Marie-Majeure★★★ : façade – St-Jean-de-Latran★★★ : façade et intérieur.

Troisième jour

Matin : Palais Borghèse : cour d'honneur – Palais de Montecitorio – Piazza S. Ignazio★ – Palais★ et galerie★★ Doria Pamphili.

Après-midi : S. Ivo alla Sapienza★ : tour-lanterne – Piazza Navona★★★ : S. Agnese in Agone, Fontaine des Fleuves – S. Maria della Pace★.

Après une harassante promenade, Piazza Navona

Livres et films

Ouvrages généraux, tourisme

P. Grimal, **Nous partons pour Rome** *(P.U.F.)*
J. Maury, R. Percheron, **Itinéraires romains** *(Téqui)*
P. V. Pinto, **Quo Vadis?** *(Téqui)*.
C. Cresti et C. Rendina, **Villas et palais de Rome** *(Mengès)*
F. Coarelli, **Guide archéologique de Rome** *(Hachette)*
G. Gangi, **Rome antique et moderne** *(G & G editrice)*
F. Nizet, **17 Promenades dans Rome** *(Castermann)*

Histoire, civilisation

C. Moatti, **À la recherche de la Rome antique** *(Gallimard, coll. Découvertes)*
J. Heurgon, **La Vie quotidienne chez les Étrusques** *(Hachette)*
J. Carcopino, **À Rome à l'apogée de l'Empire** *(Hachette)*
L. Larivaille, **En Italie au temps de Machiavel (Florence, Rome)** *(Hachette)*
J. Chelini, **Au Vatican sous Jean-Paul II** *(Hachette)*
G. Hacquard, **Guide romain antique** *(Hachette)*
P. Grimal, **La vie à Rome dans l'Antiquité** *(P.U.F.)*
A. Aymard, J. Auboyer, **Rome et son empire** *(P.U.F.)*
P. Grimal, **La Civilisation romaine** *(Arthaud)*
M. Simon, **La Civilisation de l'Antiquité et le christianisme** *(Arthaud)*
P. Poupard, **Le Pape** *(Que sais-je ? P.U.F.)*

Art

A. Chastel, **L'Art italien** *(Flammarion)*
R. Bianchi-Bandinelli, **Rome, le centre du pouvoir. Rome, la fin de l'art antique** *(Gallimard, Univers des Formes, Le Monde romain)*
H. Kahler, **Rome et son empire** *(Art dans le monde, A. Michel)*
G. Macé, **Rome ou le firmament** *(Fata Morgana)*
B. Andrae, **L'Art romain** *(Citadelles et Mazenod)*
P. Baldacci, **Giorgio De Chirico, la Métaphysique 1888-1919** *(Flammarion)*

Littérature

Stendhal, **Promenades dans Rome** *(Jérôme Millon)*
Julien Gracq, **Autour des sept collines** *(Corti)*
Tennessee Williams, **Le Printemps romain de Mrs Stone** *(10/18)*
Pier Paolo Pasolini, **Promenades romaines** *(Livre de poche)*
Elsa Morante, **La Storia** *(Gallimard)*
Alberto Moravia, **Le Voyage à Rome** *(Flammarion)*
Aldo Palazzeschi, **Un prince romain** *(Le Promeneur)*
Jacques Gaillard, **Rome, le temps, les choses** *(Actes Sud)*
Dominique Fernandez, **La perle et le croissant** *(Plon, coll. Terre humaine)*

Films

Pour l'évocation de la Rome antique, de nombreux péplums ont été réalisés : **Quo Vadis?** de Mervyn Le Roy (1951), **Jules César** de Josep Mankiewicz (1953), **Ben Hur** de William Wyler (1959), **Spartacus** de Stanley Kubrick (1960), **Satyricon** de Fellini (1969)...
1945, **Rome ville ouverte** de Rossellini
1949, **Dimanche d'août** de Emmer
1953, **Vacances romaines** de William Wyler
1958, **Pauvres mais beaux** de Dino Risi
1960, **La Dolce Vita** de Federico Fellini
1960, **Les Évadés de la nuit** de Roberto Rossellini
1960, **Joyeux fantômes** de Antonio Pietrangeli
1962, **Mamma Roma** de Pier Paolo Pasolini
1970, **Les Conspirateurs** de Luigi Magni
1971, **Fellini-Roma** de Federico Fellini
1974, **Nous nous sommes tant aimés** d'Ettore Scola
1977, **Une journée particulière** d'Ettore Scola
1977, **Au nom du pape roi** de Luigi Magni
1985, **La Storia** de Luigi Comencini
1987, **Le Ventre de l'architecte** de Peter Greenaway
1994, **Journal Intime** de Gianni Moretti

Voir aussi le chapitre « Musique et cinéma » en introduction du guide, p. 65 .

Manifestations traditionnelles

Un calendrier détaillé des manifestations peut être demandé à l'Ufficio Informazioni Pellegrini e Turisti (au Vatican) et à l'EPT *(plan à la fin du guide au recto de la couverture).*

6 janvier

La fête de la Befana sur la piazza Navona *(voir ce nom)* conclut les fêtes de Noël : les étals débordent de jouets et de friandises pour le plus grand plaisir des enfants.

21 janvier

À l'église Ste-Agnès-hors-les-Murs *(voir p. 136)*, pour la fête de la sainte, deux agneaux sont bénis puis confiés aux bénédictines de Ste-Cécile qui tissent de leur laine les «paliums» offerts par le pape aux archevêques.

9 mars

Bénédiction des voitures près de l'église Ste-Françoise-Romaine *(voir p. 183)*, patronne des automobilistes.

19 mars

À l'occasion de la fête de saint Joseph, dans le quartier Trionfale, des étals proposent aux passants les typiques *bignè* et *frittelle*, sortes de beignets et de choux confectionnés spécialement pour l'occasion.

Vendredi Saint

Chemin de croix nocturne entre le Colisée et le Palatin.

Pâques

À midi, sur la place St-Pierre, le pape donne la bénédiction *urbi et orbi.*

Fête de Pâques, place St-Pierre

M. Siragusa/CONTRASTO-REA

Avril

Pour la fête du printemps, l'escalier de la Trinité-des-Monts se pare d'azalées : un spectacle enchanteur.

21 avril

Jour anniversaire de la fondation de la Ville éternelle (753 avant J.-C.). L'événement est commémoré par des cérémonies solennelles au Capitole.

Mai

Concours hippique international, piazza di Siena (villa Borghese).
Exposition artistique en plein air, via Margutta *(voir p. 218)*.
Foire aux antiquités via dei Coronari *(voir p. 135)*.
Floraison à la Roseraie municipale (Roseto di Roma, via di Valle Murcia).

23 et 24 juin

Fête de saint Jean. Dans le quartier qui porte son nom, l'événement donne lieu à de grandes réjouissances : des jeux et des manifestations populaires s'y déroulent. On y déguste les escargots au bouillon et le cochon de lait rôti.

29 juin

Offices à St-Pierre à l'occasion de la fête des saints Pierre et Paul, la plus prestigieuse des fêtes religieuses romaines.

Juin-juillet

Tevere-Expo : exposition le long des berges du Tibre consacrée à l'artisanat italien et international.

Du 15 au 30 juillet

« Festa de Noantri » : fête populaire dans les rues du quartier du Transtévère.

Juillet-août

Été romain : concerts de musique et manifestations diverses à travers la ville *(voir encadré p. 81)*.

5 août

À Ste-Marie-Majeure, commémoration de la chute de neige miraculeuse qui présida à la construction de la basilique *(voir Santa Maria Maggiore)* : pétales de fleurs blanches jetés en pluie dans la chapelle Pauline.

8 décembre

Célébration de l'Immaculée Conception piazza di Spagna en présence du Saint-Père.

Décembre

Pour **Noël**, l'église S. Maria d'Aracœli expose solennellement le Santo Bambino *(voir p. 109)*.
Via Giulia, tous les ans : exposition de plus de 50 crèches. De belles crèches sont aussi présentées dans les églises Sts-Cosme-et-Damien, à S. Maria in Via, à St-Alexis sur l'Aventin, à la basilique des Sts-Apôtres, à St-Marcel, au Gesù, à S. Maria d'Aracœli, à Santa Maria del Popolo, à Ste-Marie-Majeure (exposition d'une crèche du 13e s.). Les messes de minuit sont particulièrement solennelles à Ste-Marie-Majeure et à S. Maria d'Aracœli. Sur la place St-Pierre, bénédiction *urbi et orbi*.
Pendant toute la période de Noël, des tapis rouges sont déroulés dans les rues et devant les magasins.

Lexique

SUR LA ROUTE ET EN VILLE

A destra, a sinistra	à droite, à gauche	**lavori in corso**	travaux en cours
banchina	bas-côté	**neve**	neige
binario	quai (de gare)	**passaggio a livello**	passage à niveau
corso	boulevard	**passo**	col
discesa	descente	**pericolo**	danger
dogana	douane	**piazza**	place
fermata (d'autobus)	arrêt (d'autobus)	**piazzale**	esplanade
fiume	fleuve, rivière	**stazione**	gare
frana	éboulement	**stretto**	étroit
ghiaccio	verglas	**uscita**	sortie
ingresso	entrée	**viale**	avenue
largo	rue très large	**vietato**	interdit

SITES ET CURIOSTÉS

abbazia	abbaye	**lungomare**	promenade de bord de mer
affreschi	fresques		
aperto	ouvert	**mausoleo**	mausolée, tombeau
basilica	basilique, église	**mercato**	marché
cappella	chapelle	**navata**	nef
casa	maison	**palazzo**	palais
castello	château, forteresse	**passeggiata**	promenade
		piano	étage
cattedrale	cathédrale	**ponte**	pont
certosa	chartreuse	**priorato**	prieuré
chiesa	église	**quadro**	tableau
chiostro	cloître	**(in) restauro**	(en cours de) restauration
chiuso	fermé		
cinta muraria	mur d'enceinte	**rivolgersi a...**	s'adresser à...
città	ville	**rocca**	château médiéval, forteresse
città vecchia	vieille ville		
collegiata	collégiale	**rovine, ruderi**	ruines
convento	couvent	**sagrestia**	sacristie
cortile	cour	**scala**	escalier
dintorni	environs	**scavi**	fouilles
duomo	cathédrale	**seggiovia**	télésiège
fortezza	forteresse	**spiaggia**	plage
funivia	téléphérique	**teatro**	théâtre
giardini	jardins	**tesoro**	trésor
gole	gorges	**torre**	tour
lago	lac	**vista**	vue

MOTS USUELS

oui, non	**si, no**	beaucoup	**molto**
monsieur	**signore**	peu	**poco**
madame	**signora**	plus	**più**
mademoiselle	**signorina**	moins	**meno**
hier	**ieri**	cher	**caro**
aujourd'hui	**oggi**	combien ça coûte ?	**quanto costa?**
demain	**domani**	grand	**grande**
matin	**mattina**	petit	**piccolo**
soir	**sera**	la route pour... ?	**la strada per...?**
après-midi	**pomeriggio**	où?	**dove?**
s'il vous plaît	**per favore**	quand?	**quando?**
merci	**grazie**	où est?	**dov'è...?**
pardon	**scusi**	peut-on visiter ?	**si può visitare?**
assez	**basta**	quelle heure est-il ?	**che ore sono?**
bonjour	**buon giorno**	je ne comprends pas	**non capisco**
bonsoir	**buona sera**	tout, tous	**tutto, tutti**
au revoir	**arrivederci**		

CHIFFRES ET NOMBRES

0 zero	**8** otto	**16** sedici	**60** sessanta
1 uno	**9** nove	**17** diciassette	**70** settanta
2 due	**10** dieci	**18** diciotto	**80** ottanta
3 tre	**11** undici	**19** diciannove	**90** novanta
4 quattro	**12** dodici	**20** venti	**100** cento
5 cinque	**13** tredici	**30** trenta	**1000** mille
6 sei	**14** quattordici	**40** quaranta	**2000** duemila
7 sette	**15** quindici	**50** cinquanta	**5000** cinquemila

Conditions de visite

Dans la partie descriptive du guide, les monuments et sites dont nous communiquons les conditions de visite sont signalés par le symbole ⊙. La liste qui suit reprend l'ordre de présentation de ces curiosités pour les chapitres concernant Rome, mais est établie dans l'ordre alphabétique des localités en ce qui concerne les Environs de Rome. Le symbole ⅙ signale une accessibilité partielle ou totale aux personnes handicapées, tandis que le symbole ⊠ figurant à quelques localités des alentours de Rome signale l'existence d'un Office de tourisme.

En raison des variations du coût de la vie, des possibles modifications d'horaires et des fermetures temporaires dues aux restaurations ou aux réaménagements, nous ne pouvons donner ces informations qu'à titre indicatif. C'est pourquoi nous vous conseillons de téléphoner avant d'effectuer une visite. Il faut aussi savoir que l'entrée de certains musées ou monuments n'est plus possible dans la demi-heure précédant leur fermeture. Les renseignements s'appliquent à des touristes voyageant isolément et ne bénéficiant pas de réductions. Certaines institutions procèdent à des réductions ou offrent l'entrée gratuite aux ressortissants de l'UE ayant moins de 18 ans et plus de 60 ans ; cette information, si elle nous a été communiquée, est signalée dans les conditions de visite (sinon, nous vous conseillons de demander directement à la caisse). Pour des groupes constitués, il est généralement possible d'obtenir sur accord préalable des conditions particulières concernant les horaires ou les tarifs. À l'occasion de la Semaine du patrimoine (Settimana dei Beni Culturali), dont la date est fixée d'une année à l'autre, certaines institutions publiques ouvrent leurs portes gratuitement. Pour des renseignements plus détaillés, contacter les offices de tourisme.

Lors de la visite des églises, il est déconseillé, voire interdit, de porter short, mini-jupe, tee-shirts décolletés ou sans manches. Les édifices religieux ne se visitent pas pendant les offices. Il est préférable de programmer la visite le matin, car, pour des problèmes de personnel, les églises n'arrivent pas toujours à assurer l'ouverture de l'après-midi ; en outre, on peut le matin bénéficier d'un meilleur éclairage naturel de l'intérieur. Nous vous rappelons enfin de vous procurer des pièces de 100, 200 et 500 L pour les dispositifs d'éclairage des œuvres d'art. Si la visite des musées, des églises ou d'autres institutions s'effectue en compagnie d'un gardien, il est de règle de lui laisser un pourboire.

A – B

APPIA ANTICA

Catacombe di S. Callisto – Visite guidée uniquement (45-60 mn, en italien, anglais, français, allemand et espagnol) de 8 h 30 à 12 h 30 et de 14 h 30 à 17 h 30 (17 h pendant l'heure d'été). Fermé le mercredi et en février, ainsi que les 1er janvier, dimanche de Pâques et 25 décembre. 8 000 L (libre pendant les journées européennes du Patrimoine et le dernier dimanche du mois de septembre). ☎ 06 51 30 151. Mél : scallisto@catacombe.roma.it ou scallistoiro@pcn.it

Catacombe di Domitilla – Mêmes conditions de visite que les catacombes de S. Callisto. Fermé le mardi, ainsi que les 1er janvier, dimanche de Pâques et 25 décembre. 8 000 L (libre pendant les journées européennes du Patrimoine et le dernier dimanche du mois de septembre). ☎ 06 51 10 342. Mél : http://www.catacombe.domitilla.it

Catacombe di S. Sebastiano – Mêmes conditions de visite que les catacombes de S. Callisto. Fermé le dimanche et de mi-novembre à mi-décembre, ainsi que les 1er janvier, dimanche de Pâques et 25 décembre. 8 000 L (libre pendant les journées européennes du Patrimoine et le dernier dimanche du mois de septembre). ☎ 06 78 50 350.

Circo di Massenzio e Tomba di Romolo – Visite de 9 h à 19 h (17 h d'octobre à mars). Fermé le lundi, ainsi que les 1er janvier, 1er mai et 25 décembre. Possibilité de visite guidée (1 h) le week-end, en italien ou en langue étrangère (sur demande). 3 750 L (libre le dernier dimanche du mois, ainsi que pour les moins de 18 ans et les plus de 60 ans). ☎ 06 78 01 324.

Tomba di Cecilia Metella – Visite du lundi au vendredi de 9 h à 18 h 30 (16 h en hiver) ; le samedi, le dimanche et les jours fériés de 9 h à 13 h. Fermé les 1er janvier, 1er mai et 25 décembre. Entrée libre. ☎ 06 78 02 465.

AVENTINO

S. Prisca – **Santuario di Mitra** : visite sur demande préalable auprès du Centro Servizi per l'Archeologia, via Amendola 2, ☎ 06 48 15 576.

BOCCA DELLA VERITÀ

Oratorio di S. Giovanni Decollato – Visite guidée sur demande uniquement, le lundi, le mercredi et le vendredi de 10 h 30 à 12 h 30. ☎ 06 67 91 890.

CAMPIDOGLIO – CAPITOLINO

Museo del Palazzo dei Conservatori – Fermé pour restauration jusqu'au début 2000. Pour plus d'informations, s'adresser au ☎ 06 67 10 20 71.

Museo Capitolino – Fermé pour restauration jusqu'au début de l'an 2000. ☎ 06 67 10 20 71.

S. Nicola in Carcere : Fouilles – Visite du lundi au samedi de 7 h à 12 h et de 16 h à 19 h, le dimanche et les jours fériés de 9 h 30 à 13 h. Fermé en août. **Fouilles** accessibles de 9 h à 12 h. ☎ 06 68 69 972.

CAMPO DEI FIORI

Palazzo della Cancelleria – Visite sur demande ; s'adresser en semaine de 9 h à 13 h à la conciergerie de la Chancellerie, Piazza della Cancelleria 1, 00186 Roma ou à l'Amministrazione del Patrimonio della Sede Apostolica, 00120 Città del Vaticano.

Museo Barracco – Visite de 9 h à 18 h (12 h 30 le dimanche). Fermé le lundi, ainsi que les 1er janvier, 1er mai et 25 décembre. 3 750 L (susceptible d'augmentation). ☎ 06 68 80 68 48.

Cappella del Monte di Pietà – Visite sur demande écrite au moins 20 jours au préalable. S'adresser à : Banca di Roma, Area Legale Affari generali, Comparto Rappresentanza e Beni storico-artistici, via M. Minghetti 17, 00187 Roma. ☎ 06 51 721.

Galleria Spada – Visite de 9 h à 19 h (13 h le dimanche). Dernière entrée une demi-heure avant la fermeture. Possibilité de visite guidée (environ 1 h) en italien, anglais, français et allemand. Fermé le lundi, ainsi que les 1er janvier, 1er mai et 25 décembre. 10 000 L (libre pour les moins de 18 ans et les plus de 60 ans). ☎ 06 68 61 158.

S. Eligio degli Orefici – Visite le lundi et le mardi de 10 h à 13 h, le jeudi et le vendredi de 14 h 30 à 17 h. Fermé du 30 juillet au 5 septembre. Pour la visite, s'adresser à la conciergerie, via S. Eligio 9 ou au secrétariat, via S. Eligio 7. ☎ 06 68 68 260.

CASTEL SANT'ANGELO

Castel Sant'Angelo – Visite de 9 h à 20 h. Fermé les 1er janvier, 1er mai et 25 décembre. Possibilité de visite guidée (environ 90 mn) en italien, anglais, français et allemand. Visite audioguidée en italien, anglais, français, allemand, espagnol et japonais. 8 000 L (libre pour les moins de 18 ans et les plus de 60 ans). ☎ 06 68 19 11 65.

Oratorio dei Filippini – Visite sur demande, s'adresser à Mme Anna Lisa Pacini. ☎ 06 68 80 30 81.

CATACOMBE DI PRISCILLA

S. Agnese fuori le Mura : catacombes – Visite guidée uniquement (environ 30 mn) de 9 h à 12 h et de 16 h à 18 h, en italien, anglais, français, allemand et espagnol. Fermé le lundi après-midi et le dimanche matin, ainsi que les 1er janvier, dimanche de Pâques et 25 décembre. 8 000 L (libre pendant les journées européennes du Patrimoine et le dernier dimanche du mois de septembre). ☎ 06 86 10 840.

Mausoleo di S. Costanza – Visite guidée uniquement, de 9 h à 12 h et de 16 h à 18 h. Fermé le dimanche matin, le lundi après-midi, ainsi que le matin les jours fériés. 8 000 L. Il est préférable de réserver à l'avance. ☎ 06 86 10 840.

Catacombe di Priscilla – Mêmes conditions de visite que les catacombes de S. Callisto ci-dessus. Fermé le lundi et en janvier, ainsi que les dimanche de Pâques et 25 décembre. 8 000 L (libre pendant les journées européennes du Patrimoine et le dernier dimanche du mois de septembre). ☎ 06 86 20 62 72.

Casina delle Civette – Visite de 9 h à 19 h (17 h d'octobre à mars). Fermé le lundi, ainsi que les 1er janvier, 1er mai, 15 août et 25 décembre. 5 000 L (libre pour les moins de 18 ans et les plus de 60 ans). ☎ 06 44 25 00 72.

COLOSSEO – CELIO

Colosseo – Visite de 9 h jusqu'à une heure avant le coucher du soleil. Fermé les 1er janvier, 1er mai et 25 décembre. Possibilité de visite guidée ou audioguidée. 10 000 L (libre pour les moins de 18 ans et les plus de 60 ans). ☎ 06 70 04 261 et pour la visite : ☎ 06 70 05 469.

Domus Aurea – Visite uniquement sur réservation. 10 000 L (+ 2 000 L pour la réservation). ☎ 06 39 74 99 07 ou 06 48 15 576.

A. Tovy/EXPLORER

Basilica di S. Clemente : constructions souterraines – Visite de 9 h (10 h les dimanches et jours fériés) à 12 h 30 et de 15 h à 18 h. Fermé l'après-midi du 25 décembre. 4 000 L. ☎ 06 70 45 10 18.

S. Stefano Rotondo – Visite sur demande, de 9 h à 13 h et de 15 h 30 à 18 h (13 h 50 à 16h 20 en horaire d'hiver). Fermé le lundi matin, le dimanche et les jours fériés. Laisser une offrande. ☎ 06 42 11 99. Adresse : Pont. Colleggio Germanico-Ungarico, via S. Nicola da Tolentino 13, 00187 Roma.

S. Gregorio Magno – Visite de 8 h à 19 h. ☎ 06 70 08 227.

E

EUR

Museo Luigi Pigorini – ♿ Visite de 9 h à 14 h.(13 h le dimanche et les jours fériés). Fermé le lundi, ainsi que les 1er janvier, 1er mai et 25 décembre. Possibilité de visite guidée (environ 45 mn) en anglais. 8 000 L (libre pour les moins de 18 ans et les plus de 60 ans, ainsi que pendant la Semaine du patrimoine). ☎ 06 54 95 21.

Museo dell'Alto Medioevo – Visite de 9 h à 14 h (13 h les dimanches et jours fériés). Fermé le lundi, ainsi que les 1er janvier, 1er mai et 25 décembre. Possibilité de visite guidée. 4 000 L (libre pour les moins de 18 ans et les plus de 60 ans). ☎ 06 54 22 81 99.

Museo della Civiltà Romana – Visite de 9 h à 19 h (13 h 30 le dimanche). Fermé le lundi, ainsi que les 1er janvier, 1er mai et 25 décembre. 5 000 L (libre pour les moins de 18 ans et les plus de 60 ans, ainsi que le dernier dimanche du mois). ☎ 06 59 26 135.

Museo delle Arti e delle Tradizioni popolari – Visite de 9 h à 14 h (13 h 30 le dimanche). Fermé les 2e et 4e dimanche du mois, ainsi que les 1er janvier, 1er mai et 25 décembre. 4 000 L (libre pour les moins de 18 ans et les plus de 60 ans). ☎ 06 59 10 709.

F

FONTANA DI TREVI – QUIRINALE

Museo nazionale delle Paste alimentari – Visite de 9 h 30 à 17 h 30. Fermé les jours fériés et pendant la période de Noël. Possibilité de visite guidée (environ 30 mn) en italien, anglais, français, allemand, espagnol et japonais. 12 000 L. ☎ 06 69 91 119.

Palazzo del Quirinale – & Visite les 2ᵉ et 4ᵉ dimanche du mois de 8 h 30 à 12 h 30. Fermé le 4ᵉ dimanche de juillet et en août, ainsi que le dimanche de Pâques et le 25 décembre. 10 000 L (libre pour les moins de 18 ans et les plus de 60 ans). ☎ 06 46 991 (demander le Servizio Intendenza).

S. Andrea al Quirinale – Visite de 8 h à 12 h et de 16 h à 19 h ; en août, de 10 h à 12 h uniquement. Fermé le mardi. ☎ 06 48 90 31 87. Internet : www.santandrea2000.it

S. Carlo alle Quattro Fontane – Fermé pour restauration jusqu'au début de l'an 2000. Les visites auront lieu de 9 h 30 à 12 h 30 et de 16 h à 18 h. Fermé le samedi après-midi, le dimanche et les jours fériés (sous réserve de changements). Pour plus d'informations : ☎ 06 48 83 261.

Casino du palais Pallavicini – Visite uniquement le 1ᵉʳ jour du mois de 10 h à 12 h et de 15 h à 17 h (sauf le 1ᵉʳ janvier). Entrée libre. ☎ 06 48 14 344. Internet : www.mconline.it

S. Silvestro al Quirinale – Fermé pour restauration. Renseignements : ☎ 06 67 90 240.

Galleria del Palazzo Colonna – Visite le samedi de 9 h à 13 h. Fermé en août et les jours fériés. Possibilité de visite guidée à 11 h en italien et à 11 h 45 en anglais. 10 000 L. ☎ 06 66 78 43 50.

Museo delle Cere – Visite de 9 h à 20 h. 8 000 L. ☎ 06 67 96 482.

Basilica dei S.S. Dodici Apostoli – Visite en semaine sur rendez-vous (prévoir un délai d'au moins une semaine) de 9 h 30 à 12 h et de 16 h 30 à 18 h (17 h 30 le samedi). ☎ 06 69 95 71.

Galleria dell'Accademia di S. Luca – Fermé pour restauration. ☎ 06 67 98 850.

Combattre pour la gloire de Trajan...

FORI IMPERIALI

Carcere Mamertino – Visite de 9 h à 12 h et de 14 h 30 à 18 h (14 h à 17 h en horaire d'hiver). Possibilité de visite guidée (environ 10 mn). Laisser une offrande. ☎ 06 67 92 902.

Mercati Traianei – ♿ (partiel). Visite de 9 h à 18 h 30 (16 h 30 en horaire d'hiver). Dernière entrée 30 mn avant la fermeture. Fermé le lundi, ainsi que les 1er janvier, 1er mai et 25 décembre. 3 750 L (libre le dernier dimanche du mois). ☎ 06 67 90 048.

Casa dei Cavalieri di Rodi – Visite le mardi et le jeudi, sur inscription effectuée au moins une semaine au préalable. S'adresser du lundi au vendredi de 9 h à 13 h à l'Ufficio dei Monumenti medievali e moderni. ☎ 06 67 10 29 67 ou 06 67 10 34 07.

FORO ROMANO – PALATINO

Forum romain et Palatin – Visite en semaine de 9 h jusqu'à une heure avant le coucher du soleil (14 h le dimanche et les jours fériés). Extension possible des horaires en été : il est préférable de téléphoner. Fermé les 1er janvier, 1er mai et 25 décembre. Possibilité de visite guidée et audioguidée. Accès libre au Forum romain ; Palatin : 12 000 L (libre le 21 avril, ainsi que pour les moins de 18 ans et les plus de 60 ans). ☎ 06 69 90 110.

Domus Flavia : salles souterraines – Mêmes conditions de visite que le Forum romain ci-dessus.

Museo Palatino – Mêmes conditions de visite que le Forum romain ci-dessus. Possibilité de visite guidée (40 mn) et audioguidée.

Casa di Livia – Fermé pour restauration.

G – I

GIANICOLO

Galleria nazionale d'Arte Antica (Palazzo Corsini) – Visite de 9 h à 19 h, le samedi de 9 h à 14 h et le dimanche de 9 h à 13 h. Fermé le lundi, ainsi que les 1er janvier, 1er mai et 25 décembre. 8 000 L (libre pour les moins de 18 ans et les plus de 60 ans). ☎ 06 68 80 23 23.

Villa Farnesina – ♿ Visite de 9 h à 13 h (dernière entrée à 12 h 40). Fermé le dimanche. 8 000 L. ☎ 06 68 80 17 67. Internet : http://www.lincei.it

Gabinetto nazionale delle Stampe – ♿ Pour consulter la banque de données, contacter le ☎ 06 69 98 03 14 ou 06 69 98 80 313. Fermé le dimanche, ainsi que le 25 et le 26 décembre, à Pâques, le 15 septembre et 10 jours à établir entre le printemps et l'été.

Orto Botanico – Visite de 9 h 30 à 18 h 30 (17 h 30 de novembre à mars). Fermé le lundi, le dimanche et en août. Possibilité de visite audioguidée. 4 000 L (moins de 18 ans et plus de 60 ans : 2 000). ☎ 06 49 91 71 06.

S. Onofrio – Visite le dimanche de 9 h à 13 h. Fermé en août.

ISOLA TIBERINA – TORRE ARGENTINA

Museo di Arte ebraica – Visite du lundi au jeudi de 9 h à 17 h, le vendredi de 9 h à 14 h, le dimanche et les jours de fêtes juives de 9 h 30 à 12 h 30. Possibilité de visite guidée (environ 60 mn) en italien, allemand, anglais et hébreu. Fermé le samedi. 10 000 L. ☎ 06 68 40 06 61.

Casa del Burcardo – Visite de 9 h à 13 h 30 (16 h le mardi et le vendredi). Fermé le samedi, le dimanche et en août. ☎ 06 68 19 471. Internet : www.burcardo.siae.it

Galerie de la villa Farnesina

D. Lipnitzki/EXPLORER

M

Palazzo di Montecitorio – Visite guidée (30 mn) de la Chambre des députés le premier dimanche de chaque mois de 10 h à 17 h 30 (groupe de 50 personnes maximum). Entrée libre. ☎ 06 67 601.

S. Antonio dei Portoghesi – Visite de 8 h 30 à 13 h (12 h le samedi et le dimanche) et de 15 h à 18 h (19 h le dimanche). Possibilité de visite guidée sur demande préalable auprès du Segreteria dell'Istituto Portoghese di S. Antonio. ☎ 06 68 80 24 96.

Museo Napoleonico – ♿ Visite de 9 h à 19 h (13 h 30 le dimanche et les jours fériés). Fermé le lundi, ainsi que les 1er janvier, 1er mai et 25 décembre. 3 750 L (libre le dernier dimanche du mois, ainsi que pour les moins de 18 ans et les plus de 60 ans). ☎ 06 68 80 62 86.

Casa di Mario Praz – ♿ (partiel). Visite guidée uniquement (45 mn) de 9 h à 19 h 30. Dernière entrée à 18 h 30. Fermé le lundi matin, ainsi que les 1er janvier, 1er mai et 25 décembre. 4 000 L. ☎ 06 68 61 089.

Palazzo Altemps (Musée national romain) – Visite de 9 h à 19 h (14 h le dimanche et les jours fériés). Dernière entrée une heure avant la fermeture. Extension possible des horaires en été : il est préférable de téléphoner. Fermé le lundi, ainsi que les 1er janvier, 1er mai et 25 décembre. Possibilité de visite audioguidée et guidée (environ 1 h) en italien et en anglais. 10 000 L (libre pour les moins de 18 ans et les plus de 60 ans). ☎ 06 68 33 759 ou 06 68 64 682.

Villa Madama – Visite guidée uniquement (environ 1 h) du lundi au samedi de 9 h à 13 h sur autorisation du Ministero degli Affari Esteri – Cerimoniale diplomatico della Repubblica, Servizio Segreteria. ☎ 06 36 91 4284.

P

Pantheon – Visite de 9 h à 18 h 30 (13 h le dimanche). Fermé les 1er janvier, 1er mai et 25 décembre. Entrée libre. ☎ 06 68 30 02 30.

Chiesa della Maddalena – Visite du lundi au samedi de 8 h 30 à 12 h et de 17 h à 18 h, le dimanche de 10 h 15 à 11 h 15 et de 16 h à 18 h 30. ☎ 06 67 97 796.

Galleria Doria Pamphili – ♿ Visite de 10 h à 17 h. Fermé le jeudi, ainsi que les 1er janvier, dimanche de Pâques, 1er mai, 15 août et 25 décembre. 13 000 L (visite audioguidée en italien, anglais et français d'environ 60 mn comprise). Pour plus d'informations et pour les visites hors horaires, contacter le ☎ 06 67 97 323. Internet : www.doriapamphilj.it

S. Agnese in Agone – Fermé pour restauration. Pour plus d'informations : ☎ 06 67 94 435.

S. Maria della Pace – Fermé pour restauration.

Museo di Roma (Palazzo Braschi) – Fermé pour restauration jusqu'en l'an 2000. Pour plus d'informations : ☎ 06 68 75 880. Mél : braschi1@comune.roma.it

S. Ivo alla Sapienza – Visite en semaine de 9 h à 19 h, le samedi et le dimanche de 9 h à 12 h.

S. Luigi dei Francesi – Visite de 7 h à 12 h 30 et de 15 h 30 à 19 h. Fermé le jeudi après-midi. ☎ 06 68 82 71.

Casina di Keats – Visite du lundi au vendredi de 9 h à 13 h et de 15 h à 18 h, le samedi de 11 h à 14 h et de 15 h à 18 h. Fermé le dimanche et lors des fêtes nationales. 5 000 L. ☎ 06 67 84 235.
Internet : http://www.demon.co.uk/heritage/keats.house.rome

Casa-Museo di Giorgio De Chirico – Visite sur inscription préalable à effectuer le matin entre 9 h et 13 h en appelant le ☎ 06 67 96 54 46.

Galleria comunale d'Arte moderna e contemporanea – ♿ Visite du mardi au samedi de 9 h à 19 h (14 h le dimanche). Fermé le lundi, ainsi que les 1er janvier, 1er mai et 25 décembre. 10 000 L (libre le dernier dimanche du mois et pour les moins de 18 ans). ☎ 06 47 42 848 ou 06 47 42 909.

Chiesa dei Re Magi (Palazzo di Propaganda Fide) – Visite sur demande écrite ou par fax, effectuée au moins une semaine au préalable à la Congregazione di Propaganda Fide, via Propaganda 1C, 00187 Roma; fax : 06 69 88 02 46.

Ara Pacis augustae – Visite de 9 h à 19 h (13 h le dimanche). Fermé le lundi, ainsi que les 1er janvier, 1er mai et 25 décembre. 3 750 L (libre le dernier dimanche du mois). ☏ 06 36 00 34 71.

PIAZZA VENEZIA

Museo di Palazzo Venezia – ♿ Visite de 9 h à 14 h. Fermé le lundi, ainsi que les 1er janvier, 1er mai et 25 décembre. 8 000 L (libre pour les moins de 18 ans et les plus de 60 ans). Les salons monumentaux accueillent des expositions temporaires. ☏ 06 69 99 43 19.

Chiesa del Gesù – Visite de 16 h à 18 h. ☏ 06 69 70 02 32.

Logement de saint Ignace de Loyola – Visite du lundi au samedi de 16 h à 18 h, le dimanche de 10 h à 12 h. ☏ 06 67 95 131.

PIRAMIDE CESTIA – TESTACCIO

Centrale Montemartini – Visite de 10 h à 18 h (19 h le samedi et le dimanche). Fermé le lundi. 12 000 L. ☏ 06 69 91 191.

PORTA PIA

Villa Paolina – Visite sur demande (uniquement pour groupes) effectuée au moins 15 jours à l'avance auprès de M. l'ambassadeur, via Piave 23, 00187 Roma. ☏ 06 42 03 09 00.

Museo numismatico della Zecca italiana – Visite de 9 h à 12 h 30. Fermé le lundi, le dimanche et les jours fériés, ainsi qu'en août. Entrée libre. ☏ 06 47 61 33 17.

Aula Ottagona – Visite de 9 h à 14 h. Fermé le lundi, ainsi que les 1er janvier, 1er mai et 25 décembre. Entrée libre.

Palazzo Massimo alle Terme (Musée national romain) – ♿ Visite de 9 h à 19 h (14 h le dimanche et les jours fériés) ; l'été, le musée peut être ouvert jusqu'à 22 h. Dernière entrée une heure avant la fermeture. Pour le deuxième étage : uniquement visites guidées sur demande. Fermé le lundi, ainsi que les 1er janvier, 1er mai et 25 décembre. 12 000 L (libre pour les moins de 18 ans et les plus de 60 ans). Visite guidée avec un archéologue (4 par jour) : 6 000 L. Visite audioguidée : 7 000 L. Pour tout renseignement et réservation ☏ 06 48 15 576 ou 06 39 08 07 30.

S

S. GIOVANNI IN LATERANO

Basilica di S. Giovanni in Laterano – Visite de 7 h à 19 h (18 h d'octobre à mars). ☏ 06 77 20 79 91.

Museo della Basilica – ♿ Visite de 9 h à 18 h (17 h en hiver). Fermé le samedi après-midi et le dimanche matin (ouverture à 13 h). 4 000 L. ☏ 06 69 88 63 64.

Museo Storico Vaticano – Visite uniquement le samedi et le 1er dimanche du mois de 8 h 45 à 13 h. 6 000 L. ☏ 06 69 88 49 47.

Scala Sancta et Sancta Sanctorum – **Scala Sancta** : visite de 6 h 15 à 12 h et de 15 h 30 à 19 h (15 h à 18 h 30 en hiver). **Sancta Sanctorum** : visite le mardi, le jeudi et le samedi d'avril à septembre de 10 h 30 à 11 h 30 et de 15 h 30 à 17 h, le reste de l'année de 10 h à 11 h 30 et de 15 h à 16 h. 5 000 L. ☏ 06 70 49 44 89. Mél : scalasanta@pcn.net

Museo degli Strumenti musicali – ♿ Visite de 9 h à 14 h (19 h le mardi et le jeudi, 13 h le dimanche). Fermé le lundi, ainsi que les 1er janvier, 1er mai et 25 décembre. 4 000 L. ☏ 06 70 14 796.

S. Croce in Gerusalemme – Visite guidée uniquement, de 8 h à 18 h 30 sur réservation quelques semaines à l'avance. ☏ 06 70 14 769 ou 06 70 29 272. Internet : http://www.santacroce.it

S. PAOLO FUORI LE MURA

Basilica di S. Paolo fuori le Mura – Visite de 7 h à 18 h 30 (18 h en hiver). Le cloître est ouvert de 9 h à 13 h et de 15 h à 18 h 30. ☏ 06 54 09 374.

S. MARIA MAGGIORE – ESQUILINO

Basilica di S. Maria Maggiore –Visite de 7 h à 18 h 30 sauf pendant les offices religieux. ☏ 06 48 81 094.

Mosaïque de la loggia – Visite de 9 h 30 à 17 h 30. 5 000 L. ☏ 06 48 81 094.

S. Martino ai Monti – Visite du lundi au vendredi de 9 h à 12 h et de 16 h 30 à 17 h 30 sur demande écrite effectuée 10 jours à l'avance à l'Ufficio parrocchiale di S. Martino ai Monti, via Monte Oppio 28, 00184 Roma. ☎ 06 48 73 126

Museo Nazionale d'Arte orientale – ♿ Visite de 9 h à 14 h (19 h le mardi et le jeudi et 13 h le dimanche). Fermé les 1er et 3e lundi du mois, ainsi que les 1er janvier, 1er mai et 25 décembre. Possibilité de visite guidée (1 h 30) en français et en anglais. 8 000 L (libre pour les moins de 18 ans et les plus de 60 ans). ☎ 06 48 74 415.

Auditorium di Mecenate – Visite de 9 h à 19 h (13 h 30 le dimanche, 17 h en hiver). Dernière entrée une heure avant la fermeture. Fermé le lundi, ainsi que les 1er mai et 25 décembre. 3 750 L (libre le dernier dimanche du mois). ☎ 06 48 73 262.

T

TERME DI CARACALLA

Terme di Caracalla – Visite de 9 h jusqu'à une heure avant le coucher du soleil (14 h le lundi, le dimanche et les jours fériés). Dernière entrée une heure avant la fermeture. Fermé les 1er janvier, 1er mai et 25 décembre. 8 000 L (libre pour les moins de 18 ans et les plus de 60 ans). ☎ 06 57 58 626 ou 06 48 15 576 (Centro servizi per l'archeologia).

S.S. Nereo ed Achilleo – Visite de la semaine après Pâques à octobre, de 10 h à 12 h et de 16 h à 18 h. Fermé le mardi ainsi qu'en août. ☎ 06 57 57 996.

Casa del cardinale Bessarione – Visite uniquement le samedi et le dimanche de 9 h à 14 h. 3 750 L (visite guidée : 10 000 L).

Sepolcro degli Scipioni – Fermé pour restauration jusqu'à fin 1999. Pour plus d'informations : ☎ 06 67 10 38 19.

Colombarium de Pomponius Hylas – Visite sur demande auprès de Mme Paola Virgili, Sovraintendenza Archeologica Monumenti Antichi, fax 06 68 92 115. Les touristes individuels peuvent demander à être intégrés aux groupes en appelant au ☎ 06 67 10 38 19.

Museo delle Mura (Porta S. Sebastiano) – Visite de 9 h à 19 h. Fermé le lundi, ainsi que les 1er janvier, 1er mai et 25 décembre. Programme audiovisuel disponible. 3 750 L (libre pour les moins de 18 ans et les plus de 60 ans). ☎ 06 70 47 52 84.

TRASTEVERE

S. Crisogono – **Église paléochrétienne** : visite du lundi au samedi de 7 h à 11 h et de 16 h à 19 h, le dimanche et les jours fériés de 8 h à 13 h 30 et de 16 h à 19 h. 3 000 L.

S. Cecilia – Visite de 8 h à 18 h. Possibilité de visite guidée. **Crypte** : 2 000 L. **Le Jugement dernier de Pietro Cavallini** : visite uniquement le mardi et le jeudi de 10 h à 11 h 30. Laisser une offrande. ☎ 06 58 99 289.

Museo del Folklore – Visite de 9 h à 19 h (13 h 30 le dimanche et les jours fériés). Dernière entrée une demi-heure avant la fermeture. Fermé le lundi, ainsi que les 1er janvier, 1er mai et 25 décembre. 3 750 L (libre le dernier dimanche du mois, ainsi que pour les moins de 18 ans et les plus de 60 ans). ☎ 06 58 99 359.

V

VATICANO – S. PIETRO

Basilica di S. Pietro – Visite de 7 h à 19 h (18 h en hiver), sauf pendant les célébrations liturgiques pontificales et les manifestations liées au Jubilé. ☎ 06 69 88 44 66 ou 06 69 88 48 66 (Ufficio informazioni pellegrini e turisti della Città del Vaticano).

Museo Storico e tesoro – ♿ Visite de 9 h à 19 h (18 h d'octobre à mars). Dernière entrée trois quarts d'heure avant la fermeture. Fermé le dimanche de Pâques et le 25 décembre. 8 000 L (enfants de moins de 12 ans : 5 000). ☎ 06 69 88 18 40.

Grottes vaticanes – Visite de 7 h à 18 h (17 h d'octobre à mars). Fermé le mercredi (lors de l'audience sur la place St-Pierre) et pendant les célébrations liturgiques pontificales dans la basilique St-Pierre.

Montée à la coupole – Accès de 8 h à 17 h 30 (16 h 30 en hiver). 8 000 L par l'ascenseur, 7 000 L par l'escalier. ☎ 06 69 88 44 66.

Necropoli Vaticana – Visite guidée uniquement (1 h) du lundi au samedi, sur demande préalable auprès de la Delegato della Fabbrica di San Pietro – Ufficio scavi – 00120 Città del Vaticano (les bureaux sont ouverts au public du lundi au samedi de 9 h à 17 h). Prévoir un délai assez long. 15 000 L, guide compris (visite interdite aux enfants de moins de 15 ans). ☎ 06 69 88 53 18. Mél : uff.scavi@fabricsp.va

Musei Vaticani – ♿ (4 itinéraires sont aménagés à leur intention, des fauteuils roulants sont également disponibles). Visite de 8 h 45 à 16 h 45 (13 h 45 le samedi et le dernier dimanche du mois, ainsi que de novembre à février). Fermé le dimanche (sauf le dernier du mois), ainsi que les 1er et 6 janvier, 11 février, 19 mars, lundi de Pâques, 1er mai, dimanche de l'Ascension, Fête-Dieu, 29 juin, 15 août, 1er novembre, 8, 25 et 26 décembre. Possibilité de visite guidée (4 itinéraires, demandant de 1 h 30 à 5 h) ou audioguidée en italien, français, allemand, espagnol et japonais. 18 000 L (libre le dernier dimanche du mois ainsi que pour les enfants de moins de 6 ans). ☎ 06 69 88 33 33.

Museo delle Carrozze – Fermé pour restauration. ☎ 06 69 88 30 41.

Cité et jardins du Vatican – Visite guidée (environ 2 h) à 10 h (de novembre à février, uniquement le samedi) sur inscription préalable auprès de l'Ufficio informazioni Pellegrini e Turisti. Fermé le mercredi, le dimanche, ainsi que les mêmes jours fériés que les musées du Vatican. 20 000 L. ☎ 06 69 88 44 66.

VIA VENETO

Casino dell'Aurora – Fermé pour restauration jusqu'en l'an 2000.

Galleria nazionale di Arte antica – ♿ Visite en horaire d'été de 9 h à 20 h 30 (19 h 30 le dimanche) ; le reste de l'année de 9 h à 18 h 30 (12 h 30 le dimanche). Fermé le lundi, ainsi que les 1er janvier, 1er mai et 25 décembre. 12 000 L. Renseignements et réservations au ☎ 06 32 810.

S. Susanna – Visite de 9 h à 12 h et de 16 h à 18 h. Église nationale américaine. Messe en anglais. ☎ 06 48 82 748.

VILLA BORGHESE – VILLA GIULIA

Museo nazionale di Villa Giulia – Visite de 9 h à 19 h (14 h le dimanche et les jours fériés). Fermé le lundi, ainsi que les 1er janvier, 1er mai et 25 décembre. Possibilité de visite guidée en italien, anglais et français. 8 000 L (libre pour les moins de 18 ans et les plus de 60 ans). ☎ 06 32 26 571.

Galleria nazionale d'Arte moderna (Palazzo Barberini) – ♿ Visite de 9 h à 19 h (ouverture prolongée en été). Possibilité de visite guidée (1 h) en italien, anglais et français (sur demande). Fermé le lundi, ainsi que les 1er janvier, 1er mai et 25 décembre. 12 000 L (libre pour les moins de 18 ans et les plus de 60 ans). ☎ 06 32 29 83 02. Internet : www.gnam.arti.beniculturali.it

Galleria Borghese – Visite de 9 h à 19 h (13 h le dimanche) sur inscription au ☎ 06 32 810 (les bureaux sont ouverts du lundi au vendredi de 9 h 30 à 18 h). Fermé le lundi, ainsi que les 1er janvier, 1er mai et 25 décembre. 10 000 L (+ 2 000 L de réservation ; libre pour les moins de 18 ans et les plus de 60 ans). ☎ 06 85 48 577.

Environs de Rome

ARDEA

Museo della Raccolta Manzù – Visite de 9 h à 19 h. Fermé le lundi, ainsi que les 1er janvier, 1er mai et 25 décembre. Possibilité de visite guidée (1 h) en italien, anglais et français (sur demande). 4 000 L. ☎ 06 91 35 022. Mél : gnam@arti.beniculturali.it. Internet : www.gnam.arti.beniculturali.it

BRACCIANO

Castello Orsini Odescalchi – Visite guidée uniquement, en semaine d'heure en heure de 10 h à 12 h et de 15 h à 18 h (17 h en hiver) ; les samedis, dimanches et jours fériés toutes les 30 mn de 9 h à 12 h 30 (12 h en hiver) et de 15 h à 18 h 30 (17 h en hiver). Fermé le lundi (sauf en août), ainsi que les 1er janvier et 25 décembre. 11 000 L. ☎ 06 99 80 43 48.

FIUMICINO

Museo delle Navi – Visite de 9 h à 13 h 30 et de 14 h 30 à 16 h 30. Fermé le lundi, l'après-midi le mercredi, le vendredi et le week-end, ainsi que les 1er janvier, 1er mai et 25 décembre. 4 000 L (libre pour les moins de 18 ans et les plus de 60 ans). ☎ 06 65 01 00 89 ou 06 65 29 192.

FRASCATI

Villa Aldobrandini – Visite des jardins sur réservation en été de 9 h à 13 h et de 15 h à 18 h ; le reste de l'année de 9 h à 12 h et de 15 h à 17 h. Fermé les samedis, dimanches et jours fériés. S'adresser à l'Office de tourisme.

GROTTAFERRATA

Museo – Fermé pour travaux de réaménagement. Renseignements ☎ 06 94 59 309.

NEMI

Museo – ♿ Visite de 9 h à 14 h. Dernière entrée à 13 h. Fermé les 1er janvier, 1er mai et 25 décembre. Possibilité de visite guidée (1 h). Programme audiovisuel disponible. 4 000 L. ☎ 06 93 98 040.

OSTIA ANTICA

Fouilles – Visite de 9 h à 18 h (2 h avant le coucher du soleil en horaire d'hiver). Fermé le lundi, ainsi que les 1er janvier, 1er mai et 25 décembre. 8 000 L (libre pour les moins de 18 ans). ☎ 06 56 35 80 99.
Internet : http://itnw.roma.it/ostia/scavi

Necropoli del porto di Traiano – Mêmes conditions de visite que les fouilles. Entrée libre. ☎ 06 65 83 888. Internet : http://itnw.roma.it/ostia/scavi

PALESTRINA

Museo archeologico prenestino – ♿ Visite de 9 h jusqu'à une heure avant le coucher du soleil. Fermé les 1er janvier, 1er mai et 25 décembre. Possibilité de visite guidée et audioguidée (1 h). 4 000 L (libre pour les moins de 18 ans et les plus de 60 ans). ☎ 06 95 38 100.

ROCCA DI PAPA

Accès au Monte Cavo – Route à péage : 1 000 L par personne.

TIVOLI

Villa Adriana – Visite de 9 h jusqu'au coucher du soleil. Dernière entrée une heure avant la fermeture. Fermé les 1er janvier, 1er mai et 25 décembre. 8 000 L (libre pour les moins de 18 ans et les plus de 60 ans). ☎ 0774 53 02 03.

Villa d'Este – Visite d'avril à mi septembre de 9 h à 18 h 30 ; de mi-septembre à octobre et en mars de 9 h à 17 h 30 ; de novembre à février de 9 h à 16 h. Fermé le lundi, ainsi que les 1er janvier, 1er mai et 25 décembre. 8 000 L (libre pour les moins de 18 ans). ☎ 0774 31 20 70.

Villa Gregoriana – Visite de juin à septembre de 10 h à 18 h 30 ; de mars à mai de 10 h à 17 h ; de novembre à février de 10 h à 16 h. 3 500 L. ☎ 0774 31 12 49.

Index

A

B

C

D

373

W – X – Z

Notes